让 我 们 语文 一 起 追 寻

Die deutsche Seele by Thea Dorn & Richard Wagner
©2011 by Albrecht Knaus Verlag
A division of Verlagsgruppe Random House GmbH, München, Germany.
Simplified Chinese translation copyright ©2015 by Social Sciences Academic Press (SSAP)

The translation of this work was financed by the Goethe-Institut China
本书获得歌德学院（中国）全额翻译资助

德意志之魂
DIE DEUTSCHE SEELE

〔德〕特亚·多恩　〔德〕里夏德·瓦格纳／著
（Thea Dorn）　　（Richard Wagner）

丁娜　等／译

序言

我知道我的妻子和她北大的几个同学一起在翻译《德意志之魂》这本书。说实话，由于公务太多，我平时很少有时间阅读大部头的书。丁娜是我50多年的老同学，其他几位译者也是我相识几十年的老朋友。当他们提出让我给这本书中译本作序时，我不假思索地欣然应承了。可是当我读完这本书，拿起笔时却茫然了，不知从何下笔，从何说起。

我完全同意丁娜所说，此书的作者试图以德意志之魂为题综述和阐释德意志历史、文化、传统的特征和能持之以恒的精髓所在。德意志民族有悠久和辉煌的文化和传统，也有不堪回首的伤痛历史。德国曾是后起的帝国，直到1871年才实现统一。为了证明自己的后发优势，也为了激发民族的精神斗志，德意志的所谓民族之魂曾被推崇到登峰造极的地步，甚至走向极端和它的反面。德意志民族之魂既造就了无数促进人类文明进步的巨匠，也曾出过遗臭万年的历史败类。在经历了两次世界大战后，德意志民族对"德意志之魂"这个词讳莫如深，不得不把它深深地埋藏在心底。热爱祖国对世界上所有民族都是自发和再自然不过的事情，而对德意志民族来说则是巨大的精神和心灵创伤。德意志之魂难以一言以蔽之，它是复杂的、矛盾的，甚至是相互对立的。德意志民族一直在重新总结、思考、审视和创新自己的民族之魂。我还清楚地记得，2006年德国举办足球世界杯赛时，德国人才第一次小心翼翼地拿出三色国旗，羞涩地为德国队喊出"德国！德国！"直至今天，德国人才真正有勇气堂堂正正地出版发行有关论述德意志之魂的书。民族之魂是一个民族历史、文化的积淀和精神基因，溶化于这个民族每一个人的血液之中。正是因为有了德意志之魂的存在，德意志民族才能够从战争的废墟中获得重生，创造战后经济奇迹，实现民族的再次统一，重新赢得欧洲和世界人民的尊重。

不久前，我有幸应邀参加德国最大的化工企业巴斯夫公司成立150周年庆典活动，德国前总理科尔、现任总理默克尔以及工商界巨贾1000多人与会。默克尔总理在讲话中历数巴斯夫公司辉煌发展历程的同时，直言不讳地指出，在我们纪念一战爆发100周年和二战结束70周年的时刻，我们也不能忘记，正是德国人在一战中首次使用了巴斯夫公司生产的毒气弹，二战时期集中营屠杀犹太人使用的毒气设备也来自巴斯夫公司。讲到这里，刚刚还充满喜庆的会场气氛顿时凝重，每个来宾表情严肃，思绪万千。我发自内心地敬佩德国人敢于正视历史、铭记教训和改正错误的诚实和勇气。这也正是德意志之魂的一个缩影和写照。

读了这本书，我感到一个民族的魂是具体的、生动的和随时可以触摸的，它无时不在，无处不在。民族的历史变迁、文学艺术、思维情感、风土人情、饮食文化，甚至每一个人的情感和情趣中都浸透了这个民族的魂。同时，一个民族的精髓也是抽象和深奥的，它既是相对恒久的，也是在不断变化和延续的。二十年前，我同德国前总理施密特关于中华文明精髓的一段谈话至今我都记忆犹新。他说，他对中国经济发展的未来和人民币作为世界主要货币的前景毫不怀疑，可是最担心的是中国的经济发展了，但中国失去自己民族和文化的精神支柱。如果出现这种情况，那么不能说中国的改革是成功的。他一直在思考，中华文明是世界四大古代文明中唯一能够延绵和发展的人类文明，那么能够支撑和促进中华文明发展的内在动力和精髓是什么？我和现年已经96岁的施密特老先生每每见面总是要探讨这个问题，可惜至今都还没有找到满意的答案。

也许我孤陋寡闻，也许我知识浅薄，寻找和翻阅了许多专家和学者的文章书籍，我都没有找到令人信服的结论。在这变化无常的大千世界里，面对物欲横流的冲击,多少人因精神空虚迷失了前进方向,又有多少人因贪图私利而无可救药地堕落了。振兴中华民族,首先要挖掘中华古老文明之精髓,弘扬中华民族之魂,将实现中国梦牢牢根植于中华土壤之中。读了《德意志之魂》深受启迪,有感而发,愿在此与读者共享。

柏林,2015年5月10日
中华人民共和国驻德意志联邦共和国特命全权大使 史明德

目录

- 001 前言
- 003 简便晚餐
- 007 夜晚的寂静
- 010 深渊
- 027 工作狂
- 040 包豪斯风格
- 046 登山片
- 061 啤酒之旅
- 065 兄弟树
- 075 印刷术
- 078 烫发
- 084 浮士德
- 091 铁路
- 098 严肃文学和消遣文学
- 110 桁架建筑
- 114 驾驶的乐趣
- 127 下班之后
- 138 科考远征
- 149 裸体文化
- 159 足球
- 175 德国人的性情
- 181 德国式焦虑
- 191 疆界
- 198 创业时代

204	基本法	413	私人菜园
217	汉萨同盟	419	渴求瘾
223	故乡	423	福利国家
229	青年旅舍	429	芦笋季
239	幼儿园	433	小市民
245	教会税	437	海滩篷椅
250	庸俗艺术品	440	怪诞之事
253	诸侯割据	448	莱茵河——父亲河
260	战争与和平	468	社团迷
276	文化民族空想	481	林中寂寞
282	男声合唱	493	徒步之乐
293	高地丘陵	500	女人
298	音乐	507	德意志巾帼小画廊，展示顺序按女人味从低到高
335	母亲十字勋章	533	圣诞市场
344	神秘主义	538	赔偿
349	疯狂的自由	546	维尼图
356	爱整洁守秩序	550	香肠
365	牧师之家	555	内心的撕裂
371	玩具屋		
378	横向思维者	558	重要人名、地名及概念索引
381	狠心的娘	564	参考文献
384	宗教改革	568	译后记
393	纯洁戒律	572	译者简介
407	幸灾乐祸	574	插图来源

前言

亲爱的读者：

小心！这本书并非要让你警惕德国人。我们不想把德国推进解剖室，我们也没有身穿白大褂，手拿解剖刀，弓腰切出一些病变部位，然后拿到显微镜下去审视。我们不是病理学家，而是属于这个民族的人。我们渴望探察自己民族的文化，无论其深邃还是肤浅，也不管它是优美崇高，还是怪异并值得怀疑，我们都置身其中。

只要空气自然而然地存在，它就不会引起人们的兴趣。只有当它变得稀薄时，你才会觉察到它的存在。只有当你开始怀念它时，你才会感到那是你不愿失去的东西。

我们不担心德国自毁。我们只看到德国的经济不如从前，它的记忆丧失。只要是德国人都有放不下的德意志羞耻感，有些人将其硬化为负罪的铠甲，躲在其后。纳粹主义的罪行对他们而言与其说是耻辱和痛苦，还不如说是一种证明，即所有跟德国沾边的东西都该连根拔掉。另一些人在曾经的森林、现如今光秃秃的地界上跑着玩耍，那些林子是那些好意的犀牛般的家伙撞倒的。对后一部分人来说，只要电视机还在播放节目，冰箱里还有足够的啤酒，他们就心满意足，别无他求。尽管如此，我们还是能感觉到对德国的渴望在不断增长。

2006年夏季的足球传奇向我们展示了：我们不用害怕举起国旗和唱起国歌，世界不会重新开始憎恨我们，情况正相反。然而如果我们仅限于每隔四年把黑－红－金色的小旗子从柜子里取出来，那么这种"欢乐的爱国主义"又能给我们带来什么呢？这个国家，其历史与文化可以告诉我们的难道不是无穷多吗？

数年来我们一直在争论，哪些移民属于我们，哪些不属于。难道所有的辩论最终不是为了分散我们的注意力，让我们忘记本该讨论的问题：德国还有哪些东西属于国粹吗？除了词典上的信息——德国是一个位于中欧的联邦制、自由民主与实行社会法制的国家，它由16个联邦州组成——此外它还有什么特点呢？倘若我们条件反射性地拒绝回答"什么是德意志的？"这个问题，让这个问题独自在暗处悄悄地自说自话，那我们就是知难而退。不知道自己是从哪里来的人，也不可能知道自己想往哪里去。他会迷失方向、自信与生活的勇气。

所以我们开始了漫游，去寻找德意志之魂。这种寻觅之旅不可能是笔直的坦途。我们靠一些概念导航，我们觉得这些词能让德意志之魂发出最耀眼的光芒：从"简便晚餐"到"男生合唱"，从"兄弟树"到"驾驶的乐趣"，从"深渊"到"内心的撕裂"。

亲爱的读者，请你顺从自己的渴望、好奇心和热情的指引！这本书你可以从任何一章开始读，从那儿再随心所欲地读下去。你自然也可以利用我们每章后的相关导读词条继续阅读。

思想是自由的！

柏林，2011年夏
特亚·多恩和里夏德·瓦格纳

简便晚餐

德国人的简便晚餐——Abendbrot[①]，顾名思义是以面包片为主。它简单、有些死板，但充满爱意。

这种晚餐准备起来很省事，可不多的几样配料却得谨慎选择：黑麦、黑麦混合或全麦面包，切成 8 毫米厚的薄片。抹上薄薄一层黄油，再配上［提尔西特（Tilsiter）］奶酪、［黑森林（Schwarzwalder）］火腿及（蒜肠）香肠片。要是有根酸黄瓜就更棒了，切好后把它们一片片叠摆成扇面形。抹了薄薄黄油的面包片，一片上面放奶酪，一片上面放火腿片，另一片上面放香肠片。理想状态下奶酪、火腿及香肠片的形状与大小要与黑麦、黑麦混合或全麦面包的形状与大小匹配。只有这样才能产生和谐，和谐是真正的简便晚餐的特点。

即便人们独自享用简便的晚餐，也绝对不该在厨房站着吃，或是坐在电视机前狼吞虎咽。晚餐面包就是晚餐面包，它不是三明治。虽然面包不是掰开的，而是精心切成了片，但有基督教背景的人在吃的时候还是会想到最后的晚餐。正因为不是为了保持身材或是减肥才吃得这么简单，而是

[①] 直译是晚餐面包 / 面包晚餐。（本书所有脚注均为译者注。）

人们满足于朴素生活带来的幸福,因此新教的节食智慧"早餐吃得像皇帝,午餐吃得像侯爵,晚餐吃得像乞丐"听上去就不至于那么令人无望了。

要是刚开始吃这种简便晚餐的人这么吃还不足以尽兴的话,那就建议他开瓶啤酒佐餐。"不足挂齿的我,每天吃简便晚餐时都要喝一杯淡啤酒。我对这 1.5 夸脱啤酒的反应很强烈,它们总是能彻底改变我的情绪状况,让我变得安静、放松,心满意足地坐在靠背椅上。那时我的心情是:'这回一天画上了圆满的句号!'和'哦,我晚上的时光可真是惬意!'"1906 年托马斯·曼(Thomas Mann)这样写道。

作家上面那段话,会让吃简便晚餐中精通音乐的人马上在脑海中想起一首家喻户晓的歌,然后他就会情不自禁地唱起来:"噢,傍晚我多么惬意,/傍晚我,/寂静中晚钟响起,/晚钟响起,/叮当,叮当,叮当!"

"晚餐面包"当作烛台,由汉堡 Thesenfitz & Wedekind 双人设计室设计。

然而就是不那么精通音乐的人，吃简便晚餐时也不必默默地坐着。他可以打开音响设备，倾听斯文·雷格纳（Sven Regener）与其乐队犯罪元素（Element of Crime）的歌："晒得黝黑的膀子每日打破 / 现实这块硬面包 / 就好似这是最后一次…… / 进晚餐 / 进晚餐……。"

简便晚餐历来就有一种倾向：孤独者把这顿饭当作冥想的好机会。同时晚餐餐桌几百年来又是一家之主与全家聚会的地方，他在桌旁向全家讲述白天的事，也让别人汇报当天所遇到的事，然后由他进行裁决。这种习惯一直延续至今，所以一位逃离父母之家搬出去住的、正值青春期后期的年轻人就会觉得简便晚餐是最俗气和可怕的事。他发誓，今后晚餐吃什么都行，从听装意大利冷饺子到剩了三天的日本寿司，就是再也不要吃涂抹好的德式面包。

人们已经忘记了，过去在谈论文学、政治和其他世界重大问题时，在最有品位的圈子里主人提供给大家的就是这种配奶酪和香肠的面包。约翰娜·叔本华（Johanna Schopenhauer）充满骄傲地写信告诉她的儿子亚瑟（Arthur）——这个小伙子有着年轻人不可一世的倾向——在她魏玛的沙龙中客人们得到的不是美味佳肴，而仅仅是茶和抹了黄油的面包片。浪漫的柏林最著名的沙龙女主人拉埃尔·瓦恩哈根（Rahel Varnhagen）在请她那个时代的伟人们饮茶时，也用最简朴的东西待客。对讲究一些的简便晚餐的最生动描述出自身为法官与作家的费利克斯·埃贝蒂（Felix Eberty）之笔，他在《一个老柏林人的青春回忆》（*Jugenderinnerungen eines alten Berliners*）中把我们带回19世纪前半叶："一般晚上聚会时大家满足于喝茶，吃抹了黄油的面包。桌上摆着几盘香肠片、火腿片和烤肉，虽然少而简约，却是一番精致。"

这种节俭的习惯与吝啬没有什么关系。人们有意要和那些天主教国家的人，比如那些在晚上大吃大喝的法国人划清界限。说真的：如果谁有机会能选择阅读以下诸位的作品——约翰·沃尔夫冈·冯·歌德、格奥尔格·威廉·弗里德里希·黑格尔、威廉和亚历山大·冯·洪堡（Wilhelm / Alexander von Humboldt）、海因里希·海涅（Heinrich Heine）和贝蒂娜·冯·阿尼姆，那他就不会热衷于大嚼特嚼牡蛎、烤鹌鹑或是法式花色小蛋糕了。德国大资产阶级的女主人们在 19 世纪下半叶——那时德国精神已经变得膨胀起来——才开始竭尽全力用越来越花哨的丰盛菜单来炫富,这就并非偶然了。

精神晚餐最终没落,战后卡巴莱①演员沃尔夫冈·诺依斯(Wolfgang Neuss)的话可为明证。他说:"今儿我不给自己弄简便晚餐了,今儿我得思想。"作为一种变化,要是能重新把思想变作简便晚餐的精神食粮该多好啊!

作者:特·多

译者:丁娜

参阅:夜晚的寂静,啤酒之旅,下班之后,德国人的性情,爱整洁守秩序,社团迷,香肠

---

① 一种讽刺时事的滑稽脱口秀节目。

夜晚的寂静①

窗户后面,电视机屏幕亮光闪烁。夜色渐深。电视里时钟的指针已跳到了午夜零点。夜的寂静笼罩四野,只有夜莺在小溪边唱它那凄婉的歌,低低的啁啾声在山谷间穿越。

一个新理了漂亮发型的电视播音员向悠闲坐在屋前树荫下的耕田人打招呼。炊烟从他的炉灶上升起,满足之感也油然而生。宁静的村子里有晚钟敲响,让远足的客人听来好温馨。这会儿,在那些遥远的城市里,或许船舶也已经驶回码头。

试图解救被罗蕾莱劫持的两名船员的行动很悲惨地失败了。②

市场喜滋滋繁忙交易的嘈杂声已渐渐消逝。欧元债务危机里最糟糕的阶段终于过去。可是金桥已塌,而上上下下竟然还这般沉静!不再会有什么能让我欢愉,我不再会知道自己想要什么。浓烈的痛苦骤然释放,一股悲凉掠过心底,仿佛置身于疯狂的玩笑,心儿在炫目的深渊口狂跳。

---

① 此篇虽短小,但循文末括号所注指引查找,查得该文其实是顺序引用了六位德国历史上著名诗人吟咏夜晚的诗歌,故而译来大费周章。因该文为散文格式,译文亦就之。诗之不可译古人定论,黔驴之技至此,见仁见智可矣。

② 这里是指2011年1月13日莱茵河上发生的翻船事故,装载着2400吨硫酸的货船"瓦尔德霍夫"(Waldhof)号在莱茵河上靠近"罗蕾莱"的圣戈亚斯豪森(St. Goarshausen)侧翻,两名船员失踪,是莱茵河航运史上最严重的事故,也是当时德国媒体反复报道的重大新闻。

心里的话已经说完，但是胸口依然不安。外交部劝告，若无必要，不要到胸膛深处游玩。①

德甲联赛北区大赛出了骚乱，就在燕子为唱晚歌骤然飞跃到屋檐下的横梁上之后。维持秩序的一队队警察很快让球场和城市恢复了平静。闲游浪荡的寻衅者顺顺当当被带到了火车站。

白天飞逝而过。黑夜展开大旗，带领星星登上夜空。疲惫的人群离开田地和工厂。飞禽走兽们待过的地方，现在落寞又荒凉。看时光虚度好心酸！渐渐向码头靠近的，是一列长长的拖船。灯光很快就会熄灭，就像你、我、一切所拥有的、一切所看见的，不消几年，也会这样，离去。这生命之于我，就像一条赛车道。

好了，现在到了天气预报：所有的峰巅之上都被寂静笼罩。所有的树梢之间你感觉不到一丝风儿吹过。小鸟儿们在林子里也没了声响。且稍待，不久，你也会安歇。②

13 〔德国电视一台《每日新闻》编辑部感谢参与制作今日播出节目的奥托·劳布（Otto Laub）、弗里德里希·荷尔德林（Friedrich Hölderlin）、约瑟夫·冯·艾兴多夫（Joseph von Eichendorff）、弗里德里希·吕克特（Friedrich Rückert）、安德烈亚斯·格吕菲乌斯（Andreas Gryphius）和约翰·沃尔夫冈·冯·歌德。〕

作者：特·多
译者：郑冲

参阅：简便晚餐，下班之后，故乡，渴求瘾、林中寂寞

① 由于 2011 年中东地区经常发生针对外国人尤其是西方人的恐怖事件，德国外交部便在官方网站上列出对德国人来说不安全的国家（如埃及、叙利亚），劝告人们不要去那里旅游，另"胸膛深处"在德语里有"自省"之意，作者在此系以调侃口吻做隐喻。

② 该段引用歌德的诗《游子夜歌》（Wandrers Nachtlied），这首小诗在德国家喻户晓，深受人们喜爱，国内也有多种译本，如钱春绮的《游子夜歌》："群峰／一片沉寂，／树梢／微风敛迹，／林中／栖鸟缄默。／稍待／你也安息。"冯至的《漫游者的夜歌》："一切峰顶的上空／静寂，／一切的树梢中／你几乎觉察不到／一些声气；／鸟儿们静默在林里。／且等候，你也快要／去休息。"等等。

月光笼罩下的格赖夫斯瓦尔德，如此美妙静谧。

深渊

德国人刚刚还脚踏实地，相信世界，相信自己，相信自己的能力，相信自己的健全理智，可一转眼，这一切都不复存在。镇静的确信化为乌有，脚下的大地在摇晃，甚或即刻裂成深渊。其命运犹如格奥尔格·毕希纳（Georg Büchner）①笔下那个可怜的士兵沃伊采克（Woyzeck），他正在荒野中砍荆条，突然不得不收住脚，因为他感到"脚下全是空的"。望着他那欺骗了（或是没有欺骗）他的未婚妻，他思忖："每个人都是深渊，望下去就会让人眩晕。"

1954年，那位本不该被人遗忘的作家弗里德里希·西堡（Friedrich Sieburg）②在其杂文《对毁灭的渴望》（*Die Lust am Untergang*）中写道："把世界或至少人类引向深渊，这一向就是德国人的差事。"他接着阐述："深渊既可吓退人，亦可引诱人。深渊可以意味着自身本质的深邃或是毁灭，德国人始终愿意道出或散布令人类毛骨悚然的观念，听者有的为其伟大而狂喜，有的因其糟糕而错愕。"

---

① 卡尔·格奥尔格·毕希纳（1813~1837），德国作家及革命家。主要作品有描写法国大革命的《丹东之死》、讽刺喜剧《莱翁采和莱娜》、悲剧《沃伊采克》和小说《棱茨》。

② 弗里德里希·西堡（1893~1964），德国作家、记者兼文学评论家，曾经是纳粹的同路人，纳粹当政时任外交官，在德国驻比利时和法国使馆工作。战后转而支持阿登纳政权。

不到四十年前，正值第一次世界大战，西堡的榜样托马斯·曼将这一点表述得更加言简意赅和顽固倔强，他在杂文《一个不关心政治者的观察》（*Betrachtungen eines Unpolitischen*）中写道："德意志是深渊，让我们牢牢抓住它。"

抓住深渊：还有比这种想法本身更深渊、更德意志的吗？在形容深不可测方面，德语的相关词汇可谓丰富至极：鸿沟（Klüfte）、峡谷（Schlüfte）、深渊（Schlünde）、陷阱（Grüfte）。对思维与存在的深渊，没有哪个德国哲学家比马丁·海德格尔思索得更多，他堪称最正宗的德国哲学家。他谴责那种追寻终极理由的哲学，这种哲学寄希望于一种作为支点的牢不可破的真善美理念。如果哲学家认识到，没有可以信赖的理由，他就必须忍受攫住他的眩晕："存在即深渊，这才是一切深不可测的困苦的深度，以及堕入深渊在劫难逃的极致理由。"

写出这类句子不是为了让人毫无困难地理解他们。因为海德格尔本意不在唤醒理智，也不想为任何正反命题提出明显的论据。他提醒人们注意的是根深蒂固的生存恐惧，人们小心翼翼地用日常生活和工作的固定模式以及各种保险制度来遏制它。这种恐惧就是：人们那表面看上去稳定的世界，包括自己的生存每时每刻都会倾覆。更为令人绝望的是：对为什么他脚下的实地不复存在，人们无法期待一种理性的答案。"深渊"的诅咒几乎并不按照因果性原则进行：不要没完没了地苦思冥想一件事发生的缘由，要学会不问所以然地活着！这种哲学姿态一旦进入政治领域会有多么糟糕，日后的史实即可明证。

每种宗教都试图解释世界为什么是这个样子，上帝/诸神如何创造了它，人们又是如何使其堕落以及因此必须受到相应惩罚。自柏拉图始，哲学也开始参与了这种劝善与批判并重的劳而无功之举。海德格尔最终给这种行为画上了句号。哲学家不应再试图逃避面对虚无主义深渊时的恐惧，以建立确信之塔的方式相信自己可以从塔垛对局势一览无余。相反，他应该热情地跳向深渊，在坠落中了解生活的真谛，直至在某个危岩上摔得粉身碎骨。

德国思想家弗里德里希·尼采在先于海德格尔半个世纪前就号召用铁锤进行哲学思考，在《酒神颂歌》（*Dionysos-Dithyramben*）中他借猛禽嘲讽道："热爱深渊者须有翅膀。"查拉图斯特拉在别处是作为超人的代言者受到颂扬的，在此他的心中产生了犹疑。他未能超越自我与世界，知道在坠落过程中他必死无疑。

尼采肯定已经猜到，不久后他试图拥抱虚无的结果就是：自己在都灵的大街上拥抱一匹遭到毒打的马。"当你长久凝视深渊时，深渊也在凝视你。"在《善恶的彼岸》（*Jenseits von Gut und Böse*）中他还精辟地写道。自我警示逐渐减弱，他的精神退入癫狂之不可思议的一片黑暗之中。

濒临毁灭的思想家：弗里德里希·尼采。

与其后继者海德格尔——这位至少短时间内相信过，身着褐衫即可跨过深渊——相比，难道尼采不是坚定不移地把那条危险之路走到底了吗？或许"深渊"思想家未能与纳粹运动划清界限仅仅是因为他感觉到，他在1933年就职弗莱堡大学校长时名声欠佳的演说中热捧的"这个觉醒的崇高与伟大"，事实上从一开始就是那种"奇妙的对深渊的渴望"，就像其偶像——最后也难逃疯癫命运的弗里德里希（荷尔德林）在许多民族中所发现的那样。海德格尔自己抵抗住了深渊的最终吸力，靠的是不时逃入脚踏实地的生存状态：逃入位于黑森林托特瑙山（Todtnauberg）中的孤独小木屋，在那里他得自己砍柴，自己到井边取水。

然而就是这个人们误以为并非深不可测的地方，在20世纪60年代末成为一次绝对可以称得上令人费解的碰面的现场：保罗·策兰（Paul Celan）——出生于布科维纳（Bukowina）的德语犹太诗人，其父母被纳粹杀害于集中营——来托特瑙山拜访海德格尔。无论《死亡赋格曲》（Todesfuge）的作者对与《存在与时间》（*Sein und Zeit*）的作者会面曾抱过什么希冀,策兰在那个地方——哲学家在那儿比在任何其他地方都更"脚踏实地"——并未获悉海德格尔为什么趟了纳粹的浑水。相反,后者在日记中只是记了一笔:"带保罗·策兰看看黑森林"是件"有益"的事。

德国人确实不是绝无仅有受到深渊吸引的,通过设想熟悉的表面下窥伺着难以言表的东西,德国人的精神就会既激动又害怕。古希腊人把冥界之神哈得斯(Hades)想象在地心,但丁在其《神曲》的第一部分中对诸层地狱的描述就是一层层向下的。然而徒劳地试图把爱妻欧律狄刻(Eurydike)从冥府带回光明人世的希腊歌手俄尔甫斯(Orpheus)和意大利诗人但丁,他们都没有把冥府作为值得渴望甚至是充满希望的地方来歌颂。那里尽管自有其诱惑力,却是让人恐惧的地方。生于柯尼斯堡(Königsberg)的伊曼努尔·康德一向头脑清晰,他以无欲无求的声音称冥府为"堕落的深渊"。

德意志之魂越支离破碎、背离此世,同时也得不到来自彼岸天堂的安慰,彼岸冥府对德意志之魂的吸引力就越强大,吸引它走向深渊,那里一切看上去都是可能的。谁感到尘世冷漠而不友善,天堂又是太虚无缥缈的乌托邦,他就会在地心深处寻找自己(主观臆想)的安宁。没有异化的、温暖的故乡转入了地下。

至今都有很多西里西亚的民族舞、民族服装和其他团体,他们怀旧地自称为"Rübezahl",这本是住在七峰山(Siebengebirge)内的举止怪异的山神的名字。巴巴罗萨(Barbarossa)①的传奇则是所有德国人渴望地下故乡在政治上最有力的表达。

根据史实,这位斯陶芬王朝的国王、备受德国人爱戴的神圣罗马帝国皇帝应该是在第三次十字军东征前往耶路撒冷的路上溺水而死。16世纪以来,传奇却说这位红胡子皇帝仅仅是隐退到哈尔茨(Harz)山脉中的屈夫霍伊泽(Kyffhäuser)山里,沉睡在那儿的一处地下洞穴中等待着重返故里。这位沉睡的皇帝四周弥漫着强大的希望:中世纪末的起义者在

---

① 指外号"巴巴罗萨"(红胡子)的腓特烈一世(1123~1190),德国国王、神圣罗马帝国皇帝,1152年即位,在位期间六次入侵意大利,一生穷兵黩武,残酷杀戮,但并未取得多少实质性胜利。

要求实行有力度的社会变革时想到了他；从反拿破仑解放战争到德意志第二帝国，德国的民族力量总是把民族统一和强大的希望寄托在他身上。1817年诗人弗里德里希·吕克特以一首献给巴巴罗萨的叙事谣曲——它也是诗人最著名的一首谣曲——将其升格为偶像人物："老巴巴罗萨 / 皇帝弗里德里希，/ 地下宫殿中 / 其魅力永存……"

纳粹把老巴巴罗萨永远打入了"地下宫殿"，其方式是他们用他的名字来命名那场灾难性的对俄征战。

呼唤深渊有多么危险，那些敏感的战争狂早在斯大林格勒战役前很久就猜到了。尽管他们凝视深渊时也好像看到了真正的天堂的镜像似的，但他们摆脱不了那种恐惧，怕最后还是会坠入地狱。

自中世纪始，德国人一直在聆听"好骑士"汤豪舍（Tannhäuser）的传奇，他前往维纳斯山（Venusberg），为的是与异教女爱神尽享爱的盛宴。尽管汤豪舍在离瓦尔特堡（Wartburg）不远的霍尔泽尔（Hörselberg）山中尝尽了精致的感官之乐，他却开始感觉到魔鬼的世界牢牢地吸引了他。他突然觉得自己的所作所为是罪孽深重的，于是他前往罗马朝圣，祈求教皇的饶恕。教皇断然拒绝了他：对这类十恶不赦之举他不能赦免，就像他手中的圣杖再也不会长出绿芽一样。汤豪舍绝望地回到他犯下罪孽的地方：性爱女神要比耶稣基督在尘世的代理人宽容得多，她让这位骑士再次走进自己的洞穴。就在骑士永远消失于维纳斯山时，从罗马传来了闻所未闻的奇迹般的消息：教皇的圣杖长出了新叶……

浪漫派时代，这首在情色深渊旁吟唱的颂歌——它披着基督教劝诫诗的严肃外衣，歌颂了教皇的严厉和上帝的慈悲——经历了其辉煌期。阿希姆·冯·阿尼姆（Achim von Arnim）和克莱门斯·布伦塔诺（Clemens Brentano）把这首民谣收进了他们的《少年魔号》（Des Knaben Wunderhorn）民歌集；格林兄弟在他们出版的《德意志传说》（Deutsche Sagen）中也讲述了这个故事；路德维希·蒂克（Ludwig Tieck）则将这位骑士迷途知返的故事升华为一篇艺术童话。就连海因里希·海涅第一次读到这首古老歌谣时，也被维纳斯与汤豪舍的故事迷住了。他写道："我宛如在沉闷的山洞中突然发现了大片埋藏在地下的金子，那简洁、带着原始力量的话语在我面前放射着灿烂光芒，我的心几乎被这不曾预料的辉煌迷惑……。这首歌不啻爱的厮杀，其中流淌着最红的心血。"

怎么偏偏是海涅，这位平时不放过任何机会批评浪漫派热衷基督教中世纪庸俗文艺的人，会如此为汤豪舍故事动情呢？吸引他的是那"被诅咒的性欲的深渊"，人们"盲目地"跳下这一深渊，而这种罚下地狱对他而言与基督教的地狱之火毫不相干。性欲本身，其"无限威力"就意味着一种诅咒。在海涅看来，尽管汤豪舍知道，在他之前已有数不胜数的英雄享用过维纳斯"百合般洁白的身子"，在他之后仍会有无数英雄前赴后继，可他还是抵挡不住维纳斯的诱惑。然而事情不仅仅是男人的嫉妒，骑士尽管可以像人们所说的，"不朽地爱"女神，可他自己却是要死去并腐朽的。他与不朽的情缘不过是一种怪异的情缘，古希腊罗马时期诸神可以让他们喜爱的英雄不朽的美好日子已经一去不复返了。

在理查德·瓦格纳（Richard Wagner）的同名浪漫歌剧中，同样的绝望把汤豪舍赶出了维纳斯山："啊，然而我毕竟会死！/ 你的爱对我来说大过天。/ 神可以永远享受，/ 我却要臣服变迁。"瓦格纳让其骑士歌手抱怨道。

如果说所有浪漫者有一个共同的炙热内核的话，那就是：一直失败，却从不放弃，试图用一种方法对有限和可怜的现实进行审视、塑造与施魔，让现实平添一种无限感。为了制造出这种永恒的瞬间的悖论感觉，还有什么比性欲中的忘我投入更合适的呢？然而汤豪舍必须认识到，永恒的结合并不能为永恒的瞬间开启永恒的地平线。持续勃起不是救赎，而是让人难堪的僵化。

在瓦格纳的剧中，汤豪舍的救赎是在另一完全不同的深渊中才找到的——一位尘世处女对他的纯洁爱情的深渊。这份爱是如此艰深，以致"圣女"伊丽莎白为他伤情而逝。汤豪舍没有回到维纳斯的欲望之窟中去，而是紧随着为他心碎而逝者死去。对那些觉得其他死法都不够轰轰烈烈的人来说，殉情就成了他们最后得救的幻想。

21　　海因里希·海涅不让其笔下的汤豪舍跳这种走向虚无的极端浪漫的双人舞。这里诗人不再是夜莺，而是变成了嘲鸫。在罗马遭到教皇的拒绝后，他笔下的骑士迅速回到霍尔泽尔山，当维纳斯下厨为这位筋疲力尽者做羹汤时，他先上床小憩。瓦格纳把该诅咒的情欲深渊升华为共同殉情，海涅讲述的则是：一切不过尔尔。你好好瞧瞧维纳斯深渊，你就会发现，到头来不过是一种寻常的两性关系，最多是有赴婚姻地狱的倾向。既非诅咒，亦非救赎，而是寻常事，你就认命吧！海涅给他的汤豪舍的对付平庸的唯一救命法宝就是讲故事。在长诗的结尾处他让那位失败的朝圣者讲述一路上的经历，其喜怒无常让人觉得已经是在聆听海涅的叙事诗《德国：一个冬天的童话》（*Deutschland. Ein Wintermärchen*）了。

　　也就是说：瓦格纳那儿是逃离深渊向前冲，陶醉地遁入虚无。相反，海涅这儿是将深渊曝光为单纯的凹地，如果人拥有了可以讲述的过去，那么这种凹地还是可以忍受的，"因为过去是灵魂的真正家园"。

　　让我们在此瞥一眼那分开了条顿德国人和犹太德国人的鸿沟吧？前者让他的角色毁灭，如果他们对有限与永恒之间和解的渴望在此世落空的话；后者则满足于让其角色去讲故事。同样的鸿沟不是也横在西格蒙德·弗洛伊德（Siegmund Freud）和弗里德里希·施莱格尔（Friedrich Schlegel）之间吗？前者是浪漫派之后的灵魂考古者，他鼓励自己的病人把那些被时光淹没的故事讲出来。后者曾一针见血地概括出德国浪漫派与灵魂深渊的关系："那些在内心深处神圣开放的东西，就让他们待在黑夜中，别硬让它们见光！"可以肯定的是：德意志－奥地利的犹太人早在大屠杀之前很久就稳健地质疑德国人对神圣深渊的迷恋——尽管他们自己也迷恋一些陈年往事——相反，他们对付这种迷恋的方法是分析和曝光。

　　深渊－性欲－时光停滞，或者如尼采让其查拉图斯特拉所喊出的："所有的情欲都想永恒——向往深不见底的永恒！"此三重奏主题在"法伦的矿工"（Bergmann zu Falun）身上体现得可谓淋漓尽致。这个故事最早出现于1807年，医生和浪漫派自然哲学家戈特希尔夫·海因里希·舒伯特（Gotthilf Heinrich Schubert）在德累斯顿傍晚伴着烛光举行题为"自然科学的黑暗面"（*Nachtseite der Naturwissenschaft*）的讲座。其讲座旨在讨伐在不断发展的现代自然科学中产生的机械论世界观，作为对策，他允诺展示"人与自然这一最古老的关系，局部与整体的有机和谐"。讲座中所论及的有梦游、催眠术、梦、无机物向有机物的转化或反之。其中舒伯特也提到瑞典小城法伦那位年轻矿工的命运：1670 年他因事故被埋在地下坑道中，半个世纪后人们偶然发现了他的尸体，据说尸体丝毫没有腐烂。这位自然科学家虽然也想揭示这一"奇迹"，据说尸体充满了硫酸亚铁；然而他更感兴趣的是故事的后续部分：没有人能确认这具尸体，直到一位拄着拐杖、白发苍苍的老太婆认出他就是自己从前的未婚夫。舒伯特是这样结束自己的描述的："在他们本该举行的五十年银婚庆典上，人们看到的是僵硬、冰冷而年轻的新郎，而充满炽爱的新娘却已经满头银发、步履蹒跚。"

大山深处——矿山作为人们浪漫向往的地方。

19世纪初，这件感人而又奇异的事情绝非仅登在报纸的"世界奇闻"栏就完事了，当时的诗人——从约翰·彼得·黑贝尔（Johann Peter Hebel）到弗里德里希·吕克特，从阿希姆·冯·阿尼姆到 E.T.A. 霍夫曼（Hoffmann）——争相以此事为题材进行创作，就好像他们突然找到了自己走失多年的未婚妻似的。这不仅仅因为这个爱情故事与无聊流逝的时间开了个荒唐的玩笑，让德国浪漫派觉得魅力无穷；同样重要的至少是这一戏剧性事件发生的地点：矿山。

那是德意志思想史中 1800 年左右最独特的支路坑道之一，不光探索者，就连诗人和思想家都发现矿山是灵魂"神秘袒露"的栖息地。最著名的、不断"驶入"阴暗和充满不健康气体的坑道的人就是约翰·沃尔夫冈·冯·歌德。这位枢密顾问一生中有 36 年都在研究图林根森林伊尔梅瑙山北坡的矿山，1780~1813 年他甚至担任那里"矿山委员会"的负责人，但终究未能阻止矿山经营失败，失败的原因主要是坑道进水与塌方，还有长期资金匮乏。

18 世纪 90 年代，青年亚历山大·冯·洪堡在普鲁士担任了矿产总督察顾问，年轻有为。当歌德在绝望中向这位成功的矿业同行求援时，他却没有伸出援手。这位相对年轻二十多岁的全才不想去图林根帮年长的歌德，而是憧憬着去世界的另一端探险。

写下了《夜之颂》（*Hymnen an die Nacht*）、28 岁英年早逝的诗人诺瓦利斯（Novalis）白天当盐场督察，供职于魏森费尔斯（Weißenfels）的盐场管理部门。当时的思想精英们凡是不能以职务之便进矿山的，至少也要在开阔眼界的旅途中弥补一下：1793 年威廉·海因里希·瓦肯罗德（Wilhelm Heinrich Wackenroder）与其早期浪漫派漫游伙伴、好朋友路德维希·蒂克一起参观了上弗兰肯（Oberfranken）名为"上帝的馈赠"的铁矿。其心醉神迷在写给父母的信中暴露无遗："我感觉自己就像要被吸收进一个什么秘密组织、一个神秘联盟似的。……"就连一向以热爱森林著称的诗人约瑟夫·冯·艾兴多夫也亲自拿起矿灯，以便怀着"虔诚的敬意"在地下倾听一下"精怪们的嘁喳"，还有那单调的滴水，是后者给石笋赋予了"类似于人的鬼怪形态"。甚至海因里希·海涅在 1824 年游哈尔茨山时，也按照那时流行的《哈尔茨山游客指南》（*Taschenbuch* für Harzreisende)的推荐,置办了一套矿工服(海涅称之为"囚服"),并参观了克劳斯塔尔(Clausthal)的两处名为"多罗特娅"(Dorothea)和"卡罗琳娜"(Carolina)的银矿。虽然他调侃道:"我先进入了卡罗琳娜,这是我见识过的最肮脏和最不讨人喜欢的卡罗琳娜了。"[谁要是看到这儿,联想起那两位女作家——她们是浪漫派那伙人的中心缪斯,并引发了各种各样的情感混乱——多罗特娅·施莱格尔和她那为时不长的妯娌卡罗琳娜·谢林,曾与其大伯子(奥古斯特·威廉·冯·施莱格尔)联姻,后离婚;那他就不正经。]但是在这篇银矿参观报道的结尾处海涅盛赞矿工们的生活是"真实和生动的",没有丝毫讥讽之意。1737年史上第二位"御准女诗人"西多尼亚·黑德威希·曹轶讷曼(Sidonia Hedwig Zäunemann)就参观过那座后来由歌德管理的伊尔梅瑙矿山。几天后她带着一首颂诗返回:"矿山之美令我倾倒;/我愿自己是名矿工。"

至于这种对矿山的陶醉是德国人专有的特征,人们只需看看19世纪早期英国最有经验的赴德旅游者亨利·克莱普·鲁宾孙(Henry Crabb Robinson)在日记中的记载就一目了然了:"在圣安德烈亚斯山(Sankt Andreasberg)我怀着好奇心进入了一个矿井,结果我发现,那里没有什么可看的,极其无聊、消耗体力而且学不到什么东西。一般而言,我还从未见过这么不值一去的地方。"

让与其同时代的德国人人欣喜若狂的地方,这位英国人的反应却是咬牙切齿,这肯定有其外在原因:矿山在英国人那儿引起的联想与在德国人那儿截然不同。英伦岛上的矿山大多是煤矿,而德国矿山主要开采贵重金属(鲁尔河畔的煤层在19世纪初还未被发现,19世纪下半叶那里出产的煤炭让德国工业化能够有长足发展属于后话)。此外,德国,确切地说是"弗莱贝格王家矿业学院"(Königliche Bergakademie Freiberg)已是当时采矿业的麦加,全欧洲甚至美国的·大学生和专家都涌向萨克森中部,为的是拜那里的专家为师,学习所有有关"地球构造学"和"矿物分类学"的知识。专家中首屈一指的当数魅力四射的矿物与地质学者亚伯拉罕·戈特洛布·维尔纳(Abraham Gottlob Werner),诺瓦利斯和亚历山大·冯·洪堡都曾是他的学生。[此外世界上历史最悠久的矿业冶金大学仍旧存在，如今它的名称中加上了"资源大学"一词，这么做也是忠实于自己的传统，毕竟其创建人矿产总督察官汉斯·卡尔·冯·卡洛维茨（Hannß Carl von Carlowitz）在1713就已经提出了"可持续发展"这一概念。]

然而，德国于1800年前后在采矿与冶金方面技术处于世界领先地位的事实本身还不足以解释，为什么那时德国思想界精英那么热衷于下矿井。尽管 E.T.A. 霍夫曼和路德维希·蒂克在他们以矿山为题材的短篇小说中描述了，那些漂亮的"地下女王"是如何用自己此世罕见之美把忧郁的年轻人引向自己身边、引入深渊的；西格蒙德·弗洛伊德在《释梦》（*Die Traumdeutung*）中解释说，每次下矿井都象征着性交行为，这类情色性潜台词同样无法解释这一历史现象。

诺瓦利斯在其所发表的第一本格言书《花粉》（*Blütenstaub*）中写道："神秘莫测的路是向内的。"这不是在给他所监管的魏森费尔斯盐场写的招揽游客的广告词，他的意思是：我们应该沉入自己未知的"精神深处"。读一下诺瓦利斯未完成的小说残稿《海因里希·冯·奥弗特丁根》（*Heinrich von Ofterdingen*），就会发现，要想找到"向内之路"，看来没有比下矿井更好的捷径了。关于矿工他在该书中写道："其孤独的营生让他在人生的大部分时间既不见天日，又与人隔绝。面对天国的深邃事物他没有习惯成自然地变得迟钝和冷漠，而是保持着一种童心，在这种氛围中一切对他来说都那么美妙奇异、原汁原味、五彩缤纷。"没有什么地方比在地心更能让人强烈地感觉到个人与造物主创造的万物之密不可分；时间一长人们的这种感觉就淡漠了，虽然正是这种感觉才能真正地震撼灵魂。诺瓦利斯的这种想法不仅是自然浪漫的，而且同样是基督教的：在让《奥弗特丁根》中的老矿工在矿山中有第一次"内心"经历之前，他给了他一盏矿灯和一个十字架。

在《论德国宗教与哲学的历史》（*Geschichte der Philosophie und Religion in Deutschland*）一书中，海涅觉察到马丁·路德（Martin Luther）作为极端内向的基督教新教创始人与路德的父亲是个矿工这一事实间的内在联系："这个男孩时常与父亲下矿井，那里有强悍的金属生成，也有生生不息的古老水源滴落，他那年轻的心大概不自觉地汲取了这种最神秘的自然力。"

吸引着歌德的也正是矿山那种"最神秘的自然力"。生物形态学家——这方面他是个纯粹的自然浪漫派——歌德声称，从花岗岩作为"大自然最古老、坚实和不动摇的儿子"到人类心脏作为"最年轻、多样、灵活、多变以及造物之不可动摇的组成部分"之间存在着不可分割的连续性，所以他夸赞一切能让人感到这种统一性的情景，无论是降入矿井，还是爬上花岗岩山峰如哈尔茨山的布罗肯（Brocken）峰："这里你直接驻足于通往地心最深处的地方，在你和原始世界的坚实地面间没有较新的岩层，也没有冲击聚集起来的瓦砾。"这么一来，深坑又以悖论的方式成为异化了的人类脚下所能赢得的最坚实的土地了。然而，作为失败了的矿山经营人歌德最清楚：认为采矿首先是为大自然建一座地下庙宇，在里面举办庄严的熔合和自我发现的仪式，这是一种误解。正如歌德在一次矿山演讲中所说，采矿就是把"自然深藏地下的馈赠发掘出来，让它们见天日"。

一种古老的恶习——对万物以及自己的灵魂进行掠夺式瓜分，会让人直接坠入深渊。歌德在《浮士德》（*Faust*）第二部分中——写于经历了伊尔梅瑙矿山改建失败后——并非出于偶然地让由土地神——它们自嘲地称自己为"岩石外科医生"——组成的合唱队冷嘲热讽："可是我们采掘出黄金／便召来了偷盗邪淫。"[①]浮士德的求知欲使他想知道，"世界内部靠什么维系"。在为一位从前的同事写的庆贺从业纪念日的诗中，矿山负责人自己回答了这个问题："在最狭窄的坑道中，在最深的矿井下／寻找一盏点亮思想的明灯／共同观照，自然最终能否让人探究出自己／岂非美哉？"这种浮士德式的进取精神不仅仅满足于毫无进一步兴趣的认知满足，而且要写出掌控自然的脚本。正是出于这一原因，从古希腊罗马时期起采矿的名声就不佳。奥维德（Ovid）和塞尼卡（Seneca）对这一不敬神的行当的指控一直延续到让-雅克·卢梭，后者称矿工为早期猛兽型资本家，他翻腾"地球的五脏六腑"，"冒着生命危险、不惜以健康为代价，在地心寻找自己所想象的宝藏"。英国诗人威廉·布莱克（William Blake）更是把矿山直接叫作"dark Satanic mills"——"撒旦的黑厂"。

---

① 见《浮士德》，转引自网络。

相反，我们的盐场督察诺瓦利斯在《海因里希·冯·奥弗特丁根》中的呼声则完全两样："上帝一定会保佑采矿的！因为没有任何别的艺术会让其参与者更幸福和更高尚的！"

德国人是不是疯了？

反正他们相信，虽然四周充满了资本主义的诱惑，人却能够保持纯洁的性情。"矿工贫穷地来到世上，又贫穷地离开这个世界。他满足于知道什么地方发现了金属矿藏并将它们开采出来，然而那些闪闪发光的金属并不能改变矿工那颗纯洁的心。他没有疯狂地企图去占有它们，他的喜悦更是因其奇异的构造、罕见的产地而生发。它们一旦成为商品，就失去了对他的吸引力。他宁愿在地下冒着千难万险去寻找它们，也不愿随着它们的呼唤到外面世界，到地面上去通过各种狡猾的欺骗手段去获取它们。"

对矿工行当的这种充满爱意的美化并非全部来自诺瓦利斯所特有的狂热。出生于格劳豪（Glauchau）的文艺复兴时期学者格奥尔格乌斯·阿格里科拉（Georgius Agricola）在其开山之作《论矿冶》（*De re metallica*）——有关矿物学的最早教科书——中就要求矿工必须是劳动者中最出色的，在道德方面既要超过农民，也要胜过工匠，因为他们与之打交道的原材料会引诱人做出最悖理逆天的行为：人们为了金子会发动战争，也会图财害命。与诺瓦利斯一样，阿格里科拉充分相信上帝，所以他认为会有心地纯洁的矿工。

同样，歌德在其第二部不朽的晚期作品《威廉·迈斯特的漫游年代》（*Wilhelm Meisters Wanderjahre*）里确信——其程度要超过在《浮士德II》中——人在追踪地下宝藏时并非一定会引起谋杀或过失杀人。此书中"敲石者"蒙坦（Montan）独自隐居在山中，常深入沟壑之中，为的是"和它们进行不可思议的无声对话"。因为他知道："为了彻底拥有和掌握某物，必须为了它而研究它。"虽然这里也用了"拥有"和"掌握"，但恰恰不是遵循目的明确的再利用逻辑，而是一种态度，作曲家理查德·瓦格纳将其概括为："德意志本质即为做一件事而做一件事。"

只有把深渊作为目的本身的人，深渊对他们来说才能成为稳固的地基、成为"亲切的"地方。海德格尔的深渊是全然毫无缘由的，这里的深渊则完全没有疑问。谁心怀叵测——无论是什么鬼胎——进山，必死无疑。在约瑟夫·冯·艾兴多夫的作品中，那位贪婪的挖宝人被埋在坑道里，"疯狂的嘲笑声／从塌陷的岩缝中传出"。可怜的伊利斯·弗略博姆（Elis Fröbom）在 E.T.A. 霍夫曼《法伦矿山》（*Die Bergwerke zu Falun*）结尾处死在坑道中，尸体保持年轻不朽，因为他把老矿工的话当成了耳旁风。老矿工曾告诫他，如果他选择矿工这个职业仅仅是为了能娶他的心上人，而不是出于"对奇异岩石和金属的真爱"，那是会发生不幸的。

  德国人以感人的天真方式试图解释采矿的意义，将它拽出资本主义的深渊，让掠夺自然与崇拜自然和解。由于他们知道，仅仅这样做还远远不够，采矿还被浪漫提升为社会项目。歌德开始接手矿山管理工作时，就曾以救世主的激情宣布说，他将帮助伊尔梅瑙那些"可怜的鼹鼠"，"那些具有两面性的金属，它们被人用来做坏事比做好事的时候多，今后为了金属的荣誉，开采它们只能造福人类"。当歌德失败，矿山再次——主要是因经营不善——关张时，这种社会浪漫就戛然而止了。

  想以既社会（主义）又浪漫的方式经营矿山，在歌德之后很久东德作家弗朗茨·菲曼（Franz Fühmann）的企图也失败了，这种企图同样以不可抗拒的方式吸引着他下矿。但他的失败是在另一层面上的，作为作家他失败了。他在曼斯费尔德（Mansfeld）和图林根对铜和钾盐矿井做了十年调查研究，1974 年 6 月——作为在桑格豪森（Sangerhausen）工会图书馆举行作品朗读活动所要求的报酬——他首次被允许进入托马斯·闵采尔（Thomas Müntzer）矿井。他兴高采烈地给妻子写信："乌尔苏拉，我下矿了！这对我来说就是一种启示！我愿意来这里生活！"他向出版社的编辑通报："我找到了余生要写的题目：矿井下！"

  菲曼给自己极为狂热的计划起了一个临时标题"矿山"（*Bergwerk*），这本书应该成为他老年的收山之作，但未能完成。这不光是因为作者于 1984 年逝世，在去世几周前他曾对一位老矿工说："矿山不复存在了……。设施全不行了，也修不好了。我无法向你解释为什么，你就把它当作现实来接受吧。"

  阅读 1993 年作为遗著出版的《矿山》文本和片段，为什么这位"非无产阶级出身"——曾因其坚定的社会主义信仰而成为"工人和农民的德国"之公民——的作家最后一部巨著必遭失败就一目了然了。他绝望地分析道:"为社会主义社会服务是我的天职,创作文学作品是我生命的意义所在。但让二者统一起来,或是更确切地说让它们保持迄今自然而然的统一,对我而言已经越来越困难了。"这位有教养的、中产阶级出身的诗人走上了比特费尔德之路①,来到无产阶级矿工中间,却充满惭愧地发现,他在坑道中想到的不是国家利益定额是否完成,而是 E.T.A. 霍夫曼、蒂克、诺瓦利斯和所有其他浪漫派作家是带着什么样的生死欲望下到矿井中的。来到废墟,背对未来……对这位幻想破灭的东德作家来说,骄傲颂歌就这么逐渐消失了。

其同辈作家同行米歇尔·恩德(Michael Ende)的处境要好得多,在自由的西方他甚至可以把一个"说不完的故事"说完!他可以毫无顾忌地让自己的主人公去幻想,把他们送进"画的矿井",其中一位盲矿工看守的不是全民所有财产,而是"被人们遗忘的梦"。菲曼也允许自己做梦,"文学是一座矿山,数千年来有一辈又一辈的人下井采矿,每位作家自己都是一个坑道,而他置身于其中的矿层就是他的经验"。两德统一后不久,米歇尔·恩德在一次采访中直率地对这种思想说出了自己的看法:"我认为,迄今为止浪漫派是唯一原汁原味的德意志文化成就。所有其他的东西都是我们或多或少从国外照搬到德国来的,浪漫派是第一次成功地让外国感兴趣的东西。所以我试着继承这一传统,因为我认为自己完全是个德国作家。我坚信,这种典型的德意志声音不该在世界各民族的合奏音乐会中销声匿迹。"

无数德国诗人和思想家从中或在其中汲取了原材料的浪漫派深渊还剩下些什么?是对在戈莱本(Gorleben)附近盐丘中堆放的核废料桶的恐惧?是社会民主党开党代会时同志们齐声高唱古老的矿工之歌《好运,好运,工长来了!》时所能体会的那缕社会浪漫?还是我们必须重新认识到,浪漫的矿井已经像纳粹为其"第三帝国"的白日梦所挖掘的地下碉堡和工厂隧道一样被永远密封了?

---

① 1959 年 4 月 24 日 Mitteldeutscher 出版社在比特费尔德化工厂召开作家代表大会,讨论如何让劳动者积极参与艺术与文化创造。此后"比特费尔德之路"成为东德社会主义文化政策新方案的代名词。

得过诺贝尔奖的君特·格拉斯（Günter Grass）是德意志联邦共和国的总卫道士，在好几十年时间里他都遗忘了自己参加过武装党卫队的历史，战争刚结束时他曾在希尔德斯海姆（Hildesheim）附近的一座钾盐矿工作过。他在1963年出版的《狗年月》（Hundejahre）——但泽三部曲中的最后一部——中描写了一座矿山，"它既不开采钾盐、矿石，也不开采煤炭，却在850米深处进行作业"。他以此作为中心隐喻来代指德意志联邦共和国，它在老坑道中狂怒地继续生产，就好像昨天的事没有发生过似的。"没见过"矿山的来访者来到这座地下工厂的反应就是喊道："天啊，这是地狱，真正的地狱！"这座地下工厂对向世界各地的出口起着稻草人的作用——由德国破烂构成的德意志稻草人：他有时戴着著名的海德格尔式小丑帽，呷嘴呷舌地训诫何谓"被吓着"；有时以班贝格（Bemberg）交响乐团成员的身份穿着褐色工作服演出《诸神的黄昏》（Götterdämmerung）中的片段；或是对基本法的条款品头论足。不言而喻，最后必须留在地狱中的那条狗只能叫"普鲁托"①。

《狗年月》还未被收入"奥贝里德（Oberrieder）坑道"，那是黑森林附近的一座停产的银矿。20世纪60年代起，德意志联邦共和国将其扩建为地下"民族宝库"，即使在和平时期，穿军装的人也不得进入其三公里以内的地方。这里深深的地下已沉睡着十多亿份文件，它们被拷贝在缩微胶片上，密封装入由16颗螺丝钉铆在一起的不锈钢桶中，即使发生核战争都不会被摧毁。根据联邦公民保护和灾难援助办公室的评估，倘若有一天这个国家不复存在，这些文件可以向后世展现到底什么是德国文化和历史。感谢这一文化掩体，感兴趣的重新发现者在1500年后仍旧可以研究威斯特法伦和约文本、教皇宣布开除路德教籍的通谕、科隆大教堂的建筑图纸、席勒和歌德的手稿或是约翰·塞巴斯蒂安·巴赫（Johann Sebastian Bach）的总谱。2004年在"吞下"（Verschluckung）活动①框架下，50名当代艺术家——如约尔格·伊门多尔夫（Jörg Immendorff）和克利斯托夫·施林根西夫（Christoph Schlingensief）——的作品原件也同样被密封

---

① Pluto，古罗马神话中的冥神。

进不锈钢容器，运进"奥贝里德坑道"。只有生活在很久以后的未来、热衷于文化的人才有观赏这些作品的眼福。

离奇吧？是的，如果人们想到纳粹的大建筑师阿尔伯特·施佩尔（Albert Speer）和其"废墟价值理论"。根据这一理论，只允许使用那些建筑材料和必须进行那些静力学思考，即那些在数百（或数千）年后得以让日耳曼尼亚留下的废墟至少能像古罗马的废墟那么栩栩如生的。

虽然德国人不是在第二次世界大战后开始妥善封藏艺术品的唯一民族——1954年通过的《关于武装冲突情况下保护文化财产的海牙公约》曾特别呼吁这么做，但其历史悠久的心性——"全面彻底、神秘莫测、深不可测"再次大放异彩。

对深渊的狂热不可以是幼稚的。每个愿靠近悬崖的人都该知道那两行谨慎的诗，在德国文学中是用这样的诗句来呼唤深渊的。它们是斯特凡·格奥尔格（Stefan George）《神秘德国》（*Geheimes Deutschland*）一诗的开头两句："拉我去你的边缘，深渊——却不要让我疯癫！"不知喜爱格奥尔格、刺杀希特勒失败的克劳斯·申克·冯·施陶芬贝格伯爵（Claus Schenk Graf von Stauffenberg）在临刑前——那是1944年7月21日，在柏林国防部办公楼内——高呼"神秘德国万岁！"时是否想到了这两句诗？

作者：特·多
译者：丁娜

参阅：工作狂，登山片，浮士德，德国式焦虑，音乐，爱整洁守秩序，怪诞之事，莱茵河——父亲河，林中寂寞，女人

---

① 为纪念《关于武装冲突情况下保护文化财产的海牙公约》公布50周年，2004年5月在德国举行的一次艺术活动。

工作狂

  1990年我乘火车从法兰克福去米兰。一对来自施瓦本①的夫妇坐在我对面。过了曼海姆以后,上来了另一位乘客,不久我们便知道了他是意大利人。当施瓦本太太把自带的苹果削皮去核切成大小相等的块块时,施瓦本先生一边啃着妻子之前递给他的加肠面包,一边和意大利人交谈起来。那人说,他是个外籍工人,来德国20多年了,很喜欢德国。施瓦本先生笑着说,他也热爱意大利。他和妻子虽然只去过那里一次,在亚德里亚海边呆了两个星期,但意大利人的生活方式立即吸引了他。他不得不说,意大利人就是懂得生活!受到称赞的这位意大利人以礼貌的微笑作答。这时,一直沉默不语的施瓦本太太嘟囔起来,眼睛仍停留在切苹果上:"但也得干活不是?"

  至今我无法确定,那位削苹果者的生活态度和方式是被迫扭曲成那样的,还是自觉自愿心满意足的。有一点可以肯定,对下面这个古老的柏林笑话,她绝对笑不起来:"你们干什么营生?""先生,我们不干,是营生推我们去干。"

---

① 德国南部地区,那里的人以极为勤劳、只干活不享受、非常节俭甚至吝啬出名。

按照《圣经》旧约的观点，劳作是上帝给予人的惩罚；根据生机主义的活力论，劳动是给人带来快乐的行为，只有在劳动中人才真正成其为人。到底该听谁的，西方从一开始就莫衷一是。而在德国，意见双方更是各自都达到了极致。

《圣经》旧约观点在德国第一次强有力的影响是马丁·路德翻译过来的："我们一生的年日是七十岁，若是强壮可到八十岁，其中所宝贵的只是劳苦愁烦，转眼成空，我们便如飞而去。"路德《圣经》译本中诗篇第九十首听起来就是这么诗意而无情。在这位宗教改革家之前，神秘主义者已经提升了劳动的地位，尽管（恰恰是）他们给劳动披上的是一件丑陋的外衣。埃克哈特大师（Meister Eckhart）[①]就说过，拾柴火也能得到上帝的垂怜，只要心是向上的。然而神秘主义者始终——谦卑地——坚持，他们苦行僧式静心养性的祈祷生活高于世俗的劳动。

路德反对这样的观点。他毫不留情地激烈抨击了教徒生活那一套，自以为丢下日常劳作，全身心追随上帝就能走上灵魂得救之路了。"无论高低贵贱，每个人都得做他理应去做之事，从事他的职业。啊，这是多么必需而富有教益的指导思想！以为只要照着表面看到的圣徒的样子去拜拜神就好了实在是个误区啊！"

出自1522年教堂布道书的这段话给德国的职业概念带来了颠覆性的后果。身为奥斯定会修士时的年轻路德，就已经把"职业"一词与神赋的精神上的蒙召联系在一起了。《圣经》翻译完成后，在讲到纯粹的经营工作时，他突然也用"天职"这个词了，这已不是什么改革，而是一场革命了。这位神学家在解释把"天职"扩大到世俗范围去的理由时说："耶稣没有想让人人都有成为他的继承人、去作圣徒的使命感。""我需要各种各样的仆人，不能大家都做同一件事。"在前面提到过的布道书中，路德让耶稣如是说。"上帝无须牺牲，只需服从。因此，一个想上天堂的虔诚婢女，只要服从命令，扫院子，挑大粪，就是走在正道上，而另

[①] 埃克哈特大师（1260~1328），德国神学家，哲学家和神秘主义者，其布道对当时和后代影响极大。

一个成天只去教堂，不干活儿的，就只能下地狱。"路德之后，哥林多前书中圣徒保罗的告诫"各人蒙召的时候是什么身份，仍要守住这身份"开始产生巨大影响。

但是，路德所奠定的新教刻苦勤勉的劳动激情16、17世纪时尚未广泛形成，德国人因此而出名（或遭恨）是后来的事情。路德教牧师约阿西姆·威斯特法尔（Joachim Westphal）那时曾徒劳地告诫人们要警惕"懒惰的魔鬼"，要求"遏制肉身，不受迷惑，转向劳动"，或者像圣徒马太那样将无所事事之人的担忧揭出来：他会在睡梦中恐惧，会发疯发怒，不吃不喝，最后像条狗似的乱叫。即使在严格的禁令下，全国范围的行乞也只是部分得到遏制。虽然，德国人的劳动激情确实在这段时间里形成了，大城市里手工业欣欣向荣，从汉堡到奥格斯堡贸易兴旺，但是"三十年战争"毁灭了德国的这第一次经济奇迹。荒芜的大地上疮痍满目，外加中世纪行会制度对工艺现代化的制约。行会更多的只是促成了工余时间的集体酗酒。当时唯一受益的经济领域是餐饮业。1700年前后，一个两百户人家的小镇就有三十到四十家酒馆的情形不在少数。

又一次给德国人戴上守纪律、勤劳作紧箍咒的是虔信主义，而且这一回比路德做得扎实。不反对口腹之欲的宗教改革家还是给感官享乐留下了足够的空间。此外，他的恩典说也保护这一点，按照恩典说，能否得到救赎完全取决于上帝不可洞悉的意愿，与人一生是否勤勉守法、做了什么无关。路德认为，获得恩典的关键在于深深地忏悔所犯罪孽和乞求，靠认认真真干活是得不到的。

当初，原本就观点不一的虔信主义运动也还没有一定要在上帝的名义下把人变成干活的机器。虔信主义的主要目标是要让在路德说教下已僵化的心重新活跃起来。对路德教来说，一个基督徒"重生"的关键经历是"忏悔之战"及随之而来的"突破"。虔信主义者坚信上帝的国度在此岸也是可以达到的，这样它们就与路德分道扬镳了。菲利普·雅可布·施潘纳尔（Philipp Jacob Spener）是17世纪下半叶形成的这个新教流派最重要的早期代表。他没有背离路德的一点是，他已经从无度的劳作中嗅到了神化人的行为之危险。他主张给人休息，以修身养性，这是"上帝的意愿"。

施潘纳尔主张的修身养性不久就被彻底推翻了：劳动与祷告被视为同等。1695 年，比施潘纳尔小 30 岁的奥古斯特·赫尔曼·弗朗克（August Hermann Francke）试着在哈雷（Halle）附近的格劳哈（Glaucha）建立虔信主义样板园。起初的计划方案是一所孤儿院，很快弗朗克基金会便发展出了一个包括三部分的学校系统，不仅收容和教育流落街头的穷孩子，就连普鲁士贵族也把他们的子女送进来了，为的是他们能健康成长。同时，这座"上帝之园"也促进了哈雷市的经济发展，除了学校，还开了一家药店，不久就开始大量出口药品，此外还有了印刷厂和书店。

威廉一世国王是弗朗克基金会最热心的支持者。为了节省，柏林的宫殿他只使用其中几个房间，对他那酷爱科学艺术的父亲留下的财政烂摊子，他进行了有效治理。这位"士兵国王"的生活宗旨是"除了劳作，别无他求"。因此而受到敬畏的他曾亲自从马上下来，用手杖痛打被他抓住的懒惰臣民。他视弗朗克为志同道合者，弗朗克的口号是："我们必须一生劳作，以求得救升天。"

由此，勤勉敬业在德国第一次被誉为虔诚的生活方式。弗朗克学校的学生们肯定得按时祷告、唱赞美诗，同时，他们也受到了当时最好的教育。最关键的是，孩子们从小就要习惯于坚持劳动。不劳动即犯罪。"让孩子们干活不仅仅是让他们能挣点钱，不白吃饭，更重要的是劳动可以预防无所事事带来的种种可耻、有害的恶习，比如欺骗、酗酒、赌博、淫乱、偷窃，等等。"弗朗克继承了路德教神学家尤斯图斯·梅纽斯（Justus Menius）写入《致克利斯蒂娜》（*Oeconomia Christiana*）一书中的这一信念，并在他的"上帝之园"内付诸实践。

社会学家马克斯·韦伯（Max Weber）在其著名的 1904~1905 年研究中提出了资本主义精神来自新教伦理的论点。广义上说这个论点有说服力，但是虔信主义在资本主义形成中所起的作用仍然模糊。还是卡尔·兴利西斯（Karl Hinrichs）表述得精确。在多个调查中，这位历史学家研究了德国虔信主义与英国清教主义之区别，得出的结论是："虔信主义不是一个主张和鼓励个人经过努力获得成功的宗教。它与同时代的加尔文清教主义晚期形式不同。德国虔信主义崇尚'为他人'而工作，英国的晚期加尔文主义主张'为自己'"。说得更明确一点："在英国，清教主义是资本主义的开端，在德国是社会主义。"

弗朗克的思想确实和后来那些催人勤奋的社会主义者如出一辙：只为自己灵魂得救而工作是毫无意义的，甚至可以说是犯罪。虔信主义的信徒深信不疑的是，"一生要为上帝的荣耀和他人服务，为上帝和他人牺牲同样有意义"。每一个人"要尽其所能，为拯救自己和他人免遭天谴而不懈努力"。

强调要对他人负责，像对自己一样，对加尔文教徒来说是陌生的。他们信仰中的宿命论更接近路德的恩典说：一个人在出生时上帝就已决定他是否得到拣选，之后再没有提升的可能。加尔文教徒之所以会成为孜孜不倦的劳作者，应该从心理而非宗教的角度去解释。因为，始终折磨着他的问题是，活着的时候从哪里能看出自己是属于能成为圣徒一族的呢？路德对这个问题的解答简单而粗暴，没有人能对自己封圣深信无疑；加尔文教则给人提供了一个充满艰辛的安慰：每个人事业、经济上的成功与否便是证明。因此，加尔文教徒不是为了能够封圣而工作，而是为了向本人和他人证明自己是一个圣徒而工作。社会教育学的纪律教育在这里变得毫无意义，没有工作使命感的人，可以不干，就让他拖着被诅咒的灵魂等待最后的审判吧。

像弗朗克那样，坚信上帝的决定在人出生之时尚未做出，恩典可以通过坚持不懈、勤勉刻苦的生活争取，这样就为广泛地动员辛勤工作打开了大门。因为，上帝更愿意看到，每个人不仅自己尽心尽力工作，而且拯救更多的人脱离罪恶的泥潭。虔信主义的爱人如己不是去施舍，送乞丐一件大衣不如教会乞丐去制作大衣更慈善。即使路德眼中很可疑的富商，在弗朗克看来也可以成为一个好人，只要他不独享盈利，而愿意资助基金会，比如他在格劳哈的那个基金会，或建立新的基金会。威廉一世国王让这个信条成为国家的社会政策，把大型私人企业转变成国家和基金会企业。这样一来，贫瘠落后的普鲁士王国在18世纪经历了双重飞跃发展：与经济并行的是建立了大量培养热爱工作的年轻一代的机构，那里出来的后生走进工厂、作坊、毫无怨言、不知疲倦地织布或生产种种别的东西。

"为普鲁士国王工作",这个口号令思想家们至今争执不休。它的意思是说要为上司卖命呢,还是说工作其实是为了自己?这里涉及的怕远不是一个学术问题。第一种解读根据基督教义而来,劳动一定得干到伤筋动骨才能起到净化作用,理想境界是人人都成为俯首帖耳唯命是从的臣仆。第二种解读歌颂人的创造力,沉浸在自己的工作中,把原本只存在于个人头脑中的思想、设计付诸实施,理想境界是手工工匠和艺术家。

启蒙运动虽然不再相信此岸的努力会在彼岸得到奖赏,但他们仍忠实于对工作的激情,为它编织了新的花环,把它从基督教的梦魇中解放出来,使之成为理想主义的自我表现。其翻译的荷马史诗至今仍被奉为经典的古语言学家约翰·亨利希·福斯(Johann Heinrich Voss)1801年曾写过这么一首诗,为劳动高唱赞歌:"劳动是愉悦,不是挨罚,只有劳动让我笑哈哈。无所事事的人啊,你那漫长的时日如何打发?我们只盼天久久,时长长,快步如飞去干活,总嫌不够忙。"

福斯的诗歌和歌德的配起来,是一首很好的二重唱,《西东合集》(*West-östlichen Divan*)中,歌德这样吟道:"工作着,时日短,若彷徨,时日长。"有一次,歌德孜孜不倦的秘书、速记员艾克曼(Eckermann)大胆地指责大师抵抗拿破仑战争期间,没有为国效力,歌德回答说:"每个人遵天命行事。当我行之事我不分昼夜,刻不曾停,尽我所能,毫不懈怠。若他人个个如我,天下太平焉。"

无止境的好奇把歌德创作的浮士德交到了魔鬼手中,但正是孜孜不倦的追求与工作保护他免入地狱。"不停追求与努力的人,将得救赎。"《浮士德 II》结尾时,天使唱着这样的歌将浮士德接入天堂。

"劳动使人自由"被变态的纳粹刻在集中营的大门上,遭到滥用。而歌德当年是很赞同这句话的。席勒大概会比较克制。1784年,他在动员普法尔茨上流社会的老爷们为曼海姆剧院捐款时说:"人的天性无法忍受无休无止地被缚于劳作的折磨。"在《论人类审美教育书简》(*Über die ästhetische Erziehung des Menschen*)一书中,他以更激烈的言辞抨击功利社会对人的摧残和割裂:"永远只做整体中某个细微的工作,人本身也会变得细微而残缺；耳中只听到他所开动的那个轮子的单调声音，就永远无法发掘出本性中的和谐。人的天性一旦被扼杀，他就成了会说话的机器。"唯一能够治疗这种"毁灭"的良药就是美学经验。席勒在解释剧院作为道德教育机构的必要性时说，为避免工余时间"无节制地瞎逛，陷于酗酒和堕落的赌博"，最好、最适合的休闲方式就是上剧院。只有那里还保留着业已消失的古希腊理想："寓乐于教，让休息与思考，消遣与学习相得益彰。"

到了浪漫派那里，世俗的劳作彻底成了限制人个性发展的桎梏。虽然浪漫派诗人们，从盐场督察诺瓦利斯，到普鲁士官吏约瑟夫·冯·艾兴多夫以及法律顾问 E.T.A. 霍夫曼都或多或少地恪尽职守，但对他们来说，真正的生活开始于放下工作，进入艺术。而且，不是所有的艺术形式，只有诗歌才能真正让人自由。

浪漫派的彼岸不是一个死后灵魂才有希望进入的地方。他们虽然无比崇尚和大肆歌颂死亡，但仍试图在此地和现在就让彼岸发光。"假如你能掌握那个秘诀，便能让世界放声歌唱，欢歌藏于万事之中，梦想带它飞向远方。"艾兴多夫在其诗歌中呼唤的掌握"秘诀"的艺术，靠勤勉和自律是学不来的。让世界放歌，自己通过世界的激励放歌，只知照规则干活的老实工匠是难以完成这双重使命的。只有天才的诗人才有可能和足够坚强，既全身心投入，又保持住自我，直至最后，人与世界能有瞬间的和解。真正的生活在自己内心和所有事物的深处，艺术的力量就是要穿透表层。精英们只在深处才能相遇。

这一切，与世俗的经营活动自然无关。浪漫派大腕儿弗里德里希·施莱格尔在其广受批评的《露辛德》（*Lucinde*）一书中，甚至把以往一贯受到诅咒的无所事事吹捧为"残留的、唯一从伊甸园带来的与神相近的本性"。自然，他说这话时，所指不是中世纪对天堂的那种想象，只要仰面躺在地上，煎熟的鸽子会自动飞入口中。施莱格尔反对"执着的、无中心、不停顿的前进前进"这种"北方的陋习"，因为它会剥夺人自身的创造力，"只有以平和、温良的心境，在无为的、天堂般的宁静之中，人才能反思自己，审视世界和人生。不全身心地投入和献身于创造性的精神活动中，如何能思考与赋诗呢"？

令席勒和浪漫派无奈的是，这种要让人成为人而不是木匠、官员或婢女的精神活动对德国的普通大众来说充其量也只是工余饭后之事。倒是伊曼努尔·康德的看法让大众觉得得到了认可，他说那些以"健康的理智勤奋工作的"德国人比任何天才都更有用。晚期歌德也同样，在《威廉·迈斯特的漫游时代》一书中，他已告别了对世界各个领域无所不知的浮士德式的全才。书中，年轻的威廉始终在寻找自己在资产阶级社会中的位置，他固执地认为"全面的教育和知识是必需而有益的"。他年长的朋友亚诺（这时已自称"蒙坦"①并专心致力于采石）对他说，"现在是需要单一技能的时代，理解到这点的，能专心掌握一种技能是最好了。头脑简单的，当个工匠；聪明一点的，学门艺术；至于天才，一通百通，干好了一行，就知道别的应该怎么干"。

自我实现的美梦飘然而去，古老而神秘的基督教观念——拾柴火也可以是最崇高的事，又悄悄通过世俗的后门溜回来了，在空空如也的教堂穹顶上，它无助地不知如何说明所有劳苦烦愁有何益处。因此，希望人能够在劳动中成为人而不仅仅是正开始高速运转的资本主义大机器上的一个小齿轮，这样的渴望在19世纪再一次有力地抬起头来。卡尔·马克思和弗里德里希·恩格斯一起，把浪漫派从诗歌的殿堂拉出来送进了工厂。《1844年经济学哲学手稿》（*Die Ökonomisch-philosophischen Manuskripte aus dem Jahre 1844*）中，年仅26岁的哲学博士在分析"异化劳动"之狡诈时说："工人没有在带来愉悦的劳动中回归自我，而是毁于越来越狭隘、单调而无聊的劳动。他在劳动中感到不自在，他在不劳动时觉得舒畅，而在劳动时就觉得不舒畅。"在马克思看来，许多工人像逃避"鼠疫"似地逃避劳动，并不是因为他们懒惰，而是他们对非异化劳动的感念尚未彻底泯灭。

马克思认为，资本主义生产的原罪在于它只允许利用关系的存在：自然缩减成了原材料；劳动的人成了劳动力、机器部件。与动物不同，人有生产比自身直接需求更多、更有意义东西的自由，然而，在资本主义那里，只剩下剥削者的自由，他们可以住宫殿，工人只能缩在"贫民窟"。

---

① 意为采矿。

如何从异化的地狱逃生呢？在另一部与恩格斯一起写成的早期著作《德意志意识形态》（*Die deutsche Ideologie*）中，两人共同憧憬着劳动的解放。而这只有在取消了被青年席勒抨击过、老年歌德叹息着辩解过的"分工"之后才能实现："当分工一出现之后，任何人都有自己一定的特殊活动范围，这个范围是强加于他的，他不能超出这个范围：他是一个猎人、渔夫或牧人，或者是一个尖锐的批判者，只要他不想失去生活资料，他就始终应该是这样的人。而在共产主义社会里，任何人都没有特殊的活动范围，都可以在任何部门内发展，社会调节着整个生产，因而使我有可能随自己的兴趣今天干这事，明天干那事，上午打猎，下午捕鱼，傍晚从事畜牧，晚餐后从事批判，而不必老是当一个猎人、渔夫、牧人或批判者。"

因为"社会调节着整个生产"，所以一群快乐的外行也能生存下去的幻想在 19 世纪还是渐渐枯萎下去了。替代劳动的解放的是从劳动中解放出来。恩格斯在 1877 年发表的《反杜林论》（*Anti Dühring*）中写道："只有在大工业化生产极大提高生产力的情况下，才有可能把工作无一例外地分给全社会成员，限定每个人的劳动时间，以便他有足够的业余时间去参与社会的其他事务，无论是理论上的还是实践中的。"通过劳动在人、社会和自然间建立起鲜活的相互关系之浪漫主义理想只剩下技术高超的蜜蜂建蜂房的集体浪漫，工作之余能做的仍是对着蜂房再嗡嗡几声赞歌。

19 世纪末 20 世纪初，在克虏伯、曼内斯曼等钢铁、化工、机器制造等工厂每周苦干六七十个小时的德国人真能感受到"必然王国"与"自由王国"之间的尖锐对立吗？按照马克思《资本论》（*Das Kapital*）的观点，必然王国是为自身物质需要生产，而在自由王国里，劳动不再是为了需要和外在的目的。难道，德国人早已进入在机器般的劳作中看到更高程度自我实现的浪漫境界？

哲学家、社会学家马克斯·舍勒（Max Scheler）的回答是肯定的。而且认为，正是德意志灵魂中的这一点，让他的同胞饱受怀疑。1916 年，他在慕尼黑做过一个题为"仇视德国之原因所在"的报告。基本命题是：早在战争爆发前，德国这个"历史上的暴发户"就已经是全世界最受仇视的民族了，因为德国人凭借工作狂把其他民族都赶出了他们优哉游哉的乐园。东边的邻居除了"做梦、幻想、感受，祈祷"以外，就想喝酒；英国人之所以做买卖，是为了"周五晚上就能结束工作去运动场"；至于法国人嘛，"少生孩子攒起了钱"，是为了有闲享受奢侈的生活，工作个二三十载就颐养天年。

这时突然冒出了德国佬，"身穿工作服，手握有力的拳头，不为名利，不为赶超，不为工作以后能享受，也不为有空闲能欣赏美和思考，而是自觉自愿全身心投入工作，带着一股看起来怪吓人的坚定不移、一丝不苟和精准守时，全然忘我地干、干、干。让全世界最不能理解的是，这么干纯粹出于喜欢干，没有目标，没有目的，没有终点"。

这样一种工作狂，同时也是最高境界的工作乐趣，在舍勒看来，不是随工业化加速发展才出现在德意志帝国内的现象，而是"日耳曼古老本性的陪嫁品"。比舍勒年长一代的生命哲学家威廉·狄尔泰（Wilhelm Dilthey）已经说过，日耳曼人的行为不出自一个合理的目标，而是一种超乎所有目标的巨大能量。

舍勒曾举学识渊博的哲学家戈特弗里德·威廉·莱布尼茨（Gottfried Wilhelm Leibniz）为例，来解释德国人的无尽追求。据说莱布尼茨曾说，每天早上一醒来他就有无数的奇思妙想，要都写下来一天的时间根本不够。他把无尽的完美，而不是某一个可以实现的完美视为人类所有努力的目标。同样，不谈"永恒的追求""无尽的义务"也就无法理解莱辛（Lessing）、歌德、康德。

第一次世界大战前夕，法国哲学家埃米尔·博德罗（Emile Boutroux）曾做过一个关于德意志之魂和法兰西之魂的报告。报告中，这位法兰西科学院的亲德派解释了他对德国的热爱如何随着德国从歌德转向克虏伯消失殆尽，是的，他甚至变得厌恶德国，因为德国人将自己生来追求理想主义的工作之魂出卖给了物质主义。

舍勒在报告中对这一诊断持有同感，德国人在19世纪确实发生了巨大转变。他强调，虽然新兴的工业化劳作之根源仍来自古典人文主义永不停息的追求，但他不赞成他的同胞们不徜徉于思想的天空而宁愿迷失在工厂，

"应该为国家，为国家的荣誉，特别是按照圣经，应该为信仰献身，成为'殉道者'，为自身的福祉，为高尚的精神文化价值付出，而不是投身于鞋底、缝衣针之类的生产。为经济劳作献身不是高尚的，而是滑稽的。克莱斯特（Kleist）笔下洪堡亲王出征时的英雄气概、激情坚毅和不怕牺牲，不能用到面包、香肠和缝衣针的生产中，亲王那样做是为了他的国家和国王"。

托马斯·曼对此提出了——至少是间接的——反驳。和舍勒关于仇视德国人的报告一样，写于一战前夕的《一个不关心政治者的观察》中，作家把"不堪重负、处于衰竭边缘"的劳动者称为"现代英雄的生活方式"，把他塑造的小说人物托马斯·布登勃洛克奉为"资产阶级新公民"的英雄（托马斯·布登勃洛克29岁就成为家族商业帝国的掌门人，为公司鞠躬尽瘁也未能挽救其覆灭的命运）。作家承认，无法想象自己去从事资产阶级艺术家以外的职业，但是，与埃克哈特大师及歌德一脉相承，他强调，关键不在于你做大事还是运粮食，工作的内容不重要，重要的是态度，以什么样的态度去工作：有序、执着、勤奋、主观意识、"我要尽全力做到最好"。

托马斯·曼把英雄境界强加给普通劳动者的想法大概会遭到同行恩斯特·云格尔（Ernst Jünger）的嘲笑，他认为普通劳动者干得再多再苦也只是普通市民。1932年，当云格尔把工人奉为新时代偶像的时候，眼前出现的一定不是香肠工厂里舍勒式的"殉道者"，而是大汗淋漓的肌肉男，在一战与二战枪林弹雨的间隙中，在蒂森、克房伯和曼内斯曼钢花飞舞的高炉前继续着英勇的斗争。

云格尔在一战中多次负伤、获奖，他认为工作是战争之继续，其手段和把兰赫马尔克（Langemark）、康布雷（Cambrai）的战壕变为地狱全然无异，现代职场如战场。渴望危险的探险之心，期待着与生活角逐，但不得不承认，20世纪除了物质大战别无选择。机器被提到不可抗力的高度，只有劳动斗士才敢与之较量或结盟。

和共产党人、国家社会主义党①人一样，云格尔也梦想着炸翻资本主义社会。然而，和云格尔式的工人并列的经典无产者就像是穿上了蓝色工作服

---

① 即纳粹党。

的小市民。马克思、恩格斯田园般的蜂房变成了疯狂的马蜂窝。"工作展示了拳头、思想和内心的速度",云格尔写道,"日日夜夜的生活,科学,爱情,艺术,信仰,文化,战争;工作是原子震动,是推动日月星辰运动的力量。"

假如云格尔的工作概念是绝对的,是反对资产阶级的种种恐惧和担忧,主张无止境地工作和献身,倒也让人愿意接受。将工作视为自由之因素无可指摘。只是,如果仔细看一下云格尔对自由的解释,就让人不敢苟同了。从路德开始的专制传统,经普鲁士-虔信主义到黑格尔一脉相承,把自由与顺从附庸于一个大的整体混为一谈。在云格尔眼中,自由与自己决定是否献身以及为什么献身无关。自由的含义是:成为当家做主的新人类当中的一员,认清自己在"劳动岗位"中的位置。人最大的幸福是能够做出牺牲,指挥的最高境界是指明值得为之牺牲的目标。

清楚地知道了国家社会主义党和德国的社会主义专制会造成何等灾难以后,肯定是要忙不迭地埋葬掉那些英雄赞歌,庆幸德国人总算也懂得享受一点生活了。不应忘记的是,即使聪慧敏锐如汉娜·阿伦特(Hannah Arendt)——她对极权主义之迷途进行过透彻分析,仍坚持认为,现代消费公民的幸福理想——有足够的时间"留给自己"以便享美食、看电影,其实是"不幸"的。

生活在法制国家,人人都认同"生命是最宝贵的"。这一信条德国人近几个世纪才认识到,其他西方国家稍久些。在以往的英雄历史上,信奉的都是"生命是无足轻重的"。然而,宝贵的生命如何才能避免耗尽在享乐主义的冷漠中而失去应有的价值,这个问题仅有信条并不能解决。阿伦特在其《积极生活》(*Vita Activa*)一书中怎么说来着:"以前所未有的方式发挥人的所有能力,这样一个充满希望的新时代完全有可能在亘古未有的、致命的、毫无结果的被动消极中结束。"

"劳动红旗奖章"是民主德国自1955年至其消亡向"多年为巩固和加强民主德国做出突出贡献,尤其是在经济建设中取得优异成果"者颁发的奖章。

48

在自愿选择的工作中干到精疲力竭,哪怕这工作只是生产香肠,也比无所事事地数手指头强。精力过剩的日耳曼后裔,永不停息的奋斗者,施瓦本的削苹果女人,握着有力大拳头的普通工人都还大有人在。否则,以"总有活要干"做广告的德国最大建材市场到现在没破产该如何解释呢?

作者:特·多
译者:徐静华

参阅:深渊,浮士德,桁架建筑,下班之后,汉萨同盟,神秘主义,爱守秩序,福利国家

包豪斯风格

49   "如果从立体主义开始的现代绘画,从勋伯格(Schönberg)开始的现代音乐,从包豪斯(Bauhaus)开始的现代建筑,以及我深恶痛绝的患了厌食症的文学从未存在过的话,那么人类其实没有错过任何东西。"美国大文学家汤姆·沃尔夫(Tom Wolfe)1999年在一次和《明镜》周刊谈话时这样说道。

    包豪斯虽作用非凡,却业绩平平。从业绩上讲,包豪斯有一个既多产而又不显山露水的前者,它成了在工艺美术界后来居上的竞争者,这就是艺工联盟(Werkbund)。

    这一联盟早在第一次世界大战之前的1907年就已经创立了,其宗旨是把手工、艺术、建筑和工业联合在一起。欣欣向荣的帝国需要务实性强、功能性强和标准化的产品。随着工业化的进程出现了一系列新气象,帝国社会展延开来。大市民阶层追求独一无二,而老百姓则期待批量制作的产品。一个国家的生计不仅靠劳动,同样也靠消费。

    于是艺工联盟发明了整体厨房(Einbauküche)(这一类家具尽管对减轻家务做出了不可磨灭的贡献,但还是不宜大张旗鼓地宣传。因为发明的东西难登大雅之堂,所以这一类发明总是带有一丝庸腐气息)。

德国的日用美术起源于慕尼黑的分离派（Münchner Sezession）经历的两件事。艺术家理查德·理莫施密特（Richard Riemerschmid）喜迎婚事，却找不到合适的家具，于是他决定自己设计。几乎与此同时，建筑师彼得·贝伦斯（Peter Behrens）接到通用电气公司（AEG）的任务，设计这家公司的广告。这是德国首创的"公司识别"（CI）。理莫施密特和贝伦斯是艺工联盟的两位创建者。一年之后，弗里德里希·瑙曼（Friedrich Naumann）为艺工联盟撰写了第一本宣传册，名为"德国手工艺术"（*Deutsche Gewerbekunst*）。

亨利·凡·德·菲尔德（Henry van de Velde）在魏玛开办的艺术学校亦属于艺工联盟的一部分。1919年，艺工联盟成员瓦尔特·格罗佩斯（Walter Gropius）接管了这所学校，并使其成为由他所创立的包豪斯的根据地。接下来的十年里，艺工联盟和包豪斯共同存在。格罗佩斯依然是艺工联盟的成员。同时，包豪斯以标新立异的方式塑造自我形象，其目的是要把自己描写成建筑先驱。这种做法并不令人称奇，先锋派要做让人信服的工作，大都是站在队伍的最前列的。

1923年，格罗佩斯在描述包豪斯的精神境界时，多少带有些晚期浪漫派和表现主义的口吻："当今世界的思想已经可以识别出来，只是其外形还有些模糊不清。古老的二元世界图景，即与全体相对立的个体的这种思想已经苍白无力，取而代之的是一个新型的世界统一体思想，它能够把各种对峙的力量加以调解，包容在自身之中。对事物和现象相统一的这种开创先河的新认识，为人类所有的造型工作找到了一种深深根植于我们内心的共同意义。每一个造型，不多不少，都是我们的内心思维要求我们去塑造的。每一项工作都是我们内在本质的宣言。只有这种工作才有精神内涵，机械化的工作是没有生命的，那只是死板的机器的任务。"

不久，包豪斯的形象便趋于独特而无法取代。之所以无法取代，是因为包豪斯懂得如何让自己无法取代。这其中不仅包括了包豪斯的理念，还包括了如何去传播包豪斯的理念。包豪斯不仅在其建筑和设计构想上先进，而且在自我推介和自我广告上亦是如此。除了包豪斯的建筑外，包豪斯发行的《包豪斯》杂志和书籍也是非常重要的。

在这种情况下,"包豪斯"到底是什么已经不是问题,更重要的是,当人们听到包豪斯这个名字的时候会联想起一些什么。人们可能会想,对呀,这个名字似曾相识啊!也许是平屋顶,或者是照明?无所谓啦!这些都是包豪斯的发明。平屋顶也许可以成为包豪斯的识别标志,但是在今天谁还喜欢平屋顶呢?倒是那盏灯知名度很高,那盏款式永恒的台灯可以经得住时间的考验。

如果在步行街上询问行人什么是包豪斯,也许大多数人会联想到与此同名的建材市场。这是一家经营装修工具、房屋建造、修整花园的市场。因为在德国有125家分店,所以一个口号就重复了125遍:在包豪斯客户就是国王。

人们说,包豪斯是符合时尚的。包豪斯给人们这样一种可能性,就是符合时尚地生活。包豪斯的前卫派不仅是一种形式的游戏,同时也从建筑空间里汲取社会属性。包豪斯理所当然地把内部设计加到建筑中去,并且把设计和使用价值结合起来。这真是个绝妙的主意,但是其作品是否能让人接受,这就很难说清楚了,除非是人们出于礼貌不去询问抽象的意义。

包豪斯通过建筑的简洁唤起人们这样一种印象,即建筑关系每一个人。和谐的空间结构和抽象的线条产生出流线的形状。人们总是感觉捕捉到了关键。包豪斯建筑的那种流线形状使其可以适应环境。这些形状几乎可以适应任何建筑情况。流线型并非一种理念,更不是一种前卫。它能够很好地与现存的建筑相配合。包豪斯被犹太难民带到了特拉维夫。包豪斯存在于布加勒斯特。在美国、德意志民主共和国和德意志联邦共和国都可以见到包豪斯。包豪斯既适用于30年代,也适用于50年代。早在1950年,慕尼黑艺术之家(Münchner Haus der Kunst)为包豪斯做了第一次专题展览。这家展览馆的前身名为"德意志艺术之家"。正是在这个地方,1937年纳粹举办了所谓"堕落艺术"展,包豪斯的几个作品也被纳入其中,展览的目的是恐吓百姓。但正是在这个展会上,纳粹得到了了解包豪斯建筑风格的机会。后来,在大西洋岸边的壁垒中居然还留下了包豪斯风格的防御工事。

包豪斯艺术思潮的文献得到了妥善保管。最早人们在达姆施塔特（Darmstadt）建立了一座包豪斯档案馆，后来档案馆搬迁到了柏林。

包豪斯似乎就根本没有做商标保护。包豪斯作为艺术潮流青史留名，不必做什么保护，而建材超市也不必做什么保护。包豪斯不和建材超市竞争，建材超市也更不会与艺术家们竞争。自己做手工活如今只是业余爱好，艺术界对此很坦然。

包豪斯虽然标新立异，但是并未与传承一刀两断，而是对它们兼收并蓄。因此包豪斯的诞生是一种逻辑发展的结果，是一种必然，就像一条线展延下去。艺术的包豪斯是魏玛共和国的产物，也是其传奇的一面。这个时代比较左倾，或者说人们希望左倾，至少想接近民众，迎合大众口味，所以美的东西也必须是有用的东西。1919年在魏玛启动这个项目时，格罗佩斯宣布"要集所有手工艺科目之大成"，人们很难不把它设想成一个模仿整体艺术范畴的整体手工艺行业。这难道不是一个举国上下齐动员的愿景吗？

包豪斯宣扬实用艺术，国家乐意赞助。但真正意义上的包豪斯作为设计和建筑项目以及教学机构却是短命的，它的命运与魏玛共和国唇齿相依。真实的包豪斯在强大神话的背后烟消云散。人们并不去过问包豪斯到底剩下了什么，而是茫然无策：到底什么是包豪斯，什么不是包豪斯？

德意志联邦共和国成立不久，人们把眼光放在法兰克福市歌德奖获得者瓦尔特·格罗佩斯和密斯·凡德罗（Mies van der Rohe）身上。他们是探寻传统的领军人物，而这一传统与纳粹特征毫不相干。

1968年，联邦住宅建设部部长宣布，包豪斯属于德国的民主传统，其意义不亚于授予包豪斯以联邦功勋十字勋章。这是对包豪斯神话的盖棺定论，同时也为联邦共和国的生活情调指出了方向。以这种情调设计出一把椅子，与其说适合革命家鲁迪·杜赤克（Rudi Dutschke）[①]入座，倒不如说更适合花花公子贡特·萨克斯（Gunter Sachs）[②]入座。

[①] 20世纪60年代西柏林的学生运动领袖。

[②] 20世纪60、70年代因其奢华的生活作风被视为花花公子的典型。

德国统一后，包豪斯所在地又一次成为公众的聚焦点。包豪斯成为德绍（Dessau）的一个旅游景点，但所剩的也都是一些断壁残垣了。第二次世界大战的空袭和德意志民主共和国时代的建筑群是其无法续存的原因。工业家和大师们的别墅已经被摧毁殆尽。人们决定以一种"不求精确"的原则来重建古迹，也就是说既有修复也有新建。人们以历史为榜样，但并非停留在此。

神话的力量在于，所有现代建筑看上去都像包豪斯风格，哪怕所有这些是事后的作为。

作者：里·瓦

译者：李鸥

参阅：烫发，桁架建筑，德国人的性情，庸俗艺术品，爱整洁守秩序

瓦尔特·格罗佩斯建造在德绍的包豪斯建筑。这是所有包豪斯建筑的鼻祖。

登山片

本来根本不应该有这类片子。拍这类片子的人无视理智与科学，却坚信人类力大无穷。他离开技术化世界，为的是逃进深山，背囊中却装着拍电影所需要的全部摄影装备。大城市人让他觉得可疑，同时他却在为这种人拍电影，好让他们坐在汉堡和柏林（或是巴黎和纽约）电影院的椅子上，感同身受地了解暴风雪是怎样刮过勃朗峰（Mont Blanc）的。德国没有壮观的山峰[对不住了，楚格峰（Zugspitze）[1]！对不住了，瓦茨曼（Watzmann）山[2]！]，可偏偏是德国人创造了登山片并将其推向了极致。

倒叙：弗莱堡，第一次世界大战前夕

那时候电影业刚刚起步。在杂耍剧场和"老影院"中娱乐德国观众的是斯科拉达诺夫斯基（Skladanowsky）兄弟[3]的《拳击的袋鼠》

---

[1] 德国境内阿尔卑斯山最高峰，海拔2963米。

[2] 最高点海拔高度2713米。

[3] 德国早期电影先行者，对技术更在行的麦克斯（Max，1863~1939）掌机，更有表演天赋的埃米尔（Emil，1866~1945）在镜头前滑稽舞蹈。

（*Das boxende Känguruh*），卢米埃（Lumière）兄弟①则向目瞪口呆的人们展示火车如何驶入普罗旺斯的一座火车站。在美国五分钱影院（Nickelodeon）中观众更是可以成为火车袭击案的目击者，在意大利刚刚拍出了第一部史诗电影《你往何处去？》（*Quo vadis?*）

就在画面磕磕绊绊地向前奔走时，阿尔卑斯山登山运动正准备最终壮大成熟。如果说1492年借助梯子和其他工具攀登陡峭的艾吉耶山（Mont Aiguille）②或是1786年首次攀登勃朗峰这种登高冒险还绝对是个别行为的话，那么19世纪下半叶这类向峰顶的冲刺就成为有组织的活动了：1857年第一家阿尔卑斯登山协会在伦敦成立，接下来的几年中奥地利、瑞士和德国的相应协会纷纷成立。1865年英国人爱德华·温珀（Edward Whymper）与其同伴登上了神秘的马特宏（Matterhorn）峰（下山时其四位同伴不幸遇难）。1896年第一家高山救援组织开始提供服务。1911年奥地利人卡尔·布洛迪希（Karl Blodig）炫耀自己是征服了所有阿尔卑斯四千米以上山峰的第一人。

在摄影和登山两方面都在蒸蒸日上的氛围中，有两个既热爱摄影又热衷爬山的年轻人不满足于在黑森林爬那些矮山了。他们是纺织艺术家泽普·阿尔盖尔（Sepp Allgeier）和地质学大学生阿诺尔德·范克（Arnold Fanck），他们向往更高的山峰，也想向一直生活在平原的人展示高处的优美与崇高。

熟悉康德的艺术理论家会吓一跳。优美与崇高？这怎么可能呢？我们不是学过，优美的东西和崇高的东西是尖锐对立的吗？一方面是和谐，让人的感官感到舒服；另一方面则完全是一种强力，是对所有感官的苛求。不是只有当人调动他所有的超常勇气，敢于正视可怕的局面时，才能"享受"崇高吗？

---

① 一对法国兄弟（Auguste Marie Louis Nicholas，1862~1954； Louis Jean，1864~1948），出生于欧洲最大的制造摄影感光板的家族，是电影和电影放映机的发明人。

② 法国东南部韦科尔地区一处著名的攀岩地点，海拔2085米。

当这两位年轻的登山片之父在收拾攀岩、滑雪和摄影装备，准备在崇山峻岭中拍摄最初的纪录片时，他们根本没有被康德的理论所束缚。对他们来说，优美和崇高的事物其实水乳交融。还有什么能够比阳光照耀下、闪烁着皑皑新雪的山坡更优美的？还有什么能够比骤起的暴风雪把刚刚还一片祥和的山坡变成雪崩地狱更崇高的？20世纪20、30年代拍摄的戏剧性登山片，也就是充满英雄气概的人在岩石和冰雪间如何求幸存的过程，使优美是否同时也能崇高的问题更趋尖锐化。但早期的登山片还未表现献身于阿尔卑斯山上的悲剧性人物，而是拍摄了一些令人印象深刻的有教益的东西［《在 4628 米高处滑雪——登顶罗莎峰》［*4628 Meter hoch auf Skiern – Die Besteigung des Monte Rosa*），1913 年；或是麻辣娱乐片（《雪鞋奇迹》（*Das Wunder des Schneeschuhs*），1920/21］。

唯一令二人组合阿尔盖尔/范克在初拍电影时不高兴的是：在他们之前有个英国人就已经把摄影机拖上了马特宏峰。可那些画面既不美也不崇高，无论自然背景再怎么美，攀登阿尔卑斯山的成就再了不起，仅仅拍摄人如何登山或是怎样乘雪橇顺坡而下也是不够的。如果摄影机以局外观察者的身份立在那里，人与山之间的张力是表现不出来的。它必须成为所发生的事情的组成部分，让人与山贴得更近，让二者的碰撞更剧烈，跟二者一起兴奋，只有这样才能产生一组有魔力的三角关系：观众、高山和登山者。为此可以使用一切手段。

此间已经读完博士学位的阿诺尔德·范克和泽普·阿尔盖尔——日后的专职摄影师——不断发明新摄影技术：因当时还没有变焦镜头，导演范克就使用了裁剪各异的黑色蒙片，对画面进行聚焦。他不断订购新镜头，调出自己的冲洗液，后来他为研发第一代单镜头反光摄像机做出了贡献。再后来他让人把摄像机安装在滑雪板上，以便观众可以感同身受地体会在雪地速滑下坡的滋味。这种"奔放的相机"带来了前所未有的对银幕的痴迷。

就在社会学家马克斯·韦伯于慕尼黑思索其"世界脱魔"理论之时，弗莱堡两位登山片开路先锋踏上了征途，为了证明并非整个世界都失去了魔力。相反，那些懂得正确使用最新技术成就者甚至可以做到，为那些为数不多的尚未失去魔力的东西更添魅力。他们既是崇尚自然的汉子又是技术狂人，是登山迷同时又是电影发明家。

人们尽可以怀疑：弗兰肯斯坦博士（Dr. Frankenstein）实验室中研制出的怪物会不那么吓人，只要把它迁移到山里头去的话。影评家西格弗里德·克拉考尔（Siegfried Kracauer）给整个登山片体裁所下的著名判决"前法西斯主义"却太过浅显，这一点史实可以证明。其实登山片的悲剧在于：它亲手毁灭了它本想保护的事物。以美的形式臆想出来的技术与自然的和解富有欺骗性。范克与他的团队所拍摄的那些有关荒凉的处女山的杰出画面一经送到山下，即使是生活在最平坦的大城市的人都想立马去登山。阿尔卑斯－电影艺术魔术师们宣称：高山在呼唤！没过多久，文明追随着这种呼唤就研发了越来越多的新缆车、吊椅索道和推雪机。然而人们还没有大规模挺进阿尔卑斯，而是仅仅涌进了离自己最近的影城。这就是说：某位大城市女子还没进山就变得不安了。

1924 年 6 月：柏林诺伦多夫广场（Nollendorfplatz）地铁站

一位年轻女子，8 月她将满 22 岁，不断把身体的重量从一条腿转换到另一条腿上。她在等车，她的膝盖受了伤，尚未确诊，估计是韧带拉伤。她正在路上，不知是去看第几位专科医生了，这是一场灾难。就在 6 个月前，她开始了充满希望的自由舞生涯：她在慕尼黑、柏林、苏黎世和布拉格举办了舞蹈晚会，评论界态度是友好的，甚至堪称热情。然后一个错误的跳跃，钻心疼痛从此不断，看来一段时间内她是跳不成舞了。

这位年轻女子就是莱尼·里芬斯塔尔（Leni Riefenstahl）[①]。要到十年之后她才成为那个先是名声赫赫、后又声名狼藉的纳粹女导演。在 6 月的这一天，她还是个既狂热又沮丧的年轻舞者，在焦灼地等待下一班地铁。

她在回忆录中是这样描述自己人生转折点的："我漫不经心地浏览着对面墙上的……广告，突然我被其中的一幅吸引住了。我看到一位男子正用双脚分别蹬住左右两边高耸的山岩。下面写着：《命运山——阿诺尔德·范克博士拍自多洛米蒂山脉的一部影片》（Berg des Schicksals –

[①] 也译为雷妮·瑞芬舒丹（1902~2003），在纳粹时期受希特勒青睐的女导演，曾为纳粹拍摄多部在当时极有影响力的纪录片。

Ein Film aus den Dolomiten von Dr. Arnold Fanck）。刚刚还在为自己的未来苦恼哀伤的我，像被施了催眠术一般盯着这幅招贴画和画上的男子，他腾跃在陡峭的岩壁上。"

莱尼·里芬斯塔尔忘记了地铁，忘记了膝盖的疼痛，也忘记了医生。她走进了电影院，《命运山》还没有演完，她就决定，自己这个土生土长的柏林人要到崇山峻岭那里去。她从未想到山会这么美。这一夜她失眠了，她苦苦思索着：吸引着她的难道仅仅是大自然吗，还是拍摄那部电影的艺术？

倒叙：1923 年，南蒂罗尔（Südtirol），塞拉（Sella）地区一山间棚屋

一位脸上化了一半妆的男子从棚屋中猛冲出来，高喊着："我为此害羞！面对群山我感到羞愧！"

阿诺尔德·范克博士叹了口气。这全是因为他现在不再和一小群喜欢登山的朋友们一起拍电影了，从前每个人都有机会摄影，或是脚蹬滑雪板在画面上飞驰而过。这部电影可别成为他的命运山。可这也是没有办法的办法，因为他最终知道，自己钻进了死胡同。没有情节的电影多少有些气数已尽。"不要再拍攀登纪录片，不要再拍滑雪达达片"，不久前一位拍电影的同行对他说，"真正的影院需要真正戏剧性的情节，而真正戏剧性的情节需要真正的演员。"

尽管如此，他现在必须应付的问题都不容易。他先是启用了一位来自苏黎世的演员，天晓得他都有些什么本事，反正面对群山他就像个傻瓜，还好他至少跟他解了约。可他现在把主角给了这位来自格勒登（Gröden）的登山向导和面条厨师，这到底是不是明智之举呢？

那家伙还在喊："我不让人给我化妆！山岳不是也没上妆嘛！"

范克博士不由自主地微笑起来，其实这条疯狗是对的。瞧他那头颅，整个一座性格纪念碑！他若是激动起来，那眼睛会放电！女人们看见他会成排地昏厥。让他来演是个正确的抉择，他叫什么名字来着？——特伦克尔（Trenker）。

柏林：位于动物园附近的宇宙电影股份公司大厦，1926年圣诞节前夕

德国登山片三巨头相聚了。闪着亮光的字母显示的是：《圣山：自然画面构成的一部戏剧性诗作》（*Der heilige Berg. Eine dramatische Dichtung in Bildern aus der Natur.*），导演与剧本：阿诺尔德·范克博士，主演：莱尼·里芬斯塔尔、路易斯·特伦克尔。这之前还有一段荒唐故事。莱尼·里芬斯塔尔不顾膝盖损伤来到了多洛米蒂山，她后来还要多次做出这类冲动决定。一次在旅馆放映完一部登山片后，她凑上去对特伦克尔说，"我要参加下部片子的演出"。这位来自南蒂罗尔的演员取笑这位来自普鲁士的疯丫头。尽管如此，他还是把她的照片收了起来并转交了范克。范克从弗莱堡前往柏林，登山片导演与舞者一起喝了一杯咖啡。几十年后莱尼·里芬斯塔尔写道："我内心沸腾得犹如一座火山。"

第二天一早她就躺到了手术台上。膝盖必须恢复正常，而且要快。要不她怎么能滑雪和学习攀岩呢？她也必须重新跳舞。手术过后的第三天，因熬夜而备显疲惫的范克走进了病房，他隆重地把《圣山》的手稿递给了她，这是他的心血之作，也是为莱尼·里芬斯塔尔量身定做写就的。他问她是否愿意……？

莱尼·里芬斯塔尔立刻答应了。然而却留下了误解的余地：女演员可以，女伴侣不行。范克认为全赖特伦克尔。里芬斯塔尔辟谣，特伦克尔辟谣，人们仍旧怀疑。

拍摄过程中，导演跳进了一条山涧，舞蹈家/女演员用瓶子扔他，本想当建筑师的导游/面条厨师/男演员认为一切都"愚蠢可笑"。

就在真实生活中的人际关系像轻歌剧脚本中那样一片混乱之时，银幕上的人际关系上升到了大歌剧的水平。女舞者迪奥提玛（Diotima），她像希腊爱神阿佛洛狄忒一样来自大海，来到阿尔卑斯山演出。两位登山爱好者在格兰德旅馆看了她在台上的表演，两个人不约而同地爱上了她。迪奥提玛对年轻的维戈（Vigo）——由范克的外甥出演——的喜爱充其量不过是姐弟式的挑逗；比较成熟的"朋友"——由路易斯·特伦克尔扮演——却令她动了真情。两个男人均憧憬着在上头——"最美的山巅"的订婚场景,半路上特伦克尔不得不目睹他所心仪的迪奥提玛如何抚摸一位男子的头发,而这位男子则跪在她的面前,把脸贴在她的腹部。他失控地冲向山里,把年轻的登山伙伴一起带向了危险的北坡。黑夜降临,山谷中升腾起暴风雪,雪崩向登山者袭来。维戈想回去,特伦克尔却问道:"山下那群无赖中有特别让你牵挂的吗?"这时他才突然意识到,让他丧失了理智的那被抚摸的脑袋正是维戈的脑袋。他威胁地站到维戈面前,这位年轻人为躲避他一脚踩空。一整夜特伦克尔在暴风雪中都牢牢地抓住伙伴身上的绳索,起初年轻人还在悬空蹬踢,后来特伦克尔明明知道他冻死了,却仍旧不松手。拂晓时他看见一座冰教堂的画面,他的迪奥提玛正和他一起步向圣坛。冻得半僵的他追随着自己的登山伙伴从坚守多时的窄岩上纵身跳下了深渊。

与相隔不到一个月在柏林同一影城首映的《大都会》(*Metropolis*)完全相反,这部电影大获成功。另一位导演弗里茨·朗(Fritz Lang)呈现给观众的是制片厂中搭建起来的巨大未来布景,并使用了所有表现主义电影的诀窍;而范克则在片头宣告:"在电影《圣山》中参演的著名运动员提请观众不要把他们的表现当作摄影特技,他们是不屑于拍这种镜头的。全部户外摄影都是真的在山里拍摄的,而且是在阿尔卑斯山最美的地方拍摄的,耗时长达一年半。"

阅读当时的影评人们就会发现,吸引城市观众的恰恰是其"真实背景",也就是宏伟的自然景观,而充满激情的情节引起的反而是嘲讽和离间效果。难道范克博士费尽心思今后要拍带情节的登山片的初衷都是无用功不成?

如果没有人们的求生拼搏,那些满足现状、飘浮而过的云和山以及暴风雪的画面的效果就要大打折扣。《圣山》所阐述的核心内容与所有后来的阿尔卑斯山戏剧性事件所阐述的毫无二致:山里世界是为人类灵魂竖起的一面有放大功能的镜子。灵魂若是失衡,就无须奇怪大自然的反抗。

每位银幕上的登山英雄首先都充满敬意地与山岳和睦相处:他无畏地靠近山,却没有丝毫狂妄,勇气与谦恭并存。所有登山片的问题概括起来就是（大多数情况下这个问题都是由既担心又褊狭的未婚妻或母亲提出）："你总去登山，在那上边到底寻找什么？"主人公往往用倔强的沉默来代替回答，最多挤出一个词"自我"。只有当登山不掺杂其他目的时，才能彻底体味成功登顶的幸福。登山英雄为这种阿尔卑斯山式为艺术而艺术付出的代价是孤独。大多数人不理解他，在山下他被认为是废物和疯子。如果和用以反衬分崩离析的大都市的电影相比，真正的登山片并非庸俗地把山村美化成理想的社区。这么做的是后来的乡土片，这类片子在后英雄时代不光彩地取代了登山片。

只有自己也毫不妥协地渴望登顶的伙伴，才能理解孤独的登山英雄。登山片所认可的最高价值——不说是唯一——的人际关系就是伙伴情谊。这令它接近战争片，但它还不至于是"前法西斯主义"工具。

一旦伙伴关系的男人们在灵魂中出现了裂痕，灾难就不远了。造成这种裂痕的原因多种多样：虚荣心过盛，成为登顶的竞争对手。然而最糟糕的莫过于：为一个女人争风吃醋。《圣山》讲述的就是这样一个故事。

阿诺尔德·范克从与里芬斯塔尔的恋情中解脱出来了，他为她写的新角色中，女人已经不再是祸水，而是升华为登山伙伴。在接下来的电影《大跳跃》（*Der große Sprung*）中——这也是范克、里芬斯塔尔和特伦克尔三人合作的最后一部电影，三角恋悲剧已经变成了三角恋喜剧。在范克与无声片导演帕布斯特（G.W. Pabst）合拍的《匹茨帕吕的白色地狱》（*Die weiße Hölle vom Piz Palü*）中，虽然莱尼·里芬斯塔尔身边仍旧有两个男人，而且最后那位有魅力的"独行侠"不得不死去，但他反正已经厌世了，多年前他的年轻妻子因为他的过失而在登山过程中毙命。他自愿牺牲自己，好让和他一起遭遇暴风雪的这对新婚燕尔的夫妇活下去。莱尼心存感激地接受了这种牺牲，她一直勇敢地在为挽救年轻丈夫的生命而搏斗，她的丈夫在电影中多数时间都毫无知觉地被绑在深渊上的一处冰凌上。

接下来范克和里芬斯塔尔又合拍了三部影片：导演让他的女主角在一部片子中扮演天文学家，通过无线电波和被困在勃朗峰气象观测站的爱人保持联系；在另一部片子中让她饰演笨手笨脚的滑雪新手。作为补偿，允许她作为轻便划艇女划手、身着轻巧的海豹皮衣前往格陵兰（Grönland），参加充满危险的远征——《SOS 冰山》（*SOS Eisberg*）。好莱坞大亨施瓦本人卡尔·拉姆勒（Carl Laemmle）本来已经打消了拍摄这部电影的计划，因为第一次尝试在冰山和北极熊之间的冰洋上拍一部故事片时就出师不利，出动的 120 位电影工作者只有 19 位生还。但范克来了，他说："拉姆勒先生，我保证到达格陵兰 10 天后就会站在冰山上拍摄。"说完他就启程去拍片了。

本来事情可以一直这么继续下去：范克是赛璐珞魔术师，里芬斯塔尔是户外当红女明星，外部环境再险峻，他们也能拍出好电影。好莱坞的大门已经向他们敞开，但此间……

63 **倒叙：位于动物园附近的宇宙电影股份公司大厦，1932 年 3 月**

一部登山片引起了轰动。整部片子中没有出现过呼啸的雪崩场面，它像神话一样感人，尽管如此却有着大歌剧的质量。导演是个女的，片中的悲剧性主角也由她本人出演。莱尼·里芬斯塔尔正处在她事业的巅峰，以后她再未能如此清白无辜地享受自己的成功。不仅柏林的观众，就连欧洲电影界——从巴黎到伦敦——都拜倒在她的脚下。几个月后她摘取了威尼斯电影节的银奖。

1931 年早春莱尼·里芬斯塔尔结束了范克那部滑雪喜剧片的拍摄工作，在这部片子中她得不断地在雪地中打滚并呼喊"噢，太棒了！"与自己的伯乐一起工作已经尝不到乐趣了，她那早已觉醒的艺术家创造力往往得不到发挥。范克能做的事，她也能做，做法另样，但更好。

64 如果一旦下定决心，却不付诸行动，那就不是莱尼·里芬斯塔尔了。她找到了一位——有些犹豫的——投资人，让电影艺术家贝拉·巴拉兹（Béla Balázs）写脚本，他能写出比"噢，太棒了！"更好的对话。她还组建了一个工作班子，这些人愿意跟她一起工作，哪怕酬金少得可怜。她在提契诺（Ticino）和多洛米蒂山间往返穿梭，直到找到完美的拍摄地；她继续不倦地寻觅，直到在偏僻的萨伦蒂诺（Sarentino），遇到那些面部棱角分明得像丢勒画中人物的人，她想象中电影里的农民就该是这个样子。

《蓝光——山中传奇》（*Das blaue Licht – Eine Berglegende*）可以放光了……每当满月时，"水晶山"山顶的宝石洞就会发出有魔力的微光。下面山谷的无数年轻男子都已经丧生在爬往宝石洞的途中。唯一没有摔下山去的是个叫容塔（Junta）的姑娘，她孤独地住在一个牧羊人住的窝棚里，因为村民们把她当作"该受诅咒的女巫"赶出了村。一位厌倦了大城市生活的画家来到了村里，他爱上了这里的风景，不久也爱上了那位被村民们以棍子和石头相向的衣衫褴褛的赤脚姑娘。他搬到山上与她相伴，然而这种完全没有语言（画家只会说德语，容塔只会说意大利语）和性的田园生活只维持到下一个满月。这一天容塔又像个梦游人一样稳稳地向山顶爬去，她陶醉于那些闪闪发光的水晶，仅仅是喜欢美丽的东西，没有一点别的念头。画家偷偷跟随着她，所有村里小伙子们未能做到的事，他做到了，成为第一个走进宝石洞的男人。容塔尖叫着到处乱跑，灾难开始了。画家不能理解，容塔为什么不想弄明白，这些宝石对全村和她自己意味着多大一笔财富——贫穷的结束，再也不用在危险的山上爬来爬去。

就在容塔不安地在山里乱跑时，画家告诉村民们从哪条路可以爬上宝石洞。村民们带着梯子、筐子和砍伐工具上了路。电影中的天空第一次乌云密布，雾气重重。容塔知道要出事了。她充满恐惧地再次爬上宝石洞，看到她的圣所已经被洗劫一空。她踉跄地向山下走去，一头栽进深渊。

画家在寻找她，想把好消息告诉她，现在她在村里被视为全村的大恩人。他在山脚下找到的却是她破碎了的尸体，这座山从今往后再也不会作为"水晶山"在满月之夜放出光芒了……

一部真正的登山片——可这部片子中几乎一切都被倒置了。里芬斯塔尔的师傅知道的首先是高耸的岩石、冰凌和暴风雪；她本人虽然也让她的主人公爬山，然而是为了进入神圣的宝石洞（心理分析师会对此大喜过望的）。男性英雄把山当作对手，该用或多或少公正的手段去征服它；容塔姑娘则与整个大自然和睦相处。她本人、群星、山峦、植物和动物融合为浪漫的宇宙整体，山峰也不再是具有危险性的挑战，而是与整体和谐的组成部分。

不无悲剧意味的是：莱尼·里芬斯塔尔虽然没有把登山片的英雄悲怆全部抹杀，却消去了其威武性，为了纯粹的美而限制了崇高，那群迟钝的村民对她来说反正是可怕的。里芬斯塔尔所导演的处女作被视为生态女权主义的开山之作，男人在其影片中被表现为自然的亵渎者和剥削者。可偏偏是她，用自己的摄像机在银幕上把希特勒神化为群众的救世主，给追随他的群众平添了诸多美感。

1932 年 5 月 18 日，距离她在柏林动物园附近的宇宙电影股份公司大厦成功地首映自己的电影后仅仅数周，她给希特勒写了一封信。信写得冲动、不假思索和野心勃勃，与她当年猛攻特伦克尔和范克时如出一辙："尊敬的希特勒先生：不久前我平生第一次参加了一个政治集会，您在体育馆进行了演讲。我得承认，您与听众的热情给我留下了深刻的印象。我萌发了亲自结识您的愿望。可惜我不日将离开德国数月，前往格陵兰拍电影。所以出发前肯定不太可能与您晤面了，我甚至不知道这封信是否会送达给您。若能收到您的回复我将不胜欣喜。向您致意！您的莱尼·里芬斯塔尔。"

剩下的就是历史了：间或可以理解，多数情况令人厌恶，总的来说让人绝望。事实是：莱尼·里芬斯塔尔为纳粹拍摄了两部党代会电影和一部国防军阅兵式电影：《信仰的胜利》（*Sieg des Glaubens*）、《意志的凯旋》（*Triumpf des Willens*）和《自由之日》（*Tag der Freiheit*）。1940 年，就在她在道德正直方面最成问题的时候，在拍摄其第二部也是最后一部故事片《低地》（*Tiefland*）时，她的群众演员已经不是从偏僻山村招募而来，而是从离萨尔茨堡不远的一座纳粹设立的"吉普赛人集中营"调用的。

西格弗里德克拉考尔认为整个登山片的体裁可疑，难道他还真没说错？

德意志联邦共和国，自第二次世界大战后至今

登山片气数已尽。拍这种片子的人不是政治上站错了队，就是还在"第三帝国"时期自己就跟不上趟了。例如阿诺尔德·范克，在与里芬斯塔尔最终闹翻后，他虽然在 1934 还拍了一部首登勃朗峰的片子，但这部片子并未获得此时在德国电影界想一言九鼎的约瑟夫·戈培尔（Joseph Goebbels）的好评。这位帝国宣传部部长更愿意看到——不论史实如何——不是法国人，而是德国人首先登上了这座欧洲最高峰。就连拍摄1936年柏林奥林匹克夏季运动会的任务戈培尔也没有交给拍运动片的老手范克——按理说应该让他拍，他毕竟拍摄了1928年圣莫里茨（St. Moritz）奥林匹克冬季运动会的官方纪录片——，而是委托给了莱尼·里芬斯塔尔。为了感谢她的师傅，里芬斯塔尔几乎启用了范克"弗莱堡派"①的全部摄影班子，包括泽普·阿尔盖尔。范克自己还试着拍过两部故事片，一部拍摄于日本，另一部拍摄于智利和巴塔哥尼亚（Patagonien），但这两部电影都带有强弩之末的味道。在战争的最后几年，当这位曾经的登山片偶像导演根本接不到拍片委托时，莱尼·里芬斯塔尔曾让他拍过一些短纪录片，比如有关大西洋壁垒或是雕塑家阿诺·布雷克尔（Arno Breker）的片子。

1945年以后范克就最终失业了。就连他儿子日后都说不出那些年他父亲到底靠什么为生。据说他甚至当过伐木工。1974年他以85岁高龄谢世，已经被人彻底遗忘了。

莱尼·里芬斯塔尔的命运比他也好不到哪儿去。纳粹统治结束后，美国人虽然把她划为"随波逐流者"，但她在联邦德国的身份仍限于著名的销声匿迹者。60岁的她在努巴人那里寻找避难所，她常独自一人带着照相机，一连数月逗留在当时苏丹境内这个被文明彻底遗忘的部落。为了拍摄黄貂鱼和珊瑚礁，70多岁时她还考下了潜水证。直到2002年8月她百岁寿辰时，德国公众才小心翼翼地开始（再次）发现他们最重要的女导演的作品。莱尼·里芬斯塔尔2003年9月逝世。

当年登山片三巨头中，只有路易斯·特伦克尔毫发无损地度过了历史上那些充满歧途的艰难岁月。从1928年开始——那年他与范克彻底闹翻并决定自己当导演，到60年代初期他自导自演的片子一部接着一部，仅仅故事片就有24部，此外还拍了很多纪录片。他出的书印数达到百万。1959年以

---

① 1920年范克曾与他人合伙创建"弗莱堡登山与体育电影有限公司"。

后，他作为一贯情绪激动的登山故事叙述者又在新媒体电视中走红。

难道特伦克尔的双手真的比范克和里芬斯塔尔干净得多吗？

至于说到与柏林的罪犯政权的纠葛程度，这位南蒂罗尔人与范克和里芬斯塔尔并无任何差异。根据政治气候的不同，他时而说自己是德国人，时而又说是奥地利人，甚至站在意大利人一边。像范克一样，他因害怕将来的工作机会受影响而做了一件既蠢又傻的事：1940年加入了国社党（莱尼·里芬斯塔尔虽然可以声言自己从未入过党，但对纳粹来说反而能收到事半功倍的效果，如果他们能够声称独立艺术家"里芬斯塔尔小姐"在为他们工作）。此外自从特伦克尔在德国法西斯这儿失宠后，他就与意大利法西斯打得火热，后来证明这对他的演艺生涯不无裨益。约瑟夫·戈培尔在纳粹上台前不久的一则日记中写道："晚上看电影，路易斯·特伦克尔的《反叛》（Der Rebell）。卓尔不群，是国家主义的一次突破。群众场面很宏大。……希特勒极为欣赏。"在南蒂罗尔究竟应该继续属于意大利，还是应该并入德国版图的问题上，当特伦克尔摇摆不定，特别是在他还拍摄了一部电影［《纵火犯》（Der Feuerteufel）］后——在这部电影中他讲述了克恩顿（Kärntner①人在反抗拿破仑入侵的解放战争中的一段故事，大可被认为是借古讽今的含沙射影之作——"极为赞赏"就演变成大为光火了。"一个流氓和没有祖国的家伙！先不理他，有机会再干掉他。"1940年3月关于特伦克尔戈培尔记过这么一笔。至于"里芬斯塔尔小姐"，1941年他抱怨其电影《低地》让他"担忧，一个歇斯底里的人，每天都出幺蛾子"。

这位牛皮大王的此类日记并不能证明这些拍登山片的人都是秘密的抵抗战士，1945年以后这些人不时想为自己贴上这类标签。富有启发的是：一旦在战争期间要想整顿后方或是拿它开善意的玩笑，曾经的招牌就显得不那么好使了。现在更重要的是法伊特·哈兰（Veit Harlan）这类导演，他愿意拍煽动性反犹电影《犹太人聚斯》（Jud Süß）；或是海因茨·吕曼

---

① 奥地利最南面的一个州。

（Heinz Rühmann）这类演员，其喜剧片《火钳酒》（*Feuerzangenbowle*）会让德国人的心情暂时忘却恐怖的现实。

在其迄今最著名的电影、拍摄于1937年的《山的呼唤》（*Der Berg ruft*）中，路易斯·特伦克尔让山里的村民骂那位登山英雄——即他自己——是"瘪三"和"卖国贼"，因为这位声称登马特宏峰不是为了给自己的祖国意大利争光，而是为了和自己的伙伴英国人爱德华·温珀一起首次登上该山。在这部电影中特伦克尔同情谁是毫无疑问的。《山的呼唤》这部片子也视伙伴情谊为最高价值，臣服和顺从遭到蔑视。对向山顶冲刺的人而言，民族沙文主义比女人的诱惑形成更大的干扰。真正的登山

巴伐利亚阿尔卑斯山区中的瓦茨曼山，它是德国人最喜爱的山峰之一。

片中的英雄是不会组建国家的,更不会组建专制国家。(除了美国西部片)没有第二种体裁的片子会像登山片这样高度歌颂独立的、与众不同的独行侠,因此谴责这类体裁的片子为"前法西斯主义"有失公允。

如果路易斯·特伦克尔只拍了那些充满英雄豪情和为自由而战的登山片,那他也会像范克和里芬斯塔尔那样从五六十年代联邦德国的银幕上消失,顶多后来的一代代人会把他这个曾经的山中叛逆者当做怪异的偶像角色重新发现。然而特伦克尔也拍了没有悲剧性冲突的、讨人喜欢的登山片。在拍摄于1933/34年的影片《浪子回头》(*Der verlorene Sohn*)中,主人公一直浪迹到纽约,当然只是为了让这位浪子最后更加懊悔地返回山村。这是一部讴歌故乡——阿尔卑斯山的纯朴宁静而又和谐的生活状态的片子:那里的乖巧姑娘坐在路边殉难者纪念龛下,边牧羊边编织;乡村教师则带着训导的口气说:"从未离开过的人,也就无缘重返家园!"陡峭的山峦构成远方的背景,登山片离不开高山牧场,那里不仅没有罪恶,而且也没有戏剧性场面。英雄浪漫的东西堕落成感伤庸俗的东西。看着赚人眼泪的电影《败给了爱》(*Von der Liebe besiegt*),战后那些再也不愿听高调的市侩叹着气靠在扶手椅上。哪怕影片的副标题预示着《马特宏峰上的命运》,每个看电影海报的人都确知:这座常印在明信片上的山峰(在电影院里)不会再要人命了。

1990年路易斯·特伦克尔在博岑(Bozen)去世,享年约98岁。他在家乡格勒登圣乌尔里希(St. Ulrich)小镇的坟墓成了朝圣地。而高山沉默依旧。

作者:特·多
译者:丁娜

参阅:深渊,科考远征,故乡,高地丘陵,渴求瘾徒步之乐,女人

啤酒之旅①

明媚五月天，
白日天渐长，
心中念啤酒，
啊,这释怀老物,俺心之渴求。

起步自北国，
德丹②相接处，
坐到港湾口，
望帆起帆落，乐饮弗伦瑟③。

西去浅滩海滨，
弗里斯④风涩，
瓶颈也呼啸有趣，
第二瓶早已在握。

不来梅城遇四动物，
当音乐家是它们之初衷，
翻开俺的小钱囊，
邀之来喝五月勃克。⑤

这么喝最过瘾：经典的带把大啤酒杯。

---

① 原诗为打油诗风格，译文尽量贴近其风格。

② 分别指德国和丹麦。

③ Flenst, Flensburger Pils 弗伦斯堡清啤酒的简称。

④ 即弗里西亚，是西欧的一个地理区域。北起丹麦西南部海岸，向南经德国西北部延伸到荷兰海岸。弗里西亚是弗里斯兰人的家园。

⑤ Maibock，五月勃克啤酒，一种春季喝的较烈啤酒。

阿尔斯特①河，也是个好去处，
面前流水潺潺，
唇边送递吴突②，
一饮而尽，管它谁产出。

"看这儿，"船头有人喊，
"正义者之啤，施特拉尔松德出产！"
正义者，大名施托特贝克③，
干起贝克啤，一气送四扎。④

南下去草场，
小羊跳身旁，
谢它喝黑啤，
麦芽醇味道。

举步向东去，
进都城，饮白啤加果浆，
兑现拜访许诺，⑤
饮下娃啤（Kindl），它不过是头一样。

修道院里俺取来浴池啤⑥，
此啤养发又润肤，

---

① 易北河支流，流经汉堡。

② Urtyp，吴突啤酒，意为原始型，汉堡大区以 Astra 商标出售的一种。

③ Störtebeke，施托特贝克，一位以追求正义闻名的海盗。

④ 一扎为一升。此处饮的啤酒为 Becker——贝克啤酒。

⑤ 此处指作者曾许愿去柏林 Schultheiss 啤酒酿造厂品酒。

⑥ 浴池啤，Badebier，可饮可洗盆浴。

朝圣者友善递毛巾，
再多的话他未敢对俺说出。

波希米酒厂①酒窖中，
冰啤②在发酵，正冷，正冰，
庆幸卧于易北河畔，
与众酒徒为伍，其乐融融。

图林根人好饮棕酿，
大师歌德却完全两样，
因而他不爱路德太太，
她的啤酒③可像美诗一样。

起身去黑森，
起沫者亦丰，
问候森林湖泊牧场，
呷呷出口啤④，置身大自然中。

科隆跑堂皆名科伯斯⑤，
上啤皆要端啤托，
很乐意送他一小杯，
他告俺，他名弗兰茨。

---

① 柏林一家建于1868年的著名啤酒酿造厂。

② Eisbier，冰啤，一种在极凉处储藏的啤酒，酒性较温和。

③ 指路德啤酒，Luther Bier。

④ 出口啤，Export。

⑤ 科隆老酒馆中的跑堂称 Köbes，身穿蓝色长围裙，上酒时用一种圆的带孔托盘，啤酒被固定在孔中。

科隆不可久留，
他处还有佳饮唤呼，
拉镇马丁啤①，
酒亮泛金红。

萨尔乡村啤，
赋唇麦粒香，
窖藏啤亦不拒受，
液色浊亮，倒映俺头颅。

杉树下面一个幽暗高处，
黑森林中一个小屋，
俺饮上一杯松塔乐②，
乐听老板娘笑呵呵。

终于到了拜恩州，
宝莱纳啤馆还亮着灯，
这里俺来见识小麦啤，
一扎再扎也醉不成。

作者：里·瓦
译者：郭力

参阅：晚餐，下班之后，故乡，诸侯割据，疯狂的自由，纯洁戒律

---

① 小镇拉恩施泰因，出产马丁啤酒：Martinator。

② 啤酒名 Zäpfle，地方话指小松塔，因而称松塔啤。

兄弟树

在德国是不能不把树当一回事的。哪怕冬天人行道上结了冰，老奶奶会摔断股骨颈，也是不能往上撒盐的。因为园林局通报说，撒盐对我们街道上种植的树木构成了严重威胁。老奶奶是绝不会愿意让她门前的椴树遭难的。她不是往树皮上刻过一些美好的话语吗？每当有无赖伤透了她的心时，她不是总能在椴树下找到平静吗？与其让老椴树的树叶冒坏死的险，老奶奶宁愿冒摔断股骨颈的险。

老奶奶那年轻几岁、比她身板硬朗的妹妹此时正在去斯图加特的路上，为的是给那里的树木围上铁链，阻止砍伐。市里、州里、联邦德国和铁路部门一致决定要在那里建一座新火车站，可为此要砍伐比邻的城堡花园中数百年的法国梧桐树。德意志之魂在流血，在抗争，却徒劳无用。那些法国梧桐必须丧命：它们的树冠被锯掉，树干被粉碎，树根被从土里刨了出来。老奶奶那身板硬朗的妹妹说，二战后她就没见过比这更可怕的事。施瓦本人捍卫树木的照片甚至上了《纽约时报》。

祸害树木的人不值得信任，这一点帝国创始人奥托·冯·俾斯麦就已经了然于胸了。他在自传《思考与回忆》（*Gedanken und Erinnerungen*）中对1890年作为他的后继人搬入柏林帝国总理府的列奥·冯·卡普里维（Leo von Caprivi）有如下评论："我无法否认，自从获悉我的继任

德国橡树孤独而立。

者让人把他住宅——以前曾是我的住宅——花园前的一排古老树木砍伐掉后，我对其性格的信任就打了折扣。"

或许"铁血宰相"愿意领导下一轮就树木之争所进行的谈判的仲裁事宜？还是他更愿意坐在自家老宅花园树荫下，听隔壁传来的轻声吟唱："我的朋友，那棵树，死掉了。它在清晨朝霞中伏倒……"

自从 723 年以来，伐木在德国就是一项棘手的任务。在如今北黑森州的盖斯马（Geismar）附近曾有一棵巨大的橡树，它是供奉给雷神多纳尔（Donar）的。古代日耳曼人把橡树尊为最重要的圣所之一，他们在其树荫下祈求风调雨顺并为橡树敬献花环。可是后来基督教的传教士圣波尼法爵（Bonifatius）[①]来了，他要向不信基督教的日耳曼人证明，他们的诸神并无神力。在士兵们的保护下他砍伐了多纳尔的橡树。既没有风暴遮天蔽日，也没有闪电劈死他。圣波尼法爵让人用多纳尔橡树的木头修建了一间祈祷室，供奉圣者彼得（Petrus）。除了在罗马帝国时代就改信基督教的莱茵地区外，卡腾（Chatten）人，也就是黑森人的祖先，是日耳曼部落中最早信仰基督教的（在此向德国铁路部门的头头提个小建议，下回再遇到不得不砍伐梧桐树的事，别把树干给粉碎了，而是可以让木匠把它们加工成候车室的长椅）。

尽管在德国历史中最重要的一次伐木是以基督教的获胜而终结的，但这却似乎给德意志之魂留下了阴影。大约 1100 年后，浪漫诗人马克斯·冯·申肯多尔夫（Max von Schenkendorf）在其《科隆大教堂》（*Der Dom zu Köln*）一诗的开头写道："那是一处长满参天大树的森林，／我看到树木愉快生长，／树梢冒出虔诚的梦想／逃向遥远的精神王国。"难道这不是为多纳尔橡树所进行的微妙复仇吗？

改信了基督教者的胸腔深处仍旧有一颗古老日耳曼的树心在跳动。这颗心并不忌讳将维滕贝格（Wittenberg）到施维贝尔丁根（Schwieberdingen）间的橡树、山毛榉或是椴树奉献给所有德国基督徒中最雷霆万钧者——马丁·路德，就好像 723 年的那段插曲从未发生过。谁若相信，这位宗教改革者会同

[①] 圣波尼法爵（约 680~754），中世纪天主教传教士和殉道者，德国基督教化的奠基人，史称"日耳曼使徒"。

意这种他死后的偶像崇拜——他自己毕竟说过，要是他知道，明天末日审判将来临的话，今天他会种一棵小小的苹果树——那么在此要提醒他：这段星期日布道时爱被引用的话在路德的手稿中根本找不到，它最早出现在黑森教会的一封通函中，时间是1944年10月（！）。

德国人寻找与树木的交流。耳聋的贝多芬只要一有机会就走进大自然，他在笔记本中写道："我那不幸的重听在这里并不折磨我，就好像地上的每一棵树都在与我交谈。神圣！太神圣了！"一般而言并不以多愁善感、夸大其词出名的埃里希·克斯特纳（Erich Kästner）在《森林沉默》（*Die Wälder schweigen*）一诗中写道："灵魂因行走于城市的石子路而扭曲。/ 与树木可以如兄弟般交谈 / 在它们那里人获得了新的灵魂。"赫尔曼·黑塞（Hermann Hesse）坚信："谁与它们（树木）交谈，谁懂得聆听它们，就能获得真相。"问题是：有关什么的真相？自己的？树的本质？像年轮一样贮藏在古老部落记忆中的德国人的本质？让我们来听听树木们自己的交谈吧！

（橡树出场）

　　橡树：要是一头野猪在它的树干上蹭，这和德国橡树有什么相干？

（椴树出场）

　　椴树：说话别那么糙。这提出的是个严肃的问题。

　　橡树：那你就来回答一下吧。你总是最会安慰人的，善解人意。（开始唱）："城门前喷泉旁，耸立着一棵椴树……"

　　椴树：没错，我给过世世代代的德国人安慰。他们在我的树荫下做梦、相爱和哭泣。在我的繁茂枝叶下他们翩翩起舞，在我的树冠下宣读过判决。和平统一后他们把我种到中心地带。而你却一向蛊惑人心：铁十字、骑士十字勋章，最黑的翻领上都会有橡树叶。[①]（开始唱）："献上橡树花环向你致敬，西方的女侯爵，向你——德国致敬！"

[①] 古希腊时橡树叶就是权力、忠诚和团结的象征。故钱币和勋章上多用橡树叶做装饰。

橡树：我的木质比你坚硬难道是我的错吗？那些疯狂的德国人认为他们偏偏必须在我的旗帜下行动，也是我的错吗？不要言过其实！法国人不是也很尊敬我嘛。

椴树：特别是在他们砍了国王们的脑袋之后。

橡树：我身上的英雄气概要胜过高度敏感，这一点没有人比我的荷尔德林看得更清楚。（醉心地）"离开花园我走向你们，你们是山的儿子！……你们棵棵都是一个独立的世界，你们宛如天上的群星，每一颗都是神明，结成自愿的联盟……"

椴树：可他的狂热把他推向了何方？他疯了。

橡树：你不过是嫉妒而已，因为他没有倚在你的树干上嚎啕大哭。

（山毛榉出场）

山毛榉：请原谅我来插嘴，可说到德国，我山毛榉还是有那么一点儿发言权的。我是德国森林之母，在你们还没有真正出现的时候，我就覆盖了这个国家的土地。卢恩字母①就是刻在山毛榉木片上的，"字母"这个词就是这么来的②。一书在手的人都会想起我③。大教堂的哥特式立柱也会让人想起我的树干，默里克（Mörike）先生曾把他最美的诗中的一首献给了我："森林幽密处有一块地方，那里耸立着一棵山毛榉，没有比那更美的画面……"

（冷杉出场）

冷杉：听了你们的话，人们会以为这个国家只有阔叶树。

橡树：（开始唱）"哦，圣诞树，哦，圣诞树……"

---

① 又称如尼字母，已灭绝。中世纪时曾通用于斯堪的纳维亚半岛与不列颠群岛，属日耳曼语族。

② 山毛榉德文为 Buche，字母则是 Buchstabe。

③ 书德文为 Buch。

冷杉：没错，圣诞节时我备受欢迎，可那也不过是人们用银丝条和小摆设往我身上瞎挂，碰上倒霉的时候还可能引火烧身。一到一月份，我就被扔到大街上去了。

椴树：我能理解你的伤心，可真相远没有如此糟糕吧。不是有《汤豪舍》①嘛，此外你也出现在许多美丽童话中："你是绿油油的冷杉林中的一座宝屋，已经有数百年的历史。所有生长冷杉的地方都是你的领地，只有星期天出生的孩子们②才能看见你……"

冷杉：可这个童话叫什么呢？《冷酷的心》（*Das kalte Herz*）！你们的德国人拥抱每一棵他们在路上遇到的阔叶树，就好像你们是他们的亲兄弟，对我们他们却为所欲为。在绝大多数树木保护条例中我都榜上无名，我们对他们而言不过仅仅有使用价值，要是说到深刻的感情，那就是奢望了。

山毛榉：（唱道）"高耸的冷杉指向波涛汹涌的伊泽尔河上空的星辰。尽管营地在远方，山神你用心地守护着它……"

冷杉：你们用默里克和荷尔德林来炫耀自己，却想用海诺（Heino）③来打发我。

山毛榉：这首歌可比海诺老得多。

冷杉：我知道，常听弹吉他的年轻人在波西米亚唱这支歌。

山毛榉：被驱逐者协会的人今天仍旧喜欢唱它。可也有很美的里尔克（Rilke）诗啊："高耸的冷杉沙哑地呼吸……"

冷杉：山毛榉，你真烦人。我退出，你们接着聊吧。

---

① 瓦格纳同名歌剧中的主人公，历史上曾确有其人，许多文艺作品以其为蓝本。冷杉德文为 Tanne，与汤豪舍名字（Tannhäuser）的前半部相同。

② 意即幸运儿。

③ 德国当代音乐人，以演唱流行歌曲而闻名。

（冷杉退场。森林中一片寂静）

椴树：我该不该跟着它？你们觉得它会不会想不开？

山毛榉：（若有所思）在有一点上它的感觉是对的。一棵四季常青地长在那里的树是没有权利以德国树自诩的。没有死而后生，没有年复一年的花开花谢、干枯与光秃，它如何能反映德意志性情中的所有不安与深沉呢？如果你们能允许我离开片刻的话，我想我该就此题目写篇小论文。

（山毛榉退场）

椴树：我真有些担心。也许我能阻止冷杉做傻事。

（椴树退场）

橡树：最后又剩下谁了？

（橡树独自留下，林间空地出现德国女作家）

德国女作家：亲爱的橡树，请原谅我打扰你。我一直想问你点事，可别的树木在场时，我觉得不方便。

橡树：（闷闷不乐的）什么事？

德国女作家：埃特斯山（Ettersberg）的事。

橡树：那儿有过什么事啊？

德国女作家：别说你忘了。布痕瓦尔德（Buchenwald）的歌德橡树①。

橡树：此事跟我没关系，那是你们的问题。

德国女作家：可惜这也成了你的问题。在纳粹的暴行后，我们还怎么可能再无忧无虑地描写你啊？

---

① 布痕瓦尔德集中营里的一棵老橡树，因歌德曾多次攀登埃特斯山，营中的囚徒称其为"歌德橡树"。1944年该树被炸毁，后被伐，现仅存残根。

橡树：那群穿褐衫的野蛮人当年在集中营厨房和洗衣房之间只留下了我这唯一一棵树，这也不能归罪于我呀？难道就因为据说枢密顾问先生在我的树荫下调过情？再说我也受到了惩罚，1944年一枚美国或英国的炸弹把我炸死了。别聊这事了，我一向讨厌多愁善感。

德国女作家：多愁善感？集中营里的囚徒得砍伐你那被烧焦的残骸！你知道吗，流亡巴黎的约瑟夫·罗特（Joseph Roth）在临死前的最后一篇文章中就写到了你？

橡树：要想讨论德国历史还是去找山毛榉吧！毕竟它的问题更大，布痕瓦尔德①！集中营怎么会起这么个名字呢！又是因为歌德。反正如今已经没有人知道，是埃特斯山这片山毛榉树林给了歌德灵感，让他写出了《漫游者的夜歌》。

德国女作家：我给你念念，1939年5月约瑟夫·罗特是怎么写你的："千真万确！人们散布的有关布痕瓦尔德集中营的消息是失实的，可以说是恐怖童话。我觉得是时候该纠正它了。歌德与冯·施泰因夫人乘过凉的那棵橡树上——感谢自然保护法这棵树还在长——到目前为止，据我所知，还没有'绑过'任何集中营的囚犯；那些囚犯是被绑在其他橡树上的，那片林子里橡树很多。"

橡树：耻辱是永远刻在我的树干上了。我是不是每年都该把树皮撕下，好让树木停止生长？

德国女作家：你只需帮助不知所措的我。

橡树：孩子，这个你得靠自己了。

（橡树消失在黑暗中）

这就是我们的处境，不知所措，不知该如何继续。与树木的谈话失去了其无辜性，倘若最狂热的树木保护者却犯下了最具兽性的罪行，那么

---

① 布痕瓦尔德是山毛榉森林（Buchenwald）的音译。

81　还有谁是可以信任的呢？树木保护者无法长久地仅凭他爱树就确信自己是个好人。爱树证明不了什么，可连树都不爱的人就更差劲了。一片橡树林阻挡不了对文明的亵渎。可如果我们忘记，意味着文明的木简来自橡树林，那这个世界也不会变成更文明的地方。

静听，不要怒吼，这也许是我们唯一能在树木下学到的东西。最后让我们来聆听一个人的一段话，他做到了热爱树木，但不歇斯底里，尽管他是个德国人。

> 请先允许我澄清一种猜疑，怕我是身上散发着薰衣草香味的多愁善感者，我不是。……我们大家都知道，高速公路是必不可少的；如果我们不想如同草木般地生活在自然保护博物馆中，乖巧的绿色伊甸园必须消灭掉。……可德国如果没有了其草地、森林、河流与树木，那还是德国吗？……从汽车的噪声、警笛的鸣响和火车风驰电掣的弯道中升腾起一种理念，它轻柔得几乎难以听到，它既新且老，那就是灵魂不死。灵魂嘲笑那些想把它装进瓶子里和把它登记造册的人。这也许是个没有灵魂的时代，但却是一个寻觅灵魂的时代。
>
> 然而一棵老树是一段生命，它让人安静，它引起回忆。它为毫无意义提升起来的速度减速，人们即使以如此高速东碰西撞之后还是回到了原地。那凭什么这些不能一夜之间重新长起的树木就要离开原地？这可是人们无法"补种"的。它们不是序列产品，不能一挥而就地变成一片森林。砍它们仅仅为了让官吏们有管理对象？不，没有这个必要。它们该继续活着，以便我们有地方乘凉。活着，反抗精神上和衙门里的忙碌的市侩们的癫狂行为。

这段话写于1930年12月10日，作者是库尔特·图霍夫斯基（Kurt Tucholsky）。

作者：特·多
译者：丁娜

参阅：裸体文化，德国式焦虑，青年旅舍，高地丘陵，私人菜园，林中寂寞，徒步之乐

印刷术

首先,这是一项技术发明,而且正像通常的发明一样,是为了把复杂的事情简单化。美因茨(Mainz)的金匠约翰内斯·古滕贝格(Johannes Gutenberg)①大约在15世纪中期的时候,发明了一种使用活动金属字母的机械印刷设备。当他把这种印刷机投入使用的时候,寺院里的手工抄本还发挥着实际的作用。那里,用手工抄写的都是诸如拉丁文《圣经》那样的经书典籍,而且,即便是誊抄复制,也必须使用工整隽秀的字体。本来,使用固定的印版就足够了,固定浇注的字模能保存更长时间。

随着古滕贝格活字印刷的出现,文字就像是插上了翅膀。这是信息手段最伟大的一次革命,印刷术就是这场革命的一部分。几百年来,这种印刷工艺几乎没有改变,直到今天仍然遵循着同一个原理。

古滕贝格的印刷工艺在欧洲流传开来,但大多数印刷作坊都在德意志民族神圣罗马帝国境内。刚开始的时候,一本书的平均印量大概在150册至250册之间,而且绝大多数是拉丁文的文献。到了16世纪,路德的《圣经》成了印量最大的书。

---

① 约翰内斯·古滕贝格(又译古登堡,约1400~1468),生于德国美因茨,现代活字印刷术和印刷机的发明者。

中世纪末期，印刷术在传播思想方面起到了决定性的作用。没有它，近代史就不会到来或者更晚到来。没有古滕贝格的字模盒以及他和路德《圣经》的不期而遇，宗教改革将十分艰难，或许根本无法进行。1535 年，法国国王弗朗西斯一世甚至企图禁止印刷任何书籍。

古滕贝格星系：500 年的传统始终未变——印张审样。

古滕贝格的印刷术不仅使图书具有了现代的形状，而且还成就了图书市场。随着作家路德的成名，畅销书作者也粉墨登场。20 世纪伟大的媒体理论家马歇尔·麦克卢汉（Marshall McLuhan）于 1962 年，把由他论定的那个出版时代称作"路德星系"，这是对这位来自美因茨城的名人的崇高赞誉。然而，关于古滕贝格本人，我们知之甚少。相传他和行会有矛盾，后来去了斯特拉斯堡（Straßburg），多年后又回到故乡，债务缠身，但对自己的发明坚信不疑，毕生都在使之改进完善。

字模盒不仅让平民百姓接触书籍成为可能，而且还将印刷工造就成了一个社会群体——使用单眼放大镜的无产阶级。他们把工人的教育当成19世纪一件重要的大事。从他们的队伍中走出了一系列工人利益的代表，特别是德国社会民主党的政治家：魏玛共和国选出的首任总统弗里德里希·艾伯特（Friedrich Ebert），颇具影响力的社民党主席团成员菲利普·沙伊德曼（Philipp Scheidemann），20世纪20年代卡塞尔（Kassel）市长、《社会民主党歌曲集》（*Das sozialdemokratische Liederbuch, 1891*）发行人马克斯·克格尔（Max Kegel），《社会民主》（*Sozialdemokratie*）刊物出版人J.H.W.迪茨（J.H.W. Dietz），还有东德统一社会党的创建人之一奥托·格罗提沃（Otto Grotewohl），他是瓦尔特·乌布利希（Walter Ulbricht）的傀儡。

印刷工不仅仅是个职业，这个行业的行话可以为之佐证。这些带有典故的专业用语给那些内行人提供了有别于其他劳动阶层的可能性。以印刷业一个古老习俗的词语"候选帮工"（Postulat）为例：一个刚入行的"学徒"（Cornut）若要升为候选帮工，先要给他戴上一顶学徒帽。出徒时，由师傅帮他把帽子摘下来。"学徒"（拉丁语意为"长角的人"）通常是个年轻的小伙子，学徒期满后还不是正式帮工，为此需要经过一个隆重的出徒仪式。在这个仪式上，他要脱掉头上的角，即所谓的蜕角。这原本是个大学生的习俗，后来被印刷工沿用。于是，候选帮工就是指出徒成为帮工的要求和过程。

作者：里·瓦
译者：吴宁

参阅：严肃文学和消遣文学，文化民族空想，牧师之家，宗教改革

烫发

85 尊敬的卡尔·路德维希·内斯勒（Karl Ludwig Nessler）先生：

请原谅我打扰您在阴间的平静生活。但我的理发师告诉我，是您发明了烫发。从此我就不停地思索：您这位来自黑森林的孩子是出于偶然才成了烫发之父，还是有什么更深刻的原因，偏偏让您这个德国人给世界带来烫发工艺。

此致衷心问候！

您的特亚·多恩

尊敬的多恩女士：

谢谢您寄来的好奇之信！尽管我正忙着研究冥界条件下头发的特性，但我很愿意试着来回答您的问题（我敢说，我马上就要有重大突破了。但请您理解，目前我觉得对此还是少说为佳。您根本无法想象，一直以来我那些有经济价值的创意曾怎样遭到无情剽窃）。

正如您所写，我出生在黑森林，具体地说是托特瑙。如果我的消息无误的话，当地人友好地为我建了一座小博物馆。这说明我在家乡人的心目中还没有完全被忘记,就像我也从来没有忘记过家乡一样,尽管我为了寻找幸福早早就背井离乡,去瑞士、法国、英国,最后被迫去了美国。我在英国辛辛苦苦创建的发廊不得不于第一次世界大战后关张,因为我在英国突然不再是查尔斯·雀巢(Charles Nestlé)——那个能可靠地把伦敦女士们的头发烫得无与伦比的人,而是成了"敌对的外国人"。

如果您对我的法国名字感到惊奇的话,我要告诉您,还在日内瓦当学徒时我就把"卡尔·路德维希"改成了"查尔斯"。当我想开自己的第一个发廊时,我后来的生活伴侣卡塔琳娜(Katharina)提醒我说:我如果想以"来自托特瑙的卡尔·路德维希"的身份开店,那伦敦没有一个人会驻足看一眼的。她说得很对,所以我就变成了"来自巴黎的查尔斯·雀巢"。我希望您不要认为这是变节。除此我能有什么别的办法吗?当时时代就是那样,只有从巴黎来的理发师才会受到重视。我这么说的时候是不无痛苦的:英国人那时候不愿意让一个来自托特瑙的剃头匠碰他们的头发,这我不怪他们。回想起在绍普夫海姆(Schopfheim)布扎姆(Busam)师傅那儿做学徒的日子,我仍旧心有余悸。我还是个孩子的时候对头发就有极大热情,可做学徒时我连碰都不许碰头发,相反,我必须给男顾客的下巴打肥皂,给他们刮脸。最糟糕的是:如果有顾客来拔火罐或是拔牙,我得给师傅打下手。当某天一个粗俗的伐木工打我嘴巴时,我决定收拾行李走人,去闯世界。

有一段时间我对钟表匠手艺入迷,那正是第一批企业开始生产电器的时候,引人入胜!所有我遇到的新鲜东西都令我好奇,然而我越来越明确地意识到,我真正的使命是另一件事:我必须解决头发自然弯曲的问题,这是我作为小男孩就给自己规定的任务!

世界各地思想狭隘的人都一再嘲弄我说:那位内斯勒,他最想做的事莫过于创建一所科学地研究烫发的大学。那根本不是我想做的事!对我来说,我一直想把自己的发现应用于商业。尽管如此,我得极为谦虚地说——我知道,我从来没有受过大学教育——,若不是我一生进行了详尽的研究,以求从根本上解决问题,我是不可能发现如何在活人脑袋上把头发烫弯的,对此我坚信不疑。我非常敬重的马塞尔(Marcel)用火剪烫头的手艺可谓炉火纯青，我在巴黎曾在他那儿学过艺，但他从未能用科学的方法解决烫头的问题！他确实是我们这一行的大师，但他也不想听我的"雨前征兆理论"。经验证明，理发师根本不适合研究。

事情明摆着：我姐姐天生的卷发在下雨前卷得更厉害，而我那些直头发的姐妹们的头发则对天气变化毫无反应。我从姐姐的头发状态就能判断出是不是快下雨了，这肯定有更深刻的原因。还有我小时候放羊观察到的令人难忘的现象：森林边上那些成百上千的干枯细树枝和植物纤维，清晨它们弯曲成螺旋和波浪状，几小时之后又直直地耷拉下来。这是怎么回事？第二天早上我去研究这种现象并发现，弯曲的细枝中充满水分，晨露躲进并充满了它们的细胞，让它们的茎变粗了，长度缩短了。接下来越升越高的太阳却让植物失去了水分，细胞又聚缩起来，张力减少，它们又伸直了。我所有观察的结论只能是：脑袋上弯曲的头发不是事实，而是一种后果！

如果您愿意的话，可以把这看作烫发念头诞生的时刻。只有准备吸收和储藏水分的头发才能变弯曲。一个来自托特瑙的小男孩，他既不会读书，也不会写字，却准备搞懂人类头发的构造！他想洞察的事情是所有其他大师们视而不见的！

但请您相信我：从童年对大自然的这些观察到最终在人脑袋上烫出持久的波浪，我还有一条漫长而布满荆棘的路得走。

我满怀感激地说：我不认为若是没有我的卡塔琳娜，我会把这条路成功地走到底。在日内瓦和巴黎没有一位师傅支持我搞试验，就是伦敦的老板——在他的发廊我最终得到了第一个经营经理的职位——也不想听我的烫发梦想，相反，他强迫我像马塞尔那样一如既往地用火剪把头发烫弯。但我必须继续自己对头发的研究。我感到自己马上会在实际应用方面有所突破。我的烫发工具已经发明出来，化学溶液也找到了。所以我继续偷偷研究，直到有一天夜里被老板发现并立即遭到解雇。

我一无所有，独自在伦敦。然而就在那时拯救我的天使——我的卡塔琳娜再次出现在我的生活中。在巴黎，我们在工作中刚认识的时候，她就是唯一一个允许我在她的头发上试验自己理论的人。这个可怜的勇敢者得遭多少罪啊！脑袋上被烫出过难看的泡，头发被烧焦过。可在试验的最初阶段就有一绺头发一直保持了弯曲，那时候我就知道自己走的这条路是正确的。

为了避免误会我得声明：我从未用顾客的头发做过试验！在伦敦和纽约的所有年月，当我每天烫一百、两百人或是更多的人的头发时，没有一位女顾客说过我损伤了她的头发。只有在做生意时不被投诉的人才有好前程。烫头发的事是一点儿都马虎不得的，所以我一向坚持在我的发廊里只烫发，别的不干。那些随大流的理发师是自毁前程。

您想象一下有这么一个人：第一次世界大战时他得逃离伦敦，因为他拒绝放弃德国国籍换取英国国籍。他逃往美国，想在新世界重打鼓另开张，尽管他在那边也戴着敌人该隐①的印记。

您也许会问，我当时为什么不干脆回家乡呢？我只能回答说：我的使命不是拿着步枪去战斗。尽管在后来的岁月中，当我的家乡陷入不幸，而我发家致富的前景如日中天的时候，我也确实慷慨地解过囊，可我却从未想过要去战场厮杀。此外我觉得当时德国的发展状况还不足以真正接受我的创意。最后喜欢冒险肯定也起了一点儿小作用，我才登上了去美国的轮船。

可我踏上纽约的土地时要面对什么啊！别人已经使用了我的专利，在使用中的烫发设备超过了 600 套。可这都是些什么设备啊，全是差劲的仿制品，而且使用方法也不对！剽窃我的创意所进行的工作如此糟糕，以没有一位女顾客愿意第二次再烫发。但我不灰心丧气，用最后一笔钱登广告、发宣传小册子，为的是把美国顾客对烫发所失去的信任再赢回来。我不想自夸，我的措施大获全胜！

当然在纽约也过了一段时间，我才真正站稳脚跟。像在伦敦一样，我坚持出色的工作也得获得合理的报酬，每个发卷我收两美元。我知道真

---

① 亚当和夏娃的儿子，他杀死了他的兄弟。详见《圣经》创世纪第 4 章。

正的知识和技能的优势。最终顾客们也明白了，查尔斯·雀巢许愿不多，却有很多本事。1922 年我就已经可以扩大自己的业务了，我先是在第 49 街（东侧）占用两座房子，1927 年我的发廊扩展到 8~14 号的所有临街铺面。我在百老汇和第 5 大道还开了分店，并开始生产家用烫发器。我的发迹看上去势不可当。

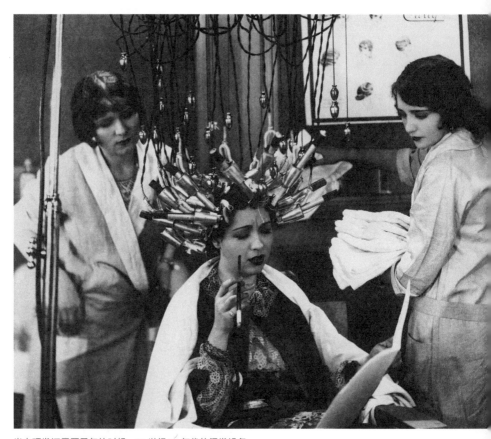

当去理发还需要勇气的时候：20 世纪 20 年代的烫发设备。

可我感到自己越来越不满足于仅仅当个"生意人"。人最可贵的属性就是：他没有满足的时候，而是总想进一步完善自己。所以 1926 年，正值事业的巅峰期，我把所有的店铺和工厂都卖了，卖出了令人骄傲的数额：160 万美金。我隐退到自己所喜爱的乡间住所"鹿园"，为的是进一步研究头发。既然我已经有幸能够弄清头发的法则，我就想把相关的知识写下来。

因而就动手写起了论文《头发的历史》(*Die Geschichte des Haares*),还有更重要的《我们不断消失的头发》(*Unser schwindendes Haar*)。

我无时无刻不在琢磨的第二大问题就是:我想弄明白头发老化的过程,有朝一日好能延缓这一进程。我深信不疑,我那护发和护肤的仪器"ChaNess"已经最终解决了秃顶的问题。但是后来……唉,还是别提了。

我财产中为数不多的那些躲过了"黑色星期五"的部分,后来也在战争中灰飞烟灭了。金钱的损失我还是比较容易对付的,钱反正是个圆滑的理由。财富的积累不过是人所参与的一场感兴趣者们的游戏,人还会自以为这场游戏是文化的进步。其实狗啊、汽车啊、收音机啊,还有上百种其他玩意儿,没有它们日子照样过。而且人们还发现,尽管有了这一切人还是不幸福。

其实没钱的人最爽心,他至少还知道早晨为什么起床。他还拥有感情和希望。不,令我心碎的不是失去财产;令我心碎的是我必须亲身经历,就连美国人也不愿再开放地陪伴我去探索新天地。如果仅仅是美国人能相信我的话,那我的"ChaNess"仪器会给人类带来多大福祉啊!

但我不想对我的第二故乡说什么尖刻的话,尽管它最后眼都不眨就让我穷困潦倒地完蛋了。

尊敬的多恩女士,我不知道是否令您满意地回答了您的问题:偏偏是我,来自托特瑙的卡尔·路德维希·内斯勒有幸成为烫发之父,这究竟是不是偶然?更多的我也解释不清,您研究我的生平吧,您会看到,答案就隐藏在其中。

仅此致以最衷心的问候
您的查尔斯·内斯勒

作者:特·多
译者:丁娜

参阅:工作狂,兄弟树,创业时代,女人

浮士德

91　　"魔法这个东西是世界上超自然事物中最隐秘的艺术和最伟大的智慧。凡是人的理性不能够获知和捉摸的，都可以通过魔法的技巧来获知和探索。因为魔法是伟大而又隐秘的智慧，而理性则是伟大而公开的愚钝。"帕拉塞尔斯（Paracelsus）先生如是说。

人们所记住的算作知识，但众所周知并不总是如此。知识虽然不是秘密的，但也不乏某种秘密的版本。而且历来如此，其存在就是一种挑战。关键的是，不能模糊对待知识中未知的成分，所公开的定要得到证明，同时要指出其不完善性。也就是提醒大家，应该足以了。因为生命虽然归功于心脏的跳动，但是生活中的上进则要指望头脑。

中世纪末期，新兴科学的兴起源于一系列轰动事件和返归备受嘲笑的经院哲学。这一萌动引发了哥白尼学说带来的转折点和启蒙运动的耀眼光芒。返归古典文化则继承了知识与先人成就的魅力。越学究气地转向抽象，就越沉迷于数字之中。数字既是神秘的也是现实的，可以相加也可以概括，呼之即来挥之即去。炼金术不费吹灰之力胜过化学，占星术比天文学更受青睐。今后也一定会如此，美感会先于知识引人注意且并不张扬。有过这样经历的人，他知道，只有唯美的事物会以渐行渐远的方式脱离控制，而其他则需要挣脱和斩断。他知道，关键在于什么：这就是虔诚和本性，它们不是结果而是常数。时而得到喝彩，时而隐藏不宣。

骑士、死亡和魔鬼出现在地平线上，宛若触动心灵的骑士。

例如，菲利普斯·奥里欧勒斯·德奥弗拉斯特·博姆巴斯茨·冯·霍恩海姆（1493~1541，Philippus Aureolus Theophrastus Bombast von Hohenheim），他也被称为帕拉塞尔斯，他集医生、炼金术师和哲学家于一身，还有海因里希·考内留斯·阿格里帕·冯·内特斯海姆（1486~1535，Heinrich Cornelius Agrippa von Nettesheim），既是神学家，也是法学家和哲学家。他们都被奉为那个时代的科学家，他们的名字为人熟知。他们是经院哲学家还是人文学家呢？其实都是无所谓的。

歌德《浮士德》插图。

唉！我而今已把哲学，
医学和法律，
可惜还有神学，
都彻底地发奋攻读。
到头来还是个可怜的愚人！
不见得比从前聪明进步。

而更引人注目、吸引众多人目光的是浮士德。这个约翰·浮士德（Johann Faust）博士，显然我们对他的猜测比认知更多。从一封通缉令中我们可以得知，他于1480年生于符腾堡（Württemberg）的柯尼特灵根（Knittlingen），也就是早于歌德时代数百年。浮士德乌斯（Faustus）是当时拉丁文的叫法，意思是幸运者。1507年他在科里茨纳赫（Kreuznach）当教书先生，1520年到班贝格，1532在纽伦堡（Nürnberg），然后在维尔茨堡（Würzburg）生活。浮士德于1540年卒于布赖斯高（Breisgau）的施陶芬（Staufen）。

关于约翰·浮士德博士有很多故事。神学家约翰·加斯特（Johann Gast）在《晚餐谈话录》（*Sermones Convivales*）中讲述了他在巴塞尔神学院和浮士德的一顿晚餐。浮士德交给厨师各种各样的飞禽，加斯特不知道是浮士德买来的，还是从哪里搞来的，反正这些鸟类是当地从来没有见过的。浮士德还带着一条狗和一匹马，因为它们什么都能做，因此被加斯特牧师视为魔鬼。有人告诉加斯特，那条狗曾经摇身一变为仆人，给浮士德准备饭菜。浮士德的离世很吓人，据说是被魔鬼掐死的。放在停尸架上的尸体尽管被翻转了五次，但他的脸却总是朝下。

据说魔术应该可以制住魔鬼。在约翰·浮士德的时代，人们自豪地宣称成功地驱逐了地狱的精灵。而他却反其道而行之，宣布把灵魂抵押给魔鬼。为什么呢？

谁这样问，他是得不到答案的。

浮士德有许多追随者，后来又涌现出诸多评点专家。核心问题是：为什么他和魔鬼结盟呢？对于注释者来说，其实浮士德就是他们刨根问底而寻找的答案的化身。

他这个人和其他人一样，他不管做什么都令人觉得蹊跷可疑，他和所有人一样惧怕死亡。不管他怎样对待生活，生活都是短暂的。根据民间话本传说，浮士德对自己也对大家说：我的抱怨能给我解决什么呢？他举杯畅饮时，管风琴响起，六弦琴、小提琴、齐特尔琴、竖琴、弯号、长号、牧笛和哨声此起彼伏。音乐奏起，但是找不到任何答案。浮士德给班贝格侯爵主教制作了一个生辰天宫图，当然是有报酬的。还有一次他让人在宫廷中抓住一只公鸡，他把公鸡放在桌子上，给它喝足，公鸡突然开始吹口哨。浮士德的学生把此事尽情捉弄了一番。根据浮士德的指令，学生们穿上白色衬衣，互相对视，好像都没有了脑袋。他们就这样走进邻居院内，让邻居惊恐万分。然后学生们回到浮士德身边，坐到桌旁，一切又归于正常。突然他们长出了驴脑袋和大耳朵。这是狂欢节的最后之夜，尽管如此他们还是起身去睡觉了。

就这样他还是觉得不过瘾，他不想承认极限。他认为能够炼出黄金。这事儿魔鬼可帮不上忙，但是魔鬼可以与他一起冒险。因为这个角色是模糊的，难以捉摸的。

浮士德从一开始就是一个文学角色，一个在集市售货棚中的角色。他来自木偶剧，走上了大舞台，不管在哪里都给他增添了时代的印记。人们希望看到可能会与自己相交的命运。1772年轮到歌德的《浮士德》（*Urfaust*）问世，继而是多产作家弗里德里希·米勒（Friedrich Müller）的创作，他不仅是画家，而且也是诗人，还写了部哲理小说。1791年弗里德里希·马克西米利安·克林格（Friedrich Maximilian Klinger）撰写了《浮士德的生活、工作与地狱之行》（*Fausts Leben, Thaten und Höllenfahrt*）。这样年复一年，1808年时，歌德发表了《浮士德I》（*Faust. Erster Teil*）的修改稿。1828年，克里斯蒂安·迪特里希·格拉伯（Christian Dietrich Grabbe）将这个角色一分为二，其结果到今天都不可小觑。该书的名字是《唐璜和浮士德》（*Don Juan und Faust*）。

弗里德里希·马克西米利安·克林格写道："雄狮般的愤怒从我内心涌出，即使我脚下的地狱张开——我也会冲越人类的极限。"唐璜这个角色在这里做什么，在"竭力追求意志和追求知识的正能量面前"？恩斯特·布洛赫（Ernst Bloch）不禁问道。唐璜一箭双雕，将浮士德变得矮小，将浮士德的精神变得伟大。他不再是一个可怜的傻瓜，而体现了一个原则。海因里希·海涅认为浮士德只能是一个寓言或者说只能是一个德国人。

"聆听吧，令你终身获益，"克林格作品中的魔鬼说，"种什么种子结什么瓜，要记住，未告诉你后果之前，我不会践行你的罪孽。受迫于你，我打断了万物的运行,我是个魔鬼,但在你面前清白无罪,因为所有一切源于你自己内心,是你内心的行为。"

格拉伯的唐璜则追问:"既然你是人,为什么要追求超人性?"浮士德则回答"如果你不追求超人性,你为什么要做人"?剩下的内容可以一掠而过了。唐璜只需要有心脏的跳动即可,在他看来知识不过是借口。

歌德几乎琢磨了一生的时间,以其独特的古典手法反复推敲这个角色。他认为:"每天去争取自由和生活的人,才配享有自由与生活。"歌德将浮士德带入世界文学。他把一个原型的角色升华为一个勇于追求认知的人。他写道:"我深知,是什么从最内部把世界结合在一起。"他将浮士德从中世纪后期的暮色中解放出来,升华到魏玛古典精神的高度。他把一个炼金术士急于求成的不安升华到一个思想家的锲而不舍的追求。

之后过了许久,也就是在 20 世纪,托马斯·曼面对德国灵魂的沉沦,重新将浮士德的问题提出来。这次他在音乐家阿德里安·莱韦尔金(Adrian Leverkühn)身上唤醒了浮士德。但是现在的他还能做什么呢?不要忘记该小说出版于 1947 年。或者这样问:难道他没能摇身变为战后的风云人物吗?还是总围绕着超人性的话题,喋喋不休地谈论努力践行超人性的题目?这时的当务之急是从断壁残垣中再建城市,为德国人的生存建立一块安身立命的地盘。难道他不是那个急缺的工程师吗?而对于歌德和托马斯·曼来说,一个工程师又算什么?而且还是一个开大众牌汽车的工程师?

浮士德?浮士德要大众汽车做什么?还有什么比观看完杜伦马特(Dürrenmatt)的首演式后,走出剧院来到苍穹之下更清醒的呢,认出露天的空旷不过是停车场,然后坐进大众甲壳虫车。

不,在战后没有浮士德的位置。一方面,他受到纳粹的篡改;另一方面,此时此刻关键的不是要谈论宏伟的未来和什么是问题的要点,首先要解决的是如何活下去的问题。为此我们不需要浮士德,有个名叫路德维希·艾哈德(Ludwig Erhard)[①]的人物就足矣。

---

① 艾哈德曾在二战后先后担任联邦德国经济部部长和第二任总理。

因此，战后的浮士德没有什么大起色。他消失了，消失在那些争论异化、适应性与贫困无助的大众中。

根据某些阐述——也可能是完全杜撰的阐述——浮士德到了多瑙埃兴根就消失了。据说他消失在一次实验中，在一次音乐的试验中，即某种黑色艺术。消失在新诞生的音乐节中，音乐节是这个谨小慎微的共和国展示前卫性的一块耀眼招牌。是否想再现托马斯·曼的莱韦尔金先生呢？

自从使用了原子弹，浮士德和墨菲斯托的所有对话，在某些人看来是一种不合时宜的无理要求，对另外一些人来说则是小事一桩。新生的联邦共和国的科学家回避棘手的问题。他们公开预警他们的研究工作会带来危害。有些人跻身社会道德运动的前沿，如卡尔·弗里德里希·冯·魏茨泽克（Carl Friedrich von Weizsäcker），有些人则前往美国，如维恩赫·冯·布劳恩（Wernher von Braun）。而剩下的责任他们统统交给作家们来处理，首当其冲的是瑞士作家杜伦马特和马克斯·弗里施（Max Frisch）。对于战后的共和国来说，这几位作家不带有任何污点，因此自然有权对历史做出道德的评判。杜伦马特让《物理学家》（*Die Physiker*）反思他们自己的行为，而弗里施则再次抬出唐璜——《唐璜，或者对几何的热衷》（*Don Juan oder die Liebe zur Geometrie*）。当犯下的罪行在光天化日之下这么肆无忌惮，以致悲剧的情节都会令人生疑，这时就需要唐璜冠冕登场了。

1962年，一部题为"浮士德和浮士德精神"（*Faust und das Faustische*）的作品出版。该作者名叫汉斯·施韦特（Hans Schwerte），一位德国语言文学专家，而他的真实名字叫汉斯·施奈德（Hans Schneider），曾经在希特勒时代希姆莱（Himmler）将军麾下供职。他在战后用假身份荣升至亚琛工业大学校长的职位。一个现代版的浮士德？

这个题材的最后一个版本是尝试让浮士德成为东德的国民。斯大林主义让浮士德从不解的纠结陷入深深的自相矛盾：在汉斯·艾斯勒（Hanns Eisler）的《约翰·浮士德》（*Johann Faustus*）中，作者借主人公之口在舞台上说：我知道他们要跟踪我；更糟糕的事情已经发生：他们来向我致敬；我要准备坦白说出一切。

特此提醒：在东德，公务是墨菲斯托在处理。

联邦共和国成立之初需要一个维稳阶段，继而是现代款的扇形桌子风靡天下，此时浮士德的身影不复出现。另外值得一提的是，恰恰是著名女演员露丝·罗伊维丽克（Ruth Leuwerik）在现实生活中引用了浮士德剧作中"海因里希，见到你，我便会胆战心惊！"[①]这句台词。这个阶段过后，浮士德在联邦共和国没费多大力气又占领了舞台。自此，导演的创意断然掌控了诠释浮士德的话语权。

作者：里·瓦

译者：杨丽

参阅：桁架建筑，科考远征，德国式焦虑，音乐，神秘主义

---

① 意在说明，浮士德，我们现在不需要你。

铁路

观看19世纪火车旅行的招贴画，人们很快就会发现，画面上的火车车厢都画得很小，而人物都显得非常大，给人一种真人乘坐模型火车的感觉。那么，究竟是先有铁路还是先有铁路模型？

当然是先有铁路，所有人都下保证似地回答道，但语气又像是半真半假的样子，似乎是为了捍卫这个事实，还在防备着某种尽管不构成直接的危险 但可能在当今时代混淆公众视听的东西。正是我们这个时代，使人的健康理智和敏锐感觉统统失去作用，甚至连游戏也难逃破产倒闭的厄运。

铁路模型的初衷就是模仿，逼真地模仿。尽管先有铁路，但是铁路模型现在已将其远远甩在了身后。

真实的铁路常常会遇到自己的极限，而铁路模型却只会碰到玩家的想象的限制。铁路会发生事故，而模型充其量只会出现小小的故障。总之，铁路成功了会引起轰动，失败了也会引起轩然大波，而模型不过是爱好者家中的一件不起眼的摆设罢了。

铁路的出现，使人类第一次明显失去了对技术的驾驭能力，蒸汽火车被看作可怕的庞然大物。阿德尔贝特·冯·沙米索（Adelbert von

Chamisso）在 1830 年写的铁路题材的诗中，把蒸汽机描画成"蒸汽骏马"，赫尔曼·冯·普克勒 – 慕斯考（Hermann von Pückler-Muskau）侯爵把它说成是一头"怪物"。

铁路成了早期工业时代最重要的交通工具和国家基础设施的主要投资对象，铁路的轰动效应使它成了一个国家自我表现的固定组成部分，谁能骄傲地掌握铁路运营，谁也就成了国家的骄傲。迄今为止，铁路的任何失误，都会一如既往地受到公众社会迫不及待的批评，尽管它早已失去了昔日的霸主地位，而且也不再是德国唯一的物流运输企业。

光阴荏苒。想当初，濒临绝望的德国参谋部派出密探在苏黎世的咖啡馆里找到了列宁，然后把他锁进火车车厢穿越德国，送往俄罗斯去领导 1917 年十月革命时的彼得堡起义。参谋军官们当时真的以为，用这个瞒天过海之计，他们可以左右一战的结局朝着有利于自己的方向发展。未曾想，德国的帝国铁路成了布尔什维克主义的助产士，运送列宁赴俄国的故事变成了聪明反被聪明误的插曲。

往事如烟。二战时，纳粹政权动用铁路，把犹太人成批地运往杀人的集中营，这一暴行已经成了历史。冷战期间，东、西德国分割帝国铁路的遗产，东德接管了帝国铁路的招牌，这段历史也已经差不多被人忘却。

在 19 世纪后半叶和 20 世纪上半叶的辉煌时代过后，铁路经历了种种变迁，但技术上的改变却并不太多。除了用"滚动的风轮"这个词来表达外，没有更多的词可以用来形容它。这个表述词出自音乐家卡尔·玛利亚·冯·韦伯（Carl Maria von Weber）之子——铁路作家马克斯·玛利亚·冯·韦伯（Max Maria von Weber）1882 年出版的回忆录，他在许多作品中给铁路赋予了一种特有的语言描述。

我们这个时代许多重要的技术概念，常常成了传达生活感受的图像画面。当年，铁路不仅是帝国时代的运输工具，而且为 1900 年世纪之交提供了很多的比喻和象征。铁路虽然把大教堂的那种光线带进了候车室，却无法盖过描绘世界末日的表现主义的耀眼光泽。刚崭露头角的德国现代派的两首重要的诗歌——恩斯特·施塔德勒（Ernst Stadler）的《驶过夜色中的科隆莱茵河大桥》（*Fahrt über die Kölner Rheinbrücke bei Nacht*，1913）和雅各布·凡·霍迪思（Jakob van Hoddis）的《世界末日》（*Weltende*，1911），内容是如此阴沉灰暗，让人觉得似乎是在堑壕里写成的一般。在施塔德勒眼里，世界就是"一条黑夜笼罩下的狭窄的矿井坑道"。这里，与其说表现主义是世界大战所造成的破坏和给人带来的心理创伤的结果，不如说表现主义预见了那场浩劫。"铁路从桥上坠落"，雅各布·凡·霍迪思在诗里干脆就这样写道。起步腾飞和穷途末路——在这种情感的两极分化中，铁路给人们留下了巨大的阐释空间。

在公众眼里，技术的成就越大，人们对它的怀疑也越大。新技术的梦想经常伴随着它带来的后果的噩梦。针对苏格兰发生的一起重大铁路事故，冯塔纳（Fontane）在他1879年创作的叙事诗《泰河大桥》（*Die Brücke am Tay*）中，写下了著名的诗句："不值得一提，那出自人手的雕虫小技。"冯塔纳的诗中，莎士比亚《麦克白》剧里的女巫对灾难发生地点的掌控，不仅是一种暗示，同时也象征着大自然的威力。这种威力既不能被人类所征服，又无法被现实主义所描述。诗人借用莎士比亚的名剧回避了这个问题。

德意志帝国时代，路人皆知威廉皇帝的称霸梦想——修建一条从柏林到巴格达的铁路线，将近东或前东（当时的叫法）置于德国的控制之下。除此之外，这个时代还诞生了格哈德·豪普特曼（Gerhart Hauptmann）的中篇习作《守道工蒂尔》（*Bahnwärter Thiel*）。故事发生在柏林附近的埃尔克纳（Erkner）和新齐陶（Neu-Zittau），一个充满田园风光和神秘自然景象的地方。

"四周都安静了下来，静得可怕；铁轨躺在刺眼的石子上，滚烫地发着黑光。中午一丝风也没有，树林像石头一样一动也不动。"这就是1887年发生在一条铁路支线上的景象。这样的铁路数以千计，比比皆是，而这里却成了一个人的命运场所。

大城市之间的铁路沿线曾经有过为数众多的小车站和停车点，如果你坐车经过，你会发现这些小车站多得叫人根本无法记住。

如今，这些小地方的火车站都还存在，尽管多年来一直待价而沽，但又有何人会来问津呢？它们曾经作为住房出售，却根本不适合人居住。

不管怎么说，它们紧靠铁路，即便前途未卜，火车依旧以特有的声音从这些昔日的车站旁边呼啸而过。别忘了这里的短途交通，还有那些每天早上六点钟出门的上班族。站台上，候车人要么闷头抽烟一言不发，要么嘻嘻哈哈就像是电视里早间新闻的主播。此情此景虽不是真相，但却是现实。

现实中，七点钟时，孩子们赶火车去附近的城市上学，然后又赶车回家，如此周而往复。

乘车的本意在于：人人都要赶上趟。用过去的老话说，就好像大伙儿都是定亲的情侣一样。然而，定亲情侣和乘坐火车，乃至和短途交通之间又有何干系呢？随它去吧，反正到头来都是一样分道扬镳。

假如有人要买火车站大楼，他至少心里指望这段铁路的火车会停驶，虽然他也清楚，将来出门办事还得自己开车。不开车，在这里寸步难行。尽管这样，买车站的念头还是刺激着他：这样他似乎就拥有了一段铁路，能随心所欲地让某种物体停下来，更重要的是，能随心所欲地叫它重新开动。似乎他买下的不仅是一座火车站，而且拥有了火车时刻表的支配权。

火车站的新主人站在他不期而至的房子前，不经意地抬头看着保留下来的车站大钟，似乎要考察一下那早已经不存在的火车是否准点。这趟火车虽然是没有了，但是当地的报纸说，老百姓们或至少是左邻右舍都还知道它。

于是乎，火车误点就成了地方报纸的一个重要新闻内容。在德国人的脑子里，不守时可是个道德品质问题。

报纸登的都是当地新闻，历来如此。新闻说的都是当地的事情，有时也报道些遥远世界的事情。

突然有一天冒出这样一个问题：车站被卖掉，房产归私人所有之后，车站广场现在归谁所有？既然车站已非车站，广场归何人管辖？究竟是要保留站前广场，还是将其另作他用？

德国的铁路始建于1835年。从那时到现在，说到底一直就是个短途交通工具。第一条铁路从纽伦堡通往福尔特（Fürth）①。严格说来，铁路是作为支线在德国出现的，好像从一开始它就是一种老百姓能坐得起的郊游和休闲火车一样。

相比之下，英国的第一条铁路是从曼彻斯特通往利物浦的铁路，即便是甲壳虫乐队在当地演出时也坐这条线的火车。但是，如果要去纽伦堡，坐福尔特至纽伦堡的火车，或者要去福尔特，坐纽伦堡至福尔特的火车，这实在是小题大做。

这里并不是要把纽伦堡，甚至是福尔特拿来说事，我们无意造成这样的印象。因此，我们再举第二个例子：莱比锡和德累斯顿。据说，当年身为乐队指挥和作曲家的理查德·瓦格纳和全家乘坐这段铁路的火车，从莱比锡赶到德累斯顿参加他的歌剧《黎恩济》（*Rienzi*）的首演式。这段路坐火车值得，尽管那时的火车速度不快，但比起马车要快多了。火车的速度从来就没怎么快过，只是总比它的竞争对手要快，像早先的轮船，后来的汽车。

20世纪90年代，广告专家们曾经对火车的速度做过这样一次总结：慢飞机一半，快汽车一倍。于是乎，火车就"起飞了"——评论家们这样说道。那些传统上能观赏沿途风景的火车，被他们轻蔑地认为是一种慢慢悠悠的火车。这种情况下，火车就只剩下出发和到站时间了。

这股潮流也影响到了短途交通，使短途火车在其主要优势——正点率上被长途火车严重拖了后腿。短途火车乘客不理解，而且有理由无法理解长途火车的这种优先权。如今，若是从路德维希堡到波茨坦，有谁会放着从斯图加特到柏林的飞机不坐呢？即便现在宽敞的ICE②城际特快火车和汉莎的飞机相比几乎毫无差别，也不会改变人们坐飞机去波茨坦的出行方式。除此之外，即便是卖面包的小贩在哥廷根上车，然后在希尔德斯海姆③下车，也不能说明什么问题。

---

① 福尔特，德国纽伦堡市卫星城，两地仅距约7公里。

② Intercity-Expreß 的缩写。

③ 希尔德斯海姆位于哥廷根北部，两地相距约90公里。

如同飞机一样,如今每辆 ICE 火车都有一个命名。可是,又有谁去记住他乘坐的这趟火车或是飞机的名字呢?难道他会说,本人今天乘坐"克劳斯·施陶芬贝格伯爵"号从波恩到的柏林?还是会说,本人明天乘坐"玛利亚·西比拉·梅丽安"号从斯图加特去汉堡?

和挪威的卑尔根铁路,以及奥地利的塞莫林铁路相比,德国没有一条值得一提的铁路,除非要把连接北海叙尔特(Sylt)岛和德国大陆的兴登堡大坝说成一项了不起的铁路工程。此外,除了20世纪30年代的"飞行的汉堡人"以外,德国也没有可以和东方快车、皇家苏格兰人快车或者是南非蓝色快车齐名的火车。"飞行的汉堡人"当年创下了从汉堡到柏林的行驶纪录,可算作第一辆高速牵引机车。以内燃机为动力的高速牵引机车技术是德国人的一项发明。

这项技术发明加速实现了人类对速度的梦想,淘汰了蒸汽火车这头怪物,并且仅仅依靠流线型的外形便使火车能与飞机一较高下。说到底,火车就像是一架留在铁道上的飞机。这架飞机就是磁悬浮火车,它是人类最新的大胆技术想法之一,可是并没有被现实所接受。人们花了数十年的时间开发"磁悬浮"技术,到头来却只能无奈地让它在慕尼黑市区和机场之间作为轻轨行驶。当这件事也未能实现后,人们就把它用船运到了上海。磁悬浮列车的失败,究竟是因为它缺乏实用性,还是因为它不符合这个心胸狭窄的时代的实用标准?当前这个时代,凡事如果不经过一番折腾,就连斯图加特的一座旧火车站也拆除不了。车站应该把站台票再重新恢复起来。

再者,人们现在讨论的不是铁路,而是铁路的未来。似乎至今铁路上还在沿用那种老式"火车时刻表",它曾经既是印制成册的时刻表,还是这个国家爱批评人的知识分子手中的一种杂志的名称。如今,这两样东西都已难觅踪迹了。

那就让我们在不眠的夜晚坐进火车驾驶室,沿着德国和全世界最美丽的铁路线,做着拥有自己的火车头的美梦,好像我们自己就是儿童动画片里的吉姆·科诺夫、卢卡斯、艾玛和莫丽[①],奔驰在从库伦斯伯恩

[①] 《吉姆·科诺夫和火车司机卢卡斯》是德国作家米歇尔·恩德于1960年创作的儿童读物,1999年摄制成动画片,上述四人都是书中的主要人物。

（Kühlungsborn）到多贝兰（Doberan）温泉市的铁路线上。用句好听的话来说，去重新编写我们自己的故事。

终于，早上醒来时，满脑子都是昔日的词语：疗养车厢，慢慢悠悠的火车，大火车站。吉姆·科诺夫扩大了卢莫兰岛[②]的地盘，卢卡斯关心着艾玛，艾玛突然有了她名叫莫丽的火车。就在故事编不下去的时候，一个小火车诞生了，它行进在莫丽温泉铁路线上，奔向疗养地和其他目的地。

作者：里·瓦
译者：吴宁

兴登堡大坝魅力彩照：火车吞云吐雾驶往威斯特兰终点站。

参阅：驾驶的乐趣，德国人的性情，男声合唱

[①]《吉姆·科诺夫和火车司机卢卡斯》一书中虚构的小岛。

严肃文学和消遣文学

105　　喜欢临睡前看会儿好书的茱莉亚完全可能是个广告里的人物形象，但她不是。茱莉亚是现实生活里的一位读者。在她眼里，什么才是一本好书，一两句话恐怕说不清楚。写得好才叫好书——我们的茱莉亚这句话的意思是，书要写得既不能太简单，也不能太难懂。茱莉亚在一家律师楼上班，一个整天和文字打交道的地方。律师楼里的人都知道她喜欢文学，还时常让她推荐好书。不过，律师们的取向通常都是以报纸上的文学评论为准。身为律师，他们读的是报纸的专栏文章。尽管各种说法相左，但那里所涉及的书籍仍然是千差万别五花八门。作为律师，他们时常去歌剧院看戏，也顺便聊两句手头正在读的书，或是昨天刚买的一幅丹尼尔·里希特（Daniel Richter）[①]的画。

　　茱莉亚也可能是在一家诊所上班，医生也是读书人。如果说律师们对语言感兴趣，乃是因为语言是他们这个专业有决定意义的工具，它既能将一件事说得天花乱坠，也能把一件事讲得一文不值，那么，医生所感兴趣的是对人的知识。在医生眼里，文学能让人懂得人性。因此，律师

[①] 丹尼尔·里希特（1962~），德国艺术家，柏林艺术大学教授。

和医生都很重视艺术。但有两件事他们无法理解：歹徒破坏他们停在港湾里的游艇，或是有人向他们推荐吸血鬼小说。

即便是当今泛爱集会时代的德国社会，人们也无法避开对雅俗文学的区分。听什么音乐，看什么小说，是严肃音乐还是消遣小说，这些都是评价一个新朋友和一个新员工的硬标准。中产阶级讲究的就是教育和人的素质，数钱这种简单事毕竟人人都会。

他们知道遇到诸如此类的情况应该如何举止谈吐，清楚自己该说什么和不该说什么。即便对某本书不了解（新书更是不甚了了），也应当具备说出自己明确见解的能力。

最要紧的一条原则是：通常情况下不要轻易提畅销书榜上的书，除非你明确知道，书单上的这本书是纯粹出于偶然或是读者集体提名才上的畅销书榜。

如果想求稳，那么就采用德国西南电台的好书榜。这个书榜不以销量多少为标准，而是以德国公正无私的专栏评委的口味评定的。关于新书，或是行话说的新版图书，本文不予赘述了。

在文化行业的咖啡馆里，不能只谈当前的图书生产，如果能兼顾文学史上的名家和大师，谈谈卡夫卡（Kafka），谈谈歌德的《威廉·麦斯特》，谈谈令人刮目相看的、刚被重新发现的、第一个翻译法国作家拉伯雷（Rabelais）的德国人约翰·费舍亚特（Johann Fischart），总是件大有神益的事情。不要怕说起穆齐尔（Robert Musil）[①]和格里姆斯豪森（Hans Jakob Christoffel von Grimmelshausen）[②]，应该一口气说出他们的名字。但是千万不要提"卡夫卡式的"，那是属于对文学感兴趣的理发师们的专用词。

评论自由给艺术设定了界限。

[①] 罗伯特·穆齐尔（1880~1942），奥地利作家和剧评家。

[②] 汉斯·雅各布·克里斯多夫·冯·格里姆斯豪森（1622~1676），德国作家，著有小说《大傻瓜历险记》。德国自1993年起设立两年一度的"格里姆斯豪森文学奖"。

现在要问的问题是:诗人和思想家在何时,而且如何得到了广泛认可的声誉呢?依靠这种声誉,他们获得了一种力量,一种不再是支配刀枪棍棒,而是左右军事号令和冲锋号角的力量。

使之成为可能者,乃是告别了为宗教服务之后的 18 世纪启蒙运动。启蒙运动伴随摆脱宗教束缚的时代而生,在公众社会里,神学家最终被哲学家所取代。人们不再追捧梅兰希通(Philipp Melanchthon)[①],而是莱布尼茨。哲学成了一门职业。此时,诗人和思想家所拥有的力量,不仅基于一种对语言的规范,同时也基于语言工具本身。人们拿来引用的理性,建立在了交流和沟通之上。语言不仅像钱币那样带有思想的印记,同时也是象征。这样,人们就可以用心灵去追寻古希腊的文化。

那时人们以清醒的认识所投身的世俗文化,不仅让宗教文化,同时也使自己变得渺小和猥琐。莱辛之流一边把自己宣布为世界公民,一边却待在沃尔芬比特尔(Wolfenbüttel)小城不动窝。

18 世纪时,市民阶层虽未取代贵族阶层,但已登上历史舞台。原则上,他们已能够成为一国之君,但他们从未能为自己争得那种中世纪的、建立在人间和天上的双重国王权威。于是,诗人和思想家就陷入了开明专制的尴尬,从一个传统的宫廷诗人变成了一个即兴马屁精。

至少德国是如此情形。严肃的宫廷文化在这里根本无人捧场,那一帮诸侯最多只够赞助商的资格。这种情况在今天的地方政府也还是一样,他们想用一笔奖励作家的地方创作奖金来抬高自己的地位。过去,人们可以去吹捧那些大大小小的诸侯,也可以不去凑这个热闹。

普鲁士的情况也不例外。同为信仰坚定的启蒙人士,莱辛和弗里德里希二世(Friedrich II)之间究竟有何共同之处?首先,弗里德里希是个君主,他是在私下里接受的启蒙运动,此外,他也受到人们的热捧。

[①] 菲利普·梅兰希通(1497~1560),德国马丁·路德时代神学家和宗教改革家。

弗里德里希二世在世时，约翰·威廉·路德维希·格莱姆（Johann Wilhelm Ludwig Gleim）是为他歌功颂德的诗人之一。格莱姆算得上是德国18世纪最伟大的诗人，以《一个普鲁士步兵1756年和1757年征战诗集》（*Preußische Kriegslieder in den Feldzügen 1756 und 1757 von einem Grenadier*），以及他的咏月诗和模仿古希腊阿那克里翁风格的诗出名。

来看一下格莱姆的原诗："仅为一国之主，而非专制之君，/ 置法律于权威之上 / 吾辈第一爱国志士 / 祖国之奴仆。"

可惜这位君王没能有幸一睹这些用德语创作的即兴诗歌。按他自己的说法，他从少年时起就不看德文书了。弗里德里希二世偏爱法语，但仅是粗通而已，如果伏尔泰以及他关于这位普鲁士对话伙伴所写的暗藏讥讽的评论可信的话。伏尔泰曾经很乐意接受这位国王的邀请进宫授业。

当圆号在音乐厅里为严肃的文艺女神服务时，它的表现是如此这般地中规中矩。

铜管乐器闪亮登场。

在弗里德里希二世去世前大半年，甚至是提携年轻人的"导师"格莱姆——这位住在哈尔伯城（Halberstadt）且衣食无忧的教士会会员，在他最后一首写这位君主的诗歌里，到结尾时突然笔锋一转道："他赐予吾等一切自由，甚至是/做傻瓜的——自由！"

今天来看，弗里德里希二世并没有因为这句诗而有损自己的名声，史学界也宽恕了伏尔泰的一切，只是格莱姆已经无人知晓了。在哈尔伯城里还有他的纪念馆，1862年建成，是德国最古老的文学纪念馆之一。

那么，莱辛的情况又如何呢？他活跃在启蒙运动所有活动的前线，最后是在话剧舞台上想尝试利用语言的力量，似乎舞台就是布道讲台。他的一切努力，是为了功德圆满地实现纳旦式的三大宗教和平共处这个俗套。

诗人和思想家们喜欢抱怨他们衣食不保的生活，他们当年所充当的角色受到误解，不仅是权势使然，他们自己也难辞其咎。

尽管他们坐拥能够传播思想并不断进步的科技所带来的优势，但是，印刷术不仅成就了他们，同时也让他们沦为失败者。随着图书生产越来越简单，作为精英们手中权力工具的书籍的意义也今非昔比了。

书市伴随启蒙运动而生，它不仅不分各种思想门派，也不论这些思想的层次高下。启蒙运动的局限也表现在这里。有人试图用魏玛古典派来暂时摆脱这种鱼龙混杂的局面，但是无济于事。魏玛古典派的靠山是歌德和席勒这双驾马车，而这辆马车是不可复制的。

为了澄清这个问题，就必须牵扯出浪漫派。

18世纪时读书已很盛行，读者选什么样的书，要有所区分和事先的分门别类。同样是作家，人们已有将歌德和他的大舅子克里斯蒂安·乌尔皮乌斯（Christian August Vulpius）①区别开来的需求。此二人都是他们那个时代真正畅销书的作者，歌德创作了《少年维特之烦恼》，乌尔皮乌斯出版了《首领里纳尔多·里纳尔迪尼》（*Rinaldo Rinaldini*）。

---

① 克里斯蒂安·奥古斯特·乌尔皮乌斯（1762~1827），德国作家，其妹克里斯蒂安娜1806年嫁给了歌德。

将某种潜在的抗议提炼升华，是二人作品的共同特点。对现实深感不满的读者，在他们的小说人物身上找到了自己的影子。

令人惊讶的是，两部作品都能流芳百世，这是他们二人的又一个共同特点。歌德的《少年维特之烦恼》不仅是学校的必读书目，而且经过乌尔里希·普伦茨多夫（Ulrich Plenzdorf）按照民主德国现状改写的短篇小说《少年维特的新烦恼》（*Die neuen Leiden des jungen W.*）引起了一场新的政治轰动。乌尔皮乌斯至少也没有损失他在传递时代信息方面的名气，强盗之歌《在森林深处》即源自他的小说。小说主人翁的原型据说就是人气颇旺的强盗头子弗拉·蒂亚沃罗（Fra Diavolo），他是1968年德法合拍的13集电视连续剧里的主要人物，德国电视一台以小说原名《里纳尔多·里纳尔迪尼》播出，法文名叫"La Kermesse des Brigands"（强盗集市）。

席勒把小说家称作"诗人的同父异母兄弟"。就那个时代人们对德国文人墨客的看法来说，这个叫法不仅意味深长，而且具有标志性。当时，文学在某种程度上还处在起步阶段。是什么原因让一帮文人对德国的小说如此瞧不上眼，以至于把它贬到二流作品的地位？

恰恰在18世纪，读小说的人并不少，其情形和今天并无不同。人们阅读译自法语和英语的时髦小说，并尽可能模仿它们的样子写作，大量的德国作家版的鲁滨孙小说就是例子。

在后来所谓的世界文学里，小说从一开始——中世纪结束和近代开始时期——就占据了王者的地位，在盎格鲁撒克逊国家和通俗拉丁语国家的西班牙和法国，其源头无可争议地源自史诗和骑士小说。小说脱颖而出，提供了那个时代处在普遍绝望和巨大期盼，以及生死轮回恐惧中的市民阶层的风俗画卷。这个过渡时代的小说非常具有讽刺性，没有其他任何一种艺术能如此惟妙惟肖地勾勒出贵族阶层的意识形态，如此连贯地展现上升的市民阶级的世界观。

小说的形式具有足够的伸缩性，其亦庄亦谐的特点使它赢得了最广泛的观众，古今莫不如此。

小说给了读者一个如同歌剧院里的包厢位子，让他感觉到手里拿着歌剧的脚本，在巨大的舞台上跟随着故事情节的跌宕起伏。小说使纯文学美女成了阅读的素材，没有任何其他的文学体裁能像小说那样与一个时代和一个社会的生活感受相契合。然而不能不说的是，德国人与小说的关系到今天为止都是隔膜的。最重要的小说作品都来自国外，德国自己的小说根本无法与之相提并论，更不要说与之匹敌抗衡了。那么要问的问题是：为什么德国作家就写不出读者爱读的长篇小说来？

由于无法正面回答这个问题，于是，有人就把长篇小说的消遣性当成干扰因素来解释一番。浪漫派就是这类人，他们以其惯用的中篇小说体裁来和长篇小说唱对台戏。但是，中篇小说也不是德国人的发明，而是起源于薄伽丘（Boccaccio）和杰弗里·乔叟（Geoffrey Chaucer）。长篇小说可伸可缩的形式，能够显现出它所讲述故事和人物的狂欢节式的特点，而中篇借以传达信息的严谨形式和执着程度，更符合德国人那种在寺院僧房打坐念经一样的一本正经。中篇小说不是绘制一幅人类社会的百态图，而是偏爱淋漓尽致地讲述一个故事。现实都是支离破碎的片段，而人物的刻画却入木三分。这些人物必须面对各种必然的场景，他们必须行动。一个人物的结局没有交代清楚，他不会从故事情节中出局。19世纪是中篇小说的天下。一部中篇小说大全将语言高手克莱斯特以及今天几乎被遗忘了的德国诺贝尔文学奖得主保罗·海泽（Paul Heyse）都囊括其中。中篇小说是文学上的小德意志方案[①]，也可以说，中篇小说体现了德国人的嘴脸和德行。

中篇小说的消亡是在20世纪20年代。在苟延残喘一段时间之后，新纪实文学给它做了一个痛快的了断。随着中篇小说的消亡，德国的长篇小说才慢慢开始崭露头角，从台奥多尔·冯塔纳（Theodor Fontane），直到沃尔夫冈·柯鹏（Wolfgang Koeppen）。

---

① 19世纪德国统一时，有包括奥地利在内的大德意志帝国和不包括奥地利在内的小德意志帝国两种方案。

20世纪成功的长篇小说,无一不是消遣性和严肃性相结合的范例。尽管如此,消遣性和严肃性之间还是存在区别。即便是二者的内容都消失了,区别还是继续存在。有哪一位德国读者愿意让人说,他读书只是为了消遣?他的目的是要得到人们对他一边看书一边劳苦心智的一种认可。德国读者看书时尽管手里不拿铅笔,但他是用心在做笔记。如果有一天你看见他好像是临睡前手拿铅笔看书的样子,你的脑子里不由地会出现一个想法:读书真应该拿去抵税呀。不仅是书籍,而且连阅读本身都应该。

我们的那位偏爱好书的茱莉亚怎么样了呢?有人给她发了两个书单,是Facebook的朋友圈发给她的,我们暂且这么说吧。她会选择哪本小说呢?

作者:里·瓦

译者:吴宁

参阅:印刷术,下班之后,文化民族空想,音乐,牧师之家

附录一：真正的长篇小说！

20 世纪 10 本实验性的德语长篇小说

1. 托马斯·曼：《约瑟夫和他的兄弟们》(*Joseph und seine Brüder*)，1323 页！（1933~1943）

（怎样把一个歌德觉得太短的圣经故事写成一本四部曲小说。登峰造极的虚构？）

2. 赫尔曼·布洛赫（Hermann Broch）：《维吉尔之死》(*Der Tod des Vergil*)，522 页。（1945）

（罗马诗人的临终时刻，讲述生与死和写作。）

3. 罗伯特·穆齐尔：《没有个性的人》(*Der Mann ohne Eigenschaften*)，2159 页！（1931，未完成）

（小说铸就了"卡卡尼亚"一词。）

4. 海密托·冯·多德勒尔（Heimito von Doderer）：《群魔》(*Die Dämonen*)，1360 页！（1956）

（奥地利 20 世纪 20 年代政治斗争的全景图，人物最多的德语小说。）

5. 汉斯·亨尼·扬（Hans Henny Jahnn）：《佩鲁贾》(*Perrudja*)，814 页。（1929/1958）

（在一幅永恒的挪威自然风景中，试图塑造一种神话般的生活。）

6. 阿尔伯特·维歌莱斯·泰伦（Albert Vigoleis Thelen）：《第二张脸的岛屿》(*Die Insel des zweiten Gesichts*)，943 页。（1953）

（30 年代的马约卡岛：思想家，游手好闲者，业余纳粹分子和密探。）

7. 乌韦·约翰逊（Uwe Johnson）：《周年纪念日》(*Jahrestage*)，1703 页！（1970~1983）

（约翰逊将梅克伦堡的耶里肖夫镇和纽约联系在一起，让耶里肖夫镇人感到高兴。）

8. 彼得·魏斯（Peter Weiss）：《反抗的美学》（Die Ästhetik des Widerstands），1195 页！（1975~1981）

（受过教育的公民在一部意识形态的理想传记里当工人。）

9. 阿尔诺·施密特（Arno Schmidt）：《蔡特尔的梦》（Zettel's Traum），1536 页！（1970）

（1968 年的一个夏日，多处文字谈论美国诗人埃德加·艾伦·坡。）

10. 彼得·汉德克（Peter Handke）：《我在无人海湾的一年》（Mein Jahr in der Niemandsbucht），628 页。（1994）

（一种更广泛的、汉德克式的陶醉，对时代精神的又一次控诉。）

附录二：阅读材料

20世纪的12部长篇小说（推荐给有眼光的德国人）

1. 托马斯·曼：《布登勃洛克一家》（*Buddenbrooks*）（1901）
（20世纪德国家族小说的鼻祖范本。）

2. 亨利希·曼（Heinrich Mann）：《臣仆》（*Der Untertan*）（1918）
（没有哪部小说像它那样给我们对德皇威廉二世时代的认识刻上印记。）

3. 弗朗茨·卡夫卡：《审判》（*Der Prozess*）（1925）
（一定有人诬陷了约瑟夫·K。）

4. 约瑟夫·罗特：《拉德茨基进行曲》（*Radetzkymarsch*）（1932）
（对独一无二的奥匈帝国的伤感悼词。）

5. 阿尔弗莱德·德布林（Alfred Döblin）：《柏林亚历山大广场》（*Berlin Alexanderplatz*）（1929）
（一部对魏玛共和国下层阶级的崇敬小说和赞歌。）

6. 克劳斯·曼（Klaus Mann）：《梅菲斯托》（*Mephisto*）（1936/1981）
［围绕"第三帝国"时期古斯塔夫·格林德根斯（Gustaf Gründgens）演员生涯的关键小说，权力和精神相互碰撞，为权力效忠的精神败下阵来。］

7. 沃尔夫冈·柯鹏：《温室》（*Das Treibhaus*）（1953）
（叙述关于德国战后的重建、阿登纳总理，以及波恩政界的一位左派自由知识分子对早熟少女的恐惧。）

8. 马克斯·弗里施：《施蒂勒》（*Stiller*）（1954）
（现代的真实身份问题，符合战后状况，有点儿瑞士口味，受克尔凯郭尔影响。）

9. 君特·格拉斯：《铁皮鼓》（*Die Blechtrommel*）（1959）
［二战后关于战前（并且为了战后）的挑战性小说，学术委员会战后几代人的、经得起考验的政治导游指南。］

10. 海因里希·伯尔（Heinrich Böll）：《九点半的台球》（*Billard um halb Zehn*）（1959）

（在并未逝去的旧时代背景下的一个科隆家庭灾难，天主教和批判天主教，典型的伯尔作品。）

11. 托马斯·伯恩哈德（Thomas Bernhard）：《抹去：一场崩塌》（*Auslöschung. Ein Zerfall*）（1986）

（这位愤世嫉俗的奥地利批评家的最后一次伟大和激愤的自编自演。）

12. 马丁·瓦尔泽（Martin Walser）：《泉水淙淙》（*Ein springender Brunnen*）（1998）

（一部讲述发生在博登湖畔水堡小镇少年故事的小说，书中众多叫人琢磨不透的语句之一是："只要它还存在着，它就不是事后看起来已成为过去的东西。"）

桁架建筑

114　　"我们喜欢上了一栋1500年建的桁架房子",我认识了半辈子的一对老年夫妇这样跟我说。隔上几年他们就会过来看看。当他们说起"我们如何如何"的时候,我就知道,他们的日子过得挺不错。一提到他们最近忙乎的事情——新发现的那栋桁架房子,他们的眼睛里就露出兴奋的光芒。这个样子有点像是刚入了某个独立教派的教徒,遇到了一个愿意听他们解释圣经的人。和我们大家一样,虽然岁月不饶人,但他们总是只争朝夕地在学习新东西。他们是衣食无忧的中产阶级,有着更美好的想法,保持着德国的平衡稳定。

　　眼下他们正在寻找一位专家,帮他们看看那栋房子,然后再决定买还是不买。这位专家要懂桁架建筑,比如桁格、填料、老虎窗、扶手、窗框、锈蚀点、保温层什么的。

　　桁架结构可以毫不夸张地说是一种建筑方式,这点毋庸置疑。关于它的技术特点也有广泛的描述,书店里这方面的图书汗牛充栋,随时可以拿来办一个桁架建筑的阅览室。但是没这个必要。如果你想自己建一座这样的房子,这个传统行当的专业建筑公司会尽心尽力帮你的忙。

　　木桁架房子是一种不折不扣的古老建筑方式,它的历史比德意志民族要悠久得多得多，其建筑技术源头可以追溯到历史还未成为历史的时代。这种技术基于的是一种史前的房屋式样，即用木头支架和沙石泥土做成的那种房子。

这种建筑手法所以能历经时代的变迁传承至今，原因就在于它能充分满足需求，不受技术发展的影响。就像火柴一样，历经数百年而不变，而且将继续保持不变。

简言之，桁架木屋和现代居住时尚，两者已经水乳交融相得益彰。2011年春，有一家公司做过这样一则广告："我们的保温黏土产品为您带来最佳的健康居住空间。"打广告者是一家桁架房屋砖瓦生产商。

桁架建筑长盛不衰的根本原因不是它的起源，也非它的持久耐用，而是它的独一无二和举世无双。所谓独一无二，归根结底不仅是它的技术层面，更主要的是它的美学特点。换言之，桁架建筑不仅美观，而且也应当称得上美观。它的美到今天都还一直决定着德国无数老城区的面貌。有的城市甚至有目的地通过改造，给历史悠久的老城区赋予标志性的桁架结构建筑。其中的一个例子就是希尔德海姆市，它的屠宰行业公会会址称得上是世界上最美的桁架建筑。最小的有人居住的桁架木屋是巴符州莫斯巴赫（Mosbach）镇的"Kickelhainhaus"，楼上楼下总共有52平方米的面积。最大的一座桁架建筑在萨勒河畔的哈雷市（Halle an der Saale），即有名的"弗朗克基金会"大楼。

虽然桁架房屋不是德国人的发明，但德国人把它吸收过来并使之德国化，世界上没有一个民族如此做过。其中的原因，或许在于这种建筑广泛采用手工搭建的特点，而我们德国人尤擅此道。但事情远不限于此。从根本上说，它是德国中小企业的成功秘诀之一，即德国人与其被动适应，不如拿来为我所用的那种能力和天赋。德国人善于学以致用，并使之尽善尽美。于是乎，外来的东西摇身一变就成了德国的名牌货。

桁架建筑遵循的是一个建筑艺术上的基本观念：在落成的房屋保留其框架结构外露的同时，建筑技术就成了建筑物外表形式的具体细节，或者叫纹饰点缀。这种双重效果使得桁架建筑既轻巧又安全，犹如一艘停在地面的飞艇。实际情况是：人们更觉得纽伦堡的名歌手和歌手行会会员汉斯·萨克斯（Hans Sachs）是这种木骨架房屋的住户，而非自由思想诗人瓦尔特·冯·德尔·福格尔魏德（Walther von der Vogelweide）。

如今，桁架建筑既非唯一可供采用的建筑技术，也非一种特别惊世骇俗和妙不可言的建筑方式。它更多的是一种传统和这种传统的可信度。传统就体现在可以普遍使用的技术上。任何人都懂得桁架房屋的建筑原理，任何人都能学会掌握。如果有谁觉得宜家的拼装家具太简单的话，可以花些精力学习桁架建筑。在和平年代里，喜爱这种风格的业主把这种房子当作豪华住房来建，但他同时也知道：如果动荡时代来临，紧急情况下只要会两手手工活，就能自己动手造一个这样的木结构房子——有人这么跟他解释说。这话听起来十分抚慰人心。在德国境内据说共有一百万座这样的桁架房屋。

117　德国的城市、城市的中心，以及人们想象中的城市，都被打上了桁架建筑的印记。只要你走出维斯玛（Wismar）镇①的集市广场，四周都是桁架房的狭窄街巷。1922 年，伟大的无声恐怖片《不死僵尸》（*Nosferatu*）就是在这里拍摄的。

德国的城市形成于中世纪，这个时期老百姓选择了桁架木屋。20 世纪 80 年代起，随着中世纪被重新发现，人们对作为德国传统组成部分的桁架木屋的兴趣有增无减。

在桁架屋里居住好像成了一种业余爱好，男人把他的火车模型丢在了一边，女人也放弃了她的网上织毛衣课，大家都去参加周末的学习班，想学几手桁架房的维修技能。这些学习班除了练习手工技能外，还包含学习有关桁架房屋的艺术。虽然不是真的要搞艺术，但毕竟要和黏土打交道。黏土用在建筑和医学的治疗法上的时候，它被摆弄成各种各样的形状。

说起桁架建筑，人们首先想到的是木头，然后才是黏土。橡木是最好的材料，大家都那么说。谁还会奇怪呢？橡树虽然早就不再是什么德国特有的东西了，但它始终经久耐用。用我们今天的话来说就是：不用化学保

---

① 维斯玛，德国东北部梅克伦堡 – 前波莫瑞州的一个小城市。

罗腾堡美不胜收的老城建筑。

护，橡木照样不腐。花旗松也是一样。那您更愿意用花旗松还是橡木呢？

实际上，木头和黏土同样重要，关键是木头和黏土怎么结合。这里似乎就是房子住起来舒适与否的诀窍所在，换句话说，就是居住的质量问题。

所有这一切都符合中产阶级的价值观念，他们让生态鸡蛋和欧莱雅化妆品能够相互兼容，而且最近电视上那则酸奶广告也和桁架木屋搭配得恰到好处：一个再婚家庭在温馨舒适的家里，其乐融融地享用早餐。

把人们近来乐于和桁架屋子打交道的态度，视为一种接受德国历史的表达方式，未免失之轻率。尽管如此，这种现象乃是一种对这段历史发生地的心照不宣的补偿。人们可以嘴上说桁架屋，心里想的是历史传统——德国的历史传统，而不必把这个意思明确说出口。就好像人们嘴上说生态环境，心里想的是自己的家乡，而不必让别人觉察出来一样。

作者：里·瓦
译者：吴宁

参阅：工作狂，包豪斯风格，浮士德，德国人的性情，高地丘陵

驾驶的乐趣

118　　驾驶之乐就是徒步旅行之乐。

停车！都错啦！原野山谷间传来了呐喊的声音：你们开着臭气熏天的汽车从我这里经过究竟看到了些什么？闻不到花香，听不见鸟鸣，马达突突作响，车灯刺人眼睛，我沦为从你们眼前晃过的照片糊墙纸了。

大自然的风光是保守的，它有权这么呐喊。但是，驾驶汽车是不是真的把我们全都变成了飙车狂了呢？

即使一个徒步旅行者，如果要在天黑之前赶到要去的旅店，他也不会在每一朵野蔷薇花前驻足停留。有多少喜欢小汽车的德国人，不都是因为火车到不了，而自己开车去看大自然的吗？打开车顶的天窗，沿着波罗的海海边或是阿尔卑斯山麓的小路信马由缰，这种自然崇拜从来就没有改变过。当夕阳西下，即使在高速公路上车速达到 200 公里/小时，你也会对眼前的光影变幻心驰神往。如今，连傻瓜也不会徒步，而是开着破旧的大众面包车去南方旅行。

赫尔曼·黑塞若是还活着的话，他可能会带头唱起一首自然的颂歌。这位作家热衷徒步旅行（但在印度旅行的时候，他还是愿意让人用人力车拉着走），他曾经幻想要对"小汽车进行一场讨伐围剿"。在小说《荒原狼》（*Steppenwolf*）里，他让笔下的人物对着"豪华汽车"开枪射击，目的是要"将那些肥胖的、衣着华丽的、满身香水味的、用机器榨取别人血汗的富人，连同他们咳嗽不止、发出可怕的呼噜声的豪车一起干掉，再一把火把工厂点着，清除地球上的污泥浊水，减少人口数量，让青草、森林、草地、原野、小溪和沼泽从水泥的世界里再重新生长出来"。

在他的第三任太太尼侬（Ninon）的催促下，这位已经是诺贝尔文学奖得主的作家在40年代后期购置了第一辆自己的小汽车，先是一辆一般化的福特 Standard Fourteen，之后很快又买了一辆派头十足的 Mercedes Ponton。72岁高龄时，喜欢汽车的太太开车带着他翻越了尤利尔山口（Julierpass）①。如同其他的许多阿尔卑斯山口一样，他年轻时也曾经徒步翻越过这座山口。然而，这位徒步旅行家对座下的这种新的代步工具并不十分追捧，在一首旅行诗里他这样说道："累，但马路的中线／画得笔直扎眼，／过去的军队和朝圣之路，而今／被喘着粗气的机器碾平／坐在车里的人，他们啥都不缺，／从喧嚣中逃往夏日的福地，／就是没有时间，没有时间。"

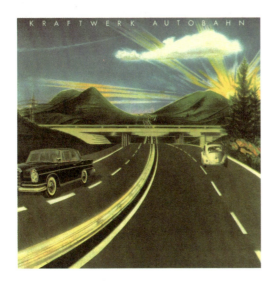

"我们开，开，开／飞驰在高速路上：／面前是一马平川，／阳光洒满大地。／／道路宛如灰色的丝带，／白色的地线，绿色的道边……" 发电站乐队传奇专辑封面，1974。

---

① 该山口位于瑞士东南部，海拔2284米。

倘若上面的诗句被另一个舞文弄墨的同行听见,他或许会报以轻蔑的微笑,然后一脚油门便将这个怀旧的乘客连同他的绅士礼帽一起抛在了车后扬起的烟尘中。虽然贝托尔特·布莱希特(Bertolt Brecht)不一定反对一枪把这些"肥胖的、衣着华丽的、满身香水味的富人"从他们的"豪车"里崩出去,但是与赫尔曼·黑塞不同,他可能会一个鹞子翻身就坐到这些缴获来的汽车的驾驶座上。1926 年,这位写过《巴尔》(*Baal*)和《改头换面》(*Mann ist Mann*)两部戏剧的作者买了自己的第一辆汽车,这是一辆二手的英国造 Daimler 牌轿车。如同他的第二辆 Opel 车一样,这辆车并不合这位爱开飞车的驾车手的口味。有道是,"与其花钱买破车,不如卖文换好车"。于是,布莱希特在 1928 年让他的情人和合作者伊丽莎白·豪普特曼(Elisabeth Hauptmann)挨个儿去敲几家汽车公司的大门,询问是否能给囊中羞涩的布莱希特提供一辆跑得快些的座驾,他则以颂扬公司的美文作为回报。一家在当时领先的奥地利汽车制造商有了兴趣。几个星期后,柏林的《雕鸮》(*Uhu*)杂志上登出了一首叫"斯太尔汽车在歌唱"的诗歌。其中的诗句这样写道:"弯道时我们就像胶带。/ 我们的马达:/ 是一块会思想的钢铁。// 朋友,来驾驶我们吧!!// 我们开着你没有颠簸 / 感觉就像,你躺在 / 水中一样。/ 我们开着你如此轻巧 / 感觉就像你 / 用拇指把我们按在地上一样 / 我们如此安静地开着你 / 感觉就像在驾驶着 / 你的车影。"

一年后,布莱希特开着这台赠送的斯太尔敞篷轿车出事撞了树。难道他上了自己做的广告的当吗?然而,无论是汽车制造商还是作家本人,都没有受到这次车祸的影响。就像 20 世纪 80 年代末,奔驰公司曾经用一次惊险的车祸做过一则广告一样。在那次车祸中,一辆奔驰轿车从南非的一条海滨山路上偏出车道,司机连人带车坠落一百多米,但安然无恙。后来,戏剧家布莱希特的这次车祸被模拟,其经过(再次在《雕鸮》杂志上)被详细记述刊载出来。两处髋骨骨折,脸部也受了伤的布莱希特事后又获赠了一辆新的斯太尔敞篷轿车,这辆车一直开到他被纳粹分子迫害流亡,车子也被没收。

谁若是沾上汽油的味道,那他就会抛弃所有的原则。本来利用每一个煽情的机会都要对德国的森林大肆歌颂一番的纳粹政权,当要修建高速公路时，突然间对之弃而不问了。同样值得怀疑的是，纳粹修建高速公路是否为了振兴经济、把帝国的公路联网和展现自己的国力。其中可能有更加非理性的原因存在。那个要把人和技术融为一体的所谓"钢铁般的浪漫"的口号发明者约瑟夫·戈培尔，在他的日记里狂热地醉心于"沿着壮观的高速公路开足马力一路驰骋"。化学家和自然科学记者瓦尔特·奥斯瓦尔德（Walter Ostwald）在1939年甚至号召自己的同胞去做"愉快的汽车漫游"。

如同对整个纳粹国家不能用一句"并非全部都是坏事"来做评判一样，高速公路和大众汽车也不能用一句"这是桩好事"来做结论。从根本上说，对动力的狂热是有悖伦理道德的。正因为如此，在一个不放过任何机会把自己所做的一切都强行披上道德外衣的国家里，这种狂热有着从未断过的吸引力。爱开飞车的人并非肩负使命，他要的是过瘾刺激和猛踩油门，就像"新德国浪潮"（Neue Deutsche Welle）乐派的一首歌里所唱的那样。

如果说历史上曾经有过"善良的"车手的话，那么，他们就是区区几个马力而且无马拉之力的汽车的发明者。有施瓦本地方的普罗米修斯之称的戈特利布·戴姆勒（Gottlieb Daimler）①和他的高级设计师威廉·迈巴赫（Wilhelm Maybach）②穷毕生之精力研发发动机和汽车，借此机械之力，人类可以在陆地、水上和天空自由地纵横驰骋。他们从未把自己当做是为速度狂服务的制造家。刺激他们制造跑得更快的汽车的人，是古板偏执的商人埃米尔·耶利内克（Emil Jellinek）。此人看起来不仅像早先的赛车队老板，而且是一个叫梅赛德斯（Mercedes）的千金小姐的父亲。

比戈特利布·戴姆勒早几个月于1886年申报第一台汽车的卡尔·本茨（Carl Benz）③也想将人类推向前进，但并非像炮弹那样呼啸出膛。据说这位制造汽车的先驱最初开着他的三轮汽车试车的时候，着实把马吓得

---

① 戈特利布·戴姆勒（1834~1900），原名 Däumler，德国工程师、设计师和企业家，世界第一台汽油发动机和第一台四轮机动车发明人。

② 威廉·迈巴赫（1846~1929），德国汽车设计师和企业家。

③ 卡尔·本茨（1844~1929），德国工程师和汽车制造先驱，他于1885年申请的"本茨专利汽车第一号"是世界上第一台现代意义上的汽车。

受了惊，而且还压死了六只鸡、三只鸭子、两只鹅和一条狗，但他是一个速度狂的坚决反对者。正是因为这个操守，使他在20世纪初和他最得力的工程师产生了过节。

奥迪汽车公司的创始人奥古斯特·霍尔希（August Horch）[①]小时候为了要从山坡上更快地滑下来，在他父亲的作坊里给自己的木质雪橇安装了两根铁条。霍尔希是毫无保留地推崇汽车速度的第一人。这位公司老板亲自参加比赛，并且在一战前使他的奥迪车成了汽车运动的常胜将军。他的新公司——其老公司和另外两家汽车制造商合并而成的公司——雇请了一位新的天才设计师——费迪南特·波尔舍（Ferdinand Porsche）[②]。波尔舍为新公司汽车联盟设计的赛车，在30年代和梅赛德斯-奔驰公司（两家公司也正式合并）生产的赛车在德国银箭汽车大奖赛中展开了空前激烈的角逐。

汽车驾驶是一门艺术。伯尔恩德·罗森迈尔（Bernd Rosenmeyer）脱颖而出成了那个时代德国名气最大的英雄。由他驾驶的汽车联盟的银箭赛车不仅获得了大赛的冠军，而且还创造了速度的纪录。1937年10月，他突破了时速四百公里的不可思议的极限。戈培尔"钢铁般的浪漫"终于找到了它的偶像。这位赛车手和同样对速度痴迷的女飞行员艾丽·拜因霍恩（Elly Beinhorn）喜结连理，但是结婚这件事并没有能让他见好就收，恰恰相反：他们被纳粹政权吹嘘为"全世界速度最快的夫妻"并被用来装点门面。

1938年1月，这个风光无限的高速童话戛然而止：正当罗森迈尔在法兰克福至达姆施塔特的高速公路上驾车准备打破他的竞争对手用一辆梅赛德斯-奔驰赛车创下的时速新纪录时，一阵侧风将他的赛车吹到了路边的树林中，罗氏当场死亡。他后来被安葬在柏林达勒姆区（Berlin-Dahlem）的森林公墓中，也是在一片树林下面。

[①] 奥古斯特·霍尔希（1868~1951），德国机械工程师，霍尔希和奥迪汽车制造公司的创始人。由于输掉了产品命名官司，1910年后，由他生产的汽车改用他的拉丁文名字奥迪。

[②] 费迪南特·波尔舍（1875 ~ 1951），奥地利和德国汽车设计师，保时捷汽车公司创始人。

这个地方离世界上第一条"机动车专用马路"（即高速公路）不到三公里。这条"汽车交通和练习马路"（Auto-mobil-Verkehrs und Übungsstraße，AVUS）于1921年开通，从那时起这条路上的车速就非常之快。当初修这条马路并不是为了提供一个场地，好让柏林人能在上面练习驾驶技术，不给动物、马车和行人的安全造成威胁，而是让当时在国际大赛中总是落后于人的德国赛车手有一条车道，可以开足马力测试由德国工程师开发的马力越来越大的发动机。但在平常情况下，像罗森迈尔这帮职业车手们就只好和那些自封的业余赛车手们在一条马路上争先恐后了。

这种个人的速度狂在女作家维琪·鲍姆（Vicki Baum）那里得到一个很好的例证。在她的畅销小说《旅店众生相》（*Menschen im Hotel*）里，作家将患有胃癌的外省会计奥托·克林格莱因（他还从未坐过汽车，因此在即将离世前的几个星期里，他要无所顾忌地充分享受生活）连同一个生性豪放的男爵的故事，都安排在了"汽车交通和练习马路"上："起先是扑面而来的空气变得越来越凉越来越大，后来就像拳头打在脸上一样。汽车发出声响，来自底盘下面，声音风越来越大。与此同时，克林格莱因的双腿感到了一种可怕的东西。他的两条腿好像充满了空气，骨头里有气泡往上直蹿，似乎要把膝盖撕裂一样。"就在男爵的赛车仪表盘的指针指到118迈的时候（1929年时，对非职业车手来说这是非常恐怖的速度），作家让男爵感叹道："这下我感觉轻松多了。""我也是"，脸色苍白，但一脸幸福的外省会计随声附和道。这真是用技术来净化心灵啊。

如果说英国人的自由概念是言论自由，法国人的自由概念是走上街头，美国人的自由概念是要枪而不要医疗保险的话，那么，只要没人阻止德国人在高速路上开足马力一路狂飙，他就心花怒放满意知足了。

全德汽车俱乐部于1974年2月用"自由的行驶属于自由的公民"这句传奇般的口号，对德国政府准备在高速公路上普遍实行一百公里限速计划做出反应，这句口号几乎成了德国基本法序言的前言。近年来，德国交通部和德国交通安全委员会采用号召人们"松开油门！"在高速公路两旁树立交通事故受害者惨不忍睹的警示宣传牌的方式，试图扭转这一局面。绿党的政治家们则要求汽车工业不要再生产炮弹一样的绝命飞车，而是生产环保型的小轿车，但皆劳而无功，白费心机。21世纪初的德国人尽管在饭馆和公共场所不能一如既往地随便吸烟了，但驾车的乐趣他（还）是不会叫人剥夺的。一旦方向盘在手，他那股子古日耳曼的血性就会迸发出来，任何古罗马执政官或是其他人都无法限定他用什么样的速度在平原山川纵横驰骋。如果不堵车的话，没有时速限制的高速路段就是德国境内最后的一处野蛮之地。

不仅男人从一开始就感觉到了开车和自由与撒野之间，以及"自行"和"自治"①之间仅一字之差的关系，女人的血液里也同样有汽油的味道。卡尔·本茨的夫人贝尔塔（Bertha）就曾毫不犹豫地把自己的嫁妆拿出来，以让夫君圆一把"可以开动的汽车"梦。不能说贝尔塔的举动是纯粹出于对自己丈夫的爱，她在小的时候，曾经发现母亲在她出生那天的家传圣经里写道："可惜又是一个丫头。"于是她就希望，用这个新的发明向头脑僵化的家人证明，"一个丫头"到底能有多强。

或许是自己下的决心，或许是被两个儿子说动，1888年8月她瞒着自己的丈夫坐进了那台已有发明专利的汽车，开着它前往路途遥远的普福尔茨海姆（Pforzheim）②，去妹妹家参加小外甥的洗礼。她这样不声不响把车开出去也是迫不得已，因为眼下曼海姆市的警察可以说完全禁止"本茨爸爸"开他的"下地狱送死的车"出来转悠，怕他给当地的安全带来威胁。再说，他知道了这件事肯定不爽（读了本茨的回忆录便知，发过一通火后，这位发明家对妻子和两个儿子的胆识还是颇为自豪的）。

这次用机动车完成的全世界首次长距离的行驶，不仅让人担惊受怕，而且把人搞得疲惫不堪，但终归功德圆满。半道上有农民惊愕得连农具从手中掉下来都不知道，还有人吓得连喊带叫拔腿就跑。没人有胆量挺身而出，叫这个开车的女人停下来。汽油告罄、链条磨损、油路堵塞和当地的山坡成了一路上最大的障碍。这台单缸四冲程和只有两个挡位的三轮汽车根本爬不动坡，然而，贝尔塔·本茨并未止步不前。这位天资聪

---

① 原文为"Auto-mobil und Auto-nomie"，两字都以Auto开头，意为汽车和自治，这是作者玩弄的一个文字游戏。
② 普福尔茨海姆，德国巴登符腾堡州的一个11万人口的城市，在斯图加特西北方向约37公里。

手握驾驶盘的女性：1888 年 8 月贝尔塔·本茨和她的两个儿子创下全球首次驾车越野行驶的壮举。

慧的女子在后来的电台采访中讲述道："我自己开的车，没事我就一直往前开，坡上不去，我下来用手推就是了。"

出生于维尔茨堡的德国女记者玛格丽特·波维丽（Margret Boveri）[①]在 1938 年春的时候有过一次更加惊险的旅行。她和一位女友一道，开着出发前就已经有毛病的心爱的老别克车，从伊斯坦布尔出发，经大马士革、巴格达和德黑兰，最后到达伊斯法罕。还在土耳其的安那托利亚的时候，这两位侠女就多次几乎动弹不得：路况奇差，河水泛滥，桥梁毁坏。不断出现的车身和发动机的毛病更是雪上加霜。

"多丽丝和我轮换着钻到车底下修车"，波维丽在她的游记《汽车，

[①] 玛格丽特·波维丽（1900~1975），德国女作家和报社记者，纳粹时代依附过纳粹政权。

沙漠，蓝珍珠》(*Ein Auto, Wüsten, blaue Perlen*)里这样记述道。这台老别克车是她这趟旅行的真正英雄。两位女性倾注在她们座驾上的感情，还能有比这更为美丽的图景吗？

那个年代，与汽车的感情毫不亚于她们两位的是诺贝尔文学奖得主托马斯·曼的女儿艾丽卡·曼（Erika Mann）。与波维丽不同，艾丽卡·曼既不能也不愿意与纳粹分子同流合污。1929年时，她奚落当时还没离婚的丈夫古斯塔夫·格林德根斯，说自己宁肯去当汽车装配工的学徒，也不担任由他在柏林德国剧院执导的一出戏剧的主角。这个大胆的角色转换转得值当：当艾丽卡和她的弟弟克劳斯历时两个月开车去摩洛哥和西班牙南部旅行时，起码有一个男人明白了，在"小福特"陷在沙漠里不能动弹时，到底应该怎么办。

对于这位女作家、演员和小品表演家来说，开车不仅仅意味着一种更换"国家比换衣服还频繁"的自由［艾丽卡·曼于1931年在罗马写下了这句名言，其时，她参加了穿越欧洲的汽车拉力赛，而且得了很好的名次。后来，贝托尔特·布莱希特率先在他的诗《致后辈》(*An die Nachgeborenen*)里使用了这句名言，用来描写流亡人士无家可归的情境］。在她的《旧日杂文和无聊作品》一文里，曼把汽车宣布为考验潜在恋爱对象的一个理想工具："如果你想考查一个人的话，不论是男是女，不用看戏，也不用跳舞吃饭，而是出门旅行，但要运动型的那种。要么和考验的那人去滑雪，或者最好的办法是练开车。开一趟夜车，你就什么都知道了……如果你们在城里转悠，你可以要他开得快一点；在停车线那地方，绿灯一亮，你们得是第一拨起步的人。违章的事儿你们别干，要始终在允许的范围内做到极限。出了城你们就放开手脚开。开车时他不必说话，尽管如此你得感觉到，他时刻没忘记你的存在。你们要一直开，时速不要过90公里，但不要低于50公里。那些个一会儿飙到120公里，一会儿又想起个笑话讲给你听，速度掉到35公里，甚至停下来和你打情卖俏的家伙，都不靠谱，不予考虑。"

艾丽卡·曼的父亲托马斯·曼曾经叫女儿用什么样的速度开车带他在当地转悠，我们不得而知。可以肯定的只有，这位富有阶层的爱车人士一生中从未想到过要亲自驾驶一下自己昂贵座驾当中的任何一辆。1925年

2月4日，当情况逐渐明朗，第三部长篇小说《魔山》要比第一部《布登勃洛克一家》卖得更好的时候，托马斯·曼在给朋友的信中写道："私下和您说一句，我给那个神秘幽默的鱼缸里已经挣了七万多马克的门票钱①，所以我给自己添置了一辆汽车，一辆漂亮的六座菲亚特轿车。我们的大管家路德维希已经学会了开车，从今往后我就坐着三十三匹马拉的车进城，一路随意和各方人士打招呼了。"

如果拿工资的路德维希不在，女儿艾丽卡和儿子戈洛（Golo），到后来太太卡蒂娅（Katja）（据说她的车技很一般）就得充当司机，送这位文坛泰斗外出办事。

正像他们没收了布莱希特的斯太尔轿车一样，1933年，纳粹分子也无耻地把托马斯·曼的一辆别克和一辆奥迪充了公。儿子戈洛因为在卡尔·雅斯贝尔斯（Karl Jaspers）那里获得博士学位，父亲托马斯·曼赠送他的一辆DKW牌的两冲程汽车，也遭纳粹魔兽血盆大口的吞噬。只有艾丽卡成功地将她的福特安全地转移到了国外。

先是一辆菲亚特，然后是辆雪佛兰，最后又是一辆别克——这就是托马斯·曼流亡期间作为车主走过的几个阶段。在那个灭绝了所有安全感的年代里，出行自由便是仅有的安全感了。这也算是一种驾驶乐趣吧。

托马斯·曼对坐车出行的兴致在二战之后才开始慢慢减退。1950年夏，他在穿越瑞士的长途旅行路上，到提契诺的公馆拜访了赫尔曼·黑塞，然后又坐车翻过圣哥特哈德（St. Gotthard）山口前往苏黎世。晚上他在日记里记述道："厚脸皮超车的群氓叫人生气，一整天都不堪其苦。"刚刚开始的汽车普及让这位写作大师很不理解。他是伴随着油漆锃亮的马车长大的一辈人，任何形式的"小老百姓坐车"都让他感到厌恶。

德国的汽车族自创业时代以来就有一种对少数人的偏好：正当戈特利布·戴姆勒雄心勃勃要造出能够行驶的贵重座驾时，美国的亨利·福特却在思考如何为天下百姓生产汽车。他的 Ford T 型车（老百姓管它叫"铁皮

---

① 作者这里暗指《魔山》一书所挣的稿费和版税。

美女")于1908年作为世界上第一辆流水线上生产出来的汽车问世。据说戈特利布·戴姆勒在1900年临终前还预言,仅因为缺少专职司机,全世界对机动车的需求量不会超过一百万辆。当1927年"铁皮美女"停产的时候,福特的这款成功车型共计卖出了1500万辆,而且其中的绝大部分可以说都不是由专职司机驾驶的。

20年代德国不为少数人服务的汽车制造厂商是欧宝,其创始人和品牌命名人是亚当·奥佩尔(Adam Opel)。他本人只生产过缝纫机和自行车,观念相当平民化,甚至拒绝过生产小汽车,理由是这个新潮的发明无非是"百万富翁们的玩具"而已。他死后,他的五个都是优秀自行车手的儿子开始进入汽车行业。1924年,德国第一台流水线生产出来的汽车在吕塞尔斯海姆(Rüsselsheim)工厂下线,并使欧宝登上了当时最大的汽车生产商的宝座。但是与"铁皮美女"相比,欧宝的"绿皮青蛙"(Laubfrosch)一直就是冷门产品。福特的流水线平均每年生产75万辆汽车,而欧宝的产量也不过就是2万~3万辆而已。

自大众汽车始,德国汽车才成了大众化的产品。1933年秋,希特勒指派有精工和美学的崇拜者之称的费迪南特·波尔舍开发一款能够名副其实当得起"大众汽车"之名的小汽车:这种车要在几年之内生产出几十万辆,可以在同时修建好的高速公路上奔跑,此外,此车还应具有家庭型、低售价和低油耗的特点。但是,大众车真正的大批量生产是在德意志联邦共和国时代。二战时期需要的并不是"愉快的汽车漫游"所用的四轮座驾,而是纳粹部队的军用吉普。

正是这样一种情况带来日后甲壳虫轿车的腾飞:如果它在老百姓的观念中与纳粹政权联系在一起的话,那它就不可能成为被民众青睐的产品,甚至在1972年跃升为全球销量第一的汽车品牌(直到2002年大众的高尔夫车才取而代之)。不仅是创造经济奇迹的德国人,而且美国人也在50年代钟情这种既可爱又结实的汽车,似乎当初不是希特勒,而是沃尔特·迪斯尼下令设计的这款车。

美国人是何等地喜欢德国的这个宝贝疙瘩，可以从 1960 年大众公司在美国做的一句广告词中看出："I don't want an imported car. I want a Volkswagen."（"我不要进口车，我要大众车。"）

令人无法相信的是：恰恰是这种背负纳粹历史最多的汽车，得到了美国人最大程度的认可，他们把它当成了自己的国产货之一。更叫人难以置信的是：那次革命性地创造出诸如"Think small"或是"Going, Going"这样脍炙人口的广告用语的恒美 DDB 广告公司[①]，它的大部分员工都是犹太血统，而且 60 年代初，以色列航空公司 El Al 也是他们的客户。

难道这就是去纳粹化，甚至是用大众汽车那圆形的标识在进行和解工作？抑或是资本主义对人们的历史观的胜利？可以肯定的一点是，除了阿登纳和德国美女之外，没有任何人像大众的甲壳虫那样，如此地帮助过德国向美国民众乃至全世界释放信号，告诉他们再也不用惧怕联邦共和国的德国人了。加利福尼亚的嬉皮士们特别喜欢把各种花卉和他们的"和平"标识画在甲壳虫圆圆的车身上，从而把它彻底地变成了一款和平的甲壳虫。

当 1990 年大众美国公司启动一次新的广告宣传的时候，谁还愿意回想起纳粹的"钢铁般的浪漫"或者"力量来自乐趣"的口号？在那则电视广告中，一个平静而浑厚的嗓音鼓动观众，置换最新款大众车，感受"驾驶乐趣"，"when car and driver become one"（"当人车合二为一时"）。难道说德国人对汽车的狂热最后还成了件好事不成？

作者：特·多
译者：吴宁

参阅：铁路，科考远征，创业时代，徒步之乐，女人

[①] 恒美 DDB 广告公司的全称为 Doyle Dane Bernbach，1949 年成立于美国纽约，是一家世界顶级的广告公司。

恒美 DDB 广告公司 1959 年为美国市场设计的宣传广告。

下班之后

当太阳落到黑森林后面或是没入北海时，一声放松的叹息便会穿过整个国家：总算下班了！这就是说，在今天工会规定每周工作 35 个小时的时代，太阳还完全能够跟着听到这声叹息。和那些两百年前每周得足足劳作 82 个小时，即便在 1900 年前后每天也还得苦干 10 个小时且每周必须工作 6 天的前辈们比起来，我们的日子可真是好过得太多了。毫无疑问，德国人那由新教所倡导的勤勉工作精神如今早已让位于"去勤勉化"了。这势头来得如此之猛，以至于据传说 1993 年时任联邦总理赫尔穆特·科尔曾经怒斥："一个富有成就的工业国家，也就是说一个有前途的国家，绝不能搞成个集体游乐园。"

不过这里要说的，并不是德国人是否在迫不得已时有多大能力就得干多少活（抑或相反）的问题。这里要说的是，德国人在做完他们每天的活计之后，拿剩下的那一大堆时间怎么办。这个问题甚至在早先的那些世纪里就很让人挠头，而那时候德国人可供支配的空闲时间和今天比起来还不到如今的一半，这一点，只要读一读爱森纳赫的医生兼历史编纂学家克里斯蒂安·弗兰克·保利尼（Christian Frank Paullini）1700 年在其《下班后的哲学思辨》（*Philosophischer Feierabend*）中的告诫，便很明白。他是这么写的："我向来不会把这些宝贵的时间浪费在掷骰子、打牌、喝酒、说些没用的废话等诸如此类的无聊琐事上面,而是尽可能珍视这些时间,并设法恰当地加以利用,通过努力和真诚不断做成些良善有益的事情。"

下班之后,工作仍然没有结束。谁若想在主人的葡萄种植园里成为顶用的工人,那么他在下班后的时间里也不会去找那些低俗的乐子,而是会把这段时光用来提高自己的技艺或者是用来完成一些美好的事情。后来的市民阶层创设出一系列各式各样的机制,诸如家庭音乐会、读书会、公益社团等,以便借助于这些活动能够更有意义地充实"宝贵的时间"。更晚一些,在 1900 年左右,又有了业余大学(Volkshochschulen),其立意也包括激励工人们在下班之后的时间里提高自身的修养。

如果把这种知识阶层的努力主要看作以另外一种方式来延续劳作的忙碌,那恐怕是看错了。下班之后的时间在当时确实是被当作一天里最令人高兴的欢庆时刻①。正因如此,文化史学家威廉·海因里希·里尔(Wilhelm Heinrich Riehl)1880 年在其中篇小说集《下班之后》(*Am Feierabend*)的前言里才会宣称,书中的所有故事有一个共同点,即都有着"欢快满足的气氛,内心深处的平静,傍晚纯净清亮的祥和。在这个意义上,我把这本书题名为'下班之后'。这可不是因为我作为小说作者现在要下班了,或是像矿工们所说的那样,要'换班'了,也不是因为我在下班之后没有别的更有趣的事情好干,所以才来写这些故事,而是因为每当我拿起笔开始构思这些小故事的时候,下班之后的这份宁静便会深深地渗入我的灵魂,同时也是因为我想要把这份下班之后的宁静转移到我的读者们的心灵中去"。

白天的繁忙杂乱已经过去,傍晚的安宁静谧正在到来。正是在这个意义上,19 世纪的知识阶层的确是在平静心绪,只不过他们手里拿的不是 iPad,而是握着笔管——或者至少是捧着一本书。即便那些更纯真的人,虽然他们既不读书也不写作,但是他们也在梦想着屋外大自然的静谧安宁,那份静谧安宁正浸润到草坪和田野之中。当小鸟们开始唱起最后的歌儿,

---

① 德语"下班"一词为"Feierabend",是"Feier"(欢庆)和"Abend"(傍晚)的组合词,指职业工作结束之后的时间。

辛勤的农夫在劳累一天之后问心无愧地把大镰刀靠在粮仓的墙边，于是全村人在露天里聚集到一起开始做晚祷："在这个时光／再没有什么土地／像我们这里的土地辽阔宽广／美好无双／我们幸福地聚集／在这菩提树下／在这傍晚时分……"不过说起来，恐怕这样的赞美诗在城市里唱响的机会，要比在那牧歌式的夜之宁静更爱驻留的农村里更多。

在那傍晚时分，若我们沉浸在自己的内心深处默默反思，那可比享受慵懒的安逸要更有意义得多。在那段从日落到午夜、总带着点淡淡忧伤的时间里，无论如何也驱赶不了那种有什么事物正在走向终结的感觉，而你对此只能祈祷或者歌唱，祈求你第二天早晨——愿上帝保佑——还能够再一次被唤醒。

"在这个世界上／一切都只作短暂停留，／然后／下班之后的时光开始了，它走向漫长的永恒。此时众生重归平等，／白天的工作已经结束，／所有的人，不论贫富，／都得到了回家这个奖赏。"1787年的《汉堡缪斯文学年鉴》(Hamburg Musenalmanach) 中如是说。[不知道当年东德的官僚们在决定把他们的敬老院称作"工余时光之家"(Feierabendheime)时，脑子里是否想到了这首安东·格罗尔茨哈默（Anton Grolzhamer）的诗？]

当然了，德国人下班之后的时光远不是到处都像这样在沉思中度过。保利尼的告诫——不要把"宝贵的时间"浪费在"掷骰子、打牌、喝酒、说些没用的废话等诸如此类的无聊琐事"上，恰恰证明，前几个世纪的德国人事实上最喜欢的莫过于在白天的劳累之后再痛快地玩耍一番。

要想在下班之后达到最佳状态，最重要的助推剂古往今来一直都是酒精。早在古罗马时代，历史学家塔西陀（Tacitus）就已经对日耳曼人在猎捕野牛之后仰脖灌下的"大麦汁"和葡萄酒其量之大感到惊讶："要是顺应他们的酒瘾，让他们想喝多少就喝多少，那么完全可以利用他们的这种不良嗜好来战胜他们，比用武器更加容易。"

谁若拿起一本《大学生歌曲集》(Kommersbuch)——就是那些大学生协会的歌本——很可能会对这种歌本前后封皮上安装的金属凸起感到奇怪。这其实是所谓的防泡铆钉（Biernägel），用来防止放在小酒馆桌子上的歌本被洒出的啤酒浸湿泡坏。并且，谁若仔细研究一下那些歌，就会很快确信，那个购买《大学生歌曲集》的人，花钱买下这种昂贵的带防泡铆钉的版本真的很值。比如，那首关于那位打着嗝儿在床上辗转反侧的普法尔茨选帝侯弗里德里希（Kurfürsten Friedrich von der Pfalz）的歌，就能让人相当准确地推断出这帮大学生们在下课之后聚会时"酒位"上涨到了多高。那首歌的叠句唱道："啊！多么美好的节日！/ 所有人全都又喝高了！"再来一杯，嘿，再喝一杯没问题……

诺特布尔加·冯·拉滕贝格（Notburga von Rattenberg）是13世纪的"下工圣徒"，她每天傍晚在第一下钟声敲响时就放下田里的活儿开始祈祷。为了表示对她的崇敬，在蒂罗尔的小山村埃本（Eben），直到现在每年的9月13日都要举行一个宗教游行仪式。倘若她看到今天的这一幕，定会毛骨悚然地掉头避过。

不过，酒精可不是把下班之后的时光变成亵渎神明之举的唯一诱惑。随着20世纪里"下班"一词被"休闲/业余活动"（Freizeit）一词所取代，并由此而显露出拓展工作外区域的意思，热闹的城市大众娱乐业如舞厅、游乐园、电影城等便逐渐发展了起来，这些场所彻底埋葬了乡村里"下工之后"那美妙宁静的田园风景。而在此前，苦于烦累的城里人曾用这种田园牧歌式的幽静来修身养性。对受过批判精神及马克思主义训练的现代人来说，更多地会把它只看成资产阶级生产工业那个丑陋两面神雅努斯①的头。

恩斯特·布洛赫在其流亡美国期间所写的主要著作即三卷本的《希望的原理》（*Das Prinzip Hoffnung*）中，用了整整一章来叙述"休闲的假象：锻炼以便更好地工作"，其开头是："晚上，弯腰劳累一天的人总算挺直了身子，他几乎不用再干什么了。他可以休息了，而他之所以可以休息，是因为，即便是个工人也会疲倦的。在一天的辛苦劳作之后，他获得休息的时间，好让自己像台机器那样得以添料加油。"

---

① 据古罗马传说，雅努斯是罗马人的门神和保护神，他头上有两副面孔：一副在前，一副在后，一副看着过去，一副看着未来。

在相同的意义上，特奥多尔·W. 阿多诺（Theodor W. Adorno）和马克斯·霍克海默（Max Horkheimer）在他们那也是在流亡美国期间所写的《启蒙辩证法》（*Dialektik der Aufklärung*）中对"文化工业"做出了预言："在资本主义晚期，消遣就是工作的延续。"或者更干脆："娱乐就是磨练。"

被这两位——尤其是阿多诺——格外看作眼中钉的"消遣物"，是电影。正是出于这个原因，阿多诺梦想着能够把电影给"灭了"，当然他也没忘了强调，说"这种'灭了'"可不是"那种反动的（像当年工人反对机器那样的）反对科技进步的胡来"。唯一令他退缩并放弃实施其幻想的，是如下认识，即"虽然有影片的光亮但总体来说漆黑一片的电影厅，电影的情节本来是要让那些家庭主妇们融入其中的，这样一来就给了她们一处避难所，可以让她们不受监管地坐上几个小时，就像早先——那时候她们有家和空闲时光——站在自家窗口向外观望一样"。或许，下次"丽丝儿"①去电影院的时候最好再带上个靠垫，这样她在看屏幕上的主人公怎样在灰尘飞扬的乡间土路上一路往下走时就更舒服了。

恩斯特·布洛赫毕竟还能在他那为工业化所渗透的现实中发现"某些令人满足的闲暇之乐的遗存"，比如"嗜好"。阿多诺则更不留情面得多。1969年5月，在他去世前不久所做的一次关于业余活动的广播讲座中，这位法兰克福学派哲学家明确吐露，每当碰到某个记者询问他"有什么业余爱好（hobbies）"时，他心头都会涌上一股怪异的感觉。"我没有什么'业余爱好'"，这位一脸错愕的哲学家回答。"这并非因为我是个工作狂，整天除了绷紧弦做那些非做不可的工作之外不知道还有什么可做的。然而，我在正职工作之外所做的事情，于我而言，无一例外，全部都是十分严肃的事情，所以，幸亏我对种种不开化行为公然招摇过市且变得理所当然已经有了经验，否则，把如下事情想象成是'业余爱好'，也即只是为了消磨时间而耽于其中的毫无意义的活动，这种想法会令我震惊。从事音乐创作、听音乐、专心阅读，这些在我的存在当中是不可分割的部分，用'业余爱好'一词来描述这些事情对我而言不啻于嘲弄。"

---

① Lieschen Müller，德语中用来指称普通女人的带点贬义的叫法。

听到这话，克里斯蒂安·弗兰克·保利尼定会从遥远的 18 世纪致以敬礼。然而，与那位近代早期下班之后仍然工作并向众人做出谆谆告诫的哲学家不同，这位晚期资本主义职业批评家并不想指责任何人，即便有人把空闲时间浪费在愚蠢的事情上："在当前的主导条件下，若想期待或者要求人们把空闲时间用来做些有创造性的事情，未免显得愚蠢和不合情理。"束缚解脱，愚民政策畅行无阻，后来愚民任务就由"底层民众电视"担当了。不管怎么着，只要这位哲学家弹奏着勋伯格的钢琴曲度过其下班之后的时光，就足够了。

在用有意义的事情来安排下班之后的时间这个问题上，汉娜·阿伦特在她写于 1958 年的主要哲学著作《积极生活》中也发表过类似的悲观言论。如果说古希腊人为维护其城邦或者国家（在劳作之余）还要从事政治活动，"Homo faber"——从事制作的人——至少在工业革命开始之前也都一直力求制作出精美的手工制品以使自己青史留名，那么现代的人们，不论信奉共产主义的还是信奉资本主义的全一样，对于"崇高和富有意义的活动"——正是这种活动才让从工作压力下解放出来成为一件值得的事——已然再无任何概念："劳动动物（Animal laborans）的剩余时间除了用于消费之外再没被用来做什么别的，他所剩余的时间越多，他的欲望和胃口就越贪婪和越危险。虽然他的贪欲变得更加精致，从而使消费不再只局限于生活必需领域，然而这非但没有减少相反还恰恰加剧了过剩，而且，这并未改变这个社会的性质，相反其中却潜藏着重大危险，即它将使世界上所有的事物，不论是所谓的文化事物还是日用品，最终都归于消耗和消灭。"极端点可以这么说，如果让那享乐主义的仓鼠 24 小时尽可能不停顿地蹬踩转轮踏板的话，它将不再有能力热心于政治活动、静心修养或者去做真正有创造性的事情，它可能弄出的祸害也将会最小。

对消遣工业或曰休闲娱乐业（Freizeitindustrie）的鄙视绝不只是来自从新亚里士多德主义到新马克思主义的阵营。在魏玛共和国时期，主要是医生们提出警告，劝说人们不要只是消极地用喝酒来度过下班之后的空闲时间。保守的民族主义医生，如供职于德累斯顿德国卫生博物馆的鲁道夫·诺伊贝特（Rudolf Neubert），早在 1930 年就向霓光闪烁的电影城宣战了："尽搬演、愚弄一词的所有含义而言之，电影院里就是在搬演一些东西来愚弄观众……观众掏出80芬尼……为自己买得两个小时的空闲，但是却并未能够回归自我。最具有典型意义的是，一个出于自身休闲需要而把自己托付给大城市娱乐业的人，并不能够潜心思索，不能够回归自我。他跟着（影片情节）在柔软的波涛上漂浮，假如没有什么外部或内心的震撼令他从中震撼的话，他可以就这样度过整个一生。而这当中糟糕的是，他将根本没有机会去依靠自己的力量克服内心的困窘，并从这种克服之中获得心灵的成长。在心灵上他会变成一个彻头彻尾的软骨头，就像一个总是坐在轿子里让人抬着走、总是裹着皮毛大衣不着风雨的人，其身体必然弱不禁风，哪怕他天天都在看英勇搏斗的场面。"

与马克思主义者不同，这位社会卫生学家并不认为，为了给现代人重新打开通向真正的工余时光的大门，必须首先废除资本主义。尽管诺伊贝特也认定，是工业化使工作变得枯燥无味并让人的大脑变得机械麻木，不过他却从另一个角度来描述这个雅努斯的两面性："机器……为许多人提供了空闲时间，但是机器也向他们提出了要求。"必须这样做才能成功，即通过城市的娱乐业把"变质了的休闲活动"再给纠正过来。诺伊贝特预言，对休闲行为的革新，将使生活整个焕发出崭新的面貌，甚至能够使身心更加健康，令人达到更为自立自主的境界："如果我们能够让人们更多地自己掌握其空闲时间，并把它充分利用在锻炼意志和提高心灵修养上面，那么，由此出发，这些人便可以生长出力量，掌握和塑造他们的整个人生。"不过，要做到这一点，必须给"未受教化的大众"以"系统的教育"：用平衡体操取代体育馆，用业余大学取代杂耍剧场，用培养闲情逸致取代狂喝痛饮，用席勒的美育理论意义上的社交游戏①——"只有在这样的游戏当中人才是完整的人"——取代打扑克。

在"第三帝国"时期，诺伊贝特加入了民族社会主义工人党（NSDAP，即纳粹党），虽然他肯定不会认为纳粹为达到"步调一致"所搞的群众

---

① 席勒1793年写就《论人类审美教育书简》，第一次在美学史上提出了系统和全面的美育理论，他认为人身上有两种相反的"冲动"，一个是"感性冲动"，另一个是"理性冲动"，二者都是人的天性，完美的人性应是二者的和谐统一，然而人性在近代工业社会中被分裂，因此需要有第三种冲动即"游戏冲动"作为桥梁，将二者有机统一起来。席勒在此所说的"游戏"并不是指现实生活中的游戏，而是指与强迫对立的一种自由自觉的活动，是一种审美/艺术的游戏，通过美育来培养理想、完美、全面和谐发展的人。

娱乐活动——诸如那个叫作"力量来自欢乐"(Kraft durch Freude)的组织搞的"多彩之夜"(bunte Abende)以及其他大型活动——实现了他的理想。1936年,"力量来自欢乐"下面设立了"工余活动局"(Amt Feierabend),这个机构打着"高速路欢乐之夜"的口号,让有声电影放映车、流行歌星演唱会和用特型大客车改装的"帝国高速公路舞台"在帝国新铺就的柏油公路上开过来开过去,这对诺伊贝特来说,绝对是恐怖至极。

不过,对于正确的"工余活动项目"到底应该是什么样的问题,褐衫党并不像其惯常乐于表现的那样确定:阿尔弗雷德·罗森堡(Alfred Rosenberg),纳粹最有影响力的意识形态理论家之一,在"力量来自欢乐"组织发起"欢乐运动"(Rummelbewegung)时,对这个运动并无好感。1934年,他在其《民族与家乡》(*Volkstum und Heimat*)杂志中,对所有那些"不再能够把其空闲时间当作(往日的)工余时光来体验"并把自己"托付给娱乐业"的人发起了论战。

尽管褐色(指纳粹)和高贵红色(指在沙龙中清谈的马克思主义者)的消遣/文化工业鄙视者并没有明确说出,但很显然,他们所拒绝的客串得走了样的工余消遣主要是那种美国式消遣。正因如此,像阿多诺那样用词十分讲究的学者直接使用"Fun"或"hobbies"之类的英语词,来描述本已误入歧途的生活中更加谬误的现象①,才并非偶然。

在西德,在再教育(Reeducation)的旗号下,美式工余消遣的胜利进军已然不可阻挡,尽管很有修养的资产阶级批评家如卡尔·科恩(Karl Korn)——《法兰克福汇报》的创始人之一兼该报的长期主编,对"文化工厂"(Kulturfabrik)的叱责从未减弱。

在东德,下班之后的时光变成了一个令人颇感矛盾的问题。在20世纪的50、60年代,起主宰作用的是教育至上思想:即便业余时间也要服务于塑造"社会主义人格"——为此得把歌德搬出来,还得组织工人合唱团进行演唱。作为一名少先队员,空闲时间里可不是去报名玩弹球,而

---

① 指美式消遣。

是报名参加收庄稼。在文化保守主义/敌视玩乐的优良传统中，纯粹的消遣遭到鄙视，它被看作麻醉剂，在新人类这里已经没有用武之地。然而，正如卡尔·马克思与其青年时代的梦想——在共产主义社会中工作与闲暇的对立将会消失，因为未被异化的工人在任何时间所做的任何事情都是自我实现——拉开距离一样，东德也在其存在的后半段认识到，一个令人鄙视的"必然王国"将始终存在，因此"自由王国"只有在下班之后才能开始。在 20 世纪 60 年代中期，每周工作 6 天逐步减少为每周工作 5 天。1968 年 4 月，从一开始就规定每个公民都有工作的权利的东德宪法，增加规定了"从事业余活动和休息"的权利。这个统一社会党掌管的国家允诺——或者也可以说是威胁——"通过按计划扩建全民所有的和其他的社会性休养中心和度假中心网络"，为严格按照宪法的规定安排业余活动搭好架子。

与此同时，还出现了一个供人们日常消遣游乐的好去处，这个在专断的关怀模式下兴建的玩意儿和铁幕另一边的一模一样：还在联邦共和国（西德）的"假日公园"（Holiday-Park）打开大门之前，1969 年在（东）柏林的普伦特森林（Plänterwald）里，一座大型游乐园就已经正式开门迎客了。并且，不论在东边还是在西边，吸引游客的玩乐项目都一样：摩天轮、8 字形回旋滑道和棉花糖。唯有像"宇宙飞船"（Kosmosgondeln）或"斯普尼克号"（Sputnik）①（"完全原创、快若闪电"）这样的命名，显现出想要维护社会主义特色的意图；还有就是，这些经过计算的促进肾上腺素分泌的玩乐项目要比资本主义西部那边更便宜。

只有像鲁道夫·巴罗（Rudolf Bahro）这类共产主义改革者还对重大的"另一种选择"、"消除异化"和"在人类行为的一切领域达到人格自我实现"抱有梦想，然而他们提出的在社会主义当中来一场第二次"文化革命"的要求，在统一社会党领导们听来未免太过刺耳。从东柏林文化学家赫尔穆特·汉克（Helmut Hanke）1979 年公开发表的一份研究中可以看出，东部"沙发土豆"（Sofa-Kartoffel）度过下班后时光的最惬意

---

① Sputnik 是苏联 1957 年 10 月 4 日发射的人类第一颗人造地球卫星的名字。

方式与西部"躺椅洋芋"（Couch-Potato）的别无二致，那就是：两脚高高翘起，电视机打开，啤酒瓶盖起掉。无论这个"更好的德国"多么乐于宣称它在文化方面比受美国肤浅影响的西德更优越，都掩盖不了如下事实：晚上能够聚在一起诵讲荷尔德林诗歌的，在东部也只不过是一小圈同道中人而已。

统一后的德国对其公民下班之后的时间安排十分优雅地不予干预，就像一个自由国家本该做的那样（只有公法性质的广播电视台会时不时地说上几句——不过这是另一个话题了）。今天在不来梅还有一个国际性的学科叫作"实用休闲规划学"（Angewandte Freizeitwissenschaft），学完其课程甚至还可以拿到艺术学学士学位（Bachelor of Arts），可以去当个有学士学位资格才能应聘的"活动策划经理"（Eventmanager）、"健康顾问"（Wellnessberater）或者是"旅游策划师"（Tourismusplaner）。霍斯特·奥帕朔夫斯基（Horst W. Opaschowski）这位和蔼的未来学家和长年政治顾问则为学术界增添了一门美妙的学科——"业余时间社会学"，让人可以去研究"规定时间"（Determinationszeit）、"义务时间"（Obligationzeit）和"自由支配时间"（Dispositionzeit）。

假若卡尔·马克思看到这景象，定会惊讶得大胡子都竖起来：东德的工余时光漫画。

早先，下班的含义简单而朴素，就是休息（Einkehr，也有深思和内省之意）和放松——白天的踩转轮踏板似的工作总算是停歇下来了。可是，这难道还能算得上是那种古代德意志人的晚间安宁吗——当饱受压力的现代人晚上七点钟扛着瑜伽垫急急赶往最近的体育馆，为的是在那里练习普拉那雅玛（Pranayama）呼吸控制法和太阳神祭拜十二式（Sonnengruß）一直练到"全身瘫软"？或许，在下一个傍晚时分，他该试试就这么简单地往家里的靠背椅里一坐，然后念上一首约瑟夫·冯·艾兴多夫的诗：

> 当人们喧腾的欢乐沉寂：
> 大地仿佛在梦中喃喃低语
> 同所有树木聊得好开心，
> 你心中却几乎听不到任何声音；
> 古老的时光，淡淡的忧伤
> 轻柔的震颤彗星般划过，
> 像闪电穿透胸膛。

作者：特·多
译者：郑冲

参阅：晚餐，夜晚的寂静，工作狂，啤酒之旅，足球，德国人的性情，男声合唱，音乐，私人菜园，社团迷

科考远征

141 自从互联网左右了时间观念以来,人们所考量的一切都充斥着抓紧最后一分钟的特点。"80天环游世界"曾经是作家的一个大胆设想,而放在今天,它充其量表达的不过是一种减速旅行。然而减速旅行有什么不好?难道不正是它才有些意义吗?

在大多数情况下,眼下所说的旅行是从一个地方跑到另外一个地方,在短暂疾速的旅程中观察世界。可以不错过任何机会,也可以自愿放弃这些机会。

围绕旅行的一切都安排得井井有条,人们可以事先就计划好对半个世界的旅行,仅用眼睛就可以感知一切。人们谴责我们走马观花,但是我们对偏爱之地所做出的选择是我们之所以成为该地游客的原因。人们可以选择大众型的旅游胜地,也可以特立独行。今天人们通过旅行获知的大量信息,完全可以通过 Youtube 和 Google Earth 获取。尽管德国人都有计算机,但他们仍乐于出游。德国人是世界冠军,在旅游方面也不示弱。

当今,旅游本身已受旅游目的地制约,即旅游的目标,除非你选择的是豪华游轮之旅。因为这是在船上,位于船的世界之内,游客是日程的一部分。这个日程与人们所处的经度和纬度没有什么关系。至于赤道到底在哪里，走向如何，只有测量仪才知道。就连海盗驾驶小船靠近游轮，抓捕了人质，大家还一度以为这是日程安排的一部分。

在这个自以为是的时代，在我们生活的这个时代，不知何时海盗会突然出现的时代，经历取代了经验。以前，当旅行目的地还是个不为人知的地方时，萨马尔罕（Samarkand）市还没有去争取欧洲歌唱大赛的主办权时，那时，人们完全出于和今天截然不同的原因踏上征途，那时存在着未知的事物和充满未知事物之地，例如"美国"还在我们的脑海之外。

而现在"美洲大陆"被发现了，丈量世界的工作也完成了。

我们无所不知，也无所知，甚至没有留下什么深刻的印象。我们所能做的就是拍照，其实也不过是拷贝而已。

但是当年，在人们能够前往未知世界的年代，而且相信会在征途中增长见识的年代，旅行的两项任务使之成为修学旅行或学术旅行——收集和描述。

每个自强不息的民族都有自己著名的远征家，从丝绸之路的探寻者马可·波罗（Marco Polo）、路易斯·安东尼·布干维尔（Louis Antoine de Bougainville）——他是第一个（1766~1767年）驾船环游世界的法国人，到查尔斯·达尔文（Charles Darwin）和苏格兰籍传道士、非洲探险者戴维·利文斯顿（David Livingstone）。他们撰写的游记为其全民族增添了光彩。

18世纪之前主要是某些个人，某些不同寻常的项目，围绕着瓦芬教团①的幻想、牧师、商人和其他一些冒险家与他们的金主。如果没有卡斯蒂利亚宫廷，哪里会有哥伦布（Kolumbus）？

"如果不是哥伦布以他的坚持和高贵的爱，不顾一切阻碍，不顾他人的嫉妒和征途的前途未卜，执着地见到斐迪南和伊莎贝拉，美洲大陆和它的宝藏可能还会长时间地被埋没着。"格奥尔格·福斯特（Georg Forster）1777年在伦敦写道。关于这位福斯特我们后面还会提到。

---

① 瓦芬教团曾是一个骑士团，成立于1465年，后来发展为一个宗教团体。

随着自然科学的兴起，科考远征成为国家大事。首先是为那些未知的领土绘制地图——无数冒险家曾经以多种方式描绘的领土。地理在当时属于最有学识的学科之一，地理的本意就是研究地球。到了 18 世纪末，它就不用再为世界的模样操心了。此时它悄悄地转而专注矿产了。

此时科考远征的目的主要是描写各类植物和动物世界。旅行是积攒经验的一种方式。谁到达了他的目的地，他就非常见多识广。他甚至见过狮子。游记的描写富有科学的特征和描述相关的经历占有很大分量，这成为衡量游记价值高低的标准。

一枚大约 1998 年德国印制的邮票，画面是瑞典的"Hiorten"号邮轮。

在几个世纪前，那些载入史册但大多为偶然的发现或者其伴随现象，现在终于明确了目标，旅行变成考察。一个考察队的成员不再是为了消遣而远游，而是要执行任务。他们侦察地形，用他们种种描述为无可反驳的干涉提供方案。19 世纪考察演变为殖民掠夺的前奏。

正如科考远征需要资助人一样，考察也需要官方的授权。没有显示强权的大国就不会有考察。一旦国家从战略上理解了其经济利益，国家就会和商人结合。非洲作为原材料的提供地成为关注的中心。科考远征因此也就变成了启蒙行动，成为勘探之旅。当务之急是挺进非洲内陆。不久黑暗的心灵成为议论的题目。秘密围绕着这块大陆。非洲意味着内地非洲，也就是灵魂安息之地。非洲研究者因此也就不同于这一行当的其他人。

在德意志帝国成立时还没有值得一提的官方委任的考察项目。直到威廉主义时代，才开始了测量非洲的冒险，而且也是犹豫再三。在此之前，德国的远征参与者要加入国外考察队。他们中间有两个人非同一般，这就是福斯特和亚历山大·冯·洪堡。

格奥尔格·福斯特的一生很短暂。也许是命里注定，他很早就认识到自己的兴趣所在。他的父亲，一位路德教的神学家——与其说他的兴趣是关注上天的领路人，不如说更关注自然科学——很早他就带上还未成年的儿子一起上路。

就这样，福斯特参加了史上最著名的科考远征之一——著名的库克（Cook）船长领导的第二次远征。库克这个响亮的名字今天仍为旅行社所用。这次考察之旅的时间是1772年到1775年，在公海上逗留了三年之久。福斯特因此也就有机会不仅认识和描述异地植物和动物世界，而且还观察各个民族并学习他们的语言，显然在这方面他很有天赋。

回来后他写了一本英文书。我们面前这个德文版的题目很有说服力：《约翰·莱因哈德·福斯特参加1772年到1775年世界环游之旅，乘坐大不列颠陛下派遣的"决心"号考察船，由库克船长带队》。年轻的福斯特虽然没有成为开创性的科学家，但是成为科学游记文学的创始人。

回到原来的世界后，他在伦敦和巴黎成为众人崇拜的欧洲明星，之后他在维尔纽斯（Vilnius）①、卡塞尔等地担任一些无关紧要的教授职位（至少他这样认为），最后在美因茨担任图书馆馆长，待遇优厚。在给朋友克利斯朵夫·弗里德里希·尼古莱（Christoph Friedrich Nicolai）的一封信中，他写道，他赶上了法国大革命的末梢。1792年他参与组织了美因茨的暴动。恰恰在美因茨、贝尔格察贝尔恩（Bergzabern）和宾根（Bingen）甚至是兰道（Landau）发生革命，也许只是因为那里驻扎着法国军队。

福斯特加入了这个城市的雅各宾党，但是令人匪夷所思的是，在美因茨当雅各宾党人有什么意义？可以肯定的是，他为托马斯·潘恩（Thomas

---

① 立陶宛首都，旧称维尔诺（Wilna）。

陆地遥遥可见。不知名的鸟儿在空中飞翔。科考远征者福斯特自己绘制。

Paine)捍卫大革命的著作《人的权利》(*The Right of Man*)德文版的翻译出版而奔走,并为此书撰写了匿名前言。

但总的来看,呼吁成立共和国、马上并入法国的坚定要求被证明是一个政治错误。这件事从历史的角度讲是值得关注的,因为它为当今政治上持公正态度的历史学家们提供了一个记录前进步伐的出土文物。美因茨共和国虽然没有意义,但很知名。

福斯特在共和国尾声时,受美因茨市委托滞留在法国。他不到40岁卒于巴黎,据说是肺结核。但是在专业领域外,他很快就被人们遗忘了。

后来是东德唤起了对政治家福斯特的回忆。东德非常需要这样的历史人物、这样的祖国后代,以弱化其苏联占领势力的出身,好像这可以在德国历史上找到其合理存在的理由。好像苏联势力能够终结这段历史,他们甚至还为福斯特出版了纪念邮票。

今天在美因茨,人们还都知道福斯特。但无论怎样,为了纪念格奥尔格·福斯特这样的历史人物,不再需要东德。

继这位政治上令人难以忍受的福斯特之后,德国科学界出现了一位巨人——亚历山大·冯·洪堡。他的父亲是一位普鲁士军官,母亲是胡格诺教徒,他的哥哥就是威廉·冯·洪堡(Wilhelm von Humboldt),也就是改革普鲁士教育制度,使其走上现代化轨道的伟大教育家。

亚历山大·冯·洪堡年轻时在奥德河畔的法兰克福学习过财政学,原本是想为进入普鲁士管理机构做准备。后来通过相应的学习和参与项目,年轻的洪堡对其他专业表现出更浓厚的兴趣,即采矿和采矿业的组织工作。另外他还用自己的资金在法兰克森林(Frankenwald)的巴特施泰本(Bad Steben)建立了德国第一个工人职业学校。为了保护矿工,他发明了呼吸器,也就是现在防毒面具的前身,以及一系列安全照明灯。

1799年到1804年,他在第一次科考远征中到达了中美和拉丁美洲;此行的最后,他还访问了美国总统托马斯·杰斐逊(Thomas Jefferson)。洪堡自己出资完成了这次旅行。他为此次科考远征提出了后来无人企及的标准：收集所有的知识，并使其一目了然。洪堡成功地进行了卡西基亚雷（Casiquiare）河的地理定位，确定了争吵不休的奥里诺科（Orinoco）河流的分流处。他测量了钦博拉索（Chimborazo）山高度，登上5759米高的山峰。为此他创造了当时登山的最高纪录。当洪堡和他的科考远征伙伴埃梅·邦普兰（Aimé Bonpland）在1804年8月3日回到波尔多（Bordeaux）市时，带着40个箱子，还有6300多种尚无人知的植物。

整理此次科考远征的材料花费了多年时间，除了一些小型出版物外，其成果是出版了《大自然的视角》（Ansichten der Natur）一书，也许这是他最为人知的作品。还有两部里程碑式的作品：《新大陆热带区域旅行记》（Voyage aux régions équinoxiales du Nouveau Continent）是36卷关于美洲之行的巨著；以及《宇宙》（Kosmos）。后者前几年以《另外的图书馆》的版本问世，再次引起德国公众的注意。其原因好像主要归功于这部当年的科学作品在表述物质世界的字里行间所蕴含的诗情画意。过时的、成为历史的或者变为无用的东西丝毫无损地升华为崇高。科学的铜锈化身为美学的色彩。

洪堡可谓这类全能者中的最后一位。他闻名全球，熟知多种科学领域，简而言之是一位著名的人物。洪堡是最后一个描写大地的作家。地理学、地质学、植物学和动物学在他那里是合一的。他的知识与研究对象紧密相连，并且这些研究对象配有具体图像。这是最后一次人们通过外观和图片来进行研究，这是最后一次考察，从此以后诞生了新的维度。化验室和试验成为量子物理和微生物学的重要附属概念。随着它们的出现，科研从公众的生活中消失了，从集体的想象中消失了。但是这些知识则以技术发明的形式返回现实中来。人们吃惊地看到女士们骑上高脚车，但是他们的吃惊并未维持很久。

洪堡，一位伟大的世界主义者，完成庞大的科考远征后大部分时间在巴黎度过，但是无论如何，他还是一个普鲁士人。也许要归功于他的哥哥威廉以及威廉和普鲁士宫廷的关系，洪堡曾数次出任普鲁士宫廷的外交官。作为一个普鲁士人，这并不难，他也可以同时是一个世界主义者。

为了解释清楚，这里的关键问题是从贵族角度观察生活。

而此时正在兴起的市民阶层，他们一步一步地蚕食精神领地，他们不再把一切的存在都用来解读世界的本义。他们用技术眼光衡量事物，视研究者和发现者为专家。

但从另外一个角度观察，德国的科考远征在那个时候刚刚正式开始，这些远征同时也纳入了国家大事——我们说的是非洲考察。只有国家的财力和权力才能够资助这些活动，而且受到其支持者明确的委托。从此揭开了德国殖民史的一页，这是威廉主义最失算的败笔之一。

殖民地的想法源于对原材料的需求，其实这是彻头彻尾的愚蠢。好像原材料是买不来的，好像占为己有会来得更便宜些，但这一切却以牺牲和平为代价。战争是昂贵的，比和平还要昂贵。

俾斯麦最初极力反对殖民建议，他不认为殖民会为经济带来什么意义，他持这个观点是有道理的。最终德国在殖民地上的付出比带来的益处要大得多。而19世纪占上风的理念受当时世界强国即英国和法国的控制，受新兴工业物质至上观念的左右，这使得殖民观成为权力政治之必须。没有殖民地就不配进入这个俱乐部。

继亚历山大·冯·洪堡之后的科考远征者依然是科学家，但是他们不再投身于对整体的观察，而是研究所谓的细节。一些行家和一些玩家组成一个小俱乐部，他们将科研的兴趣和对政治权力的嗜好结合在一起。他们不再仅仅想做蝴蝶的收集者，他们还想当地方执行官。

他们其中的一个人——爱德华·福格尔（Eduard Vogel）在苏丹消失。他的失踪引发了无数的逸闻，不少考察队为此专门被派出，以探寻和解释他的命运之谜。远征变成了对远征的解释，演化为新闻事件，轰动一时。最后德国公众也无法挣脱远征非洲的魔力了。

福格尔在德国的知名度能够经久不衰，要归功于他的出版商奥古斯特·彼得曼（August Petermann）。他出版的刊物《彼得曼的地理信息》（*Petermanns geographische Mitteilungen*），是调动大众好奇心的一本关键刊物。他的几个同僚在德国殖民史上都起到过重要作用。例如古斯塔夫·纳赫蒂加尔（Gustav Nachtigal），特别是卡尔·彼得（Carl Peter），他是帝国时代头号殖民政治家，出身于牧师家庭，博士论文专门撰写叔本华，后来是他建立了德国东非协会。

从开始到现在，公众对殖民地的兴趣非常浓厚，但这和实际的需求并没有多大关系。几乎没有什么德国人迁居到殖民地。殖民地管理署的理论家、他们施加影响的活动以及与此相关的一些探讨就足以让这些题目一再引起大家的关注。

伴随着1919年战后和平协议的问世，殖民地被战胜国接纳。尽管殖民地不复存在，但德国人对此的关注兴趣依旧浓厚，一直持续到今天。撰写这个题目的文献汗牛充栋，对其宽容和探讨的意愿真是惊人。人们不得不问，这到底有什么用处？难道殖民地的思想集成了所有的渴望，难道它体现了尚在朦胧之中的追求潜能？难道没有它我们德国人就无法生存？正是因为它的存在，政治、经济或者文化幻想的图像得以诞生。殖民地思想保持在脑海中。它存在过而且一直存在着。它是乌托邦的替代品吗？

说来说去，考察不过是冒险。世界越安全，探险的机会就越少。19世纪末，地球上越来越多的地区都列入了教科书，这个星球的未知吸引力几乎竭尽。

谁真的想大刀阔斧干一番，就要尝试去征服最后一个地理之角，去拜访最后一个还未征服的目标——北极，且不管它是什么东西。随之开始了典型的竞赛，看谁能够第一个到达这个永恒冰雪世界中的目标。伴随对极地的考察、伴随其竞赛的特征，科考远征最终演化为成就的展示。在此之前，科考远征家的目标是认识未知的世界，去描述、阐明它，让大众知晓它的存在。而现在围绕的则是自己的业绩、展示自我。尽管迄今为止不乏竞争因素，有时也误入比赛的歧途，例如关于尼罗河源头的问题，但仍不失其可见的利益至上以及完成某项具有政治色彩和贸易政治色彩任务的特点。

但为了给自我插上翅膀，无须率领殖民军队或者去检查东非的乌桑巴拉（Usambara）线火车站。远征极地就能实现这一目标，那里的探险事关生死。在那里，在那个冰天雪地的无人之地，要么成为食人肉的野蛮人，要么成为伟大的开创人。谁抵达了无人之地，不管是死还是活，骨瘦如柴或者把国旗高举过头顶，都是英雄。不论在国民运动历史上还是在世界运动历史上，他都占有一个席位。

而今天，取得这样国家级的成绩最多可以得到联邦十字勋章的奖励。而仅为德国流行音乐发展做出了贡献，就可以荣获联邦十字勋章。

德国人几乎没有加入极地竞赛的行列。只有一个人登上了这个永恒的冰雪之地，他就是气象学家和地球研究学者阿尔弗雷德·韦格纳（Alfred Wegener），他的目标是格陵兰。韦格纳出身于牧师家庭，曾学习物理、气象和天文学，之后在柏林人民天文台工作。但是不久他觉得每天观察星星缺乏挑战，转而投身于自身的深造。

他撰写了诸多气象学的书籍，主要基于他参加的两次格陵兰考察的结果。1915年第一次出版的《大陆和海洋的形成》（*Die Entstehung der Kontinente und Ozeane*）是他的一部重要作品，直至今天影响都很大。内容主要谈及陆地漂浮问题。对我们外行人来说，就是非洲和美洲大陆的断裂。为此韦格纳在世时受到专业同行的敌视，因为他们不愿意放弃路桥理论（不同大陆上出现的同类化石是它们穿越连接大陆的地峡时形成的）。但是韦格纳的大陆漂移学说今天已经成为地球板块构造研究最重要的基础。

1930年韦格纳再也没有从他的第三次格陵兰考察回来。尽管他没有参加极地探险，但是他却永远地留在了不可一世的冰天雪地中。

还有一件事情在这里不得不提，这位想法诸多勇于实践的先驱为冰雪运动也做出了贡献。准备最后一次格陵兰考察时，韦格纳参考格陵兰的滑雪服自己设计了特制服装。后来这个款式广为冬季运动所接受。

极地考察标志着地理测量工作的终结。走向大世界的旅行告一段落，义无反顾地回到审视自我。20世纪开始的下一轮属于登山者，但他们不是研究人员，而是极限运动员。

作者：里·瓦
译者：杨丽

参阅：登山片，浮士德，创业时代，渴求瘾

裸体文化

法国布列塔尼一处孤独的海滩，天气寒冷。一对裸体的男女边玩着羽毛球边在沙滩上互相追逐嬉戏。尽管两人的嬉笑叫喊被大海的波涛所吞没，但是，那个从头到脚身着橡胶泳衣，腋下夹着冲浪板，快步朝海边涌浪走去的法国小伙一眼就认出：两个德国佬。与此同时，在大西洋的另一边，一个美国家庭的父亲非常肯定，眼前这个一丝不挂、在他的孩子边上躺在一条浴巾上尽情暴晒的女人，不是叫葛瑞琳（Gerrilyn）的美国女子，而是叫葛尔琳德（Gerlinde）的德国女人。于是，他用德语说，请她给自己稍微遮盖点东西。这位葛尔琳德当然不是故意要惹是生非，她曾撰写过题为"论帝国后期和魏玛共和国时期裸体文化的空想"（*Utopien der Naturkultur im späten Kaiserreich und der Weimarer Republik*）的博士论文。因为这个美国人说得一口好德语，她于是向他解释道，自己并非赤身露体躺在地上，而是身披一件"阳光的外套"。

德国的赤裸主义者、崇尚自然者和裸体文化者如此一丝不挂地在世界各地到处游荡，从中不难看出"裸体文化"在其形成时期所建立的这个思潮的上层建筑是何其巨大。这股潮流的源头可以一直追溯到19世纪末。本文无意为任何伤风败俗的行径进行辩护，而是要弄清事情背后社会批判的整体现象。

较之其他西方国家，德国的工业化和城市化起步较晚。正因为如此，跟随科学技术一同出现的新型大众社会的发展势头更加迅猛异常。1871年德意志帝国建立时，三分之二的德国人居住在人口少于两千人的村镇，到了1910年仅剩下百分之四十。与此同时，生活在人口超过十万的城市中的德国人的比例，从百分之五上升到百分之二十。开春时节，男性农民不再驾驭骡马牲口，不再打理农田草地，而女性农民则改为在自家的花园里除草翻地。此时，不论男女劳力都已被纳入了机器化的生产过程。昔日的耕地播种被拧螺丝和钣金活所取代。人们的生活节奏不再受天气和农时的左右，而是春夏秋冬四季皆同的每天十小时工作制。曾经的农夫农妇下班后不是在自家农舍的大树下歇息，而是带着五个孩子挤在公寓天井后面一个昏暗的两居陋室里，指望着不久能住上一个带玻璃窗的大房子。

世间的事情常常如此：并非那些栖身在被油烟熏黑的陋室的人们不能忍辱负重，反倒是那些身居高楼和青年风格别墅的人在叫苦连天。他们只要想到世界所变成的样子，就觉得末日似乎已经来临。那些受过良好教育的阶层，代表着工业无产者（他们中的一部分人的确生活在非人条件下），对不断进步的现代社会感到绝望，喊出了一个要冲破牢笼的口号：冲出去！离开被污染的城市！离开狭窄的街道！冲破官僚主义、工业生产、科学技术和金钱经济"坚硬的铁壳"！

在"改造生活"的幌子下，自19世纪80年代起出现了一系列五花八门的运动。这些运动尽管各不相同，但都试图医治现代文明病，并宣称通过彻底的返璞归真即能获得解脱：反对正统医学和疾病预防医学，引入自然疗法；曾经做过乡村牧师的塞巴斯蒂安·克奈普（Sebastian Kneipp）[①]打包票说，通过水疗法和饮食疗法能让病人彻底康复；鲁道夫·斯坦纳（Rudolf Steiner）[②]开始着手将歌德、神秘直觉以及其他一些东西混合杂交成人智学；喜欢漫游的年轻人带上背包和吉他，唱着歌走向青山绿水；

[①] 塞巴斯蒂安·克奈普（1821~1897），德国巴伐利亚乡村牧师、水疗医师、克奈普医学创始人。

[②] 鲁道夫·斯坦纳（1861~1925），奥地利社会哲学家和人智学家。

就好像夏娃当年在天堂里不是咬的苹果，而是咬的蛇一样，狂热的活体解剖反对者和素食者认为虐待动物和食用动物是一种罪孽，到了该叫停的时候了。法国人卢梭已经作古，但是，他的"回归自然！"的口号从来没有像在19世纪和20世纪之交的德语国家那样，获得如此强烈的反响。

那些把"冲出去！"这个反文明的高调口号最当回事的人认为，要消除灵与肉、天与人、穷与富之间的差别，方法就是把衣服脱掉。

第一个笃信裸体的是画家卡尔·威廉·迪芬巴赫（Karl Wilhelm Diefenbach）[1]。他抛弃宗教转而热衷改造生活之事发生在19世纪的70年代：得了一场伤寒病后，他又必须进行手术，结果右臂留下了残疾。迪芬巴赫坚信，自然疗法和无肉的饮食使他恢复了健康。因此，他成了一种素食和接近自然的生活方式的鼓吹者。他光着脚，胡子拉碴，着一件袈裟般的布衣，在慕尼黑走街串巷宣讲反对"吃动物肉"。尽管那个年代在慕尼黑的施瓦宾城区，老百姓对这类神秘的放荡不羁者已司空见惯，但官方和这位"自命圣人"之间的冲突却时有发生。1887年，迪芬巴赫退居到伊萨河谷的赫尔里格斯克劳特（Höllriegelskreuth）村，在那里一个废弃的采石场建立了一个只能而且必须按照他的想象生活的公社。正像他之后的其他人一样，这个遁世索居者露出了专横霸道的教主嘴脸：肉食、烟草、酒精、个人财产和婚姻一律禁止，何人何时以何种方式与何人同房，一切均由教主说了算。所有人都参与在这种建立在"阳光、空气、太阳、裸体和快乐"之上的身体崇拜里。

在世界观上同样极端但表现得更为冠冕堂皇的是"真理山"这个艺术家营地，该营地由古斯托·格雷泽尔（Gusto Gräser）[2]等人于1900年在瑞士的阿斯科纳（Ascona）建立。这个出生于罗马尼亚特兰西瓦尼亚地区的诗人，其离经叛道的生活方式最初是从迪芬巴赫那里取的经。尽管这些和平主义者、无政府主义者、裸体主义者、跳裸体舞者、人智学者、心理分析学者、动物保护主义者和素食主义者之间的和平共处从来就流

---

[1] 卡尔·威廉·迪芬巴赫（1851~1913），德国画家和社会改革家。

[2] 古斯托·格雷泽尔（1879~1958），德国和奥地利艺术家，遁世索居者。

于表面，但这个营地原模原样一直存在到1920年（现在仍作为旅馆、博物馆和会议中心对外开放）。有头有脸的文人墨客，如达达派艺术家汉斯·阿尔普（Hans Arp）、哲学家恩斯特·布洛赫、作家格哈特·豪普特曼和赫尔曼·黑塞，他们的光临使这座"真理山"成了噱头十足的神话。

然而，不仅生活在德国巴伐利亚和瑞士提契诺与世隔绝自然环境中的这群受文明所累的人有每天（或星期天）至少几小时扒光身上衣服的需求，当那些身居大城市的人们仰天伸手向阳光祈祷的时候，他们也厌倦了套在自己和宇宙之间的这身窸窣作响的行头：裸露的肌肤成了同宇宙沟通的交流器官。"光明磊落之人"追求的目标，乃是通过裸体而获得重生，身体和灵魂不再分离，而是合二为一的"体魂"。

在僵硬死板的道德规范盛行的德皇威廉的帝国，裸体主义者们的这些过激行为难为公众所理解。19世纪90年代出现得最早的一批"阳光和空气浴场"或多或少是违禁之地，类似邪教的团体在那里偷偷聚会，然后一起"脱光光"。第一次世界大战之后，裸体主义者才被允许租用土地。于是乎，大约是20世纪20年代，柏林东南边的莫岑湖就发展成了"德国裸体文化的水上摇篮"。即便如此，仍然有严格的管理规定：这块是非之地必须用木板围起来，并且要"不留缝隙"，以免诱惑周末散步者偷偷窥视。魏玛共和国时期，官方的规定乃是热衷身体和运动的弗里德里希·路德维希·扬（Friedrich Ludwig Jahn）①在19世纪早期说过的那句话："德国人永远不在公众场合赤身露体。"

只要看一下那些要把"裸体"上升为"文化"的五花八门的节目表演，我们不禁要说，德国体操之父此言差矣。"公开赤身露体"变成了一种非常德国化的东西。在捂得严实的状态下都受到欲望驱使的德国灵魂，在赤身露体的情况下更加表现得一览无余。

马格努斯·魏德曼（Magnus Weidemann）曾经当过牧师，其救世思想具有基督教新教色彩。第一次世界大战之后，他退去牧师的长袍，在叙尔特岛上摇身一变成了画家、裸体摄影师和裸体主义画报《欢乐——德国内

---

① 弗里德里希·路德维希·扬（1778~1852），德国体操活动的倡导者，被称为"体操之父"。

心世界月刊》(*Die Freude. Monatsheft für deutsche Innerlichkeit*)的合伙发行人。1923年,他在叙尔特岛上的一次讲演中,对保尔·格哈德(Paul Gerhardt)的歌曲《耶稣,我的欢乐》做了一次自由发挥的解释:"上帝是欢乐,世界和生活是欢乐。阳光是她的象征,我们的灵魂是她的器官。谁徜徉在欢乐之中,谁就和上帝在一起,上帝也和他同在……新德国人,男人和女人,姑娘,小伙和儿童——特别是儿童,阳光儿童是未来,他们用炙热的双手捧着欢乐。他们像播撒节日的花卉和幸福的种子一样播撒欢乐,欢乐的国度不会消亡,因为它是上帝的乐园。"

新型"内在美之人"的居所应当摆脱所有小市民那种俗气的居家摆设,在"我们的孩子赤身裸体,以自然为衣,嬉戏玩乐的地方……不用再担心有人抽烟喝酒,或是踩着咯咯响的高跟鞋混迹其中"。

针对19世纪末矫揉造作的女性时装,海因里希·普多尔(Heinrich Pudor)①的讽刺挖苦显得更加愤世嫉俗。这位政论家在他的警句集《裸体者,未来的欢呼》(*Nackende Menschen. Jauchzen der Zukunft*)一书里,梦想自己是个女人,"怀中抱着孩子",给他"喂之以生命的乳汁"。一旦他看见女人的紧身胸衣,就变得怒不可遏:"此时唯一有效的办法,就是建立一个联盟,其成员的天职是:凡是见到穿紧身胸衣的女人,就在马路上公开抨击她伤风败俗,或者叫她妓女,因为妓女发明了紧身胸衣,而且紧身胸衣只配妓女穿,正经女人不应该穿它;要查封卖紧身胸衣的商店,在橱窗上贴上'妓女用品'的标语。"此后几十年里,这本书的作者把他的名字故意改成了"海因里希·害羞",而且公开成为反犹太分子。

不过,绝非所有反对女人穿紧身衣服的人都是潜在的法西斯分子。在世纪之交,要求"服装改革"、女性着装可以不受束缚的自由活动这个呼声不仅在女权人士那里,而且要求将舞蹈从僵化的紧身胸衣里解放出来的表现派女舞蹈家那里,都同样强烈。她们在寻找一种无须遵守清规戒律的发自内心情感的美。

---

① 海因里希·普多尔(1865~1943),德国政论家和裸体文化的先驱之一,海因里希·害羞(Heinrich Scham)是其常用化名。

除了这些表现型的内心美的追随者外,还有一种与之相反的文化运动,这种运动在魏玛古典主义之后的一百多年,全身心地想效仿古希腊。只要看一下刊登在裸体主义杂志《德意志古希腊》(*Deutsch Hellas*)或《美》(*Die Schönheit*)上的照片,就会得出这样一个印象:当年约翰·约阿希姆·温克尔曼(Johann Joachim Winckelmann)在希腊挖掘出土的用以培植在德国人脑海里的那些石像和浮雕,如今在魏玛共和国里又栩栩如生地复活了。

裸体前卫派:1931年裸体文化杂志《新时代》的封面题图。

第一次世界大战时的德国军官汉斯·祖伦(Hans Surèn)铁了心要搞裸体文化,他的举动正好击中了时代的神经。他于1924年出版的那本故弄玄虚和体操顾问兼而有之的著述《人和太阳》(*Der Mensch und die Sonne*),光是在出版的头两年就再版了六十一次,到第二次世界大战结束,一共售出了二十五万册。书中刊出的那些肌肉发达、体毛光光、晒成古铜色和油亮光滑的人体照片——不少是祖伦自己在展示肌肉——足以在今天的健身房里吸引众人艳羡的目光。

有别于这种具有武士般体魄精英团体的,是崇尚自然运动中的社会主义派分支,其最著名的代表是阿道夫·科赫(Adolf Koch)。他打着"一丝不挂不分彼此"的旗号,不仅在魏玛共和国时期的莫岑湖边建立了一个裸体文化协会,而且还办了一份杂志,以及各式各样的"身体文化学校",成员达七万之众。在他办的学校里,不是要以祖伦宣传的所谓"德国体操"来塑造英雄式的完美体魄,而是通过医疗和保健运动将工人们被榨干了血汗的身体解放出来。1930年,科赫的一个同人在颇为流行的裸体者杂志《阳光之国》(*Licht-Land*)中撰文，解释他们为什么要采用裸体办法："一个职员或工人在自己的休息天作为阳光的朋友到大自然里漫步，脱下身上的衣服，这样他就摆脱了一切因服装、地位和财产所造成的差别，同时也摆脱了因受到生活的不公待遇而存在于每个劳动者心里的、针对比他生活得更好的人群抱有的那种仇恨……至少这个阳光灿烂的星期天，他可以作为自由人在一群自由人中间度过。阳光运动在德国民众中越深入人心，那么德国人民就越能凝聚成一个兄弟般的整体，虚伪的民主就将被高尚的集体观念取而代之。"

赤身相见天下人，携手成为好兄弟。这个愿望未能实现，其原因不仅仅在于，一个戴绅士礼帽者和一个戴鸭舌便帽者之间的差别，较之一个裸体运动员和一个裸体大胖子之间的差别，实在微不足道（只有当每个戴礼帽者是个大胖子，每个戴鸭舌帽者是个运动员时，才有社会公平可言）。此外，其原因还在于像理查德·翁格维特（Richard Ungewitter）那样的一群人，他们在德皇威廉帝国行将灭亡时，就已经做着"有计划地培养俊美、纯种和健康之人"的梦，把大城市视为可怕的怪兽和"纯种雅利安人的墓坑"。这个当年的花匠帮工成了种族主义裸体行动的急先锋，在他的"上升生活会所（后来叫'忠诚社'）"里，1911年时聚集了所有信奉"犹太人……就像黑人和其他劣等人种一样是德国日耳曼人不共戴天的毒品"的信徒。

然而，在德意志帝国和魏玛共和国时期，让翁格维特和他发表的作品一再到处碰壁的并不是他的种族主义言行。天主教的"振兴世风绅士协会"怀疑这帮一丝不挂的种族主义分子，和那些基督教的、魂牵梦萦古希腊的、搞标枪运动的以及社会主义的暴露艺术家们一样，在整天吵嚷着太阳如何伟大的背后，乃是一片藏污纳垢之所。同时自 1900 年以来，司法机关依据一则禁止散布有伤风化的文字和著述的普通法律条款，不断地来找各种门派的"赤条条者们"的麻烦。除了在自己的"身体文化学校"里搞性启蒙教育，并且和魏玛时代最有名的性研究学者马格努斯·希尔施费尔德（Magnus Hirschfeld）进行合作的阿道夫·科赫之外，其他所有的阳光和空气崇拜者都纷纷使出浑身解数，将他们的赤身露体描绘成"贞洁无邪"的行为，把裸体主义说成是一种手段，借此可以把这个时代已发展到病态的肉欲，以及对见不得人的色情和艳舞女郎的变态冲动降低到一种自然的程度。尽管如此，人们完全能想象得出这些追求享乐的裸体主义者，是如何在夜总会里为安妮塔·白蓓尔（Anita Berber）①的"猥亵、恶心和迷狂的舞蹈"欢呼捧场，尽管他们是想用不分性别的"身体开放"来嘲弄社会上的庸人市侩。只有翁格维特和他的一帮同党时运不济，专干些透过木板小孔偷窥的勾当。

纳粹党上台后不由分说很快终结了裸体活动。普鲁士内政部部长威廉·弗里克（Wilhelm Frick）在1933年3月3日发布的一则抵制裸体文化运动的通告里宣布："德国文化和道德风尚最大的危险之一，即是所谓的裸体文化运动……该运动泯灭了女性的天然羞耻感，同时夺走了男性对女性的尊重……"种族主义者试图用"健康的繁衍选择"，即"如果德国女人经常看见裸体的日耳曼男人……她就不会再跟着这么多异族人种的屁股后面跑"，来替他们的裸体主义辩护，但也无济于事。全德国的裸体文化场所被冲锋队员和希特勒青年团员统统捣毁，一个不留。

与纳粹合作最多的是军人裸体主义者祖伦。为了表达感激，纳粹授予了他一个冠冕堂皇的搞笑头衔："帝国农会主席之体育和巡视特命全权代表"。尽管如此，他也未能说服纳粹，为了强健身体的目的，经常脱掉他们的褐色和黑色的军装。在帝国全民健康委员会1935年致祖伦体操发明者的信中有这样一句话："纯种素质，亦即存在于遗传物质中的天性，怎么可能通过外部的体育运动等类似的东西来造就呢？"

即便是重视遗传基因多于重视体操运动的种族主义分子翁格维特，也没能在纳粹德国官运亨通（德国裸体文化协会在1953年授予他荣誉会员称号）。另一个先创造了"裸体文化"一词，后又投身于"为了雅利安人种与犹太人斗争"的种族主义"闹事裸体运动"的头面人物海因里希·普多尔，则被纳粹管制了起来：1933年11月，纳粹将其拘留起来，原因是他在自己的杂志《万字符》（*Hakenkreuz*）里投诉新政府的犹太人政策太过于宽松。汉斯·祖伦论述太阳的著作在增加了种族主义色彩的内容后，在"第三帝国"里也一

---

① 安妮塔·白蓓尔（1899~1928），德国有争议的女舞蹈演员。

直热销不衰。他本人则于1942年因"引起公愤"罪名被法院处以罚款——两位女邻居举报说,多次看见他在自家阳台上手淫自慰。

不过,绝大部分裸体主义者的表现和大多数德国人没有差别,他们随波逐流,只顾闷声发财。1933年4月,帝国裸体文化协会皈依了纳粹政权,并决定与之保持一致。作为"民族裸体文化战斗组织"和"身体训练联盟",它们可以继续进行对太阳的崇拜活动。1942年,当数百万犹太人在第三帝国的东部被驱赶进毒气室时,一部新的"游泳管理治安条例"出炉,并且在德意志联邦共和国(巴伐利亚州除外)一直沿用到60年代。根据该条例,"个人或同性别或不同性别的群体……允许公开裸体游泳,如果他们在当时情况下能够判定,不会被闲人看见,尤其是在指定的场所里"。赤身露体挽救不了麻木和盲从。

二战之后的德国,人们操心的是其他的事情,而不是在裸泳里寻找乐趣。尽管如此,1946年在被战火摧毁的柏林,就在美国人的管区内,社会主义者阿道夫·科赫的"身体文化研究所"又重新开张。在他的《阿道夫·科赫人道主义教育刊物》(*Adolf-Koch-Blätter für humanistische Erziehung*)的扉页上,画着两个裸体者以废墟为背景相互握手。1949年11月,裸体主义的老将们在西德联合成立了德国裸体文化协会。1953年,"裸体文化青年——阳光人群联合会"在汉诺威试图继承裸体文化过去的那种具有改造生活意义的传统。但是,如同后来1968年搞学生运动的大学生在他们的社团、合住公寓和临时托儿所里把裸体再次上升为一种社会批判的姿态一样,所有这些努力无外乎是当年挑战德皇威廉的帝国和魏玛共和国的变革幻想的索然无味的尾声罢了。如果这些市侩庸人自己早已大腹便便地在裸体文化度假村的烧烤架旁翻烤着他的香肠,他们还要向那些市侩庸人叫板吗?不过,在目前多元文化的大城市里,如果享乐主义的裸体日光浴者在公园里伸着懒腰,而一个土耳其大家族周末在同一个公园里聚会野餐,倒是真的会再度引起冲突。

裸体文化在东德具有更多的潜在叛逆因素。1945年9月,苏联军管部门禁止了所有裸体文化协会。东德的裸体者们不甘心就这么被剥夺了光一把身体的乐趣:埃尔福特(Erfurt)市的"Prießnitz协会"干脆把名字改成了"向阳小花园协会",并且和警察玩起了捉迷藏游戏。早在爱炫耀的西德人在北方叙尔特岛的坎朋镇或是慕尼黑的英国公园里开始享受裸体生活几十年之前,东德的知识分子就在波罗的海的阿伦斯荷普海滩脱得一丝不挂了。有一个小故事是这样说的:一天,御用诗人和后来的文化部部长约翰内斯·R. 贝歇尔(Johannes R. Becher)去波罗的海海滨浴场,看见一位光着身子在海滩上闭目养神,而且已人老珠黄的女士,便对其训斥道:"老母猪,你不觉得羞耻吗?"此后没多久,当他给安娜·西格斯(Anna Seghers)颁发一等国家文学奖,并亲切地称呼她"亲爱的安娜"时,这位《第七个十字架》(Das siebte Kreuz)小说的女作者在台下喊道:"别呀,在你眼里我不一直是头老母猪嘛!"

1954 年 5 月,东德政府试图首先在阿伦斯荷普海滩禁止裸泳,后来(9 月)在西德的《明镜》杂志刊载了一篇嘲笑东德裸体者的文章后,在东德波罗的海海滨全面禁止裸泳。这个工人和农民之国担心自己的国际声誉受到损害。但是,政府禁令的理由并站不住脚。所以,后来很多像德累斯顿国家剧院演员特劳特·里希特(Traute Richter)这样的赞同裸体主义的名人建言道,相关的治安条例是纳粹时期的产物,游泳衣、游泳裤或者是刚刚发明的比基尼,是与资本主义物质主义思想相关联的东西。无奈之下,政府于 1956 年在"有相应标示的"地点将无限制的裸泳又重新开禁:裸体文化海滩成了社会主义现实中的一处世外桃源。

走累了脱掉被汗水湿透的衣服,跳进一池清凉的湖水,一种古老而无牵无挂的感觉便油然而生。尽管如此,倘若偶尔去玩一把天体的人,脑子里还记着约翰内斯·R. 贝歇尔留下的那句最值得记住的美学信条,也不失为一件好事:"要怜悯!要有同情心!要顾忌国人的眼睛!"

有好事之徒传言说,曾经在阿伦斯荷普海滩撞见了这位诗人,浑身赤条条的一丝不挂。

作者:特·多
译者:吴宁

参阅:深渊、兄弟树、下班之后、时代、青年旅舍、纯洁戒律、私人菜园、海滩篷椅、徒步之乐、维尼图

足球

有一件事是确定无疑的——我们不是这个游戏的发明人，即二十二个男人（女人也刚开始不久）九十分钟时间追着一只球跑，而最终获胜者总是德国人。足球的发明奖杯，还是让中国人、意大利人、法国人和英国人去抢吧。同样确凿无疑的是：德国人有变外来事物为己所用的天赋。到后来，这些事物都被人说成好像是我们德国人固有的东西。我们的这种本事，在哪里也没有像在足球场那样表现得如此淋漓尽致。

然而，"王者之球"最初在德国立足并非易事。德国足球的开拓者们做梦也没想到，有朝一日德国足协能以六百七十万会员之众，成了世界上最大的全国性的体育组织。想当初，这种新的游戏被当作"英国病"而被人所不屑。南部施瓦本地区的体操教师卡尔·普朗克（Karl Planck）于1898年发表过一个小册子，里面把这种"脚踢球"论证为"邪恶和卑鄙的玩意儿"，因为"这满世界的用脚踢来踢去意义何在？再者，这件事根本就不值得人们去动手指头。脚踢球就是一个唾弃、低下、厌恶、恶心和鄙视的符号"。

与英国人不同，德国人在当时还没有从事所谓"体育运动"，德国人热衷的是所谓"身体教育"，而且主要通过体操和活动来进行。然而，弗里德里希·路德维希·扬于1810/11年创立的德国式体操运动,到了德皇威廉时代,人们当初的热情已大为减退。这时,各种体操协会不用再像1819~1842年动荡年代那样东躲西藏——那个时候,普鲁士当局曾经把它们当作企图造反的秘密政治组织而予以禁止。现在正好相反,体操成了学校一个得到承认的正式科目。除此之外,体操运动自创立之日起就为之奋斗的统一的德国也于1871年变成了现实。倘若说"体操之父"当年在柏林的哈森海德公园曾经鼓励青少年们通过悬体屈腿和引体向上进行身体锻炼的话,那么倘若在拿破仑占领的普鲁士,体操运动将有着与振兴经济时期不一样的力量。但是,帝国时代的最高目标是振兴经济,杠上转体所能为之做出的贡献就显得十分有限了。尽管如此,体操家们仍旧试图抱着当年的准军事传统不放。正是在这个陈腐的背景下,足球作为一种崭新的、更自由的强身健体形式开始兴起。不管体操家们是如何义愤填膺,"体操运动"之后,"球类运动"接踵而来。

如果认为这种"用脚撒野"是无产阶级的、粗俗的消磨时光的游戏,那么这种怀疑就与现实相去甚远了。最初受到足球热影响的,是各种受过教育的阶层。当年自己也曾热衷体操的高级中学教师康拉德·科赫(Konrad Koch),把足球连同陌生的游戏规则一道从英国带回了德国。在他的指导下,布伦瑞克(Braunschweig)市马丁·凯瑟琳中学的学生于1874年在德国的土地上举行了第一次足球赛。这位博士毕业的语言和文学学者并非要把遥远的不列颠气息带到自己的家乡来,而是从足球当中嗅到了某种完全适合德国的东西。他曾经为足球引进德国引起的争议进行过这样的辩护:"我们德国的体操,就它现在的情况来看,不能(足以)将身体锻炼提升到形成社会风气的程度。"

对于传统的体操,科赫感到颇为格格不入的是,它不再像起初的时候那样在绿油油的草地上,而是挪到了叫人窒息的室内进行。他的这个意见与当时的时代精神不谋而合:与经济上落后的德国高速发展成工业强国一样,人们追求户外新鲜空气和身体运动的愿望也同样飞速发展。但是,德国并非到处都是森林,可以吸引人们在家门口就可以从事所有业余爱好中最为德国化的一项活动——漫游,这种情况在迅速膨胀的城市人口聚集区尤为如此。于是,足球开始成为大城市的教育界人士用来对付青少年中足不出户和酗酒滋事倾向的一种秘密武器。

到今天,威廉皇朝让我们联想到的还是它所培养的都是些唯唯诺诺的奴才臣子。足球教师科赫的成功表明,那个时代并非只有这一种社会风气。他撰文写道:"旨在培养军队纪律那种规矩的校园体操课,严重限制了个人的自由活动,而且完全取消了课堂上学生之间的互相交流。只有在自由的土地上,才能真正让青少年们鼓起信心。"好一个身着足球服的自由主义啊。

足球这一新的游戏活动开始的时候规则相当混乱无序,有的地方还允许用手来帮忙,但这并不重要。对科赫来说,比赛对抗的思想从未是他关注的焦点。尽管后来他也组织过他的学校和周围其他学校的比赛,但在这一点上,他一直忠诚于以往的体操家思想,即比赛不是对抗,而是协同。

在另外一个问题上,科赫的民族主义思想表现得更加明显:在德国的草地上不应该说英语,而是德语。这位与作家威廉·拉贝(Wilhelm Raabe)是好朋友的德语教师,把足球语言的德语化当作把"Football"变成一种德国式游戏的根本步骤。1900年,当德国足协成立的时候,他在一篇文章中骂道:"每个有德国感情的观众,当他看到一个小青年用英语说'进球'和'踢球'时,就恨不得扇他一巴掌,告诉他,这样做对一个德国青年来说是不对的。"仅仅三年后,他便效仿17世纪巴洛克时代欲将外来语从德语中净化出去的语言学者的风格,发表了一个有八十个术语的足球词汇表。直到今天,我们都要感谢这个词汇表。有了它,我们——有别于同样说德语的瑞士和奥地利——不是在球场高叫英语的"越位!"(offside)、"角球!"(corner)、"点球!"(penalty)、"进球!"(goal),而是德语的"越位!"(Abseits)、"角球!"(Ecke)、"点球!"(Elfmeter)和"进球!"(Tor)。在足球这个问题上,甚至是颇讲语言纯粹主义的法国人也未必做得如此坚定彻底。尽管在后来的几十年里,科赫词汇表中的"球队皇帝"(Spielkaiser)让位给了"球队领袖"(Spielführer),并且最终被几乎就是英语的"球队队长"(Kapitän)所取代,但是在"弗朗茨皇帝"(Kaiser Franz)身上,这个词不是一直还得到最高的体现吗？科赫对德语的热爱甚至使他对一些流行的俱乐部名字，如"Victoria""Tasmania"或是"Kickers"也表示反对，而推崇"Wotan""Siegfried"或"Hermann"[①]这样的德文名。

1903年刊载在《全国德语语言协会杂志》上由康拉德·科赫翻译的德英足球词汇对照表。

[①] 后三位均为德国神话或历史中英雄人物的名字。

于是乎，在这个新兴的"体育运动"中便产生了相互对立的两派。不过，对立方不是要比"球队皇帝"更加德国化的搞体操的前辈，而是像瓦尔特·本泽曼（Walther Bensemann）一样的世界主义者。本泽曼特别推崇足球的国际主义精神，视体育为"宗教"，说它"或许是当今唯一连接各民族和各阶层的工具"。

这位犹太银行家的后代在瑞士法语区上寄宿学校时了解和喜欢上了足球。当他 1889 年回到德国时，就在他上学的卡尔斯鲁厄（Karlsruhe）市高级中学开始做足球的宣传工作。1891 年他成立了卡尔斯鲁厄足球协会，后来又成立了卡尔斯鲁厄足球队，以及德国南部的一系列其他球队。德国足协成立时，他也参与其中，不过从一开始他与其他的足协官员就有矛盾，他们中的大多数都拥护科赫的德国民族路线。

还在德国足协成立之前，起初的几场有德国参加的国际足球赛就有过矛盾冲突。1893 年时，本泽曼在英国和法国不遗余力地为通过足球进行和解而奔走游说。斯特拉斯堡在被法国统治两百年后，1871 年又回归德国。在这个具有象征意义的城市，本泽曼计划举办一场德法友谊赛，结果碰了一鼻子灰。原因不光在于德国的一帮军人，巴黎的一家报纸也明确写道："如果我们到斯特拉斯堡来，我们将带着大炮来。"

1898 年，总算在巴黎举办了一场德国队和英法联队的"鼻祖式的友谊赛"。然而，赛后发往柏林的电报却与本泽曼的本意大相径庭："柏林德国足球运动无往而不胜之协会代表诚惶诚恐禀报波茨坦德皇陛下：由德国各省组成之足球队，今日于巴黎以 7:0 首次战胜强大之法国队。"（一年后，德国的"球队皇帝"以何种言辞向波茨坦的德皇陛下报告在首次两国友谊赛中以 2:13 大败给英国队的情况，可惜没有文档资料流传下来）

足球至今让世人为之痴迷的两面性很早就显现了出来：民族沙文主义分子把它看作延长战争的另一种手段，而世界和平主义者则把它当作民族之间相互沟通的最佳途径。

然而第一次世界大战后，民族沙文主义者并不能轻而易举地利用足球为他们的目的服务。其中的一个原因是，记录在凡尔赛条约中的那场惨败使民众有切肤之痛,球场上象征性的胜利只能使之得到些许慰藉。再者,在战后魏玛共和国时期,本文开头提到的、由英国著名前锋加里·莱因克尔(Gary Lineker)于1990年说出的对足球情绪化的定义在这里并不适用:胜23场,平13场,输19场,当时的德国队战绩平平。早在1908年时,德国队在第一场正式友谊赛中,以3:5败在瑞士队脚下。第一次世界大战后的首场友谊赛,对手又是瑞士队,结果1:4再次败下阵来。1912年奥运会上,德国人以神奇的16:0横扫十月革命前的俄国队,也未能给国民带来多少安慰。

德国足球未能出人头地,并不是因为缺少引人注目的球员:阿道夫·耶格尔(Adolf Jäger)、海因内尔·施杜尔福特(Heiner Stuhlfauth)、恩斯特·库佐拉(Ernst Kuzorra)、弗里茨·斯采潘(Fritz Szepan),这些人在魏玛时期本应能够很轻松地在国际足坛上施展才华。但是,德国足协思想保守僵化,他们甚至比现代奥运会的创始人本身还要看重业余运动员的奥林匹克理想,认为职业化将玷污了体育运动。1920年,西德体育协会将后来的沙尔克04队的几乎所有队员予以除名,原因是这些矿工们开始觉得,他们的大腿、小腿和脚趾里蕴藏着比他们每天要下去干活的肮脏矿井更多的资本。德国足协以"揭露和消灭职业化"为口号,发起了一场对"金钱足球"的围剿。这场围剿在1925年达到高潮:禁止所有德国业余球队与来自捷克斯洛伐克、匈牙利和奥地利的外国职业球队进行比赛。此前创办了传奇般足球报《踢球者》(Kicker)的瓦尔特·本泽曼,此时在报纸上刊文反对德国足协这一"实在不像话"、"欠妥"和"傲慢"的决定,并预言:"事实将表明,国际足联(FIFA)的绝大多数成员不会对德国的体育界听之任之。"

尽管本泽曼对德国足协的狭隘十分反感,但他也不是要把足球置于市场规则下的热心拥护者。魏玛时期那些为数众多、聚集在工人体操和体育联盟麾下并撇开"资产阶级的"德国足协自己举办比赛的"左翼"足球协会,更非如此。尽管大家世界观不尽相同,但是在足球应该作为一门纯粹的艺术而加以保留这个问题上,"体育运动"的各个门派的认识都是一致的。直到今天,这个根深蒂固的德国观点还有深远影响。有例为证:当足球早就成了全球性且数额巨大的生财之道时,《法兰克福汇报》的体育版在20世纪90年代还抬出卡尔·马克思的学说，并且叹息地认定，足球行业"破坏了田园般的宁静"，使"人与人之间除了赤裸裸的利益和无情的现金交易，不再有其他关系"。

这条不同寻常之路，造成了德国足球行业中的"纽带关系"较之其他欧洲国家存在的时间更长：球员与他家乡的俱乐部捆绑在一起相互依存。由于魏玛时期的足球官员最多只能悄悄地用钱袋来吸引优秀球员，所以，盖尔森基兴、凯泽斯劳滕和卡尔斯鲁厄的那些前锋、后卫和门将都相对稳定地在他们家乡的俱乐部踢球。这种情况一直持续到1963年，德国开始甲级联赛制度——地方俱乐部球队先进行循环赛，直到赛季结束时，最好的球队交手对阵，以淘汰赛方式决出联赛冠军。

纳粹分子上台时，足球自然就成了所谓"德国体育"。纳粹要求足球与政府保持一致，并解散了工人足球协会，使像尤里乌斯·希尔施（Julius Hirsch）和戈特弗里德·福克斯（Gottfried Fuchs）那样的犹太籍球员（福克斯在16:0大胜俄国队的那场比赛中一人独进10球）的日子过得生不如死。纳粹政权下的足球并没有取得更好成绩。尽管1934年在意大利世界杯上德国队出人意料地获得了第三名（1930年乌拉圭第一届世界杯赛因为经济危机和路途遥远未参加），但在柏林奥运会四分之一决赛中输给了"足球小国"挪威队。1938年"合并"奥地利之后，德国燃起了一阵足球大国梦：与1931~1933年让欧洲所有顶尖球队（包括德国队）望而生畏的"奥地利神奇队"联手，德国人要在法国圆一把世界冠军梦。6月9日，"大德国足球队"在八分之一决赛中被瑞士队淘汰出局。

纳粹政权血腥地将世界变为屠宰场的自大狂，迫使1942年和1946年的两届世界杯停办，同时使德国人无缘参加战后1950年第一次在巴西恢复举办的世界杯。同年11月22日，又是瑞士人表示愿意与沦落在人类边缘的德国人进行比赛。（西部）德国人以1:0小胜。当时没有人能料到，仅仅四年后联邦德国将从足球精神中获得再生。

1954年6月，主教练塞普·赫尔贝格（Sepp Herberger）和他的队员——后来的"伯尔尼英雄"出发去瑞士，驻扎在幽静的图恩湖（Thuner See）边。一百五十年前，戏剧家海因里希·冯·克莱斯特曾经在这个湖边创作了他最早的几部戏剧。当时在满目疮痍的德国，只有对足球真正痴迷的人才关心比赛。其后，当德国队在首场比赛中经过苦战以 4:1 战胜土耳其队，接着以 3:8 输给夺冠热门匈牙利队时，国内的兴奋度才开始上升，"国耻"的骂声不绝于耳。在这场比赛中，完全出于战术考虑派出二线队员上场的主教练赫尔贝格（他后来这样解释说），收到了来自国内的信件。信里建议他买根绳子，就近找棵树去上吊，而且"尽量不要搞断绳子，留着以后还可以再用"。在这种情况下，1954 年世界杯足球赛——至少在德国人的头脑中——就不再是一场纯粹的体育比赛，而可能变成了海因里希·冯·克莱斯特笔下的一出戏剧。

被羞辱的主教练赫尔贝格给他的队员宣读了家乡来的信。队员们现在想赢球，而且必须赢球，为了他——他们的教练，为了荣誉。"如想取胜，那么十一个人必须是十一个朋友……" "施皮茨精神"（Geist von Spiez）①昂起了她神话般的头颅。曾因对土耳其之战中坐冷板凳表示失望、当晚溜出房间喝得酩酊大醉的德国队前锋、感情细腻的赫尔穆特·兰恩（Helmut Rahn）后来将向他的教练证明，如果教练信得过他，他将无往而不胜。但是，他还不能马上上场建功立业。在对土耳其的第二场决定性的比赛中，他还是板凳队员。这回他克制住了自己的怨气。德国队 7:2 获胜，讲什么都是多余的，只有结果说了算。他的机会会来的，机会来了，在对南斯拉夫的四分之一决赛时。这是一场艰难和磨人的比赛，但是他在场上。德国队暂时领先。教练问道："赫尔穆特，你答应我的进球呢？"会进的，第 85 分钟，球进了，德国队 2:0 获胜。胜利的大门打开了，半决赛时，德国队甚至以 6:1 大胜奥地利队。兰恩是场上队员，但没进球，这天进球的先是舍费尔、莫洛克，之后是瓦尔特、弗里茨、奥特马，是弟兄们，是球队，大快人心啊。家里面的德国《世界报》欢呼雀跃："这场球我们肯定赢——奥地利人面带笑容地说。这场球我们想要赢——德国人表情严肃地说。一点都不奇怪，来自蓝色多瑙河的球队最后折戟沉沙。"德国人不得已只短暂地露出过一次笑容，那是在他们读奥地利《信使报》

---

① 施皮茨（Spiez），瑞士伯尔尼州图恩湖南岸小镇，德国队在 1954 年世界杯期间驻扎于此。

下面一句评论的时候:"这是一场只是为决赛而战的机器人对美学足球的代表的胜利。"但是,这个时候谁还有时间来读报纸。7月4日这天转瞬即到了。瑞典女歌手莎拉雷安德(Zarah Leander)在二战时的歌曲《奇迹》中唱道:"她知道,这事一定要发生,今天就到来。"众神为弗里茨带来了天时之利,天开始下雨,雨越下越大,大雨如注。迅速更换球鞋鞋钉,这是科技带来的优势。匈牙利人将感到惊讶,他们想都没有想到。在国内,数以百万计的电视机和收音机前的观众也不敢相信这是真的。面对这神奇的足球世界,解说员情不自禁,如痴如醉:"你们说我疯了吧!尽管说我脑子进水了吧!……舍费尔向禁区传中!头球攻门!被挡了出来!兰恩得从队员身后射门——兰恩射门了!进了!进了!进了!进了!"

赫尔贝格之战结束了。"来吧,你们条顿人勇敢的儿子们,在寂静的橡树林中,让我们感谢日耳曼之神沃坦馈赠的得胜之礼……"

德国陶醉了,从西到东。世界为之忧虑。法国《世界报》刊载了一篇记者发自伯尔尼的带警告口气的报道:"地球在颤抖。天在下雨。雨在下,我浑身发冷。刚才,当六万德国人齐声吼叫时,我不禁一阵寒战……他们一个个喜形于色,年纪轻轻,振奋而有力地唱着歌,全世界的人都应当听见,而且应当知道,'德国高于一切'又卷土重来了。"

的确,匆忙从国内赶来观看决赛的德国球迷在范可多夫体育场唱起了国歌。奇迹般夺冠两天后,德国足协主席佩克·包恩斯(Peco Bauwens)在慕尼黑狮王啤酒屋的庆祝讲话中,感谢古老的"日耳曼之神"沃坦的神助,并且对"球队中的服从领袖原则"倍加赞赏。但是,人们真的有理由对德国再次表示担忧吗?抑或这无非是旧时代习气的回光返照?巴伐利亚广播电台当时立刻中断了包恩斯越轨讲话的转播,慕尼黑出版的《南德意志报》7月5日的头版头条印出了小心谨慎的标题:"伟大的胜利,伟大的一天,但仅是一场比赛而已。"联邦德国总统特奥多尔·豪斯(Theodor Heuss)在稍后给球队颁发银质月桂奖章时,间接地批评解说员赫伯特·齐默曼(Herbert Zimmermann)在比赛白热化时,把守门员托尼·图雷克(Toni Turek)捧成了"足球之神"。他说:"我们是为体育而来,我认为,我们应该将体育和政治分开,我们不应该让价值观发生偏移。"

价值观并未发生偏移。正如在斯大林格勒的枪林弹雨中沉沦之后，战友情这个神话在"伯尔尼奇迹"中获得了一次普通百姓式的新生一样，德国没有为夺冠的英雄们树立战神式的纪念碑，而是代之以用球员来命名 Goggo 摩托车、方块汤料、瓷器人物和龙胆花烧酒。德国人识时务了，尽管他们对不走运的兰恩至死都在求着追问："那什么，赫尔穆特，给咱讲讲那第三球是怎么进的……"这些具有克莱斯特戏剧潜质的足球英雄，虽然一部分人最后结局可怜，但都没有成为英雄式的高大全，而只是普通的加油站老板、香烟商贩和体育教师。

对"伯尔尼奇迹"最冷静和从历史的角度看最透彻的评论，出自左翼自由派的《瑞士民族报》："德国人能够对一场比赛比对军事行动更加感到振奋，这本身就是对一种自然和健康内核的启示。"

事实好像的确如此：德国对足球越疯狂，它就变得越和平主义，尽管或者正是因为有过 50 年代那场引发轩然大波的关于重新武装德国的大讨论。在这里，把它们说成互为因果，未免有点失之偏颇。但是，德国人追求足球世界霸主的努力，与它退出国际政治倒是非常珠联璧合。不管塞普·赫尔贝格有没有说过"足球是和平的战争"这句话，在联邦德国，民族沙文主义的思想在球场上也气数已尽。

这一点从没有像 1974 年德国世界杯时表现得那么明确。"来吧，朋友"——尽管广告公司直到 2000 年后才把这句话变成广告词，但当时确确实实是这样一个意图：德国将以友好、和平和摒弃一切极端的姿态展现在世人面前。实际情况却并不尽如人意：两年前慕尼黑奥运会上，巴勒斯坦恐怖分子劫持了十一名以色列运动员作为人质，德国警方解救人质的绝望行动，酿成了一场死亡的惨剧。早期恐怖组织红军派的头面人物、把"黑九月"当作"反法西斯行动"来欢呼的安德烈亚斯·巴德（Andreas Baader）、古德龙·恩斯林（Gudrun Ensslin）和乌尔丽克·梅因霍夫（Ulrike Meinhof），在 1974 年夏天还一直被关押在监狱里，听候对他们的审判。人们担心其他恐怖分子可能再次企图用引起轰动的谋杀方式，逼迫政府释放关押的同伙，这种担心是不无道理的。同年五月，联邦总理维利·勃兰特（Willy Brandt）因"纪尧姆事件"引咎辞职。此外，比赛抽签的结果确定，西德足球队将在小组赛时就遭遇东德队。

然而，上述情况并非此次德国世界杯不以高调而以低调开场的原因。主教练赫尔穆特·舍恩（Helmut Schön）率领的德国队在1972年首次夺得了欧洲冠军。德国的知识分子们一下子在温布利球场发现了他们对那个圆圆的皮球的热爱，并把君特·内策尔（Günter Netzer）和保尔·布莱特纳（Paul Breitner）那样的蓬头乱发球员捧为足球的革命家，期待着他们魔术般的球上功夫。与此同时，德国普通球迷已经认定，这回世界冠军不再是奇迹，而是必须拿下。只有这样才能解释得了，为什么德国队开幕赛上1:0战胜智利队被羞辱成一场失败。第二场在汉堡人民公园体育场的比赛中，观众大骂"球队领袖"贝肯鲍尔是"巴伐利亚猪"。这位足球皇帝用向观众席吐口水还以颜色（德国足协预感到，把由一半拜仁慕尼黑队球员组成的德国队的下一场比赛放在德国北部，不是个好主意）。德国队以3:0战胜澳大利亚队，提前取得了进入下一轮的资格，尽管如此，他们还是灰溜溜地离开了球场。"德国队滚蛋，别丢人现眼！"——平生从未参加68年学运上街游行闹事的球迷，突然间也变得冲动起来。四天后，自己施虐受虐的德国足球迎来了本届世界杯最盛大的庆典：东德马格德堡的前锋于尔根·施帕瓦塞尔（Jürgen Sparwasser）踢进了他最著名的一球。西德队0:1败在东德队脚下。

这本是主教练舍恩给他的"弟子们"宣读老百姓寄来的骂娘信的时刻，但这又于事何补呢？舍恩既无当年赫尔贝格不可撼动的权威，同时也不可能用一次振聋发聩的讲话将那帮个人主义惯了的球员们拢在一起。从1954年到1974年，中间隔了二十年时间。然而，"施皮茨精神"像幽灵一样出现在那个"马伦特之夜"。在西德队预赛期间驻扎的北德马伦特地区简陋的体校里，召开了一次紧急会议。会议不是由主教练，而是由场上踢自由人位置的足球皇帝主持。皇帝不仅向世人证明了，他领会了新的时代，而且还证明，仅仅号召队员拿出战友情和荣誉感是不够的，虽然他也要求过自己的队友，共同起来与队内的不团结做斗争。必须重新调整球队的出场阵容，放弃舍恩教练自1970年世界杯以来一直惯用的三到四名锋线队员的冒险进攻战术。"弗朗茨"皇帝提出加强后场防守，建议获得通过。好看不如实用，以拼抢控制比赛，方案见效。

撇开其象征意义不谈，东德队施帕瓦塞尔的进球得不偿失。尽管东德队取得了小组第一，但它下一轮的对手却是巴西队、荷兰队和阿根廷队。而西德队以小组第二出线，遇到的对手将是南斯拉夫队、瑞典队和波兰队。西德队利用了这个弱组的机会，时而费劲，时而轻松，时而冒雨如踢水球般地杀进了决赛。东德队以两败一平退回了老家的铁幕之后。

年轻的加里·莱因克尔大概是在英伦三岛上通过电视观看的这场决赛。或许那个时候他就隐约感觉到，不管发生什么事，获胜的总归是德国人。决赛时，荷兰队踢得华丽精彩，代表人物是约翰·克鲁伊夫（Johan Cruyff）；德国队踢得坚忍顽强，代表人物是贝尔蒂·福格茨（Berti Vogts）。坚忍顽强取得了胜利。开赛一分钟时曾经摆脱了"小猎犬"的盯人，在德国队禁区内造成乌利·赫内斯（Uli Hoeneß）犯规的克鲁伊夫，在德国队的贴身盯人下失去了比赛的兴致。而此时，伯恩德·赫尔岑拜因（Bernd Hölzenbein）在荷兰队禁区摔倒（有意还是无意），保罗·布莱特纳主罚点球，扳平。上半场结束前，格尔德·穆勒（Gerd Müller）踢进了第二球。一个小时后比赛结束，联邦德国队第二次夺得了世界杯冠军。

解说员鲁迪·米歇尔（Rudi Michel）为德国电视观众奉献的赛事评论一向平淡而不动声色。当比赛结束的哨音吹响后，能使他最大限度地加入观众的狂喜的评论是这样的："那么现在呢，各位男士，你们可以慢慢地把那些东西的瓶塞打开，那些比较高档的美酒，女士们呢，你们可以跟着一起喝两口。"

在那个具有历史意义的足球之夜，"球员太太们"是不应当跟着一起喝两口的。据说一位德国足协官员不让赫内斯的太太进入庆功宴会大厅，说是"这里还是讲规矩的地方"。这下可好，那帮得胜的足球"革命家们"立马离开了希尔顿饭店，径自到慕尼黑的迪斯科舞场庆贺去了。

这桩逸事至今与左派知识界的足球爱好者对70年代的这支"玩闹"球队的印象完全一致。但是，当年在这群"年轻狂人"和德国足协元老们之间的这场冲突，真的就是两代人之间的世界观上的对抗吗？或者不如说是德国足球观念上的一次重要的转变，与和顽固旧观念对抗的理想主义风暴根本无关？

早在世界杯开赛之前，球队与教练以及足协之间在马伦特营地就有过激烈的争吵。不过，争吵并不是为了赫尔穆特·舍恩说过的关于"第三帝国"那句话："尽管那场毫无意义的战争对人们的生活影响很深……但对我们运动员来讲是个辉煌的足球时代。"而是为了钱，为了足协在夺冠时要支付给队员的奖金。

当年"伯尔尼的英雄"每人拿到一千马克，然后每次上场再拿两百马克，他们已经乐不可支了。1974年时，德国足协准备给每个队员三万马克，"狂人们"认为少了，觉得丢人现眼。

君特·内策1973年作为甲级联赛以来第一个德国职业球员去国外——皇家马德里队踢球〔"我们的"乌伟·塞勒（Uwe Seeler）1961年曾经骄傲地回绝了有几百万马克收入，离开家乡俱乐部汉堡队到国际米兰队踢球的机会〕。但是，其他留在德国踢球的球员个个对国际上的价码了如指掌。据说，巴西和意大利足协给他们的球队夺冠开出的奖金是每人十五万马克。世界杯后也去法西斯弗朗哥统治下的西班牙踢球的"红色左派分子"保罗·布莱特纳，在会上威胁要离开马伦特营地回家。主教练赫尔穆特·舍恩表态说，要么自己离开，要么全队走人，年轻队员爱财的欲望让他觉得恶心。最后，球队以每人七万马克达成协议。

到了1990年，幸运的弗朗茨皇帝作为"团队领导"率领德国队三夺世界冠军，那时的情况就简单多了！东、西柏林之间的柏林墙倒塌了，东西德国即将统一。有良好教养的年轻球员，如尤尔根·克林斯曼（Jürgen Klinsmann）和安迪·布莱默（Andy Brehme），一专多能，在意大利几乎可以用纯正的当地语言点一杯卡布基诺。十二万五千马克的奖金赛前就已心平气和地谈妥，"球员太太们"甚至允许在整个杯赛期间去探望一次她们的英雄。音乐人乌多·于尔根斯（Udo Jürgens）为球队创作了一首优美的旅途之歌："我们已踏上布莱纳（Brenner）①山口，／我们激情燃烧。／我们已踏上布莱纳山口，／我们充满欢乐。"甚至绿党国会议员安捷·福尔梅尔（Antje Vollmer）也为球队跨越阿尔卑斯山之旅表达了她的祝福："如果谁

---

① 阿尔卑斯山著名关隘之一，位于奥地利和意大利之间。

在这几天看见德国队，谁就输定了，就像我本人一样，心里总觉得对德国队发怵。他们的球不仅踢得好，所向无敌，而且球踢得漂亮，总觉得像是真正放开了。"不论是在米兰、都灵还是罗马，每当形势吃紧的时候，赫尔穆特·科尔总理就坐在贵宾席上为德国队加油。为这幅欢乐的足球图锦上添花的是：1990年世界杯第一次规定，队员必须佩戴小腿护板上场比赛。

只有那帮死硬和吹毛求疵的球迷在骂，德国队踢得过于"保守"，"嫩仔们"缺乏"创造力"。虽然有德国的暴徒在米兰城里闹事，但是，由于英国的暴力球迷同样在撒丁岛街头大打出手，因此世界舆论并未倾向性地认为，德国的暴力事件中存在着新的、具有威胁性的称霸世界的苗头。当弗朗茨·贝肯鲍尔夺冠后在罗马宣称："我对全世界说句抱歉的话：如果现在有东德球员的加盟，今后几年我们将打遍天下无敌手。"这番话只是暂时让球迷们感觉到一阵毛骨悚然。

或许这位足球皇帝应该先去翻翻历史书，然后他就会明白，类似的话过去已经让德国足球吃过一次苦头。不管怎么说，他的继任者贝尔蒂·福格茨于1996年带领统一后的德国足球队在伦敦第一次夺得了欧洲冠军，但他却从来没有被人捧为国王、皇帝或上帝。

正像统一后的德国总体来说没有离开过欧洲的地面一样，德国足球也没有一飞冲天。倘若90年代曾有过那么一种德国特色的话，那不过是以运动和力量击倒对手。运动和力量这两种品格，更加成功地体现在施特菲·格拉芙（Steffi Graf）和米歇尔·舒马赫（Michael Schumacher）身上，使二人得以称霸女子网球和一级方程式赛车。

德国足球所走的这段真正的独特道路，最后是由贝尔蒂·福格茨在其总教练任上终结的：1994年，德国国家队最后一次聚集在一间录音棚里，进行一次五音不全的男声合唱尝试。队员们用一首《在遥远的美国》，告别了以队歌"足球是我们的生命，/ 因为王者之球君临天下，/ 我们奋斗付出一切，/ 直到频频破门连连进球"开始的二十年的球队传统。这场葬礼影响深远。那个当年曾经让狮王亨利（Heinrich der Löwe）①认为"打仗无歌无

---

① 狮王亨利（1129~1195），德意志豪门韦尔夫家族成员、德意志诸侯和军事统帅，霍亨斯陶芬王朝时期最有名的政治人物之一，以与德意志神圣罗马帝国皇帝腓特烈的戏剧性冲突著称于世。

以鼓劲",并且可能也促使塞普·赫尔贝格带领队员在球队专车里唱起"坐在高高的邮车上"①的古老的德意志精神,此前早已经消失得无影无踪了。

2006年德国世界杯赛时,教练于尔根·克林斯曼和他的"弟子们"坐着豪华大巴去球场,车里播放的是心灵派歌手克萨维尔·奈杜(Xavier Naidoo)挽歌风格的德国队更衣室之歌:"这条路将不会轻松,/这条路将坎坷艰难。/没有很多人与你同行,/但生活将丰富多彩……"

歌词与"夏天的童话"非常吻合。德国终于真正放松了一把,而且放得如此轻松和五彩缤纷,就像伴随70年代出生的孩子一起长大的Hubba Bubba泡泡糖一样。德国国旗的三种颜色"黑－红－金"被玩笑地篡改成"黑－红－盖了"②。即使是四次夺冠的梦想在半决赛时破灭了,欢庆活动还是照样进行。很多提心吊胆的人此时也不得不认识到,德国队的失败并没有导致一种新的爱国主义,虽然啤酒园里德国人又开始唱起国歌,挥舞着各种旗帜。这一切不过是一场热闹的聚会而已。"生活将丰富多彩……"

受德国足协委托,导演索恩克·沃特尔曼(Sönke Wortmann)拍摄了一部《德国,一个夏天的童话》。影片中,德国队领队奥利弗·比尔霍夫(Oliver Bierhoff)向观众介绍,他们是如何用前厅的桌椅板凳和索尼的游戏机,把球队下榻的、由时装大师卡尔·拉格斐(Karl Lagerfeld)布置得高雅无比的王宫饭店(位于柏林的绿林城区)改造一番,以便让年轻队员在那里"尽情折腾"。当默克尔(Angela Merkel)总理来看望球队的时候,还在英国阿森纳足球俱乐部当守门员的延斯·莱曼(Jens Lehmann)问道,有什么可以吸引他这个"三个孩子的父亲"再重新回到德国,默克尔答道:"我现在想到的第一样东西是父母补贴。"众人皆被默克尔的幽默逗得大笑。

现在回过头来看:2006年世界杯较之1974年世界杯,难道德国不是更加试图延续"伯尔尼奇迹"的传统吗? 1974年时,德国足球放弃了要大办

---

① 著名德国民歌,歌词源自19世纪70年代鲁道夫·鲍姆巴赫的诗《车轮滚滚》,曲调于1922年由柏林药剂师海因茨·霍内创作,歌词内容把生活描写成坐在邮车上的旅行。

② 德国国旗颜色"黑—红—金"的德文是"Schwarz-Rot-Gold",其中"金色"(Gold)被球迷改写成"Geil",德文意思为"帅呆了,盖了",以表达对德国队的支持和爱国之情。

第一次夺冠二十周年庆祝活动的计划。当五十周年大庆的时候，在世界杯第二次在德国举办的前夕，人们大张旗鼓地准备要重新宣传那次的神话。索恩克·沃特尔曼摄制了一部煽情和寻求和解的故事片。影片首映时，据说当时的联邦总理格哈特·施罗德（Gerhard Schröder）也被感动得潸然泪下。这部电影和导演赖纳·维尔纳·法斯宾德（Rainer Werner Fassbinder）于1979年摄制的故事片《玛利亚·布劳恩的婚姻》（*Die Ehe der Maria Braun*）平分秋色。法斯宾德以记者赫伯特·齐默曼（Herbert Zimmermann）的一篇情感异常激昂的报道为背景，目的是让德国战后的人间戏剧在感情的迷狂中走向灭亡。

或许2006年赛事的组织者们并没有意识到这一点，但是，就在他们发明了"球迷看球大道"和"公众大屏幕观赛"的时候，他们是在沿着经济开始腾飞后德国人停下来的脚步重新往前走。区别只是在于，这一次全民观看足球不是因为电视机不够用，而是因为对集体参与过程的向往。所以，1954年的"我们又牛起来了！"这句话，归根到底不还是同样的一种内容空洞的、2006年时想要用新的挥舞国旗的热情来证明的情感振作行为吗？

足球是灵魂的一面镜子，但不是一面魔镜。照镜子的人在镜子里除了看到他自己，没有别的什么东西。就当前来说：我们看到的是一支热衷踢球的、多元文化和生龙活虎的球队，他们只想着在有钱挣的地方安心多多挣钱，心无旁骛。这支队伍由一个个身着剪裁得体衬衫的男士率领，当他们把"具有最高纪律的组织"[①]颂扬成德国人的品格的时候，不会再有人大惊小怪了。

作者：特·多

译者：吴宁

参阅：下班之后，时代，故乡，诸侯割据，战争与和平，男声合唱，爱整洁守秩序

---

① 此话出自德国队现任主教练约阿希姆·勒夫。

德国人的性情

啊，德国人的性情！你可真是包罗万象无所不有：谦恭，高傲，轻慢，冷静，和气，温良，不争，坦率，怯懦，大度，容忍，豪爽，自负，悔恨，摇摆，忧伤，沉郁。有时，你又表现得优雅，郁闷，烦躁，大胆，视死如归。只是你难得轻松愉快，兴高采烈就更为稀罕少见。

德国人如此丰富多彩的性情需要一个感觉如同家一般的归宿，他的心胸乃是最为理想的处所。那里，他的性情受到很好的保护，不为时事潮流所驱使，虽然外界每一次的风吹草动都逃不过他敏锐的眼睛。这样一种人，如果不能用"情感丰富"的话，我们不妨将其称为"悠然自得"。他就如同一片树叶，虽然随着每一阵风摇曳舞动，却牢牢伫立枝头。但树叶终归是要掉落的，它们惧怕风来时将自己无可奈何地吹得满世界飞舞。胸中的情感越不稳定，它就越急迫地想要构筑一座挡风遮雨的堡垒。

德国人悠然自得的情感史滥觞于19世纪初的毕德迈尔时期（Biedermeier）[①]。那时，工业化带来了吞吐着黑烟的蒸汽火车，铁路在

[①] 毕德迈尔时期，指的是1815年拿破仑战争结束至1848年欧洲资产阶级革命这三十多年时间。这个时期，人们厌倦了战乱和政治，追求生活的安逸闲适。这种思潮在当时的文化艺术中得到了代表性的体现。

全国纵横交错。机械纺织机发出嗒嗒的声音，就好像预示着机关枪的不久后的问世。股份公司玩着它们疯狂的证券游戏，股票今天暴涨，一纸千金，明天暴跌，一文不值。以往因政治落后而吃了亏的德国男人，此时跃跃欲试，跨出国门和对手争霸世界。而恪守妇道的家庭妇女留守家中，努力为男人营造一个安逸舒适的家。

这时，最初小巧的半截橱柜开始变得越发沉重，餐具柜的空间越来越大，窗户上挂起了窗帘，坚硬的地板铺上了柔软且走起来悄然无声的地毯。沙发——这个在启蒙运动和浪漫派时期的沙龙里起过激烈思想交锋场所之用的物件，此时成了情感的承载物，并且，早在弗洛伊德医生在维也纳他那张著名的长沙发上为同时代的神经病和癔病患者诊病之前，就成了医生治疗病人用的家什。

那个年代，人们常读的一本杂志叫《花园凉亭》（*Gartenlaube*）。这本具有传奇色彩的杂志在1853年1月的创刊号里，是如此进行自我介绍的："亲爱的德国读者，大家好！在神圣的耶稣为大家送来的礼物中，又加上了我们为各位奉上的一件礼物——这本新的杂志！请各位用点时间慢慢翻阅我们的杂志……当您在漫长的冬日里与家人围坐在温暖的火炉边，当春天里红色和白色的花瓣从果树上飘落，您与友人聚集在树影婆娑的凉亭里——请读读我们的杂志吧！这将是一本为居家和家庭所办的刊物，一本老少皆宜的书，是每一个热心和向往美好高尚事物的人的书！远离一切喋喋不休的政治，远离一切宗教和其他问题的争吵，我们将用真正的好故事，将您带到人的心路历程和各民族的历史中去，引领您进入人类激情和逝去的时代的战斗中去……我们以此给您带来娱乐，并且寓教于乐。一切将充满诗情画意，犹如百花飘香。本刊将为您带来凉亭中那种心旷神怡的感觉。在那里，您将会找到优秀的、德国式的和撞击心灵的安逸悠闲。试读一下我们的杂志吧，愿上帝保佑您！"

不论何时，德国人只要有可能就喜欢宅在家里不出门，以保持他的悠闲生活在无奈而纷繁的世界里不会枯萎凋敝。这时，他愿意和志同道合者围坐在一起。然而，与贵族讲究死板的礼数和排场不同，这是一种无拘无束的聚会。所以，普通百姓家的起居室，亦即所谓的"客厅"是不开暖气的，人们情愿聚集在温馨舒适的厨房里，或跑到酒馆里，那里自称是"最有闲情逸致"的地方。

在德国，从一开始这种闲情逸致就有地理上的差别，南德人比北德人更为悠然安闲。所以，直到今天为德国这种悠闲生活唱赞歌的地方，主要是在巴伐利亚的啤酒棚里。大约在1895年，一个叫格奥尔格·库诺特（Georg Kunoth）的不来梅市的记者和政客写过一首《为悠闲干杯!》的歌曲："啊，生活多美好，／悠闲来装点！／高歌唱一曲，／歌声天下闻：／声声唱不尽，／曲调何悠扬：／干杯，为悠闲干杯！／／欢乐常相聚，／处处好时光；／欢乐之火焰／悠闲中点亮！／／且看那国王！／黄袍加身上；／金冠有何益，／若无悠闲伴？／任凭人相争，／我自能泰然；／我心常相随／闲适又恬淡！／／众人皆烦恼，／烦闷苦不堪，／快快来加盟／悠然似神仙！"

与19世纪相比，20世纪的社会发展速度似脱缰野马，"神仙般的悠闲"也深受这种发展速度之害。在德国普通老百姓试图以窗帘、大幅油画和沙发靠垫为掩护，来减轻工业化和大城市快节奏带来的冲击的同时，先锋派艺术开始横扫一切。尽管包豪斯学派号召建筑家、雕塑家和画家回归到手工艺术上来，但其目的并不是对德国古老的木雕和家具靠垫工艺抱残守缺。冷冰冰的材料如镀铬钢管和铁丝织物开始进入普通百姓的家中，简洁明快和使用方便的形式替代了厚重和舒适的家私用品。如果有人在自己的房间里放上一把"无腿钢管摇椅"，那就说明此人已领会了时代的信息——宅居的那种温馨闲散已经成了历史。

纳粹分子上台时强迫包豪斯学派流亡异国他乡，并兴建了一系列好大喜功的建筑。与这种冷酷的巨物相比，位于德绍市的包豪斯楼则看起来像玩具房间一样亲切。然而，纳粹分子显然自己也无法忍受他们所建的超大且冰冷的建筑了，闲暇的时候，他们经常出没在阿尔卑斯山的田园风光和墙上挂着鹿角的别墅中。希特勒溜进了他的"山庄别墅"，戈林逗留在自己的"狩猎小屋"，就是他们中间最为城市型的戈培尔一家，也在柏林近郊尼古拉湖的一座岛上别墅里，沉溺在懒洋洋的悠闲中。

希特勒的总建筑师和军备部长阿尔伯特·斯佩尔在他战后关押受审期间所写的《施畔道狱中日记》（*Spandauer Tagebücher*）里，提到过纳粹的一个计划，从这个计划中可以看出纳粹的好大喜功和陈腐守旧之间存在着何其巨大的差别："希特勒认为，在（被占领的乌克兰）每一个大的村镇里都必须有一个兵站，兵站名字一律叫'邮政客栈'，就像在德国的巴伐利亚随处可见的一样。他的怪癖想法又占了上风：在东方广袤无垠的俄罗斯大地上，德国的农民必须处处能见到有家乡感和安全感的集合点。"根据斯佩尔的记述，希特勒亲自参与了一种新型火车的设计，这种火车的车厢宽达六米，俨然是一个为那些疲惫不堪的侵略者建造的活动休闲集装箱。恬不知耻可谓登峰造极。

然而，留在老家的那些善于钻营、厚颜无耻和死硬顽固的纳粹同伙也需要一处行军和队列操练后放松身体的去处。在德国民政局发给每对新婚夫妇的《德国家庭手册》（*Handbuch für die deutsche Familie*）里，一个叫汉娜·伯梅尔（Hannah Böhmer）的作者以"怎样居家布置"为题，向那些结婚后放弃工作的德国妇女传授勤俭持家之道："将壁纸、窗帘和家具护套雅致地搭配在一起，就能营造出色彩和谐之美，而且花费不多。几件漂亮的结婚礼品，几个色泽明快的沙发靠垫，墙上一幅优美的风景画和一张好看的台布，这些就能给房间带来最好的舒适感。"

盟军部队战胜了纳粹帝国，《德国家庭手册》在经过简单修改并由德国民政联合会重新出版后，得以沿用至60年代。新版中，不再是那个汉娜伯梅尔为人们如何居家布置出谋划策，而是由一个叫伊姆嘉德·许兹－格吕克（Irmgard Schütz-Glück）的女士讲述"营造家庭气氛"的方法和窍门："住房和家具都是非人性化的东西，房间通过居住在里面的人而获得生气和温暖，人赋予其生命并打上自己的烙印。这时，房子才真正成为一个'家'，一个全家的安全居所……每个起居室都应该有一个舒适的角落，一张小圆桌和几把舒服的椅子，把一家人在阴雨的下午和漫长的冬日聚集在落地灯的光线下……墙上的画、窗帘、地毯、靠垫、台布和室内的花，赋予房间个性化的色彩和舒适感。"

那个连沙发靠垫也必须"赏心悦目"的时代从此结束了——欢迎来到德国第二次的毕德迈尔时代！

参加1968年德国学生运动的那些人亮出了斧头，要砸碎他们的父母在五六十年代经济腾飞时期用来布置房间的所谓"盖尔森基兴式的巴洛克家具风格"①。虽然联邦德国的知识分子在自己年轻的时候也喜欢坐在合租房的厨房里喝红酒、把蜡烛塞进酒瓶里和燃点薰香,但他对"悠闲"一词却有点反应过度。在1984年出版的一本叫《德语关键词》(*Deutsche Stichworte*)的"批判性"的散文集里,作者提醒人们,"悠闲并不是一个'无所谓的词',其原因是'悠闲和残忍'……在团伙犯罪里是心理学上的决定因子。在世俗小市民身上始终有一个帮凶同时存在,他随时可能蠢蠢欲动"。

关于悠然自得,68年学生运动分子的后辈们倒是没有什么接触恐惧症。不过,他们不是从纳粹时期的地方党部头子的嘴里第一次听到"悠闲"这个词,而是从来自美国的一只可爱的动画片熊的嘴里。倘若是像沃尔特·迪斯尼的动画片《森林王子》(*Dschungelbuch*)里的故事那样的话,悠闲自得就不会有什么问题可言:"尽量悠闲一点,静下心来,悠闲一点……"但在原版电影里,巴鲁熊说的是完全另外一句话:"Look for the bare necessities, the simple bare necessities",就是说,巴鲁熊所说的不是"悠闲一点和静下心来",而是要想一想自己简单的基本需求。关于这个误解,68学生运动后的孩子们在后来的英文课上才发现,但为时已晚。不论现代设计风格的沙发(他们的抑郁症在沙发上继续发展)是如何冷酷无情地占领市场,悠闲的概念已经在他们变得恐惧和保持着童真的心灵中,作为一种期望扎下了根。当21世纪初的手提电脑族们越来越自信地在互联网上冲浪游荡,而且至少在他们二十岁到三十岁之间随时准备更换自己的住所,就像他们不停地更换电脑的操作系统一样的时候,他们已变得不再像前辈的人那样,轻率地夸下海口,要给嘎吱作响和不规则转动的地球打上润滑油,叫它重新有规则地旋转。

老天爷啊,速度不能再快了啊!世界各地的股票交易所乱得还不够吗?现如今,只剩下圣诞老人还在发放退休金,婴儿出生率不断下降,商店冰箱里的肉过期变质,超市里卑劣的西红柿无人敢买。尽管如此,世界上定有一处避风的港湾!哪怕是街头拐角处的酒店大堂。自家的热炕头当然再好不过。

---

① 盖尔森基兴(Gelsenkirchen),德国鲁尔区一座煤矿城市,五六十年代曾流行过一种庞大厚重,而且纹饰丰富的家具风格,被讽刺地称为"巴洛克风格"。

德国第三次的毕德迈尔时期又一次受够了城市里居高不下的物价，年轻的家庭纷纷迁往农村居住。在那里，他们甚至可以建造一座花园凉亭。坚守在城市中心不走的人也在想尽办法，把自己的小日子安排得舒适安逸些。

《新式德国姑娘》（Neue Deutsche Mädchen，2008年出版的一本书的书名）不再为了好玩拼命消费，而是有所收敛。此书的两位作者之一，1979年出生的伊丽莎白·雷特尔（Elisabeth Raether）要对她柏林和巴黎两地之间的单身生活做一个了断："我向往老式的样子，向往真正的家具，向往沉甸甸的灯罩，向往钉在墙上的画框，向往井然有序和事先盘算，向往扎实可靠。"到书结尾的时候，这个"新式德国姑娘"总算有了些许成就感："我第一次用羊腿做了一个菜，几周前我第一次煮了鸡汤。……我们在墙上挂了一幅画，一张金属框的大照片，上面是雪地里的小椰菜田，卷心状的植物，一半被雪覆盖，煞是好看。" 这要是让伊姆嘉德·许资-格吕克听到，她肯定感动不已。

哦，德国人的性情！我知道你需要一个家！可是，你为什么没有想到奥地利作家卡尔·克劳斯（Karl Kraus）在1922年时就已认清的事情呢："我对自己想居住的城市的要求是：柏油马路，冲洗过的街道，大门钥匙，暖气设备，热水管道。安逸就是我自己。"

作者：特·多
译者：吴宁

参阅：简便晚餐，包豪斯风格，桁架建筑，下班之后，故乡，庸俗艺术品，母亲十字勋章，爱整洁守秩序，玩具屋，私人菜园，海滩篷椅，怪诞之事，社团迷，女人，圣诞市场

德国式焦虑

"倘若德国人是多神论者的话,那他们肯定会有焦虑膜拜,会替司焦虑的神明塑像并向他们献上贡品。"当德裔以色列–美国历史学家瓦尔特·拉克尔(WalterLaqueur)1984年写下这句话时,他不会猜到20年后克利斯托夫·施林根西夫①确实会为焦虑建起一座教堂。这座木制小教堂先是展出于威尼斯双年展,后来它又辗转来到科隆路德维希博物馆的房顶上,与科隆大教堂比邻。如果把焦虑比作一座山的话,那么这个焦虑教堂不过是个山尖罢了。根据他们自己公布的信息,2005年"焦虑教"在五大洲已有九百个基础教区,会员数超过两万。每个想参加者均要先招供自己的焦虑,表明自己"不相信那些自命的世界舵手所许诺的解决和救赎办法"。这种人还得愿意在飞机起飞前在机舱里高喊"我害怕!"从而耽搁航班的起飞。在坦承自己的焦虑后,这些人就被升为"骨干",他们有时在威尼斯花园中、有时在法兰克福哨卡(Hauptwache)②,通过长时间坐桩来证明自己的极端焦虑。施林根西夫认为正是这种焦虑给他们打上了社会局外人的印记。

---

① 克利斯托夫·施林根西夫(1960~2010),德国电影、戏剧导演,作家和行为艺术家。

② 又称卫戍大本营,是该市作为独立城邦时期的军营和监狱,后改为警察局。原为巴洛克建筑,二战中遭到严重损坏,1967年,修建地铁隧道时拆除并重建于地铁车站上方。现为法兰克福公共交通系统最重要的枢纽之一。

在世界各地创建"焦虑教",人们可以把这当作艺术或是一个古怪人的行为,施林根西夫不久后就患上了肺癌,并且公开展示自己的衰败过程。哪怕他看上去像他那淘气的堂兄,他也不是德国的米歇尔①。虽然后者站在那里看着行为艺术家瞎折腾时也会摇头,但在世界的另一端核电站出事故时,他不是自己也立即要求"关闭!"吗?只要有几棵树患病,他不是相信全部森林都会死去吗?仅仅因为出生率下降,他不是就认为德国人正摇摇晃晃地走向灭亡吗?

西方社会鲜有不被媒体的歇斯底里旋涡搞得头晕目眩的,但美国人取笑"德国式焦虑"时,仍旧透着大西洋彼岸的优越感。"我害怕!"在这里是一种理由,而且不是无关紧要的理由,而是拥有终极理由的分量。只有浅薄的野蛮人才愿意讨论,焦虑是否有真实的来源,与具体和直接的威胁有关;或是类似于心理分析师所说的"焦虑性神经症"。谁感到焦虑,就觉得自己有理。尽管有理性的理由该告别焦虑,但死抓住焦虑不放手的人则证明了自己有坚强的性格。

有人疑惑,德国人的这一特点像许多其他特点一样根子在维腾贝格。可在焦虑这件事上把账算在马丁·路德身上也并非易事。他虽然确信世风堕落、末日审判在即,并在每个角落都能嗅到反基督者,这些人有时以教皇的面目出现,有时以土耳其人、犹太人或以1525年农民起义者的身份出现;然而他从未发出过具体的世界末日之恐吓。这位宗教改革家为焦虑开启了另一扇门:他取消了教皇的教会在上帝和信徒间所安排的起中介作用的宗教仪式,让每个基督徒自己跟上帝独处。这样做的好处是,可以感受到内心与主更为亲近;但另一方面也让人产生了恐惧感,信徒哪怕再勤奋地诵读主祷文、买赎罪券和朝圣,尘世的牧羊人都无法再保证恐慌的羔羊能得到上帝的饶恕。唯信称义(sola fide)。对新教徒来说,唯一的解脱之路以前是——现在还是——自己信仰的强度和懊悔的深度。他对二者的感受越强烈越好。

"我的救世主!我该从何做起!/我浑身恶习,深陷不幸的泥淖。/现在我内窥自己的毒恶/自己把自己吓了一跳:/你的慈悲唤醒了我。/我

---

① 一般指头脑简单、天真的德国人,带贬义。

义愤填膺地亲眼看到／自己曾多么深地伤害过你。"新教诗人安德烈亚斯·格吕菲乌斯曾用上述炙热的诗句表达过一个悔过罪人的内心恐惧。与此相比，天主教的认罪祷文"因我的过失，因我的过失，因我最大的过失"（mea culpa, mea culpa, mea maxima culpa）听上去就像是卡普里岛的流行歌曲。

17世纪，也就是格吕菲乌斯生活的时代，德国式焦虑又有了另一位更加强悍的培训大师：三十年战争。生活在那个时代，即使不是神经症患者，对恐惧也会无师自通。只有齐格弗里德那样的好斗者和格林童话中那些毫无畏惧的饭桶，才不惧怕被到处抢劫的雇佣兵刺死、杀死、烧死、强奸，或是因饥饿和瘟疫而毙命。那时候不知道害怕的人不是麻木，就是脱离现实或是疯癫。这场战争在德国留下的恐惧创伤，光用其旷日持久和野蛮残暴是解释不通的。从表面上看，打这场战争是为了决定德国是该成为天主教国家还是新教国家。然而仔细琢磨，它却是一场大屠杀，这场屠杀持续得越久，就离所有能够理性表述的战争目的越远。或者就像文化史学者埃贡·弗里德尔（Egon Friedell）概括的：出现了"这场残忍、盲目狂怒、持久和无原则的战争，就像一个可怕而荒谬的怪物……它吞噬了整整一代人，为了吞噬而吞噬；让人弄不明白它为什么开始，又为什么结束，以及它到底为什么降临到这个世界"。

谁经历过这么荒谬的战争幸存下来，他随时都相信命运会露出狰狞面目。然而并非所有的德国人都满腔愁绪，像格吕菲乌斯那样去写悲天悯人的诗歌与戏剧。也有人兴高采烈地欢呼"乌拉，我们还活着！"然后就开始把他们的巴洛克宫殿和教堂装饰得金碧辉煌。虔信派教徒像路德一样坚信所有的人都是罪人，只要他们不彻底悔改的话，肯定会永劫不复；但与那位宗教改革者不同的是，他们相信自己找到了灵魂得救的可靠途径：深深的悔恨，真正的"悔改之战"带给他们的是"新生"，这种新生可以让信徒们做到，只要坚持不懈地虔诚、工作和谦恭，就能踏上"活着的上帝的足迹"。救赎不仅发生在遥远的过去与未来，而且发生在此时此地。那种在得救方面折磨过路德教信徒的不确定性显著减弱。

总而言之，18世纪和19世纪德国的焦虑好像得到了喘息的机会，也就是说它暂时不再是一种需要告知全世界的生存的心理状态。谁仍旧噩梦不断，往往秘而不宣，或者试图用（理性的）策略去战胜噩梦。自然科学的不断发展让人萌生希望，今后在遭到命运打击时不再那么无助。启蒙家们都是教育乐观主义者，他们在人身上看到的不是兽性，而是可塑的生物，只要引导得当，就可被教育成真、善、美的人。约翰·沃尔夫冈·冯·歌德在让其浮士德走上魔鬼的歧途时，浮士德虽然受到一些谴责，但没有引起恐惧［只有格蕾琴（Gretchen）一直受着阴暗与压抑直觉的折磨，直到她最后——事出有因地——害怕她的海因里希］。

在哲学领域，格奥尔格·威廉·弗里德里希·黑格尔的激进信心正在广为传播，黑格尔坚信历史并非毫无方向的一团混乱，而是"世界精神"得以实现的场所，可以令大家安心的是：这种世界精神还是"合理"的。当"世界史中各领风骚的独特人物"——他们是那个世界精神选中的执行经理——在他们的征程中不可避免地要"践踏甚至毁灭某些无辜的花朵时"，只有目光短浅的外行才会说三道四。具体到黑格尔时代的现实政治历史背景，这意味着：拿破仑最近发动的战争以及反抗拿破仑的战争都不是无谓的流血，恰恰相反，世界精神在这类战争中向着最终实现又迈进了一大步。拿破仑后的普鲁士国家也许还算不上是世界上可能的最好国家形式，但出生于施瓦本、自愿选择做普鲁士人的黑格尔却认为它已经是到那时为止最好的了。

浪漫派相信人类的进步是不可阻止的，同时却也难掩其屡屡尝到的苦涩。这派艺术家深入深渊、黑暗与世界的夜的一面，不是为了在那些地方学习恐惧，相反，他们在那里嗅到了真实和更强烈的生活。尽管卡斯帕·大卫·弗里德里希（Caspar David Friedrich）的画作阴森，诺瓦利斯或约瑟夫·冯·艾兴多夫的诗句充满对死亡的渴望，E.T.A. 霍夫曼的短篇小说离奇怪诞，弗朗茨·舒伯特（Franz Schubert）或罗伯特·舒曼（Robert Schumann）的歌曲无比忧伤，但所有这些作品中都找不到令人眩晕的焦虑。预感到一切都名实不副，神马都是浮云，倒是令人更加梦幻。

第一位宣告焦虑时代出现的人是格奥尔格·毕希纳。其生辰资料告诉我们，这位出生于1813年并于1837年早夭的作家生活在浪漫派晚期、毕德迈尔和1848年3月革命前的时代。然而这种对号入座并不可靠。这位热心政治的作家虽然憧憬着把和平给茅屋和把战争给王宫，以便"现在尸横遍野"的德国不久能够成为"天堂"，作为诗人他却根本没有描绘不久即将出现的社会主义伊甸园，而是描绘了人类所面临的生存意义的失落。其《沃伊采克》剧中的同名主人公是个士兵，饱受生活的折磨，充满焦虑，"像把锋利的剃须刀一样行走于世界中"，却仍旧无处安身立命："日头当空，世上的一切都似乎蒸蒸日上时，一个可怕的声音就已经对我说话了！"在他身后和脚下，到处都暗藏着风险。早在西格蒙德·弗洛伊德对偏执狂和精神分裂病案进行分析的几十年之前，毕希纳剧本中那位施虐狂医生就为其实验兔沃伊采克身上所出现的局部性精神错乱而高兴。世界成为地狱与幻觉。

在19世纪，历史哲学也逐渐不再提供意义和安慰。亚瑟·叔本华在其目力所及的地方所看到的不外乎是盲目狂怒的意欲，个人若想不受其控制，最多只能通过冥想和默念来尝试逃离它。弗里德里希·尼采在历史中发现了"永恒回归"，他必是用尽了超人的努力，才没有逃离不断运转的"存在之轮"，而是生气勃勃地与其共进。（德意志）历史乐观主义的最后一座强大的巴士底狱是卡尔·马克思和弗里德里希·恩格斯建造的，他们为无产者描绘了世界革命的前景。他们认为应该害怕的只有资本家，19世纪下半叶资本家在德国也跃跃欲试，想让人与自然都屈服于他们那坚不可摧的生产流程。

德国当时正在以飞快的速度想在技术和工业化方面赶上其他欧洲国家，比如英国或法国。这种飞速发展的痛苦不仅袭击了共产主义者。当阶级社会一旦消失，那些不相信一切都会变好的人只能和自己的不安独处。"德国式焦虑"的最深根源就在大自然的异化中。至今古老的日耳曼森林精怪都常常在噩梦中拜访德国人，就好像它们要为自己曾被赶出神圣的小树林报复似的。对日耳曼人来说，堕落不是始自夏娃咬了苹果，而是始自亚当举起斧子，准备劈开第一截树干，给自己和夏娃造一座房子。没错，启蒙运动成功地让德国人不再恐惧知识，不再害怕独立思考。但浮士德用他的知识都做了些什么，这种担忧在晚近时代却有增无减。在人们不再能为自己的罪责祈求上帝宽恕时，只剩下向工程师提出的怯懦问题：他在森林中和走廊里安装的那些鬼玩意儿是不是真的"安全"或者人们试图通过坚定地"改变生活方式"来让自己的生存与大自然重新和谐。

这类努力并非联邦德国生态环保运动的产物。早在帝国时期，在周边说德语的地区改变生活方式的努力就更为坚韧不拔。不光一些秘密的区域性公社如"伊甸园素食者水果栽培群体"试图通过自然疗法、健康食品、裸体文化和户外运动来逃脱技术与大城市对人的钳制，让生活重归自然之道。弗兰茨·卡夫卡也遵从德意志另类时代精神吃素食，对顺势疗法和鲁道夫·施泰纳的人智学理论感兴趣，造访自然疗法疗养院，裸体在打开的窗子前做早操。不过这位布拉格作家的心灵太敏感，以致他无法成功地掩盖自己的恐惧。1921年他在给朋友马克斯·布洛德（Max Brod）的信中写道："然而最可恶的恐惧不外乎死亡恐惧。就好像一个人经不住诱惑，向大海深处游去，浮在海面上他沾沾自喜，'现在你是个人了，是个了不起的游泳者'。突然他毫无太多缘由地伸头四望，唯有海天一线，和他那随波起伏的小脑瓜，他极度恐惧……"

卡夫卡的恐惧不仅因为感到自己太"渺小"，找不到在宇宙中的位置；也不光因为自己身为犹太人永远疑惑主流社会是想接纳他还是排斥他（"你毕竟是犹太人，知道何谓恐惧"），更不光是因为与父亲的关系充满憎恶与负疚感。寂寞孤独、优柔寡断、惴惴不安、没有目标、疾病缠身和一事无成，这一切使恐惧挖掘出的坑越来越深。在一封写给密伦娜（Milena）——与她的关系亦被这位作家完全归入"恐惧范围"内——的信中他如此形容自己的恐惧，"它令我丧失意志，随波逐流，六神无主。"职业、家庭和未婚妻都不能给他支撑，正相反，这些令他更加恐惧生活。对他来说，唯一的救赎就是写作，在短篇小说中为"令人疯狂"的恐惧找到宣泄之所。在其作品中，生活这个流放地往往把个人折磨得最终不得不承认一个事实：生存本身就是一桩大罪。旅行推销员格里高尔·萨姆沙（Gregor Samsa）——恐惧将他变成了文学史中最著名的大甲虫——的命运是这样终结的："他消灭自己的决心比妹妹还强烈呢，只要这件事真能办得到。他陷在这样空虚而安谧的沉思中，一直到钟楼上打响了半夜三点的钟声。

从窗外的世界透进来的第一道光线又一次地唤醒了他的知觉。接着他的头无力地颓然垂下，他的鼻孔里也呼出了最后一丝摇曳不定的气息。"①

尽管卡夫卡在另一封写给密伦娜的信中解释说，他是由恐惧组成的，恐惧也许是他身上"最好"和唯一"可爱的"，人们仍旧可以认为，他害怕自己的恐惧。直到马丁·海德格尔才有勇气害怕。与尼采和丹麦哲学家索伦·克尔凯郭尔（Sören Kierkegaard）一脉相承，他宣称让人们"脱离惧怕"并非哲学的任务，反之，哲学有义务"让人们恰恰完全交付给畏这种情绪"。

在"畏"这一概念下海德格尔指的不是具体畏惧什么，而是失去任何存在确实性的一种情绪。"因此这种威胁也不可能来自近处的某个特定方向，它已经'在'了，却又无处可寻，它近在咫尺，令人窒息，却又寻而不见。"《存在与时间》的作者为这种状况提出的建议绝不是躺到心理治疗沙发上去接受治疗，以便摆脱那种令人窒息的受威胁的感觉。相反，他劝那些接触过存在主义哲学的同时代人，毫无保留地把自己交给畏惧。只有这样，才能进入一种存在状态，而不是借助技术辅助工具和社会保险系统，这些"玩意儿"都是现代人为求安全感而想出的于事无补的东西。尽管海德格尔刻意不时退居到黑森林的简陋木屋中，或是身着滑雪服直接从深雪坡来到哲学大会会场，令同行感到错愕，但他并非简单地主张回归自然的传道者。他对文明的批评主要不是为了谴责技术，而是为了在这个如其所是的世界中拯救一种意识：尽管有着所有医学的进步和其他可能性，人类的存在仍旧是一种"向死而生"，而且这种"向死而生"即"本质恐惧"。由于"人"不让自己"有勇气畏惧死亡"，"这种畏惧就反向变为对一种将临事件的恐惧"。

与海德格尔最早写下分析畏的文章的魏玛时期相比，如今其理论更有说服力。因为联邦德国一浪高过一浪的歇斯底里——从"核致死"到"森林死亡"直至"气候灾难"——令人格外不快的不恰恰是："人"总是确信世界末日正在来临，同时却似乎坚信，只要"人"大声与那些必须为此灾祸承担责任的罪人划清界限，自己即可逃脱死亡的命运吗？

---

① 转引自 www.5156edu.com。

虽然《存在与时间》还远远称不上是有关生活智慧的小册子，但用海德格尔的话却可告诫诸位：醒醒吧，你——尽管不抽烟，吃绿色食品，坚持不懈地进行体育运动——终将难逃一死，所以你也用不着花那么多精力，今天害怕口蹄疫，明天担心禽流感！

技术时代与日俱增的恐惧也引起了作家恩斯特·云格尔的关注。为了冒险，他作为年轻士兵参加了第一次世界大战。虽然在西线的枪林弹雨中多处负伤，他却活了下来，然而认识到："自由意志、教养、热情以及不怕死的陶醉"，单凭这些还不足以克服"几百米的地球引力，在此范围内机械死亡的魔术"在上演。

与和平主义者相反，云格尔没有得出，战争在未来是无法进行的这样一种结论。他试图把自己在法国和弗兰德战壕中所经历的枪炮大战的经验拓展到非军事生活中去。他赞成"二十来岁的人有一张被现实千锤百炼过的脸，这些现实包括轻轨的摇晃、工厂紧张的工作节奏、四处林立的钢筋混凝土作为童年必不可少的经历"，这些会让他们"习惯经由机器体现出来的生活的不断升级"。

一个身穿防化服的人。

直到第二次世界大战后，云格尔才告别了英雄现实主义，这类作品中无畏的工人-战士已经不知道人与物之间还有什么区别。尽管如此，这位作家并未成为那种联邦德国公民的朋友，那些人早晨读报时就瞪大眼珠寻找下一桩大灾难。1951年云格尔冷峻犀利地——这在他早期文章中很罕见——在其杂文《林中漫步》（*Der Waldgang*）中将持续存在的歇斯底里归咎于自由的丧失。个人就像"快速行进的交通工具中的乘客，这交通工具可以是'泰坦尼克号'，或是叫利维坦的怪物。风和日丽、景色宜人时，乘客根本感觉不到其自由受限的处境。相反，他很乐观，行驶速度令人产生一种主宰意识。一旦出现喷火的岛屿和冰山，情况就不一样了"。这时傲慢就突变为惊慌，个人突然意识到自己平日不愿正视的无助与软弱。

因为泰然自若的云格尔不想由自己的判断得出以下结论，即乘客必须把自己视为船舶活塞，或是根本就不该登上"泰坦尼克号"甲板，所以他能够认识到"我们生存的根本问题"："这可能吗……，既留在船上，又保留自己的决定权？"这可能吗，"在自动化继续存在的时代，减少恐惧？"

头号建议是：并非完全回避由"医疗保险、各类其他保险、制药厂和专家们"组成的小世界，但要与它们保持一段健康的距离。每隔几个月就跑去做预防性体检，再上个寿险，这些并不能让人充满活力、内心丰富，要想做到这一点必须能够重新忆起"何为节日"。这里的"节日"不一定非得是下一次单位的圣诞节庆祝活动，"节日"是预料之中的自我消耗，会因心醉神迷而失控。

2010年夏杜伊斯堡"爱的大游行"发生踩踏事件，21人丧生，500多人受伤，那时云格尔已经去世12年了。要是他还活着，也许会问，恰恰是这类组织（差劲）的群众性娱乐活动值不值得不计损失地去搞。他那席勒-华伦斯坦式的基本信念不会因灾难而动摇："不要以命相搏，／你们永远赢不了命运！"

在经历过纳粹灾难后，德国人在自我认同方面发生的最大变化就是不再蔑视死亡，从前他们世世代代都被教育要视死如归。没有人可以再要求我，为他或为祖国去冒生命危险。这其中所赢得的是巨大的自由。但如果方方面面都告诫我，对自己的生命要像捧着鸡蛋一样小心翼翼，我又被新的恐惧束缚住。

从蔑视死亡极端地转变为否认死亡，德意志之魂又陷入了另一尴尬境地。与其他文明民族如法国、英国或美国不一样，我们再也不想因自己的

203 过失而导致他人殒命，难道我们较大的恐惧警戒心不也是因此而生吗？即使是为了自由和捍卫人权，我们也不愿用人命去换？一个历史上或多或少有些极端军国主义的民族变成了世界上和平主义的急先锋？从纳粹分子以德国的名义犯下的野蛮罪行中我们得出结论：我们再也不能成为罪犯。相反，这难道不会带来弥漫性恐惧，今后只能做牺牲者了？

恩斯特·云格尔曾断言："同一个人不仅可以胆怯，而且同时能令他人害怕。"迄今为止联邦德国的现实看来并未证明这一点。我们谨小慎微，至今只搞风力发电，时常得罪北大西洋公约组织的其他成员国。看不出有什么新迹象，说明"德国式焦虑"会变成侵略。

导致德国参战，特别是参加第一次世界大战的核心恐惧则是那种被钳制包围的感觉。这种恐惧对一个内外疆界从未稳定，苔藓样扩大或缩小的国家来说，是可以理解的。通过最终承认德意志帝国东部领土不再属于德国、两德统一和加入欧盟，这种恐惧终于打消了。可一旦事与愿违，要是经济上四分五裂的欧洲成为不够稳定的结构又会怎样呢？

我们不想对最有人缘的新式德国焦虑——即德国人的自我焦虑——煽风点火，只是想强调：最好别让焦虑进入政治，不能打保票的地方别打保票（从退休金到核电站），别让人怀疑德国愿与欧盟荣辱与共，以及德国在军事上属于西方阵营。

恐惧应写诗，焦虑应歌唱。各种恐惧可能会让人轰轰烈烈地走上街头，去寻找该为造成恐惧负责的人，或是能消除恐惧的人。真正的恐惧是无声的。它知道，它与什么都无关。谁眼前的一片漆黑根本不想消失，他就会去教堂，在牧师所张开的黑色翅膀下寻求安慰。

作者：特·多
译者：丁娜

参阅：深渊、兄弟树、浮士德、疆界、战争与和平、爱整洁守秩序、玩具屋、纯洁戒律、怪诞之事、林中寂寞、女人、赔偿

疆界

"至于我,曾在瑞士生活过很多年,在那里有一种宾至如归的感觉。我跟一位意大利人结了婚,愿意在意大利生活。所有这些情况让我完全没有狭隘的民族主义。但我绝对有民族从属感。"1947年10月女作家里卡达·胡赫(Ricarda Huch)在第一届,也是很长一段时间内的最后一届全德作家代表大会开幕式上讲了上面这段话,在那段时间中民族感是要不得的。

那次的作家代表大会是苏联占领区负责文化工作的军官们倡议召开的,他们自然也是醉翁之意不在酒。大会结束后,当时住在耶拿的里卡达·胡赫怕祸从口出,急急忙忙迁居西方占领区。旅途的劳累,也许还有逃离未来的两德边境的紧张都不是83岁的她易于承受的。她病了,不久之后就在陶努斯山(Taunus)附近的申贝格(Schönberg),也就是后来的西德,去世了。

战后没有伟大的编年史学者和老帝国、三十年战争以及德国浪漫派演绎家的时代就这么开始了,德国战后的文化注定得不到她的解说与忠告了。

1933年胡赫就拒绝在纳粹效忠书上签字,接着她退出了普鲁士艺术科学院。纳粹批评家胡赫所从事的最后一个项目是要为反对纳粹的人立传，来赞赏在专制条件下的不屈者。后来由京特·魏森博恩（Günther Weisenborn）完成的《无声的暴动》（*Der lautlose Aufstand*）一书在意识形态方面被定的调子自然是左的。这不符合胡赫的超党派精神，不久这本书成了冷战中的武器。书中本来告诫要警惕"第三帝国"的地方都变成了要警惕德国。

一场未曾进行的战争自然很难用来揭露各自对手的罪行，所以就更要借助魔法来描绘敌人的模样。难上加难的是：现在拥有核武器但却已经厌战地对峙着的超级大国，不久前它们还一同打败过纳粹。一方以自由和法制国家的名义，另一方受强制集体的委托。

在这种态势下，德国人领受了一项奇怪的任务：既要用过去的佐料让开始弱化的敌人形象保持鲜活，同时又要装模作样扮演好被成功殖民化的角色。所以战后的德国人一方面被认为是不可救药，另一方面在世界观上又是模范生。

［战后人们努力提醒德国，说是人们必须考虑到德国人来自救（自我救赎）］就好像欧洲所有军事行动都仅仅是为了这一个目的似的。冷战不仅在东西方之间展开，德国社会内也在进行冷内战。众多作家定期加入进行警告者的队伍中，他们几十年如一日在许多提供信息的摊位那儿往各种自责书上签自己的名字。就连后来柏林墙都倒了，还有戴着面具的人在步行街跑来跑去，边跑边喊：再也别提德国！

他们身边大步流星走过的却是成群忙忙叨叨的人，他们离开了建材店，正在往家赶，手里提着盛满石膏的塑料桶和木棉，正准备回去收拾周末度假小屋，好度过统一后的第一个冬天。再也别提德国？

即使所有德意志的东西仅仅被缩减到一些极不起眼的二级美德，比如勤奋、准时和可靠——对此人们可以报以温和的微笑，而且能够或甚至必须对自己的祖国做出社会学方面的解释，就像从马克斯·霍克海默至阿尔诺德·盖伦（Arnold Gehlen），或是从赫尔穆特·舍尔斯基（Helmut Schelsky）到尤尔根·哈贝马斯（Jürgen Habermas）所尝试过的那样，这些掌管话语权和设计概念的先生们是不是仍旧忽略了些什么呢？

除了那些自命道德自律性很高的公众监督者外，甚至在最无耐性的68年清算式套话中德国一词仍在使用。言必称"德意志联邦共和国"的人一直是少数，无论他们这么说时自视有多高。

德国在人们的头脑中始终是一个模糊概念，这也是事实。有的人，一般是年纪较大的，心中还有神话，他们说德国时指的是1937年时的帝国疆土。这也是战争刚结束时官方语言规定的，当时使用的地图应该让权力要求一目了然，这种要求能够激起战败者的幻想，但对实际疆界却少有说明。在这类想象中有带引号的"德意志民主共和国"，波兰在这类人的脑袋中是根本不存在的。

另一些人，年轻一代，他们不熟悉历史，没过多久看地图时就毫无感触了。对他们来说地图就是标有街名的图，德国就是德意志联邦共和国。不多，但也不少？

德国的特点就是其领土形状的不确定性，这不仅仅是战后才开始的。法国一千多年来在地图上的形状几乎没变，更不用说西班牙了。甚至意大利在地球仪上都有清楚的疆界，尽管政治上四分五裂。相反，德国疆界却一直处于变化之中。第二次世界大战后它分裂为东德和西德两个国家，而只有西德被视为德意志帝国的继承国，此前德国在历史上离自动消亡从来没有这么近过。

也不尽然。这个联邦制德国的处境不是也和中世纪的"德意志民族神圣罗马帝国"类似吗？那个政体令人眼花缭乱的古老帝国的决定性一步是查里大帝（Karl der Große）迈出的，他从亚琛（Aachen）前往罗马，让教皇为他加冕。那是公元800年的事，他以此举标出了北－南轴线。他这么做为未来的弱势国体在文化方面增加了巨大的含金量，同时却也为授职之争埋下了伏笔，这种争论为权力问题平添了机构上的动力。谁来封官授职，教皇还是皇帝？这个问题引起一种竞争现象，它只能由各种机构来有效解决。教皇和皇帝意见相左时，突然选帝侯和大主教们的意见也举足轻重了。这样就产生了第三种势力——帝国议会。

这种后来不太受赞许的国家机制却存在了上千年，普鲁士的著名历史学家海因里希·冯·特赖奇克（Heinrich von Treitschke）认为它是一种"混乱腐朽的帝国形式，而且疆土未能确定"，但它最后解体也不是因为自身的原因，而是因为拿破仑那个超级明星。用里卡达·胡赫的话来说："古老帝国不可能有首都，因为其首脑皇帝没有固定居所，而是四处漫游。不打仗的时候，他就一处处巡视，为了行使其最高职责，即进行公正裁决。皇帝不是后来意义上的君主，古老帝国也不是今天概念上的公国。还是称它为神治国比较合适，其最高首脑是位法官，人民自愿臣服于他，就像人们听命于上帝。"

战后东德分离出去，躲在大墙和铁幕后，使得北－南轴线重新成为德国国家事务秩序中的核心原则。这次的基点是临时定都波恩和1957年的罗马条约，这意味着欧盟的诞生。

从属于西方的基本原则在中世纪繁荣期通过向东部的开垦获得了拓展。德国作为帝国通过向东开垦得到一条东－西轴线，从荷兰到东普鲁士，再向西里西亚。这条东－西轴线作为第二次世界大战的结果实际上已经不复存在。

1949年重新划定边界后德国失去了三分之一的领土。此外西德在核心部位还必须接收一千两百万难民和被驱逐者。无论从道德层面还是后勤角度看这都是一项成就。二十年后，统一了的德国如今说起这件事仍旧颇为踌躇。与其搞清全部真相，人们更愿继续糊涂着，这也是常见的态度。

人们开始把原来德意志民主共和国的领土称作东德，东德那块地方历史上大部分位于中部德国。

曾经的东部德国不存在了，它在第二次世界大战中消失了。东部德国曾在波兰、捷克，或是像柯尼斯堡那样在子虚乌有之乡①。它在东普鲁士，在福尔克尔·克普（Volker Koepp）的电影中［最早是摄于1995年的《寒冷的故乡》（*Kalte Heimat*）］，也在人们的集体想象中。柯尼斯堡不可能毫无痕迹地从记忆中消失，如果康德在这座城市应该拥有固定位置的话。所以决定德国疆界的不光是条约，文化记忆也有自己的话语权。

---

① 德国著名哲学家康德的故乡，1946年改名加里宁格勒，如今是俄罗斯加里宁格勒州首府，地理位置却是一块飞地。

未来德国也会有两种地图，一种是地形地貌的，一种是文化想象的。起决定性作用的仍会是后者。它提出的问题不是主权性的，而是寻根式的。地形图绘出的是所规定的边界，越过它或恪守它同样都是陈腐之举。

还有另一件完全不同的事——古罗马帝国的界墙，它更能说明问题。这种墙在德国许多地方可以见到，至今仍代表着罗马文化。它体现的是一种文化分界，在其两侧我们作为德国人重新找到了认同。雷根斯堡和罗斯托克在地形上的差异显而易见，但起决定性作用的是文化上的趋同。德国不仅仅是其领土，这一点也体现在它与许多邻国的边境看上去就像是区域性疆界，似乎越过边境只不过是换了一种方言而已。

德语中就"疆界"这个概念没有自己的词汇，"疆界"这个词来自斯拉夫语。"界墙"这个词则又源自拉丁文，标志着罗马帝国势力可达的范围。对德国人行为起着决定性作用的概念毋宁说是自由，他们更倾向于把自由当作共同推动力。如果今天有人唱道："思想是自由的！"[①]那么这种世世代代流传下来的战斗精神从来就没消失过。无论是罗马帝国的界墙，还是给日耳曼人带来基督教福音的圣波尼法爵都无法改变这一点。德国的玛尔斯战神不是因愤怒而战，而是为反抗而争。这是德意志之魂的支点，也正是因了这种精神才打造了德国制造的品质[②]。1848年后费迪南德·弗赖利格拉特（Ferdinand Freiligrath）的诗《尽管如此！》（*Trotz alledem*！）体现的也是这种不顾一切的精神。

在罗马帝国崩溃后，经过漫长的黑暗中世纪，德国人自负地认为自己有权成为其继承者，这确实引起了不可避免的后果。这有时更加强化了那种危险的妄想，即认为自己不仅仅是个民族，也不仅仅是个普通的政体。但它最终找到了那种松散的集体形式，这种形式至今仍体现在德国的联邦制结构中。德国知道许许多多的界限，但它和邻国已经没有疆界问题。

---

① 德国民歌，1780年左右首次出现在传单上，1810~1820年间被谱曲成歌。

③ 19世纪末，英国规定来自德国的便宜进口商品要标明"德国制造"，起初带有贬低意味。但德国厂家经过努力实干，如今让"德国制造"成为品质的保障。

所有跟邻国各民族需要协调的问题至少都已经根据国际法协调好了，剩下的欧盟则保障能够解决。

今天德国地图看上去到底是什么样子呢？德国人一早在电视中看到的首先是一张气象图，上面只能看到国内情况，哪儿下雨了，哪儿有太阳。此后，至少是吃完早饭以后，周边国家的人才会或多或少慎重地在电视中出现。这样安排可能是出于政治或旅游原因。巴黎就在旁边，但巴黎是巴黎。伦敦就要远一点儿了——按以前的说法——在英吉利海峡后面。要想真正更多地了解英国，必须得对英国皇室感兴趣。虽然跟他们沾亲，但那是威廉二世。哦，是的，英国人！

我们赶紧开车去荷兰的超市买点东西，我们在比利时买所房子。今年我们去瑞士度假，没错这并不常见，但我们就是想去住住那里的小木屋了，感受一下住在山上的味道。然后我们去奥地利漫游几天，可那儿真的是国外吗？

顶多维也纳，那是外国，哪怕你不是来自诺尔德尔奈（Norderney）①。

可以一直这么列举下去。

现在什么地方都可以去，花着欧元到处挨宰。从维也纳可以去肖普朗（Sopron）②的口腔医院看牙，然后去布拉迪斯拉发（Bratislava）③，到对岸去看多瑙河。

这都不是真正的邻国，但德国制造现在又位于欧洲中心了。这么说着就到了波兰，到了马祖里（Masuren）和贝斯基德（Beskiden）山，狼从这里准备返回德国，我们也准备回去了！

---

① 德国下萨克森州的一个市镇。

② 位于奥地利边界的匈牙利市镇。

③ 斯洛伐克共和国首都。

围绕德国转一圈，没有比这更容易的了！各处的边境都开放，人们很快就习惯于此了。如今到底哪儿还能叫外国？马格德堡（Magdeburg）[①]，90年代人们也许会说，梅克伦堡（Mecklenburg）、梅克波莫（Macpom）[②]。一切都成为历史了，一切都成为历史了！可外国呢？在哪儿呢？说到现在我们把丹麦人给忘了！

没关系，明年我们驾帆船去哥本哈根！

作者：里·瓦
译者：丁娜

参阅：德国式焦虑，诸侯割据，战争与和平，莱茵河——父亲河

[①] 德国萨克森－安哈尔特州的首府，两德统一前属于东德。

[②] 梅克伦堡－前波莫瑞（Mecklenburg-Vorpommern）的缩写，原属东德。

创业时代

210 　　"危机"这两个字或许是流传最广的词之一,不惟如此,它还几乎超越了所有的界限。不论是上流社会,还是下层百姓,凡与之遭遇者,皆呈心神不宁状。前者视己受之威胁,后者过去常常幸灾乐祸,如今也心生恐惧,惶惶不安。有人对之曰,他们也必须为福利社会分忧解难。上流社会惧怕的不是革命,而是天下大乱。如今之社会,危机已经成了人与人交流时一种必不可少的话题。

　　这种情况下,历史学者的举动跟常人也未见有所不同。他们既未用自己的研究课题,也未用所从事的职业,使我们免受危机之烦恼。他们以一种志得意满的态度讲述过去时代的故事,就像童话大王能够讲一个结尾很可怕的童话故事时那样眉飞色舞。

　　如今,即使是要谈论19世纪下半叶德意志帝国时期的创业时代,首先要提到的就是一场危机,即1873年的金融危机!德国的经济受到波及,发展整整停滞了十年。当然,人们可以就导出这一结论的那些统计材料进行辩论,但是,这只是我们想要讲述故事的枝节,以及远比所谓的危机更为重要的事情的插曲。这场危机说到底是银行金融界的一个困境。用行话来说,那次股市崩盘乃是大量的投机活动和过热的增长势头相互关联所造成的后果。对于实体经济来说,这并不一定能说明什么问题。

无可争辩的是，这个时代涌现出了大量充满奇思异想并有重要技术革新与创造的发明家。他们在很短的时间里给这个国家和社会带来了突飞猛进的发展。这正是我们原本所要探讨的问题：这一切怎么成为可能？一个农业国如何只用了二十年时间就迈入了世界经济的前列？尽管许多事情都由财务能力决定成败，但是，这种创造精神——整个价值创造过程中最最重要的因素——从何而来？

从纯粹的自然科学到应用技术的转变，它的起点应该到19世纪的进程中去发掘。其时，自然科学还学究气十足，过于理论和抽象，而且"经院哲学"根深蒂固。科学的发现乃是针对宇宙间业已存在的事物，亦即自然现象。其现象形态要求我们或是邀请我们去做解释性的工作。

而技术发明却与之迥然不同。技术首先不与自然现象相联系，它更多的是一种方法，借助它能够创造出各种人工形态，并以之为某种目的服务。自然是一种崇高，而技术最多是一种精巧。

因此，技术不具有普遍性，它都是单个案例。人们无须解释它，而只需使用它和实践它。这里，你追随某种技巧还是遵从某种原理，或者说你是将这种原理当作技巧还是将技巧当作原理，都无关紧要。重要的就是技术诀窍而已。

当技术开始控制人类社会，并使工业化全面成为可能的时候，德国人的成功毫无疑问是与他们的工作方式的启动有关。自中世纪以来，英国人和法国人就已注重使用机器生产，重视棉布、机织品和相关的买卖生意，而德国人却是以认死理和动手能力强见长。他们都是些金匠、钟表匠、木匠、皮匠、石匠和铁匠，使用手工技巧与机器生产针锋相对。但是，这些传统的手工业如今却使工业化从中获益多多。

专制集权和启蒙运动都未能把经济搞上去，说大话、山呼万岁和崇尚理性都不能当饭吃。所以，此时此刻人们的行动比以往任何时代都有着更大的自由空间。

19世纪下半叶为工业生产和价值创造奠定了基础，这个时期的特点就是纯粹的实用价值。所有的一切都建立在发明和使用之上。专利化、规范化、标准化和批量生产构成了上升中的现代经济的框架。人们由幻想到现实要走的捷径，只需要一笔贷款就能搞定。威廉帝国在最短的时间里为腾飞创造了条件。有人可能认为，此乃天意。但有人冷静地看到，金融家们在法兰克福办起了德意志银行，虽然这时已是危机四伏！1870年银行成立，维尔纳·冯·西门子（Werner von Siemens）[①]的一个远房侄子格奥尔格·西门子（Georg Siemens）也是当中的创建经理人之一。

人们可以发明许许多多的东西，有用的、不怎么有用的，包括多余的。比如带手电、打火机或者切雪茄的刀子的手杖。一个发明可以让你名利双收，也可以落得无人理会。这一切都与时代精神相关，而非出于实际的需要。19世纪的时代精神是对技术的崇尚，真是无巧不成书。

德国的发明推动了这个时代最重要的工业领域的进步：机器制造、冶金、化学和电气技术。德国研发的各种类型的发动机属于划时代的技术发明，它们是未来汽车工业的核心部件，不论汽油发动机也好，柴油发动机也罢。一个大企业的建立通常需要两代人的努力，蒂森、克虏伯、曼内斯曼、博世、AEG和巴斯夫无不如此。

每个时代都有自己所青睐的材料，创业时代的材料是钢。克虏伯是炼钢的大师；蒂森最初是为铁路部门供应车轴、弹簧和车轮，之后又完善了轧钢技术；曼内斯曼用无缝钢管为机器制造行业带来了空前绝后的繁荣，而这种繁荣最早源于奥古斯特·博尔西希（August Borsig）[②]的蒸汽火车，这种火车在迅速扩展的铁路线上日夜奔驰，好像是把整个社会都拉动起来了一样。

与此同时，西门子公司的电报网也建立起来。各个领域都有工程师的身影，一种新式的经济弄潮儿登上了社会的舞台：出身教师家庭的弗里茨·亨克尔（Fritz Henkel）[③]于1865年来到位于埃尔伯菲尔特（Elberfeld

---

[①] 维尔纳·冯·西门子（1816~1892），发明家和企业家，西门子公司的创始人。

[②] 奥古斯特·博尔西希（1804~1854），德国企业家和博尔西希工厂的创始人。

[③] 弗里茨·亨克尔（1848~1930），德国企业家，汉高集团公司创始人。

大企业家阿尔弗雷德·克虏伯曾住在埃森市的这栋别墅里。

的格塞尔特兄弟颜料和油漆工厂当学徒，后来成了公司的代理人。这位年轻商人学会了化学知识，于 1876 年在亚琛注册成立了"Henkel & Cie"洗衣粉公司。他最重要的发明是把苏打和水玻璃结合成全能洗衣粉，公司最成功的产品是 1907 年投产的洗衣粉品牌"Persil"，到现在为止，它还是德国销量最大的洗衣粉。

创业时代涉猎最广的发明家和企业家之一是维尔纳·西门子，他在普鲁士炮兵军官学校接受过教育。1847 年，他和机械工程师约翰·格奥尔格·哈尔斯克（Johann Georg Halske）一道创建了一家电报机生产厂，由此诞生了后来的西门子公司。1888 年，为表彰他做出的贡献，维尔纳·西门子被授予贵族爵位。他建立了普鲁士的国家电报网，这是当时欧洲第一个这样的网络。西门子的弟弟威廉在伦敦居住，因为他促成的和英国的关系，人们铺设了第一条横穿英吉利海峡的海底电缆，并计划架设一条真正叫人佩服的伦敦至印度的远程通信电缆。维尔纳·冯·西门子还涉猎其他领域的发明和革新，第一台以交流电驱动的电力机车就是他的发明，除此之外还有发电机。

德国大量的发明创造为最重要的工业领域带来了一场革命。正因为如此，迈巴赫的蜂窝式冷却器改变了汽车的结构，格奥尔格·克诺尔（Georg Knorr）用以他的名字命名的科诺尔刹车器解决了复杂的火车制动问题，海因里希·兰茨（Heinrich Lanz）[①]用他的农用机械给农业打上了深深的印记，他的 Bulldog 后来成了拖拉机的代名词。难以置信的是，他的公司还曾经制造过飞艇。但是，作为当时最早的一批企业，兰茨开设了一个自己的备件仓库和一个修理车间，这个想法具有开创性的意义。1887 年由埃米尔·拉特瑙（Emil Rathenau）[②]创建，后来由他的公子瓦尔特领导的 AEG 公司成了那个时代最成功的电气公司。1891 年为了庆贺法兰克福国际电气技术展，公司的工程师成功地在 175 公里的距离上实现了交流电的传输。从此，采用交流电的电气化进程在德国全面开始。

---

① 海因里希·兰茨（1838~1905），德国企业家和农用机械制造商。

② 埃米尔·拉特瑙（1838~1915），德国机械工程师，企业家和 AEG 公司的创始人。

随着技术发展越来越分门别类，最初那种碰巧成功的发明创造逐渐变成了一种工作的方法，发明家变成了研究家，他们的工作地点变成了实验室。在实验室里，物理和化学领域，尤其是医学领域开始了一系列伟大的发明。

在世纪之交时，德国自信能够从容面对任何一场经济战争。它生产的产品具有世界水平，它的智慧潜力取之不尽用之不竭。法国和英国甘拜下风，只有美国才是值得认真对付的竞争对手。

至此，创业时代圆满结束。随后不久就发生了一场毁灭一切的战争，欧洲列强都卷入进去相互厮杀，就像是一个可怕的童话故事一样，听者和讲述者到最后都觉得没占到便宜。

历史上的那场危机究竟发生在哪里，现在的危机又将发生在哪里？

创业时代的经验告诉我们，要想有所成就，就应当拥有信心，尤其是创造的毅力。此外，要允许大胆想法的存在，并对之加以扶持鼓励。一场危机不仅仅是金融的或是经济的危机，它首先是价值观的危机。价值观决定了人们的行为方式。

人们可以为改造工业而努力，也可以训练自己去创造吉尼斯世界纪录。决定权就在自己手里。诸位请三思。

作者：里·瓦
译者：吴宁

参阅：工作狂，烫发，铁路，驾驶的乐趣，基本法，福利社会

基本法

215　　有时候人们会想，在艰难时日里，要紧的事是吃饭，或者，像布莱希特仿佛说过的，要紧的事是填饱肚子。而有时候人们也会想，当那些艰难时日过去了之后，要紧的事依然还只是填饱肚子。"如果房子毁了"，女诗人玛丽·路易丝·卡施尼茨（Marie Luise Kaschnitz）写道，"我们得抓住那些一直都在的东西：童年时山谷狭路上高悬的树木，黑夜里街道上方总在相同位置的星座。在废墟里翻腾这种事既令人厌恶又毫无意义。但是，这座已经失去的房子到底是不是真的是用灰浆、黏土和石料盖起来的房子？还是说它根本就只是因为你确信或者梦想它存在才存在的？"

　　1949年要紧的事是宪法。再没什么能比这更要紧了。德国四年前的投降相当于国家当庭宣誓承认欠债并愿意清点财产用于赔偿。就德国而言，这时已经只剩下了个"三管区州"（Trizonesien）——当时的卡巴莱小品演员们常用这词儿来称呼德国西部美英法三个占领区这片区域。其余的地方，已经被"俄国人"给"顺"走了，就在这个时候，在这众多灾难之中，由于刚刚开始的冷战，西部德国终于有了一个机会。冷战促使西方同盟国对局势进行思考，同时也缩短了对德国的未来的考虑时间。这下子又得指着我们了。新的敌人是同盟国的老盟友，而且也是纳粹的老盟友：斯大林。

普鲁资资深历史学家弗里德里希·迈内克（Friedrich Meinecke）1945年就已经发表了他对德国灾难的思考，一年后，恩斯特·尼基施（Ernst Niekisch）——著名的"不同世界之间的漫游者"，揭开了东方和西方是德国的命运坐标这一秘密，再后来，那就该是埃里克·雷格尔（Erik Reger）了，他是柏林《每日镜报》（*Berliner Tagesspiegel*）创始人之一，提出的口号是"未来的德国"。1947年，雷格尔写下了这样一段话："此前受到过早赞美的20世纪，前五十年差不多已经过去了。不管后五十年将会带来些什么，都将是自1914年以来至今所发生的事情的后果。对整个世界来说，关键问题是，德国人民在这后五十年中所做贡献的可赞叹程度，能否与其在前五十年里参与造孽的可诅咒程度相当。"

除了冷战局势以外，主要是这种雷格尔称之为"对历史负责"的激情使德国人拿到了重新起步的许可。所有人都可以来揭疮疤。因为，这一回，德国人该是盟友了。而且，还是以快速程序打造的盟友。

1948年，在西部德国有十一个州的首脑。他们不想在西占区新建一个国家，而是只要求西方盟军对美英法三个占领区实行"统一的行政管理"。这十一位州长害怕任何"可能导致西方和东方的分裂进一步加深"的事情。对此，据说美占区司令官卢修斯·克莱（Lucius D. Clay）将军曾予以如下评论："这种状况真是奇怪，我作为一个战胜国的代表，愿意把全权授予德国人，可是德国人却声明，他们根本就不想接受这种全权。"后来，听说他把巴伐利亚、不来梅、黑森和符腾堡－巴登这几个州的首脑召到了位于法本大楼（I.G. Farben Haus）的美军司令部，大发雷霆："诸位的决定，是对美国人的羞辱，而美国人是你们真正的救助者和朋友……要不是我们在西部这儿待着，诸位早就得听命于俄国人了。"

就这样，这些遭到训斥、犹犹豫豫的德国人开始动手重新塑造他们的国家。这时，一个问题立刻摆在了面前，那就是：可以建立一个什么样的德国，并且，更主要的是，允许建立一个什么样的德国？宪法制定者们在偏远的波恩聚集，闭门思索，最终不但明确了哪些东西已经无法挽回，而且还明确了这趟旅行该朝哪个方向走。波恩不是魏玛，波恩也不应当成为魏玛。

德国国内的各种力量一开始把自己看作是失败者,这不单在"三管区州"是如此,在苏占区也一样,苏占区后来直接被叫成了"占区",在那边,一道命令建立起了声名狼藉的斯大林式布尔什维克主义,由乌布利希宗派小集团执掌。乌布利希提出的口号是:"这个国家看上去必须是民主的,但是我们必须掌控一切。"在西部则正相反,重新兴起的政治力量被要求必须建立和扩展市场经济和民主制。

西部与东部的区别映照出美国与苏联的区别。随着这一认识,在相当长的一段历史时期之后,西方重新开始在德国发出光芒,仿佛是在普鲁士的余烬熄灭之后,西方现在重又回来报到似的。普鲁士,德国曾因它而在地理上,特别是在精神上向东方偏移,这个普鲁士如今被推出来为整个悲剧承担责任,普鲁士精神于是便只剩下了穷兵黩武这一条。若说这也有点益处的话,那就是如此一来就可以不必指责整个德国了。

1949年那会儿还不能完全自由行事,但是已经有了一定的行动余地。基本法的制定者们也是这样看的。他们认为当时的局势是临时性的,并以此为出发点,避免一切终局性的措辞。他们不把这部法律叫作"宪法",而是称之为"基本法"。而且他们十分用心,写下了序言作为附加条款,为今后恢复地理上的正常状态埋下伏笔,为有一天冷战结束、德国的钟声重新敲响的那个时刻:

> 巴登、巴伐利亚、不来梅、汉堡、黑森、下萨克森、北莱茵－威斯特法伦、莱茵兰－普法耳茨、石勒苏益格－荷尔斯泰因、符腾堡－巴登和符腾堡－霍亨佐伦州的德国人民,意识到其对上帝和人类的责任,怀抱维护民族和国家统一的信念,并作为统一欧洲中享有平等权利之一员效力于世界和平,为在过渡时期建立国家生活新秩序,依其制宪权力,决议通过本德意志联邦共和国基本法。此举亦为诸未能参与之德国人民所为。全体德国人民始终应当以自由的自主决定完成德国的统一和自由。

正如人们所看到的,这段序言的关键在于民族统一和国家自由,反对分裂,赞同自主决定。这里最终所表现的,是一种对当时所处实际状况的令人印象深刻的自我意识。随着这段序言写就，1945年的无条件投降被设定了界限。1990年，当自由的自主决定时刻在四十年之后终于到来时，该序言的象征意义的历史性价值最终得以彰显。只需稍加修改，用不着做什么大的改动，它就可以成为如今已然统一的德国的基本法的起首段落。在1990年，基本法的序言同整部基本法一样，一点儿也不过时。基本法管理着自由，而基本法的序言则守护着德国的国家利益："意识到其对上帝和人类的责任，怀抱维护民族和国家统一的信念，作为统一欧洲中享有平等权利之一员效力于世界和平，德国人民依其制宪权力制定本基本法。巴登－符腾堡、巴伐利亚、柏林、勃兰登堡、不来梅、汉堡、黑森、梅克伦堡－前波莫瑞、下萨克森、北莱茵－威斯特法伦、莱茵兰－普法耳茨、萨尔、萨克森、萨克森－安哈特、石勒苏益格－荷尔斯泰因和图林根州的德国人以自由的自主决定完成了德国的统一和自由。故此，本基本法适用于全体德国人民。"

218

这段序言1990年能够在统一了的德国得到一致赞同，再次表明，战后的两个德国社会不单单只是美国式的和苏联式的，而是——虽然潜沉在政治表层之下——首先始终保持着德国式风格。对德意志国家的向往并未丧失其如炼金术般的古老魅力，且不说还是在成群结队的东西方思想家们不断想要将其抹杀的情况下。不许把我们文化的美好容颜扭曲成鬼脸。一位联邦总统在被问到对祖国的爱时回答说他爱自己的妻子[①]，以为用这种俏皮话就能把问题挡开，这样的时刻已经过去了。人们又可以穿戴或披挂象征德意志民族的黑红金三色服饰了。

日耳曼女神也许不妩媚，但却坚定。

根据基本法，德国的统治者是人民。但这似乎并不是能够把我们同别的民族区别开来的东西。在特定情形中似乎能够把我们区别开来的，毋宁说是那种满怀批判情结的知识分子角色，这些知识分子在几十年的进

---

① 1969年，古斯塔夫·海涅曼被记者问到作为联邦德国总统候选人是否热爱这个国家时回答："这个嘛，我不爱任何国家，我爱我的妻子；完了！"（"Ach was, ich liebe keine Staaten, ich liebe meine Frau; fertig!"）海涅曼1969年7月至1974年7月任联邦德国总统。

德意志之魂　基本法

程当中把社会批判玩成了一项体育竞技:"谁敢做得更多?"是不作数的,做数的是叫得喳喳响的"谁提出的警告更多?"他们把一切"德国的"都说成是荒谬可笑的,因为他们以为在我们德国人的本性中找到了灾难的根源。引领他们走上这条歧路的,是伟大的马克思主义者格奥尔格·卢卡奇(Georg Lukács),他把德国的"森林漫步中的哲学思考"径直归之于反理性主义。这位大师的愚蠢可用其著作《理性的毁灭》(*Die Zerstörung der Vernunft*)中的引文来证明:"一方面,英国人民和法国人民早在17世纪和18世纪末期就胜利完成了资产阶级民主革命,由此,与德国人民相比,他们具有很大的领先优势;而另一方面,俄国人民又恰恰因其资本主义发展较迟而能够把资产阶级民主革命转变成无产阶级革命,并由此而免于遭受德国人民今日仍在遭受的痛苦和纷争。"

结果,到最后,这花招耍得把自己给耍进了思想上的死胡同。1989年,无论是东部走上街头的人,还是西部坐在电视机前的人,都同样赞同德国统一,而那拨小心守护着讨论话题的人,成了全世界惟一对此表示惊讶的人。

赞同统一这事,那些神经紧张心胸狭小、向来下笔尖酸的家伙们是没法反驳的。铺路石下无沙滩①。那个1968年动乱年代人们常用的法兰克福口号其实是错误的。

于是他们转而开始反击,在柏林新中心地带那些剧院小餐厅里的说法是,人民背叛了共产主义理想,因为"人民"不能够在一个两三百年的过渡时期里忍受没有香蕉吃。那些富有理性才能的知识分子的发言人,从斯特凡·海姆(Stefen Heym)到海纳·米勒(Heiner Müller),如是说。

有一阵子他们试图采取零敲碎打的战术,说是应当制定一部全新的宪法,或者,至少应当换掉国歌。理由仅仅是,1949年制定宪法时东部的德国人没能参与发表意见。按某些人的意思,应当用布莱希特的儿童颂

---

① 铺路石下有沙滩(Unter dem Pflaster war Sand)是20世纪60年代末期动乱时的口号,起源于1968年法国大学生在反权威运动的"五月风暴"中筑街垒与当局对峙,向警察投掷铺路石。后该口号传入德国,至今仍时被引用,有鼓动(以暴力)反抗当局之意。作者对此是反对的,所以说"铺路石下无沙滩"。

（Kinderhymne）来替换德意志之歌："美丽代替不了努力，热情也代替不了理智，让美好德国怒放，像别的美好国家一样。"

这一回他们同样只是再次让自己丢脸。通过以前的种种行为——在战后反对联邦德国（西德），为东德唱赞歌，或者是说服人们理解东德——他们亲手葬送了自己的信誉。在他们看来，西德是反动的，而东德则只是有些"孩子成长过程中的毛病"［这种态度最典型的是彼得·魏斯的表述，他把联邦德国（西德）称为"污泥浊水"。而格拉斯的立场则颇为矛盾，他以批判的眼光看待东德，但又认为两德重新统一很成问题。相反，瓦尔特·肯波夫斯基（Walter Kempowski）却是个著名的例外，他对东德自始至终坚持批判态度］。

左派自由主义知识分子并不想后退，他们既不想退回德意志帝国也不想退回可悲的魏玛共和国，不过，能说他们的确是想要——如其对手栽给他们的那样——走莫斯科的道路吗？不管怎么说，他们倒是不遗余力地把自己称作世界主义者，由此而高高飘荡在现实事件之上。然而，在现实世界的政治争论中，他们只不过是要么反美，要么反教会，要么反以色列，要么反资本主义，再就是反西方加上和平主义。一句话，他们反对亲西方意识（Westbindung）。

对德国而言，亲西方意识就是指不要和法国划清界限，也不要避开一切与盎格鲁撒克逊有关的东西。它并非如通常所臆断的那样仅仅只是持赞同美国的态度。亲西方意识还包括放弃那种介于西方与东方之间的特殊角色，并且它也意味着回到"德意志民族的神圣罗马帝国"，这个帝国当年是西方的顶梁柱，而且从这个角度来看至少可以令人想象一下德国在欧洲构建中的真正角色。正是"神圣罗马帝国"在西方价值领域中的千年存在（公元800年至1806年）——而不是普鲁士特意为之的与西方拉开距离——为德国的正常状态打下了底子。

与其说被称为威廉主义的威廉二世[①]时代是历史上德国之路的顶峰，还不如说威廉主义是对德国之路的误解的顶点。20世纪90年代初期德国

---

① 威廉二世（Wilhelm II von Deutschland），全名弗里德里希·威廉·维克托·艾伯特·冯·霍亨索伦（Friedrich Wilhelm Viktor Albert von Hohenzollern, 1859~1941），德意志第二帝国皇帝和普鲁士国王，1888年到1918年在位。

统一之后，当所有人都相信必须警告人们警惕"第三帝国"复辟的时候，有一位——唯一的一位——作家，他看到的是德意志民族神圣罗马帝国的重现。"如果法国人害怕德意志帝国重新出现，"阿莱恩·明克（Alain Minc）在其1993年出版的《新的中世纪》（Das neue Mittelalter）一书中如是说，"那他们就看错了这个国家的本质；他们认为德意志帝国就是俾斯麦式的德国，这种看法是不对的，如今所展现的可是一个完全不同的版本，一个新的德意志民族的神圣罗马帝国……以这样的方式，而不是以重复传统的'向东方挺进'的方式，德国重新找到了它归属于欧洲中心的位置，这个欧洲中心不但包括德意志帝国原本所处的区域，而且也包括扩展到原奥匈帝国的那部分。"

宪法也是一个社会的基本状况的体现。普鲁士当年——若是仔细分析的话——也是处于古罗马帝国界墙之外的"日耳曼人之邦"。这样看来，亲西方意识便是今日德国最重要的特色。这种亲西方意识由基本法而得到保障，同时也正是它赋予基本法更为深刻的意义。

危险其实并不在于"第三帝国"又回来了——如人们像推转经筒般反复声称的那样，而在于这种亲西方意识被架空和丢弃。随着亲西方意识的树立，德国抛弃了如赫尔穆特·普莱斯纳（Helmuth Plessner）所描述的那种作为19世纪迟来一步的民族的特殊道路，尤其是抛弃了从其中推导出来的政治教条。

然而德国的知识分子却还是与东方的魔鬼订下了契约。不是出于利益的考虑——否则他们就应当为获得国家中的权力而奋斗，而是出于对乌托邦的热情。不过那只是在吸烟室里空谈出来的热情。他们并没有自己振作起来去当革命者，相反却常常向违法者表示敬意。很奇怪的是，这些理想主义的晚近后裔表现出小市民式的对暴力的迷恋，并且还与暴力结盟。德国人海因里希·伯尔和乌尔丽克·梅因霍夫[①]竟然变成了一对儿？伯尔，作

[①] 乌尔丽克·梅因霍夫（1934～），德国20世纪70年代左翼恐怖组织红军派首领，1972年被捕，后被判处8年监禁，1975年5月9日在单人牢房内自缢身亡。伯尔同情梅因霍夫，为其被捕写下《乌尔丽克·梅因霍夫要赦免还是要人身安全保障？》，呼吁以公正态度对待学生运动。

为前德军士兵曾有过教训,在说到梅因霍夫时,却说起了什么应当保证行动自由?就为了她——这个时评作者兼恐怖主义者?这个为了能够宣称联邦德国是敌人、宣称它不是法制国家从而让自己成为国家之敌的人?这个写下"人的尊严可以侵犯"词句,以揭露基本法第一条并没有什么用处、只不过是设计得极其狡诈的国家权力的巧言装饰的人?

说起来这种看法是正确的,即1989年发生的并非革命,而是重新回到了修复的路上,这修复正迫在眉睫。这修复是为了回到正常状态,德国的和欧洲的正常状态。德国对所有人来说现在显然又处在了欧洲的中部,同时也处在了欧洲的中心。在经过了半个世纪之后,德国的现实终于能够同德国人的自我意识并驾齐驱了。这段"史前史"如理所当然般重新拐入历史长河之中。

为"第三帝国"的产生一再探寻新的原因,正是这种探寻扭曲了对德国历史其余部分的看法,并由此也扭曲了历史的真相。我们为什么不能最终认识到,"第三帝国"并不是德国历史的不可避免或者说在劫难逃的后果,而是一次集体道德崩溃的后果。

其实是对魏玛共和国缺乏信任以及由此导致的对民主缺乏信任,再加上对基于魏玛宪法而建立的民主机构缺乏信任,才使得希特勒能够在选举中获胜并获得授权。

依照现代极端主义的黄金规则,人们利用了选举制度,通过选举把选举制度给废掉,然后再以德国人对完全彻底的追求搞出个授权法来加以适用。一个社会让一个野蛮人给带上邪路,就因为他会行吻手礼,人们总是可以不断地重新看到这样的事情发生。

一个社会只会给自己设定这样的界限,即所经历的灾难要求它必须设定的那种界限。如果对一个人来说秩序已经不再神圣,他或许就得经历遍野焦土,好让自己找到方向。在普遍的束手无策之中,当世界如马克斯·韦伯所描述的那样"从魔咒中清醒"时,随之而来的便是再造魔咒的尝试,其结果就是,从相关的神话中造就出偶像,从普通礼仪中打造出宗教仪式。必须像设计芭蕾舞动作那样规划世界,不留任何死角。这下看吧，它看上去就像个党代会，主要发言人则像是救世主。世俗社会中影响最为深远的事件之一就是耶稣显灵的迅速贬值。

魏玛共和国，我们至今总是喜欢以当年在柏林诺伦多夫广场附近客居的克里斯托弗·伊舍伍德（Christopher Isherwood）——这位晚近作家的小说后来改编成了电影《歌厅》（*Cabaret*）——的眼光来看待这个在德国社会中没能树立起权威的共和国。共和国的创建者们为了给所创建的国家制定宪法而必须躲到魏玛去，因为在他们看来柏林的政治环境太不安全，单是这一事实就大可发人。魏玛宪法由一个身陷困境的政权颁行，而这政权本身尚不能完全确信自己的合法性。于是它去了歌德和席勒的故乡，不是为了向人民证明自己合法，而是为了赢得人民的支持。

要是人们读过魏玛宪法第一条的第一句话（"德国是一个共和国"），会拿不准这句话是否有种威胁的意味。而之后的第二句话听上去却仿佛有些难为情。那句话是这么说的："国家权力出自于人民。"对此，可以这样说：正如政权可以设计出完全不同的登台方式一样，人民也可以以完全不同的构成出现。

假如在1918年只废掉君主而不废掉君主制，会是什么样？现在再提这样的问题已经纯属多余。虚拟的设想显然不是历史，就算是可以用虚拟的设想来讲述历史，这种讲述在真实的"后来"当中也无法令人信服。

话虽如此，还是可以设想一下：威廉时代的帝制国家，其本身发展出了一种相当成功的在君主制和共和思想之间进行妥协的模式。与同时代的任何君主制相比，它本来可以提供的机会也许更多，或者肯定更少，这由观察方式的不同决定。皇帝虽然可以宣称自己是首脑因而有权确定宪法的含义或者自以为可以如此，但是要求实行共和的力量却是他无法置之不理的。君主帝国很可能会继续运行，因为两边都可以保有自己的幻想。一边相信皇帝，另一边相信议会，于是君主帝国便有了宪法。

君主帝国一半是上天给的，一半是自己鼓捣的。按着德国小市民最喜爱的方案：用上天给的做幌子，在具体事务上则竭力插手。古斯塔夫·弗赖伊塔格（Gustav Freytag）①所著的《借方与贷方》（*Soll und Haben*）可谓当时最成功的小说之一，它推崇德国的市民阶层，这个阶层以其优秀的德行不仅可以战胜腐朽的贵族阶级，而且也可以战胜"犹太"商人品性。

君主帝国的社会是个意见一致的社会。根据1871年宪法，它甚至是一个联邦国家。在其中所有的力量都扮演着角色，但是这些力量却无法相互制衡从而达到均衡，均衡纯粹是以法令强制实现的。你可以把它看作是一个乐团，其中有一位大家都接受的指挥。但是人们对之意见不那么完全统一的，是他所要指挥演奏的那部乐曲。

这样的一个"国家乐团"，只能从其行为的历史意义和这种行为的历史论证中推导得出其合法性。总之，这部乐曲的乐谱急需有个来源说明。只有这样才能解释清楚，为什么在1870年之后，成群结队的德国历史的诠释者们要去翻腾早已过去的事情，以便以最廉价的方式为当时的国家提供论证工具。比如说像这样："法国佬想要莱茵河，俾斯麦说了：这不行，狠狠地揍！法国佬在色当吓白了脸，德意志帝国重新上路。闭嘴吧，少啰唆！"

以一种几乎是后现代的姿态，为最基本的认同感打好了基础。这个德意志帝国在19世纪80年代给自己系上了一条名副其实的纪念腰带（Denkmalsgürtel）。从德特莫尔德的赫尔曼英雄纪念碑（Hermann bei Detmold）②到尼德瓦尔德的日耳曼女神像（Germania im Niederwald）。

历史舞台是知识分子的游戏场，但它也露出了被意见一致掩盖着的裂缝。它当时所涉及的就是知识分子同权力的关系。君主帝国因其创建方案而必将引发的冲突，由于普鲁士的领导角色，由于帝国所受的威廉主义影响，变得极其尖锐。虽没有明说但因此而具有更强烈的象征力，

---

① 古斯塔夫·弗赖伊塔格（1816~1895），德国作家、剧作家，其所著长篇小说《借方与贷方》发表于1855年，被称为资产阶级现实主义的代表作。

② 公元9年，日耳曼切鲁西部落首领赫尔曼（又名阿米尼乌斯）全歼罗马帝国将领瓦卢斯率领前来镇压日耳曼尼亚北方反叛部落的三个罗马军团，遏制了罗马帝国的领土扩张。1871年德国统一后，德皇威廉为迎合民族主义情绪，将赫尔曼树为德意志民族英雄，并于1875年在条顿森林竖立一座巨大的赫尔曼雕像。

保罗教堂①理念仍继续处于与秩序国家——也被称为专制国家——的冲突中，虽然这个帝国本来完全可以把康德抬出来作为依据，假如它不是那么小家子气、不是那么庸俗的话。君主帝国不单只被看作是小德意志解决方案，它实际上也确实就是小德意志解决方案。假如1870年有保罗教堂会议的话，它又该号召什么呢？难道要号召闹法国大革命那样的革命吗？再说了，正是法国，在1870年向普鲁士宣了战。而且，还不是闹革命的法国，而是拿破仑三世——一个搞政变的家伙——的法国。

这布满裂痕的德国政治风景，缺的是现代国家整顿秩序的手段，而不是反叛的姿态。与历史的迟到相伴的现象，还有对占有和权威的不合时宜的分配。众多德意志小国虽然对其属下的民众有支配权，但是它们在民众眼里并不具有权威。总是有抱怨说，这种小国众多的状态拖延了德意志民族国家的形成。而其实更大的问题在于，这种碎裂状态一再阻碍现代社会及其制度的建立，且更糟糕的是，它还使之变形。小国既不能形成金字塔形的社会结构，也不能建构民族文化。

由于缺乏其他因素，教育于是很快成为把精英区别出来的最主要标志，再说也没有足够的财产可以建厂立业。帝国执掌权力的精英们——完全是普鲁士特色——主要来自官吏阶层。这些为国效力的人们拿着有保障的薪水，过着受监护的生活。其雇佣合同里坚如磐石的组成部分就是放弃言论自由。在这里若要出人头地，靠的是业绩而不是丰富的想象力。

不论对于喜爱自然的人还是对于技术迷们来说，19世纪下半叶都是有利的好时光。这个时期的标志是自然科学和技术，而不是哲学。正因为如此，重要的是公式，而不是表述。人们又开始相信很快就可以制造出永动机，唤醒戈勒姆（Golem）假人②。

---

① 保罗教堂（Paulskirche），位于德国法兰克福，因1848年6月代表所有德国人民的国民议会在其中召开并最终通过由民主决议产生的宪法而具有重要历史意义，但该宪法最终由于德国各邦尤其是普鲁士国王的反对而失败。

② Golem，希伯来传说中用黏土、石头或青铜制成的无生命的巨人，注入魔力后可行动，但无思考能力。

哲学只剩下了华丽辞藻，哲学抽缩成了格言警句并任由这种不庄重摆布。迫不得已而甚至于从中整成点气候，这样做的不单只是尼采。

尼采也证明了，在这样一个社会里，在这个人们可以乘着刚刚发明的汽车去做礼拜而并不很引人注目的社会中，知识分子只剩下充当反对派的角色。除非他们可以把自己打造成时代精神的官方发言人。

19世纪把进步概念变成了知识分子的标签。由此一来，便可以从科学上来推导和要求历史呈直线型发展。历史仍保有其神学所阐述的终点，但是向终点行进的路如今却由人和人的发明精神来确定。基本原则是，对人来说，再没有什么是神圣的了。这是禁忌开始被打破的最初时刻。

一切在这个时代所能想到的重要事情，全都以自然科学知识为基础，但令人信服的主要是给日常生活带来实际好处的新东西。机器时代的一大好处就是，各项发明的用处都很容易检验，而且任何人都可以做这种检验。

普鲁士的秩序国家是接受新知识成果的实用成分的理想工具。与官员相伴的是工程师。工程师不但是发明或专利的拥有者——如官员们所称的那样，而且也随发明和专利而产生。工程师是劳动的主宰和正在形成的社会问题的主宰。而反过来社会问题也提到了官员的面前，毕竟官员主管的就是秩序并由此也负责保持社会均衡。然而在技术胜利进军的另一面，几乎不为人注意地，因受益于工业化和研究而产生出两个极其矛盾的现象：一个是群众在社会上成为"多数"的制造者，再一个是有遗传基因的个人成为一切事物的标准。

于是，在一切都已过去，只剩下一片废墟的时候，联邦共和国的基本法不声不响地表明了它对1870年以来臆想的和事实上的脱离法制国家正轨的所有行为的反对态度。在1948年，也即保罗教堂会议过去整整一百年之后，议会委员会在不起眼的波恩召开会议，鉴于所经历的灾难且当时又正处于德国最严重的国家危机之中，人们尤其有理由这样做。我们直到今天还在享用因这一疲弱时刻而获得的收益。至于我们的这个法制国家是人家下命令让建立的这一点，我们已经及时地把它给忘记了。

德意志联邦共和国绝对乐意把自己视为宪政国家。联邦宪法法院开庭时的那一声呼喊，声调真正是优美嘹亮。它也许能使怀疑论者们安心，但偶尔也会变成公民的游戏。基本法是德国历史上最受人尊重的宪法。这是有理由的，也是有后果的，而对于后者我们该懂得它的价值。

经历过纳粹统治之后，我们应该懂得：并非德国文化是纳粹的东西，相反，对德国文化日复一日的滥用才是纳粹集团所干的勾当。保持低调固然很好，但不是全部。这也包括对1949年的描述。宪法尽可以十分恰当地发挥作用并受到相应的尊重，但是它绝不会让国歌和作为日常用语的母语的象征意义变成多余。为了作为祖国而具有说服力，每个国家都需要有国家庆典。只有不理解这种关联关系的人，才会认为，可以用"宪法爱国主义"这样的组合词来让属于一个共同体的感觉保持中立。在体育场上，当某个体育项目赢了的时候，人们是会喊"联邦共和国！"呢还是会喊"德国！"？回头再来看看魏玛宪法的第一条〔"德国是一个共和国"（Das Deutsche Reich ist eine Republik）〕，它也可以倒过来说：（德意志）联邦共和国是德国（Die Bundesrepublik ist das Deutsche Reich）[①]。不用"Reich"来指国家也可以，那就是：德国（Das deutsche Land）。

没关系！

作者：里·瓦
译者：郑冲

参阅：德国式焦虑，诸侯割据，战争与和平，福利国家，赔偿

[①] 原文此处德国用的是"das Deutsche Reich"，"Reich"也是国家的意思，但"das Deutsche Reich"特指帝国时代的德国，因此也多被译为帝国，如第一帝国、第二帝国、第三帝国都是用的该词。作者在此意在强调德意志民族和文化的传承性，用的是定冠词，意思是现在的德意志联邦共和国前身仍旧是德意志帝国，所以接下来又以不用"Reich"的"Das deutsche Land"来指德国。

汉萨同盟

> 谁反对船长，会被沉到船底龙骨处三次；谁愤怒得拔出了刀，刀将穿过他的手被剁到桅杆上。

人们这样描述汉萨同盟船只甲板上的生活。作为商人他们不仅是船主，而且也是船只的承运者和使用者。贸易在中世纪那个野蛮的时代所面临的诸多危险，如今只能靠想象才能领会。如今人们在德国几乎很难设想，在中世纪那种条件下能够开展有规则的贸易。

有的年代艰辛，有的年代安逸。在艰辛的年代人们不会马上想到危险，因为绝大多数事情都是冒险，有的甚至是不可能的。相反，在安逸的年代人们反而觉得没有一件事安全到值得去参与。

人们很少称许德国人有经商的才能。让我们先来看看左邻右舍的情况：左面是做买卖的世界冠军英国人和荷兰人；右面是以满足自己需求为主、致力于自然经济的斯拉夫人。与他们相比，德国人没有左邻那么大的兴趣去做买卖，但较之于右舍他们又表现出极大的热忱去攻克生计难题。

对左邻来说，德国的秩序似乎就是国家对市场经济的干预；对右舍而言，德国人对货物运输的管理则是狂热追求秩序的表现。难道德国就这么被卡在左邻右舍中间了吗？它摆脱这种困境的一贯做法是建立北－南联系。德国的这种联系贯穿了它的全部历史和文化抉择,无论是对教皇的态度、对意大利的渴望,还是对古希腊与罗马的敬仰。德国多希望自己是地中海沿岸的国家啊,不仅仅是因为那里的海滩,而且是因为其历史重要性!因为它实际上不是,所以长期以来它至少一直在象征性地仿效地中海沿岸那充满梦幻的文化。起码我们的诗人和思想家有时会乔装成希腊人。这首先给我们自己留下了深刻的印象,这也是他们这么做的初衷。

真正的南方却是自我满足的,在这方面它更接近西方,虽然动因是完全不同的。如果说能求助于伟大的历史,到处有供人参观的废墟,这对南方来说就足够了;那么西方追求的则是有能力宣告现代和时髦的开始。重要的是人们认识到:西方和南方都是不可统治的。

即使攻占了南方,也只能被它同化。所有战胜过罗马和雅典的都难逃覆灭下场。罗马和雅典虽然早就今非昔比,基本上已经灰飞烟灭,但是离开了其文化象征意义欧洲的一切都不值一提。他们规定了欧洲文化的语法,接下来的几百年他们让羊群随意吃草。是出于绝望,还是出于对抗,这谁能知道呢?也许仅仅是看见了我们这些野蛮人,就让他们心灰意懒了。按大自然的方法实施的不爱动脑子的习性对他们没有任何帮助。在德国人——这些人是为了考古挖掘定期去他们那儿短暂停留——的眼中他们是在放羊时创造出阿那克里翁流派的[①]。人们是很难纠正自己在他人眼中的形象的。从这种不起眼的误解中德国人获益匪浅,这体现在他们那卓有成效的思维模式中。没有希腊哲学,德国的唯心主义从何谈起呢?

西方和南方向德国人展现了界限何在。西方意味着市场持有人、海关税务员和保护人;南方则是遗产鉴赏家、图书馆和写在羊皮纸及纸上的宝物的管理人。一方务实,一方务虚,事关法律与法律效力。这样我们就成了客户和旅游者。

在历史进程中只有与斯拉夫接壤的德国东部边境是开放的。从中世纪早期起就开始有向东部的移民,这首先导致斯拉夫移民区域一些城市的创建,从根本上促进了那里手工业的发展,同时也包括城市法。

[①] 18世纪一种文学流派,以歌颂爱情和美酒闻名,风格则模仿古希腊诗人阿那克里翁。

古老的汉萨同盟城市不来梅至今屹立在威悉河畔。

在 12 世纪移民早期，德国骑士团在移民区域尤其起过决定性作用，它对汉萨同盟也是不可或缺的。骑士团首领算作汉萨同盟的成员，这样骑士团就可以保护商人们的商路直至波罗的海东岸诸国。

作为贸易行为和贸易政策，汉萨同盟所取得的结果在很多方面都是令人惊异的。它是由德国北部商人创建的利益共同体，随着斗转星移它慢慢发展成了一种城市联盟，乍一看有些类似意大利北部的城市联盟，但在创新和审美方面却望尘莫及。北方缺乏文艺复兴的表现力，在南方复兴的东西在北方这儿不过仅仅是模仿而已。

汉萨同盟的贸易范围西起布鲁日（Brügge），东至诺夫哥罗德（Nowgorod），即如今的大诺夫哥罗德（Weliki Nowgorod）。汉萨同盟是个松散的同盟，它有很多协议和约定，却不是一个国家，也不是国中之国。其中心从一开始就是吕贝克（Lübeck），同盟网是从那里织起的。汉萨同盟是德意志民族的神圣罗马帝国的组成部分，因为那个帝国在行使权威方面较宽松，有时甚至有缺口，这才让各种背离和出轨成为可能，这些在一个标准的国家框架中是无法出现的。

汉萨同盟（Hanse）这个词也是个古老的德文词，它的意思是"群"或"随从"，但也可以是武装起来的一群。随着汉萨同盟的建立及其贸易行为，北方的基本结构也形成了，与当时西方的核心地带相比北方还不够发达。汉萨同盟时代建立的城市全都是同盟进行贸易的地方，这也解释了为什么波罗的海东岸诸国富有汉萨同盟特性。商人们装上船的不仅仅是货物，即使他们没有带来什么伟大的思想，至少也带来了时代精神。

汉萨同盟的力量在于它的船队。汉萨同盟的船队是当时最大的，14 世纪时据说其装载量已达十万吨。汉萨同盟使用的是自己的船型——柯克船（Kogge），它行驶起来不是很敏捷，但其元宝型船舱却令人过目难忘。后来它成为徽章上的象征，今天在一些城市的市徽中还可以看到它。

汉萨同盟及其贸易范围之大远远超出了人们今天的想象力。人们一般以为其势力范围仅限于沿海城市，也就是从不来梅到施特拉尔松德（Stralsund）。然而最重要的汉萨城市中也包括科隆，只是这座城市对自己曾属于汉萨同盟的历史以及对这段历史的回忆没有珍视。科隆视自己为莱茵河畔的天主教大城市，其实它距北海只有两百公里。尽管汉萨同盟当年也通过内河搞内贸，而且旱路的贸易也做到了南部德国，但今天人们在相当大程度上更把它看作波罗的海沿岸的一种现象。

比如历史上的汉萨同盟就是一种团体标识。起初吕贝克是其中心并因此经历了该城的辉煌期，后来汉堡从中获得了很大市场效益并将其传统维持至今。大家都从"汉萨同盟"这块招牌中受益，其生意理念至今被奉为圭臬，仍旧可以作为论据来使用。例如2010年9月德国铁路股份有限公司董事长吕迪格·格鲁贝（Rüdiger Grube）与绿党交通政策发言人温弗里德·赫尔曼（Winfried Hermann）进行过一次辩论，在相关报道中人们可以读到：

> 格鲁贝："我是汉萨同盟人，是个诚实的商人。我学到的经商之道是：签了合同就得执行。"

> 赫尔曼："可汉萨同盟的商人也得审核一份合同的基础条件。"

最后一切都成了玩具或景点。汉萨同盟是景点：人们仿造其船只，要是遇到不确切知道原始船只的构造到底是什么样的地方，就大胆幻想，一切都美其名曰为了促进旅游业。

汉萨同盟载入史册的方式相当低调。也许是因为他们未敢冲向大洋？他们的帆船沿着岸边行使，船长们也加载自己的私货。不光要把货运到，而且还要完好无损地运到。北海也有海盗和其他恶棍。可汉萨同盟的英雄们何在？其伙计们并未记录自己都做了些什么。

与此相符，汉萨同盟如今仍是可靠的代名词，著名的德国商标沿用其名：汉莎水龙头，汉萨墨丘利①保险公司，欧洲最大的创可贴生产厂家②用的牌子叫Hansaplast。德国汉莎航空公司是世界上最可靠的航空公司之一。

汉萨同盟显贵的后裔日后在帝国时期构成市民阶层的中坚。吕贝克不仅成为德国最重要的一部资产阶级小说的舞台，而且它还是作者托马斯·曼

---

① 罗马神话中的商业保护神。

② 拜尔斯道夫股份公司（Beiersdorf AG）。

一家的出生地。这一家族在 20 世纪捍卫德国人尊严方面所起的作用具有典范意义。

除了曼一家，如今最出名的汉萨同盟人当是海盗克劳斯·施托特贝克，他是个粗人，据说一口气能喝下 4 升啤酒。1400 年前后在汉堡的一块空场被砍头前，他与议员们商定，砍头后他可以从等待行刑的其他犯人身边走过，他无头走过的每个犯人都将得到赦免。据说最后刽子手得伸出一条腿绊他，这桩怪事才收了场。

施特拉尔松德有一种啤酒是以他的名字命名的——正义者啤酒。吕根岛（Rügen）拉尔斯维克（Ralswiek）镇有纪念他的施托特贝克节，阿希姆·赖歇尔（Achim Reichel）为他创作了《施托特贝克之歌》（*Das Störtebekerlied*）。

有时候人们不得不说，民众的情绪是滑稽的。他们宁愿冒无法无天的险，也不愿认可船运秩序井然并享受其好处。

除了惧怕死亡之外，人们最怕的看来莫过于无聊了。汉萨同盟就是这方面的绝好例子，历史给了它所需要的发展空间。它在繁荣之后几乎又自行衰落了，其间的时光达四世纪之久。它所经手的货物包括料子、皮货、蜡、盐、咸鱼、大麦、木材和啤酒。料子有的来自弗兰德、荷兰和英国，这些西方的料子被运往东方；来自东边俄国、利夫兰（Livland）和普鲁士的皮货则被运往西方。皮货和蜡，蜡用于照明。

作者：里·瓦
译者：丁娜

参阅：工作狂，爱整洁守秩序，社团迷

故乡

故乡可以是宝贵的财富，也可以仅仅是一个舒适的地方。故乡是人人都可以拥有的，前提是他要求这种权利。

能证明故乡的是童年，故乡离不开原籍。故乡指的是一个人的从属，他童年时在这种从属关系下是在那儿长大的。故乡是时空的合一，它是被留住的易逝性。突然间风景重又变得熟悉，母语一字字变成了方言和土话。

德国公众对故乡有着一种复杂的关系，除非故乡意味着什么别的东西，是一种替代物。它可以是人选择定居的地方，或者是新故乡，后者就像德国工会联合会下属的一家建筑公司给自己起的名字那样。

"这样世界上就产生了一种东西，这种东西好像让所有人都忆起童年，然而却是任何人尚未到达过的地方：故乡。"恩斯特·布洛赫这么认为并将这一画面定格为概念。它像一束聚光灯柱，让我们再次看清了20世纪德国知识分子的行为。凡是铸铁般坚硬的逻辑行不通的地方，他们就引进乌托邦。所有不能通过启蒙方法来理解的东西，在他们的眼中就是无法定位的。然而这种顽固不单单是精神与权力这对古老的德意志对立物的表现，它也标志着德国思想家与平民、公众与社会之间误解的全部编年史。

然而故乡——它是存在的！它就是那块地方，在那里人们初次经历了一些事情，这些事情给人印象如此之深，以至于后来再经历的其他事情不过等同重复而已。回忆起这第一次时的情绪，人们称之为思乡！

我阅读过、思索过。我进入了梦乡，半夜又醒了过来。一张嘴蹦出的第一个词是"德国"。"德国"之后是"母语"。

瞬间我又变成了远在巴纳特（Banat）的那个孩子。我的出生地分属于三个国家：匈牙利、罗马尼亚和塞尔维亚。我的祖先在两百多年前移民到那里，他们是从乌尔姆（Ulm）出发乘船顺流而下的。当时巴纳特还是奥地利的一个州，后来成为匈牙利的一个州，第一次世界大战后又划归罗马尼亚。我们却一直是巴纳特的施瓦本人[①]，意外地成了德裔少数民族。我们不是侨民，可我们却成了双元制奥匈帝国的遗民。

我还是个孩子的时候就站在我们家院子里，隔着板条篱笆往外看，我们家位于村边，我看着火车擦着森林边呼啸而过，消失在远方的地平线上。我想象着它最后到达的那个城市会是什么样。到达与到达的时间都与我无关，我还是个孩子。

我看见自己站在院子里，坐在劈柴用的粗木墩上。春夏秋冬，那是50年代，女人们穿过院子。两个女人，我母亲和我祖母。

我回到屋里听见她们在院子里唱歌。她们唱得就像我母亲年轻时一样，也像我祖母年轻时一样。我祖母的青春年华赶上了第一次世界大战，我母亲的则赶上了第二次世界大战。

她们双声合唱。"姑娘，快，快，快来我身旁。"或是"你，你在我心中，你，你令我思念。"她们唱："你，你令我心碎，不知道，我对你多好。"

我得到了一架手风琴，大多数德国孩子都有手风琴。手风琴被看作一种德国乐器，罗马尼亚孩子有时看我们拉琴，不过也仅此而已。我们的

[①] 位于德国西南部的历史地区，包括今德国巴登-符腾堡州南部和巴伐利亚州西南部，以及瑞士东部和阿尔萨斯。

德国手风琴牌子叫"霍纳"或"世界冠军",村里多数孩子的手风琴是世界冠军牌的,我的是霍纳牌的。

我拉的曲子:"若是所有小喷泉都喷水,那就得畅饮。若是不许呼喊我的宝贝儿,那我就挥手向她致意。"我也拉收音机里播放的新歌,包括德国最新的热门歌曲。看着谱拉,乐谱是村里一位音乐教师写下来的,我们把从收音机里听到的歌词填上。我们听奥地利和巴伐利亚、黑森和萨尔州的广播电台,当然也不能忘了卢森堡广播电

60年代作者与一位青年朋友在一起拉手风琴,演奏的大概是《鸽子》(*La paloma*)。

台。自然也要看天气,这些电台全是中波播出,人们听到的不仅是音乐,雷雨声也听得一清二楚。

我们的故乡是巴纳特,我们的母语是德语。我们是德国人,我们对这种身份很在乎。我们害怕自己一不留神就会变成罗马尼亚人。

在学校里我们知道了,除了故乡巴纳特还有一个更大的祖国。祖国是个国家,这个国家叫罗马尼亚。但我们还有罗马尼亚人没有的东西:我们除了祖国还有母语和与之俱来的母亲国①。我们了解母亲国不是从自己的直观出发,但它比所能预料的离我们更近。虽然在我的孩提时代它可望而不可即,斯大林主义统治的时期边境是封闭的。我们没有护照,但德国广播电台给了我们安慰。听着电台点点滴滴的报道,母亲国变成了德国。

---

① 祖国(Vaterland)一词在德语中是由父亲和国家两个词合成的,作为对比的母亲国(Mutterland)则是由母亲和国家两词合成的。

村里一切都安排得井井有条，人也不例外。每个人都有自己的村子，德国人有自己的村子，罗马尼亚人也有自己的村子。在一个村里说的是德语，在另一个村里说的是罗马尼亚语。

罗马尼亚语是官方语言，德语是母语。说德语时我用德语思维，必须说罗马尼亚语时我同样用德语思维。

有一天我在村里发现了《德意志之歌》（*Deutschlandlied*）的乐谱，是在被人藏在阁楼上的一本书中找到的。我把它带回了家，拿出手风琴，我先演奏曲子，然后唱起了歌词。我唱了第一段，根本不知道那是第一段，同样不知道第一段是不能唱的，唱了会引起争议。我根本无法想象，一首歌得从第三段唱起，或是只能唱第三段，当时我根本没明白是怎么回事。①

今天我也没完全弄明白，但如今我知道是怎么回事了。我知道，因为纳粹滥用了我们口中的德语，所以史实和官方史料不能混为一谈。他们把歌词的第一段变成了他们的第一段。但这最后也没起任何作用，这一点倒是让我们无语了。其实只要我们知道霍夫曼·冯·法勒斯雷本（Hoffmann von Fallersleben）的德国形象与那位蹩脚画家②的德国形象之间的区别就够了。可是在我离开东边来到这个犹犹豫豫的国家后，这怎么能算够了呢？

我的脑袋里装着我的母亲国，作为违禁品的还有我的母语，以及不起眼的德国文化。全部有关移民和融合的空话都忽略了一点：德意志精神。是它让德国成为德国，并让我们与德国一起成为我们自己。

---

① 此歌为德意志联邦共和国的现行国歌。曲谱为著名古典音乐家海顿作于1797年，德国版歌词为自由主义诗人奥古斯特·海因利希·霍夫曼·冯·法勒斯雷本教授（1798~1874）作于1841年8月26日晚。1922年全部歌词曲被魏玛共和国第一任总统弗里德里希·艾伯特首次定为德国国歌。第一段开头为："德国！德国！高于一切，高于世间的一切"，在纳粹统治德国时期这一段特别受重视。现在的国歌只用其第三段，强调的是"统一、法制与自由"。

②指希特勒，他曾迷恋绘画。

是的，我们忘记了这一点。

我们也能解释，为什么我们忘记了这一点。

有些人甚至认为，能把一切都忘掉最好，那都是些昨日之雪，在某些情况下它们会变得像铅一般沉重。谁愿意、谁又能够扫除这些沉重的积雪呢？

不是我们又能是谁呢？

战后经过逃亡和被驱逐出东部，失去家园首先成了重要话题。如果运气好，后几代人可以把他们出生在其中的城市称为他们自己的故城。如今已然难以想象，有多少事都被记在了历史这个恶魔身上。

70年代理所当然的事才慢慢回归德国公众的视野。不久前还会受到惩罚的事，一位电影制片人突然可以做了：埃德加·赖茨（Edgar Reitz）。他可以把自己的电视剧——一个发生在洪斯吕克山（Hunsrück）的家族传奇——命名为《故乡》（*Heimat*）了。这在当时很轰动，那一瞬间德意志之魂受到了震撼。

1980年以来赖茨的工作是里程碑式的，20年间在"故乡"这个大标题下共产生了30部片子。这些片子讲述的家族故事发生在外地的乡下，却充满民族矛盾。这样故乡就被定义为一个区域，它可以是乡下，它是构成民族的基石。最早故乡是地籍簿管理中的一个概念，故乡指的是一个家庭所拥有的全部财产，特别是房屋和土地。"房屋是个目标，"赖茨在他2004年出版的《故乡三部曲》（*Die Heimat Trilogie*）画册中写道，"进了屋，就算到了家。如果离开了这所房子，那就需要有一个新的目标。仅仅一栋房子还构不成故乡，但没有房子的故乡是徒有其名的。"

人们可以跟着这个思路继续想并说：没有故乡的祖国是徒有其名的。因为若没有思乡之情，又怎么谈得上热爱祖国呢？

那么后来呢？

在作家中 2000 年本哈德·施林克（Bernhard Schlink）在《故乡作为乌托邦》（*Heimat als Utopie*）的小品文中再次触及这一题目。他把故乡与另一个知识分子热衷讨论的概念"流亡"放在一起来论述，在乌托邦问题上他在恩斯特·布洛赫之后提出了一个折中的说法："故乡并非那个它所是的地方，而是那个它所不是的地方。"启蒙时期的辩证学者看到这句话一定会喜不自禁。

我们要再进一步，我们要说：故乡是德语中最美丽的词语之一。

作者：里·瓦
译者：丁娜

参阅：德国人的性情，诸侯割据，男声合唱，高地丘陵，渴求癮

青年旅舍

不久前，我在逛互联网时迷了路，一不留神闯进了德国青年旅舍网站的主页。那好吧，我想，青年旅舍向来不就是给疲惫的旅行者提供歇息地方的吗，正好进去看看。甫一入门，网站主页上迎面一句"来吧，一起去游历"便致以欢迎，惊奇之下，于是乎流连忘返。

在"特色旅舍"的主题词下，我得知，在"文化青年旅舍"中，"年轻的旅客们"可以在旧香肠罐头盒上画画，然后在舞台表演中用它来反射灯光。我还看到"草狮子[①]班级远足"的介绍，那是"围绕可持续发展主题"而给小学生们规划的"丰富阅历、很有价值的活动"。位于梅克伦堡多湖平地中心米罗（Mirow）小镇的"德国首家超舒适生态青年旅舍"，用"分数维几何形状的课堂讨论会议室"（"世界首创""未来的学习空间！"）和"无走廊有机连接舒适设计"来打广告。"星期日/阳光日－快乐日"项目想让儿童和青少年通过游戏和娱乐方式来了解太阳能，这个项目提供一辆叫作"Solarifahri"（"梭拉来发来"）的太阳能板手推车，可以带着去郊游，以在村子里的空场上开"太阳能迪斯科"舞会或者在

---

① "草狮子"（Graslöwe）是德国联邦环境基金会（Deutsche Bundesstiftung Umwelt, DBU）2009年设定的标志，专用于青少年环境保护教育的项目或活动。

森林中绿草茵茵的空地上举办一场"太阳能野炊"来吸引孩子们。芬嫩特罗普－黑根（Finnentrop-Heggen）的"健康青年旅舍"则邀请人们去"嗅闻芬芳、触摸墙壁、感觉色彩"，晚上还举办克奈普水疗法和蒸气浴运用课程，并且保证，那儿的餐饮"健康、生态和可口"。

瞧瞧这名声在外历史悠久的青年旅舍如今都变成了什么模样？难道往日的那种青年旅舍已经再也没有了？那些没有什么陈设的大房间，里面摆满中间已被睡凹下去的双层床，冲澡的水永远温温吞吞就是不肯真正热乎起来，那总也没有好脾气的旅舍"总管老爸"和脾气更坏的"总管老妈"，那硕大的铁皮壶，里面装着红茶或可可，可可的上面浮着一层人见人怕的白乎乎的厚皮，晚饭是干翘的灰面包片，香肠片已经卷了边，三角形的软奶酪于是上升为美食；还有洗碗刷盘子的活儿，上等人家的姑娘小伙子们一生中可能只有这么一次机会亲自干一回这种工业化厨房里最底层的活计。不知道在那些号称二氧化碳零和的"最有益于气候的班级远足"中是否还会玩转瓶子游戏？那些"兴致蛮高，但不失纯真"的十几岁的年轻人，是否还会在夜里偷偷地抽他们人生当中的第一支烟？总之，青年旅舍到底还是不是那个奇特的无法无天的军营，在那里面本来应当比在家里管束得更严厉而同时却又可以打破一切规矩。

我在网上寻找"我的"那种往日的青年旅舍，很欣慰地发现在茨温根贝格（Zwingenberg）的青年旅舍看上去还是那么具有斯巴达-条顿风格，就像我印象当中那样，尽管那里也已经开始在搞增进阅历教育的活动（"培养儿童和青少年增进人生阅历能力专业教程"）。那位于上赖芬贝格（Oberreifenberg）的四座粮仓一样的平顶房子，仍像公元1984年那样很难看地杵在风景当中。当我看到那些光秃秃的砖墙和木板床的照片时，不由得一下子感动起来。照片所配的说明称，上赖芬贝格青年旅舍有"舒适的房间，总共222张床位"。

第二天早上，我去了图书馆，想了解更多关于青年旅舍的历史。也许今天的"草狮子"离青年旅舍运动的根源要比我想象的更近。

Schnittmuster für den DJH-Schlafsack

In den Jugendherbergen herrscht Wäschezwang. Man gebraucht also einen DJH-Schlafsack aus leichtem, weißem Nessel oder Leinen. Man kann sich ihn in jeder JH gegen eine geringe Gebühr entleihen. Besser ist schon, man besitzt ihn selbst. Er ist zum Preise von DM 6,60 gegen Voreinsendung des Betrages zu beziehen durch: **Deutsches Jugendherbergswerk, Hauptverband, Detmold, Bismarckstr. 21** (Postscheckkonto Dortmund 557 69), oder auch durch den zuständigen Landesverband. Wer diesen Betrag nicht aufwenden will oder kann, fertigt sich den Schlafsack selbst an. Es sind dazu 5,00 m weißer Stoff, 86 cm breit, nötig. Die Art der Anfertigung zeigt die folgende Skizze.

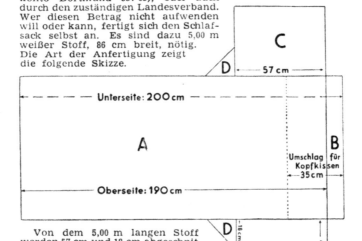

Von dem 5,00 m langen Stoff werden 57 cm und 18 cm abgeschnitten. Von dem 18 cm breiten Streifen werden zwei Quadrate (18 × 18 cm) geschnitten, die zu den Seitenkeilen (D) gebraucht werden. Der 57 cm breite Streifen wird in der Mitte durchgeschnitten, so daß zwei Teile (C) (57 × 43 cm) entstehen. Der verbleibende Rest von 425 cm wird so gefaltet, daß die Oberseite des Stoffes (A) 190 cm und die Unterseite (B) 235 cm lang ist. Die Unterseite (B) wird, nachdem die Schnittkante gesäumt ist, 35 cm breit nach unten umgeschlagen und die Seitenkanten zusammengenäht. In die entstehende Tasche wird bei Gebrauch des Schlafsackes das Kopfkissen hineingesteckt. Die beiden Seitenteile (C) werden dem Oberteil (A) am oberen Ende an beiden Seiten angenäht. Am unteren Teil der Seitenteile werden die Keile (D) angenäht, die Ober- und Unterteil verbinden. Der Fußteil des Schlafsackes wird zuletzt bis an die Keile an beiden Seiten zugenäht. Das lose Oberteil des Schlafsackes wird bei Gebrauch halb über die Wolldecken geschlagen und schützt den Schläfer vor Berührung mit den Decken.

"青年旅舍的床单被套必须严格遵守规定尺寸"。摘自德国青年旅舍协会 1957 年编辑出版的宣传册《远足规章》。

一切都起源于一个喜欢远足的老师理查德·席尔曼（Richard Schirrmann）。当他还在他那位于东普鲁士的家乡教课的时候，就是常常把学生带到户外去上课。他坚信，如果他带着他那些波兰玛祖尔裔的学生们一起在自然风光里穿行的话，他们就能把德语学得更好，因为在大自然当中那些外语词汇会获得鲜活的面孔。1901年，这个27岁的小伙子迁到了威斯特法伦。这回是盖尔森基兴工业区生长在烟囱阴影里的脸色苍白的青少年，他要继续带着他们到明斯特兰（Münsterland）田野和鲁尔山里去漫游。据说，有时候席尔曼光着脚走在学生们前面，穿一件席勒领衬衣，背着背包。教育局很看不上这个"痴迷远足"的老师，把他发配到了绍尔兰的阿尔特纳（sauerländische Altena），于是阿尔特纳这个地方便诞生了一直到今天仍然存在的世界上第一个青年旅舍。不过那时离这个旅舍诞生还有一段很长的路要走。当年席尔曼被调进去的那个新学校对他的"新鲜空气中的学校"方案也是嗤之以鼻，结果席尔曼再一次被调走。

然而，在1900年前后那段时间里，想把德国的青少年们从那"臭气熏天灰尘满地的工业城市和大城市"里带到户外去的人不止席尔曼一人。作为针对城市"活人坟墓中的瘟疫气息"的灵药，青少年远足活动到处都在兴起。就在19世纪和20世纪之交前不久，"候鸟"运动[①]发端于柏林施泰格利茨（Berlin-Steglitz），1907年那里出现了第一批专门为中小学生和大学生兴建的旅舍。这些旅舍大多是惯常的客栈，愿意向出外漫游的青少年出租便宜房间。不过，候鸟运动的"候鸟"们多半都是从富裕的资产阶级父母家庭里飞出来的，那些普通家庭出身的公立学校的学生们还是进不了这种学生旅舍。而席尔曼认为，恰恰是这些学生在心灵和身体上都受到了伤害，其原因就在于"不与自然接触所产生的危害"。威廉时代曾有很典型的学校郊游日，那是在第一次世界大战前慢慢开始固定下来的活动。对此，席尔曼的描述满怀厌恶："在国家的星期天假日里，口袋里装满了钱的学生们走上

---

① 候鸟运动1896年兴起于柏林施泰格利茨，当时城市受工业化发展影响，与自然的距离日益拉大，在浪漫主义理想鼓动下，学生们希望挣脱憋屈局促的学校和社会氛围，到自然环境中去寻找自己向往的自由的生活方式。

一小段路，来到最近的森林小酒馆。穷人家的孩子们去不了，只能乜斜着眼妒忌地从窗户或篱笆拐角后面偷看。或者是组织一趟费用不菲路途遥远的火车旅行，一直到某座常被人提到的山峰脚下，或者是开到某个必得亲眼看见的纪念地，然后走进附近的一家饭馆，在铺着精致桌布的餐桌旁就座，桌上有丰盛的咖啡和蛋糕供人享用，身着燕尾服的侍者像侍候尊贵的先生太太一样侍候这些男孩女孩。之后再玩点什么小游戏。在孩子们跑到矮树丛和篱笆后面，去践踏草地和粮田，互相打得头破血流或是在自动售货机上大买特买直到把钱花个精光时，陪同出游的教师们却只顾为他们自己着想。"针对这种畸形发展，席尔曼推荐的学校郊游是这样的，即除了脚下结实的鞋底和背上轻便的小包之外，再用不着有什么其他的花费："好让孩子们不像是在享用平时难得吃到的甜面包，而是在吃家里烤制的粗粮面包那样去感受郊游。我要把德国的男孩女孩们培养教育成强壮健康的林地健行者和熟悉家乡山川物产的童子军！"

席尔曼常常带着他的学生每天走上四五十公里，决不因路途太长而害怕退缩，并且自豪地夸耀，说是多亏了新鲜空气、太阳光和中午休息时泡脚，所以从未看到过有孩子"脚出毛病"。他们如果动身做一次持续数日的漫游，则在谷仓里过夜，就睡在铺了干草的地上。

1909年夏天，席尔曼和他的学生在布勒尔塔尔（Bröltal）遇到了一场猛烈的暴风雨，急需找到一个计划外的客栈投宿。这时一个乡村学校的教师表示愿意把教室提供给他们作为应急过夜处，于是，青年旅舍的想法就这样诞生了。回到阿尔特纳后，席尔曼狂热地投入青年旅舍的规划当中，他要争取尽可能多的德国学校赞同自己的设想，即同意在夏天放暑假时把教室腾空，搬出桌椅，摆上架子床，在上面铺上草褥子。在他当时任教的奈特学校（Nette-Schule），席尔曼果断地做出榜样，每个假期都把他的教室改造成首批"公立学校学生旅舍"。与此同时，他开始寻找支持者。他找到了同样"痴迷远足"的工厂主威廉·明克尔（Wilhelm Münker），后者成了他最积极的支持者。明克尔是个激情满怀的环境保护倡导者，在业余时间经常写些批评现代文明的文章，比如

青年旅舍 德意志之魂

德国北威州绍尔兰的阿尔特纳古堡,世界上最古老的青年旅舍。

《通往伐木道的铁路》[1]（*Die Eisenbahhn auf dem Holzwege*）。他后来成了青年旅舍运动中负责组织事务的领导人。1912年，作为所有青年旅舍之母的阿尔特纳青年旅舍终于打开了它那中世纪古堡的大门，正式开张迎客。自豪的旅舍总管老爸的名字叫作：理查德·席尔曼。

第一次世界大战爆发，席尔曼也被征召入伍，青年旅舍的蓬勃发展中断了。不过，尽管如此，到1920年时德国已有逾千家青年旅舍，而且这个数字在接下来的十三年后又翻了一番。

这时，在德国之外的国家里，青年旅舍的教育思想也开始受到关注。1932年，国际青年旅舍联盟成立，理查德·席尔曼担任联盟主席。在这个国际青年旅舍联盟成立的第一次全体会议上，工作语言是德语，尽管代表们来自中部欧洲的所有国家，甚至英国也出席了。1935年，席尔曼以国际青年旅舍联盟主席的身份出访美国，美国的新英格兰两年前成立了第一批在其创始人所倡导意义上的青年旅舍（Youth Hostels）。在那个时候，这位创始人还能够满腔热情地高呼："一切民族和种族的教育者们，同你们的青少年联合起来，用漫游和青年旅舍的生活体验塑造新人，这些新人将遏制败坏道德的物质至上主义，确保真正的和平！"

在此期间，在他自己的国家里，情况看上去已经非常晦暗。巴尔杜尔·冯·席拉赫（Baldur von Schirach）的希特勒青年团早在1933年4月就已经强行把青年旅舍联盟据为己有，其借口是青年旅舍受到了"马克思主义"的渗透。起初席尔曼和明克尔还以为他们可以用某种方式同这帮穿褐衫爱游行的家伙一起做点什么。私下里他们嘲笑这个帝国青年团的头子，说他"背上从来就没有背过背包"，更不用说曾经在青年旅舍里住宿了。席拉赫的宠儿约翰内斯·罗达茨（Johannes Rodatz）——席拉赫把他任命为"德国青年旅舍全国联合会领导人"——被他们叫作喜欢"开快车的头儿"。对希特勒青年团的"青年冲锋队"，这两位青年漫游运动的创始人则更是摇头。令他们惊异的还有这帮家伙所标榜的爱国主义，即宣称："在

---

[1] 该文章标题 *Die Eisenbahn auf dem Holzwege* 中，auf dem Holzwege 是成语，表示某事做错了，在此为双关语，既可指铁路修进了森林（修在了伐木道上），同时也指责这事做得不对。

野外趿拉趿拉地走来走去，对于促进我们民族经济和文化的重新崛起做不出多大贡献。今天的口号是：'把漫游队伍变成战斗队列！'"在20世纪30年代的通信中，两人痛心地抱怨，在这个时期，不论他们什么时候走进森林，都再也遇不到漫游的年轻人了。在纳粹鼓动者脑海里浮现的"钢铁般的浪漫主义"，只不过是（前面提到过的那种）"候鸟"式与自然结合的浪漫主义的一个相当遥远的表亲而已。

威廉·明克尔1933年9月就停下了青年旅舍的工作。理查德·席尔曼尽管已被从所有官方职务中排挤出来，却还坚持办着他心爱的阿尔特纳古堡青年旅舍，一直到1937年。这时，连他也实在无法忍受罗达茨及其同伙的刁难，于是回到了陶努斯山。

席尔曼和明克尔都不是纳粹党人。不过若要说他们是抵抗者的话，那也只是在非常有限的意义上可以这么说。比如，凡是与环境保护相关的事，哪怕是同像威廉·利南肯普费尔（Wilhelm Lienenkämpfer）那样的铁杆纳粹党徒面对面地斗争，明克尔也从不因害怕而退缩，那个家伙1938年在《绍尔兰山区信使报》(*Sauerländischer Gebirgsboten*)上发表文章，大谈什么"从民族社会主义（即纳粹）的角度看环境保护"。就其所担任的"拯救阔叶林委员会"主席身份而言，明克尔从思想上看与帝国林业部长戈林的"永久林"方案是颇为靠近的，这个方案至少在戈林上任的头几年曾为林业经济的发展方向做出规定。如果读一读明克尔在1945年之后写下的信件，就会从这位立场始终不变且激情满怀的文明批评者那里得出如下结论，那就是：把德国的青年漫游运动搞砸了是"第三帝国"所犯下的最大罪恶。

1949年10月，也即德意志联邦共和国成立后刚几个月，德国青年旅舍联合会总部在阿尔特纳重新建立。时年已75岁的席尔曼和明克尔两位先生被任命为名誉主席和名誉理事。《青年古堡书屋》（*Jugendburg-Bücherei*）出版人在纪念册前言中，以一种传统与现代德国修辞手法的独特结合方式宣称："40年来，也就是说在足有一个人的人生那么长的时间里，每当提到和描述青年旅舍的时候，它越来越多地被看作一个真正的德国的理念和创造，而且的确如此，几乎再没有什么行为能够像借助于青年旅舍而兴起和拓展的青年漫游运动那样，在如此深广的意义上体现出我们人民性格中独特的德意志精神……因此，青年旅舍依照其创建者的意愿，在最崇高的文字含义上成为各流派和各民族青年真正相会的家园，它是和平的纪念碑，秩序、洁净、教养与相互理解的绿岛。"

不知今天的"草狮子"活动组织者是否还会赞同这样的语句？如果让"埃里温广播电台"①来回答，那么答复肯定是："原则上是这样的"。难道在我们今日健康活动的填充物后面没有隐藏着同样的世界观内核吗？克服一切局限的和平主义共识难道不是在自然中才生长得最旺盛吗？那些已经退化了的大城市里的孩子们，尤其是那些离教育很远从而同时也离自然很远的阶层的孩子们，难道不应当重新被带到野外的自由空气之中，去学会区分山毛榉和冷杉，去体验草莓并非生长在冰柜里而是生长在灌木的枝头，而且真草莓比加了化学添加剂制造出来的草莓冰激凌更"有味儿"？当然，没有一个"绿色的"教育工作者嘴里会说出"教养驯化"这个词，以用它来说明其生态训练的本来含义；他们也绝对不敢带上儿童和青少年去"暴走"，那里面最精彩的体验就是在林中小溪里做空气浴、阳光浴和光脚嬉戏。如今，"休闲"已经成为一种舒缓的、"玩耍般的"活动了。

或许，假如理查德·席尔曼还在世，他会把"梭拉来发来"太阳能手推车连同"太阳能野炊"一起看成是腐化堕落的典范并因此而要求举办久经考验的篝火晚会。当然他也很可能会热烈欢迎这辆拯救气候的手推车。不过有一点确定无疑，那就是，他一定会亲自去推这辆车。早在1909年他就已经明确宣布在青年漫游活动中应当由谁来掌管能源供应："谁也不许带火柴。'宝贵的火种'只能由我一个人保管。"普罗米修斯可不是漫游带队人呀。

作者：特·多
译者：郑冲

参阅：简便晚餐、兄弟树、裸体文化、创业时代、幼儿园、高地丘陵、爱整洁守秩序、社团迷、林中寂寞、徒步之乐

---

① 埃里温（Eriwan）是亚美尼亚首府，"埃里温广播电台"并非真实存在的广播电台，而是在苏联时期被借用来在讽刺苏东当局的政治笑话中作为回答者，回答通常以"原则上是这样的"开头。

幼儿园

谁一听"幼儿园"这个词，脑海中便浮现像拱出地面的洋葱头或灌木丛中生长的鹅莓般的小人儿。无须为此不好意思，这种想象完全符合幼儿园发明者的原意："上帝庇护下的，有经验有见识的园丁按照自然规律精心维护的花园里，最宝贵的作物，人，人类的幼苗——儿童在这里领受上帝与自然的教育。"

1840年6月28日，弗里德里希·福禄贝尔（Friedrich Fröbel）在图林根布朗根堡（Blankenburg）地区鲁多尔（Rudol）市附近建立了世界上第一所幼儿园。当然，之前在德国有过白天可以把孩子交给别人看管的地方，这样的地方自称"儿童寄养所"。它们不过是给穷人的孩子提供最基本的生活保障。

与此不同，福禄贝尔是一位充满激情的"人类教育者"。他出身于一个乡村牧师家庭，从小失去了母亲。青年时代跑到瑞士的伊费尔滕（Iferten）去当家庭教师，目的是结识当时最有名的教育家约翰·亨里希·裴斯泰洛齐（Johann Heinrich Pestalozzi）。裴氏的教育理念来自卢梭，他认为儿童虽然也需开发智力，但更多的是要教育他们过一种俭朴、虔诚、接近自然和手工劳动的生活。这一点深深打动了福禄贝尔。

246 　　早在 1829 年，福禄贝尔就已经制定了一整套"护理和教育三岁至七岁儿童"的方案。与 1774 年在德绍建立第一所"慈幼院"的约翰·贝恩哈德·巴泽多（Johann Bernhard Basedow）不同，福禄贝尔不主张培养小神童。他不想建立学前班，让三岁的孩子学读书写字，六岁的孩子用拉丁语交谈。他要的是儿童天性的自由发展，只有这样才能"将人的本质中天使那一面"开发出来。继巴泽多之后，新教牧师克里斯蒂安·格特希尔夫·萨尔茨曼（Christian Gotthilf Salzmann）在哥达附近的施纳普芬塔尔（Schnepfenthal）又建了一所育儿院，那里搞"成绩排行榜"，用黄颜色的小钉子显示每个孩子的努力程度。福禄贝尔不赞成这一套。

　　对神学家奥古斯特·赫尔曼·弗朗克按虔诚主义教旨于 1695 年在哈勒附近的格劳哈建立的孤儿院和校营，福禄贝尔更是坚决反对。虔诚的神父虽然也把他的院校叫作"植物园"或"整个国家的苗圃"，但是它与福禄贝尔所憧憬的乐园大相径庭。福禄贝尔是卢梭的信徒，他从孩子都是无罪降生出发，认为教育者的主要任务是不要让孩子被人为地破坏了天性。而虔诚主义者的主张是人之初，性本恶，需要通过教育使他们成为好人。

247 　　"你们瞧那些小孩子，在娘胎里就已经种下了恶习，乖戾、执拗、不听话，等到稍大一点儿，自恋、自尊、自吹、报复、欺骗等就都暴露出来了。"宗教改革后的神学家约翰·阿恩特（Johann Arndt）给孩子们开的这张恶劣证书正是弗朗克教育思想的基础。他最重要的教育目标是"摧毁儿童天生的个人意志"，让有罪的孩子学会服从上帝的意志，最有效的办法是过严格规定的日常生活，每天要做的就是劳动、学习和祈祷。游戏和快乐被视为魔鬼的诱饵。谁一旦被发现在嬉戏，便要受到惩戒。

　　虽说福禄贝尔幼儿园远不像后来 20 世纪 60、70 年代的幼儿园那样无政府和反权威，但虔诚主义的那套训练方式已经让这位敏感的教育改革家无比伤心。弗里德里希·席勒曾把游戏誉为人类存在的理想方式。对福禄贝尔来说，游戏恰恰是开发儿童内心最优秀的那一面不可或缺的形式。"上帝在世界上，在草地和田野里写下了人类的教育大纲，我要在儿童游戏、生活乐趣中写下人的教育读本。"这个教育读本中并没有让

忠实于幼儿园之根本宗旨：男孩懂得了，冰柜里长不出生菜。

孩子为所欲为或陷于污浊。关键词叫作"游戏指导"。为了有针对性地启发孩子们的细微运动机能、想象力和创造力,教育家把半圆柱形、球形和方形小木块给孩子们玩,至今,在每一所水准较高的幼儿园里仍然可以见到这样的"福禄贝尔积木"。唱歌也是积极开展的一项活动:"小汉斯蹲在坑里睡着了,睡着了,可怜的小汉斯,你病了吗?你跑不动了吗?小汉斯,跳起来,跳起来,跳起来!"

最根本的重点活动其实是在园地里劳动。园地不仅仅是孩子们学会有效使用双手和区分苹果和鸭梨的地方。幼儿园要给孩子们打开重新回到伊甸园的入口,那是他们的祖先因犯罪而失去的。同时,福禄贝尔还想以此告诉妇女,她们也还有机会,至少是从后门被放进去。

马丁·路德告诉过人们,为孩子们做出贡献和牺牲是可恶的成年人或许可以求得灵魂安宁的唯一途径。新教教徒福禄贝尔继承路德的使命,除了幼儿园以外,他还建立了专门培养幼儿教师的机构。他的最后一本著作《母亲与育儿儿歌》(*Mutter- und Koselieder*)遵循的宗旨是"让我们的孩子好好成长"。

在福禄贝尔看来,幼儿园的任务绝不是给那些没时间或没兴趣整天自己照料孩子的母亲减轻良心上的负担,她们可以知道,自己去干别的事情时,孩子有人好好照管了。母亲在家里的教育和受过培训的老师在幼儿园的教育应该是紧密结合进行的。"人的性情是深深植根于天性之中的,但是人必须把两方面生动地统一起来,一方面追求与众不同、个性和独立自主,另一方面寻找大众化、集体和共同。"幼儿园的园地正表现出这样的双重性:中心是个"不融合的个性园",每个"孩子"可以自由种植,让作物表达"自己独特、深层、充满灵气的未受干扰的心境。"围绕着这座特立独行小岛的是一个"普通的、共同的"园地。

普鲁士王室对这种自然作物的集体主义——在其保护下个性将第一次真正得以张扬——深表怀疑。1851年8月,幼儿园作为"福禄贝尔社会主义制度的一部分"遭到禁止。虽然福禄贝尔崇拜者中不乏名人,比如沙龙女主人拉埃尔·瓦恩哈根的丈夫卡尔·奥古斯特·瓦恩哈根·冯·恩泽(Karl

August Varnhagen von Ense），但他们的抗议无济于事（瓦恩哈根·冯·恩泽坚信，普鲁士文化部部长那个"蠢货"肯定是把弗里德里希和卡尔·福禄贝尔搞混了。后者是幼儿园创始人的侄子，汉堡女子大学的校长，是主张妇女教育及世界人民大团结的先驱）。

直到另一位贵族血统的福禄贝尔崇拜者、女男爵贝尔塔·冯·马伦霍尔茨－比洛（Bertha von Marenholtz-Bülow）出现，才在1860年4月恢复了幼儿园。弗里德里希·福禄贝尔本人那时已去世了八年。虽然大师曾对这位女弟子颇有微词，说她是个"蛊惑者"，"折腾了半天也没搞出一所幼儿园来"，但是女男爵完成使命的激情丝毫不减。她的足迹遍布伦敦、巴黎、苏黎世、日内瓦、安特卫普和阿姆斯特丹，由于她的努力，幼儿园在19世纪下半叶成了德国的出口畅销品。至今英语和其他多种语言中的"幼儿园"都直接使用德语原词。

福禄贝尔的继承人几乎都是妇女：女男爵马伦霍尔茨－比洛的一个侄孙女1874年在柏林建立了第一个"裴斯泰洛齐－福禄贝尔之家"，目的是"改善幼儿照料和青少年教育"以及"对妇女进行家政和教育的职业培训"。内莉·沃尔夫海姆（Nelly Wolffheims）的追求听起来更具革命性，她试图把西格蒙德·弗洛伊德和福禄贝尔结合起来；1922年，同样是在柏林，建立了德国第一所心理分析幼儿园。

德国人在儿童早期教育方面投入的激情和努力与他们发展林业的激情颇为相似。森林遭到不断深入的工业化的威胁，只有当它变为科学管理的林区才能得以生存。同样，幼儿所需要的母亲的关怀受到不断深入的妇女解放及就业的威胁，只能通过幼儿园来代替。谁是新设施的真正获益者，对此两个领域都是从一开始就有争论。反对进步的认为，获益的是工业界，可以不断获得原材料和便宜的劳动力。支持进步的坚信，林区和幼儿园并非应急措施，而是能够实现第二潜力：林区是更健康的森林；与在家里长大的孩子相比，幼儿园教育出更幸福的孩子。

看看眼下，古老的争论没有停止。支持进步的人还是认为，幼儿园是那些出身贫困的孩子改变命运之唯一机会。反对进步的人则根据社会学原理提出母子分离会伤害幼儿，或者提到德国历史上的两次迷途，幼儿园不是为孩子的身心健康服务，而是为独裁制度培养合格的成员。

奇怪的是，如今，某些"左派"对建公立幼儿园大声疾呼，但是对建林区却深恶痛绝；而某些"右派"的好恶则正相反。对此的解释大概是，几乎所有的德国人都未曾放弃这样的希望：让自然总还保留一些原始的形态吧。于是便出现了这样的情形：一个听着电锯噪声不会睡不着觉的，却听不得被狠心妈妈送进托儿所的孩子哭。而另一个在幼儿园看到了孩子光明前途的，却会为那些被伐倒后堆在路边的树木落泪。

德国人还将长久地把对于所失去的乐园之渴望移情到"森林"和"母亲"身上。但是新的认识也已萌生，林区和幼儿园虽然不是将来的乐园，但它们提供了亚当和夏娃做梦也想不到的活动空间。

作者：特·多
译者：徐静华

在福禄贝尔幼儿园绝不会发生这样的事……

《孩子们玩杀猪》

有一次，孩子们看到爸爸杀了一头猪。下午，当孩子们聚在一起玩耍时，一个孩子对另一个说："你当小猪，我是屠夫。"说着拿起一把刀，照着弟弟的脖子就捅了过去。正在楼上给最小的孩子在木桶里洗澡的妈妈听到尖叫声，立刻跑了下来，见状，一怒之下从那个当"屠夫"的孩子手中夺过刀子刺进了他的心脏。转身快跑上楼去看木桶里洗澡的那个娃娃，可怜他已经躺在水里淹死了。妈妈吓坏了，绝望中听不进乡亲们的劝阻和安慰，上吊自杀了。爸爸从地里干活回来，看到这一切，伤心至极，不久也死去了。

选自《格林兄弟童话集》，第一卷（1812 年）

参阅：兄弟树、青年旅舍、母亲十字勋章、爱整洁守秩序、狠心的娘、私人菜园、女人

教会税

最早征收教会税的是代特莫尔德的利珀亲王国（Lippe-Detmold）[①]、奥尔登堡（Oldenburg）[②]和萨克森。

"统一后的德国就其实质来说不是一个基督教精神凸显的国家，它既不是天主教国家也不是新教国家。其基督教特点仅仅是缴纳教会税。"这是老德意志联邦共和国《明镜》周刊创始人鲁道夫·奥格施泰因（Rudolf Augstein）1991年在该杂志的一篇社论中的观点，这位具有自由精神的出版商堪称损人大师。

是该做个祷告的时候了吧？我们有个妥协性建议：破例少做一次瑜伽晨练，试试下面这段文字的功效。既可大声而清晰地朗诵，也可小声喃喃自语，甚至可以回忆第一次念它时的情景。祈祷吧。

我父在天，愿尔名圣，尔国临格，尔旨得成，在地若天，所需之粮，今日赐我，我免人负，求免我负，俾勿我试，拯我出恶，以国权

252

[①] 历史上的一个国家，首都设在代特莫尔德。利珀建国于1123年，1871年利珀加入德意志帝国。1918年，国王退位，利珀改为利珀自由邦。利珀如今是德国北莱茵－威斯特法伦的一部分。

[②] 也是历史上的一个国家，地理位置在今天下萨克森州一带，1871年并入德意志帝国。

荣，皆尔所有，爱及世世，诚心所愿。①阿门。

这就是拿撒勒的耶稣的祈祷经文，他教他的门徒们如此向在天之父祈祷。费利克斯·门德尔松·巴托尔迪（Felix Mendelssohn Bartholdy）和死裤子乐队（Die Toten Hosen）都为之谱过曲。它也是马丁·路德的主祷文，1545年他曾用德语这样祈祷。长期以来人们在德国最大的基督教教会之一——收税的教会——就是这么祈祷的，大家都乐于公开干预教会的事。德国人愿意交税，但把交税视为公民查账权力合法化的最佳手段。他老老实实交税，可他也喜欢审核。比这更甚的是：通过缴税成为教会的一员，教会对他来说成了一种组织，《圣经》成了章程。纳税的公民宣布自己为业余布道者。他有本事把一切，包括《圣经》都变成使用说明。在他眼中向在天之父祈祷的经文应该是这样的："你，上帝，你是我们在天上的父母，愿人都尊崇你的圣名。你的正义之世来临，你的旨意实现在地上，如同在天上一样。赐予我们今天所需要的饮食。免除我们的罪，就像我们饶恕他人之罪。不要让我们出卖你，而是救赎我们出邪恶。"

这就是2006年"翻译成恰当语言的主祷文"。它经过了消毒，特别适于递交给国际妇女论坛。路德曾让祈祷拥有庄严的仪式，从而让祈祷成为永恒的咒语；主张男女平等的人则让主祷文的语言适应民政局的需要，把关注点转移到福利事项上。他们的主祷文是主祷文的终结，他们却认为这是拯救了主祷文，并同时也拯救了他们自己，而他们为此毕竟也交了税的。

这个我父我母把教堂变成了招待所和避难所，礼拜仪式变成了社会福利工作。这样所有的事都名正言顺了，而且一切都进行得秩序井然。

现行的对教会进行资助的规定是件有德国特色的事，它是19世纪开始执行的。这主意是国家行政机构想出来的，开始只在德意志帝国的部分地区实施。

---

① 文理和合译本《新约》"深文理"，1906年。转引自滕琪《经典的认同：从〈圣经〉翻译看〈圣经〉在中文语境内的经典化》，载《维真学刊》2008年第2期。

尽管教堂的长椅鲜有人光顾,来者仍旧难逃捐款义务。

德意志之魂　教会税

虽然别的国家也有各种税收和捐款，这些钱部分地替教会带来了好处，但没有任何地方以和税务局定协议的方式征收教会税。税务局甚至为此收取手续费。

那么始作俑者是谁呢？拿破仑。当然是那位轻浮的间接伤害大师。这回是1801年他所缔结的吕纳维尔（Lunéville）和约，阿尔萨斯（Elsass）和洛林（Lothringen）划归法国所有。莱茵河左岸土地的世俗拥有者，也就是德国贵族的损失不得不靠把莱茵河右岸修道院和教会土地还作俗用来补偿。这样一来就断了僧侣们的生计，所以作为应急措施先要用税收来补救。

这项税收虽然是作为特殊规定设想的，但像所有卓有成效的特殊规定一样它不断被应用。谁要是只能靠政策作为支持国家财政的手段，那他怎么能不困窘呢？当时德意志土地上的一些小国立刻学了这一招。1827年利珀亲王国第一个征收教会税，接下来是奥尔登堡（1831）、萨克森（1838）和巴伐利亚（1892）。最后走这步棋的是普鲁士（1905/1906）。教会税仅仅是教会土地还俗的代价还是更甚？难道它不也是对有关上帝与俗世的辩论的一种回避，是政教分离过程的一条捷径吗？用天主教的话来说：公民信手把钱币扔进了国家伸向他的募捐袋，大弥撒结束后教会谨慎地接过钱币，国家同样谨慎地为这项服务收取一点儿微薄的手续费。

教会税属于地方事务，皇帝对此一直没做过什么统一规定。据说是魏玛共和国才把它写进了宪法，从而为今天的规定奠定了真正的基石和绊脚石。

纳粹时期——像在许多其他事情上一样——沿用了这一规定。德国基本法则明确指出据魏玛共和国宪法延续此规定，因此它就以那部宪法为榜样委托各州立法机构去负责此事。

此外不光两大基督教教派有收取教会税的资格，其他一些信仰团体也有此资格，比如犹太教区、天主教老教派或是宗教自由团体。有些行使这一权利，有些则不然。汉堡的丹麦海员教会自己征收此税。许多自由教派放弃了教会税，但也没有因此而遭受经济危机。

教会不会因为缺钱而衰亡。

教会税不仅仅涉及宗教团体。按照宪法法院的观点，信仰不同世界观的团体也有信仰之争。那么也可以为人道主义者征收"教会税"了，起码这说得过去。

阿门？

作者：里·瓦
译者：丁娜

参阅：诸侯割据，宗教改革，福利国家

庸俗艺术品

255   要讲清楚什么是庸俗艺术品并不是件容易的事情，其原因也许不在于各种各样的艺术观念，而是和庸俗作品的功用有关。庸俗的作品总是很具体的东西，不论它是一件当作储蓄罐用的瓷器大象，一个鎏金蘸水笔上的独裁者头像，还是希腊餐馆神龛里的普罗米修斯神，或者是意大利南蒂罗尔地区民居阳台上的木雕圣母像。

庸俗艺术品甚至常常不是那件东西本身，而是对那件东西的解释。一头鸣叫的牡鹿身后的那片风景，才是真正让这只鹿成为人们将之称为鹿的原因。《云海游人》[①]（*Der Wanderer über dem Nebelmeer*）这幅画并不是浪漫派的庸俗作品，而是后人连篇累牍地将这幅画用作书籍装帧的封面使之成了俗品。如果用一个令人难堪的标准来表述，那么俗气的定义就是，一样让你无法再看下去的东西，否则你会忍俊不禁。

关于庸俗艺术品到底是什么，可以有各种各样揣测的说法，最先可以从这个词本身开始。"庸俗艺术品"（Kitsch）一词首次有案可稽的，是19世纪70年代慕尼黑的艺术品交易，但也有人认为它出自犹太人说的意

[①] 《云海游人》是德国19世纪浪漫派画家卡斯帕尔·大卫·弗里德里希在1818年创作的一幅著名的油画。

第绪语或是英语。不管怎么说，"庸俗艺术品"从慕尼黑流传开来，对艺术的争论起到了推波助澜的作用，引发了拍卖界的各种丑闻。此外，这个词的德文写法到今天也还一直在法国和英语国家使用。对所指已很具体但涵盖仍不够明确的内容，人们乐于用外来词表达。

剩下的其他问题涉及社会学和艺术社会学，这里不言自明。

随着市民社会以及它的制造技术和审美观念的出现，也产生了庸俗艺术。艺术品的可复制性直接导致了庸俗作品的流行。卢浮宫里的《蒙娜丽莎》不是俗品，但是博物馆商店里出售的、复制在明信片或者是茶杯上冲着我们挤眉弄眼的蒙娜丽莎却是俗品。如果半数的房间走廊里都挂着霍普（Edward Hopper）①的名画《酒吧》（*Bar*），那么这张廉价的装饰画只能是件俗品。

大众社会要求大众艺术。1870年前后，大众艺术首先提供的都是纪念主题的艺术品。这时正值创业时代，人人都想有一个妆点花园的小陶俑，大家都想用这个小陶俑来表示和周围的其他人没有什么不同，每个人都想成为当中的一员。这种生活态度在德国之所以特别突出，其原因或许与德国社会发展较晚，但速度很快有关。简言之，这个时期曾经大量需要牡鹿和小陶俑。

虽然久已不是"德国制造"，但任何一本写德国人的书都不会少了它——花园陶俑。

---

① 爱德华·霍普（1882~1967），美国绘画大师，以描绘寂寥的美国当代生活风景闻名。

20世纪的情况也不例外。每种社会制度都有它自己的庸俗艺术：帝国时期的，宗教上的，纳粹时代的和共产党的。除此以外，还有消费社会无时无刻不在的庸俗艺术：几乎没有什么是不俗气的东西。只要看看"盖尔森基兴式的巴洛克风格"家具，任何人都可以从别人那里挑出毛病，虽然平时大家都是一团和气。真所谓不"打"不相识。

但是，消费社会在这里还玩弄了一个手腕，即允许大家对于庸俗艺术心照不宣，睁一只眼闭一只眼。问题真的就一下子解决一半了吗？

在庸俗艺术这个问题上，英语国家早就用波普文化一词使了个瞒天过海式的障眼法。波普文化之所以存在，乃是基于接受和肯定的观念。它既认同《玛丽莲·梦露》（*Marilyn Monroe*），也不反对《毛泽东》。安迪·沃霍尔（Andy Warhol）[①]的《玛丽莲·梦露》到底是庸俗艺术，还是上品？如果不是垃圾，那什么是上品？庸俗是垃圾吗，抑或二者都是"装腔作势"？

再说下去恐怕就是一场美国式的而非德国式的讨论了。但是，我们在此并非无缘无故地要把美国牵扯进来，我们也并非想要进行一场讨论，而是要对这个用词进行一番探讨。这里不得不承认的是，"庸俗"（Kitsch）[②]一词是个绝妙的发明。光听它的发音，你就会觉得，好像发现了它和要说的那件事的关系。凡事只要和这个词搭上关系，那就跳进黄河也洗不清了。

庸俗是个威力强大的词，它尤其适合外行人使用，因为在讨论过程中它能让任何专业名词都变得多余。借用"Kitsch"这个说法，基本上可以把所有的东西都打翻在地。庸俗就好像是一种指控，甚至反驳它的企图都会变成事物性质的升级，就像"高雅的庸俗"这个油腔滑调的用词所表露出的内容一样。

作者：里·瓦
译者：吴宁

参阅：啤酒之旅，严肃文学和消遣文学，德国人的性情，玩具屋，私人菜园

[①] 安迪·沃霍尔（1928~1987），被誉为20世纪艺术界最有名的人物之一，是波普艺术的倡导者和领袖，也是对波普艺术影响最大的艺术家，《玛丽莲·梦露》和《毛泽东》是他的两幅名作。

[②] 又译媚俗。

诸侯割据

瓦莱里奥:"就半天时间,我们已穿过十几个侯国、七八个公国和好几个王国,人未松甲马未歇鞍。……见鬼!前面又要过境了;这个国家活像个洋葱头,就是一层一层的皮,或者像个套在一起的盒子,最大的里面除了盒子没别的东西,最小的里面什么也没有。"

(格奥尔格·毕希纳,《莱昂采与莱娜》(*Leonce und Lena*)①)

祖国究竟是何样,/泱泱大国是梦想。/诸侯割据天下乱,/江山社稷遭分抢。/奈何,奈何!祖国应该大无疆!

(恩斯特·莫里茨·阿恩特(Ernst Moritz Arndt)②,1814年作)

在德国,恐怕没有人不曾问过自己这样的问题:虽然说联邦制的想法不错,但所有这一切真的必须要像现在这个样子吗?说实话,谈到联邦制,人们脑子里首先浮现的是联邦参议院里那些相互掣肘的镜头。然后想到的是:周而复始的州议会选举日期,空洞无物、只为捞取政治资本的州

---

① 《莱昂采与莱娜》是德国作家格奥尔格·毕希纳于1836年创作的一部喜剧。

② 恩斯特·莫里茨·阿恩特(1769~1860),德国作家和诗人,反拿破仑战争时期积极的爱国人士。

议会选举战，州议会选举演说，动用联邦党团经费制作的州议会选举礼品，州议会竞选人，州政府官员和选民，议会席位得票比例分配制。此外，还有那些每个月去一次柏林的州长大人们，他们在联邦参议院里把本已够复杂的事情搞得更加错综复杂。尽管在联邦制进行改革和改革的决心很明确的情况下，他们还这么干。人们见到这些州长大人们从他们的座驾里出来；在前往柏林途中，他们一路都在看文件，文件涉及甲地的进山道路关闭问题，或是乙地的铁路道口事宜。一旦他们到达柏林后从座驾中出来，首都的记者们就一拥而上伸出话筒，向他们询问对于联邦政府政策的见解。

当看见这帮州长大人和州务秘书时，没有人不曾摇头叹气。他们在首都供养着看起来像使馆一样的办事机构，让人感觉下面的联邦州就跟外国一个模样。而真正行使政府权力职能的，是像卡塞尔市市长这样的一帮市长们。

让我们来看一下州政府制定的政策中最耐人寻味的几个例子吧：

——慕尼黑的树木保护条例规定，属于保护范围的树木，树围必须达到80厘米，测量高度应在100厘米处。柏林的测量高度为130厘米处。

——根据狩猎条令，在北威州通常允许使用翘板式捕猎箱捕猎，而在图林根州只允许针对野兔和肉食动物使用诱捕器具捕猎。

——在巴伐利亚只允许在"室外餐饮区"，即啤酒园吸烟。在其他州，允许在标明的吸烟区内吸烟。在柏林，可以在非出售含酒精饮料的"Shisha"①饮食店吸烟。在柏林、黑森州、北威州和萨克森州，凡营业面积小于75平方米、明确标明以出售饮料为主的吸烟饮食店无须提供非吸烟区。在萨尔州，由店主自己经营的小酒馆不在此列。在北威州，有吸烟者俱乐部，在这些指定场所里允许吸烟，如同黑森州、北威州和萨克森州一样，在一个非对外开放的团体内也可以吸烟。

---

① "Shisha"原为一种阿拉伯水烟，在德国有专门吸这种水烟的饮食店，只允许成年人进入，顾客不以用餐和喝饮料为主，而专为吸烟而来。这种"Shisha"店在外部一般都有明显标志。

——在巴伐利亚州、巴登符腾堡州、萨尔州、黑森州、北威州、不来梅州和下萨克森州，不允许女教师在校内戴头巾。在莱茵兰－普法尔茨州、石荷州和德国东部的所有州，允许女教师在学校戴头巾上课。

有人可能会认为，事情恐怕远不止这些吧，的确如此。联邦制有它存在的充足理由和诸多好的方面，其中有些方面传统深远。但在很多事情上我们并不念及它的好处，因为在我们眼里，事情原本就该如此。这一点恰恰是当今社会后果最严重的不良习惯之一：所有正面的东西和所有的福利都被当成了理所当然的事情。

让我们回顾一下历史：18世纪初期，在德语地区大约有五十所大学，英国只有牛津和剑桥。牛津和剑桥一直续存到现在，而没有一所德国大学今天能与之比肩。

不过，德国大学的可观数量倒是给了出身寒微才华横溢的学子出人头地的机会。我们不妨来看一下彼得·沃森（Peter Watson）在《德国的天才》（*Der deutsche Genius*）一书中的观点："德国的知识分子较之其他国家的知识分子更加紧密地参与到国家管理之中。"这里应该补充的是：德皇威廉帝国在当时以及之后很长一段时间里是一个前工业化的国家。在这个国家里，不是工业化将新的领导阶层推到了前台，而是受过教育的公民。在当时情况下，他可以说是义务地拿出半天时间来打理国家的财务账目。行囊里背着道义的责任，他漫步在云海之上[①]。

德国联邦制的原则是融合性的，它贯穿在整个社会的结构中。1785年，就在古老帝国行将就木之时，德国还有1225份报纸杂志出版，而在法国仅有82份。今天，全世界五分之一的歌剧院位于德国——成为被毕希纳嘲弄成封建的洋葱头和套盒国家的不朽遗产。

这里，德国公共广播电视联盟（ARD）总经理彼得·福斯（Peter Voß）关于节目设计方案说的一句话很合乎这一情况："这个谁也学不了我们！"他

---

① 作者在这里借用德国浪漫派画家卡斯帕·大卫·弗里德里希的名作《云海游人》来强调当时知识分子所起的重要作用。

似乎还应该补上一句：无论是在节目的多样性还是经营管理方面。联邦制的原则归根到底不仅是一个组织的手段，它还有兼容并蓄和规划管理的功能。德国各州都参与其中，它们有发言权和代表权，而且要表现出自己的存在。德国公共广播电视联盟最重要的标志性节目，除了《每日新闻》，还有侦探片《犯罪现场》。这个系列片也是按联邦制设计的，各州立电台拥有至少一个自己的摄制团队，而且团队数目也是按照比例分配的。

然而在德国历史上，自古以来就有这种和平竞争社会的激烈反对者，而且他们把它视为一切坏事的根源。有"体操之父"之称的弗里德里希·路德维希·扬 1808 年曾著书说道："自德国有史以来的一切苦难，统统源自'同乡会欲望'和'小国寡民思想'。他们用同样的水洗礼入教，被同样的棍棒教训过，踩过同样的大粪，或从小开始就吃同样的肉丸、鱼、沙拉、火腿、牛肉、黑面包、熏鹅和罂粟子麻花。因此，他们不再有所追求，而是统统被要求保持吃肉丸、香肠、鱼、沙拉、火腿、牛肉、黑面包、熏鹅和罂粟子麻花的本色——这一切使他们患上了'同乡会综合征'，病入膏肓，不可救药。对这类人，有谁还会把他们当回事呢？谁若是中了这种黑白颠倒之毒害，把自己的一亩三分地当作泱泱帝国，把自家的房前院后看成百姓的家园，敌视其他民族和全人类，舍天下而贪舍彭斯特（Schöppenstedt）和席尔达（Schilda）①那么一点弹丸之地——如此，他便助长了'小国寡民'的习气，德国因之而毁灭。"

呜呼！读了这段高论，人们不禁要问，德国何以会落到这种地步？当年，德意志民族神圣罗马帝国皇帝并无中央集权，也不具有号令天下的权威，而仅仅是国家机器的象征而已。在东方国家里，他或许被人用轿子抬着各处巡视，而在德国他被迫自己骑马从一个行宫走到另一个行宫，好像他不是一个无家可归的皇帝，而是一个豪华酒店的高级督察。

尽管如此，还是不能没有这个皇帝，人们需要他的软弱，为了相互之间好打交道。旧帝国就是一副内部四分五裂的空架子，所以对外必然显得十分可笑。

---

① 舍彭斯特和席尔达分别是德国下萨克森州和勃兰登堡州名不见经传的小镇。

昔日的德意志帝国，有三百多个各自独立的王国，数不清的拥有特权的诸侯领地。在这些大大小小的诸侯国里，不仅民权和专制，机会和特权在表面的乱象中都能明显地各行其道，而且也为许多事情留下了未知的变数。当拿破仑大军压境时，这个空架子的弊端便暴露得一览无余。拿破仑不仅要打垮德意志帝国，而且要打垮它的象征。未曾想，此举反倒成全了德国人的民族国家的思想。对政治上统一国家的渴望，在反拿破仑战争中成了大多数德国人的一种情感。谢了，波拿巴先生！

其时，德国的精英中占主导地位的是文化民族的思想，或者叫语言民族的思想。随着拿破仑的入侵，德国大一统帝国的思想随之而生，其结果就是德皇威廉二世时代的到来。普鲁士是反拿破仑战争的最大赢家。由于奥地利的利益范围远远超出了德意志文化圈，此时正自顾不暇，所以，普鲁士不费吹灰之力就将这个竞争对手淘汰出局。

新行政区划：德国现在由 16 个联邦州组成。150 年前这块版图上曾有过 40 个王族徽章，250 年前甚至多达 300 个。

可能有人会说，当时还有和普鲁士竞争的第三种势力的存在，即自汉姆巴赫集会（Hambacher Fest）[①]以来，从法兰克福的保尔教堂里走出来的那批革命家以及他们的前辈们。但是，他们毫无成功的机会，原因不仅在于普鲁士的力量过分强大，而且也因为他们自己的那套议会主义的主张。有人怀疑，如果他们得以成功，充其量不过是已经灭亡了的帝国体制的重现。普鲁士在抗击拿破仑战争中所起的作用，让德意志邦联（Deutscher Bund）[②]这个临时体制的民众心悦诚服。在维也纳会议上，德意志邦联作为旧帝国的替代秩序而被建立。这个联合体的成员国和属于邦联的诸侯领地如下：

奥地利帝国及其部分世袭领地
普鲁士王国及其部分省份
巴伐利亚王国
萨克森王国
汉诺威王国
符腾堡王国
巴登大公国
黑森大公国
卢森堡大公国
梅克伦堡－什未林大公国
梅克伦堡－施特雷利茨大公国
萨克森－魏玛－艾森纳赫大公国
奥尔登堡大公国
黑森选帝侯国
荷尔斯泰因公国
石勒苏益格公国

[①] 汉姆巴赫集会指的是 1832 年 5 月 27 日至 6 月 1 日在德国黑森州和巴伐利亚州交界的汉姆巴赫城堡举行的一场群众集会活动，被视为王朝复辟时期资产阶级反对派运动的高潮，集会者反对"德意志邦联"的复辟企图，要求民族统一、自由和民治。

[②] 德意志邦联，存在时间是 1815 年 6 月 8 日~1866 年 8 月 23 日，是 1815 年根据维也纳会议成立的一个松散组织，目的是团结 1806 年德意志民族神圣罗马帝国被废除后余下的德意志邦国。

劳恩堡公国

拿骚公国

布伦瑞克公国

萨克森-哥达公国

萨克森-科堡公国

萨克森-迈宁根公国

萨克森-希尔德布尔格豪森公国

安哈尔特-德绍公国

安哈尔特-克腾公国

安哈尔特-伯恩堡公国

林堡公国

霍亨索伦-黑欣根侯国

霍亨索伦-西格马林根侯国

列支敦士登侯国

利珀侯国

罗伊斯长系侯国

罗伊斯幼系侯国

绍姆堡-利珀侯国

施瓦茨堡-鲁多尔斯塔特侯国

施瓦茨堡-松德尔斯豪森侯国

瓦尔德克侯国

黑森-霍姆堡伯爵领地

不来梅自由市

法兰克福自由市

汉堡自由市

吕贝克自由市

作者：里·瓦

译者：吴宁

参阅：基本法，文化民族空想，芦笋季，莱茵河——父亲河，社团迷

战争与和平[1]

264   1618年，可怕的战争开始了，后来人们把它叫作三十年战争。在布拉格发生了"掷出窗外事件"，哈布斯堡国王的官吏被人从城堡的窗户扔了出去，摔下深沟。波希米亚地方贵族闹起了革命，他们想要保有宗教——胡斯教，以及语言——捷克语的特权。于是，这场德意志土地上的战争开始了它的进程。

一开始先是来了一颗"扫帚星"。它那拖着火焰的尾巴预示着饥饿、瘟疫和死亡。

在德意志人（Deutsche，老写法也作 Teutsche）那里，战争状态持续的时间已经很久了，那是宗教信仰的战争。双方都做了很好的战争准备。宗教改革方和反宗教改革方、天主教和新教相互对立。这已经持续了一个世纪了，阴谋和争战充斥其间。后来，成立了施马尔卡尔登联盟（Schmalkaldischer Bund），这是第一个新教的军事联盟，然后是奥格

---

[1] 此篇涉及历史，文中人名地名极多，但在各种已出版的文献资料中极不统一，在此参考《德语姓名译名手册》《德国地名译名手册》和商务印书馆出版的《德意志史》中的译法翻译。原书第269页中有一段列举了很多人名，仅在括号内标出该人身份如"剧作家"，未逐一注释。

斯堡宗教和约带来的"停战状态"。这一切都在传递着信息，正如后来所证明的那样，一切都是先兆。

围绕着"德意志人的自由"，有慷慨激昂的宣言和普遍声嘶力竭的叫骂，还有实实在在的民众意识，不过这种意识还远未达到令人大为吃惊的地步。1608年，"新教联盟"（Protest antische Union）成立，这是新教诸侯的联盟，反对皇帝、反对罗马，并且也反对哈布斯堡家族。1609年，天主教徒们组建了"天主教同盟"（Liga）作为回应。1611年，古斯塔夫·阿道夫二世（Gustav II. Adolf）——后来在战争中扮演重要角色的人物——成为瑞典国王。1612年，变节的尼德兰"在土耳其人"那儿设立了自己的公使馆。1613年，罗曼诺夫家族的米哈伊尔·罗曼诺夫被选为俄国沙皇，罗曼诺夫王朝就此建立。1617年，举行了纪念马丁·路德开始宗教改革一百周年的庆典。瑞典和莫斯科签订了《史托波瓦永久和约》（Ewigen Frieden von Stolbova）。决定已经做出，骰子落下来了。

初期的战役开始打响。约翰·采克拉斯·冯·蒂利（Johann t'Serclaesvon Tilly）和阿尔布雷希特·文策尔·奥伊泽比乌斯·冯·华伦斯坦（Albrecht Wenzel Eusebius von Wallenstein）是天主教同盟后来的统帅，也是最著名的统帅。恩斯特·冯·曼斯菲尔德（Ernst von Mansfeld）则指挥着新教诸侯的军队。1620年打了白山战役，在布拉格郊区。新教诸侯、波希米亚人和平民等级的军队被天主教的军队打得大败，几乎被歼灭。

天主教雇佣兵的愤怒决定了战争的胜负。当听说新教的教徒们把教堂里的画像拿走，还把画像上圣徒的眼睛戳穿之后，他们怒不可遏。当然这只是个传说。实际上关键在于波希米亚贵族等级的特权，而皇帝为了反对新教准备牺牲这种特权。可是老帝国却是靠它这种形态上的不对称存在着。

1624年，玫瑰十字会（Rosenkreuzer）及其秘密社团正期待着世界的末日。雅各布·伯麦（Jakob Böhme），17世纪伟大的德意志神秘主义者，在这一年去世。1625年，英国、尼德兰和丹麦为了拯救"德意志人的自由"而建立了海牙同盟（die Haager Allianz）。战争于是笼罩了整个中部欧洲。1626年，瑞典人在普鲁士安营扎寨，他们同样留下了一片焦土。正如当时的人所讲述的，两派的军队及其支持者扫荡过来又扫荡过去，把生活世界变成了战场，到处散落着磨坊的石碾、烧红的铁块；并且还有人说，曼斯菲尔德曾经到过那里，这位将领后来在转战途中病发身亡。传说，临终之前他写下遗嘱，然后披挂上全副甲胄，在生命的最后时刻，由两位亲随搀扶，站立着等待死亡来临。

1627年，波希米亚建立了专制的国体。法国和英国之间因为胡格诺教派而爆发危机。

1628年，华伦斯坦包围施特拉尔松德的行动失败。

1629年，哈布斯堡与丹麦在吕贝克签订和约。

1630年，古斯塔夫·阿道夫在波莫瑞海岸登陆。华伦斯坦被皇帝解职。天文学家兼占星学家开普勒（Kepler）去世。

1631年，法国和瑞典签订了贝尔瓦尔德（Bärwalde）协议，这是一项为拯救"条顿人的自由"的划时代的谅解，当时的列强们如是说。蒂利和戈特弗里德·海因里希·冯·巴本海姆（Gottfried Heinrich von Pappenheim）——皇帝的骑兵元帅，屠城马格德堡。

1632年，华伦斯坦再次以将军身份回到战场。古斯塔夫·阿道夫一路打到了帝国的南部。蒂利，天主教的狂热信徒，战死了。古斯塔夫·阿道夫和巴本海姆在吕岑（Lützen）会战中阵亡。尼德兰与西班牙举行媾和谈判。

1633年，瑞典王国首相阿克塞尔·奥克森谢纳（Axel Oxenstierna）与莱茵河地区的新教一方建立海尔布隆同盟（Heilbronner Bund）。阿尔曼·让·杜·普勒斯，也即黎塞留公爵（Armand-Jean du Plessis, Herzog von Richelieu），法国的红衣主教，制订了向莱茵地区扩张的计划。

1634年，华伦斯坦遭刺杀。

1635年，法国公开介入德国内战。

1636年，瑞典军队在维特施托克（Wittstock）获胜。安德烈亚斯·格吕菲乌斯写下他的伟大诗篇《祖国的泪》（*Trännen des Vaterlandes*），控诉战争造成的破坏。

1639年，天主教联盟的统帅奥克塔维奥·皮科洛米尼（Octavio Piccolomini）在泰昂维（Thionville）获胜。马丁·奥皮茨（Martin Opitz），著名的德国诗歌革新者，死于鼠疫。

1640年，腓特烈·威廉（Friedrich Wilhelm），大选帝侯，接掌国务。在雷根斯堡召开帝国等级会议，主旨为结束德意志战争。

1643年，明斯特和奥斯纳布吕克被确定为和平谈判的地点。

1644年，瑞典与丹麦开战。

1646年，卡尔·古斯塔夫·弗兰格尔（Carl Gustav Wrangel）和亨利·德·杜伦尼（Henri de Turenne）——德意志土地上的瑞典军队司令和法国军队司令，在德意志兰互相配合，协同行动。瑞典人又打到了波希米亚。尼德兰人同西班牙人在明斯特进行和谈。

1648年，西班牙哈布斯堡王朝和尼德兰签订和平条约。瑞典占领布拉格。在明斯特，法国与德国皇帝连同帝国各阶层签订了"永久和平"条约，此外在奥斯纳布吕克同瑞典也签了和约。在欧洲，自由宪法和地理政治的均衡重新得以确立。瑞典借助于所获得的波莫瑞和不来梅，作为保证国（Garantiemacht）而成为帝国等级（Reichsstand）①，法国则获得大部分阿尔萨斯地区，巩固了其通向莱茵河的前沿地带。

三十年战争是后来两次世界大战的先兆。它之所以成为先兆，是因为其战火蔓延的范围覆盖了一整片区域，在一段漫长的时间里，它把大片土地变成了无尽争战之渊薮。还有就是它以意识形态论证战争目的，这也是先兆之一。

---

① 帝国等级指组成德意志神圣罗马帝国等级会议的成员，帝国等级会议分为三个院也即三个等级，分别是选侯院、诸侯院和城市院。参见《德意志史》第二卷上册，商务印书馆，1998，第475页。

似乎，每个世纪一旦开始，地质构造板块立马就必须动荡一下，仿佛要把一切沉睡不醒的东西都翻转过来，全然不顾会造成多大损失。

1914年事情又发展到了这一步。一开始又是先来了一颗"扫帚星"。这回人们拿它开玩笑，毕竟经过了启蒙，而且大家已经知道是怎么回事了。于是，这颗彗星便出现在了搞笑明信片上，人们互相把它寄来寄去。然而，随后就再次出事了，向来如此。

突然间，所有国家都相互宣战，直到今天人们还在疑惑怎么会发生这样的事情。那些决策之人，他们的平庸显而易见，他们本不想开战也是明摆着的，这些人里没有一个会被认为是有能力做出重大决定的人。连威廉二世都是如此，更别提特奥巴尔德·冯·贝特曼·霍尔韦格（Theobald von Bethmann Hollweg）了，这位早已被遗忘的帝国首相——既保守又具有自由主义思想，而且与社会民主党过从甚密——渐渐变成了个内政政治家。

实际情况是，欧洲这种19世纪当中靠外交谈判谈出来的均衡状态，在1914年已经无法再作为集体安全保障体系发挥作用。欧洲五国组成的神圣同盟在1815年能够遏制拿破仑，但百年之后却已只是一块化石。总体上看，这可说是因西部和中部欧洲工业化所致，但主要原因却是德意志帝国崛起成为欧洲大国，尤其是德国自己也这样认为。或许也可以这样说，维也纳会议时期的神圣同盟不认可小德意志方案。

当德意志帝国突飞猛进地发展，并在西方的领头经济大国英国的事务中插手时，中部欧洲的第二个国家，同为德意志人建立的多瑙河王朝，却在必须做出调整以适应现代化的问题上陷入了极大的困境。

当德意志帝国能够毫不费力地展现出民族国家面貌，与时俱进满怀期待面向未来时，多瑙河王朝却常常以上个世纪的遗存和早已经过时的国家形式的面目出现。正如向来常会发生的那样，在这种情形中，无数力量都在施加影响，加快瓦解的进程。如此一来，大的、小的、不起眼的事件或者只要是个事件，都会变成灾难的起因。

1914年8月6日，《帝国官方公报》（*Reichsanzeiger*）以特刊发表皇帝的战争动员令如下：

致德意志人民！

自帝国建立迄今，历四十三年，朕及朕之先祖不遗余力，维护世界之和平，冀于和平之世中促我之迅疾发展。惟敌对列强于吾民之劳作成果深妒之矣。向因意识到己之责任与力量，吾民对来自东西方及海峡对岸或明或暗之敌意诚忍受之。然今人欺我甚矣！彼敌扩军备战意图偷袭，竟令我袖手观之。人不容我以坚定之忠义维护我为其大国名誉而战之盟友，盟友若遭挫，我之力量与荣誉亦将同失。故此，而今须由剑戟决之！敌袭我于和平之中，我须拿起武器去战斗！任何犹豫动摇均无异于对祖国之背叛。事关祖先新建帝国之生死存亡，事关德意志国家民族之生死存亡！吾民当英勇抵抗，一息尚存，绝不后退！我们终将赢得这场战斗，纵与全世界之敌对抗亦在所不惜。德国只要团结一心，就绝不会被征服。前进，上帝与吾民同在，正如上帝曾保佑吾民之先祖。

对动员令发布后菩提树下大街上的气氛，《法兰克福日报》（*Frankfurter Zeitung*）做了报道。"在菩提树下大街和王宫前"，报道中写道，"在动员令公布之后聚集起了数十万人。任何车辆均无法通行。谐趣园（Lustgarten）和王宫前的露天广场全部被密密麻麻的人群填满。人们高唱着爱国歌曲，像有人指挥一般不断齐声高喊：我们要见皇上！大约六点半，皇帝在王宫二楼的中间窗户现身，人群中顿时爆发出震耳欲聋的欢呼，高喊乌拉欢迎他出现。爱国歌曲再次唱响。稍歇，人群安静下来。皇后走到皇帝身旁，皇帝向人群挥手，示意他要讲话。在深沉的寂静中，皇帝用一种在很远处也能够听到的、逐渐加强的声音开始讲话。他说：如果真的开战，任何政党都要停止活动。我们的身份只是德意志兄弟。虽然在和平时期有一两个政党曾经攻击过朕，但朕现在出自全副真心原谅它们。要是我们的邻国不乐意让我们享有和平，那我们希望——这也是我们的心愿——我们德意志人的利剑将通过战斗夺取胜利。

皇帝话音甫落，顿时欢声雷动，柏林可能从未有过如此震耳的欢呼。人们群情激动，又开始高唱爱国歌曲。

在此期间，按照施利芬计划，德国军队已经开进了中立的比利时。施利芬计划的设想是绕过法国那些经过加固的防线。

德军轰炸了勒文（Löwen）市——荷兰语也称作鲁文（Leuven）。图书馆，保存西方文化记忆宝藏的地方，被炮弹击中，15世纪印刷术刚发明时的古版书和许多珍贵图书在炮火中化为灰烬。敌方利用这一事件大肆宣传。为此，九十三位知名人士在一份《告文明世界书》（*Aufruf an die Kulturwelt*）的答复告白上签名，其中写道："说我们的战争行为蔑视国际公法，这不符合事实。并没有什么毫无节制的残暴行为。可是在东方，俄国大兵大肆杀戮妇女儿童，鲜血浸透了土地；在西方，达姆弹撕碎了我们战士的胸膛。像你们那样同俄国人和塞尔维亚人结盟，把屈辱场景展现在世界面前，唆使蒙古人和黑人去攻击白种人的家伙，根本没有权利来扮演欧洲文明的卫道士。"

在签名者中，包括"作为德意志科学与文化代表"的如下人士：理查德·德梅尔（Richard Dehmel，印象派、自然派诗人）、弗里茨·哈伯（Fritz Haber，化学家）、恩斯特·黑克尔（Ernst Haeckel，又译海克尔，动物学家和哲学家）、阿道夫·冯·哈纳克（Adolf von Harnack，教会史家和神学家）、格哈特·豪普特曼（剧作家、诗人）、马克斯·克林格尔（Max Klinger，象征主义画家、雕塑家）、马克斯·利贝曼（Max Liebermann，画家）、弗里德里希·瑙曼（神学家、自由主义政治家）、马克斯·普朗克（Max Planck，物理学家、量子力学的创始人）、马克斯·赖因哈特（Max Reinhardt，柏林德意志剧院院长、戏剧导演）、威廉·伦琴（Wilhelm Röntgen，物理学家，X射线也即伦琴射线发现人）、西格弗里德·瓦格纳（Siegfried Wagner，作曲家）、威廉·冯特（Wilhelm Wundt，心理学家、哲学家）。据说这篇告白出自喜剧作家路德维希·富尔达（Ludwig Fulda）之手。与上述告白针锋相对，格奥尔格·弗里德里希·尼古拉（Georg Friedrich Nicolai，生理学家、医生）起草了《告欧洲人书》（*Aufruf an die Europäer*），他特地为这篇回应配上这个恳切的标题，然而却只获得阿尔伯特·爱因斯坦（Albert Einstein）和另外两个人的签名支持。

第一次世界大战的原因不能只在军国主义和威廉二世的扩张贪欲中寻

找。军国主义本身绝对有其民俗成分（folkloristische Komponente）在内。上一次战争发生在1870年，也就是44年之前。当军队开往巴尔干的时候，其实战经验，大概跟1990年的联邦国防军差不多。这些头戴德国步兵特有的尖顶皮头盔的士兵，其行为举止看上去与其说像是懂得作战技能的战士，不如说更像是头一回走进啤酒馆的新手大学生。而东部边界那边所谓的斯拉夫后院，其抵制并入德国统治下的中欧的反叛早已取得了不少成果。这个"后院"更愿意与挚诚协约①（Entente cordiale）——西方同俄国的联盟——并肩合作，以期能够实现各自的民族国家计划。首要人物当数捷克哲学家托马斯·加里格·马萨里克②（Tomáš Garrigue Masaryk），他依照旧时波希米亚的传统以政治游说者的身份四处活动，为此目的在战争期间甚至跑到了美国。

这次世界大战的原因还在于，在皇帝统治之下的德国人本想向西方证明其竞争力，然而在西方看来他们只是些讨厌的竞争者。德国人越与西方相像，就越令人讨厌。而他们本来是想要张名片跨进西方这个圈子，为此还掏了不少钱。

所有这一切汇集起来，最终导致全面的利益封锁。使事情变得无可挽回的最后那一锤子，则是众所周知的外交上的愚昧之举。归根结底一句话：战争问题不能用战争责任问题来回答甚至是取代。

纵然是一场世界大战，其起因也可以微不足道。就第一次世界大战而言，起因是哈布斯堡皇储弗朗茨·斐迪南（Franz Ferdinand）在特意去访问波斯尼亚的萨拉热窝时被刺杀。这个事件导致奥匈帝国向塞尔维亚宣战，而这又促使后者的保护国俄国走上战场，接下来最终导致西方大国法国和英国加入战争。于是，这块说德语的中欧地区，如民族主义者兼自由主义者弗

---

① 挚诚协约（Entente cordiale），又名英法协约，英法两国为解决彼此间的长期争端，于1904年4月8日签署协约，协调两国殖民利益，以共同对抗德国；1907年俄国加入后成为三方协约，协约国之名即来源于此。

② 马萨里克在一战期间领导侨居国外的捷克人和斯洛伐克人进行反对奥匈帝国的斗争，期望在协约国支持下争取民族权利。1918年赴美说服美国政府提供物资和军事援助，同年10月在华盛顿发表《独立宣言》，宣布成立捷克斯洛伐克临时政府，11月14日当选为捷克斯洛伐克共和国首任总统。

厌战，但好歹总算是生还。第一次世界大战后返回柏林的士兵。

里德里希·瑙曼在其《中部欧洲》（*Mitteleuropa*）一书中所称，很快就陷入两线作战，而这正是施利芬计划原本所要阻止的。它最终输掉了这场战争。

第一次世界大战的终结，特别是1919年和1920年在巴黎郊外那些贯彻了战胜国意志的和约的签订，总体上宣告了整个20世纪的走向及其悲惨的命运。有这样一种说法：19世纪的资产阶级世界由于第一次世界大战而终止，而且不仅在战败国的社会中如此，在战胜国也是如此。由于第一次世界大战，大众社会第一次——为其匿名性所保护——走上了历史舞台。至于这种登台与其说是令人信服的，还不如说是强加于人的，那是后话，暂时没什么意义。

在危机中，大众突然一下子就无法控制地投入了运动，任何事物、任何人都不再能够使他们回归秩序。在战壕中体验到的一切——这场战争的毫无意义、战事的恐怖与惊骇、统帅们在军事行动中和政治上的笨拙，把他们对国家权威的崇敬驱除得一干二净。在群众运动匿名性的掩护下，此前还是官方组织的武装团体，转眼就变成了一群叛乱分子，变成了反抗当局的无政府主义者。在普遍的混乱当中，一种底层的世界主义获得了行动机会，它把资本的利益视为战争的起因和理由。从对战争的厌倦中生长出了阶级斗争的兴趣。这使卡尔·马克思看上去很有道理，然而与此同时——这点无人提及——这也正是参战者们的头号遁词。这些参与战争的人，突然间作为信念一致的无产者看到了共同的利益，而正是他们此前互相朝着对方射击了好几年。

而后，在1917年，先是在圣彼得堡，到了1918年以及在那之后，也在战败国，尤其是在两个德意志国家当中，人们变成了革命者，打算在慕尼黑、柏林、维也纳和布达佩斯建立苏维埃共和国。这事儿的结局众所周知，然而，在德国，因社会民主党人强烈要求节制而遗留下了爱走极端的运动：民族社会主义和共产主义。

共和国无法安定下来的原因常常被归咎于经济形势，但那并不是唯一的原因。毋宁说是，大多数利益集团无法在魏玛共和国的国家行为中看到权威性。德国公众还没有准备好接受这个共和国。德国人大多还在对废除君主制感到若有所失，当然他们并不是怀念威廉二世那个不称职的君主，而是想要一个君主制来作为权威要素。魏玛共和国就像是没有皇帝的帝国，像是没有国王的普鲁士。

年复一年都有新的以普鲁士为主题的电影上映，这并非偶然现象。1932年上演了七部电影：《元帅前进》（*Marschall vorwärts*），历史电影，主题围绕反抗拿破仑的解放战争中的布吕歇尔元帅；《十一个席尔军官》（*Die elf Schillschen Offiziere*），也是与解放战争时期相关的历史剧；《黑衣轻骑兵》（*Der schwarze Husar*），关于解放战争时期的历史喜剧；《无忧宫里的舞女》（*Die Tänzerin von Sanssouci*），关于腓特烈大帝和舞女巴贝里娜的历史喜剧；《坦能堡会战》（*Tannenberg*），是根据文献资料编写的描绘第一次世界大战中坦能堡会战的故事片；《特奥多尔·克尔纳》（*Theodor Körner*），关于这位解放战争时期的诗人的电影；《特伦克》（*Trenck*），是讲述特伦克这个腓特烈大帝时期冒险家的离奇经历的电影。如此种种，纯属鼓动民众的宣传大冒进。

对第一次世界大战起因的探究，在魏玛共和国时期的辩论和餐桌论战中占有最重要的位置。其中——主要在保守人士的圈子里——争论主要围绕对失败原因的查究。在这当中有很多言论都在谈论背叛，尤其是所谓的"背后捅刀子"这类传言，这种说法是军队的高层领导传播开来的。这些军官们说，军队在战场上并没有被打败，是社会民主党人和犹太人在谈判桌上把事情给搅黄了。

战胜国以和平条约所赋予的义务太重是魏玛共和国失败的主要原因之一。确实，这些条约摆明了是特意要让人感到屈辱，并且要由此而让失败者再不可能以任何方式——哪怕只是自己为自己——找到辩护的理由。一战后的这些和平条约不是值得称道的好条约，既没有为长远着想，也没有《威斯特伐利亚和约》那样的持久性。

这些和平条约其实对修正主义思潮①更有利，而修正主义思潮在纳粹党的宣传鼓动中起着十分重要的作用。第一次世界大战的失败可以在某种程度上解释纳粹为何能够夺取国家权力，但是不能拿它来作为德国社会向极端主义和非法暴力投降的理由。

魏玛共和国在立法和行政机构设置上遵从了民主原则，然而民主原则是必须以武力来捍卫的。在魏玛共和国有合法的政党制度，但是每一个差不多能让人认真对待的政党都有自己的准军事组织。不单是纳粹党有其臭名昭著的冲锋队（SA），德国共产党也有其红色阵线战士联盟（Rotfrontkämpferbund），社会民主党、中央党（Zentrum，实为天主教派政党）和德意志民主党（DDP）有国旗军（Reichsbanner），德国国家人民党（Deutschnationalen Volkspartei，DNVP）有钢盔团（Stahlhelm）。而且，红色阵线战士联盟的队员们相互间打招呼也已经在用"莫斯科万岁！"（Heil Moskau）和"斯大林万岁！"（Heil Stalin）了。

魏玛共和国在所有参与其创建者的眼里都被看作应急之举。20年代的原则就是修正（战后状态）。而纳粹很擅长以最坚定的修正要求代言

---

① 修正主义（Revisionsmus）在德语中有两个意思，一个是指对法律尤其是对国际法所确定的制度和义务等的修正，另一个是指国际共运中对马克思主义经典理论的修正。中国人熟悉的通常是后者，而文中所指的则是前者。

人的面目出现。很快纳粹就成了正宗，其他那些则变成了副本。

于是，1933年，事情发展到了这样的地步：

3月24日，帝国议会通过了《拯救人民与国家苦难法》，即授权法①。

4月10日，宣布5月1日为"国家劳动节"。

6月1日，通过了《减少失业法》，其实是个创造就业计划。

7月20日，梵蒂冈与德国签署条约。

8月25日，公布被褫夺公民权者名单。

10月14日，德国退出今日联合国的前身国际联盟。

1934年：

4月17日，法国向英国发照会，缘由是德国破坏《凡尔赛和约》。

4月24日，设立最高人民法庭。

8月2日，兴登堡过世。

1935年：

3月16日，通过扩军法。

9月15日，接着通过了(禁止不同种族通婚的)德意志血统及荣誉保护法。

1936年：

3月7日，德国军队开进和平条约规定为非军事区的莱茵兰。

8月1日，奥林匹克运动会在柏林开幕。

11月26日，禁止艺术批评。

---

① 该法允许时任总理希特勒及其内阁无需议会同意即可通过任何法律，为希特勒此后的罪恶行径披上"合法"外衣。

1937年：

1月26日，通过官员法。

3月14日，教皇发表《深心忧虑》（*Mit brennender Sorge*）通谕。

7月19日，"堕落艺术"展在慕尼黑开幕。

这年秋天开始系统地对犹太人的财产进行"雅利安化"。

1938年：

（不愿与纳粹思想"协同"的）明认教会（die Bekennende Kirche）①的尼默勒（Niemöller）牧师被投入集中营。

3月12日，德军开进奥地利。

8月17日，下令犹太人必须使用易于识别其犹太身份的特定名字（Zwangsvornamen）。

8月18日，贝克将军因为反对进行攻击他国的战争而辞职。

9月29日，在慕尼黑签署关于苏台德地区的协定。

11月9日，（大规模打、砸、抢、烧犹太人住宅、商店、教堂的）"水晶之夜"。

1939年：

4月20日，为希特勒50岁生日举行大型阅兵式。

5月23日，希特勒宣布其全面进攻计划。

1939年的8月23日是个星期三。天气记录表明，1939年的8月份热得有些过头。这年世界上的时髦女士们必备的时装是波莱罗短裙（Bolero），

---

① 又译认信教会或宣信会。

好显出纤细的腰身。新的成系列的汽车则是宝马335和迈巴赫（Maybach）SW 42。1939年最火的电影是讲述美国内战的影片《飘》。而这年热销的图书是恩斯特·云格尔的《在大理石礁岩上》（*Auf den Marmorklippen*）和詹姆斯·乔伊斯（James Joyce）的《芬尼根守灵夜》（*Finnegans Wake*）。在巴黎，剧作家让·季洛杜（Jean Giraudoux）的新剧《温蒂妮》（*Undine*）首演。在布宜诺斯艾利斯，国际象棋奥林匹克赛开始举行。在莫斯科，斯大林出席仪式，签署了一项德苏互不侵犯条约。

七天之后，当德国军队开进波兰的时候，第二次世界大战开始了。此后不到三个星期，德军和苏联红军就在9月22日会合，为的是在分界线共同举办一个庆祝胜利的阅兵式。从这次布列斯特（Brest）阅兵式的一张照片上可以看到，（德国的）海因茨·古德里安（Heinz Guderian）和（苏联的）谢苗·莫伊谢耶维奇·克里沃舍因（Semjon Moissejewitsch Kriwoschein）两位将军心情好极了。秘密的互不侵犯条约补充议定书的第一部分——瓜分波兰——已经完成。当德国的暴力统治在波兰的核心地区蔓延时，在原先的东波兰地区加利西亚（Galizien），人们在遭受苏联的恐怖统治。这种种暴力镇压、恣意妄为、枪杀和驱逐的场景，很快就会在其他被纳入上述补充议定书的国家中重演。

1940年，苏联红军按照与希特勒订妥的协议占领了波罗的海地区、北布科维纳（Nordbukowina）和比萨拉比亚（Bessarabien）。这一年是"红色年"，它成为预告，预示着战争结束后整个中欧东部地区将会遭受的命运。当1944年苏联红军第二次向波罗的海地区、波兰和东罗马尼亚推进时，那里几乎没有人把他们看作解放者。不过，有一个可以理解的例外。

这个例外就是从集中营——地狱般的种族大屠杀工场——里出来的犹太人。对他们来说，红军是他们得救的最后一线希望。他们中的许多人，主要是年轻人，为了复仇而进入苏占区政权并为之效力。在中欧东部苏维埃化开始的那几年，他们无可避免地成为斯大林的帮手，结果在政变——共产党执政者对民族利益的攫取——的第二个阶段当中，对篡权中的罪行承担责任，当了替罪羊。纳粹以种族灭绝高手的面目出现，而斯大林却始终是权力的高手。所以，他能够把苏联的边界维持在1940年的状态并保持这种状态达半个世纪之久。

　　苏联在战争结束的时候是战胜国，与（三个）西方大国享有同等权利。其实它享有的权利还更多。英国和法国虽然也是战胜国，但它们的影响力已经下降了，而此时斯大林领导的俄国则正处在其霸权的顶点。作为年度人物，这个无产阶级独裁者的肖像在1942年已经是第二次为《时代》周刊装饰封面（第一次是在1939年；而在之前的1938年，《时代》周刊年度封面人物是希特勒，据称是因其对世界事务的重要影响而入选。人们也完全可以把这叫作绥靖主义）。

　　西方战胜了希特勒，不过是在斯大林的帮助之下。人们把这种同"罪犯"的结盟看作出于策略上的考虑，而对极权主义的这种低估所付出的代价则相当高。它导致对古拉格劳动营不以为然，并最终导致形成长期的冷战状态。

　　在这样的背景下，苏联有幸成为新型的"帝国主义"。莫斯科宣称自己是世界革命的中心。随着战争结束，它不仅成为西方的主要对手，而且还是这个"西方"的所有对手的主要代言人。冷战于是因此而起，而这也就意味着在两个超级大国的全部势力范围内德国和欧洲的分裂。在冷战的标签下，对于任何事情，喝彩总是来自反对的一方。武器不出声，却使话语获得了更大的力量，只有贬值才能使其受到限制。而总是以话语来指责、总是对话语进行曲解则必然导致话语贬值。

　　在那时，看不到新的威斯特伐利亚和约式的和平。这样的和平还得等上些日子。要等到1989年。后来1989年到来了，于是万象更新。欧洲得到了和平，而德国为和平做出了贡献。

作者：里·瓦
译者：郑冲

参阅：德国式焦虑，疆界，基本法，玩具屋，赔偿

柏林威廉皇帝纪念教堂，位于东西德分裂时的西柏林中心地带。二战中被炸毁，至今保留炸毁原样以纪念和平。

文化民族空想

279　　法国大革命大部分的功过是非,至今对世人来说,仍然褒贬不一,见仁见智。其中一个很少论及的重要问题,就是民族这个话题。"自由、平等、博爱"这个时常迷惑人的联袂三星,也始终与民族问题息息相关。民族变成了欧洲第一个现代独裁者——拿破仑——手中的工具:他非经人请,以民权的护佑自诩,而且为了掩人耳目,将民法典也改成了《拿破仑法典》。其用意无外乎是说:我拿破仑就是革命的化身。

那时的德国,尽管民众对旧帝国的分崩离析和地方诸侯的称霸割据怨声载道,但谋求国家统一的声音却鲜有所闻。面对拿破仑的强势,德国的当务之急是如何动员起来保家卫国。

那么,德国人究竟应该为谁保家卫国呢?面对拥有《拿破仑法典》的法兰西帝国,是保卫铁律下的普鲁士,还是奥地利约瑟夫二世执政的哈布斯堡王朝?当时的德国,不仅诸侯割据山河破碎,而且举国上下对这种四分五裂的局面早已安之若素麻木不仁了。

于是乎,令人讨厌的"政治"干脆被丢弃在一边,"文化"被宣称为衡量德国一切的圭臬。然而,这种对文化民族的顶礼膜拜,早在拿破仑战争之前就已经在德国萌芽。当以歌德和席勒为首的古典主义作家在魏玛的宫廷里谈论所谓世界公民和文化民族问题的时候，他们就已经能够在启蒙大师赫尔德（Johann Gottfried Herder）和莱辛那里找到自己的理论依据了。从魏玛古典派的角度来看，他们的观点不仅是对德国公众安于现状的一种诱导，同时也是想把自己当成一种全新自我意识的领军人物的尝试。他们所勾画的是一个文人和学者的国度，而自己却又躲躲闪闪语焉不详。没有国家的民族乃是为思想家和诗人服务的，歌德和席勒一语道破了这个天机。

首先是席勒在一首诗歌的散文草稿片段中道出了这个观点。这首诗在席勒死后由出版商格德克（Karl Goedeke）发表，冠名"德意志的伟大"（*Deutsche Größe*），创作年代标为 1797 年。席勒在这首诗的草稿中写道："德意志帝国和德意志民族是两种不同的事物，德意志的伟大从来没有停留在君王的头上。德国人民建立了一种与政治无关的自我价值，即便帝国消亡，德意志的尊严依旧岿然不动。……她是一种道德的伟大，植根于民族的文化和性格之中，独立于政治的命运……政治王朝兴衰更迭，精神历久弥坚，愈加完善。"

显而易见，在民族这个问题上，这个观点如果不是狂妄自大，至少是幼稚浅薄。按照席勒这个思想的逻辑，他所说的民族充其量不过是德国人一种万般无奈的"精神"民族，亦即某种没有疆域、没有政府和国家机器的自我安慰罢了。

不仅如此，在他们合编的《警句诗》（*Xenien*）里，歌德和席勒似乎已经站在了日后在魏玛为他们所建的纪念碑上，一副高屋建瓴指点江山的姿态。在《德意志帝国》（*Das Deutsche Reich*）一诗中他们这样写道："德国？请问它在哪里？我不知道去何处找寻，/ 学问开始之处，即是政治的终结之地。"再看《德意志民族性格》（*Deutscher Nationalcharakter*）中的诗句："德国人，你们教育自己成为国家，这是徒劳的希望，/ 把自己培养成自由的人，你们能行。"

人们不禁要问：这种依靠教育的自我解放行动，如果不在国家的范畴内，究竟应该在什么样的秩序范围内进行？又由谁来促进德国语言和这种语言文化的发展？

德意志之魂　文化民族空想

威廉·冯·洪堡在从巴黎给歌德写的信中说："哲学和艺术更需要自己的语言，情感和思想造就了这种语言，同时自身也为之所陶冶。正因为语言、哲学和艺术的形成过程更为精微细致，所以才增添了各民族的个性和差异性。把我与德国连接在一起的，是那些以往我和您以及周围的人生活在一起时所汲取的东西，现在我和它们中断联系将近两年了。"

洪堡的民族精神也不是政治性的："国家宪法和民族团体，不论它们是如何紧密地纠缠在一起，都不应该混为一谈。"洪堡坚持民族的差异性，不过他认为，正如历史上希腊人一样，德国人最适合为人类展现人文主义的纯洁精髓。在这个问题上，考古学家温克尔曼（Winckelmann）的观点与他不谋而合。温克尔曼认为，希腊文明的重新发现使人们认识到，希腊虽国势衰微今非昔比，但它却留下了空前绝后令人折服的文化影响。温克尔曼的这个思想对德国的文人们来说不啻是一副强心剂和安慰药，他们的时代虽然有无数大大小小的王公诸侯可以在自己的领地内称霸一方，却无法开创那个能够承载文化艺术的泱泱帝国。

约翰·戈特利布·费希特（Johann Gottlieb Fichte）在其所著《当代的基本特征》（*Die Grundzüge des gegenwärtigen Zeitalters*）一书第十四讲结尾也探讨着同样的问题："真正有教养和信仰基督的欧洲人的祖国究竟在哪里？广言之是欧洲，特言之是每个时代欧洲处在文化巅峰的那个国家。"

1806 年，法国的君王拿破仑带着他的军队和革命典籍向中欧挺近。率先起来抵抗的是普鲁士，还有捍卫普鲁士的新崛起的一代思想家们，费希特在这些人中间一马当先。1806 年的经历使这些知识分子染上了政治色彩。

那场和拿破仑角逐的结果，已经众所周知，这位法国皇帝最后败给了由奥地利、普鲁士和俄国三大势力组成的"神圣同盟"。但是，文化民族问题并未就此结束，对歌德和席勒的崇拜上升到了一个新的水平。他们死后，继续为后世——首先是 19 世纪的文化民族问题效劳卖力。两人书信集的出版，特别是 1857 年 9 月 4 日魏玛宫廷剧院门前那座纪念铜像的落成，使歌德和席勒成了一对永远拆不散的患难兄弟。至此，文化民族的信仰仪式高潮迭起精彩纷呈。

每个文化民族都需要自己的偶像：魏玛德意志国家剧院前的歌德和席勒塑像。

此前，1826 年魏玛新落成的侯爵陵墓也意义非凡。早在两年前的 1824 年，侯爵家族的二十六口棺椁就已经停放在了陵墓的拱形墓室里。但陵墓的首次入葬仪式，却是 1827 年 12 月 16 日弗里德里希·席勒疑似遗骨的迁葬仪式。后来，歌德的棺椁也于 1837 年 3 月 26 日停放在了席勒的旁边。按照原先的筹划，要为两人修建自己的陵墓，如今他们二人却在同一墓室中相伴长眠了。

后人前来瞻仰歌德和席勒的墓冢始于 1882 年——歌德逝世五十周年纪念日。

作为文化民族的两位领袖级的人物，歌德和席勒在 20 世纪仍不乏其象征意义。

德意志帝国土崩瓦解之后，文学双雄歌德和席勒成了各种政治和意识形态用来为自己辩护的一种理由。借助这双驾马车之光，德意志第一共和国甚至把首都设在了魏玛。文化民族的思想成了专门粉饰民族概念的工具。纳粹分子和共产党人盗用文化民族，企图把自己装扮成魏玛古典主义的继承人。纳粹宣传部部长戈培尔把席勒的《威廉·退尔》说成是"元首剧"，纳粹理论家阿尔弗雷德·罗森堡大谈所谓"歌德的日耳曼本质特性"。民主德国领导人瓦尔特·乌布利希在1962年的一次演说中大放厥词，说未来的全德社会主义国家将是歌德《浮士德》的"第三部"。

第二次世界大战期间，纳粹当局曾把歌德和席勒的棺椁转移到耶拿的一处地下隐蔽所中，1945年8月棺椁又被放回魏玛的墓室。2006年至2008年的一项科学研究表明，席勒棺中的遗骨绝非席勒本人，而属于几个不同的死者。所以现在席勒的棺椁是一个空棺。但这丝毫没有影响公众的兴趣：游人依然一如既往兴致勃勃地前来瞻仰席勒的空棺，仿佛瞻仰真正有诗人遗骨的棺椁一样。

如果说18世纪的文豪们至少在魏玛这样的小诸侯国里和王公贵族维持着一种比较亲密的关系，并且时有作品奉献的话，那么20世纪的文人在专制独裁制度下就只有听任权势摆布的命了，要么屈服合作，要么流亡去国，要么闭口沉默。魏玛共和国时期，文人中不乏左翼党和右翼党的追随者和保持中立者，但是大多数都对政治敬而远之。

1945年后，面对极权统治文人们再度噤若寒蝉，对政治又一次采取了避之唯恐不及的态度。不过，在联邦德国，这个迄今德国历史上最宽容和最少滥用暴力的国家，反倒是有人敢出来叫板。这个时期，不少人把民族的命运和乌托邦联系在一起，尽管不直接相信民主德国，却愿意相信乌托邦，并把共产主义理想与之捆绑在一起。许多人将这个工农国家看成是与可恶的资本主义相抗衡的新生事物，结果是错把监狱入口当成了天堂大门。

"文化民族"这个概念在这个时期被赋予了一个直接的政治任务：在东西德国分裂的大背景下，它演变成了一种外交辞令。人们可以借用文化民族来谈论德国文化的统一，而并不对民主德国的存在提出质疑。

如此，文化民族就蜕变成了一个尴尬的概念。紧急情况时，它既被用来缓解彼此间的差异，又起到跨越政治上不可逾越的深沟的作用。这种情况不单单是指冷战时期的那种对峙状态，同时也是指一种司空见惯的德国式的归纳法定式：德国最重要的文学奖——格奥尔格·毕希纳奖，除了德国作家外，也颁给瑞士和奥地利作家；卢森堡广播电台设有德语频道；瑞士和奥地利电视台也共同参与举办3sat的文化节目等，不一而足。

对联邦德国持批评态度的作家1990年用来反对东西德统一的一个理由是，有一个文化民族就足够了。君特·格拉斯甚至突然要做当年费希特那样的欧洲人。马丁·瓦尔泽则不然，这个德国统一的坚定支持者1988年时干脆把文化民族叫作"苟且偷安的公式"。在他看来，这个公式是德国统一的一种危险。君特·德·卜吕安（Günter de Bruyn）又是另外一种态度，这位来自德国东部的作家和普鲁士市民史学者，把文化民族看作对民族国家的一种补充。

如今，所有德意志血统的国家都处在申根协议国的地理范围内，德国的统一已经实现，法西斯主义灰飞烟灭，"文化民族"这个概念还有何意义？然而，文化民族在今天的德国却再度成为一个现实的话题，其原因与外国人的融入问题密切相关。一个民族必须具有表达其所属关系的条件的能力，这些条件已经超出了国家宪法的范畴，必须从文化的视角去理解。

作者：里·瓦
译者：吴宁

参阅：浮士德，严肃文学和消遣文学，下班之后，音乐，牧师之家，横向思维者，宗教改革

男声合唱

287　　世界上到处都有男人。男人开始唱歌的事情，几乎任何地方都可能发生。爱好音乐的环球旅行家耳畔萦绕的不是来自西班牙的格里高利风格的僧侣唱诗，就是伏尔加河畔哥萨克人高亢悲怆的调子。但是，世界上有那么一种男人的歌声，它是一种极低的低音到最高的假嗓高音的多声部组合。闻之者虽未及听懂歌词，但已好似瞬间置身于一座森林一般：前方树丛间传来猎人欢快的号角，身后滔滔的莱茵河水奔流而去。有鉴于此，对德国心存芥蒂的人，皆将男声合唱视为可怕的条顿民族精神的有声载体："风琴和男声合唱——我想象中的人间地狱……"

社会民主党籍的侦探小说家汉斯耶尔格·马丁（Hansjörg Martin）于1981年专写了一部关于男声合唱的小说，书中讲道，"男高音颤抖"不仅是因为德国小城镇的合唱队员年逾花甲倒了嗓子，而且还和他们对纳粹历史的集体压抑有关。正如作者把二者之间的关系揭示得如此浅显明了一样，人们不禁怀疑，德国的男声合唱从来就不是一种纯粹的艺术追求，从开始起它就是一种与政治有染的工具。

1809年1月，世界最古老的混声合唱协会"歌唱学院"的主席、作曲家和音乐教育家卡尔·弗里德里希·策尔特（Carl Friedrich Zelter）在被拿破仑占领的柏林成立了第一个专门的男声合唱团,以不列颠亚瑟王发明的圆桌聚餐为样板的"歌咏聚餐"(Liedertafel)随之应运而生。爱国市民和贵族人士每月碰头一次,"在德国式轻松和悠闲的气氛中,用简单的饭菜"进行"高雅的聚会",边吃边唱诗人或作曲家会员自己创作的歌曲。聚会不仅是要摒弃"外国的(即意大利和法国式的)雕虫小技",同时也企望克服德国内部的种种障碍:不论是阶级的也好,地域的也罢。所以,后来的男声合唱协会都喜以"协和"或是"和谐"冠名,绝非偶然。

尽管德国南部和瑞士男声合唱行业的开路先锋——音乐教师汉斯·格奥尔格·内格里(Hans Georg Nägeli)经过研究,证明男人有"更加锐利的单音力量",而女人则是以"波浪音"见长,但是,在合唱协会初创阶段,这些男声合唱团体却并不显得粗野凶悍,反倒有不少真诚和理想主义的特点:"兄弟们,伸出手来团结紧!/在这个美好的欢庆时光/引导我们登上光明的高峰!/放弃一切尘世的眷恋,/我们友谊的和谐/坚固、美好,直到永远。"

音乐学者对这首著名的《盟友之歌》(*Bundeslied*)的曲调是否真的出自沃尔夫冈·阿玛多伊斯·莫扎特之手一直争论不休。事实上,不单单是共济会的成员喜爱唱这首歌。① 歌唱不仅能使男人豪情满怀,而且能让他们摆脱日常的猥琐心态,精神得到升华。这个观念也同样体现在另外一首前毕德迈尔时代的民歌里。这是一首歌唱活动必唱的歌曲:"歌声响起的地方,人人可以高枕无忧,/无所畏惧,哪管它小道流言。/歌声响起的地方,无人会遭抢劫;/强盗恶棍同歌唱无缘。"

直到反拿破仑战争时期,男人嗓子的这种"更加锐利的单音力量"才被用来鼓舞自己的士气,并让法国人闻歌丧胆。1813年在普鲁士成立的"吕佐夫自由军团",是一支由同仇敌忾的大学生、作家和柏林名流,如"体操之父"路德维希·扬和抒情诗人约瑟夫·冯·艾兴多夫等组成的半正规化的军队。在这些人中间还有诗人特奥多尔·克尔纳。他于这年血洒疆场,

---

① 莫扎特是维也纳共济会会员,因此有人认为,这首歌的曲调出自他之手。

留下组诗《莱耶尔和施韦尔特》(*Leyer und Schwerdt*)。此诗后由浪漫派作曲家卡尔·玛利亚·冯·韦伯谱曲,从而成了男声合唱的极品之作:"是什么在林中阳光下闪烁?/听到它的声音呼啸近前。/树影婆娑中若隐若现,/嘹亮的号角响彻其间,/闻之不禁令人心惊胆战。/试问黑衣随从马弁:/方知吕佐夫威武彪悍出猎!"

1813年10月,拿破仑在莱比锡战役中兵败,法军不得不撤回到莱茵河以西的法国。此时,维也纳会议开始着手给欧洲大陆制定一个新的政治和地缘秩序。然而,德国统一和崛起的希望此时并未能实现:退回到1792年去——这就是梅特涅(Metternich)侯爵制定的方针。王朝复辟开始了,封建诸侯割据依然如故。1819年,在执行卡尔斯巴德决议(Karlsbader Beschlüsse)[①]的过程中,由弗里德里希·路德维希·扬数年前作为民族崛起的举措而成立的体操协会遭到禁止,大学生社团(1815年在耶拿成立了最早一批这样的组织)被取缔。而合唱协会却得以幸免。虽然追寻同样的目标,但在当局眼里,合唱团比之体操协会和狂热的学生尚没有图谋造反的嫌疑。也许是出于忌讳,当局没有对致力于德国艺术中最崇高的音乐艺术的团体下狠手。受到压制同时又血脉贲张的民族之魂,此时躲进了歌曲艺术之中。

于是乎,各种歌唱协会在德国各地纷纷出现。1824年在斯图加特诞生了一直延续至今的"歌曲花环"(Liederkranz)协会。该协会在它最初的章程里写道,有义务"把对德国伟人的纪念传承下去",比如弗里德里希·席勒,协会中好几个创始人都同他有过友好的交往。相比普鲁士的"歌咏聚餐"协会,南德的这个"歌曲花环"表现得不那么高人一等、目中无人,它甚至让"女子合唱队"也同时与之并存。不过,1827年在普洛欣根(Plochingen)举办的第一届施瓦本歌手节上,女歌手还仅是个陪衬的角色而已。

[①] 卡尔斯巴德决议,指的是1819年8月6日至31日在捷克的卡尔斯巴德举行的部长会议上做出的决议,当时德意志邦联中最有影响的邦国参加了这次会议,目的是监控和压制拿破仑战争后德意志邦联中自由和民族统一的思想和行动。

七尺汉子也爱唱走心之歌。

德意志之魂　男声合唱

在当局审查制度的严密监视下，举办者把这次歌手节的目的和宗旨表述为："观众将从歌唱的水晶般的宫殿里获得欢乐，为了最崇高和最高贵的目的，为了信仰和自由，为了君王和祖国，他们的情感将被打动……除此之外，观众将摆脱追名逐利和平日的担心与忧虑，拉近和周围人的距离，在歌声的力量面前，可笑的等级障碍将被摧毁。"

虽然歌手们不想真正撼动男人和女人之间的界限，但他们发誓要拆毁"另一个可笑的障碍"——法兰克福的"歌曲花环"在1838年举办的德国歌手节上亮出自己的口号："不论基督徒，犹太人还是异教徒；/来自近邻，还是来自远方，/平民百姓；还是王公贵族；/天下歌手是一家！"

与德国的大学生社团不同，男声合唱组织在19世纪初期基本没有什么反犹色彩，他们没有参与街头的无赖之徒对犹太人的吆喝驱赶。对于音乐这个共同语言的自豪，以及在音乐中获得共同表达心声的追求，超越了宗教的差距和无知的偏见。投身于歌唱的目的，正是为了克服这种差距和偏见。

今天看来，作曲家费利克斯·门德尔松·巴托尔迪是一个"文化融合的核心人物"。他的父亲是个成功的犹太银行家，把自己的孩子送到教堂洗礼，并且自己后来也皈依了基督教。1846年第一届德国–弗兰德歌手节在科隆举行，门德尔松出任首席指挥。他由火炬队员护送到下榻的旅店，并由鼓手和号手一路陪同登上指挥台。歌手节开幕式上，他改编自席勒诗歌《艺术家庆典之歌》（*Festgesang an die Künstler*）的合唱作品首次公演。在艺术这个更高的宗教信仰中，犹太文化和德国文化实现了融合共生："被她的时代所不容，/严肃的真理逃进了诗歌中/在合唱女神那里找到了保护。/在女神的光辉照耀下，/真理充满了反抗的力量，/她在歌唱声中获重生/用胜利的歌声/向迫害者进行复仇。"

两千多名德国–弗兰德歌手唱起了这首艺术的赞歌。这种促进民族沟通的千人歌手大合唱形式，直到一个半世纪之后，才出现了它的继承人——德国当今著名的合唱团体领队戈特希尔夫·菲舍尔（Gotthilf Fischer）和他的街头演唱队。

仅隔了一个夏天，在瓦尔特堡城下举办了 1848 年三月革命之前最重要的一次合唱节，其场面丝毫不逊于一年前的那场盛会。应图林根歌手联合会的邀请，歌手们在那里不仅连续演唱了两天，而且还进行了各种讲演和节庆游行。在刚刚通车的从哈雷到埃森纳赫（Eisenach）的铁路线上，铁路部门还特别增开了火车专列，啤酒应有尽有。把合唱节安排在瓦尔特堡进行是经过精心考虑的：1817 年在那里举办了首届瓦尔特堡节，当时耶拿城元老级学生社团号召所有具有民族思想的大学生前往参加。在这两次节庆活动上，1521 年秋曾经在瓦尔特古堡里把圣经的《新约》翻译成德语的马丁·路德，被人们当作"精神奴役的战胜者"和统一德语的奠基人来加以庆祝。合唱节的第二天即以著名的路德歌曲《我主乃坚固之堡垒》（*Ein' feste Burg ist unser Gott*）拉开帷幕。

古城瓦尔特堡是一个向德国教堂歌曲的创始人表达崇敬的恰当地点。不仅如此，领导合唱节的牧师和大众教育学家海因里希·施韦尔特（Heinrich Schwerdt）再次请来了费利克斯·门德尔松·巴托尔迪，并且把卡尔·玛利亚·冯·韦伯的"回音合唱团"也排上了节目单。数以千计的男人齐声唱道："在森林里，森林里，/ 在郁郁葱葱的森林里，/ 在充满回声的森林里，/ 歌声响起号角嘹亮 / 沿着寂静的森林回荡！/ 啦啦啦，啦啦啦！"果不其然，山坳里、古堡下、广场上，到处都能听到在森林里回荡的歌声。好一幅人与人、人与自然浪漫结合的图景啊。

合唱节最重要的演说者之一、魏玛地方议会议员和一年后法兰克福圣保罗教堂国民议会议员奥斯卡·冯·魏登布鲁格（Oskar von Wydenbrugk）也激情满怀地以大自然为喻说道："虽然还有许许多多的分支，但德国人民在精神和感情上已经相互联系在一起了，就如同一棵大树一样，它的根是相同的语言和同样的歌曲。"

在德国以建立帝国的形式实现盼望已久的统一之前（尽管还不是 1848/49 年的革命家为之奋斗的民主宪法下的统一），德国的歌手同盟会和由生活在其他国家的德国少数民族组成的男声合唱协会，于 1862 年合并成了德国歌手联合会。当他们预感到，由他们完成的合唱界的统一，不久也会在政治的大舞台上出现时，这些黑－红－金色的歌喉在协会成立的章程里宣布："借助德语歌曲的内在凝聚力，德国歌手联合会愿意竭尽全力，增进德意志民族各分支的团结，愿意参与到祖国统一和强大的工作中去。"

但是，这个四海之内亲如一家的歌手兄弟情却好景不长：19世纪70年代，红色歌手们就已与之分道扬镳，另起炉灶成立了新的社会民主派的甚至是社会主义的合唱协会。他们的目的是要让普通工人也能乘上歌声的翅膀，协会的名字也由"协和"和"和谐"，改成了"团结""自由"或是"前进"。然而，起初阶段他们所唱的歌曲仍然是同样的宗教和受过教育的市民阶级的保留节目，以及上自亨德尔和贝多芬，下至舒伯特和舒曼的浪漫主义的合唱作品。正是《塔劳的安妮小姑娘》(*Ännchen von Tharau*) 或者《罗蕾莱》(*Loreley*) 这样的民歌，让那些受到机器进步的铁爪伤害的无产阶级的心灵对逝去的旧时代魂牵梦萦。

一种全新和别具风格的德国工人歌曲，是由出生在莱比锡、成长在维也纳的作曲家汉斯·艾斯勒开创的。这种工人歌曲与那种"为君歌一曲，送君入梦乡"的所谓"大众歌唱家们"彻底决裂。

第一次世界大战后，在先锋派音乐的大都市维也纳，像阿诺德·勋伯格和安东·韦伯恩（Anton Webern）这样的大腕级人物不仅冲击了音乐的圣殿，而且也给工人歌唱协会带来了一场革命。此时的歌曲达到了很高的音乐水准：在1925年创作的最早的男声合唱曲里，艾斯勒既无顾忌使用复杂的节奏，也不担心刺耳的不和谐音。于是，在工人阶级鼓动和宣传的行列中，加入了新的维也纳乐派。在海因里希·海涅的诗里，艾斯勒找到了相应的具有战斗性和雅俗共赏的歌词："德国歌手！歌唱和赞颂／德国的自由，你的歌曲／震慑我们的灵魂／鼓舞我们行动，／用马赛曲的方式。／不要做柔弱的笛声，／不要悠然的心情／要做祖国的号角，／要做重炮和大炮，／吹响你的号角，发出你的巨响，在隆隆的雷鸣声中，把敌人消灭干净！"

相比之下，昔日的德国男声合唱运动的确显得陈旧过时。虽然19世纪的歌曲中也不乏一些激情豪迈的歌词："壮哉，德意志的男声合唱，

/ 让你的歌声怒吼激荡！/ 起来！把恐惧、黑夜和咆哮 / 送到敌人的阵营中去。"但是，今天还有谁会知道歌词作者海因里希·施泰因（Heinrich Stein），或是曲作者理查德·热内（Richard Genée）的名字呢？

最后一位以德意志民族精神谱写男声合唱曲的大师是安东·布鲁克纳（Anton Bruckner）。1893 年，他的交响合唱《黑尔格兰岛》（*Helgoland*）在维也纳（市民阶级的）男声合唱协会成立五十周年纪念活动上首演。奥地利的男声合唱团放声讴歌这个萨克森王国岛上勇敢的居民，他们依靠上帝的帮助成功抵御了罗马人的入侵。这首合唱曲讲述的历史事件是否真实，这里姑且不论。布鲁克纳创作这首合唱曲的起因，是几年前大不列颠联合王国将这个北海上的小岛归还给了德意志帝国。这首由奥地利人表演的德意志的胜利大合唱乃是一个传统的结束，从此以后，只有左翼作曲家创作了艺术上可以令人刮目相看的战斗歌曲。

艾斯勒于 1925 年秋来到了柏林。在那里他最终加入了共产党，与德共往来密切，并且成了德国工人阶级战斗歌曲的先驱。他同自己的老师和"师傅"勋伯格一刀两断，批评他的所谓精英艺术观："如果是艺术的话，它就不是为大众服务的。如果是为大众服务的，那就不是艺术。"

艾斯勒一首接一首地创作了无产阶级的战斗歌曲，如《红色的维丁区》（*Der Rote Wedding*），《共产国际之歌》（*Komiternlied*）和《图章之歌》（*Stempellied*）。他的混声合唱《走上街头把歌唱》（*Auf den Straßen zu singen*）可以说是一首纲领性的作品，但它的首演却是在音乐学院的音乐大厅里进行的。

早在和贝托尔特·布莱希特合作之前，艾斯勒就已在舞台上显露出了阶级斗争的锋芒。报幕员登台报幕："各位请注意！各位请注意！我们今天演唱的不是大家耳熟能详的合唱歌曲。"紧接着舞台上响起了一支由教堂、大自然和爱情歌曲改编的谐谑曲。这首经过精心改编的合唱曲，最后在海因里希·海涅作词、弗里德里希·西尔歇（Friedrich Silcher）作曲的妇孺皆知的《罗蕾莱》变奏中达到高潮："我不知道，究竟为了什么……"这时，报幕员高声插入进来打断合唱队："我们知道，究竟为了什么！"合唱队接着唱道："因为你们想要逃避现实，因为你们想要逃避每天的追求，因为你们想要逃避我们的斗争。我们的歌声也必须是一场战斗！"虽然这首合唱曲在听似《国际歌》的变奏中结束，但在其人为的说教外衣下，仍然表露出深厚的德意志特色。

希特勒上台之后，红色歌手们不得不把曾经作为战场的街道让给了纳粹的褐衫党分子。如今，这帮党徒们肆无忌惮地唱着："世界上的软骨头／被红色战争吓破了胆，／我们打碎了恐惧／这是我们的伟大胜利……"

在绝望的抗争中，艾斯勒和布莱希特试图从他们的流亡地，用红色的战斗歌曲来对抗纳粹的恐怖政权。他们为1935年6月在斯特拉斯堡举行的第一届工人音乐和歌曲奥林匹克比赛创作了《统一战线之歌》（*Einheitsfrontlied*），希望将四分五裂的左派组织团结在一起："向左转，二，三！／向左转，二，三！／同志，这是你的位置！／加入到工人统一战线的行列／因为你是一名工人。"来自不同国家的三千名"无产阶级"的男女歌手在欧洲的中心地区引吭高歌，歌声在阴霾密布的天空回荡。尽管如此，就像19世纪40年代那次革命运动的战斗歌手一样，歌唱大军这次也没能将政治的纽带维系得更加紧密。

回首往事，我们不知道什么能够更加震撼人心：是理想主义的天真，还是试图用歌声来扭转历史车轮的（古老德国的）信仰；或者是盲目地希望：红色统一战线是反抗纳粹阵营的灵丹妙药，"向左转，二，三！向左转，二，三！"是对纳粹歌曲《紧密团结的行列》的一个恰到好处的回敬。

第二次世界大战之后，如英雄般引吭高歌的男人的时代在东、西德国都一去不复返了。在东边的德国，统一社会党政府委托汉斯·艾斯勒给东德的国歌谱曲。在这个社会主义的统一国家里，纯粹的男声合唱已失去了它的作用。艾斯勒和约翰内斯·R.贝歇尔一起，试图创作"新的德国民歌"。他们一心扑在这项工作上，作品《德国故乡，歌颂你》，或者《又到了漫游的时节》就是证明。但是，新的德国民歌作品没有能够在歌手们的心灵中扎下根来，在历经了无数劫难和负罪感的纠结之后，歌手们更加怀念和梦寐以求古老时代的歌曲。

在西边的德国，纳粹时代苟且偷安的男声合唱协会都不再抛头露面。（西部）德国歌手联合会在制定章程时举棋不定，不知是否要以"和平、自由以及国界两边德国所有爱好歌唱的人们之间的欢乐为宗旨"（1949年版），以及是否要通过"德国歌曲的凝聚力……来增强德国的民族意识，促进各阶层民众的团结，增进德国各个族系的归属感"（1952年版）。直到1975年才简要地写道："德国歌手联合会拥护德意志联邦共和国基本法"。这句话虽然安抚了公众的民主感情，但它究竟表达的是什么意思？难道说用基本法的精神演唱《罗蕾莱》，听众的感受就会不一样吗？

将民歌的气息从德国的男声合唱中清扫出去的做法，造成了一个非常奇怪的后果：曾经被纳粹认为是犹太人的东西，因而被他们从音乐会的节目单中删掉的门德尔松的合唱曲，在德意志联邦共和国再次从保留节目中消失——这次的原因是，作品过于德国化。的确，在19世纪爱国主义情绪高涨的时期，门德尔松在他的合唱曲最成功的作品中，信手做了一个小小的但是决定性的改动。在艾兴多夫那首著名的《猎人的告别之语》（*Der Jäger Abschied*）诗中，每一段都有这样一句："别了，美丽的森林！"门德尔松在他的合唱曲的结尾改成了："别了，德国的森林！"只有在当今时代，男声合唱队在唱到这句时才逐渐能够做到浑身放松自然，就像台下的听众一样，慢慢习惯不再热血沸腾。

如今，男声合唱团已没有任何政治色彩，德国的统一在和他们完全不相干的情况下得以实现。当年瓦尔特堡城下和斯特拉斯堡的那种人山人海的场面，现在只在足球场里才会出现，其时，成千上万男人的粗嗓子高唱同一首足球队歌。

或许有朝一日绿党能够想起艾斯勒和布莱希特的民歌《当发电站为人民所有》（*Als Das Kraftwerk wurde Volks Eigen*），并且在他们的党代会上唱起这首歌。不过，这将不会是一场男声合唱了，而是一场有严格男女比例的合唱。

在混声合唱为主的时代，男声合唱不过就是个特殊种类罢了。尽管如此,德国现有的四千个男声合唱协会并非是个应该被"性别主流化"（Gender

Mainstreaming）冲刷荡涤的陈旧古董。除了足球场之外，这帮经验丰富的粗喉大嗓们在什么地方还能如此这般多愁善感，感觉自己还有用武之地呢？当男声合唱队有机会唱起韦伯《魔弹射手》（*Freischütz*）[1]中的猎人合唱，或是瓦格纳《帕西法尔》（*Parsifal*）中的圣杯骑士合唱的时候，即便是最刻板的歌剧合唱队男歌手们，此时也变得温情脉脉。但凡见过这种场面的女人都会明白，这里触及的情感变化是何其的不同寻常。

在经历了各种政治风浪的冲击和各种战斗内容的加载之后，男声合唱的曲目归根到底还是来自同一个理想主义和浪漫主义的源泉，就如同全部的德国民歌也来自这个源泉一样。让男人们继续歌唱吧，他们最纯洁的歌词定然如是：

姑娘　爱情　心灵

美丽　忠诚　善良

人生　幸福　痛苦

孤独　沉静　甜蜜

天空　眼睛　上帝

温柔　妩媚　纯洁

亲吻　哭泣　分手

忘却　纪念归来。

作者：特·多

译者：吴宁

参阅：夜晚的寂静，严肃文学和消遣文学，下班之后，足球，基本法，故乡，音乐，纯洁戒律，渴求癔，莱茵河——父亲河，社团迷，林中寂寞

---

[1] 又译《自由射手》，是按德文名字拆解翻译的，根据剧情译为《魔弹射手》更贴切。

高地丘陵

身处极高处其实并不那么令人振奋,我登上布罗肯山峰(Brocken)时,内心感受至深。请不要见笑,我的朋友,道德世界和物理世界受同一个法则制约。帝王宝座高处的温度是那么凛冽,那么寒冷,那么不适合人的本性,正如布罗肯山巅一样。无论从两者的哪一处远眺都不能令人振奋,因为两者的基点都太高,其周围美妙迷人的风景在距离它们很远的低处。每当我回想起置身于平缓而适中的雷根施泰因山脉(Regenstenie)时,心情就愉悦得多,在那里没有令人压抑遮天盖日的雾霭,犹如一整块美丽的地毯,还有其无穷变化的细节——清晰地铺展在我的眼前。

298

这是海因里希·冯·克莱斯特大约在1798年,也就是他早年写下的一篇文字,该文章是写给他的朋友吕勒·冯·利林施泰因(Rühle von Lilienstein)的。他们年轻时确实不择路径地去漫游,为的是寻找"令人愉悦的中庸大道"。

为了要认识文字的某种双重含义,我们需要相应的上下文,更需要观察者具有某种能力,可以超越因上下文造成的障碍。这并不单是指诗人克莱斯特,而且也适用于骆驼牌香烟,例如该品牌在T恤衫上印上这么一个口号:高地丘陵也不赖。

"皇帝御座"尽管其名字带有威严的帝国气息，但它却是德国西南部地区玲珑可爱的小丘陵。

高地丘陵可以说是德语为世界文化贡献的词之一。甚至盎格鲁撒克逊人都认为这一地理上的命名如此平庸，以致无言以对，竟然让我们在这件他们认为并不怎么诡秘的事情上拥有最后的话语权。

另外，这个词并没有表达出某些必不可少的概念，至少在地理上并不是非它不可。大山和丘陵的区别其实就够了。问题是，为什么人们还有这样的需求，用"高地丘陵"这个概念呢？为什么这个本来就是多余的概念竟然为大家所接受呢？尽管这个词从语言表达的角度看与山脉有关，其实只用几个词就可以解释得一清二楚。高地丘陵不像大山那样有气魄，视觉上不是那么伟岸，也不能去做一些惊心动魄的攀岩。高地丘陵提供的是漫游空间。

和伟岸崎岖的山脉不同，高地丘陵是从森林到草地，从草地到森林的平缓过渡。但是高地丘陵和丘陵有什么不同呢？为什么叫作德国高地丘陵，而不叫德国丘陵呢？

在德国的所有山脉，除了阿尔卑斯和阿尔卑斯山前部山地之外，都是高地丘陵。在中欧北部褐煤层地段，其山峰高度达海拔1602米。它始于比利时和法国的阿登地区，横穿德国和捷克直到斯洛伐克的喀尔巴阡山脉。在山脊的南边，上莱茵河洼地两边形成了高达1493米高的单面山地貌。德国的高地丘陵属于欧洲最古老的山脉。大约2.25亿年前，在三叠纪时代，当时的中欧一带有时处于海平面之上，有时处于海平面之下。表现为在沉积层中砂岩和石灰岩交替出现，后来在侏罗纪时代，有了钙的沉淀，在白垩纪出现了白垩。

由于自然的风化，阿尔卑斯山形成过程中出现了断块，受制于沉降的影响，形成了不同的形状。这就是我们非常信赖的百科全书的解释。

拿出德国高地丘陵的花名册，不由自主有这样一种感觉：眼前出现了由大自然分割的诸多小国，各有其名，等级分明。每一条漫游小径都延伸到另外一个国度。跟着标出的路线从A到B，从第100个到第1000个，总之永远不会丢失。需要登记的都已登记完毕。酒店前的门庭和风景井然有序。高地丘陵如同大自然赋予的一个精巧客厅。高地丘陵山脚下的土地都在地契上榜上有名。的确如此，这些地方都沉睡在文件夹层中，沉睡在墨水的沉淀中。

它们是装饰点缀，用以前的说法就是礼帽盒子内的宝物。现在依然可以这么说。

人们站起来，是为了走进房子，弯下身子是为了离开。人们或现身于七峰山脉的高地丘陵，现身于陶努斯的西本哈尔山脉的高地丘陵，或出现在逃亡途中从艾莫斯豪森（Emmelshausen）到西门（Simmen）之间的希德哈纳斯（Schinderhannes）的自行车车道上，即在一部电影中以那位江洋大盗命名的自行车道。

不去办公室，而是大步流星地去拉恩（Lahn）河畔的一家饭店，谁不愿意呢？不为下一个会议征集论文，而是翻身跃上自行车，或者在海德堡哲学家小径上漫步，谁不乐意呢？

谁在黑森林中跑步，谁漫步在埃菲尔（Eifel）山和奥登瓦尔德（Odenwald）山、凯撒施图尔（Kaiserstuhl）和七峰山脉，谁看见过卡森卜克尔（Katzenbuckel）自然保护区，谁目睹过托特科普夫（Totenkopf）和菲尔德山（Feldberg），他就深知：什么叫德国的美丽，为什么它远远胜过电视节目《居住美》。高地丘陵是这样一个地段，几乎没有任何其他地方可以与它比拟，拥有如此的人工雕琢。这是纯粹的文化景观，类似大花园。全部开发，宣传到位。这是德国的度假胜地。在这里，本地人也愿意做一名游客。的确如此。做这里的远足者，鸟瞰山下全景。难道不美吗？仑山（Rhön）？

还有弗赖堡：哪里还有这种可能，在家门口就有一座令人赞美的山？而且山的名字还叫作"请君观景"？过去大家称其为铁矿箱子，难道原因是其丰富的铁矿和开采吗？这家矿山依然存在，作为矿山博物馆吗？

我们承认吧：有时真希望像美国人那样，能够没有任何成见地去赞美这一切。

作者：里·瓦
译者：杨丽

参阅：登山片，故乡，青年旅舍，林中寂寞，徒步之乐

音乐

302　**"不是德意志人,能成为音乐家吗?"**

如果美国人在第二次世界大战后聘请托马斯·曼担任"再教育"事务顾问,他可能真要彻夜不眠了。所有这些德国的乐队、音乐厅和歌剧院应该如何处置?那些被摧毁的就让它们埋葬在瓦砾之中?那些幸存的就强行禁止、关闭和拆除?抑或改造成舞会伴奏乐团和舞厅?对本国的所有德意志"严肃"音乐说不?

1945年5月29日,身份已经是美国公民的托马斯·曼在华盛顿做了一次报告。他试图解释,"德国和德意志人"在过去的十二年里的所作所为导致了何等的灾难。此时,托马斯·曼正在写作他的长篇小说《浮士德博士,由一位友人讲述的德国作曲家阿德里安·莱韦尔金的一生》。开场没多久,他就把魔鬼带进了话题:"德意志人的内心生活与恶魔隐约相连。"托马斯·曼说的恶魔指的恰恰就是音乐:"它是充满负面预兆的基督教艺术。""它集老谋深算的秩序与一片混沌的反理性于一身。音乐发出呼风唤雨的魔咒,它是数字的魔术师,既抽象又神秘。如果浮士德是德意志灵魂的代表,那他必须精通音乐。因为抽象和神秘就是音乐,就是德意志人与世界的关系。"

德意志民族既抽象又神秘，既是一群恶魔又是一帮音乐人。这样一群自身岌岌可危但又咄咄逼人的狂热分子怎么能够拼凑出一个文明而又"理性的"国家呢？奥诺雷·德·巴尔扎克（Honoré de Balzac）早在 1839 年就一语道破德意志人的本性：他们有精通各种乐器的天赋，而对如何掌握"自由这一机制"却一无所知。库尔特·图霍夫斯基曾经嘲讽道："因为恶劣的天气关系，德意志革命也只能在音乐中展开了。"

这位深信音乐的托马斯，尽管面对发生的所有这一切，依然很难把自己的信仰带到纯理性的极限，他对这一无奈感到万般痛楚："他们'德意志人'把自己的 —— 我不想说是最美的或最触及灵魂的 —— 但起码是最深刻的和最重要的音乐给了西方世界，西方世界并未掩饰自己的感激之情，并且回馈荣誉。但是西方世界感受到，而且眼下更加有这种切肤之感，面对这种发自灵魂的音乐，人们在其他领域必须付出何等的代价。这就是政治，这就是人与人共存的领域。"

托马斯·曼 1945 年 5 月在国会图书馆所做的讲演，实际上是他三十年前在第一次世界大战中出版的《一个不关心政治者的观察》所写内容的回声，并且经过了小调的处理。那一篇文章所讲的就是文明和文化的互不兼容，民主和音乐的格格不入。他当时激情满怀，其目的就是在文明和民主面前捍卫文化和音乐。他称赞音乐是"所有艺术中最纯洁的典范例子，最神圣的基础类型"。他厉声斥责（民主）政治是"音乐的排挤者，而音乐迄今为止在民族的社会和艺术利益中占据最高的地位"。他叹息"音乐的终结"。音乐"就像日出前的薄雾，将被咄咄逼人的文明和民主所驱散"。他与理查德·瓦格纳一道，期盼着能够扭转乾坤。

正是这位音乐家把年轻的托马斯·曼变成了一位爱国者。风华正茂的 20 岁青年托马斯·曼，在罗马亲身经历了一场瓦格纳的音乐会。"当诺顿①主题第二次响起"，托马斯·曼周边的意大利人嘘声四起、口哨乱吹，此时此刻他"激动得热泪盈眶"，并且感觉找到了"自己灵魂的归属"。

---

① Nothung，瓦格纳歌剧中的一个人物。

"不是德意志人,能成为音乐家吗?"对于托马斯·曼来说,这是一个反问句。他同样可以这样提问:"不是音乐家,能是德意志人吗?"托马斯·曼在"对政治不闻不问"的时代,热衷标榜自己不仅是"一位文学家,而且更是一位音乐家"。"文明文学家"这一角色曾经遭人痛恨,文明文学家不再把艺术与人道对立起来,而是要让艺术服务于人道。只有当深重的政治灾难降临的时候,这位作家自己才奋起担当文明文学家的角色。

如果在世界文学中把所有德意志史诗、诗歌、戏剧、短篇和长篇小说都剔除掉,那么世界文学会显得有些贫瘠,但是并非不能忍受。美术艺术中如果失去所有德意志绘画和雕塑,几乎不会被人察觉。但是,今天被人含糊地统称为"古典"的音乐,如果没有从18世纪初到20世纪中在德意志文化领域产生的作品,那是令人根本无法想象的。

音乐的问题直接涉及德意志灵魂最深处。

"入神的音乐时时有上帝的恩典陪伴。"

在德国,音乐有史以来就是一桩严肃的事情。中世纪宫廷抒情乐师并非由于发自内心的欢乐而谱曲,因为这个时代不允许他们表露自己的欲望。高雅的骑士无法向贵妇人求爱,只得借助于七弦琴。在音乐里,他们所能享受的自由可比法国骑士的多得多。当宫廷高卢语乐手(Troubadour)唱着一板一眼的工整诗歌游走法国时,德国的宫廷抒情乐手则用流畅的曲调表达出内心的渴望。让音乐不受阻碍地从灵魂深处流淌出来,这就是德意志式的原始经验。民歌也是一样。14世纪初,当民歌开始盛行的时候,德国人也喜欢更加狂野的音域,使得本爱唱歌的邻国人可望而不可即。

工匠歌手与宫廷抒情乐师大相径庭。随着骑士阶层的没落,第一批"市民"歌手诞生了。这些鞋匠、裁缝、木匠出身的歌手们不仅在手艺上精益求精,而且还把本行业的这种习俗带进音乐里。三百年之后,理查德·瓦格纳在创作《纽伦堡的名歌手》(*Meistersinger von Nürnberg*)时,对工匠歌手的做法加以轻蔑的嘲讽。这些工匠歌手们谨小慎微地对付每一段歌词,然后把歌词套进用"规则表"创作出来的唱曲之中,更有甚者,还专门雇用了"纠错员",一旦发现不合规则的地方就用棍子加以敲打作为警告。毫无疑问，瓦格纳的心为那位年轻的骑士而跳动，骑士力排"工匠乌鸦们"的条条框框，以自己"激情的热血"作为音乐创作的源泉。瓦格纳尽管对那些吹毛求疵加以嘲讽，但是在这部歌剧的终结处，他依然祝"德意志工匠们"永生。追求奔放的表达方式仅仅是德意志音乐的一方面，而另一方面则是对秩序的渴望。每一位德意志音乐大师都试图用自己的方式来解决这一相互矛盾的问题。

马丁·路德把歌曲带进了神圣的领域。在此之前当然也有宗教音乐，特别是在意大利，格里高利圣咏已经存在一千多年了。马丁·路德这位宗教改革者是一位充满激情的歌手、弦乐器手和笛手。他亲自谱写自己的教会歌曲，发明了教区唱曲。直到此时，这些歌曲才成为礼拜的一个固定部分。也许会有人私语，他之所以这样做是因为被简化程序的新教否则就没什么内容了。但路德是真正在意音乐，他认为音乐是"上帝的恩赐和馈赠"。他甚至认为音乐有驱散魔鬼的力量，在音乐中可以忘记"一切愤怒、淫荡、傲慢和其他恶习"。在一次饭前的讲话中，他曾这样说道："我把音乐放在仅次于神学的位置上，并且给它以最高的赞誉。"马丁·路德时代，音乐不再是一种安逸的排遣或陪伴虔诚之音。这位宗教改革家给音乐以重任，让音乐把人引渡上天。

虔信主义加深了音乐中的神学内涵。罗斯托克的传道士和修行作家海因里希·米勒（Heinrich Müller）1659 年出版了一本题为"宗教灵魂音乐"（*Geistliche Seelenmusik*）的小册子。这本书除了搜集教会歌曲之外，还对音乐和礼拜之间的关系做了详细的观察。"我们以上帝的名义所说的话和所做的事，都是为了赞誉上帝，但歌唱是对上帝特别的崇敬。通过歌唱能够证明，我们是用欢乐、热心和喜悦的心情来做礼拜。就像我们形容一个人喜欢干活，会说他边哼曲子边干活……谁若用歌声祷告，他就是双倍的祷告，因为他用喜悦之情来祷告。"

并非每一首歌都在履行如此崇高的职责。对于虔诚的人来说，这个时代的世俗音乐都是靡靡之音〔仅仅数十年之后，汉堡歌剧院于 1678 年落成，这是首家由市民建成的这类性质的音乐机构，然而安东·莱瑟（Anton Reiser）和他的同信仰者们奋起反击，强迫歌剧院重新关闭〕。

虔信主义者米勒尽管为音乐带上了基督教的紧箍咒，但他对音乐的赞誉和后几个世纪（世俗）音乐的传播者如出一辙，他们都认为音乐是艺术的最高形式：在这个世界上音乐最适合"唤醒懒惰的心情"，"点燃冷酷的心"。一位信教者应该如何面对歌唱，米勒的推荐完全可以出自浪漫主义时代："啊！让这个世界见鬼去吧！"音乐的这种双重角色，一方面激发情绪，同时也使自己从尘世的种种樊篱中摆脱出来，从此和德国音乐结下了不解之缘：内心殿堂的基石就这样构筑起来了。

刻意将音乐进行宗教的提升，这是一条德国特色之路。看看英国，这一情况就更加显而易见了。英国的清教徒和虔信主义在精神上有很多相通之处，但是"大革命"后，清教徒取消了英国圣公会礼拜仪式和主教堂音乐。1644年，他们甚至颁布法律，把管风琴从教堂清除出去，并且解散了所有合唱团（直至查理二世时代，英国音乐才从清教徒的大清洗中逐渐缓解过来）。

约翰内斯·开普勒在其《世界和谐》（*Harmonices Mundi*）这部五卷巨著中分析了音乐的理性这一面。这位自然哲学家、天文学家、数学家从柏拉图学派和毕达哥拉斯学派思想中得出这样的观点，即音乐的和谐反映出世界的和谐乃至宇宙的和谐，因此音乐可以影响人们积极从善以及追求和谐，因为人的灵魂是以同样的调和级数构成的。

巴洛克时代的全能学者戈特弗里德·威廉·莱布尼茨第一个较为深入地研究了为什么音乐听上去会这么"舒适"，为什么会"打动心灵"这个问题。莱布尼茨比开普勒更进了一步，他描写了音乐如果不能化解成新的和谐时，会产生一种压抑的效果，会使人体感官产生一种不和谐。尽管莱布尼茨也强调了宇宙秩序与音乐秩序之间的关系，但是他并未指出音乐具备道德功能。对于莱布尼茨而言，音乐是一种无意识的计算乐趣。这是"灵魂的一种秘密的算术过程，而灵魂并不知道它在计算中"。

当莱布尼茨1700年写下他对音乐的定义时，还没有能够聆听到德国音乐泰斗的第一批作品。此时此刻，15岁的约翰·赛巴斯蒂安·巴赫还在吕内堡（Lüneburg）的米歇尔修道院里担任一名礼拜歌手，他月薪12个格罗申，在合唱团男生中算是个中游偏上的孩子。18岁那年，巴赫在阿恩施塔特（Arnstadt）开始引人注目，这一年此市重建了教堂，巴赫担任了这个教堂的管风琴手。他上任不久，教堂主持人就频频把巴赫叫去，说巴赫在演奏管风琴的时候"加入很多奇特的变奏，掺入不少陌生的音符"，"让教区的信众有些不知所措"。此时，通往莱比锡圣多马合唱团艺术总监以及莱比锡市音乐总监的道路还非常漫长。

早在青年时代，巴赫就非常自信，从不被那些诋毁所迷惑。他和他的前任以及很多后继者一样，不过是一个贵族或教会施主的"雇员"，但是他和海因里希·许茨（Heinrich Schütz）以及备受他推崇的迪特里希·布克斯特胡德（Dieterich Buxtehude）截然不同，他把自己看作一位音乐艺术家，而不是音乐奴才。

巴赫在去世前三年，曾被腓特烈大帝所迫，创作了一部最搞笑的对位学经典之作。这位普鲁士国王专门把巴赫叫到波茨坦，很想见识一下这位被德意志音乐界公认为全能乐师的本事。这位演奏笛子的国王想出了一个主题［也许是让他的宫廷乐师，巴赫的亲生儿子卡尔·菲利普·埃马努埃尔（Carl Philipp Emanuel）想出的主题］，让巴赫进行变奏。这个主题非常复杂，国王觉得根本无法变奏。巴赫坐到锤击式钢琴前，信手弹出了一首三声部的赋格曲，使在场听众哗然。回到莱比锡，巴赫还不善罢甘休，又在国王的主题上创作了一首六声部的赋格曲，为这次音乐的奉献画上了完美的句号。

巴赫一生不管对选帝侯、国王或教会做过多少妥协，但他的音乐只服务于一位主人，这就是上帝。这位从小受虔信主义教育的路德教信徒，直至其生命的最后一天都对自己的信仰忠贞不渝："入神的音乐时时有上帝的恩典陪伴。"

把音乐看作更为自立的艺术，巴赫是第一位作曲家。他把音乐从虔诚的伴奏音乐（或更糟糕的宴席间轻盈的伴奏音乐）中解放出来。把音乐宗教变成音乐宗教，这对德意志的音乐认知来说是关键性的一步。巴赫虽然未能完成这一步，但是他已经为此奠定了方向。

19世纪20年代，当作曲家范妮（Fanny）和费利克斯·门德尔松·巴托尔迪姐弟俩的祖母贝拉·莎乐美（Bella Salomon）正为全家要从犹太

"入神的音乐时时有上帝的恩典陪伴。"
约翰·塞巴斯蒂安·巴赫（1685~1750）。

教皈依到基督教生气的时候，范妮曾经解释道，实际上他们皈依的不是基督教而是巴赫。祖母对巴赫也无任何非议，她自己也是一个巴赫的狂热拥戴者。当费利克斯14岁生日的时候，祖母送给孙子的礼物恰恰是被人遗忘的《马太受难曲》（Matthäus-Passion）的手抄本。1829年3月，当20岁的费利克斯在柏林声乐学院指挥这一部雄伟的作品时，巴赫重新被人发现，成为德国人的偶像，他的影响力远远超越了音乐的疆界。

巴赫的巨大影响只有这样来解释：他是第一位成功地把音乐各不相同的、相互矛盾的追求凝聚到一起的音乐家。在他手里，狂放的曲调被协调成一部复杂的和声。在他之前流行的巴洛克音乐原则是：一个曲调的声部不要和其他自成一体的声部交织在一起，而仅仅由简单的通奏低音伴奏。而巴赫比意大利文艺复兴时代的音乐家更加强烈地意识到："如果让所有声部一起工作，当一个声部和其他声部交互而产生出非常和谐的旋律时，那么这种和声会更加完美……"

被巴赫推向鼎盛的对位作曲法，并不仅仅是一场美学的游戏。他把这种作曲法视为上帝创造的秩序的表现和象征，把它视作"Concordia discors"，即争执的和谐。用两个并存而又对立的平等声部进行作曲给人很多启发。直至今日，音乐大师们依然期望能从这种作曲原则中引导出一种伦理。2008年，指挥丹尼尔·巴伦博伊姆（Daniel Barenboim）在他的著作《音即生命》（Klang ist Leben）里指出，"如果以色列人和巴勒斯坦人在他们的对话中，能够认识到赋格曲结构中的平行性"，即便是近东的问题也是可以解决的。因为:"真正的尊重……意味着接受他人的不同性,并且不伤害其尊严。在音乐上,用对位的办法罗列声部,或者用多声部,即复调的办法显示出这是可能的。接受他人的个性,必须并且可以给予其自由,这是我们必须从音乐中汲取的最为重要的教义。"

巴赫不仅仅是这一险象环生的音乐伦理讨论的开山鼻祖,他还成功地把最严谨的、几近数学性质的结构和最深奥的灵魂表达结合在一起。他的《马太受难曲》在结构上如此丰富多样,音乐家即便在数百年后也无法彻底将它分析透彻。曲中如此不加掩饰地表达出来的苦痛,除非是铁石心肠,才有可能不被感化。与一板一眼的工匠乐师不同,这位对位学大师随时都允许在曲中流露最强烈的情感:"云中的雷霆和闪电都消失了吗?/地狱啊,张开你烈焰熊熊的大口;/以最迅猛的力量/打倒、粉碎、吞噬、消灭/那撒谎的叛徒,凶狠的生灵!"耶稣被抓获后,巴赫让《马太受难曲》中的两组合唱,以一泻千里的方式唱出这些激愤的歌词,由此可以管窥巴赫是如何以强烈的音乐方式处理情感的。

无度的追求,超越理性的目标,如果说这是德意志灵魂的基础,那么巴赫在这种意义上是其最纯粹的代表。1750 年,巴赫 65 岁与世长辞时,留下了上千部声乐、管风琴、钢琴、室内乐和乐队作品,其形式有康塔塔、无伴奏圣歌合唱、弥撒曲、受难曲、赞美诗、组曲、前奏曲、赋格曲、奏鸣曲、交响曲和变奏曲。"巴赫不是一条小溪,而是一片瀚海!"①人们情不自禁地如此赞美这位天才。正是这位天才,使音乐经受住了下一轮革命性的考验。

"音乐艺术是信仰的终极秘密,是一种神秘主义,是一种天启教。"

如果说巴赫的艺术家自信心多少还受到其信仰上帝的虔诚的制约,那么路德维希·范·贝多芬是第一位非凡的音乐家,其目的是以一种全新的方式打造出人类与世界。他的座右铭是:"扼住命运的喉咙。"并不是说,他没有像巴赫那样热忱地亲近上帝,而是因为天主教徒贝多芬在传统的信仰中再也找不到这种亲近。他的作品永不停歇地奋进着,其核心是一

---

① 巴赫(Bach)在德语中意为小溪。

"扼住命运的喉咙。"路德维希·凡·贝多芬（1770~1827）。

种愤怒的涌动。音乐不再是上帝的恩赐。人要用音乐证明，自己也能与神为伍。他倾听天空，却感受不到和谐的秩序。所有的一切都要由自己来创造。所有这一切把贝多芬造就成比巴赫更为必然的音乐建筑师。而这一点并不仅仅是贝多芬失聪之后才如此。

贝多芬更加果敢地背弃了18世纪末至19世纪初封建社会音乐界对这位音乐家的角色的期待。他在波恩从一位宫廷乐师做起，负责教堂音乐、室内乐和剧院的音乐会。在维也纳，这位天才终于在市民的音乐大厅站稳脚跟，却一直依赖于贵族赞助者的慷慨。但是贝多芬青年时代在二元帝国的首都[①]留下的一段逸事表明了这位音乐家的自我意识已经完全成熟了：贝多芬有个钢琴学生是一位年长的伯爵夫人，据说她曾跪下双膝请求贝多芬演奏，年轻的贝多芬却慵懒地坐在那里无动于衷。如果是巴赫，我们很难想象一位贵族会吃闭门羹。

据说，在一次私人音乐会上，贝多芬看到有些听众无动于衷，便中断了演奏，愤然说道："我不为这些混蛋演奏。"而"爸爸"[②]海顿（Joseph Haydn）则绝对不敢如此冒犯。即便是散漫成性的"神童"莫扎特虽然会对无动于衷的混蛋们侮辱一番，但不过也就是来一首混账曲子而已。

德国浪漫派诗人和思想家是贝多芬最理想的听众。对于约翰·哥特弗雷德·赫尔德来说，即便是非宗教的音乐也是"神圣的音乐艺术"。路德

---

① 指奥匈帝国的首都维也纳。

② 埃斯特哈泽宫廷乐队成员对海顿的亲热称呼。

维希·蒂克这样解释道:"音乐艺术是信仰的终极秘密,是一种神秘主义,是一种天启教。"启蒙运动者们试图把神圣的宗教世俗化,而浪漫派成员则把世俗的东西神圣化。1799 年,蒂克酷爱音乐的挚友威廉·海因里希·瓦肯罗德在他的文章《艺术之友的艺术幻想》(*Phantasien über die Kunst Freunde der Kunst*)中描写了另一个自我,这就是完全献身于音乐的文学家约瑟夫·贝尔格林格(Joseph Berglinger):"当约瑟夫置身于一场大型音乐会的时候,他不去理会衣着华丽的听众,在一个角落坐下来,聚精会神地倾听着,犹如置身于教堂之中。静静地,纹丝不动地,眼光聚焦在地上。哪怕最细微的一个音符也逃不过他的耳朵。音乐会结束时他一脸憔悴,精疲力竭,他实在太专心致志了。"古典音乐会是从举办宗教礼拜的精神中诞生的。

如果音乐不再是路德-虔信-巴赫意义上向上帝打开心扉的工具,那么音乐的神圣从何而来?"为音乐而喜悦,为纯粹的音乐而喜悦,这真是一种纯洁的、感人的享受!当他人忙于嘈杂的事务或者心烦意乱,就像被一群陌生的猫头鹰或恶毒的昆虫所困扰而一头栽在地上的时候,我把头埋进音乐神圣清新的源泉之中。慰藉的女神向我倾诉童年的天真,我张开双眼看见这个世界,到处一片欢乐的和解。"威廉·海因里希·瓦肯罗德是这样描写《音乐的奇迹》(*Die Wunder der Tonkunst*)的。

这段话证明,在浪漫主义者的思想和感觉中,音乐完全继承了宗教:音乐给予在尘世疲惫不堪的人、不堪重负的人以灵魂的拯救。而且这一奇迹还不够,音乐还能够洗净人生,把人的心灵倒退到孩提时代的无辜状态。"亿万人民团结起来/大家相亲又相爱!"四分之一世纪后,贝多芬沉浸在天下兄弟姐妹皆欢颜的陶醉之中,以席勒的乌托邦式的"欢乐颂"为题,在他的第九交响曲中表达出相同的渴望。

浪漫派之所以强调音乐有拯救灵魂的效果,恰恰是因为音乐无须词语或文字。虔信主义的先驱们仅仅认为填入虔诚诗句的歌曲才圣神,而法国人和意大利人则把歌剧视为音乐中的最高格式。然而 1800 年左右的德意志音乐家们却剑走偏锋,设计出一套"纯音乐"的大纲。"如果我们说音乐是独立的艺术,那指的仅仅是纯粹的器乐。这种艺术无须任何帮助,

312　不掺和任何其他艺术，这才是原原本本的、使人认识其真正本质的纯粹艺术。"喜欢作曲的文学家E.T.A.霍夫曼在评论贝多芬第五交响曲时，对音乐做出了如此决断的结论。尽管他本人仅仅尝试创作了一部交响曲，剩余的都是声乐作品、舞台作品和室内乐作品，但是他毋庸置疑地将纯器乐推崇为音乐的最高格式。

今天，人们很难体验这种音乐形式在当年是多么前所未闻：这种音乐既不能拿来跳舞，也不能唱歌，既不能让某一位大师在其乐器上大显身手，也不能在举办宴会时当作优雅的背景声音。而室内乐在当时就被毫无问题地滥用在这种场合。要想听一部交响曲，就要去音乐厅。在那里，他得不到一位歌剧听众所欣赏到的爱情、死亡、激情的大戏，那么他到底是图个什么呢？

313　交响曲的升华始于约瑟夫·海顿和沃尔夫冈·莫扎特。海顿就曾断言，他的音乐是全世界都能懂的"语言"，因为它不需要文字和情节就能够刻画"性格"。然而，让交响曲成为"乐器的歌剧"，成为"人类情感的完整戏剧"，还要非贝多芬莫属。这些特点，正是浪漫派所推崇的。

前两位奥地利作曲家是交响曲作品的多产作家，而贝多芬却把创作的数量限制在已经具有魔力的"九"字上，他之后的交响曲作家（几乎）没有一个能够超越这个数字的。每一个有音乐修养的人都能立即识别出贝多芬交响曲的主题，但是如果要解读海顿的一百多部交响曲或莫扎特的四十多部交响曲的主题的话，人们不免要陷入窘境。

贝多芬严格要求自己，并不仅仅出自这样一个追求，即作为一个艺术家要尽可能留下一部和谐完美的作品集（他是为自己作品编号的第一位作曲家。他认为，能够收入经典作品集的作品连一半都不到。那一首让世界各地的钢琴学生弹得滚瓜烂熟的钢琴曲《致爱丽丝》就没有被收录进作品集的荣幸）。每一部作品都是别具一格和独一无二的精品，出自这样的追求，贝多芬情愿缩减作品的数量。

《命运交响曲》《田园交响曲》《舞蹈的神化》：尽管绝大部分标题和性格化描写并非出自贝多芬之手，但这表明他的交响曲不是"单纯的"音乐，因为这些作品有着完全特定的非音乐的思想基础。这一点和后来的音乐理论家所谓的"纲领音乐"又不相同。贝多芬绝对不会像20世纪初的理查德·施特劳斯（Richard Strauss）那样，给他的听众送上一个导游。施特劳斯为自己的《阿尔卑斯山交响曲》的每一个段落都起了个具体的名字，如《溪边漫步》或《瀑布》等。

贝多芬是一位"绝对"的音乐[①]作家。同时他也是第一位知识分子作曲家。与海顿、莫扎特不同，他不仅孜孜不倦地阅读席勒、康德和赫尔德，同时也把自己的作品视为对当时政治、哲学、世界观讨论的贡献。如何用"纯"音符传递"信息"，而分析者解析这一信息又是何等困难，这从贝多芬的第三交响曲《英雄》的例子中就可见一斑。

1801年，贝多芬动手创作这一部充满革命气息的作品。与此同时，他的《普罗米修斯的生民》在维也纳首演大获成功。但是贝多芬并不满足。他觉得芭蕾舞音乐如同一个紧箍咒，使作品过于僵硬而落入俗套。一个泰坦英雄的故事，讲述普罗米修斯力排众神之议，偷来火种，把人类从宿命的黑暗中拯救出来，而不需要有舞者扭来摆去，这部创作定会成功。于是，贝多芬把普罗米修斯的主题放进第三交响曲，这样他在作曲方面就更加自由和更加连贯。

贝多芬眼前浮现出第二个光辉形象。他是法国大革命的狂热崇拜者。1804年，当他完成了第三交响曲的总谱时，封面上写着 *Symphonie grande, intitolata Bonaparte*，意为《大型交响曲，献给波拿巴》。同年12月，他的偶像加冕当上了皇帝，据说贝多芬怒不可遏，愤然撕去了总谱扉页，并且说道："他也不过是个普通人！现在他会践踏所有人权，沉湎于自己的虚荣！"当这部作品1805年首演时，作品标题变成了 *Sinfonia eroica, composita per festiggiare il sovvenire di un grand'uomo*，意为"英雄交响曲，为纪念一位伟人而作"。

《英雄交响曲》要纪念哪一位"伟人"？这就需要每一个时代的人自己去揣摩了。1847年，为悼念费利克斯·门德尔松·巴托尔迪，《英

[①] 又译无标题音乐。

雄交响曲》在莱比锡布商大厦奏响。1892年,汉斯·冯·彪罗(Hans von Bülow)在柏林指挥演奏《英雄交响曲》:"今天,我们这些充满情感和理性的、有血有肉的音乐家,把《英雄交响曲》……献给贝多芬的兄弟,德国政治界的贝多芬,俾斯麦侯爵!"著名钢琴家和贝多芬作品演奏家(希特勒的追随者)爱丽·奈(Elly Ney)在第二次世界大战中提起她曾收到一位歼击机飞行员的来信:"在一次俯冲轰炸行动后的夜里,我在收音机里偶然听到《英雄交响曲》。我非常清楚地感觉到,这部音乐作品就是对我们的战斗的最佳证明,它把我们的行动神圣化了。"

后人利用音乐作品服务于自己的政治目的,这种事情屡见不鲜,但是去指责受利用的音乐作品则是愚蠢的做法。而贝多芬恰恰助长了音乐为己而用的做法。他的英雄献词让人充满各种猜想,这和《英雄交响曲》的作用相比真是微不足道。更重要的是,他在《英雄交响曲》中创造了一种音乐的语言,这种语言大声疾呼,寻求知己。"难道你们听不见我想对你们说什么吗!"作品以这样一种姿态迷住了听众。然而当听众试图说出他们明白了什么的时候,却又哑然失声,或不得不用怪诞的解释加以搪塞。这就是贝多芬音乐的魔力所在:这是一个音乐的神灵,他从未被捕捉到,尽管他竭力让人去捕捉他。

"炙热的光线射进夜幕笼罩的这片土地,让我们看到硕大的黑影,它上上下下舞动着,把我们团团围住,吞噬着我们内心的一切,唯一残留的是那一份无限渴望的苦痛。"E.T.A.霍夫曼试图用这样一番话来描述贝多芬《第五交响曲》在他心中激起的风暴。如果没有跌入深渊的勇气,没有像浪漫派那样"献身于那种无法言表"的情感,那么他在这种音乐面前只能不寒而栗。

世界上没有一个国家像德国的哲学家那样,用尽心机把音乐解释成没有词句的荒诞语言。伊曼努尔·康德对于生活的低谷总是有一种敬畏。在他眼里,这一切还都比较简单:"音乐是情感的语言",而情感的语言没有什么价值。音乐要比"文化更容易享受",因为它和诗不同,它没有给人留下任何"遐想的余地"。在音乐中可以"不通过词语的弯路去识别思想",浪漫派的这一断言,被这位柯尼斯堡的理性主义者认为是无稽之谈。这位"纯"理性主义者对器乐,即所谓的"纯"音乐就更不认同了。在他的美学中,音乐的级别最低,大约排列在"糊墙纸上的……叶形卷饰"和"大海里"形状绚丽的"贝壳"之间。

格奥尔格·威廉·弗里德里希·黑格尔解释起音乐来,就要起劲得(而且也知识渊博得)多了。在他的美学系统中,音乐占有相当高的位置。建筑、雕塑、绘画为最低的级别,文学的各种体裁为最高的级别,而音乐则在两者之间。他也把音乐定义为"消遣的艺术,音乐本身就是消遣",在音乐中可以嗅到一种"没有着落的自由飘逸",并且反映出一种"空洞的我,没有其他内容的自己"的危险。尽管如此,他还是高度赞赏音乐。在音乐的最高表现形式中,例如在巴赫的作品中,他看到了两个极端,即"最内在"和"最理性"能够熔于一炉。对于黑格尔来说,在音乐这一艺术形式中个体第一次从深层打探自我。对于黑格尔来说,音乐的升华与自我意识强烈的市民阶层的社会地位提升是平行的。但是黑格尔认为,音乐无法胜任这样一个世界史的任务:这种自缚的个体是无法与历史的普遍实体和解的,所谓普遍实体,在这里指的是一个民族所属的习俗,指的就是文化。音乐,特别是纯器乐,是不可能跳出内心世界的樊篱的。直到德国的第三批音乐巨人崛起的时候,他们才斗胆创作出成为民族神话的"纯音乐"。

"作曲家用他的理性所不解的语言揭示了世界最内在的本质,说出了最深层次的智慧。"

理查德·瓦格纳是德国音乐的原罪开端,也是其神明结局。艺术因为他而彻底失去了谦卑。为上帝打开心扉?太可笑了!为哪个上帝?!就是那个只有穷乡僻壤的教民才相信其存在并被人撵得东奔西跑的白胡子庸人?用清凉泉水般的音符给那些疲于生活的子民们来一次神清气爽的沐浴?呸!简直太庸俗了!改变人类?画蛇添足的目标!人类不想被改变,人类需要的是得到拯救!欢迎光临纯艺术的世界!

拯救作为主旋律贯穿了瓦格纳的全部作品及其各个层面。革命家瓦格纳不仅奋笔撰文抨击市政,而且还于1849年走上德累斯顿街头参加

"拯救拯救者。"理查德·瓦格纳（1813~1883）。

巷战，为的是把支离破碎的小德意志国家从所有封建的、教会的、资本主义的压迫者们手中拯救出来。后来，这位身为"萨克森王国宫廷乐队指挥"的胡作非为假革命者不得不逃亡苏黎世。一年之后，瓦格纳撰写了一部洋洋洒洒的檄文，其语气仿佛路德维希·费尔巴哈（Ludwig Feuerbach）、卡尔·马克思、弗里德里希·恩格斯，只是多喝了几杯蜂蜜酒："并非我们的气候条件使得曾经征服过罗马世界的勇敢彪悍的北方民族堕落成奴性十足、思维迟钝、目光呆滞、神经脆弱、丑陋肮脏的残疾人；并非气候把我们从那个我们不曾认识的、性情爽朗、勇于作为、充满自信的英雄种族变成疑神疑鬼、胆小怕事、匍匐爬行的国民；并非气候把健康强壮的日耳曼人变成了患淋巴结核的、皮包骨头的织麻袋片的工人，从一个西格弗里德（Siegfried）[①]变成一个戈特利布（Gottlieb）[②]，从一个投掷标枪者变成捻纸口袋者、宫廷枢密官或耶稣的臣民。这一辉煌杰作的功名都应归于那套伪神甫们包罗万象的文明学说，以及他们所有堂而皇之的作为。除了我们的工业以外，还包括那些有失体面、扭曲身心的艺术，它甚至登上了荣誉的殿堂！所有这些做法都完全出自对我们的本性来说完全陌生的文明，而不是从这一本性的必然引导出来的。"

---

① 德国人名，意为常胜者。

② 德国人名，意为爱上帝者。

对于瓦格纳来说，日耳曼精髓只能通过"人类生命最高共同表现"的艺术精神中再生。但是，艺术在拯救德国之前，必须先拯救自己。各种分裂和禁锢，不仅严重制约着艺术，而且也让西格弗里德的后人衰败。"未来的艺术"要把所有应该归属在一起的重新组合起来，在内容上和形式上都应这样：现代艺术应该和北方日耳曼传说这一最古老的过去熔于一炉，而各种单独的艺术种类，如音乐、戏剧、造型艺术等，不应该再老死不相往来。艺术全能大师在历史上都是前卫者，他能够逾越现代的艺术分工以及随之而来的行业间的疏远，走在社会的前面。创造出一种面向全人类的艺术，这是席勒和浪漫派的梦想，而瓦格纳则要让梦想成真。

瓦格纳察觉到"利己主义"是他那个时代最致命的罪恶。他不仅在人与人之间和社会关系中，而且在音乐中发现了这种自私。作为革命家和作曲家，他认为个人的解放是一种进步。但是，个人从传统体系中摆脱出来，不是为了解放陈旧的社会帮派，使其变成一个新型的群体，而仅仅是为了让自己鹤立鸡群，这样一种解放瓦格纳认为是一种变态。在瓦格纳的思想中，从社会理论到美学理论的过渡是天衣无缝的。在《歌剧和戏剧》（*Oper und Drama*）这篇论文中，瓦格纳详细阐述了其全部艺术创作的发展过程。其中一段这样说道："这些主音符如同一个家庭里成长起来的年轻人，他们渴望能够逾越熟悉的家庭环境，得到无拘束的自立，但是赢得自立并非就成为一个孤立的自私者，而是通过与同样走出家庭的他人的接触。"他接着写道："一位少女自主地走出家庭，靠的是另一位小伙子的爱。小伙子来自另一个家庭，他把少女引到自己身边。音符也是一样。一个音符从一个调式的圈子里出来的时候，已经被另一个调式所吸引并受其支配。而被吸引的音符必须根据爱情的必要法则融汇到这个调式里。从一个调式中出来而挤进另一个调式的主音符，从强势进入本身就揭示出它在这个调式里有亲缘关系，因此只能被想象其受到爱的动机的支配。"瓦格纳用这一哲学革命性地解放了音乐。西方世界形成的、被迄今为止所有作曲家遵循的调式体系发展成一种更为自由的调性。"主音符"这一原则，把瓦格纳的音乐变成了一种奇特飘逸的、骚动碰撞的、永远追求的音乐。瓦格纳采用的音乐语言同剧中要表现的故事完全吻合：两个人为了能够完全融合在一起，而不惜去打破迄今为止的各种家庭以及传统礼仪的枷锁,例如森塔和她那位"漂泊的荷兰人"、伊丽莎白和汤豪舍、特里斯坦和伊索尔德、西格弗里德和布伦希尔德。

但是,瓦格纳不仅是一个音乐的解放者。就像社会理论的思考一样,他把自己的性别理论也一比一地嫁接到音乐戏剧中,结果他又为音乐套上了一副新的枷锁。"音乐就像个女人",在《歌剧与戏剧》的第一章里,瓦格纳居然得出这样一个令人瞠目结舌的结论。他认为,贝多芬以及那些浪漫派作家把音乐引到了历史上的必经之路,但归根结底是死路一条。试图表现具体内容的"纯音乐",作为一种自主的语言,最终必定会自我迷惘。

不无嘲讽,偏偏是第一个在舞台上布满歇斯底里的女性(和男性)人物的瓦格纳,指责贝多芬把音乐变成了一位歇斯底里而又冷血的女权捍卫者,她最大的渴望是用词句来得到拯救。在分析贝多芬《第九交响曲》的时候,瓦格纳断言,贝多芬发现了自己的错误,于是在最后一个乐章里试图逃遁到席勒的《欢乐颂》里。但是,这一拯救最终还是失败了,因为音乐本来是要和词句合二为一的,但是贝多芬用音乐像"长辈"一样主宰着文字,又一次超出了它所应起的恰如其分的作用。如果想真正获得拯救,音乐必须意识到自己的权力应局限于"接受性的奉献"。音乐仅仅是从最好看不见的乐池中传来的"延绵不绝的"曲调,把灯光聚焦的舞台上的戏剧推向高潮。

作为音乐家,瓦格纳用这种理论来贬低自我,他又如何能够承受呢?他的办法是同时成为从音乐剧中汲取"创造性"力量的始作俑者:自己担当剧本作者。《尼伯龙根的指环》中的布伦希尔德中了魔咒一觉不醒,众神之父沃坦(Wotan)守护着自己心爱的女儿不受流窜到此的流浪汉糟蹋。而音乐诗人瓦格纳则使他的音乐仅仅在文字中耗尽,而这些词句又是值得让音乐做出自我牺牲的。西格弗里德最后获得了布伦希尔德的贞操,这位英雄也是沃坦的后代。瓦格纳的做法与此相同,他不会用自己的音乐去哺育他人编写的戏剧。瓦格纳的全部艺术创作最终不再是一个大解救的乌托邦,而是变成了把所有的造物线头都掌握在自己手中的艺术家上帝近亲繁衍而且无所不能的大幻想。

但是，瓦格纳对这种指责不屑一顾。他认为，自己不过是成功地在文字和音乐之间建立了一种内在的，或者说是有机的关系罢了，而他之前的其他歌剧作曲家都是随心所欲地在词与曲之间搞强制婚姻。与老一辈剧作家不同，瓦格纳认为自己的剧作中已经植入了倾向于音乐的萌芽。诗人瓦格纳在解释为什么自己倾向于使用头韵体，例如唱段《冬季风暴消失在五月》（*Winterstürme wichen dem Wonnemond*）[①]的时候说道，因为这种韵体直接要求用音乐表达出来。词句拯救音乐，音乐拯救词句。在他的舞台圣剧《帕西法尔》（*Bühnenweihfestspiel*）[②]的剧终，他用歌唱的神奇形式将这一形而上学推向巅峰："拯救拯救者！"

瓦格纳认为，迄今为止的歌剧不仅失败于不可能消除剧和音乐之间的异化，而且传统歌剧用其传统的框架，如宣叙调、咏叹调、对唱、合奏、合唱无法真正深入到词和曲这两个领域中去，传统歌剧也无法从民间神话的深层提取其主题，而只能从国际上流行的题材中根据喜好进行选择。对于瓦格纳来说，选择地点的问题越来越迫切，只有合适的场所才能够使"面向未来的艺术创作"以其最神圣的形式来发展其拯救的魔力。"缠人的德意志宫廷剧院"，"上演保留剧目的剧院，还带有一堆享受套票的观众和批评家"，所有这些使得瓦格纳越来越厌烦。卡尔·玛利亚·冯·韦伯的《魔弹射手》，原则上做了正确的尝试，旨在创作出一部德意志人民歌剧。但是在《歌剧与戏剧》中，瓦格纳对此举做出了批评。他认为这部歌剧是从神的创作荒野中摘走了民歌甜蜜而含羞的花朵，把它插到"富丽堂皇的阁楼"上"珍贵的花瓶"里，供奉给"每一个酒色之徒的寻花问柳的鼻子"。瓦格纳试图让自己的巨作《尼伯龙根的指环》摆脱同样的命运。在1863年舞台文化节致辞的前言中，瓦格纳精确描述了未来文化节大厅应该是什么模样的：剧院应该建在"一个不大的城市里"，因为这样可以避开可恶的"大城市观众及其恶习"，一座简陋的圆形剧院，观众可以不受任何干扰而专注于音乐剧，乐队终于可以消失在观众

[①] 这是瓦格纳歌剧《女武神》中的一个唱段。

[②] 瓦格纳自己对这部歌剧的称谓。

的视线中而被沉降到地下，演唱者不必昨天还唱格鲁克（Gluck）明天又唱梅耶贝尔（Meyerbeer），而是能够专注在瓦格纳的神话之中。观众由"公开邀请的客人"组成，为欣赏尼伯龙根的指环系列剧，他们专程前来，加上演出的前夜和演出的三夜，逗留于此地。"在盛夏，每个来访者同时也应该结合一些修身养性的郊游，通过郊游可以忘却日常生活中的烦恼。这样，就不会像往常那样，在办公室或其他工作场所忙碌一天，到晚间先要试图把紧张的思维从痉挛中解放出来放松自己。因此，他应该根据自己所好，投入到一些肤浅的消遣之中，这一次他应该在白天进行放松。黄昏时分，他就可以聚精会神，文化节演出开始的标记邀请他加入这一盛会。"生活是轻松的，艺术是严肃的。

瓦格纳对自己所憧憬的项目的薄弱环节不抱任何幻想：谁来支付这一切呢？他自己囊中羞涩，连建造入口处阶梯的费用都不够。此时此刻瓦格纳（又一次）破产了。尽管他对封建主义深恶痛绝，但是他除了希望能够出现一个贵人或者一位果敢侯爵的"行动"外别无选择，这个人应该明白一个道理，只有这样一套设施才能振兴德意志精神，因为这一设施"完全符合德意志的本质"，"德国乐意支离破碎，为的是享受重新合并的那种快乐，这种自娱自乐的欢欣鼓舞每隔一段时间来一次"。这篇前言是以这样一个胆怯的问句结尾的："能找到这样一位侯爵吗？"

他居然找到了，而且还更具童话色彩：这是一位年轻英俊、踌躇满志的国王。年仅18岁的巴伐利亚王储路德维希二世刚刚掌权，就在1864年5月召见即将过51岁生日的瓦格纳。瓦格纳的《罗恩格林》和《汤豪舍》让国王感动落泪。国王想把自己的心献给这位偶像，外加巴伐利亚的钱袋子。

历来很难相处的君主与艺术家的关系在这里达到了滑稽的顶点。路德维希二世和理查德·瓦格纳在相处不到二十年里保留下来600多封信件和电报，我们稍加阅读就不难发现，谁是真正的主子谁是奴才。

短短几年内，国王就慷慨解囊，使得《特里斯坦和伊索尔德》和《纽伦堡的名歌手》在慕尼黑获得首演。1869年，瓦格纳给他这位"高尚的朋友和仁慈的慈善家"写信："我经过深思熟虑，想请教您一个问题，您能否告诉我,是否真心诚意地想实现我们演出尼伯龙根的伟大计划,为德意志世界开拓新型高尚的艺术时代制定一个雄伟的出发点。"国王向这位"大师"回应道:"我对您和您的神一般作品的激情从未衰减,您绝不要对您最忠实的朋友和拥戴者产生任何怀疑!他对您忠心耿耿,绝对容不得您对此有一丝一毫的疑虑!"

1872年,拜罗伊特(Bayreuth)隆重举办了音乐节大厅奠基仪式。四年之后,《莱茵河黄金》序曲终于从神秘的地下缓缓涌出,世界之树(Weltesche)①在洪丁(Hunding)②家茁壮成长,西格弗里德和布伦希尔德欢呼着他们"闪烁光芒的爱情"和"微笑的死亡",英灵神殿(Walhall)③烈火熊熊。瓦格纳的梦想中的"德意志民族之举,其领导权当然要……完全掌控在(他)一个人手里",终于变成了现实。刚刚成立的帝国,不仅被瓦格纳看不起,同时也遭到路德维希的蔑视。就让他们把帝都中心建在波茨坦吧!而拜罗伊特才是一个"真正的德国",一个文化民族的首都。

客人们受到邀请,纷纷慕名前来拜访这个上弗兰克的小镇,弗里德里希·尼采也在其中。这一位哲学家和古典语文学家正想把基督上帝送进冥府,这样他的超人之才方能得以显现。尼采被瓦格纳彻底慑服了。1872年,他发表了第一部论文巨著《从音乐的精神看

1876年拜罗伊特音乐圣殿揭开帷幕。

---

① 北欧神话中构成整个世界的巨木。

② 瓦格纳歌剧《女武神》中的一个人物。

③ 北欧神话中的阵亡者之家。

悲剧的诞生》(*Die Geburt der Tragödie aus dem Geiste der Musik*)[1]。尽管瓦格纳从来都不畏惧给自己的创作加上一个宏大的理论框架,但是尼采还为其提供了哲学弹药:"在德意志精神的狄俄尼索斯[2]基础上[3]诞生出一种力量,它与苏格拉底(即反射)文化的原始条件毫无相同之处。这一力量既不能用这些原始条件来解释,也不能被这些原始条件所原谅,而是被这种文化视为可怕而无法解释的、极为强大而又怀有敌意的力量。这就是我们尤其从巴赫到贝多芬,从贝多芬到瓦格纳这样一条强大的太阳运行的轨迹中所认识到的德意志音乐。"尼采用这番话所赞扬的,正是音乐以及音乐戏剧作为完整作品中的那种威慑的性质,而这正是对声音敏感的理性主义者康德所怀疑的地方。黑格尔对此的形容还是相对冷漠的:"音乐所特有的威力是一种自然的力量",而到了尼采那里这就成了激情的赞扬。尼采本想教导人类去欢庆新的节日,但是被他奉为神的瓦格纳实际上并非让人去生,而是让人去死。尼采这位活力论者对此感到绝望,但他发现这一点已经为时过晚了。这种邀人去死的做法,并非像尼采自欺欺人所说的那样在舞台盛会戏剧《帕西法尔》中才出现的。这位失望的哲学家把《帕西法尔》蔑称为病态的基督禁欲主义闹剧。如果年轻的尼采不是走火入魔,他应该从一开始就能识别出,瓦格纳的拯救剧之所以狂热拥戴今生今世,正是为了在接下来的场面中将它彻底毁灭。"在起伏的波涛中, / 在鸣响的回声里, / 在世界气息 / 痛楚的宇宙里 / 淹没, / 下沉, / 毫无意识, / 沉醉于至高欢乐!"伊索尔德就这样踌躇满志地为爱殉情。伊索尔德仅仅是瓦格纳歌剧众多角色中的一个,他们所有的追求就是为了一个目的,即最终能够进入虚无之中。

而瓦格纳认为,最能反映自己思想的哲学家并非这位一贫如洗且百般顺从的尼采,而是亚瑟·叔本华。1854年秋,他第一次沉湎于叔本华的代

---

[1] 中国译本的名字译为《悲剧的诞生》。

[2] 希腊神话中的酒神,因此也有中译本将其译成酒神。

[3] 尼采在其自传《瞧!这个人》中解释道,所谓酒神精神是指人生救赎的力量。

表作《作为意志和表象的世界》（*Die Welt als Wille und Vorstellung*）。几个月之后，他给未来的岳父弗朗茨·李斯特（Franz Liszt）的信中写道："在叔本华面前，黑格尔之流简直都是江湖骗子！他的主要思想，对生命意志的彻底否决，严肃得让人可怕，但是这却是唯一的拯救。这种思想对我来说当然不是什么新东西，谁都知道它的存在。"

瓦格纳对叔本华的热忱并非纯粹的孤芳自赏。这位终身未娶的哲学家最最幸福的时刻，莫过于在家中用笛子吹奏莫扎特和罗西尼。作为第一位思想家，叔本华不仅把音乐放在艺术领域的国王位置上，而且还把它提升到哲学的级别。叔本华对莱布尼早年对音乐所下的定义做了改变。他认为"音乐是形而上学的一种无意识的练习，在这种练习中精神并不知道它其实在演绎哲学"。

德意志哲学界到底发生了什么，使得音乐达到了如此之高的荣誉？哲学开始对理性产生了极端的怀疑。康德把"事物本身"视为一种世界头脑，这一头脑可以使每个个人通向理性。而黑格尔从"世界精神"出发，这一精神虽然粗犷得多，但依然用理性贯穿历史。但是叔本华却不再相信在世界事物的背后还有一种理性存在。他认为，世界是由一种盲目的肉体意志支配的。哲学家的任务不再是让人变得理性，或教育他们自律。哲学家唯一能做的是让人们知道，他们不能够像自己想象的那样主宰自己的命运，他们仅仅是一个无奈的躯体，被意志随心所欲地驱使着。唯一可能慰藉灵魂的快乐就是去捉弄意志，否定意志。

叔本华在这里所讲的并非是去集体自杀。最高的生活智慧在于，能够把世界看作一场高雅的戏，人能够卷入其中，但又不能让自己断肠。在这方面，音乐家比总是标榜理性的哲学家要强得多，他可以通过艺术创作把自己毫无保留地献给世界意志，并把它过渡到"一个纯粹的表象中去"。"作曲家揭示出世界最内在的本质，并且道出最深层的真理，他所用的语言是理性所不能理解的。就像一个有魔力的梦游者解谜，这些谜他在清醒的时候是无法理解的。"作曲家能够把听众置入同样的恍惚状态，使其受到各种情感的摆布，这种情感不是对某一件事的喜与怒，而是喜就是喜，怒就是怒。"只有这样，音乐才不会给我们以真正的痛苦，即便在最痛苦的和弦中也保留着喜悦。我们喜欢从音乐的语言里听出我们的意志的秘密故事，意志的冲动和追求，及其各种踌躇、克制和苦痛，即便在忧伤的曲调中也不例外。而现实世界及其灾祸就完全不同，在这里我们的意志本身就受到惊吓，感到痛苦。"

对于从未听过一场瓦格纳歌剧的叔本华来说，用音乐来搞政治，甚至是国家政治，这是一种滥用。尽管他可以想象，用音乐创作出一个更容易忍受的第二世界，但是这个世界也只能在一个完全独立的领域中存在，绝不能有任何超越音乐的企图。叔本华从形而上学的角度提高音乐，而并非从政治的角度。叔本华把同情视作唯一的解毒药，他认为只有同情还能阻止人们相互折磨和暗杀。他从未看到音乐有任何批判社会，甚至改良社会的功能。但是这种克制在20世纪又一次被德国音乐哲学遗忘了。

325 **"音乐最古老的抗辩就是允诺一种没有恐惧的生活。"**

继亚瑟·叔本华之后，西奥多·W.阿多诺是第二位把音乐视为可以拯救灾难深重的人类的哲学家。阿多诺也是一位理性怀疑者。与叔本华不同的是，他并不想与真正的理性告别。他要把理性从各种偏离其宗的发展中拯救出来。这种错误的发展始于古典时代，到了晚期资本主义时代达到了登峰造极的地步：尽管人们用自己的理性摆脱了原始的自然禁锢，但是实际上却脱离了活生生的世界而落入一个更加残忍的强迫性的社会体系中去。于是，这位法兰克福学派的领头人抱着解放的理想。他和志同道合的（新马克思主义）思想家一样，相信资产阶级的市民社会并不像有些人标榜的那样，能给予个性以自由的社会环境。他总体的批判性理论强调的是，摆脱"迷惑人的连带关系"，进入真正的自由社会。在这个社会里，每一个个人都可以真正展示他的个性，并且可以在商品交换以外进行人与人之间真正的交流。

作为批判理论家中的一名音乐家，阿多诺以同样的乌托邦动机来看待艺术。艺术本身是"一个未受损害的生命的长官，而这个未受损害的生命置身在一个由意识形态的主体设立的被损害的生命之中"。美学的形式要比任何以往的社会形式都人性和文明，因为所有社会形式的失败之处，却在美学形式中实现了："以非暴力的形式将支离破碎的东西组合到一起，在这些残片中保留着原本的东西，包括分歧和矛盾……"阿多诺以最适当的方式避免了"拯救"一词。但他也给音乐赋予了简直富有魔力的能力：一方面，可以让近代被异化的主体与自己和解；另一方面，与环绕着主体的、沉默而受桎梏的世界和解。"艺术品不受身份的限制而达到自我平等，同时又让人睁开双眼，而这是大自然做不到的。"

与叔本华不同，阿多诺的美学认为艺术中并没有镇静剂（Quietiv）[①]，没有形而上学的安定剂来麻醉世界之痛。对于阿多诺来说，只有提供具体的可能性，说明"另外的路也走得通"的，才是真正的艺术。阿多诺对瓦格纳音乐剧的"非真理"不以为然，因为这里展现的并非一个具体的乌托邦，而是一条从受损害的生命中走出来而进入虚无主义的出路。瓦格纳的音乐剧"把所有变革的企图嘲笑为永恒但又无法保存，表现出尊严的影子但人又无法得到……在个人利益和整体生命过程之间的矛盾面前旗帜不鲜明，把投降当作国家大事来庆贺。"瓦格纳假宗教式的拯救允诺最后缩减成了"归途无家"，"永恒的宁静却不能永远，祥和的幻象中缺少和平的根基"。

阿多诺尽管要求艺术具备社会批判的性质，却远远没有像社会主义现实主义者那样，去传播一种更加正直的内容美学。他认为，艺术的人道主义并不在于它要喊出什么口号去教育人类。他认为，"原始粗俗的东西是罪恶的主体核心，它从一开始就被艺术这种必须经过提炼的理想摒弃。这就是艺术在道德中的组成部分，并把它与符合人类尊严的社会结合在一起。它本身并不需要与道德题材相结合或者追求某个道德效果"。这种以怪诞方式实现的无言的社会批判，"指出不和解，并按照其发展趋势去对其进行化解"。阿多诺认为这一任务只能用一种"无法交谈的语言"来表达，而他在（纯）音乐中找到了比其他艺术更恰当的语言。

这种想法并无新意。早在浪漫派时代，音乐理想家们就以一种较为原始的方式表达了这一思想。新的只是历史情况。如何把陈旧的德意志艺

[①] 叔本华发明的词，源自拉丁文 quies，意为宁静。

术理想主义从人类史的破产之中拯救出来,阿多诺是必须对此进行尝试的第一人。纳粹刽子手们在集中营里组建起囚徒乐团,听到舒伯特弦乐四重奏时落下感动的泪水,并用李斯特的音乐来粉饰残酷的战争暴行。此时此刻,谁还能相信,"入神的音乐时时有上帝的恩典陪伴",音乐"慰藉的女神向人们倾诉童年的天真"?

面对这些令人发指的罪行阿多诺痛心疾首,1951年他甚至表示,"经历了奥斯维辛集中营后还能写诗",这简直是"野蛮行为"。但仅仅几年后,他在《美学论》(*Ästhetische Theorie*)中又驳回了自己的评判:"谁想取消艺术,他就是抱有幻想,误认为这一决定性的改变还能行得通。"阿多诺是一个彻头彻尾的美学家。他是个酒商的儿子,从小就受歌唱家母亲的熏陶,他的姨妈是一位歌唱家和钢琴家,他在这里学习到了音乐。他不愿意也不能把音乐打入冷宫。他用尽了音乐理论的笑话,使出了哲学的浑身解数来挽救音乐。

把音乐推向深渊的不仅仅是一批德意志强盗。早在魏玛时期,以及后来流亡美国的时代,阿多诺体验到,从长远角度看,艺术其实更加危在旦夕。在哲学家的眼中,蒸蒸日上的"文化产业"的罪行不仅在于自己在流水线上生产便于消费的破烂,而且还把所有"严肃的"艺术品降格成纯粹的消费品。为了把艺术从这种双重灾难中拯救出来,阿多诺不得不在艺术本身挖掘罪恶的根源。他必须把"真的"艺术品和"假的"艺术品区分开来。只有后者才和集权的魔鬼为伍,并且和文化产业沆瀣一气。而前者因为其深沉而庞大,因为其"神秘的性格",才免遭强盗以及庸人的染指。

对阿多诺来说,瓦格纳的情况一目了然,他的作品可以说是犯了双重罪。和肤浅的瓦格纳反对者不同,阿多诺并不满足于指责瓦格纳是个排犹主义者,或者说他是希特勒最喜欢的作曲家之一,而且纳粹分子特别喜欢在拜罗伊特高举大旗游行。他在《试论瓦格纳》(*Versuch über Wagner*)中解释道,"在瓦格纳的表达中,不真实的场景……一直可以追溯到他作曲的根源"。瓦格纳在歌剧《指环》中完成的主题技术,在阿多诺眼中是一种病态的"迷津一般的呆板"。他有一种"难堪的感觉",因为他觉得"瓦格纳的音乐就像在不停地拉动听众的袖子"。阿多诺认为,瓦格纳的主题曲并非那种程式复杂、变奏多端的真正音乐主题，而仅仅递送了一个信号，让最涣散的听众也感觉到，好像在甚嚣尘上的日耳曼丛林之中能时时把握方向。

阿多诺一针见血地指出，瓦格纳的主题曲就像广告牌，向市场大肆渲染自己的所有作品，因此瓦格纳的音乐中"商品气息"极为浓厚。更为糟糕的是，这些主题曲就像集权式传动机构中的完美的小轮子，但是因为传动机构"内在的生命"，所以这些轮子也缺乏其自主性。音乐的一大特点就是要建立"整体和部分之间的纯粹的内在联系"，但是瓦格纳的主题技术却被扭曲成由整体来残酷桎梏个性的工具，暴露出强盗社会的特征。"瓦格纳的音乐中充满了毁灭性的集权专制，用集权来贬低个性，来排除真正的辩证关系……在瓦格纳的音乐中，晚期资本主义觉悟的发展趋势已经初露端倪，在这种趋势的逼迫下，个性在现实中越浅显化、越苍白无力，就会愈加刻意强调和表露自己。"

短波收音机里不仅播放着《女武神的骑行》，因为纳粹分子相信，仅《诸神的黄昏》还不能为其世界霸权及其没落的幻景伴奏。遭遇同样命运的还有贝多芬、布鲁克纳、勃拉姆斯和所有其他古典直至浪漫派晚期的作曲家。所有这些音乐家在今天的"古典音乐排行榜"上依然缺一不可。除了犹太作曲家之外，所有这些作曲家的音乐在"第三帝国"被上上下下不厌其烦地播放着。难道阿多诺也承认，在这些作品中也都蕴藏着"假的东西"吗？

阿多诺要回答上述这一问题是非常困难的。这在他一生对贝多芬的研究中体现出来。他做了上百篇的笔记和思考分析，但是这些残篇却难以合成一部著作。在他的瓦格纳论文里，他很清楚地表明，贝多芬在他眼中是一位更加真实的作曲家，这一点是无可比拟的。贝多芬并不像瓦格纳那样一味"标榜"主题，但是"由于集权的想法优先，所以个性、念头这些都被艺术地掩盖了。音乐主题仅仅以纯粹发展的原则被作为完全抽象的元素引入作品"。在整体展开的时候，"个性在整体中消失，并且同时被其具体化，并得到证实"。

阿多诺自己一定意识到，他的论证是多么艰难。在为贝多芬著书而做的笔记中，阿多诺的表述则要尖锐得多。对于这位"早期资本主义音乐家"是否真正成功地把个性和整体辩证地和解在一起，他是这样论述的："贝多芬的音乐以音乐形式的集权方式来展现社会进程，每一个单个的时刻，或者换句话说，社会中每一个单个的生产过程，都是社会作为一个整体再现时显现出其功能的……贝多芬的音乐从某种意义上讲就是要尝试着证明整体就是真理。"这样一来，贝多芬和瓦格纳看起来就不是一个根本性的，而仅仅是相对性的区别了。每一个作曲家都要面对的一个重要问题，是如何通过编排来遏制表达上的登峰造极。在这点上阿多诺也不得不承认贝多芬的音乐存在着暴力。"克托尼俄斯和毕德迈尔这两者的位置"一直是"贝多芬最内在的问题之一"。①阿多诺在另外一篇论述"善用节拍器"的贝多芬的残篇论文中说，在贝多芬的音乐中，每一个计数时间段都会有某些元素补充进来，其语气之果断，就好像他本人亲耳听见作曲家的作品在远处传来。

最后，阿多诺还是把不让忠实于古典调式的音乐成为人民的鸦片的这一责任转移到听众身上。听众在全身心投入的时候应该与音乐保持距离，以便于分析和思考。"真正的美学经验必须成为哲学，或者它就什么都不是"，他在《美学论》中这样说道。

阿多诺自己也知道，即便在欣赏音乐时提高警觉也不能挽救音乐，况且外行欣赏音乐也会忽视这一点。音乐只有从自身阻止听众不假思索而沉溺于其中，才能真正避免不被滥用的危险。音乐必须成为"新音乐"。只有那些被文化产业所不解而拒之门外的，被纳粹诋毁为"堕落"而被追杀和禁止的音乐，才能够在这两方面都保持自己的清白。

这样一种从根基上震撼了稳定的文化产业的音乐，诞生于20世纪初，发源地是维也纳。阿多诺1925年曾经来到多瑙河畔的大都市，师从阿尔班·贝尔格（Alban Berg）学习作曲。他后来赞誉贝尔格为"最小音阶过渡的大师"。"第二维也纳乐派"的音乐革命的先锋思想家实际上是阿

---

① 克托尼俄斯是希腊神话中地神的统称，表示在地下世界生活的神和灵魂。毕德迈尔指的是1815年维也纳会议至1848年欧洲革命爆发之间的一个历史阶段，以及这一时代的政治和文化倾向。

诺尔德·勋伯格。他的信条是，音乐不是用来"装饰"，而应该是"真的"。这句话正好说出了阿多诺的心声。

勋伯格年轻时也曾受到瓦格纳的鼓舞和启发，此后勋伯格致力于彻底打破调式的锁链。他的第一个创作时期的使命，就是要解放不和谐音。执迷不悟的听众应该明白，每个不和谐音应该在协和音中得到化解，这实际上是个错误。如果仅仅允许不和谐音存在，把它当作烘托紧张气氛的工具，在结尾处再回归到人们熟悉的古典主义的和谐音舒适的调式中去，那他就没有认识到，前者与后者在任何情况下都有着细微的区别。

那个时代，勋伯格极力在音乐厅里为不和谐音争得一席之地，这一主张与其说被人置若罔闻，不如说激起了听众的愤怒。1908年12月首演的第二升F小调弦乐四重奏成为一桩丑闻。贝森朵夫音乐厅（Bösendorfer-Saal）的观众一片哄笑，嘘声口哨声不断。这部作品还应该算做是位于调式作品的边缘。勋伯格真正彻底放弃调式的作曲是在一年之后的独幕歌剧《期待》（*Erwartung*）中。后来，一个小型的音乐协会请勋伯格在一批经过选择的听众面前重复这场音乐会。作曲家的愤怒有所收敛。这次，勋伯格在入场券上印上了如下字样：听众只能聆听，既不能发表意见，也不能鼓掌。

在后来的一篇勋伯格的评论文章里，阿多诺对其偶像这种独断做法的批评，远没有像他批评喜好自我吹嘘的作曲家兼指挥家瓦格纳那样来势凶猛。"未被扭曲和纯粹表述的音乐，会对可能触动这种纯洁的各种因素非常敏感，这种音乐既不会讨好听众，也不愿被听众所讨好，既反对对号入座，也反对感受其中。"阿多诺不允许拜罗伊特的重口味音乐家做的事，却对维也纳新音乐家网开一面，这就是强迫听众像做礼拜那样专心投入。"实际上，勋伯格的音乐从一开始就要求听众聚精会神地主动跟随，精力集中在同步发生的多个细节上，从而放弃听音乐常用的拐杖，让你永远知道接下来会是哪一段；去紧张地捕捉每一个独一无二的细节；培养一种能力，去准确地理解即便在最小的空间都会变化的特性，以及音乐无法重复的故事。"勋伯格曾经尖刻地说道，他需要听众仅仅是为了"声音效果的原因，因为没有听众的音乐厅音响效果不好"。即便是这样，阿多诺也不认为这是藐视他人的观点，而是勋伯格的一种合理要求，因为他不想让自己的作品遭遇到惯常的那种境遇。"对勋伯格来说，音乐不再是舒适享受，他开启了一种潮流，这一潮流把音乐视为儿童般天真的自然保护公园，并把它从社会中没收走。这一社会早已察觉，只有向其囚犯释放一定量的经监管的儿童的快乐，社会才得以生存。他反对把生活分为工作和休闲两部分，他要求把休闲视为一种工作，而这一工作又有可能把休闲搞得一团糟。"这番话正好重述了瓦格纳在设计《未来的文化节音乐厅》（*Festspielhaus der Zukunft*）中的论述，而对这一点哲学家就缄口不言了。

　　勋伯格又何尝不想寻找一处高雅的场所，可以让自己的作品不受低俗社会干扰，并且得到应有的赞誉。1924 年，他曾为此专门给费尔斯滕侯爵马克斯·艾贡二世（Maximilian Egon II. zu Fürstenberg）写过信。这位德意志－奥地利侯爵曾经担任"多瑙埃兴根（Donaueschingen）促进现代音乐的室内乐演出"的监护人。1921 年以来，这一音乐节每年夏天在巴登（Baden）的这一小镇里举办。侯爵邀请勋伯格来这里指挥演奏他的《小夜曲》。勋伯格热情洋溢地回复道："我仰慕多瑙埃兴根的这一盛举已经多年。这一音乐盛会让人联想起艺术最美好但已逝去的年代。侯爵挺身而出保护艺术家，向贱民们指出，音乐是侯爵亲为的事业，不允许遭遇鄙俗的评判。只有这种人的威望，才能让艺术家拥有一个权力更高的特殊地位，并且把那些有教养和经过努力才功成名就的人分隔开来。把后天而成的和先天生就的区别开，一种人是经过一番努力达到某个地位或操持某种职业的，而另一些人则是天生而就的。尊贵的大人，请允许我对您的壮举表示我最高的崇敬，多瑙埃兴根室内乐演出在文化生活中功不可没。您邀请我参加真是抬举我，让我感到荣幸，并且不无自豪！"这位音乐天才踮起脚尖，最后也只能对这些天生的贵人以"尊贵的大人"相称，而瓦格纳面对"他的"那位路德维希时却少了多少谦卑啊！

　　第一眼看上去，勋伯格在民族主义问题上与拜罗伊特的音乐达人分道扬镳，实际上却相去不远。在勋伯格开发他的"用十二个相互联系的音符"作曲的同时，他写了一篇论文解释道，要确保"在音乐领域中根植于民间天赋的德意志民族的优势"。1923年,他更加明确地宣布,通过发现十二音体系音乐来保证德意志音乐领先时代一百年。勋伯格对共产主义和民主嗤之以鼻,既不把自己当作奥地利人也不把自己看作犹太人,而着重强调自己是一个德意志作曲家。直到他对日益嚣张的排犹主义有切肤之感的时候,才开始摒弃德意志文化爱国主义,转而投奔犹太教。最后他被纳粹逼迫流亡,才对所有这一切彻底心灰意冷。

阿多诺会说,尽管勋伯格的政治见解民族封建,但他的音乐中不乏革命和反抗的力量。瓦格纳的政治檄文表现出对百姓的亲近,并把对下层民众的蔑视当作傲慢的愚蠢。但尽管如此,他的音乐也不会更加接近百姓。

但是勋伯格的作曲方式,特别是他的十二音方法确确实实走进了一种完全的"新"音乐,从而彻底摆脱了所有集权,把人类引向真正的自由之岸了吗?勋伯格对这一问题肯定是持坚决否认态度的。阿多诺三番五次地努力,想把勋伯格塑造成法兰克福乐派的作曲干将,这让勋伯格很头疼。尽管勋伯格对当时的发展和迷茫给予批判性的评论,但他仅仅想做一名音乐家。他把调式变成了自由调式,最终变成了无调式,其目的并不是想让那些"另类"和"非主流"得到社会的认可。他把自己的作曲工作视为音乐史上必然要走的一步。因此他认为在摧毁了古典音乐体系之后,应该用十二音序音乐建立一套新型的音乐体系原则。构成西方音乐音阶中的十二个音,每一个音必须在其他音都出现过之后才能再出现,这种想法简单说来并非一种公平理论。人们真要感谢作曲家还好没有把自己的十二音技法上升为社会原则。后来,勋伯格的继承人把这种音乐序列的构想扩展到音节的长度甚至音响强度,即便是阿多诺在其生命的最后十年里也不得不承认,这一音乐序列最后变成了呆板僵硬的音乐体系,与此相比,即便是古典奏鸣曲主乐章都要被视作杂乱无章的游乐场了。

如果说勋伯格在左邻右舍散布了一些什么与音乐不相干的原则之类的话,那既不是什么批判哲学也不是社会学,而最多只是些自然科学的话题。正像爱因斯坦用相对论颠覆了物理世界那样,勋伯格想对音乐界来一场革命,他要震撼的是数百年以来被音乐视为最牢固的基础:音乐是沿着时间的延续而线性运动的。勋伯格想创造一种新型的音乐时空的理念。"每一个音的运动……首先应该被理解为音色及其震颤的相互作用，这在不同的地方和不同的时间里都有所不同。"

尽管勋伯格发表了冗长《和声学》（*Harmonielehre*），而且是一位一丝不苟的作曲老师，但是他一直强调音乐创作过程的原动力："意识对作曲的影响不大。他（艺术家）应该有这样的感觉，觉得是有什么在指使他这么做。他内心里受到一种权力意志的驱使去创作，而这一权力的规则他却无从知道。他仅仅是内在意志、直觉和无意识的执行者。无论是新老、好坏、美丑，他一概不知。他只是感觉到一种他必须要听从的冲动。"这一段从《和声学》中摘出来的话，与其说接近阿多诺，毋宁说更接近叔本华（和西格蒙特·弗洛伊德）。尽管如此，阿多诺依然不依不饶地坚持说明勋伯格音乐中有一种高度反射的特性，其矛头直指那种就想去征服别人的"非真正的"音乐："他的激情在于创作这样一种音乐，这种音乐的精神不必为自己羞愧，而是让其统治者羞愧。他的音乐在两个极端上都渴求成熟：一方面它释放出咄咄逼人的冲动，这一冲动在音乐中往往要加以过滤与和声的伪装才得以释放；另一方面它又将精神的能量发展到极致。这是一种自我的原则，这一自我足以强大到不再否认冲动。"

尽管勋伯格的音乐直至今日对有些听众来说依然是非感官所能接受的或是"一头雾水"的，但是作曲家自己则认为承袭了天才的传统，从无意识中创作出全部。仅仅从他赞誉多瑙埃兴根的艺术赞助人的信中就流露出，作曲这一技能并非可以后天学到，而是上帝的恩赐。这位作曲老师曾经这样评论过一个努力有加但天赋欠缺的学生："引诱一座火山迸发是徒劳的，因为能者一眼就看出，这仅仅是酒精炉在燃烧。"

勋伯格在其大型（未完成）歌剧《摩西与亚伦》（*Moses und Aron*）中将犹太教的创始人描写成一位绝望的寻找者。他尽管受命在西奈山上接受上帝的戒条，却未能把它们传递给以色列的子孙。此前，还没有一位作曲家像勋伯格那样如此折磨自己在一部歌剧中试图把无法说清的东西表现出来，他真是把音乐带到了极限。亚伦试图把他哥哥得到的抽象教条用唱的办法传播给百姓，但是对其进行了篡改和俗化。音乐沦落为毒品，成为颂扬金牛犊的放纵的舞蹈。①摩西自称"笨嘴笨舌"，所以在歌剧中只有一处唱段。禁止偶像的做法在这里成了禁止唱歌。摩西的话语成了富于情感但有些支离破碎的说唱。"我亲眼目睹，/不，/这不是一幅图！/我被彻底折服！/我想到的一切，全都是荒谬！/既不能也不敢说出口！/言语啊，词句啊，我无从开口！"在第二幕的结尾，不仅摩西缄口不言，而且作曲家也写不下去了。

难道勋伯格就想在这部创作的结尾打破音乐的尺度，因为音乐已经无法表达实质性的东西吗？勋伯格在其晚年还创作了另一部短曲《华沙的幸存者》(*A Survivor from Warsaw*)，这部作品却是正好相反的例子。1947年，作曲家在加利福尼亚流亡时从一位俄国舞女那里得到一篇短文。它从一位幸存者的角度记载了1943年春华沙犹太居住区的暴动受到镇压的历史。如何把不可言传的东西说清楚，勋伯格在这个问题面前又一次退缩了，他改用唱的办法。一位演员在英语朗诵里穿插进纳粹帮凶用德语吼出的命令。在纳粹大屠杀这个问题上，勋伯格没有让音乐沉默不语。一支男生合唱团齐唱犹太祈祷词"听啊，以色列！"（Schmar Jisrael），乐队则为其伴上令人心碎断肠的音符。

阿多诺满怀希望的名言——"音乐最古老的抗辩就是允诺一种没有恐惧的生活"，难道真要在试图把人类最大罪行直接标题化的这样一部作品中兑现吗？他于1953年写的关于勋伯格的论文进一步探讨了这个问题："勋伯格的表达核心就是恐惧，是集权统治下人们对死亡痛苦的恐惧……此前，音乐中还没有把恐惧如此真实地表达出来过。通过加强音量，音乐重新找到解脱的力量对恐惧加以否定。《华沙的幸存者》结尾处的犹太歌曲，是音乐作为人对神话的抗辩。"为了使这一论点更有说服力，阿多诺应该援引勋伯格为数不多的文章，在这些文章里作曲家强调了音乐的社会作用，预示一个更加人性化的世界："艺术是那些经历了人类命运者的呐喊。

---

① 《圣经·旧约》中的故事：亚伦从众人手中搜罗金耳环，打造成一个金牛犊，被以色列人奉为神。

他们不甘心接受这一命运,而是要去剖析它。他们不愿无声无息地操持'黑暗权力'的发动机,而情愿一头扎进运转的车轮里,去搞懂结构。"

十年后,阿多诺在其论文《契约》(*Engagement*)中对《华沙的幸存者》的看法就要尖锐得多了:"勋伯格的作曲中伴有一种尴尬……似乎让牺牲者的羞耻心受到了伤害。艺术作品在这些牺牲者身上做文章,来抨击这个杀害了这些牺牲者的社会。"

勋伯格的这部晚期作品让人听得莫名其妙,直至今日依然如此。特别是当作品还像指挥家米歇尔·基棱(Michael Gielen)的协奏曲那样,曲调中响起贝多芬《第九交响曲》第三和第四乐章之间的音符的时候,更是让人摸不着头脑。难道这就是阿多诺 50 年代早期在勋伯格那里发现的所谓"人性对神话的抗辩"吗?抑或其作品本身就是与神话为伍?勋伯格创作的那些爆炸性音调确实是在诉说犹太民族经历大屠杀所受的苦难吗?如果一位听者听不懂朗诵的词句,他会以同样的理由去聆听这鞭笞现状的刻骨铭心的音乐吗?而且这音乐又和贝多芬的交响曲如此相近?勋伯格这部晚期作品难道不是主要通过其文字露出其人道主义批评精神的锋芒吗?而音乐正如托马斯·曼所说依旧是"抽象和神秘"的?

这位诺贝尔文学奖获得者在其《浮士德博士》中塑造了"码音符的人"阿德里安·莱韦尔金,当魔鬼要把他造就成一位音乐革命天才时,他情愿把自己对"火热爱情"的能力和他的情感都送给魔鬼,而这位老兄偏偏是个研发十二音序技术的人。对此,勋伯格一直耿耿于怀。但是,托马斯·曼难道没有嗅到一点正确的东西吗?音乐,无论在其表达中如何反射现实,其核心依然是"冷的"艺术,当人的痛苦湮没在音乐遥远而独立的空间时,它也不能发生什么改变。

"有时我心存唯一的渴望,我想接受终极的到来,放弃人间的所有,进入唯一的完美。"

2001 年 9 月,作曲家卡尔海因茨·施托克豪森(Karlheinz Stockhausen)作客汉堡音乐节,为上演他的七部歌剧巨作《光》(*Licht*)的其中两场音乐会,召开了一次新闻发布会。谁又能料想,这次新闻发布会竟成了丑闻。第二次世界大战刚刚结束的时候，托马斯·曼就曾发出警告，让人提防这个魔鬼音乐家。半个世纪之后，德国已经变成了民主而乖巧的国家，此时此刻施托克豪森又开始冒头了。为了清楚认识丑闻的严重程度，有必要来剖析一下施托克豪森受到指控的发言。

这位先锋派电子音乐的发明者在多次访谈中断言，自己是在天狼星接受的教育。口若悬河的他，开始讲起了对天使的幻想："我每天向米歇尔（Michael）①祈祷，而不是向路西法（Lizifer）②祈祷。我禁止自己向他祈祷。但是他时时存在着，比如在眼下的纽约。"被搞得不知所措的主持人试图把话题拉回到保险一点的区域里来，就和施托克豪森谈起了他对和谐人性所做的记录。他在60年代创作《颂歌》（Hymnen）的时候曾经做过这方面的笔录。接下来，主持人问起作曲家对最近几天发生的事件的感受。主持人指的是9月11日恐怖袭击事件。施托克豪森沉思片刻后，开始了长篇大论的回答："哦，那儿发生的事，当然，你们所有人都要来一个思想急转弯，这可是有史以来的最大的艺术品。一气呵成了我们在音乐中想都不敢想的事，这些人苦练十年，狂热无比，就是为了这么一场音乐会，然后去死。这真是全宇宙间所能产生的最伟大的艺术品了。你想象一下，到底发生了什么。就是这么一些人，如此专注于这么一件事，一场演出，然后就把五千人送上西天而再生，在一瞬间。这我做不到。作为作曲家，我们无论如何也做不到。我的意思是说，也许在演出《光》系列中的《星期五》时，大厅里在座的几个人会产生上周一位老人对我说的感受。在《星期六》演出之后，他对我说：'喂，你说说，这两个半小时，这么难以置信的低沉的音乐，就像黑云压城一般，并且久久不散……这到底是什么乐队呀？'我说：'根本没乐队呀！'他说：'什么？你到底在搞什么？你肯定在捣鼓什么！到底是谁唱的？还是谁演奏的？'我说：'没人呀！''那到底是怎么回事？'我说：'我是用的发生器和音响合成器。'他说：'啊！什么！那我们根本就不需

---

① 《圣经》中伊甸园的守护者。

② 在《圣经》中指被逐出天堂之前的魔鬼。

要乐队啦！'我说：'不用啦。'然后他就仓惶跑出去，好像内心已经死了一样。我不知道他现在怎么样。……这就像纽约的人们经历的这次爆炸。嘭！不知道这些突然受到惊吓的人现在在哪儿。这种大事件总是在我脑海里引发一些想法。我会使用从未使用过的词句，因为这太可怕了。这是有史以来最大的艺术品。你们设想一下，如果我能创作一件艺术品，你们为此而惊讶，而且瞬时为之倾倒。你们就这样去死，然后再生，因为你们失去了知觉，因为所有这一切都太疯狂了。有些艺术家总想尝试逾越可以想象的和可能性的界限，这样可以让我们猛醒，让我们去面对另一个世界。但是我不知道，这是否能让五千人再生，类似这样的例子。就在顷刻之间。这太让人难以置信了。"

这个艺术家自己说过他有时都不能理解自己所写的东西。此时此刻他已经意识到自己逾越了政治底线。就在访谈中，他千方百计试图挽回这种激进的说法。他指出，在犯罪和艺术品之间当然存在着区别："罪犯之所以是罪犯，这你们知道，是因为人们都不同意他这么做。这些人不是来听音乐会。这很清楚。也没有人向他们宣布：'你们也许会丧生。'我也不会。由此可见，艺术并不可怕。但是精神上的震撼，瞬间跳出安全，跳出理所当然，跳出生命，这种事情时有发生，在艺术中也日益增多了，没有精神震撼的艺术什么都不是。你们怎么一下子都严肃起来了？这个路西法，他把我带到什么地方去了……"他看到主持人几近绝望的眼神，还搭讪地问道："你是音乐家？你本人就是音乐家吗？"

这位作曲家第二天早上的公开道歉，并未使局势有所缓和。汉萨同盟之城汉堡取消了施托克豪森的两场音乐会。作曲家直到2007年12月去世再也没能在德国抬起头来。

施托克豪森到底错在哪儿了？他把此前所有德意志大音乐家和音乐理论家想到的事情，在这个变得小心翼翼的时代没有顾忌地说了出来。他和开普勒与莱布尼茨一样相信，音乐是和宇宙一致的，尽管他说的这种天籁之音和古典的三和弦音没有任何关系。在汉堡新闻发布会开始时，他说："如果我能够把宇宙间的东西通过音乐让人去经历，那我就是大师。……我作品里的内涵和我从哈勃空间望远镜拍摄的照片的书籍中所学到的，有着越来越多的相似之处，对此我感到非常惊讶。"

施托克豪森和巴赫以及虔信主义者们一样，相信音乐是对上帝的祈祷。50年代初期他在给比利时一位作曲家朋友的信中写道："我做的这些，都是在我身外形成的，都是自己完成的，就好像必须要完成，不需要我，无须问一个人。我将守候着，祈求上帝，让他引领我，让我停止。"

施托克豪森和贝多芬以及浪漫派一样，梦幻着能够带走听者的灵魂："在《青少年之歌》（一部为男童声和合成器谱写的早期作品）中，达到了电子乐即合成音乐，与声乐即'自然'音完美的结合。这是有机的一体。这在三年前还是遥远的乌托邦。它加强了我对纯粹的有生命力的音乐的信念。这种音乐能够直接进入听者的心灵。一位音乐家能亲身经历到，自己的音乐语言能够洗净所有糟粕，把听者带进一个全新的音乐世界。那他该有多么幸福啊！"

施托克豪森和瓦格纳以及叔本华一样，追求那伟大的虚无。在给比利时作曲家的另一封信中，他说："有时我心存唯一的渴望，我想接受终极的到来，放弃人间的所有，进入唯一的完美。"

施托克豪森和勋伯格一样，对时空有一个全新的理解。他创作的作品，在十秒钟内可以拥入两百多个音符。这些音符就像"蜂群"一样一拥而过。施托克豪森和阿多诺一样研究这样一个问题，即批判的主观性如何能够保持矜持，而在音乐中得到展开。在1960年的一次广播电台以"奋起反抗所谓新音乐"为题的访谈中，法兰克福的哲学家①和这位年轻的作曲家直接对话。当时施托克豪森就坚持，音乐是一个"精神活动"，因为它可以使听者在"完全清醒和完全失控"之间游荡。但如果谁想用"理智"去解析音乐，他会什么都搞不懂。音乐的精神只能与那些准备好让音乐进入心灵的人沟通。同时他也要冒险，"被送上西天而再生"。

人们需要心灵的慰藉，在德意志联邦共和国也是如此，因此他们不仅参加瑜伽和打坐训练班，或者依照老传统去教堂，他们还会一如既往涌进音乐厅和歌剧院，以最清晰的方式为德意志内在本质做礼仪。"文化

---

① 即阿多诺。

民族"这种激进说法的核心还是宗教的概念，口口声声要去改善人类，把世俗政治的整个领域视为"垃圾"，这种说法已经沦为节假日挂在嘴边的陈词滥调了。轻便型的解救也就够了。当年被尼采信誓旦旦称为"如日中天"的德意志音乐已经日落西山。民主派们松了一口气。音乐家则苦不堪言。

作者：特·多
译者：李鸥

参阅：深渊，浮士德，严肃文学和消遣文学，下班之后，文化民族空想，男声合唱，爱整洁守秩序，玩具屋，横向思维者，纯洁戒律，渴求瘾

母亲十字勋章[①]

早在纳粹往德国母亲脖子上挂生育勋章之前,马丁·路德就呼吁德国母亲要奋勇争得十字勋章,因为"一个女人生来不是为了当处女,而是为了生孩子的"。

这位宗教改革者——本人还是个不倦的写作者和布道者——坚信,上帝的宽恕是无法通过人自身的创造来获得的。尽管如此,仍旧有一个行为领域被他认为是优于所有其他领域的,在这个领域男女至少可以自荐为被宽恕的候选人:受孕、怀孕、分娩和教育。"去罗马、耶路撒冷和圣雅各朝圣;建教堂、捐弥撒或是别的什么功德,与结婚者养育孩子相比根本就不值一提。因为只有生儿育女这唯一一件事才是升天的坦途,没有什么别的方法能更快更好地进入天国。"

路德的妻子卡塔琳娜·冯·博拉(Katharina von Bora)是个逃离了修道院的修女,这位曾经的僧侣在成熟之年与她还生育了六个孩子。如此看来她的灵魂永远得救的前景要好过希尔德加德·冯·宾根(Hildegard von

---

[①] 全称为德国母亲荣誉勋章,1938年12月16日由希特勒倡导设立。

Bingen）①，后者放弃了做母亲的机会，而是一辈子待在修道院里祈祷、研究和写作。因难产而逝，是一位女子所能得到的最大宽恕，所以她的丈夫不该试图救她，而是应提醒她："不要忘记……你是个女人，生孩子是上帝赋予你的任务，高高兴兴地遵从他的意志，安慰自己一切听从他的安排。使出所有的力气把孩子生出来，如果生产时死了，那就从容上路，我们祝福你，因为你是听上帝的话死于一项崇高的任务的。是的，倘若你不是一个女人，那么现在仅仅为了这项任务你该希冀自己是个女人，能够如此美好地遵从上帝的意志，为了完成他赋予的任务而受难并死去。"

很少有人把男人对分娩的妒忌以如此深沉的宗教狂热表现出来。然而男人并非受到诅咒，只能束手无策地看着自己孩子的母亲如此美好地受难并死去。路德可谓是五百年后所有那些被夸赞为德国"新型父亲"者的激进先驱代言人："如果一位男子去给婴儿换尿布，或是为孩子做别的什么轻蔑（即让人看不起）事，他遭到所有男人的嘲笑，别人认为他是不务正业和家庭妇男；可他却本着……基督教信仰和爱乐此不疲，那么说说，谁在此嘲笑别人的方式最优雅？"

教养工作，从最基础的换尿布和哄孩子睡觉开始，其重要性等同于做礼拜。没有任何原因该把男人从这项礼拜工作中排除出去。在这一点上路德的思想要比所有后来的"产期传道者"都新潮，那些人总是反对男人参与照料婴儿，说他们天生不适宜做这项工作。

路德在16世纪踏上的歌颂母亲之路，约250年后后继有人，他就是虔诚而热烈的新教徒约翰·亨里希·裴斯泰洛齐。这位非常敬仰其同胞让-雅克·卢梭的瑞士人的最初经验是作为教育家积累起来的，他和自己的妻子一起经营"新庄"，收养附近被遗弃的农民的孩子，教育他们过简朴、接近自然和虔诚的生活。裴斯泰洛齐所尝试的另类教养院模式失败了，破产的他就连自己的儿子——为了表示对自己心中偶像的尊敬他用"汉斯-雅克"的名字给孩子施洗礼——也不得不送到巴塞尔的朋友家寄养。

---

① 希尔德加德·冯·宾根（1098~1179），中世纪德国神学家、作曲家及作家。她担任女修道院院长，同时也是一位哲学家、科学家、医师、语言学家、社会活动家及博物学家。

这位教育家没有质疑卢梭的教育方法，实践失败后转向写作的他越来越重视"母亲"在其教育努力中的中心位置。"没有任何事情可以阻挡我，"1804年他写道，"只要我一息尚存，就会坚持自己的观点，认为尘世间最崇高的目标莫过于：让母亲们重新找回那种所剩无几和遭到破坏的感情，唤醒她们做上帝希冀她们做的孩子的慈母，她们能够而且应该做到这一点。"

如果说路德的可爱对手还是那些修女，她们放弃尘世生活和扮演母亲角色；那么现在的敌手则是那些"社交名流女子"，也就是法国式的上流社会女人，她们宁愿在大城市闪闪发光的地板上翩翩起舞，也不愿和她们的孩子或是为了她们的孩子待在自己的"圣殿起居室"中。"只要世界一召唤，她们就听不见自己孩子的呼喊了。"裴斯泰洛齐这样谴责"社交名流女子"，她们的孩子实际上根本没有母亲，所以最好让孩子离开她们。然而最善心、最聪明的女教育者都不过是一种应急之举，因为"任何陌生人的心自然都无法代替母亲的那颗纯洁与博大之心"。

18世纪德国也开始争论妇女的社会角色。主张妇女解放的一派，其最著名的代表是特奥多尔·戈特利布·冯·希佩尔（Theodor Gottlieb von Hippel），他不再相信性别之与生俱来或是上帝规定的巨大差异。1792年这位作家和政治家在长篇檄文中主张通过教育和知识来"改善妇女的公民地位"，"女性待在家中……"的禁锢必须打破，"让人类力量的一半得不到赏识，不为所知、不为所用地自生自灭"，这是不可原谅的。虽然公民地位得到改善的妇女仍该一如既往地把孩子的教育铭记于心，但也不该比公民地位早就得到改善的男人操更多的心。当时还没有"坑娘"①这个概念，但启蒙者希佩尔已经猜到为什么男人在历史上能够上升为女人的统治者。"虽然怀孕和分娩所引起的停滞时间并不长，但毫无疑问这是让妇女中圈套的原因。正是这段什么都不做的闲散时光促成了女人……的奴隶命运。"

---

① 指妇女因生育而中断职业生涯，日后很难再融入职场。

浪漫派圈内的人也同样热爱妇女，但他们离希佩尔主张的男女平等主义还是有相当距离的，男女平等主义认识到孩子是"中性"的，比西蒙·德·波伏娃（Simone de Beauvoir）早了150年。1791年诺瓦利斯在一封给母亲的信中断言："人类的完美与幸福全仰赖女人的智力与女人的美德。"面对（男性）公民冰冷的理性——他们也是因目的明确的社会活动而不得不如此的——这位年轻诗人让（女性）的心坚强，人类更深层次的真理埋藏在她们心中，如同在梦中一样。

普鲁士王后路易丝（Luise）成了浪漫派的圣像，她曾亲自说过，她宁可把自己的所有书籍都扔进哈弗尔（Havel）河，也不愿让知识毁掉自己的感受能力。海因里希·冯·克莱斯特为她写过十四行诗，奥古斯特·威廉·施莱格尔写过歌颂她的诗《心之王后》（*Königin der Herzen*）（当年《戴安娜王妃》还远远没有出现），哲学家弗里德里希·施莱尔马赫（Friedrich Schleiermacher）在追悼她的仪式上夸赞道：她从未越界牝鸡司晨过。

对路易丝的崇拜是和她的母亲身份分不开的。虽然34岁就去世了，但她和丈夫腓特烈·威廉三世（Friedrich Wilhelm III.）孕育了十个孩子。当然这位"普鲁士的圣母"在宫内有成群结队的奶妈和家庭教师可供差遣，但她仍旧注重亲力亲为，给臣下留下了关怀备至的母亲形象，她宁愿亲自摇着摇篮哄孩子们睡觉，也不愿去风光地接待国宾或是去低声下气地乞求"魔鬼拿破仑"对蒙羞的普鲁士发慈悲。大量描写路易丝的通俗小说和路易丝画像让这位王后一直到"第三帝国"时期都是德国妇女的化身和楷模，其高贵全部体现在默默安慰家人的母性中。

18世纪末19世纪初有一位女子很可能一蹴而就地成为受诅咒的"社交名流女子"的代表，她就是约翰娜·叔本华——那位哲学家的母亲。她十分年轻就许配给了但泽一位年长她很多的富商，丈夫死后她立即把汉堡的家解散了，当时已是两个孩子母亲的她前往魏玛，为的是在那里过独立自主的生活。约翰·沃尔夫冈·冯·歌德是其沙龙的常客，她自己后来成为知名作家，作品有24卷之多。同样也写作的女儿阿德勒（Adele）被约翰娜带往魏玛，但她毕生都未能走出母亲的阴影。这位"狠心的娘"

普鲁士的圣母:"王后路易丝与她的儿子们"。诗人诺瓦利斯建议:"每位有教养的女子和每位关怀备至的母亲都应该在自己或其女儿的起居室里挂上王后的画像。"

给 19 岁的儿子叔本华写过一封信，明白无误地告诉他娘俩今后必须分道扬镳："我一再告诉你，跟你一起生活很难。我越详尽地观察你，这难度对我来说至少就越大。我不向你隐瞒，只要你一天不改变自己，我就会不惜任何代价地坚持自己的观点。我了解你的美德，让我不敢靠近你的并非你的精神与内心，而是你的本性与外表、你的观点、你的判断、你的习惯，一句话，事关外界时我们的意见总是相左。另外你的闷闷不乐也让我感到压抑，难以保持自己的开朗与幽默，这对你亦毫无裨益。你看，亲爱的亚瑟，迄今你仅仅在我这儿小住数日，每次我们都为不值一提的小事激烈争吵，每次都得等你走了之后，我才能顺畅呼吸……"

在 1807 年能这么直抒胸臆的母亲可谓凤毛麟角，这类话当然多年后也导致母子彻底反目。日后的哲学家认为自己认识到："儿童早期的照顾者和教育者是女人，她们适合做这种事恰恰是因为她们自己就幼稚、愚蠢和目光短浅。一言以蔽之，她们一生都是大孩子，一种介乎孩子与男人的中间状态。只有男人才是本来意义上的人。"这大概也算是事出有因吧。

叔本华就母亲与女人所发表的观点在其思想体系中并未占有最令人信服的位置。毫无疑问，在世上处处看到盲目与充满欲望的意志在起作用的哲学家对女人是不感冒的，因为他曾认定女人没有能力进行抽象的精神活动。然而从理论上来说，他本该给予女人——据说她们是直到脖子都还埋在大地母亲中的——更高的评价，让她们与同情或音乐平起平坐，前者克服了人与人之间的痛楚分离，后者据说能成功地令孤独的个人与世界本质重新达成和解。

文明发展得越快、离人类原初的火种越远，认为母亲们是原始混沌状态的最后守护者的理念就越强。奥地利女作家贝尔塔·埃克施泰因-迪纳（Bertha Eckstein-Diener）在 20 世纪 20 年代末开始撰写第一部女性文化史［此前男人中只有瑞士法律史学者和考古学家约翰·雅各布·巴霍芬（Johann Jakob Bachofen）系统地研究过母系统治形式的历史，当然目的十分明确，是为了证明在人类发展史中父权制为发展的顶峰］。用"加拉哈爵士"（Sir Galahad）的笔名，埃克施泰因-迪纳讲述灭亡了的母权制和亚马孙母系氏族部落。在后记中她指出，一种新的母系统治形式虽然亟待建立,却难觅端倪。"要想建立与古老的正宗母权制类似的东西,需要'母亲'。这种类型的女人,一半是命运使然的女神,一半是脚踏实地的实干家,她们已经消失或正在消失。这种类型的女人与我们现在的文明发展阶段——做任何事都要有目的,都离不开数字,一切向钱看——是格格不入的。但恰恰是男人——尽管他可以对任何法律规定的妇科条例①采取不买账态度——暗地里渴望超强的女人气质,注意啊,绝不是因为情色,而仅仅是为了通过她们男人自己一直能继续做个淘气鬼。……必须得有什么能降住他们的,必要时揪住他们的双耳,把他们从窘境中拖出,好让他们清醒:极端激进、一锤定音、毫无废话。"

裴斯泰洛齐肯定会痛打"不顾家"的埃克施泰因-迪纳的,她把与不同男人生的两个儿子或者留给父亲,或者寄养在别人家,为的是能周游世界和写书。然而她所描绘的——成年后仍需要母亲揪住双耳将其拖出窘境的——淘气鬼形象却像是对裴斯泰洛齐主要作品《林哈德与葛笃德》(Lienhard und Gertrud)的嘲讽式回应。在那本书中既坚定又慈祥的葛笃德不仅让遇到伤心事的孩子们趴在自己的腿上痛哭,而且她那酗酒、赌钱的丈夫也可以这么做——一旦他认识到自己有多无能。

帝国时期的女权主义者们也明确希望病态的世界能因母性而痊愈。1904 年参与创建了母亲保护联盟的海伦妮·施特克尔(Helene Stöcker)虽然为节育、堕胎权和妇女的性解放而奋斗,同时她却也梦想着,一旦新女性当家做主,"监狱的大墙将会倒塌,地牢充满阳光,断头台的阴影不再笼罩大地。贫穷与犯罪将会绝迹,整个世界将变得聪明、道德和自由"。与裴斯泰洛齐不同的是,施特克尔不相信在现代女性身上发掘被埋没的本性能有助于她们成为好母亲。她的教育目标不是回到主观臆想的更好的自然状态,而是要提高人类的整体素质:"就像人令一切其他事物听命于其理性洞察力一样,在人类一件最重要的事情上——创造新人,他也必须越来越能自己做主。"这位和平主义者和资本主义的坚定反对派在十月革命十周年之际前往苏联,纳粹上台后她被迫流亡。她坚信进步,因此她也毫无畏惧地

---

① 指禁止堕胎等法律规定。

提出应研制药物，"以阻止患有不治之症或退化者繁殖后代"。

黑德维希·多姆（Hedwig Dohm）同样热衷教育，却没有优生学方面的情绪冲动。这位女作家自己有五个孩子，托马斯·曼后来成了她女儿的女婿，她极力反对女人因其生物性别就该成为天生的教育者。相反，"一位浅薄而愚蠢的女人必定会愚蠢地教育孩子，在这种情况下对孩子们的恩惠莫过于让他们有机会在家庭以外的地方成长"。

黑德维希·多姆认为儿童教育是一项十分复杂的艺术与伦理任务，这项任务只能交给一位既有这方面天赋——她自动承认，完全不适合在波罗的海海滩与自己的孩子们一起捡贝壳和画石子——本身人格又已发展成熟的人。恰恰是在后一点上，大多数妇女所接受的教育仍旧是不要追求自己的"自我"，而是一生都要依附着男人，夫唱妇随。与其让不自由的母亲带大，不如把孩子交给独立自主的教育者："这位教育者身上在一定程度上必须凝聚着所有母亲的爱，他要教育的是她们的孩子。这种爱没有任何可以让母爱那块金子黯然失色的瑕疵，它不虚荣、无野心，既无占有的骄傲，也无利己的享受。教育者的爱更像艺术家对其作品的奉献。用尼采的话来说，教育者会成为'男性母亲'。"

现如今妇女是否适合教育孩子，她们是否该接受相应教育的争论至少正式结束了。同样也没有人再争辩妇女是否该从事（对公民而言要求颇高的）以赚钱为目的的工作。仍旧未能解决的，每隔一段时间就特别让人担忧的是：如果妇女们接受越来越多的教育，从事越来越多的工作，因此所生的孩子越来越少，德国民族会有一个什么样的未来？

这种忧虑远比以法律形式所规定的男女平权要早得多。1902年黑德维希·多姆就已经在其最出色的著作《反女权主义者》（*Die Antifeministen*）中嘲笑过一些同时代人，他们认为一旦妇女们开始上大学，人类就会绝种。在帝国时期这种害怕却是事出有因的：那时候只有未婚、没孩子的妇女才可以当公务员。这就意味着，（少数）妇女确实必须决定不结婚、不要孩子，才能在普鲁士风格的官本位国家升迁发迹。早在"职业与家庭二者可否兼顾"的辩论让大家群情激昂的一百多年前，鸿沟其实早已挖好，沟两侧的德国母亲和"有野心与成就的女人"至今仍在对骂,而有职业的母亲们则抱怨幼儿园位置不好,她们臆想自己不堪重负,快要崩溃了。

这里的母亲难题恐怕近期难以解决,它在德意志灵魂中根扎得太深了。母亲应该是抵抗所有吞咽一切的现代齿轮装置的最后——在一定程度上也是最自然的——壁垒。2007年文学评论家爱丽丝·拉迪施(Iris Radisch)要求重新发现家庭,把它作为"对抗所有经济与飞速发展之暴力的模式",这成为德意志渴望母亲的最新和最有说服力的佐证。国家必须给母亲们(和父亲们)留出更多的时间,以便他们能亲自和孩子们一起"钻丛林,涉小溪",而不是把孩子往芭蕾课一送了事。同时母亲应该很有教养,但她在进一步提高自己的文明程度之前,先要用自己的教养帮助受退化损害的后代回归自然。最后她还要认识到,幸福就在这里打盹,而不是在社会地位和财富的争斗中。

千真万确:德国母亲必须像橡树一般坚强,才能遮风挡雨。

作者:特·多
译者:丁娜

参阅:烫发,德国人的性情,幼儿园,牧师之家,狠心的娘,宗教改革,纯洁戒律,女人

神秘主义

349　　咽气的时候有上帝眷顾,众所周知不是坏事。但出于别的原因,甚至是完全不同的原因,已经与他交谈过却要好得多。

谁向往上帝,哪怕只是有求于他,追求的都是一种可靠性。他想相信他和他的至爱亲朋觉得可以相信的东西。

中世纪时神学是被纳入经院哲学的,经院哲学只能以抽象的方式论证上帝的存在以及提到上帝,用理智去解释信仰。这样人们才可领会上帝的故事,但这对解释上帝这件费解的事却帮助不大。

谁热衷领悟此事,不久就会发现此事与所有其他事情一样都是浮云。他会觉得自己没着没落的并为此抱怨。

谁想追寻靠谱一些的事情,他早晚会遇到圣者。

此外他还会确定:上帝不说拉丁文,拉丁文不过是用来复述上帝的话的。宗教是不能通过神学传布的。

宗教尤其是一种感情的表达,这种表达既让人感到安全,同时却也营造出一种无家可归的氛围。谁若是在童年没有学会祈祷,那种奇特的低语,那种突然赋予语言另一种重量的喃喃自语，那他以后就再也认识不到祈祷的作用了，更谈不上理解了。

教会和教会的布道者不得不让宗教显示出世俗味，这不可避免地招致反驳。从一开始教会就面对着一个两难选择，它以机构的形式显现，并引发这样的疑虑，即一个机构居然想要管理宗教。

在教会所遭遇的质疑中，神秘主义给出的质疑属于其中最尖锐的一种。神秘主义请大家注意，人与上帝交流的方式不必由神学来规定。人们用祈祷和布道合理地缩短了与上帝的距离，正是这种直接交流让人与上帝有了接触。这当然要以虔诚和灵性为前提，这里指的其实是灵魂救赎。

德国神秘主义始于德法合作：倾向于新柏拉图主义的圣伯尔纳铎（Bernhard von Clairvaux）[①]在传道途中会见了莱茵地区的希尔德加德·冯·宾根。后者用修道院药草园中的草药配的方子今天还在使用，她的指南性著作《治疗知识：病因与疗法》（*Heilwissen. Von den Ursachen und der Behandlung von Krankheiten*）堪称论述天然药物的经典之作。她是西方第一位写作的女医生，几乎一千年后她的书仍在被人阅读。

希尔德加德·冯·宾根（1098~1179）是德国伟大的神秘主义者中的第一人。她也因其自创的祈祷而辉煌。中世纪神秘主义的领军人物埃克哈特大师在其《论指导》（*Reden der Unterweisung*）中说道："最有力和几乎万能的祈祷，心想事成，最值得敬重的莫过于那种虔心祈祷……它不受任何误导和束缚……在万事万物中寻见的不再是自我，而是完全沉醉于上帝那最可尊敬的意志中，放弃了自我……祷告应该是强有力的，祷告者愿把人的全部力量和肢体，包括眼、耳、口、心以及一切感官都集中在祷告上。在感觉到自己正在与上帝——他在场并且是祷告对象——融为一体之前不要停止祷告。"

用今天的尺度来衡量，中世纪的德国神秘主义不光强调感情，它也

[①] 圣伯尔纳铎（1090~1153），法国克勒窝修道院院长，修道改革运动——熙笃会（Cistercian）的杰出领袖，中世纪神秘主义之父。

接近一种古老的厌恶，即反对罗马教会过于世俗地组织宗教事务。在 13 世纪德国神秘主义最重要的文献《神性之流动的光》（*Das fließende Licht der Gottheit*）中，作者马格德堡的梅希特希尔德（Mechthild von Magdeburg）（约 1207~1282）有时重口味地称那些主教区修道院修士们为"臭山羊"。

对神秘主义的诸多可能性感兴趣的人当中也包括一位维滕贝格的神学家：马丁·路德。1518 年他出版了 14 世纪一位不知名作者的论文《德意志神学》（*Theologia deutsch*），这本书与埃克哈特的作品和想象类似，但没有那么玄，这从书名即可看出。神秘主义现象不仅需要代言人和支持者，而且也需要一些产生共鸣的地点，这样的地点遍布全德国。

格尔利茨（Görlitz）如今是德国最东边的城市，它曾经位于德意志帝国中部的什么地方。谁今天还能相信，一位思想家曾在格尔利茨度过了他一生中的大部分时间——"德国的第一位哲学家"，黑格尔如此赞许他，因为他的著作中已经露出了辩证法的端倪。这里说的是雅各布·伯麦（1575~1624），神秘主义在他那里又达到了新的深度。他的职业是鞋匠，从未上过大学。其著作援引的是尼古劳斯·冯·库斯（Nicholaus von Kues）的泛神论、帕拉塞尔斯的自然哲学学说和阿格里帕·冯·内特斯海姆的神秘学，后者的神秘学又可以上溯到新柏拉图主义和卡巴拉①。

出发点正是导致路德宗教改革的那种不满，人们追求一种没有教会的基督教。虽然伯麦声称读过很多书，但他不引用，也不列举任何榜样。他称"整个自然"为真正的老师。随着秘密社团"玫瑰十字会"的出现——该组织也对伯麦感兴趣——神秘主义开始变得神秘起来。基督教伦理与炼金术的巴洛克符号体系结合到一起。

---

① 卡巴拉（Kabbalah，希伯来文：קַבָּלָה，字面意思是"接收"或"接受"）是与拉比犹太教的神秘观点有关的一种训练课程。这是一套隐秘的教材，用来解释永恒而神秘的造物主与短暂而有限的宇宙之间的关系（引自维基百科）。

说到这里我们把目光转向布拉格，捷克的首都在 17 世纪时位于德意志民族神圣罗马帝国境内。1348 年在布拉格创建了古老帝国的第一所大学，然而在哈布斯堡王朝怪人鲁道夫二世（Rudolf II，1552~1612）治下这座城市也是炼丹术、占星术和神秘主义的大本营。第谷·布拉赫（Tycho Brahe）[①]和约翰内斯·开普勒也来到这里进行研究和探索。

纵观整个德国文化史，神秘主义到处留下了不显眼的痕迹。神秘主义与各个时代的最新口号的一致每次都是一种巧合，但这种巧合实际上每次又都是可以解释的。

可以遇到神秘主义者的地方有：修道院、手艺人的作坊、颓废的国王与皇帝宫廷以及宗教运动。发挥作用的有修女，她把祈祷文变成了文学作品；鞋匠师傅，他在不懂概念的情况下自由地进行哲学思考；忧郁的统治者，他的身边簇拥着炼金术士；讲求虔敬的虔信派教徒如菲利普·雅各布·施本尔[②]，从批评新教的僵化出发，他再次为回归《圣经》辩护。

这种回归当然首先指的是对《圣经》的阐释转向神秘和严密。事情自然也关系到质疑教会所分担的国家与世俗秩序。攻击专制制度的可远不仅是启蒙运动，17 世纪初特别是 18 世纪这一点是显而易见的。不光是虔敬主义与启蒙运动能够和睦相处，随着共济会的创建，人们甚至找到了一种新的秘密组织形式，可以把一切——从人道主义到密教——都融合在一起。

德国社会如今找不出有效的神秘主义了，所以它引人注目地大规模从世界各地进口所能找到的深奥东西。这些东西必须具有异国情调和萨满教背景。

---

① 第谷·布拉赫（1546~1601），丹麦贵族，天文学家兼占星术士和炼金术士。开普勒曾是他的助手。

② 菲利普·雅各布·施本尔（1635~1705），德国路德教派神学家，虔敬主义著名代表。

人们也许会问：为什么是佛陀而不是埃克哈特？因为我们追随康德和黑格尔并因此忘记了其他的一切？或是更糟，只从政治角度看待一切？一种文化只有作为整体才能起作用。从它身上割掉什么，哪怕看上去是微不足道的，整体都会因此而变得残缺。

作者：里·瓦
译者：丁娜

参阅：工作狂，浮士德，宗教改革

疯狂的自由

在整个拉多尔夫采尔（Radolfzell）地区，克萨韦尔·德施勒（Xaver Deschle）无疑因为他的帽子被称作"帽子德施勒"。在普鲁士占领该地时——那是1848年革命失败后不久——禁止庆祝狂欢节，帽子德施勒跑到指挥官那里，请求至少该允许戴着面具从窗户里往外看。他的请求得到了许可，帽子德施勒就自己做了一副窗框套在脖子上，然后戴着小丑帽在街上蹦来蹦去，身后跟着一大群孩子。

习俗是无须陈述理由的，大家都遵守的东西不需要解释。共同的意愿让集体回忆变得简单，它减轻了个人的负担，这毕竟也是团体意义之所在。

在德国有两件事是妇孺皆知的：德国足球甲级联赛和狂欢节的风俗习惯。这两件事人人都会热情参与，但二者却有天壤之别。

足球俱乐部的作用是为人们提供认同可能，让个人作为粉丝去追捧某球队或球星。而狂欢节则让个人成为游戏者，变成自己事情的扮演者，却成不了英雄。因此足球赛事能魔法般地唤起人们的强烈感情：欣喜若狂或是悲愤交加。狂欢节则是有时间限制的自由经历：这段时间虽然自己说了算，可说什么呢？

如果在狂欢节这段特殊日子里，行为场所是没有观众的舞台，一切以自我为中心，那人还能有什么可说的？

让我们先聊点儿别的：当 1500 年左右纽伦堡的画家阿尔布雷希特·丢勒（Albrecht Dürer）展示他的《穿皮衣的自画像》（*Selbstbildnis in Pelzrock*）时，那肯定是所有可能挑衅中最大的一种。人们可以说丢勒把自己画成了耶稣，但不乏谦逊，因为他没有给自己头上画上圣者光环。这样他既没有停留在中世纪必不可少的讽喻上，也没有犯忌。他提出的问题不如说是人自身，他用画告诉观画者：你也可以这样。

在自画像中，人进入了前景，画家也开始了与观画者的对话，提出的压倒一切的问题是：做自己。但作为其不可避免的后果的，则恰恰是对寻找自我的那种强迫。难道这——且不论所有其他的——不正是人所要承受的最沉重的负担吗？

丢勒既非遭受迫害者，亦非受到指责者，他的作品所传达的信息没有被当做是具有颠覆性的，至少他不作为这类画家而引人注目。丢勒更应算作他那个时代欧洲最伟大的艺术家之一，他是个明星。他生活的时代刚刚经历过黑死病，大家惊魂未定，不知西方的世俗世界能否继续存在下去，教会对此只能用"上帝的惩罚"来解释；他则用自己的绘画增强了人们的生存感。

那时人们还能喊出"你们看这个人！"（Ecce homo！）[①]，而没有揭露此人。但到丢勒和他的同人这里时，人们就已经知道：谁戴上面具，遮盖的是他的脸庞和自我。哪怕他认为这样可以保护脸庞和自我，实际上他是在伪装。

维尔纳·梅茨格尔（Werner Mezger）是研究施瓦本－阿雷曼一带狂欢节习俗的专家和编年史作者，他让大家注意中世纪的圣诗集，特别是要注意第 52 首赞美诗和该诗开头处的小丑插图：那里印着"Dixit insipiens, in corde suo: non est Deus."——"小丑在内心说：上帝并不存在。"

---

① 彼拉多将戴荆冕的耶稣交给犹太人示众时说的话。

这样一来，导致不敬的、被缩小的小丑反抗就不仅涉及俗世秩序，而且指向了上帝的秩序。这是一种经习俗而合法化的渎神！

先说说狂欢节，它像大多数德国的事物一样，起源于中世纪。那是大斋期①开始前的最后几天，是正式禁食前胡吃海塞的最后机会。这段时间正是耶稣曾在沙漠中度过的，这对禁食来说是有意义的。狂欢节（Karneval）一词源自罗曼语族，字面意思大概是不吃肉的日子。这个节日从一开始就是城里人的事，这一点至今没有变化。据说是那些单身学手艺的人在张罗操办这一节日。

市民需要一段时间的特殊状态，以便长期忍受这个颠倒世界的各种条条框框。狂欢节就是市民获得的疯狂特许证，这种特许几百年来作为习俗一直保护着市民在特定时间内的疯狂自由权。谁想改变这种特殊状态，就会惹麻烦。

当基督教新教在广大区域站稳脚跟，它就对狂欢节下了手。基督教新教和其乖张的性情无法尽情狂欢。狂欢节只好作为天主教节日躲在罗马帝国修筑的界墙后，但即使这样它也未能完全保留住往日的辉煌。接下来反对它的是启蒙运动，认为它是一种过了时的习俗，启蒙运动对所有习俗都难以容忍。反对的理由是：这种习俗不是为理性服务的，而是助长了装神弄鬼。这种思想流派甚至吹嘘把流动剧院中的丑角赶下了舞台。人们还能期许他们对狂欢节网开一面吗？

有时看上去狂欢节这种现象在普遍的历史拒绝的喧嚣中似乎销声匿迹了。剩下的好像只有个别小丑和面具了，比如施瓦本或阿雷曼的木制面具。这种面具能够在瞬间吓唬人，是一种特殊的面孔。

集体回忆会在不同时刻因现实缘由而启用这种面具。面对正存在的精神危机，集体回忆展示的是不同的面具，这些面具告诉人们的不外乎人类生存的困境。而它明显没有涉及的恰恰是中世纪晚期所禁止谈论的死亡与灭亡。后来资产阶级通过自己规定的禁令让人们不再向无底深渊张望。

---

① 天主教的斋期从圣灰星期三延续到复活节。

狂欢节上的传统面具。

随着 19 世纪的来临以及大众社会的形成,一切都有了新的适宜形式,包括民俗文化。这次的缘由又有政治色彩。

维也纳会议(1815)后科隆归普鲁士所有,这里的人感到自己的认同受到了威胁。在这种境况中人们采取一切可以利用的手段,这样狂欢节就成了抗议的舞台,它明显被政治化了。狂欢节讲话者提到疯狂的自由,新引进的游行也成了莱茵地区人们展示力量的示威游行。

这样狂欢节就变成了区域性认同的标志。它不再是从前下层市民的行为,毫无顾忌地纵情声色,而是成了城市权力结构的组成部分。狂欢节组织悄无声息地迅速扮演起各党派的角色,在幕后参与了对现实政治的控制。没多久狂欢节就不再是市民不满情绪的解压阀,而是向普鲁士传递的有关真实权力关系的坦率信息。普鲁士虽然有权力,但科隆的事得科隆的城市显贵说了算。至今人们仍旧可以清楚地看出狂欢节对城市社会的影响力。

在疯狂行为名义下也不总需追求太多的东西，这一点第二个成功的区域性自我展示的例子就是慕尼黑的十月啤酒节。每年秋天这个疯狂的节日要持续两周，它是世界上最大的民间节日之一。这个民间节日起源于1810年的一次婚礼，当时的新郎就是后来的国王路德维希一世。

确切地说，十月啤酒节是各种能令人激动的事情的年市：云霄飞车、摩天轮、壁上飞车。每天数次，无辜的游客脖子上会挨从天而降的板斧，而没有下体的阿拉贝拉（Arabella）女士①则会兴趣盎然地看着。

费利克斯·门德尔松·巴托尔迪在1831年10月的一封家信中写道："啤酒节下周日开始，将延续整整一周，因此我的音乐会不得不延期。届时每晚都会有露天剧和舞会，大厅里的管弦乐队想都不要想。星期一，17日，晚上6:30请想着我，那时候30把小提琴和双倍的管乐器将演奏我的作品。"

1835年一位不知名的作家这样描述过特蕾西娅草坪（Theresienwiese）②上的状况："人们推推搡搡、四处乱转、大吃大喝；人们大玩游戏、借酒装疯、骂骂咧咧；人们驻足观望、目瞪口呆、来来往往；人们摩肩接踵、骑马驾车、舞刀弄枪；人们风风火火、又唱又跳、打情骂俏；人们尽情欢呼、欢心舞动；可是夜深了，今儿就到这儿吧。"

37年后，另一位不知名的作家在1872年写道："真正的慕尼黑人一天啤酒节都不愿意错过，每天他至少要去那儿待几个小时。对艺术家和风俗研究者来说，啤酒节是取之不尽、用之不竭的宝藏。"

约阿希姆·林格尔纳茨（Joachim Ringelnatz）1928年曾写诗歌颂过另一位去逛年市的永不过时的女士："高耸的乳房像火山熔岩，它们壮观地兵分两路，艾米，女中豪杰！"当地作家奥斯卡·玛丽亚·格拉夫（Oskar Maria Graf）还能回忆起第一次去啤酒节时的情景，他形容道："眼睛都不够使了。"

---

① 利用反射效果让下体消失，此角色每年啤酒节时由一位女演员饰演。这个主意源自画家弗里茨·希尔伯特（Frits Hilbert）的一幅画。

② 每年十月啤酒节举行的地方。

为了打消我们可能存在的最后疑虑，1960年欧根·罗特（Eugen Roth）让我们知道："慕尼黑最美丽的乐园，无疑包括啤酒节草坪。"在他令人印象深刻的长诗的结尾部分我们读道："我在这儿是人，在这儿我可以是人。"人们会想：跟歌德的感受一样，但也绝非一定如此。

从今天的角度看，倘若狂欢节对战后各种无法言说性来说没有成为固定的习俗，那也几乎没有什么好补充的了。没有足球和没有狂欢节的德意志联邦共和国同样是无法想象的，这类游戏像建国初期的面包一样不可或缺。

政治性地看待一切公众活动，这是我们这个社会的老习惯。过程简化了各种问题，它造成一种假象，让人觉得所有的问题都有解决办法，而每种解决办法又总是有足够的理由。

从根本上说涉及的是与此毫不相干的事，即我们如何让这个世界变得可以忍受，它是我们满怀激情布置起来的。

与其说是出于困境，不如说是出于绝望，我们不断地寻找机会逃避义务，至少是逃脱责任。我们的方式可以是免责规定、开假条、暂停或是其他各种借口。就好像是我们在转动轮子，而轮子又带动我们转了起来。但这更是个难题呢，还是个愚蠢的问题？从《愚人船》（*Das Narrenschiff*）的作者塞巴斯蒂安·布兰特（Sebastian Brant）到恩斯特·内格尔（Ernst Neger），无数精英都试图回答这个问题。

恩斯特·内格尔本是位瓦匠师傅，后来成为歌手。他是美因茨狂欢节的中坚人物，1952年他因狂欢节演讲《太平小鹅》（*Heile, heile Gänsje*）而走红，他在讲话中说："如果有一天我能成为上帝的话，我只知道一件事：我要把可怜的、被毁了的美因茨牢牢搂在怀里。我要紧紧搂着它说，要有耐心！我要迅速把你重建起来！你完全是无辜的，我要让你重新变得美丽。你不能也不允许就此沉沦……"

精英们对人民公投期的回答是政治上的圣灰星期三。它属于政治家，但也属于卡巴莱演员。社会作为狂欢节社会就是这样对有关事宜进行沟通的。欢闹的景象打上了正常的印记，对战后的状况而言这极为重要。

现在整年戴着小丑帽的人数在增长。真相的时刻过去后，接下来出现在日益受到媒体控制的公众中的是永恒的虚伪艺术。现在摄影机在拍摄，那位政治家必须证明自己能出色地控制面部表情。重要的不是可信性，而是他的面具要有说服力。

狂欢节促进自我表现，追求体验的社会也发现了这一点。所谓小康社会用"爱的大游行"的方式来超越狂欢节。"爱的大游行"是柏林一位传奇性铁克诺（Techno）音乐DJ——莫特博士（Dr. Motte）——于1989年发起的。这一主题活动开始时有150人参加，短短几年内参加者人数就猛增到数百万。直到2001年"爱的大游行"都被算作政治示威游行。它甚至不用操心游行过后的清扫和垃圾处理工作，相反它只要提供一句格言即可。

该主题活动本身的渲染方式模仿狂欢节游行，区别是在这儿话语不算数了。重要的仅仅是载歌载舞地尽情庆祝。尽管如此，它成为一种尺度，代表着德国统一后20多年来的一种现象。从"爱的大游行"开始，大型公众活动开始流行，如勃兰登堡门旁举行的集会，大型足球赛事时组织的公众观赏。德国的公共空间不再是禁区，在公共场所也能见到德国国旗了。

那小丑呢？戴着木制面具、穿着传统服装的小丑？他们也没有消失！中世纪的传统如今在施瓦本－阿雷曼一带的狂欢节活动中得到了最好的发扬。与莱茵地区被政治化的狂欢节以及所有其他地方的狂欢节不同，施瓦本－阿雷曼一带的狂欢节在20世纪走出了一条自己的路，那就是返璞归真，用几乎被遗忘和被埋没的方式——戴上面具扮演不同的角色——庆祝狂欢节。西南部这一带没有大都市和大本营，这里庆祝狂欢节是小城市居民的事。他们在狂欢节期间戴上家中世代相传的面具，这种面具成了进行认同的物件。这可是所能发生的最大悖论和传统的原始意义：如果别的行不通，那就把面具宣布为自我。

作者：里·瓦
译者：丁娜

参阅：啤酒之旅，足球，小市民，莱茵河——父亲河，社团迷

爱整洁守秩序

1789年夏天,作家、教育家兼出版人约阿希姆·海因里希·坎佩（Joachim Heinrich Campe）和他以前的学生威廉·冯·洪堡一起去了巴黎,为的是近距离观察法国大革命的进程。他完全为革命景象所陶醉,在寄回家乡的信中,他报告说:"这是一幅获得自由的民族的图景,这个民族甩掉了它的暴君。我相信,在整个自然界中再看不到比这更美妙、更令人感动的场景了。就在此刻,当这一令人振奋的场景对我来说已经不再新奇时,我站在公众聚集的现场,沉浸在惊讶与喜悦之中,常常一站就是好几个钟头,人潮像汹涌的洪水般不停拥入,我注目察看,看这摧枯拉朽、奇迹一般的效果,它所表达的使人类情感与良好习俗得以提高和升华的新自由观,令我感动得流出了甘甜和喜悦的泪水……"

就在他动身前往巴黎观察革命局势之前不久,这位居住在不伦瑞克-沃尔芬比特尔侯爵领地的诗人兼思想家出版了（女性）启蒙教育读物《父亲给女儿的忠告》（*Väterlicher Rat für meine Tochter*）。坎佩在这本书中写下的那些内容,也许"品德恐怖主义者"（Tugendterrorist）罗伯斯庇尔（Robespierre）会喜欢；相反,玛丽安娜（Marianne）①——法国人

---

① 玛丽安娜是法兰西共和国的象征。1792年法国一首流行歌曲中用"玛丽安娜"来象征共和,从此自由女神便以"玛丽安娜"为名。1797年法国政府正式决定以"玛丽安娜"作为共和国的象征,以"玛丽安娜"为题材的艺术作品众多,最著名的是画家德拉克鲁瓦（Eugene Delacroix, 1798~1863）1830年的画作《自由引导人民》中的形象。

狂热崇拜的自由偶像——却可能会吃惊得或者是笑得把低胸露肩裙整个滑落下来。"爱整洁守秩序！"那本书里写道，"我得到哪儿去寻找词语，好给你描述这项——美德？不，用美德这个词来形容远远不够，它是诸多其他美德之母，是诸多美德的养成者，它为人类生活带来愉悦，它强有力地促进一切有益行为，它是所有美好、伟大和崇高事物必不可少的基础，我得上哪儿才

尖尖镊子手中握：作家阿尔诺·施密特坐在他的一圈卡片盒当中。

能找到合适的词语来完整地描绘它那亲切可爱、不可或缺和美妙有益的特性呢？"这位父亲以无比的恐惧来描绘一个凌乱不堪的家有多么可怕，就为了要说明："其中最糟糕的是，外表上的脏乱邋遢会逐渐向人们的内心发展，这种发展虽然察觉不到却不因此而停止，脏乱邋遢会慢慢渗透进他们的情感，影响他们的思维方式和德行。谁若看到自己房间里脏乱到一塌糊涂，而他的眼睛却不再感到羞辱、难过，那么，对自己以及家里人的与善良风俗不相符合的不规矩行为，他的心灵和精神也就不再会产生反感。"

坎佩这个让人把整洁有序看得高于一切的告诫不光是针对女孩子的。在他发表《父亲的忠告》之前几年，他曾经用非常清晰明了的话语再三提醒男孩子："美德就是整洁有序，整洁有序就是我们行为本身的协调一致，也是我们的行为与理性原则的协调一致；而恶习就是凌乱无序，凌乱无序是我们行为本身的不协调和不一致，它也同理性对我们的要求不协调和不一致。"

坎佩并非18世纪晚期德国唯一酷爱整洁有序的人。数学家、物理学家兼格言作家格奥尔格·克里斯托夫·利希滕贝格（Georg Christoph

Lichtenberg，1742~1799），恰恰在他那著名的《草稿本》(*Sudelbücher*)中为整洁有序开出了证明，把它说成是通向一切美德的指路牌。德国的启蒙运动从总体上说可以理解为一场伟大的整理行动：思想应当归置得井井有条，情感也同样如此；个人的生活规划应该打理得井然有序，国家也一样。世上万物林林总总一个不漏，一切都被分门别类、纳入体系。哲学家伊曼努尔·康德在其主要著作中所表现出来的那份对条分缕析的热爱，绝不亚于施泰因男爵（Freiherr vom und zum Stein）或卡尔·奥古斯特·冯·哈登贝格（Karl August von Hardenberg）——这两位改革家曾经让普鲁士王国体验了一场精细规划的结构改革和行政改革。德国的资产阶级与其说是诞生于自由精神，毋宁说是诞生于秩序精神，且至今仍受累于斯。

历史学家约阿希姆·费斯特（Joachim Fest）自视为德国资产阶级最后的代言人之一。他在去世前不久曾经讲述，作为阿尔贝特·施佩尔[①]《回忆录》(*Erinnerungen*)一书的编辑，怎样同后者一起对该书进行修改。那本回忆录是施佩尔在施潘道（Spandauer）监狱关押期间所撰写的。当时，费斯特注意到，这个希特勒的建筑总监和后来的军备部长，在手稿中对发生于1938年11月9日至10日夜间的迫害犹太人的恶行只字未提，于是便力促施佩尔补上这个缺漏。在最后完成的书稿里，施佩尔这个大资产阶级家庭的儿子关于"帝国水晶之夜"是这样记述的："11月10日，在乘车前往办公室的途中，我从还在冒烟的柏林犹太教堂的废墟旁经过……今天，对当时所见场景的记忆仍然是我生活中最令人沮丧的经历，因为当时困扰我的，从根本上说主要是我在法萨嫩街上所看到的那种混乱无序的状况：烧得焦黑的房梁，坍塌的山墙，被彻底烧毁的围墙——完全是一幅战争中将笼罩几乎整个欧洲的情景的预演。然而最令我困扰的，是'街道'又被重新用于政治目的。满地散落的橱窗玻璃碎片，对我那在有产家庭中养成的秩序观伤害尤甚。"

[①] 阿尔贝特·施佩尔（1905~1981），受希特勒赏识的建筑师，二战期间先后担任希特勒的私人建筑师，德国建筑总监，军备与战时生产部部长，是使德国战争机器高速运转的总指挥。纽伦堡审判中，施佩尔因反人类罪和战争罪被判处 20 年监禁。他在狱中写了一本回忆录，提供了不少有关希特勒及其亲信鲜为人知的内幕材料。

正因如此，如下情形就不会令人感到惊讶，也即在德意志联邦共和国时期，那位奥斯卡·拉方丹（Oskar Lafontaine）①会用嘲讽的语气反对其当年认可种种市民品德的社民党同志赫尔穆特·施密特总理（Helmut Schmidt），说是用"二等品德"（Sekundärtugenden）②也可以运营一座集中营。不过，对此也可以反驳说，集中营不用"二等品德"也是可以运营的——克罗地亚人在贾森诺瓦克（Jasenovac）或者苏联人在古拉格（Gulags）所做的就证明了这一点。尽管如此，把整洁守序过高地推崇为最重要的而且是道德意义上的美德，是德国资产阶级最致命的错误。

然而，这种注定要在纳粹时期遭到可耻破产的错误观念又是从哪儿开始的呢？

> 吃喝挥霍地，财神不爱去。酒鬼多荒淫，穷根扎心里。汉斯·萨克斯，告你这真理。

这首打油诗是德国最著名的鞋匠在16世纪上半叶创作的。中世纪的工匠们，组织在行会里，最骄傲的莫过于把自己的活计做得扎扎实实、尽善尽美；工匠歌手也是一样，他们创作和吟唱的工匠歌曲同样是一板一眼、中规中矩，就像对待他们正在钉着的皮子或是正在锻打的铜器一样。他们是最早形成市民品德的那拨德国人，他们与两方面划清界限：向上他们区别于贵族和教会的"牢骚母鸡"（Muckenbrüter）和"食甘厌肥者"（Schmeckbräteln），这些人躲在他们的宫廷和修道院里，用不着汗流浃背地干活；向下他们不与那些衰萎颓唐的"家里蹲"（Hausschlenzer）为伍，这些人宁愿浑浑噩噩地守穷度日也不去学一门正经手艺。那种关于中世纪晚期德国人的说法，同把德国人说成老刻板甚至可以按其日常

---

① 奥斯卡·拉方丹（1943~   ）德国政治家，原社民党领导人之一，20世纪90年代曾担任过社民党主席和联邦财政部部长，1999年因不同意党的右倾倾向而辞去党内和政府职务，2005年退出该党，成立德国左翼党。

② 二等品德概念出自20世纪60、70年代社会科学中关于方法与价值判断的争论，与"基本品德"或"一等品德"（Primärtugend，Kardinaltugend，Grundtugend）相对。"基本品德"源自古希腊，指理性、公正、虔诚、勇敢；而二等品德是处理日常事务、维持社会顺利运行所需的品行，也被称作市民品德，主要指勤奋、忠诚、顺从、守纪、守时、可靠、遵守秩序、礼貌、洁净等。

活动来对纽伦堡怀表的描述完全对不上。自罗马帝国时代以来，日耳曼人更多的被看作滥饮无度的酒鬼和好打架斗殴的蛮人。在三十年战争中，战争进程无比混乱和粗野，导致这种粗鲁野蛮的特性越发"发扬光大"。

最早的意在系统驱除德意志人粗野无教养习性的社会教育－宗教运动，是虔信派教徒发起的。他们和路德教徒汉斯·萨克斯观点一致，认为德意志人的贫穷和没教养不是命运，而是罪孽的表现。因此，17、18世纪之交，神学家、牧师奥古斯特·赫尔曼·弗朗克在格劳哈创办了一座连同孤儿院在内的虔信教"学校城"，在那里面，最起码要把后代引导到修炼德行的正道上来，以此指引他们到达灵魂得救之境界。

弗朗克的天神是旧约里的"秩序之神"，并且，唯一可以得到神的宽宥的出路在于，必须全心全意服从神的秩序。至于神的秩序怎样再转换到人间俗世的事务上来——这个只有弗朗克知道。这些受教育者每天学习、实践活动和祷告的日程排得满满当当，雷打不动；生活的各个领域，从正确使用火炉到虔诚唱诗时允许出多大声音都规定得一丝不苟。同样，校规规定，当"小铃摇响"时，必须准时快步跑到桌旁坐好，"以保证不出现混乱无序的情况"，也即那些被禁止的行为，比如"在院内外对着墙壁撒尿"之类。同家长的联系被尽量减少，因为家长只会以其"无序的爱"破坏孩子们礼貌得体的行为举止。

"弗朗克基金会"想要教育孩子们学会仁爱、体谅和集体精神，批判精神在那里既不受鼓励也不予教导。把"个人意志"视为"罪孽"的同义词并因此而系统地加以驱除，或是让其转变看法从而把自己仅仅看作贯彻神的意志的一件工具。这样一种世界观很容易被极权利用。德国得感谢虔信教派的推动，是他们使德国人变得遵守纪律，但尽管如此，倘若我们把这种推动仅仅看成是向驯服主义（Untertanentum）转轨，那就未免看得太简单了。

要求他的同胞们好生利用自己的理智、不要去照搬别人向他们灌输的东西的伊曼努尔·康德，同样也出自虔信派－普鲁士这一社会环境。尽管像大多数德国启蒙运动的知名人物一样，这位柯尼斯堡的哲学家对法国大革命表示欢迎，但他所希望看到的是，个人的智力上的自主性仅限于私人领域中。在公共领域国家公民必须保持服从的姿态。尽管康德对共和体制深感振奋,但他仍然是个刻板的"秩序"哲学家。不过他也成功地证明,在所有领域中,秩序都不是僵死和盲目的归属分级(Unterordnen),而是一个富有创造性的、能够反射的过程。"因此,现象——我们所称的自然界——中的秩序和规律是我们自己带进去的,否则就不可能在其中找到它们,假如原初不是我们或我们心灵的本性把它们带进去的话。"他在《纯粹理性批判》(*Kritik der reinen Vernunft*)中这样写道。这一从认识论上对人类在秩序问题上的能力的高度评价与康德个人的信念是一致的,即日常生活中规范有序和按部就班是精神健康的源泉。这位哲学家的巨大创造力主要产生在他四十岁以后,也即在他告别了之前那种有人照顾的、懒散的"优雅绅士"的生活方式之后。"成熟的"康德清晨五点即起,喝上一两杯茶,抽一袋烟,为他要讲的大课做准备到七点,然后去讲课讲到十一点,在这之后到吃午饭是他写作的时间,下午他要散一圈步,并与他最亲密的朋友约瑟夫·格林(Joseph Green)聚会,晚上还要做些零碎工作并且读书,二十二点上床睡觉——作家兼后来的柯尼斯堡市长特奥多尔·戈特利布·冯·希佩尔曾以康德为原型写过一部喜剧,名为《钟表一样准时的人或曰循规蹈矩者》(*Der Mann nach der Uhr, oder der ordentliche Mann*)。海因里希·海涅后来讥讽说,这位柯尼斯堡的教授让人没法给他写传记,因为他既没有生活也没有故事。不过,同样也可以说,正因为康德把他的日常生活管控得这么严格,所以才可能成为从不懈怠的思想家和写作者。这位教授没有沉溺于反复发作的"心脏憋闷"和"排除不畅"(便秘)中,也没有让自己任由"敏感的神经"支配,而是与自己的抑郁倾向做斗争,其方式就是让自己服从一整打日常生活准则。与道德要求领域(Gebiet des moralisch Gebotenen)不同,道德律(Kategorischer Imperativ,也即绝对命令)要求毫无例外地按照"你可以同时希望它们成为普遍适用的法律"的那些准则行事,而在这里,些许变通——例外!(excipe!)——是允许的。只要对法律的服从不是盲从,就完全可以从中产生自由。

人们会很乐意推定,在每一个秩序重于一切的人的头脑里都有个幽灵,这个幽灵最怕的就是混乱无序。它既害怕自己内心里隐藏着的混乱,也害怕世界为它所准备的混乱。有一本1876年的德国歌曲集可谓登峰造极，它在目录中第三部分的第二节"爱情歌曲"之下，还又分出第二节甲"爱情之乐"和第二节乙"爱情之苦"——好像二者可以分开似的。要人保持整洁和秩序的最热切的告诫，比如像坎佩在《父亲的忠告》里那样的，都是男人对女人的告诫，这可不是偶然。在做出这种告诫的这类男人眼里，"女人"被看成是既令人着迷又不讲道理而且还很难看透的生物。

德国人喜爱驯化的癖好是不是可以以此来解释呢，即德国人对他不能掌控——而另一方面也就不再害怕——的一切总是感到特别着迷？

弗里德里希·尼采也许会同意这种说法。这位"不守常规"的思想家喜欢令人陶醉的"酒神精神"（das rauschhafte "Dionysische"）更甚于清爽的"日神精神"（das klare "Apollinische"）——而这也是他崩溃的原因之一。他把目光投到其同胞们涂抹得锃亮的外表后面，得出如下认识："德意志之魂中有过道、岔道、洞穴、藏身所，还有古堡地牢；他们之所以不守规矩多是被充满了神秘性的东西所吸引；德国人擅长经由隐秘小径走向混乱。"

作家弗里德里希·西堡接过了这张思想的网继续往下织，西堡在魏玛时期试图向德国人解释法国，向法国人解释德国："德国人认可混乱并把它纳入自己本性之中的能力，是多么令我们的邻居害怕。人们说，我们德国人作为民族，因为过于深和过于长久地弯腰凝视自然的深渊，结果看得头晕目眩。当然也有这样的民族，对他们来说，自然只是看上去像是个深渊。对我们来说可不是这样。因为我们总是相当深入地参与到自然的规律当中去，因为我们自己的远远不够。我们仍然还是自然的一部分，因此随时能够重新返回自然当中。"

构成德国人意识当中的与自然的关系（das deutsche Naturverhältnis）的全部矛盾都由此而表达出来了：自然是一团盲目向前推进、根本不顾及损失的混乱吗？抑或它是在对上帝秩序的信念逐渐消失之后，最后仍然存在的宇宙秩序体系？民族社会主义（纳粹）那带来厄运的吸引力正是生发于此，它宣称，混乱可以强制人们达到钢铁般的、同时又是自然的秩序，而且在这当中还能够保持"运动"的动力。在他无比痛恨的魏玛共和国最终失败之前几个月，恩斯特·云格尔还对"工人"这个新的群体类型加以赞扬，说它"能够满心欢喜地把自己炸上天，并且还把这个行动看作秩序的证明"。

战后，至少对于西堡——他从未真正成为信仰坚定的纳粹党人却巧妙地度过了"第三帝国"时期——来说，这一点已经毫无疑问，即民族社会主义打造的有序的混乱和混乱的有序，在纳粹时期从来都不过是凝固了的野蛮而已。同时，西堡还担忧，如今生活在联邦共和国里的德国人，是不是正在心怀恐惧地准备把他们一向从中汲取活力与创造力的"混乱－动力"这个源泉给封死。

自由的宪法国家不会变成热昏头的毁灭机器，然而只会制造空转的危险是现实存在的，因为它把人的生活缩减为"一个纯洁的组织、一个深思熟虑的社会结构和一个能干的管理机制"。对出身于大资产阶级家庭的花花公子西堡来说，挑战在于，超越法西斯的错误结论，把秩序和混乱的关系摆正。

这个挑战至今仍然存在。秩序不是一切，更谈不上可以作为道德意义上的美德。这种错误认识，那些对学校里恢复用"专心、秩序、勤奋、品行"来打品德分的人应当予以摒弃；而同样的，另一些人也应当摒弃，那些人一方面为反对"讨好老师（的品德）"而走上街头，另一方面却要他们的孩子牢牢记住，绝对不能把喝空的酸奶杯扔进灰色、棕色、绿色或蓝色的垃圾桶，而是永远只能扔进黄色的垃圾桶①，而且最好还得冲洗干净再扔。作为资产阶级生活智慧的准则，整洁守序自有其美好的意义，当然了，前提是它不要变成愚民的枷锁，并且人类自身也还有足够的、值得去整理归置的混乱。

作者：特·多
译者：郑冲

参阅：深渊，工作狂，德国式焦虑，青年旅舍，幼儿园，音乐，私人菜园，海滩篷椅，莱茵河——父亲河，社团迷，林中寂寞

---

① 德国有严格的垃圾分类规定，不同类别的垃圾必须放入不同颜色的垃圾桶：废纸放入蓝色桶，菜叶果皮等生物垃圾放入棕色桶，食品的塑料包装物放入黄色桶，其余垃圾放入灰色桶。玻璃瓶按不同颜色另有专门回收装置。

最早的文件夹由弗里德里希·泽内肯 1886 年发明于波恩－波佩尔斯多夫。最初的经典云纹大理石纸质封皮偏心锁扣文件夹，于 1896 年由符腾堡的路易斯·莱茨投放市场。

牧师之家

瞧，蝙蝠形老虎窗。看，专为牧师住宅特制的砖。整个冬天人们把这种砖浸泡在水中，为的是用它们建造的牧师住宅更牢靠……

"在古老的牧师住宅中过复活节！"一家四星级宾馆在很久以后的另外一个时代许诺道。"在复活节期间您可以享受到一种不同寻常的氛围。"这家宾馆的广告词中如是说。这里涉及的是一幢建于1762年的巴洛克住宅。谁想在里面常住，也可以租赁或购买一幢牧师住宅。专做这类生意的中介公司自称搞的是"牧师住宅房地产"。

结论：牧师住宅在出售。这应该引起我们的深思：除了教会簿记方面的理由外，这种出售过程或许也是我们文化总甩卖的组成部分吧？

1929年恩斯特·克雷奇默（Ernst Kretschmer）——20年代有影响力的精神病学家——在其著作《天才》中称：18世纪以来德国知识分子中的一半都来自基督教牧师之家。他们当中著名的有：约翰·克里斯托夫·戈特舍德（Johann Christoph Gottsched）、戈特霍尔德·埃夫莱姆·莱辛、克里斯托夫·马丁·维兰德（Christoph Martin Wieland）、雅各布·米夏埃尔·莱茵霍尔德·伦茨（Jakob Michael Reinhold Lenz）、让·保尔（Jean Paul）、施莱格尔兄弟（August Wilhelm von Schlegel/ Karl Wilhelm Friedrich von Schlegel）以及弗里德里希·尼采。

同样身为牧师儿子的戈特弗里德·贝恩（Gottfried Benn）1934年在其杂文《德国牧师之家》（*Das deutsche Pfarrhaus*）中得意地列出了统计数字：30%的医生、40%的法律工作者、44%的自然科学家和59%的语言学家出身于牧师家庭。贝恩认为，正是这样的家庭孕育了这样一种类型的人：他们是思想家，同时又是诗人；或者反过来说，那些诗人同时是哲学家。

对于基督教牧师之家所扮演的文化角色人们时常称赞有加，牧师之家受之无愧。在参考了日耳曼语言文学学者罗伯特·明德（Robert Minder）和阿尔布雷希特·舍内（Albrecht Schöne）的传奇性文章后——他们论述的是牧师之家背景下的文学，我们在此想大胆地提出一个论题：基督教牧师之家对德国人所起的作用应该相当于百科全书派对法国人的作用。

百科全书派和牧师之家关心的核心都是人和人的形象：知识、教育和教养以及随之而来的启蒙。前者更注重科学，后者基本上以《圣经》为主。倡导者分别或已称自己为杂文家，或仍称自己为神学家。一方关心的是还没有研究到的东西，另一方关心的则是神秘而无法研究的。令人惊奇的是：从今天的视角看，过去常被强调的二者之间的区别有时其实是微乎其微的。

1750年百科全书派以其出版方面的霹雳之举令欧洲知识界惊愕不已，相反牧师之家一向没有什么轰动之举。其结果是：百科全书派改变了公众的生活，牧师之家则改变了私人生活，进而在不知不觉间连带改变了公众生活。

根据马丁·路德的想象，牧师之家的生活应该起表率作用。在那儿知识也管用，但它显得不那么咄咄逼人。教皇虽然被认为是多余的，但世界仍在上帝掌控之中。《圣经》，不久之后也包括其他书籍纷纷受到重视。

百科全书派为即将来临的颠覆——法国大革命——推波助澜，牧师之家则在看起来似乎不会疯狂的德国社会中提供了精神和教育方面的岛屿。百科全书派成为公民追逐权力的工具，相反牧师之家则成为精神的保护空间。在一个颠覆没有机会的社会存在着许多自由空间，今天人们会称其为小生境。牧师之家是路德最棒的根据地，它代替了图书馆与大学、科学院和精英们。牧师之家的全套设备不豪华，但不乏生活必需品。它完全适合应急，可问题是，它有时也把其他事情弄成了应急之举。

路德式牧师之家从一开始就充满了政治色彩，其存在最终是基于废除天主教神甫的不婚戒律，这可真不是小事。很长时间里，它一直是不挂牌的精神招待所，作为秘密经营者它无须做广告，这种招待所的性质使很多事成为可能。当然从启蒙的角度或至少用启蒙的手段，人们也可以指责招待所之父搞权威主义、想入非非和偏狭固执。

牧师之家作为社会因素在19世纪进入德国的公众意识，当时那个大器晚成的民族正奋起直追地使自己从属于社会。为了解释自己的错误和给大家一个说法，德意志帝国追溯起牧师之家。它知道那里保有自己的新教之根，那里也是解释它崇尚纪律性的最好源头。"第三帝国"把教会分裂为——简单点儿说——承认是基督徒的和承认是德国基督徒的，这样牧师之家的任务就像所有其他被机构化的东西——也就是那些不符合体制标准秩序的东西——一样受到了质疑。

同时对牧师之家的批评也是自有其传统的。就像大多数在德国有成就的事一样，牧师之家也得在现实生活中被律师们钉上耻辱柱。例如强调红军派恐怖分子古德龙·恩斯林是牧师的女儿就是明证。为什么人们不能对一件像牧师之家这样有民族意义的事情达成共识呢？为什么在事关整体和民族的事情上总是非要结党分派不可呢？德国没有巴黎，因而也就没有自认为合法的中心。路德的《圣经》和保存其手稿的地方则为此提供了一种替代。

在东德，牧师之家作为小生境再次获得重大意义。那儿成了批评政权的地方，也是持不同政见者的大本营。在东德这种国家持不同政见者的机会不多，70年代反对派诗人赖纳·孔策（Rainer Kunze）在《牧师之家》（*Pfarrhaus*）一诗中写道："谁被逼入那儿，找到/围墙，屋顶①和/不用祷告。"

---

① 屋顶一词在德语中还有安全与庇护的意思，此处一语双关。

所有牧师之家的原型：马丁·路德与他的家人，神学家和路德的知己菲利普·梅兰希通也情同家人。

为了躲避统治者的纲领许多人选择了牧师职业，他们用这种方式绕开了意识形态上的动员。就这样政治上积极的人成了牧师，两德统一后牧师又成了政治上的积极分子，有的甚至成了政治家。

德国的启蒙最终不过是路德《圣经》的政治化和对这种政治化的不断扩展。如果不是在世俗事物中，那对宗教的改革又该怎么结束呢？然而对此既不需要思想家，也不需要诗人，需要的是管理者。

大多数神学家成了干部，变为公民社会的网络联系人。但牧师之家的末日已经来临。就连住在其中的牧师有时也向我们保证说，他们即便没有这块地方，没有牧师之家也能活。尽管如此他们中的大多数还是住在那里，是因为这样他们就名正言顺地成了继承人，虽然他们也不太知道该用继承来的遗产干些什么，但他们觉得有义务住在那里。

人们会想毕竟还有点儿责任感。但如果读了 2002 年 9 月《德国福音派教会对牧师之家的建议》，就会发现这点儿责任感也维持不了多久了。也就是说从这份建议中人们可以获悉，首先是年轻的牧师不再愿意一天二十四小时为教区提供服务了。简言之，他们不愿住在牧师之家了。最起码在此明确显示出牧师之家的衰亡不仅与教区萎缩有关，而且更重要的是基督教心灵上的关怀被贬低为一种服务了。换一种戏剧性一点的说法就是：雇佣关系战胜了牧师道德。

可那提供服务的牧师难道错了吗？没有人需要他的图书馆了，他说些什么也几乎没有人感兴趣了。除非牧师抄起吉他唱点儿什么赞美伟大和平或是普遍和解的歌。

"化剑为犁"[①]，正如东德80年代和平组织呼吁的那样。但成为谁的犁头呢？为了能够更好地跟上社会的时髦讨论，教会难道不是早就放弃了自己的语言——《圣经》——了吗？

---

① 东德 20 世纪 80 年代呼吁世界范围内裁军的和平创意活动，口号源自《圣经》，见以赛亚书，第二章至第四章。

牧师之家从曾经追求的谦逊堕入无意义。这有一定的象征意义。人们应该问：没有牧师之家的教会是什么样的？特别是，如果教会都不对自己提这个问题了，那又意味着什么？必须指出这种损失。如果人们问：什么代替了牧师之家？这种损失就明显了。

我们回忆一下：为了给哲学家们腾地方，神学家们撤离了阵地。哲学家们同样放弃了。他们做出姿态，好像他们仅仅还掌管着修道院的药草园。如今是治疗师的天下，他们只需要一块门前的招牌。

沉溺于享乐的社会让灵魂隐姓埋名。闹出动静的仅仅是对它的沉思。

牧师之家是博物馆。维滕贝格的路德故居是座修道院，这是当时的君主送给这位宗教改革家的礼物。艾森纳赫有一家带图书馆的牧师之家档案馆，在那儿人们能获得一些有关牧师之家的基本印象，也许还能想象它的作用。

作者：里·瓦
译者：丁娜

参阅：工作狂，母亲十字勋章，宗教改革，纯洁戒律

玩具屋

纽伦堡，1632 年

我的孩子，外面在打仗。把所有的门和窗都关起来，我要给你搭建一幢漂亮的房子。

整个国家成了武器的演练场，城市都荒芜了，手艺人都关了张，艺术家们也无法再创作了。市民一钱不值了，士兵则身价倍增。不受惩罚的厚颜无耻嘲弄着文明的风俗习惯，一片焦土之上到处是一群群粗鲁士兵们的营帐，长年的征战让他们变得野蛮。如果我必须经历现在威胁着我们这座直辖市的毁灭，那我的心会碎的。但古斯塔夫·阿道夫会保护我们的，我看见瑞典国王英武地骑在他的骏马上，那匹马很健硕，皮毛闪闪发光。这座城的城墙周围修了坚固的防御工事，深 8 步，宽 12 步，这道战壕会保护我们免遭愤怒敌人的屠杀。

我的孩子，看，柔美的构架已经搭起来了。我给你建的是一幢三层楼房，房顶上还有傲立的山墙。沿着遍布各处的楼梯可以到达任何房间，哪怕是最小的小屋中都有足够的空间摆放装饰物、工具和生活中所需要的一切。你想要什么样的屋顶，纯白加一抹绿色树叶波纹？墙壁我给你镶上一层深色木头，镶板的精雕细琢要让一位公爵都叹为观止。

现在不要哭，我的孩子。要是有邪恶的声音给你讲述马格德堡所经历的屠城——抢掠之后的焚烧，人、畜、家产全部葬身火海；孩子们撕心裂肺地哭喊着在废墟中寻找父母；女人们在遭受了最大的侮辱后，妻子只能在丈夫胸前哭诉，女儿只能在父亲脚下悲戚；丧尽天良的职业杀手刺死在母亲怀里吃奶的婴儿——你就堵上耳朵。这种命运是令人毛骨悚然的，历史找不到语言来描述，诗歌更是知趣地闭上了嘴。

看，这儿是我给你选择的家具，让我们从头说起。垫有稻草的床、亚麻床单、鸭绒被，床周围装有蓝色床幔；然后是神龛、箱子和衣柜；那个角落放炉子，旁边是桌子和椅子、扶手椅、长椅，自然也有桌布和餐巾。你看见烛台和蜡烛了吗？还有弦琴、竖琴、斯宾耐琴、祈祷书、编年史和掷色子游戏。你还是先看看厨房吧！装面包和香草的筐、放大饼的盘。木制和锡制的盘子、托盘、玻璃杯、罐子和洗碗池。去看看盐桶，打开看！我还送了糖、黄油和厨房用小滚轮①给你。

待在这儿别出声，我的孩子！士兵们来敲门了，他们是瑞典国王军队的。他们不会把我们怎么样的，他们不是来抢劫的，只是想讨碗汤喝，或是要块面包。有一位已经饿得快站不住了。

走吧，离开我们家的门槛吧！我们什么都没有，自己也在挨饿。最后一个苹果几天前已经给我的孩子吃了。走吧，你们只会把鼠疫传染给我们！我知道街上的惨景，情形一天天变得越来越糟。即使没有遭到敌人的焚烧和劫掠，我们的食物也吃光了。痢疾每天夺走越来越多人的性命，不久前还装得满满的粮仓突然间就令人恐怖地见了底。整个纽伦堡的所有磨坊磨出的面也不够这场贪婪战争的吞噬。自从敌人包围我们以来，全部耕地都遭到了践踏。先是严寒，后是雨季，现在又赶上暑热、干旱，如入蒸笼。尸体在四处腐烂，已经没有人再问：那是个人，还是头牲口？我曾亲眼看见我的邻居，那位老实的老铜匠，夜里偷偷弄回来一具还没有完全腐烂的死尸。已经有上万市民的尸体腐烂了，佩格尼茨（Pegnitz）已是饿殍遍野。他们死了还僵直地伸着胳膊，似乎在祈求老天给自己一块面包。

---

① 一种用来切割面食的工具。

好了我的孩子，他们走了，离开了。现在我们又清静了，我还有那么多要给你看的东西。

我的孩子，我放进牲口棚的小马驹哪儿去了？

我的孩子，你怎么不说话？你看上去面色苍白？你的眼珠鼓了出来？

我的孩子！我的孩子！

慕尼黑，1871年

我衷心热爱的宝贵朋友！他们现在拼凑起来的"德意志帝国"关我们何事！让他们去拥抱大炮吧，让他们为普鲁士的偶像去建立纪念碑吧，我们不理睬这个疯狂的世界。哦，我们二人心中的德国是多么虚无缥缈啊！但是我们眼前有个伟大而崇高的目标，这种意识会让我们坚强！我们必须打破习惯的束缚，摧毁这个粗俗与自私世界的法规，理想将要而且必须进入日常生活！我是国王！您是大师！我们联手所向无敌！世界命运选择了我们二人，让我们把对于生活来说太美的东西在艺术这面永恒的镜子中表达出来。没有人胆敢嘲笑我们，管我叫养了个"受欢迎的歌剧作曲家"的"国王音乐发烧友"。我们想给这个世界的音乐范本会让它感到无地自容，时光将失去其力量，永恒的将是对我们的愉快赞颂！

一旦我能读到您亲笔写下的"永恒的杰作圆满完成！"狂喜一定会让我浑身战栗！我又怎么能怀疑，我们会一起经历神作尼伯龙根歌剧的首演！那将是和《特里斯坦》①诞生时刻类似的日子！现在我想起当时的情景还会欢呼雀跃。那是我一生中最美好的时光。

但现在这个世界看上去是多么可怕、多么令人悲伤啊：黑暗的恶魔当道。普鲁士人想把我变成傀儡国王。然而当他们强迫我在那封可怕的——承认霍亨索伦家族当"皇帝"——信上签字时，他们哪里想得到为我遭受的耻辱得付出昂贵的代价：从此我财源广进。您是唯一一位知道我这么

---

① 瓦格纳歌剧《特里斯坦与伊索尔德》（1865）。

摄于德国巴伐利亚州的施万高小镇，新天鹅堡（即新天鹅石宫），欧洲最著名的旅游胜地之一，2014年8月17日。

做没有别的目的，只是为了让您的生活更甜蜜，对您不得不与之搏斗的无数烦恼与忧愁进行补偿！您总是被迫与令人恼火的戏剧界抗争，可现在大家即将看到的是最纯粹的完美！现在的口号是尽善尽美！您再也不会有如此经历：看着自己的任何孩子明珠暗投！

您能预料到当您绘声绘色地向我描述，您把《莱茵的黄金》①和《女武神》交给普通的蹩脚剧院去上演时所经历的痛苦时，我那种匕首刺心的感受吗？难道您做这一切仅仅是为了让我，您的朋友，能尝到观看几场演出的乐趣吗？我以我们神圣的爱起誓：您会得到属于您的艺术节剧院！我要把《尼伯龙根的指环》从其诅咒中解救出来！一切条件都会具备，最大胆的梦想将会成为现实！我的使命是：为你而生，为你而择！您不必再与鄙吝的世界打交道，我将高擎您脱离艰辛的尘世！您会幸福的！

希望未来建筑的蓝图不要让人等得太久。我已展望到您的流派的大旗在德国的大地上迎风飘扬，您的艺术的年轻传人从远远近近的地方聚集到您的旗帜下。我们要把这件奇异的作品馈赠给德意志民族——名副其实的民族，并让其他民族看看，德意志艺术可以做出什么样的成就。我恳求您：不要和世俗的外界有任何接触！要爱惜自己！

我也日益感到有权完全沉浸在自己的氛围中，尽管我得管俗世的事，也不要屈尊让令自己恶心的俗世涡流卷走，而是坚守在理想 – 君主 – 诗意的高处，像您我尊崇的朋友——一样孤独，让那些有着毒蛇般舌头的人去任意垂涎诽谤吧。要是祭司过多地留意尘世的事情，那纯粹的崇高热情之火就有熄灭的危险。人不能同时侍奉上帝和金钱，事情就这么简单。

要是我心爱的城堡的修建工程进行得不这么缓慢该多好！我打算把霍恩施万高（Hohenschwangau）的老废墟在珀拉特（Pöllat）峡谷附近重建起来，完全按照古老的德意志骑士风格，这我写信告诉过您吧？现在我才知道，一切都得从头做起。我是多么渴望有朝一日能够住在那里啊！

---

① 《莱茵的黄金》是瓦格纳《尼伯龙根的指环》四联剧中的第一部，讲述莱茵河底由三位仙女守护的黄金被尼伯龙根族侏儒阿尔贝里希偷盗，铸成一枚指环，并诅咒"拥有指环的人必定被杀"，由此展开了一系列惊心动魄的神话故事。

会有很多间客房，从那儿可以眺望美丽的风景：崇高的佐伊岭（Säuling）峰、连绵的蒂罗尔（Tirol）山脉和远处的平原。这些房间全部布置得舒适亲切。您知道我想在那里招待哪位尊贵的客人。那里是一处仙境，神圣而难以接近，那里是接待那位非凡朋友的圣殿，他的存在意味着对俗世的唯一拯救和真正恩惠。您在那儿也会看到《汤豪舍》和《罗恩格林》的场景。无论在哪一方面，这座城堡都会比下面霍恩施万高的老城堡漂亮和适宜居住，下面的城堡因我母亲每年的莅临而诗意全无。遭到亵渎的诸神会报复的，他们会和我们一起逗留在陡峭的山巅，被天界的空气环抱着。

我的规划已经没有止境了。我也让人在林德尔霍夫（Linderhof）——远离慕尼黑所有的喧嚣——大兴土木。闭上眼睛我已然置身于清澈湖畔的维纳斯岩洞中，天鹅们云集在我的蚌形小舟旁，我看到灯光秀、涟漪的湖水和瀑布。**来，我的爱人！看那岩洞，弥漫着淡雅的玫瑰香！即使是神仙，在此停留也会沉迷于那甜美的快乐。**①

至尊大师，您得把档案中的所有舞台布景草稿送到我这儿来。我会忠实地将您的每一部作品置于大自然之中，拆毁挡在舞台与观众席、理想与现实以及黑夜与白昼之间的壁垒。难道就不该出现这样的局面：伟大的精神大师能够幸福而满意地生活，受到周围人的钦佩并鼓舞他们？

可怕的束缚将消失！鼓起勇气！我知道我们必将获胜，因为我们的武器是圣洁的，我们的事业是神圣而高尚的，为了我们的事业我们将不倦地奋斗！

衷心地问候与祝福！永远忠于您的路德维希。②

作者：特·多
译者：丁娜

参阅：德国式焦虑，文化民族空想，音乐，怪诞之事

---

① 加粗部分为《汤豪舍》歌剧中的歌词。

② 此信为本书作者参考巴伐利亚国王路德维希二世与音乐家瓦格纳的通信集写就的，里面提到的正在修建的城堡即著名的新天鹅城堡。

横向思维者

382　　起初不过是个爱发牢骚者。他总能找出点儿可指摘的,有些事没有人能办得让他满意。他是那种对一件事完全不买账,却从不大声公开说出来的主儿。他宁可对这个或那个问题有疑虑,就像他习惯承认的那样;而那些摆到桌面上的建议总有一些细节还不能让他信服。

爱发牢骚者很招人讨厌,从根本上说他总是质疑他人费力得到的思考结果。他这么做时也并不激烈反对,他就是惹人烦,但人们必须也可以容忍这种人的存在。最终他掌管着逆反力量。

人们也能体谅爱发牢骚者的牢骚。他的容忍度好估算,不光可以估算,从他的行为还能看出某件事是否会遇到较大抵抗。人们经常能从爱发牢骚者那儿得到警示。

经过20世纪的各种独裁政治后,当民主终于正确确立时,爱发牢骚者的称谓也就站不住脚了。在普遍要求的自由主义氛围中,人们最终不可能再否定一个有不同想法的人的质量。最晚在60年代时,"爱发牢骚者"这个概念就不合时宜了。人们当时毫不张扬地形容它"过时了"。

随着公众被不断政治化，在概念的天空代替它又升起了一颗新星：那就是"横向思维者"。这个用语源自科学，在那儿它指一种知识模式转入另一知识领域。管理词典中对其定义是：这类人能够独立、独特、非常规地思考，其思维方式往往与常规思维相左。他们在十字猜谜那种无聊游戏中也是为了脑筋急转弯，据说解这种字谜可以作为锻炼横向思维的手段。

作为横向思维者的典型有下列这些完全不同的人物：维也纳沙龙共产主义者和雕塑家阿尔弗雷德·赫尔特力卡（Alfred Hrdlicka）、基督教民主联盟党的改革者库尔特·比登科普夫（Kurt Biederkopf）、慕尼黑卡巴莱演员卡尔·瓦伦丁（Karl Valentin）和早期经院哲学家皮埃尔·阿伯拉尔（PierreAbaelard）①，也就是因与哀绿绮思（Héloise）②的桃色事件而被载入世界文学史册的那位神学家。在一般公众眼中，横向思维者虽不想成为反叛者，但他们也没有义务在政治上忠于某一阵营。为了让新思想成为可能，横向思维者必须打破派别之见，他也是那种故意把棋子放到错误地方的人。因为那是别人的棋子，所以他也能估计到别人会马上做出反应。

横向思维者最终也是一种尝试——对尤尔根·哈贝马斯的沟通行动和尼克拉斯·卢曼（Niklas Luhmann）的社会系统论知识进行轻微的矫正。在成功的情况下，横向思维者所能做到的就是进行政治上的家庭系统排列。③

横向思维不久就被证明是一种成功的角色，它让思维不再陈腐，为此它正式从政治和哲学两方面接受了诸多任务。有段时期横向思维的角色很被看重，那是70年代知识分子用批判的精神"刨根问底"和"质疑一切"的时期。横向思维者突然拥有了权力，他让公民们不知所措，也打乱

---

① 又译彼得·阿伯拉尔。

② 又译海洛伊斯。

③ 由德国心理学家伯特·海宁格（Bert Hellinger）最早研究发展起来的一种心理咨询与心理治疗方法：Family Constellation，多用于家庭治疗。

了人们所熟悉的社会话语游戏的规则。那是赛巴斯蒂安·哈夫纳（Sebastian Haffner）活跃的时期，他突然声称自己是"游离选民"（Wechselwähler）[①]，尽管如此他却没有受到任何责罚。

无论愿意与否，或是仅仅作为品牌来使用，人们以这类声明撼动阵营思维的坚实基础。

横向思维者的最大障碍在于：为了让别人一直相信自己，一般来说他必须让人觉得他是独一无二的。横向思维者可以拒绝接受每一项由多数人做出的决定，作为理由他只需抬出自己健康人的理智，但他自己却不可以为多数人的决定奔走呼号，否则他就两极分化了。这里两极分化的意思是说，他没有为一个问题的解决做出贡献，而是通过自己的观点和言论使局面更尖锐化了，也就是说把事情搞得更糟了。这不仅骇人听闻，而且对追求和谐的德国公众来说，这正是让横向思维者安分守己的咒语。

现在横向思维者不太常见了，也是因为他害怕会无意中动摇了原理。虽然人们已不再相信这些原理，却也不愿进一步质疑它们。

不遵守阶段性休战协议的人是令人败兴者，但这个角色也得有人扮演。有些人演得得心应手，"让我们实话实说"，星期日中午电视一台的新闻俱乐部节目中我们有时甚至会听到这种说法。

让我们实话实说。回答问题不是比提出问题要容易得多吗？也许这才是真实原因，为什么我们越来越经常发现横向思维者绝迹了。

作者：里·瓦
译者：丁娜

参阅：科考远征，文化民族空想，音乐，宗教改革

[①] 那些非某候选人或政党的坚定支持者，而是依靠选举前夕的宣传、议题和事件决定立场的选民。

狠心的娘①

从前有个女王,她有个小女儿,女儿很小,还得抱着。有一次孩子不乖,母亲怎么哄,孩子都安生不下来。她失去了耐心,因为许多乌鸦正在宫殿四周飞来飞去,她打开窗户说:"我希望你是只乌鸦,飞走了我就消停了。"她的话刚说完,孩子果真变成乌鸦,离开她的臂膀,从窗户飞了出去。

唉,女王啊!事情变化得就是这么快。刚才你还是妩媚母亲的象征,你不把孩子交给奶妈,而是自己抱着她;结果因为一句草率的话,你就成了狠心的娘。

我可以给你讲很多故事,它们都源自我那缺乏童话的时代。生活在这个时代的母亲,如果她们不日日夜夜地抱着她们的孩子,而是胆敢把她们的小宝贝"送走"——不是丢到阴暗的森林中,而是送到明亮的托儿所、幼儿园或日托站,那她们自己就会经常害怕被人看作"狠心的娘",得不到谅解。要是她们不亲手给自己的孩子烤点心,而是把买来的点心放进孩子的背包,那她们在学校门口就得接受别人的指责。

我不知道从前情况是否更糟。那时候至少还有"狠心的爹"。

---

① 直译为乌鸦般的母亲。

上帝要求每一位一家之主都要照顾好自己的家和他的妻子儿女,如果他不愿意让人责骂为畜生、狠心的爹或是不称职的丈夫……

就连席勒也曾在他的剧中使用过这个词:"你朝这儿看——朝这儿看,你这狠心的父亲!——要我扼杀这个天使吗?"①

"狠心的爹"消失得无影无踪了,从我们的语言中溜走了,让"狠心的娘"独自留了下来。我觉得现在因为"狠心的爹"这个字眼在我们的语言中不复存在,所以得立刻说三遍"狠心的娘"来补偿。

可怜的女王,虽然这对你不是安慰,但你生不逢时。你因不耐心时说出的唯一一句话而被称为"狠心的娘",你的同时代的姐妹们要想被诅咒为"狠心的娘",她们得做出更伤天害理的事:把孩子溺死、埋进粪堆或是沉入到空心树中。

哎,要是我们能一直这么严厉,同时又心胸宽阔,只用这个恶毒的字眼来形容那些确实该遭唾弃的人多好!

女王,我不能向你透露童话的结局,你是否有朝一日又见到了自己的女儿。我只想对你说:如果她回到你身边,请问问她作为乌鸦日子过得如何。我们人类是不是非常愚蠢,用乌鸦的名字来形容狠心的父母。我在一本1860年出版的《花园凉亭》杂志中读到的下面这段离奇的故事,对此她有什么看法:

> 今年的5月15日我像往常一样,去离我住处半个小时之遥的一座农庄上课。"我马上能让您看点儿平日里看不见的新鲜事。"主人福尔克豪森(Volkhausen)迎接我的时候说。他是个热衷于观察大自然的人,"我让人在附近砍伐一棵橡树,那树上有个乌鸦窝;我们要不要去看看,到时候老乌鸦会怎样?"
>
> 我很乐于一同前往。我们来得正是时候,因为橡树在沉重的砍击下马上就要倒下来了。从很远的地方我们就看到,乌鸦——只有一

---

① 引自《席勒文集II戏剧卷》,人民文学出版社,2005,第459页。

德国民歌中就已经提到了狠心的娘。

只——越来越近地围着受到威胁的巢打转。现在树开始倒下。小乌鸦们一定是向母亲——事后证明它是母亲——求援了,因为老乌鸦神速地落在了窝上。又砍了几下之后树就彻底倒在地上了。"乌鸦窝呢?"甚至粗鲁的伐木工都开始问。窝还在,窝上趴着老乌鸦,一根树干击中了它,死后它还用自己的翅膀护着它的两个孩子!

作者:特·多
译者:丁娜

参阅:德国式焦虑,幼儿园,母亲十字勋章,女人

德意志之魂　狠心的娘

宗教改革

388   十字架，黑色，居于心脏中央。心脏乃其天然之色，红色。

信仰发自于心，人自诚信正直。

心脏居于白色玫瑰中央，昭示信仰之快乐、慰藉和恬静。玫瑰为白色，白色乃精神和天使之色。

玫瑰衬托于蔚蓝之上，因精神和信仰之快乐乃为开端。

蔚蓝之外有金色圆环绕之，以示天堂极乐绵延无尽，福禄欢乐亘古永恒。

一如黄金，至高尚至稀有之矿石也。

撰写如此充满激情文字者，宗教改革家马丁·路德是也。起因是对他的徽章，即"路德玫瑰"（Luther-Rose）的描述。读到这段文字，人们不禁要把这些主题象征归属到具有生动形象组词规则的德国神秘主义中去。难道路德是个神秘主义者？

我们假设有一位乘客在德国的高铁里，手中翻阅着铁路发行的车上读物（长时间坐车，他也不禁翻阅起了车上读物），凑巧在一篇文章里看见了"路德玫瑰"。这时,火车刚好在一个叫"路德之城维滕贝格"(Luther-Stadt Wittenberg)的地方停车一分钟,还有差不多一个小时就到柏林了。乘客透过车窗看着外面的火车站。如果这个时候他下车——在这个一切都停止不动的一分钟时间里,那么转瞬之间,他就只能在站台的长椅上眼巴巴干坐了。

这个火车站原来准备关掉不用了。车站的出口以前挂过一家旅馆的广告牌。这是一家历史悠久的客栈,路德当年就曾在那里歇过脚。

新教徒还是旧教徒,基督教还是天主教?自路德以来,这个问题直到20世纪都在左右着德国人的族群观念。不管你信不信,所谓的"混教婚姻",即天主教徒和基督教徒之间的跨宗教的婚姻,在迅速现代化的帝国时代成了最重大的问题之一。相比殖民地问题,它更加牵动着当时公众社会的神经。普鲁士的官僚制度犯了一个错误,即它采取实用主义的办法来解决这个问题。普鲁士的"普通法"规定,儿子随父亲的宗教信仰,女儿则随母亲。宗教问题无法解决,更不能采取实用主义的方法。

事情是从若干技术发明和地理发现扩大了人类的视野开始的。1492年,哥伦布从西班牙的安达卢西亚起航,踏上了伟大的发现之旅。出生于纽伦堡并服务于葡萄牙王室的一个叫马丁·贝海姆(Martin Behaim)的商人和探险家,于1493年设计制作了一个地球仪,他自己把它称为"土豆"。哥白尼把太阳置于宇宙的中央,此前人们一直把地球说成是太空的中心。1504年,纽伦堡的锁匠彼得·亨莱因(Peter Henlein)发明了第一只怀表。古滕贝格则用他发明的印刷机推动了印刷技术。

谁若是口袋里揣着表,就无须再依赖教堂的钟塔。谁如果会用活字印刷,就无须再仰仗牧师来为他代读。

从此开始了新的时代。

这是城市和市民的时代,是城市贵族的时代。除了王公贵族和农民阶级,中世纪的第三股势力知道如何去利用现存制度和中世纪的危机。

16世纪是跨向近代的伟大门槛。在门槛面前,你可以被绊倒,可以跳跃或大步跨过去，也可以不放弃被抬过去的梦想。为此，你必须要有值得信赖之人。

16世纪，一个万能的、黑死病和末日审判相交织的中世纪就要逝去。创造一个新世界的时候到了。这个16世纪不仅在技术上日新月异，它还改变了对人的观念。人类的价值观发生了自古以来从未经历过的翻天覆地的变化。

无法想象，手拿长矛的骑士口袋里还揣着怀表。

这不仅是一个变革的时代，也是一个伟人的时代。伟人们似乎是在以自己的实际行动来填补人类对世界认识的空白。自古罗马以来，人类还未曾有过自身发展更有利的时机。思想的大胆突然间成了思想的伟大。其要点是突破，而非温良恭俭。

马丁·路德1483年出生在艾斯莱本（Eisleben），在埃尔富特学习法学和哲学。1505年入修道院为僧，1512年获神学博士学位。之后他在维滕贝格任牧师和神学教授。

路德的声名鹊起和他的意义源于两件事情：将《圣经》翻译成德文和对天主教会的批评。在瓦尔特堡他用十一个礼拜的时间，一口气将《圣经》的《新约》从希腊文翻译成德文，由此成了新高地德语书面语言的奠基人。他是自神秘主义者之后德国历史上认识到自己母语力量的第一人。"路德的《圣经》翻译对德国人民具有无法估量的价值，德国人民从此得到了一个《圣经》的大众读本，天主教世界其他民族没有一个有过这样一个读本。虽然天主教会的各种祈祷小册子多如牛毛，但是没有一本教化民众的基础读本。"黑格尔在他的《历史哲学讲座》（*Vorlesungen über die Philosophie der Geschichte*）一书中这样写道。

路德对教皇的激烈批评，矛头首先对准的是赎罪券买卖，即用钱来从深重的罪孽中赎身。他把赎罪券看成是罗马教廷的腐化堕落。他说："那就是一种购买、贩卖、兑换、交换、麻痹、说谎、欺骗、抢劫、偷窃、炫耀、卖淫、无赖，是对上帝极大的不恭。如此无耻地统治教民，未见更甚于

就在瓦尔特堡的这间小屋里,化名"容克贵族耶尔格"藏身此地的路德把《圣经》翻译成了德语。

此者。"他的这个于1517年在维滕贝格写在九十五条论纲中的批评，以语言的力量分裂了罗马教廷，令任何军队和武器都望尘莫及。

《圣经》的翻译和与罗马教廷的对抗为德国人民打开了自己实现民族统一的大门。路德不仅是教皇庇护下的德意志民族神圣罗马帝国的激烈抨击者，而且是最激烈的抨击者之一。他把罗马教廷将自己的国家体制强加在德国人头上的企图，看成是教皇使出的一个奸计。路德说："我们德国人好好地给自己上了一课：我们自以为是主人，然而却成了最阴险的暴君的奴隶。我们自以为有帝国的名字、头衔和国徽，但是国库、政权、权力和自由都在教皇手里。教皇吃的是果肉，而我们吞咽的只是果皮。"他甚至说，在罗马教廷与"君士坦丁堡真正的罗马皇帝"（如其原话所述）的争斗中，我们德国人被利用了。难道这是路德为东正教做的辩护词吗？

一个民族走入历史进程的关键是它的建国神话，这个神话是它取之不尽的源泉。

民族自由观念是欧洲每个建国神话的核心。不过，德国关于自由的大讨论是一场关于宗教自由的辩论。这场辩论在1555年奥格斯堡宗教和约（Augsburg Religionsfrieden）①里被提升到了一个法律事实的高度。这个文字含混不清的和约约定，不同宗教信仰在德意志帝国范围内可以同时并存，但在各诸侯国内则不适用。这里可以看出德国关于国家观念的一个特点，即不讲求统一的原则，而讲求对差异的管理。著名的"Cuius region, eius religio"（"教随国立"）充其量就是一个维持秩序的工具罢了。这个只顾及眼前的权宜之计，后来被证明是一个束缚手脚的桎梏。宗教问题孰胜孰败，决定着国家秩序的巩固和稳定。不过，这种不稳定的状态毕竟也还是德国历史上绵延一千年的第一个帝国的前提条件。

---

① 奥格斯堡宗教和约的全称为《奥格斯堡国家和宗教和约》，是由德意志神圣罗马帝国皇帝查理五世与德意志新教诸侯于1555年9月25日在奥格斯堡的帝国会议上签订的和约。和约提出"教随国立"的原则，暂停了内战。该和约第一次以法律形式正式允许路德宗和天主教共存于德意志。

路德是神学家，或者说是政治神学家，他的论纲是引发政治后果的神学辩论的一个组成部分。

他于1534年出版的德文《圣经》，不仅直接面向劳苦大众，同时也赋予大众语言一种可登大雅之堂的地位。这点他非常清楚。他搜集过四百多条民谚，目的是给人民群众的智慧以应得的尊重。他从这个宝库中汲取自己所需的养分。在浪漫派文人之前，路德此举空前绝后，无人可及。

路德的德文是粗俗的德文。"他让大众的智慧弄得污秽不堪"，有人这样说他，还有："鸟长什么样的嘴，就唱什么样的歌"。面对没落的拉丁文，这种粗俗朴实让德语显得生动活泼和前途光明。

路德有许许多多帮忙的人、出主意的人和支持者。他有一个类似内阁成员那样的紧密的工作团队，以及一个范围更广大的志同道合者的圈子，使他有机会利用这些人的能力和才华。他的所谓内阁圈子的成员有：菲利普·梅兰希通，最伟大的人文主义者之一，以"德国人民的老师"名闻天下，替路德校读他的《圣经》译本；神学家尤斯图斯·约纳斯（Justus Jonas）陪同路德前往沃尔姆斯（Worms）①参加帝国会议；同样是神学家和路德的"忏悔师"的约翰内斯·布根哈根（Johannes Bugenhagen）出生于波美拉尼亚（Pommern）地区，被认为是北方的宗教改革家。此外：曾经做过修女的卡塔琳娜·冯·博拉，1525年起成了路德的妻子；萨克森的选帝侯、智者弗里德里希（Friedrich der Weise）侯爵为路德保驾护航；还有侯爵的枢密官格奥尔格·施帕拉丁（Georg Spalatin）。德国伟大的画家之一卢卡斯·老克拉纳赫（Lucas Cranach d. Ä）也是成员之一，他为这个圈子里的人绘制了肖像画和圣贤画像。

路德的追随者里还有乌尔里希·冯·胡腾（Ulrich von Hutten）。他出身贵族，受人道主义思想影响，是当时有影响力的政论家，反罗马教廷

---

① 沃尔姆斯位于德国的莱茵兰－普法尔茨州，1521年1月28日至5月25日，卡尔五世皇帝在此召开帝国会议，虽然会议有很多议题，但最重大的事情是召见马丁·路德和对宗教改革的影响。

人士，早期德国民族主义者之一和独立的精神领袖。他的格言"豁出去算了"出自当时一首写在传单上的流传歌曲，后来成了那个时代的口头禅。胡腾是《蒙昧者书简》（*Dunkelmännerbriefe*）的主要执笔者之一，这本书用讽刺的手法嘲弄了经院主义学派。此外，他还是赫尔曼战役（Hermannsschlacht）①神话的创作者。中世纪时，阿米尼乌斯和瓦鲁斯战役（Varusschlacht）几乎无人知晓。直到宗教改革时期，人们（特别是乌尔里希·冯·胡腾）才发现这段历史，并把阿米尼乌斯当作与罗马统治做斗争的一个代表性人物。人们创造出了"赫尔曼"这个人物形象，并为后来的海因里希·冯·克莱斯特的戏剧提供了创作素材。

路德不是一个想造反之人，他不赞同农民战争。路德不是革命家，甚至他的宗教改革会给德国的革命思想釜底抽薪。他是16世纪的人物，是僧侣、神秘主义者、神学家和思想家先驱。那场后果严重的运动，不是在于对基督教世界的分裂，而是在于承认这种分裂所带来的后果。如此看来，奥格斯堡帝国会议的妥协，乃是导致"三十年战争"的第一步。

路德对德国历史的影响，远比他在教会改革中所起的作用要复杂得多。具体来说：没有路德，普鲁士能成为欧洲的强国吗？没有路德，普鲁士能够为威廉二世的帝国奠定基础吗？没有教会的分裂，普鲁士和奥地利之间的分界线就无法划得让人信服。因此，没有新教教派就不会有小德意志统一方略了吧？

路德在19世纪属于被理想化的伟大人物之一。普鲁士建立了新帝国，即铁血宰相俾斯麦和亨利希·曼笔下小说人物——"臣仆"迪德里希·黑斯林（Diederich Heßling）的帝国，女权主义者黑德维希·多姆和天才诗人斯特凡·格奥尔格的帝国，探险家和殖民梦想家卡尔·彼得斯和先锋派艺术的支持者、《风暴》（*Sturm*）杂志的出版人赫尔瓦特·瓦尔登（Herwarth Walden）的帝国。这个历史上第一个现代的大一统的德国为了印证自己

---

① 赫尔曼战役，又称"条顿堡森林战役"，是奥古斯都统治时期日耳曼人反对罗马占领军的一次战役，发生在公元9年莱茵河以东的条顿堡森林。日耳曼人在阿米尼乌斯（赫尔曼）的率领下，打败罗马军队，其统帅瓦鲁斯自杀。

的正统合法，需要并且要消费全部的德意志历史。大一统的帝国使德意志历史成了史前史。

路德如今成了一幅神像，甚至是一幅现代的神像。这幅神像并不传达任何值得一提的福音，更多的是一种标识，而不是榜样。他所创立的融合在全部新教主义之中的教会，尽管还没有失去其支撑国体的作用，但其影响力已经有限。

经过宗教改革，德国民众获得了自我意识，但是教会最后得到了什么呢？德国民众借重了教会所有的宽容，而教会随着对世俗政权的让步逐渐失去了自己的地位。宗教改革五百年之后的今天，福音教会离自己的目标——《圣经》精神所倡导的生活——比任何时候都要遥远。它没有因为宗教改革而变得强大，而是被迫退守一隅。它试图传播的世界观中，除了思维模型和行为方式之外，也没有留下什么。它们被看成是福音派的思维模型和行为方式，并被人们当作抽象思辨的论文题材，专门来讨论宗教和劳动态度之间的联系。

归根到底，福音教会的地位并不比它保守的竞争对手天主教会好多少。从宗教改革的结果我们可以看到，改革的思想对德国社会起到了更大的作用，而不是教会自身。基督教的两大教派如今在公众社会遭遇到了同样的问题。它们在试图让人们接受自己的同时，越来越失去自己的权威。而越失去权威，它们就越要试图让人们接受自己。

德国的民族气质虽然是受基督教影响的，即福音教和天主教的双重影响，但整个社会遵循的却不是福音教的伦理道德。

如今开放社会的问题是，以宗教为基础的道德观念只能有限地在世俗范畴内立足扎根。我们既不能把权利当成义务，也不能把义务说成权利。义务是提出权利要求的必要条件。那么，如果没有一个被认为是颠扑不破的神的秩序，我们究竟应该如何来贯彻这一点？

世俗社会缺少一种绝对性的东西，因此也缺少稳定性。并非任何能够给人以方向的东西，都适合于用来投票表决。

如果今天谈宗教改革的话，这个改革就不应该是教会去适应社会的种种出格现象，而是应该追本溯源，亦即回归到基督教和人道主义的本源。如果我们要保留基本法中所规定的关于人的认识，并认为它值得保留，那么，现在是重新振兴这两个本源的时候了。

改革说到底就是改造。改造首先要求的是对力学结构的检验。只有尊重力学结构，才能避免建筑的倒塌。这是从宗教改革的后果中得出的第一个经验教训，另一个经验教训是：不论是基督教还是欧洲的世俗界，最重要的问题是人的尊严，以及从中衍生而来的法律规范。

作者：里·瓦
译者：吴宁

参阅：基本法，教会税，战争与和平，纯洁戒律

纯洁戒律

在清洁领域——与流传很广的说法不同——德国充其量只能算是拥有可靠的中等实力，虽然1911年第一届国际卫生博览会是在德累斯顿举行的，会后不久Odol牌漱口水的发明人卡尔·奥古斯特·林纳（Karl August Lingner）就在那里建起了世界上第一座卫生博物馆。尽管据说施瓦本的家庭妇女在大扫除的日子对人行道都要吸尘和擦拭，施瓦本人的州首府确实号召大家"大扫除"，在斯图加特各市区之间展开竞赛，为的是"尽量赢得更多的男女市民，特别是青少年，把他们组织起来共同开展清扫活动"，可是每个在柏林乘坐过地铁的日本人都要对自己进行全身消毒；每个从新加坡来出差的人，傍晚在法兰克福萨克森豪森区漫步时都不知道该往哪儿下脚，因为到处是吐出的口香糖和黏痰；每个来自美国的交换学生只要看到接待他的家庭在浴室中摆着的那几样可怜的口腔和私处卫生用品，都会觉得这家人像猪一样肮脏（光有Odol牌漱口水是不够的）。

德国人爱干净的噱头在别处，对此克莱门蒂妮（Klementine）做出过巨大贡献：从1968年到1984年，那位机灵而又坚决的广告中的洗衣妇总是定点在电视中许诺："碧浪（Ariel）——不光能洗干净，而且能洗纯洁。"时至今日这条广告语都还在通过集体无意识起着作用。

对表面干净的怀疑深深扎根，那是从新教的内心深处迸发出来的。

与其他两个一神教宗教不同，基督教总的来说是拒绝洁净礼仪的。如果一位基督教信徒不吃猪肉和不"洁净"的海洋动物如海鳗和牡蛎，并注意不用山羊羔母亲的奶煮山羊羔的肉①，那他在上帝面前也不会更受待见。虽然基督徒相信洗礼的洁净作用，认为通过这一仪式可以让自己焕然一新；但每次祷告前都洗手、洗脸、漱口、清洁鼻孔、洗胳膊和洗脚，却顶多被他们认为是无稽之举。耶稣向他的门徒们说过：重要的不是"入口的"，关键是出口的，也就是从心里发出来的②。其使徒保罗简明扼要地总结道："洁者自洁，污者及无信仰者自污，污的正是他们的头脑和良心。"

马丁·路德直接继承了保罗这种激进的纯洁理念，谴责现实存在的教皇的教会所提供的忏悔圣事和赎罪券买卖，认为它们是对福音书中所描述的纯洁理念的最严重的亵渎。作为基督教中毫无顾忌的克莱门蒂妮，他向罗马方向喊道："没错，洗吧，就像泡在粪中的猪那样，或是自以为洗干净后又重新在粪里打滚。猪总是猪。"

看一眼路德时代最著名的赎罪券贩卖者若望·特茨勒（Johann Tetzel）——他在萨克森卖赎罪券的生意十分兴隆，这也是引起那位宗教改革家1517年10月在维滕贝格散发《九十五条论纲》的直接导火索——的登记簿，就能理解新教的愤怒了："所多糜"③（包括任何形式的淫乱）可用12个杜卡特金币赎罪，"巫术"毕竟也还得花6个杜卡特，相反"弑父母"只需出4个杜卡特便可便宜赎罪。臭名昭著和有偿付能力的不法分子等于用这种方法开了个账号，为未来买个好前程，这样下回再性侵马车夫的漂亮儿子时，就根本不用受到良心谴责了。

然而路德对伪纯洁的愤怒不仅仅针对这类发生在光天化日之下的伪善状况。他直接质疑人通过"做善事"，通过虔诚的品德和赎罪行为可以

---

① 犹太教教义规定，犹太人不能吃猪肉、动物血、无鳞鱼，不能把肉和奶制品一起烹饪。

② 见《新约全书》马太福音第十五章："入口的不能污秽人，出口的乃能污秽人。"

③ Sodomie，泛指鸡奸、兽奸、同性恋、口交或肛交等行为。

又是路德:纯洁在这位宗教改革家的思想中占有核心地位。

让自己的心灵变纯洁。虽然他要求基督徒"一天比一天变得更纯洁",却同时宣称人类自从堕落以来所做的一切都是"愚蠢和不洁的"。其结论是:"我的灵魂是纯洁的,不是因为我的行为,而是因为上帝的宽恕。"这样新教徒若想纯洁唯一的希望就是:忏悔与悔恨得把那颗有罪的心咔嚓一声悔成两半,可即使到了这份儿上,主是否真能宽恕他,他都没把握。

路德有关宽恕的教义显示出:这位脱去僧衣的曾经的奥斯定会修士是古希腊罗马晚期教会先师的严谨学生。与奥古斯丁一样,他坚持人这坨"堕落的东西"不该想入非非,认为他能以任何方式影响自己的命运。如果说上帝的宽恕是对善行的奖励的话,那么它就不再是宽恕,而是成了人靠自己的力量赢得的东西了。但为了在世上能做成什么好事,上帝得先将其宽恕馈赠与我。基督教信仰之恶性循环。

尽管路德没有把握,世上是否有一条令人成功地达到纯洁的路,但有一点他确信不疑,就是要对这方面现实存在的迷途进行抨击。其中最糟糕的一条迷途就是禁欲,一直以来基督教都把它当作达到纯洁甚或是圣洁的金光大道。放弃所有与肉体和情色有关的,重新回归到修道院去。

如果说世上还有什么是基督教纯洁理想的体现的话,那就是处女。首先是圣母玛利亚,她至今仍被天主教尊为"Immaculata",即"圣母无玷圣"。尽管路德对此与其说是欢欣鼓舞,不如说是垂头丧气,可他也得承认上帝的母亲是一位纯洁的处女,而真正的处女(也包括童贞男子)要被视作为"上帝的特殊奇迹",是"被上帝用宽恕戴上了马嚼子的幸运精英人物"。这类人却是"千里难挑其一的",普通的"牧师、僧侣和修女"在修道院的大墙后主要是在苦修,为的是杀死自己非常真切地感受到的欲望。然而他们这么做更下流,还不如还俗去找个丈夫或妻子,听上帝的话,尽"生儿育女"的义务。

路德尴尬的宽恕教义和对自由意志的激烈反对在此也留下了痕迹:贞洁并不是人通过自己的积极作为(或不作为)所能达到(或保持)的,那是上帝的馈赠。主不接受"被迫和非自愿的效劳",谁感觉到体内那该诅咒的欲望,那他就得承认自己已经无可救药了。

在他43岁到52岁这段时间，这位曾经的僧侣与从修道院逃出来的修女卡塔琳娜·冯·博拉生了六个孩子，所以他知道自己在说什么。在其《有关婚姻状况的布道》（*Sermon von dem ehlichen Stand*）中，他对肉体的折磨曾有过最形象的表述："因为一个人与另一个人结合在一起，被迷住，肉体不再有机会接触别的性伙伴，只能在一位性伙伴那儿满足欲望，所以上帝就做出了安排，一方面让肉欲不要太强，以免男女在街衢媾和，他慈悲地允许婚姻中的性欲稍有下降；另一方面又让性欲高于仅仅完成繁殖所需，以便人们性欲适中，有责任心，而不是像生活在粪堆和猪圈中的猪一样。"

路德激烈反对修道院，认为它是恶魔般的设施，他要求解散修会，关闭修道院。这些在历史上产生了深远后果的举措也源自他对自己的绝望，他自己不能跻身"上帝的特殊奇迹"之行列，而是属于那些被摒弃的芸芸众生，这类人只能希冀他们的肉欲至少能在婚姻中得到"缓解"。当童贞作为基督教纯洁的化身站不住脚后，婚姻的价值就得到了提升，因为它提供了一种可能，让人既能享受肉欲又能在一定程度上保持纯洁。为了完成神学上的这一空翻三周，路德也进行过多次助跑：1519年，在他自己结婚之前6年，他还把"婚姻状况"比作"病人院"，认为自从亚当受诱惑后婚姻就"不可能纯洁"了。做了丈夫和父亲的路德后来在一次餐桌谈话中解释说：上帝"引进了神圣的婚姻"，"为的是让每个人的那个玩意儿都能保持纯洁"。至于与至今坚持神职人员要发愿终身坚贞的天主教相比，这位宗教改革家是否创建了更人道和更现实的基督教，或是在新教牧师之家可以毫无羞耻地存活的"纯洁婚姻"是不是一种极为矛盾的权宜之计，那就仁者见仁，智者见智了。

18世纪德国启蒙家开始把宗教纳入其理性樊篱，这样做时他们绝不想把纯洁的理想抛向意识形态的垃圾场。所以戈特霍尔德·埃夫莱姆·莱辛在《论人类的教育》（*Die Erziehung des Menschengeschlechts*）一书的引言中多次强调，关键是"心灵的纯洁"。不是害怕下地狱的惩罚，或是希冀能得到进入天堂的奖赏，唯一能让受到启蒙的人热爱"道德本身"的就是心灵的纯洁。弗里德里希·席勒在其《论人类审美教育书简》中亦不能绕过纯洁这一话题。对他来说，"美"与人沉浸在欣赏美时的"审美经验"是纯洁的最后的堡垒："只有在此我们才仿佛脱离了时间的桎梏；我们作为人所表现出的那种纯洁与完美，就好像它们从未因外力影响而受到过损害似的。"

席勒要求一件艺术品既不要刺激也不要驱散激情，而是要保持"审美纯洁"："观众和听众的心灵必须始终完全自由不受损害，它必须走出艺术家的魔力范围，白璧无瑕，纤尘不染，如同出自造物主之手的赤子之心。"他的这段话尽显新教那历史悠久的渴望。

纯洁对伊曼努尔·康德来说就更加重要了。在《纯粹理性批判》一书中，这位来自柯尼斯堡的哲学家试图大胆而强有力地证明：一种"完全不依赖于所有经验的"认识是可能的。"任何不和与它无关的东西掺杂的知识叫做纯粹的，特别是不和任何经验与感觉相混的知识则绝对被称作纯粹的。"与此并行，这位哲学家夸赞"纯粹理性王国"或"真理的王国（一个诱人的名字）"，这是一个岛屿，它"被一望无际、汹涌澎湃的大洋环绕着，这大洋本是表象的栖身地，雾堤和一些即将融化的冰看上去宛似新大陆，它们不断用虚无缥缈的希望欺骗渴望有所发现的航海者，诱使他们一再进行冒险，却也永远不能把冒险进行到底"。

正如康德极度怀疑经验性知识，他那富有批判精神的朋友约翰·格奥尔格·哈曼（Johann Georg Hamann）对康德的意图也充满了怀疑，不相信他能从理性中剔除所有混在其中的经验的、情感的、历史的和其他"掺杂物"。这位启蒙家——他自己又重新信奉了路德新教——在其《对理性纯粹主义的元批判》（*Metakritik über den Purismus der Vernunft*）一书中揭露，"纯粹"理性的思想不过是伪宗教的傲慢。正如那位宗教改革家曾无情揭露教皇手下的天主教神职人员一样，哈曼现在也责备（信奉新教和虔诚的）康德自以为能靠自己的力量证实自己的清白。作为认识论理论家，哈曼不能容忍"纯粹"理性那"沦为空洞形式的神秘倾向"。他甚至说"纯粹"理性接近"老鲍布（Baubo）和自己玩的形式游戏"。意思是：他把幸福——纯粹理性岛屿上的居住者比作希腊神话中的那位人物，即那位想让忧伤的得墨忒耳开心，就剃去自己的阴毛并在丰收女神眼前戏弄自己的下体者……

相反，自封为"精液学家"（"大谈精子者"）的哈曼坚持认为：肉身和污秽是人类的源起，不容否认。有说服力的认识和理由充分的生活只存在于一种条件下，即情感与理智要像"自然的婚姻"一样和睦相处，而不是通过"奸夫""强奸""自慰"或"独身"来人为地将二者分开。

纯洁与性欲二者能否以及怎样兼顾，对这个复杂的问题另一位德国天才毕生都在通过自己的生活和创作进行探讨，他就是作曲家理查德·瓦格纳。在其浪漫歌剧《汤豪舍》中，图林根的圣伊丽莎白为了堕落的淫荡骑士——他在维纳斯山与维纳斯尽享爱的盛宴——牺牲了自己。她在死前不久乞求处女玛利亚："让我纯洁如天使／步入你那幸福天国。"

新教徒瓦格纳在此显示出自己是个传统的处女崇拜者。纯洁等于贞洁，拒绝"罪恶的欲望"和"对尘世的渴望"。纯洁的处女为爱殉情，用自己的死为未能得到教皇宽恕的、罪孽深重的汤豪舍赎了罪。伊丽莎白的棺材被送葬队伍抬过他身旁后，汤豪舍倒地死去。处女的自我牺牲感动了上帝，曾沉浸于肉欲的汤豪舍在死后的世界得到了宽恕。

瓦格纳晚年的作品《帕西法尔》（*Parsifal*）可以被视作《汤豪舍》一剧在性别上的滑稽化。此剧中也有一个受肉欲诱惑的被诅咒者，他渴望得到拯救：安佛塔斯（Amfortas）——圣杯首席骑士，他守护着耶稣基督在被钉死在十字架上时流进圣杯的圣血。他在克林索尔（Klingsor）的"魔法花园"被邪恶的女人孔德丽（Kundry）诱惑了。从此他身上被克林索尔趁机刺伤的地方就不断流血，且不说他那个伤口定期行经，非常不洁。唯一能拯救安佛塔斯脱离这种令人难堪的折磨的是"纯洁愚者，他因同理心而得大智慧"。那个人不久确实出现在格拉尔，他就是不谙世事的年轻人帕西法尔，他是远离任何文明与母亲相依为命在森林中长大的。孔德丽也试图诱惑他，但在关键时刻——当这个愚人就快与那女人融为一体时——他感受到了安佛塔斯那种灼痛。他预感到：只要他保持童贞，就可以成为命定的骑士拯救人。最后他成了新的首席骑士，安佛塔斯能够安详地逝去，就连罪孽深重的女人孔德丽也在受到宽恕后死去。

在帕西法尔身上,这种备受歌颂的纯洁不光体现在情色方面,这个傻小子在智力上同样是一张白纸。面对孔德丽他败下阵来,那是因为他害怕精神上的失贞一点儿不亚于肉体上的失贞。帕西法尔不是个积极思考者,而是个有同情心的人。一旦这个愚人平生第一次接触了与自己完全两样的女人,那他将失去纯洁的心,并重新开始亚当和夏娃那种灾难性的思索过程,而正是这种思索致使他们被逐出了伊甸园。求知欲望和认知乐趣以及情欲和肉欲都会玷污性情。德国野猪站在伊甸园中折磨自己,好像只有它能抹去人类堕落的史实。

纯洁的那个意义范围——随着历史的进展它还会有无限和野蛮的后果——在此实现了有力的突破:纯洁即沉闷的坚守自我和同类相伴,任何与陌生、另类人的混合都被惊慌失措地避免了。至于《帕西法尔》是否真的把所有与性有关的东西都魔鬼化了,就像弗里德里希·尼采在他那篇著名的、反对他曾经的偶像瓦格纳的檄文中所认为的,还是该剧中魔鬼化的仅仅是异性间的性,这就难说了。瓦格纳为圣杯骑士们谱写的酒神风格的男生合唱让人隐隐听出:解决"性=不洁"这个棘手问题的出路可以是——男同性恋者的集体放荡。

理查德·瓦格纳在其最伟大的作品《尼伯龙根的指环》(*Der Ring des Nibelungen*)中还提供了另一条完全不同的出路,当然即使这条路也会让每个虔诚的基督徒画十字。

在舞台剧的第二部《女武神》(*Die Walküre*)中,"纯洁"这一概念被用在一位女子身上,这位刚刚经历了"五月"春宵的人浑身涌动着情欲。她叫齐格琳德(Sieglinde),那位与她共度春宵的人叫齐格蒙德(Siegmund),他扬言除了他之外不许别人再碰活着的"贞洁女"。齐格蒙德和齐格琳德是兄妹,孪生兄妹。除了手淫外,比这更多的性的自我坚守是不可能的。这场乱伦的结果是齐格弗里德(Siegfried)的诞生。在《指环》的逻辑中,只有当最后一部《诸神的黄昏》结尾时那位英雄被布伦希尔德(Brünnhilde)歌颂为"最纯洁的",才前后一致。在他们的爱情成为多舛命运的牺牲品前,他曾与布伦希尔德享受了最炽热的情欲。布伦希尔德同时又是齐格弗里德的姨妈,她在《女武神》中不惜与自己的父亲众神之王沃坦反目，为了救助同父异母的妹妹齐格琳德以及她刚怀上的沃坦的孙子齐格弗里德。乱伦禁忌——用弗洛伊德的话来说它标志着一切文明的起始，乱伦由于其令人不快而微睡在文化中——在此被张扬排除了。乱伦成了净化英雄的手段。德意志之魂在发纯洁狂，这是唯一可以被忍受的，因为我们置身在歌剧中，最后整个世界在熊熊大火中燃烧，而在下一次演出中一切又可以重新出现。

要是路德能穿越，来到拜罗伊特，亲眼看到那里一连四晚歌颂的都是些什么"粪堆和猪圈中的"肮脏事，那他肯定会往瓦格纳身上扔墨水瓶的。然而在追求纯洁方面，有一点这位基督教改革者与那位歌剧改革者是完全一致的，那就是语言和表达的纯洁。首先通过翻译《圣经》，路德成为新高地德语的创始人。在诠释以赛亚书时，他提出"我们必须努力绞尽脑汁，力求译出一部纯洁、简单、使用地道德语的《圣经》，还要保证不歪曲原意"。他追求的是"把清新纯洁的语言带入布道坛"，对路德来说上帝通过福音书在直接对我们讲话。但只有当不会拉丁文的纯朴民众也能读懂《圣经》中的字句，也能听明白布道的全部内容时，上帝所要传达的信息才能直接抵达人心。

瓦格纳争取的也是挣脱了传统紧身衣束缚的纯洁表达。路德反对的是用拉丁文做弥撒，瓦格纳则向意大利正歌剧（Opera seria）或法国大歌剧（Grand opéra）宣战。正如路德为了能更自由地举办礼拜仪式而废除了那些僵化的仪式程序，瓦格纳用比较灵活的"音乐剧"取代了宣叙调、咏叹调、重唱和合唱的复杂结构。老派的歌剧作曲家满足于为其他作者的歌词谱写量体裁衣式的、多少堪称是技艺精湛的曲子；这位多才多艺的音乐剧作家则亲自包揽一切创作：写歌词、谱曲和设计舞美对他来说是不可分割的整体。就像路德要求教堂要简陋，以便信徒和上帝之间进行二人对话时不会因任何装饰物而分散注意力；瓦格纳在拜罗伊特建起的音乐圣殿也是非常简约的，但同时它作为音乐厅设施又是极具自大狂倾向的。

这两位改革者所推行的对基督教和歌剧的纯洁化是双向的：所有仅仅是外在的、强加的和陌生的东西都应该去掉；同时开启了一条向内之路：

深入到自己的内心、自己的语言和自己的民族深处。个人与民族整体间的这种密不可分不仅是民族主义也是反犹太主义的渊源，路德和瓦格纳都是排犹的。个人的思想不借助语言则无法表达，而语言是一种集体工具。只有当语言升华自同一民族之魂时，它才能纯洁。

如果说路德的排犹首先带有神学特征，犹太人自诩为上帝的选民的自我意识刺激了他；那么瓦格纳则公开发表排犹观点。在其声名狼藉的小册子《音乐中的犹太性》（Das Judentum in der Musik）中，他试图论证自己的观点，即犹太作曲家没有能力创作真正的音乐作品，因为生活在海外的犹太人无论在精神上还是在语言上都未能真正扎根于任何他们所客居之国家的民族中。倘若他们让自己被同化，那么在此过程中所产生的艺术顶多是些被同化了的乖巧艺术。相反，要是他们试图从自己的本源中汲取创作灵感，那他们同样会失败，因为希伯来语已经僵死，无法有效地继续发展，而意第绪语从声学上来说又是不再能转化成伟大音乐的。他本人在巴黎时曾撰文热捧弗洛蒙塔尔·阿莱维（Fromental Halévy）的大歌剧《犹太女》（La Juive），或者费利克斯·门德尔松·巴托尔迪能用音乐最深刻地折射德国人的性情，对这类事实这本小册子是讳莫如深的。

无法加以美化的是：德国人对纯洁的渴望本身就黏附着非常矛盾的东西——肮脏。是的，这种东西随时都可以上升为偏执狂。无论这种对纯洁的渴望发生在生活中的哪个领域，这一点都不变。

一些兴致勃勃的语言清道夫如诗人菲利普·冯·策森（Philipp von Zesen）、辞书学家约翰·克里斯朵夫·阿德隆（Johann Christoph Adelung）或是教育家和作家约阿西姆·海因里希·坎佩，还有一些语言协会，从丰收学会（Fruchtbringende Gesellschaft）①到佩格尼茨花会（Pegnesischer Blumenorden）②，这些组织在巴洛克和启蒙时期曾发挥过决定性作用，让分裂成一百多种方言的粗糙德语发展成一种统一的文

---

① 巴洛克时期创建于德国的最大文学组织，会员达 890 人。

② 1644 年创建于纽伦堡的语言与文学协会，名称源于流经纽伦堡的佩格尼茨河。

化语言。感谢他们的努力，我们才有了那些美妙的措辞如"一眨眼工夫"（而不是"瞬间"）、"悲情戏"（而不是"悲剧"）、"狂热"（而不是"激情"）或是"漫游"（而不是"散步"）①。即使他们在进行深奥的尝试——不光要把外来语德语化，而且对借用词和继承词也要如法炮制时，他们至少保持了诗人的本色。比如他们想用"颤痛"代替"发烧"，用"天光烛台"代替"窗户"，用"处女监禁地"代替"女修道院"（相反，那广为流传的要用"脸上的悬楼"来代替"鼻子"一说则好像不能算到策森的语言账户上，而是其同时代人的恶作剧，他们从语言纯正癖产生的时候就对它持怀疑态度）。

当今媒体与政治不遗余力地要用吱嘎作响的行话之磨把语言一劳永逸地磨毁，那么人们又有什么理由反对那种努力，即坚持认为语言中的词不仅是壳，句子也不光是套话，而是要深究漫不经心地道出的前言后语到底意味着什么。即使如早期的语言守护者们在他们高擎的旗帜上所写明的，他们需要深入到语言这眼"奇妙竖井"的底部，为的是开采出"词汇的真金"，为此也大可不必拉响警报。一旦词汇的"原始本性"被揭示，德语被理想化为一切语言中的秘密语言——因为据说它拥有与事物的最直接的联系，这时情况才变得更为棘手。早在纳粹主义出现之前，在约阿西姆·海因里希·坎佩身上就可以看到：从这种本体语言神秘主义到种族主义的道德狂就仅仅只差一小步了。1813 年他在《强加于我们语言的外来表达方式之释义与德语化词典》（*Wörterbuch zur Erklärung und Verdeutung der unseren Sprache aufgedrungenen fremden Ausdrücke*）的前言中抱怨道："正如严格的习俗、纪律和正直通常会随着精致化、晋升为贵族和生活的日渐奢侈而减少，我们的语言——当她日渐优雅并成为宫廷与学识的女仆时——也逐渐不再像往日那般坚守着自己的贞操。年复一年，她与陌生人打交道时越来越随便和放纵，离她最终失去一切羞耻感，

---

① 此处所用的德文词与外来词本为同义词，翻译成中文时常常无区别。为了突出其不同，这里故意用了不同的中文词，其原文分别为 Augenblick/Moment，Trauerspiel/Tragödie，Leidenschaft/Passion，lustwandeln/spazieren。

像个婊子似的与任何陌生的新来者卑鄙交媾就为期不远了。"

今天有语言纯正癖者引人注目的做法是：每年选出"语言鞋匠"或"年度语言掺假者"，例如汉堡的时装设计师吉尔·桑德（Jil Sander），因为这位在设计领域极其注重简洁的设计师在一次采访中说："谁想要淑女风格（Ladysches），是不会在吉尔·桑德品牌下寻找的（searcht）。天然去雕饰、清水出芙蓉（effortless）是我的品牌的魔力（magic），必须懂得这一点才会喜欢我的品牌。"[1]那些维护语言纯洁的使徒们不该忘记的是：即使马丁·路德有时也会毫无顾忌地在德语和当时的通用语拉丁文之间随意变换："Mein Leib ist ein stinkender Wanst, **corpus quod non** rein, **si etiam** gesund ist."[2]（我的身子是具臭皮囊，因此这个身子即使在健康的时候也是不洁的）。所以最终只有那些人才有资格要求语言的纯洁，即那些即使看到孪生兄妹生的孩子也不觉得是变态，而是觉得所看到的体现的正是"纯洁之最"。然而值得疑虑的是：德语近亲繁殖的下场是否会优于日耳曼诸神的男女英雄们，他们最终只有葬身火海一条路。

1935年纳粹分子颁布了《纽伦堡种族法》（*Nürnberger Rassegesetze*），其附件C被称作血统保护法，旨在保护"德国血统和德国荣誉"的纯洁。禁止"德国人或和德国人有血缘关系者与犹太人结婚或有婚外性行为"。由于纳粹排犹主义者对他们自己的论断——从外表就已经可以认出"犹太人"——最终也没把握，所以他们在1939年夏季及1941年要求犹太人将黄色六角星"佩戴在衣服左胸显眼处"。灭犹大屠杀的道岔就这样扳好了。

自从这个邪恶帝国土崩瓦解后，德意志灵魂中的纯正癖似乎也跟着灰飞烟灭了。可是它真的不存在了吗？那为什么我们德国人对核能的恐惧要大大超过法国人、日本人和美国人的恐惧之和呢？或许是因为核辐射对环境的污染不是感官能觉察到的，这种悄无声息的污染是无人可以看见、闻见或尝到的，此外它还能以令人恐怖的方式导致遗传病？最初带着极大怀疑研究了辐射性

---

[1] 括号中的英文词有的被直接使用，有的加上了德语词尾形成混搭。

[2] 加粗部分为拉丁文。

对健康所构成的风险的,是纳粹帝国的科学家,这一点并非真正让人安心。

当环法自行车赛爆出丑闻,没有一项破纪录的奇迹是单凭汗水造就的,相反整个赛车运动都被"兴奋剂污染了",这时德国电视一台和二台比任何其他欧洲电视台都更快地中断或完全停止了对它的直播,为什么?静听德国自行车赛解说员的评论,那真是别具一格的乐子:2006年重大丑闻①之后,他们只要一看到山地赛有生龙活虎的运动员出现,就急着要弄清楚,这位赛手"遥遥领先"仅仅是服用了合成激素红细胞生成素(Epo)还是用了别的违禁药物。

当世界其他地方的人毫无顾忌地用转基因玉米喂牲口,而且依旧兴致勃勃地大嚼特嚼爆玉米花时,为什么在德国这种玉米——尽管它在我们这儿也早就成了现实了——就变成一切技术乖张的标志了?为什么这里一些有生态意识的人几近狂热地只信任一种苹果,就是那种健康食品专卖店摆着的又小又皱的?难道说该把那句众所周知的话倒过来说不成:败絮其外,金玉其中?

德国从来就不是一个均质、"纯洁的"构成物:其内部历史上小邦林立、诸侯割据,对外没有任何一个欧洲国家有这么多的邻国。来自东西方的影响源远流长,因此歇斯底里、信誓旦旦地强调纯洁是于事无补的。反方向的歇斯底里,认为纯粹"德国的"根本不存在,也不可取。能有帮助的仅仅是:认清德国人对纯洁的渴望根源何在,警惕不要从这种渴望中滋生出人类妖魔。

要做到这一点,最好的方法是喝一杯按照德国啤酒纯净法要求酿造的啤酒,这是这个国家所颁布的最明智的纯洁戒律。1516年4月23日威廉四世公爵(Wilhelm IV.)和他的弟弟路德维希十世(Ludwig X.)在因戈尔施塔特(Ingolstadt)颁布法律,规定"只许用大麦、啤酒花和水制作啤酒"。这两位巴伐利亚的统治者清楚认识到:鉴于德国人啤酒喝得太多,

---

① 该年度冠军佛洛德·兰迪斯(Floyd Landis)尿检呈阳性,后被剥夺冠军称号并遭禁赛两年。

有史以来最理智的纯洁戒律：在德国酿造啤酒除啤酒花外只许加入麦芽、酵母和水。

如果往啤酒中掺入许多"乱七八糟"的东西——从豌豆到牛胆，这些容易发酵的东西不利于人们的健康。这部纯净法做到了所有其他德国人的纯洁努力未能奏效的：它不是原教旨主义的，而是灵活的。在用上面酵母酿造啤酒时（如老啤、科什啤酒或麦啤）允许使用麦芽。

我们不是唯一庆幸这一啤酒纯净法的：德国啤酒在全世界都是"受保护的特产"，所以欧盟至今未能成功强迫德国放弃啤酒纯净法，以迎合欧盟的"和谐方针"。啤酒花和麦芽还没输。

作者：特·多
译者：丁娜

参阅：啤酒之旅，裸体文化，德国式焦虑，音乐，母亲十字勋章，宗教改革，莱茵河——父亲河，女人

幸灾乐祸

你一定不会觉得这是好笑的事儿：好不容易搞到了获奖音乐剧《Q大街》的票，坐进了百老汇剧场，听到的却是这么一段对唱：

"啊！幸灾乐祸哎，吓人吧？"

"啥，纳粹词儿吗？"

"这词儿是说德国人看人有灾就高兴。"

"看人有灾就高兴，这就是德国人！"

听了这话，你一定马上想起来抗议。没错，词儿是德文词，可这事儿呢？英国人、加拿大人、葡萄牙人不一样对电视里那些孩子、小狗和司机干的蠢事开怀大笑吗？美国斯坦福大学生物系的学生1994年不还设立了一个达尔文奖吗？这个奖虽说是发给当代人的，但一定得在他用最愚蠢的方式把自己送到另一个世界去了之后才能得到。亚里士多德不是就已经思考过"幸灾乐祸"之激情了吗？

可见，不光是生活在乌瑟多姆（Usedom）和罗拉赫（Lörrlach）之间的德国人笑人家破产、倒霉和出丑。但是，"Schadenfreude"（幸灾乐祸）这个德文词早在德国出现纳粹之前就被英语吸收为外来词，总得有个原因。（瑞典、挪威和荷兰也都有类似的词）我们德国人真的比其他民族恶毒吗？

丹麦哲学家索伦·克尔凯郭尔透过幸灾乐祸看到的是更为令人不耻的嫉妒。按照通行的标准自我评判一下，德国确实是个充满妒意的地方，谁都不能容忍旁人有房、有车、有船。取消帝制以后，过于明显的等级差别有悖于公平理念。因物质匮乏，在零下5摄氏度的气温下大家挤在一起排长队的时候最具社会温暖。德国式嫉妒的特别之处不在于它比别处来得强烈，而在于它不是长在树丛下的小草，躲躲藏藏，羞羞答答，而是摆在阳台上的绿植，挺胸抬头，光明正大。

再者说，那些有钱人，知道能得到同胞们公开表现出来的嫉妒，不是也觉得很享受吗？否则，捷豹汽车不会凭空想出这样的广告词——"拥有特殊的嫉价比"。一旦车主把他的豪华座驾撞到路边的电线杆子上，兴奋的人就多了。当然，假如能看到那个有钱的主儿自己被吊上去就更让人兴奋了。

不是每一声对别人的遭遇所发出的笑声都是幸灾乐祸的。几乎每个人都有过这样的经历：看到最要好的朋友手里端着整盘寿司在楼梯上摔了跤，总会先笑起来再赶过去帮她，受伤害者，必受嘲弄。所有研究嘲笑的理论都知道，走在一阵哄笑前面的是失败和小灾难。本来按部就班运行的日常生活突然踩上了香蕉皮滑出了轨。人们笑的主要不是别人的不幸而是自身此次的幸免。心里清楚，笑的其实是自己，因为知道这种不幸完全有可能落到自己头上。

真正的幸灾乐祸是极其冷酷而毫无同情心的。那遭灾的家伙不是我的同类，他是我的死敌。他的失败不预示着始终悬在我头顶上的失败，而是他该遭的报应。我无比蔑视他，甚至不屑用日历上教育人的警句来调侃他的错误——"吃一堑，长一智"嘛。这家伙不会也不用长什么智了，让他见鬼去吧！

真正的幸灾乐祸明明白白地欢迎毁灭。作家恩斯特·云格尔是魏玛共和国的激烈反对者，1930年帝国议会选举后，民主的红色和褐色敌人①一起几乎获得了三分之一的选票，他在一封信中幸灾乐祸地欢呼道："几个月来，想到摇摇欲坠的欧洲和即将到来的飓风，我信心大增，怀着末日的幸灾乐祸四处游荡。"

1977年4月，一篇以"哥廷根的梅斯卡雷罗"为笔名发表的悼词同样充满着毫不妥协的冷酷，悼词是为被红军派②杀害的总检察长西格弗里特·布巴克（Siegfried Buback）而作，"听到布巴克被枪杀的消息，我的第一反应，我的'震惊'是：我偷着乐了"。问题在于，这种后来成为经典词语的"偷着乐"之所以没有公开表现出来，是出于尚存一丝的良心愧疚，还是只是对勃兰特政府公布的《反极端分子法》③有所顾忌？

难道我们德国人真是最冷酷的虐待狂，要在英文、法文、意大利文、波兰文和其他各种语言中都用一个德文词来形容人类灵魂中的这个丑陋之处来惩罚我们吗？还是我们的这个词最准确最淋漓地描绘了人类普遍存在的性格缺陷？

真相大概是，我们还是没有找到一条清醒的中间道路。"欢乐女神圣洁美丽，灿烂光芒照大地！我们心中充满热情来到你的圣殿里！"席勒通过他的诗作《欢乐颂》发出这般欢呼，贝多芬谱曲后它成了德国最动人的颂歌："你的威力能把人类重新团结在一起，在你温柔翅膀之下，四海之内皆兄弟。"

一个如此满腔激情要把整个人类都拥入怀抱的民族，同时又很轻易地就封闭自己的内心，不是让人诧异吗？

将伦理道德完全建立在同情心基础之上是西方哲学家叔本华的功劳。因此，在这位德国思想家看来，幸灾乐祸不仅仅是"人的天性当中最坏

---

① 红色指共产党人，褐色指纳粹。

② RAF红军派，70年代在联邦德国多次进行武装暗杀和袭击爆炸的左翼恐怖组织。

③ 《反极端分子法》，1972年1月28日由勃兰特任总理时的德国联邦政府公布，主要内容为敌视宪法组织的成员不能担任国家公职。

的一点",因为它"近于残忍",甚至是"魔鬼般"的,那是"地狱的笑声"。顺便加上一句,同情伦理之父本人是如此自以为是,愤世嫉俗,就连他母亲都无法与之相处。

这个无奈话题中只有一点可以肯定:最为淋漓尽致地描写幸灾乐祸及其致命后果的是德国幽默大师威廉·布什(Wilhelm Busch),谁最后笑,笑得最好。

作者:特·多
译者:徐静华

参阅:福利国家,小市民

最后的恶作剧

马克斯和莫里茨,等着吧!
这回有你俩好瞧的啦!

这俩为啥要在口袋上剪洞??

看,老农梅克来背他的麦口袋。

没等他迈步,麦子已流出。

吃惊地停住脚:"奇怪,这东西怎变少!"

嘿!这时他看到,麦堆有蹊跷。

铲子一挥又一摇,俩捣蛋鬼进了口袋再难逃。

口袋里好热,好闷啊!可不,正往磨坊奔呐。

"磨坊师傅,快把机器打开!"

"来吧,您呐!"进漏斗去吧。

咯噔,咯噔,又咯噔!粉碎机,转不停。

磨成了粉末和细屑,模样还能看得见。

可怜没过多一会儿,进了鸭肚没影儿。

私人菜园

在任何地方都不如在这些私人菜园里，在这最小的空间内，让我们能够窥探如此缤纷多彩的德国之魂。在入口处，花园侏儒向你招手致意。"阿尔克墨涅"品种的苹果树枝杈编织在并列对称的果树支架上。花园守则规定了园内的树木与篱笆间距至少为1.5米。洋葱和胡萝卜菜畦用小线绳拉上，规规矩矩地保证种菜的部分绝对不超过整个院子的三分之一，还得给水果、观赏灌木、花卉和草坪留出地方呢。但是不得种植有毒的或者其他危险植物，本乡本土的品种应该优先考虑。小小的曲径上没有任何杂草，尽管不允许使用化学除草剂也不允许用混凝土铺路，但是铺路石是允许用的。这些小屋仅允许一层高，不许带地下室，最大面积24平方米，但是在小屋的门前允许种植菊花，人工培育的"马鹿"菊花繁茂盛开。其实它们本来应该叫"小鹿从森林边的晚霞中窜出"，但是这个名字太长了。只要不是在专门为素食者设立的私人菜园社区内，而且邻居不太计较，特别是他们并不在意烟尘和气味的干扰，就没有人会反对支起烤炉，吱吱地烤上几根香肠。但无论如何只能在周一到周六7:00~13:00以及15:00~19:00期间，才允许使用电动或柴油割草机、电锯、篱笆剪刀、杂草粉碎机以及其他发出噪声的各种设备。周日和节假日是绝对不允许使用的（请见预防噪声危险的规定）。开辟一个小小潮湿生物滋生堆则很受欢迎，但是要注意使用相应的材料，例如塑料薄膜、橡胶或者黏土。每个私人菜园的租赁者必须义务参与社区的工作。

正如有一批热衷森林的德国人，他们的灵魂和矮木丛难舍难分，也有一群热衷私人菜园的德国人，尽管他们也渴望回到大自然，但是节制有度。他们天生不喜欢那些昏暗的、青苔遍布的地方。私人菜园德国人和森林德国人相比可以说一个是牧羊犬另外一个是狼。人们尽可以讥笑前者是胸无大志的世俗，在一个更高文明层次上的世俗。

自私人菜园诞生以来，它的成长一直伴随着反反复复的纠结。在1864年到1865年间，一个名叫恩斯特·伊诺岑思·豪斯希尔德（Ernst Innocenz Hausschild）博士的中学校长，在莱比锡内城边上开辟了第一个"施雷波小广场"（Schreberplatz）。但开始时它和那些小块地角的迷你天堂没有关系，也就是和我们今天提到这个名字联想起来的、在19世纪20年代如雨后春笋般遍布德国的"穷人园地"，能够为穷困的城市居民提供一些蔬菜和水果的小菜园没有任何关系。这一莱比锡模式最初是用教育改革经费对学校校园的扩建，为当时在"剧烈迅速膨胀的城市"中退化的青年提供一个"玩耍的场所"，让他们在一位"游戏之父"的监督下得以操练一番。为了这个目的，在这块草坪上还安置了很多运动器械，在旁边的协会之家还设立了图书馆，举办关于教育问题的专题报告会。直到几年之后，退休资深教师卡尔·戈塞尔（Karl Gesell）想到一个主意——也许他受到当时被视为婴幼儿早期教育榜样的福禄贝尔幼儿园的鼓舞——在这个操场旁边开辟出菜畦，让可爱的小孩子通过菜园耕作而强健身体。然而没有多久，孩子们对播种和除草的兴趣索然，于是家长开始亲自照料那些疯长植物。因此从"孩子的菜畦"发展为"家庭的菜畦"，从一个未成功的教育项目演化为城市内成人最喜爱的打发业余时间的消遣疗法。

但是有一个人从来没有踏进过私人菜园一步，这就是达尼尔·戈特洛博·莫里茨·施雷波博士（Daniel Gottlob Moritz Schreber），尽管这一市民菜园运动是以他的名字命名的[①]。当伊诺岑思·豪斯希尔德建立他的协

---

① 德文私人菜园为Schrebergarten。

会时，那位莱比锡的骨科医生已经去世3年。这位医生不仅试图用某些设备来矫正孩子的骨骼，例如用"头支架"和"肩带"，而且在此前不久，还在一份普及性杂志《花园凉亭》上发表一篇文章，来解释"年轻人的游戏对其健康和教育的意义"。他反对"笔挺而僵直的家庭漫步"，"装腔作势的自命高雅"和"风行一时的对童趣感官的忽视和毁灭"，他建议要一起"在自由的空气中纵情嬉耍"，其目标就是让"人类一代比一代更加优化，根据造物主本意为人立下的标准，从人的本性中越来越挖掘出人本应有的样子。"

要是施雷波先生在世时看到以他命名的私人菜园，在打理菜园时得以尽情释放他对正骨学科的独特钟情，而不是去尝试将他的孩子们培养为藤架子上的果实就好了。作为父亲他并没有目睹他的儿子丹尼尔·保尔（Daniel Paul）病态的职业生涯，他的儿子从法学家一直做到德累斯顿高等法院的院长，也是德国最有名的偏执狂。1903年他儿子在住院多年后，在《一位精神病人的大事记》（Denkwürdigkeiten eines Nervenkranken）中向世界宣布：上帝借助辐射力和他对话，并正在准备将他变为一个女人，化身为"施雷波小姐"。似乎他想对他的父亲优化人类的种种努力给出一个绝望的回答，因而宣布他本人有幸被选中从"施雷波的精神"中发展出崭新的人类。

不管是父亲还是儿子都没有成功地造出新人，而私人菜园的初始激情也在逐渐减弱。虽然1914年莱比锡"西郊私人菜园协会"理事会由赛事委员会、园林委员会、慈善委员会以及鼓手和号手委员会组成，然而在战后以及经济拮据的时代，促使菜园主拿起铲子和耙子的还是辘辘饥肠。

更戏剧化的是，在纳粹专制时位于柏林的一个私人菜园小屋竟提供了救命的机会。1921年所有的私人菜园、自然疗法菜园、穷人及工人菜园以及柏林小屋社区主都归属于"德国小园林主协会帝国联盟"。虽然在纳粹夺权后不久这个协会马上启动并介入，但还是有三个小屋主帮助一个名叫汉斯·罗森塔尔（Hans Rosenthal）的年轻人躲藏在这里并逃过了大屠杀而生存下来，他就是后来电视真人秀节目《快，快》（"Dalli, Dalli"）的主持人。尽管在纳粹时代之前就有严格的规定，不许在小屋内过夜。

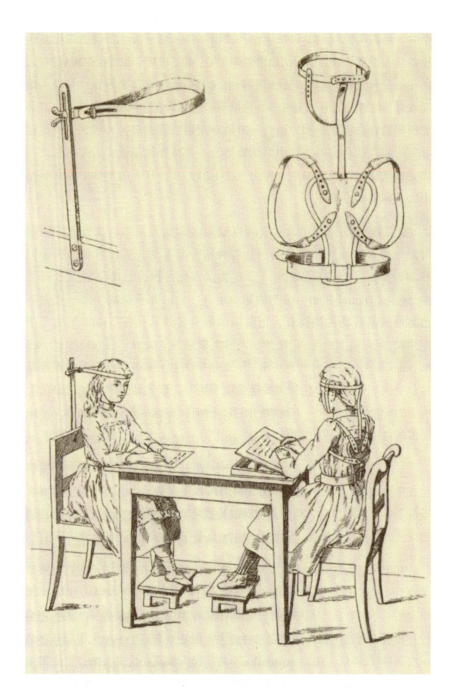

孩子们可以这样学习坐直：达尼尔·戈特洛博·莫里茨·施雷波博士的各种矫正姿势的辅助工具。

令人匪夷所思的是，私人菜园却在东德遍地开花。如果按照德国社会统一党的愿望，允许私人菜园的存在充其量不过是解决战后食品紧缺的一种过渡办法，然而大黄茎和水萝卜却执拗地拒绝执行五年计划，最终当局不得不做出让步，伸出放行的拇指。为了阻止私人菜园肆无忌惮的蔓延，人们做出决定，由中央委员会农业部门直接管辖私人菜园这支流动队伍。当然他们还是不情愿有人指手画脚地规定，在他们自己的业余时间所占有的小块土地上种什么植物，种多少植物（现在有些私人菜园协会深知如何不留情面地去落实种植规定的种种限制）。而东德的居民则被允许拥有大一些的小屋，不管这是对他们平板住房的补偿，还是对他们无法去亚德里亚海边度过美妙夜晚的补偿，总之：他们可以在小小的地块上竖立起他们的"达恰"①，他们可以在这里而且也乐于在这里过夜（而在全德联邦私人菜园法中规定，在私人菜园上建立的小屋"根据其性质，特别是根据其设备与设施的情况，不适于长久居住"。将"达恰"的拥有者和小屋的拥有者区分开来，德国的统一在这一点上无情地撕裂了在东德共生共长紧密相连的东西）。

因此和西边相比，东德的私人菜园更像一首休闲田园诗，人们全年在这里欢度周末和休假：继狂欢节后是庆贺春天的到来，春天节日后就到了上午边品尝美酒边欣赏圣灵降临节音乐会的时光，之后是夏天的聚会、丰收的节日、畅饮博克啤酒和屠宰节、退休老人的圣诞庆典和除夕夜舞会，其间夹杂着玩玩保龄球和打打斯卡特牌。选用的伴奏音乐（这边和那边都一样）是英国流行歌手比利·桑德（Billy Sander）的歌曲："三十平方米的地方／菜花加生菜繁茂生长／谁有这样的小院场／谁就在城里好风光／／阿德尔海德，阿德尔海德，送我一个花园侏儒吧／阿德尔海德，请修一个好德吧！"

1989年夏季，几乎东德每两户人家中就有一户拥有一小块这样的绿地。我们不禁要问：这是一个"工农做主的国家"还是一个私人小菜园主的国家？

---

① 源自俄语，一种农家小屋。

如果下次路过这样的私人菜园社区时，不要不屑一顾加以嘲笑。否则怎么可以在最大为400平方米的地角上，看到这么多的层次交织在一起呢：自然与文化、秩序与冲动、自由与强迫、健康与疯狂、结社发烧友和园林家勒内（Lenné）的业余徒弟。园林哲学家和"马鹿"菊花的培育者卡尔·福斯特（Karl Foerster）寓浪漫于讥讽之中，生动地展现了私人菜园运动的魅力："不管多小的园子也有干不完的活儿。"

作者：特·多
译者：杨丽

"30平方米的地方，菜花加生菜繁茂生长，谁有这样的小院场，谁就在城里好风光。"

参阅：工作狂，兄弟树，下班之后，裸体文化，德国人的性情，幼儿园，爱整洁守秩序，玩具屋，渴求瘾，社团迷，林中寂寞

渴求瘾

任何人都会期盼点什么，一旦得到便欢天喜地。愿望实现，重归平静，心满意足。

渴求瘾则完全是另一回事。它不识尽头，无度无止。浪漫派诗人克莱门斯·布伦塔诺怎么说来着："轻松生活中的爱情与痛苦，上上下下，飘飘忽忽，我心所求，永无终点，不停追逐……"

染上渴求瘾的人用尽一切手段寻找、追逐，但是，就在所求之物伸手可及那一刻，他却猛然退缩。因此，渴求瘾既不是静止状态，也非持续不断的进行时，而是一种反复无尽的左右摇摆。上瘾者跟自己玩猫捉老鼠之游戏。同为诗人的贝蒂娜·冯·阿尼姆（克莱门斯·布伦塔诺之胞妹）梦想把"渴求之能量"采集起来，捐给"浮动的宗教"（Schwebe-Religion）。

可以把渴求瘾看作一种病态，格林词典里就是这么写的。但是，没有任何一种病态能够给予灵魂如此之张力。

极限登山运动员赖因霍尔德·梅斯纳（Reinhold Messner）是征服世界十四座 8000 米以上高峰的第一人。高山不再是挑战以后，他开始向极地和沙漠进军，他最了解渴求瘾和它那充满活力的折磨。在探险日记《永不回头》(*Nie zurück*)中他写道："这真是疯狂的事情：在家待在妻子身边的时候，你会说，我要去北极，等到了北极，满心想的只有妻子。"说得哲学一点儿："常在旅途反映了一个天性浪漫的人内心的分裂，在家的时候，渴求远行；到了外面，又渴望回家。我是个家乡及渴求的双料叛徒。"

"家乡及渴求的双料叛徒"，这个词比汉斯·阿尔贝斯（Hans Albers）更贴近德国浪漫派的精髓。出生于北德海边、貌似粗鲁实则高雅的大众演员阿尔贝斯曾演唱过战后德国人最喜爱的渴求之歌："带上我们去旅行，船长，带我们去远方。你要去的是什么地方？船长。去南极吧，我们的钱够用那么长。"唱着唱着背叛家乡的变成了背叛渴求的，最后一段成了这样："带上我吧，船长，带我回家！到了汉堡，我就留下。在家乡，我的吉星闪耀，在家乡，在妈妈身旁。在家乡，我们的吉星闪耀，带上我吧，船长，带我回家！"

但是，谁能说不会把唱片再放上去，整首歌再从头唱一遍呢？虽说哪儿也比不上妈妈家的沙发，但是，如果妈妈家的沙发上少了诱人远行的靠垫……

即使是在灯光刺眼的楼梯间，散发着地板蜡和小市民味道的地方，一家之长也有可能在出门买烟的瞬间被渴求攫住，爆发出这样的声音："我还未曾到过纽约，未曾去过夏威夷，从未穿着破旧的牛仔裤走在旧金山的大街，我还未曾到过纽约，未曾真正地自由过，哪怕疯狂一次冲破所有的束缚。"最后，即使这出发结束在家里的电视机前，又怎么样呢？心情在就行。谁知道呢，也许下一个结婚纪念日的时候，妻子会送他两张去汉堡看乌多·于尔根斯大型音乐剧的票，或者去维也纳，至少去斯图加特，包括三星酒店的住宿。

谁要是觉得这首歌太俗，可以来首有文化的："你了解吗，那柠檬盛开的地方，浓密的绿叶中，橙子橘黄，天空上送来宜人的暖风，桃金娘静立，月桂树梢高展，你是否了解那地方？向前，向前！我愿追随你，爱人啊，随你向前！" 没错，歌德的诗。至于行家决定让谁谱曲，是卡尔·弗里德里希·采尔特、路德维希·贝多芬、弗朗茨·舒伯特、路易斯·施波尔（Louis Spohr）、范妮·门德尔松－亨泽尔（Fanny Mendelssohn-Hensel），还是

50年代的沙发靠垫。

弗朗茨·李斯特、罗伯特·舒曼或者雨果·沃尔夫（Hugo Wolf）、阿尔班·贝尔格，是行家的事情。这里唯一不适合的风格是小约翰·施特劳斯的各种华尔兹。

　　灵魂一旦张开翅膀，胸中便出现一股纠结，一份痛楚。对远方的渴望，强烈程度可以不同。也许是淡淡的伤感，像一条薄纱，把世界的颜色遮暗一点："如果让我提愿望，我会不好意思，我提什么呢？坏时光，好时光？如果让我提愿望，我愿意有一点点小幸福，因为幸福太多了，我会想念忧伤。"［弗里德里希·霍伦德（Friedrich Hollaender），查理·卓别林（Charlie Chaplin）曾亲昵地将这位流亡音乐家称为"伟大的小弗里德里希"，始终令文艺批评家们头痛的"严肃音乐"还是"娱乐音乐"界定之问题，就这么解决了。］

渴求也可以成为灼人的折磨。正如迷娘在歌德另一首更为著名的歌中唱道的："唯有体会相思的人，才理解我的苦痛！形只影单，没有了所有快乐，我仰望苍天，朝远方送去想念。唉，怎知我爱我者，他远在天际。我内脏俱焚，头晕目胀。唯有体会相思的人，才理解我的苦痛！"

渴求会像聚光灯般瞄住在远方的爱怜对象。除了遥不可及的这一个，其余的一切都被黯然遗忘。渴求也会发展成悲观厌世：指望每扇窗户后面都有一张友善面孔的，很快会感到所有窗户都是关闭的。

渴求唯一不能做的是：停止。那将是绝境。不仅是渴求本身的绝境，更是那些通过渴求感受自己，从中汲取自信的人的绝境。每一步都更强烈地渴望完成，而每一步又都把它推得更远。就像进了镜子迷宫，这是染上渴求瘾的唯一家园。谁要是说出"太美了，请停下来吧！"那他也就完了，即使他没把灵魂出卖给魔鬼①。

渴求不能忍受的是，眼睁睁看着全心全意追求的对象在日常生活的冲刷下渐渐苍白退色，磨损、败坏。因此，染上渴求瘾的总是时刻准备开始，或者准备作最后的冲刺。比如唐璜和特里斯坦。唐璜和某个女人有过一次高潮便离开，特里斯坦则把那无法重复的高潮无限期地推迟到为爱而死之中才完成。莫扎特和瓦格纳，香槟咏叹调或特里斯坦和弦。失控而膨胀的欲望，越追求解脱，其张力就越无可救药。

到了这一步，只剩下一救：到你的唱片架边，CD 柜旁，去数字音乐店找找！没完没了地听下去，听下去，听下去……

作者：特·多
译者：徐静华

参阅：夜晚的寂静，深渊，登山片，科考远征，德国人的性情，故乡，男声合唱，音乐，芦笋季，莱茵河——父亲河，林中寂寞，徒步之乐，维尼图

---

① 这是歌德《浮士德》中的情节，浮士德和魔鬼打赌，永远不能停止追求，一旦停下，灵魂就会被魔鬼收走。

福利国家

从乌尔姆市前往慕尼黑，中途在奥格斯堡市换乘火车。借此机会我们既可以看一眼布莱希特之家，更有幸的是也可看到富格尔社区住宅。前者展示着那位出格的诗人曾经生活过、位于一条僻静侧街上静谧的住所以及紧邻的湍急小溪。后者是一座中世纪的庭院，社会救济机构的一个样板。

诗人凭借其早年戏剧创作《三文钱歌剧》（*Die Dreigroschenoper*）中表现的反资本主义倾向一举名噪天下。他那紧随时代精神充满讥讽的社会批评特别是对小资产阶级道德的质疑，奠定了他作为左派作家的地位，因而也使他成为起到重要作用的政治思想家，影响了整整几代人。直到今天依然如此，并左右着作家对公众事件的态度。布莱希特的追随者都沉迷于马克思。

然而这位大师自己并没有完整地阅读过马克思。而有关马克思提出的要求，他更多的是通过20年代一位政党批评家和社会哲学家、马克思理论的通俗普及者卡尔·科尔施（Karl Korsch）发表的节选中了解的。据说科尔施的作品在68年社会主义德国学生同盟中还起过重要作用。

布莱希特取得了成功，但是他并没有占理。他把社会问题简化为标语式的布尔什维克选举口号：私有财产是偷盗。就这样，原本应是艺术的社会良心降格为简单而机敏的民俗作品。谁不知道1930年印刷版的《三文钱歌剧》中布莱希特那段恶毒的台词呢？"和占有银行相比，抢劫银行何罪之有？"

私有财产绝对不是偷盗，而是所有社会秩序得以建立的基础，也是布莱希特舒适生活的前提。在奥格斯堡市中心、离他居住地几栋房子之遥的富格尔社区住宅就清楚地告诉我们这个道理。500年前，当地最有钱的富豪富格尔家族，也被人称为奥格斯堡的美第奇，建立了福利住宅的早期样板，而且延续至今。

雅各布·富格尔（Jakob Fugger），别名为富豪（1459~1525），在1521年创办了富格尔社区住宅。他是一位商人和银行家，用布莱希特的名言说，是一个盗贼。然而雅各布·富格尔的行为告诉我们，社会市场经济有着悠久的历史。我们在此只罗列那些勇于创新的人物，例如路德维希·艾哈德和他的同人，特别是经济专家阿尔弗莱德·米勒·阿马克（Alfred Müller-Armack）所开拓并为各个党派的后继人不断强化的联邦共和国的社会市场经济。其共有的特点就是莱茵式资本主义和天主教的社会秩序学说，基督教式的工作态度和工人教育协会。

德国第一栋福利住宅，位于奥古斯堡，以其创始者雅各布·富格尔命名为"富格尔住宅"。

俾斯麦也认识到这些因素相互作用对德国现代社会的意义。普鲁士特有的秩序观念必然或早或晚触及社会贫困这个题目，并根据惯例由国家管理系统来解决这个问题。

不，当年的帝国并不是想用公平来统治，我们也不想做出这样的论断，帝国的意图旨在保持力量的平衡，以此来维持帝国的存在。

根据弗里德里希·瑙曼的观点，首先要和最重要的社会力量即工人协会以及他们的政治工具社会民主党进行协商。

俾斯麦，这位保守派政治家和社团协商大师，一手送蜜糖另一手挥利剑：1878年他根据立法清除了来自工人教育协会的强劲对手以及社会民主党——先从他们的领导层开刀，即奥古斯特·倍倍尔（August Bebel）和威廉·李卜克内西（Wilhelm Liebknecht）。而早在1872年，曾经在莱比锡就对他们进行过叛国罪的审判，原因是他们赞同巴黎公社。1878年出台了《反对社会民主党进行普遍危害活动法》。

禁止社会主义者的立法是利剑，而蜜糖则体现在俾斯麦实施的社会法中。在该立法中，他精心策划并在自己的草案中明显地体现了社会主义者的要求。因此俾斯麦创建了沿用至今的德国社会保险体系，也

奥托·冯·俾斯麦（1815~1898）曾任德国宰相，也被称为铁血宰相，约 1800 年。

就是说他将富格尔福利住宅提高到国家层面的高度。不愧为普鲁士做事一贯到底的风格，而且这样做就其本身讲也是正确的。

现代普鲁士因受到拿破仑战争带来的震撼汲取了重要经验。武器装备不再决定战争的胜负，重要的是向民众展示什么样的世界观，这在欧洲历史上还是第一次。问题的关键不仅仅是权力，而且是权力政治。简言之，起作用的不再是武力威胁，武力现在已经沦为次要地位，取而代之的是

权术。想战胜拿破仑仅仅靠新式武器和重型大炮是不够的，而且还需要国家体制。没有施泰因和哈登贝格的改革，普鲁士就无法维持下去，也就是说德意志帝国随着现代经济的发展就有了与之相适应的社会法立法。

在此之后没有什么大的更改，只是一再地细化这一复杂的体系，不断完善了社团法的整体。至少在原联邦德国，劳动力市场政策已经演变为争夺现实权力的因素。社会伙伴发展为一仲调义务的工具，由此保证社会的和平，而根本不去冒任何造成混乱的风险。

莱茵资本主义建立在董事会、监事会、工会、银行和财政部之间的协调之上。这种布局比较笨重而且反应迟钝，但是可以保证社会的和平，或者说至少是社会和平的表象。这种表象给我们的经济带来了良好的声誉，而这种声誉又为创造价值和支付行为提供了保证。莱茵资本主义不仅将社会问题和资本经济结合起来，而且和劳动道德结合在一起，同时并不需要践行基督教的严格禁令和恐吓措施。尽管有狂欢节的愚闹，莱茵资本主义也依然高效，有些成分甚至堪比狂欢节。

在此不得不说，帝国时代的社会学家马克斯·韦伯关于基督教道德和资本主义关系的著名论断至少是不完备的。创造价值的前提不仅仅是禁欲，也完全可能是出于对某些产品的情有独钟。不一定认为被捆绑在上帝的战舰上而必须去划桨，让船前行，也可以是为了达到某个目标而去乘风破浪。在划桨时还可以即兴唱个歌或者仰脖灌点儿科隆啤酒。在帝国时代，皈依宗教在政治上不能说是很有效，至少是非常起作用，当时好像人们真的相信，天主教徒就是不如基督教徒勤奋。这种误解也许更应归咎于卡尔文而不是路德，但路德并不因此就不必承担责任。他坚持认为，只有汗流浃背的工作才会取得好成果，而众所周知天主教徒时或允许扭扭身子打闹打闹。尽情欢庆时也会汗流满面，例如爱的大游行，或者一些体验社团因闲来无事而举办的某些毫无意义的比赛之破纪录创举。

马克斯·韦伯在1905年出版的《新教伦理与资本主义精神》（*Die protestantische Ethik und der Geist des Kapitalismus*）一书曾经影响很大，其真正意义并不在于对基督教的赞扬——尽管人们更乐于认为普鲁士风格中体现着基督教精神,而是在于他指出了以宗教为基础的道德和资本主义精神之间的根本关系。无论人们怎样加以评论,但该书的最终结论是:在市场经济中没有自由的力量较量。至少这种力量的较量不是自由的。之所以不可能,是因为其推动力是利益或者对利益的追求。谁将经济放任于自我本身的调节机制,谁就会马上销毁其劳动果实。

这里并不是在为资本主义辩护,而是在寻找它存在的理由。其理由只能是它会创造价值。谁生产什么,他一定认识到其中的某种意义。该意义一方面在于喜欢该产品,另一方面也在于它的价值和社会归属性。社会保险、税收累进和社会互助都是莱茵资本主义的内涵。这样一来法国大革命的口号如自由、平等和博爱就成为多余。这一结果肯定是该项目想达到的部分目标。这是一个保守的项目,尽管人们不愿这么说,但是不得不承认,不可能捆绑束缚住资本释放的力量,而只能将其圈入特定的框架条件中。

其余的就是道德、义务感和责任感。

市场经济的成功不仅在于其自由,而且在于为控制市场,各种力量不断的较量和不断的尝试,不管是来自国家的、国家通过立法方式或民众通过情绪表达和道德观的表达。

在一个透明的社会中,公认的道德观念是最重要的力量,如果公认的道德拒绝某个产品,几乎很难违反其意愿而付诸实施。21世纪初的核电问题就是一个实例。

这就出现了一个问题:谁以何种方式代表大多数,谁左右着公众的观点。是普遍认为我们现有的那种运转良好的民主制度代表大多数,还是巧妙利用媒体来宣传其纲领的某些少数精英代表大多数呢?

但是现实和真实的生活是很难进行分类和区分界限的,我们常常要面对错综复杂的局面。禁烟令发布的结果是让一半居民走上街头去抽烟。

市场也是如此。经济不仅要以道德的导向为出发点,而且也不乏某些虚情假意的成分。在今天的德国,这是一个越来越受到关注的问题。至少在某些部分，经济并未通过生物能源和绿色能源而具有更高尚的道德。经济本身变得更加道德。市场营销和生活观不可分割。

根据取得的成果，从务实的角度论证了社团主义存在的合理性，但也可以从意识形态的角度来论证。这在20世纪的德国甚至出现了两次：一次在第三帝国，另一次在东德。人们试图用保证社会和平的这个工具进行压迫，然而两次都以失败告终。

社团主义不是权力，它的任务是调节参与各方。因此尽管看上去很奇怪，但它的确是民主的一个工具，并不是通常所认为的专制制度的一个工具。

在德国，国家社会主义和共产主义已经退出历史舞台，而富格尔福利住宅依然存在。得出的教训？建立福利国家只能从道德的角度出发，谁想仅靠意识形态强夺人意，谁必定会失去可信度。

作者：里·瓦
译者：杨丽

参阅：工作狂，下班之后，创业时代，爱整洁守秩序

芦笋季

现如今，即使冬天在本地超市的菜架上也能看到芦笋：密封装在塑料袋中，一小捆不多不少整一磅，产地是希腊或智利。有一年冬天我的手不由自主地伸向了这么一小包蒙着一层水汽的芦笋，说不好里面的芦笋是冷还是在出汗。外面几周来都在下雪，渴望吃点儿芦笋的诱惑太大了。小土豆配上香芹微煎，把火腿片卷成卷，融化些黄油，或是把荷兰蛋黄酱打出泡沫……我的手把那包出冷汗的芦笋又放了回去。我并非害怕这包飞机空运而来的一级品会让我今后几个月的二氧化碳排放结算表变得不利。我把它放回去是因为我知道，无论我怎样充满爱意地削皮，并一根根地把它们放入我那锃亮的煮芦笋专用的不锈钢锅中，吃它时肯定只会引起失望。冬天吃进口的芦笋，其绝望程度就好似同一个陌生人搞一夜情，你之所以这么干，只是因为他暂时让你忆起了远在天边的心上人。

吃芦笋在德国不仅仅是一顿佳肴，一种从前只有有钱人才吃得起的奢侈，它也是一种仪式、狂热。为了能完成这种仪式不光要有正确的季节，而且正确的烹饪方式至少同样重要。

"薇罗妮卡，春天来了，／姑娘们齐唱特拉拉。／全世界都似着了魔，／薇罗妮卡，芦笋长出来了！"在纳粹把他们赶散之前，Comedian

Harmonists①乐队一直这么唱道。可对这首常唱不衰的歌本身那些褐色厨师们②也无计可施，4月一到人们总能到处听到这首歌，位于施韦青根（Schwetzingen）和贝利茨（Beelitz）之间种植芦笋的农庄已从冬眠中苏醒过来，饭馆老板们也纷纷开始用漂亮的字体手写出芦笋菜单。

芦笋绝对不是德国人发现的，在他们之前很久埃及人和希腊人就发现了芦笋。而最早尽情享用芦笋的则是罗马人，也是他们把这种菜带给日耳曼人的，在特里尔（Trier）附近挖掘出的出土文物中有公元2世纪的铅质芦笋标价牌。

随着罗马人的离开，芦笋也从德国食谱中消失了一段时间。可以肯定的是：它再次出现是在1565年，出现的地点是斯图加特的谐趣园。17世纪初在巴登以及不伦瑞克和柏林周围出现了最早的芦笋种植区，然而德国芦笋的真正繁荣期是200年后才到来的——直到荷兰种植芦笋的农人有了一种意外收获。此前世界各地只有绿芦笋，也就是如果就餐者订了Asparagi 或是 Asparagus③，至今在意大利和美国的餐馆中不加询问就会端上来的那种。荷兰种植芦笋的农人发现，如果在芦笋生长时不让它见光，那么它的纤维会变得更细，而且颜色也会变白。德国人对此欢欣鼓舞，他们毫不留情地把芦笋流放到地下，方法是堆起一眼望不到头的笔直的土堤把它们埋起来，从远处看到这种土堤就会知道那是种植芦笋的田地。用深埋的方法让芦笋变白，这多么荒谬人们知道吗？

蔬菜中的报春菜却得在阴暗中生活一段时间，它们被挖出来后才能见到阳光。光秃秃的地上看不见任何绿色，芦笋在地上——精确地说是地中——悄悄生长。

这还不是闷白了的芦笋带来的唯一荒谬的事。收获也是很费力的，因为芦笋同样得从地下挖出。其艰辛令21世纪的芦笋王们每年都得去波兰和罗

---

① 1927~1935年间一支国际闻名的柏林声乐乐队。

② 此处指纳粹。

③ 分别为意大利语和英语的芦笋。

马尼亚招募几万短工，因为在自己国家（这儿有几百万失业大军？）已经找不到人了，没人愿意（而且能够）弯着腰进行这项精确的挖掘工作。为了降低成本，一段时间以来德国的机械工程师们已经韧劲十足地鼓捣着所谓的芦笋收获机了，有朝一日这种机器可以全自动地收获芦笋。现在人们在德国的芦笋生产地对这种样机还充满怀疑。

尽管人们不愿亲自去挖掘芦笋，但德国人却想吃越来越多的芦笋。芦笋在地下长得很快，要不是它们被埋在地下，人们就可以看到，气候适宜的情况下它们每小时能长一厘米。德国最近几年对芦笋的消费增长得同样迅速：每年吃掉的芦笋超过10万吨，其中80%是本土种植的。6亿欧元的销售额让芦笋成为德国农业中最赚钱的蔬菜。成群的芦笋女王们，芦笋节上的削芦笋比赛和其他新民俗节目都让这种白色棍状蔬菜的魅力不断增长，与此同时电视中常能听到超级歌手用迷人的颤音唱道："噢，美妙的芦笋季……"

1960年时吃芦笋的规矩："若是按照我们的指点去做，在美好的芦笋季就不会出丑：右手的手指捏着芦笋末端，左手用叉子协助……"安娜玛丽·韦伯在其居家礼仪书中这么建议。

芦笋季还有更实用的地方：对雇主和人事部门的头儿来说，为了考察求职者，没有比请他吃芦笋更优雅的办法了。如果他用手捏起芦笋吃，那他在简历中报出的年龄就有假。在不锈钢的刀叉被发明后，就没有人用手吃芦笋了。除非他或她的兴趣不仅仅限于求职，或是他/她确实出生在豪门，家里用银餐具吃饭是天经地义的。

就是用餐具吃芦笋的人也会不情愿地泄露自己的性格：那些一根一根地吃芦笋者，或者上来就把所有的头都切下来吃的人，他们不适合需要韧劲的岗位。他们不知道那个漂亮的德文词"把好的留到最后"。那些先从所有根部开始，然后分别向中段挺进，最后再享用最嫩的芦笋头的人，其行为证明他们对自己欲望的控制能力最强。遇到这种情况老板就该要一瓶最贵的雷司令，祝贺自己的新员工。

无论是用来测试性格还是用来满足口腹之欲，一样的是得抓住时令。一到仲夏节——6月24日，芦笋季就结束了。被人为地控制在地下的部分就可以疯长了。这意味着告别美好的芦笋季，在超市里又得从来自希腊和智利的诱惑旁勇敢地走过。这种放弃是值得的，因为只有能够等待9个月的人，来年春天才能真正享用芦笋。

作者：特·多
译者：丁娜

参阅：故乡，诸侯割据，爱整洁守秩序，渴求瘾

小市民

在今天的德语中，小市民这个词属于最明显地带有贬义的词。早在中世纪时，这个词就沾上了污点。在当年帝国自由城市中，要根据家庭财产来评估市民缴纳用于保护和捍卫城市的捐税数额。对那些财产最少的人，也就是那些只拥有一只长矛为武器的市民，人们就称其为长矛市民，即小市民。

在中世纪后期，上层社会有规律的生活越来越远离实际，逐渐发展为空洞的仪式和竞技。骑士这个等级实际存在的理由越少，他们就越加热衷于四处比武。当时相对于装备精良的骑士来说，小市民作为可能的对手，起初不过是个笑料而已。这种人来做对手，还不如说是对骑士高档装备的一种侮辱。而更为引人注目的原因在于：小市民手持即兴武器对付全身铁甲的骑士可谓轻而易举，而骑士则需要一群人的帮助才能坐上马鞍，才能像一个貌似威风凛凛的堡垒那样竖立起来。如何把骑士打下马鞍，需要一定的战术。但是用一个简简单单的长矛就做到，这可是对基本常规天大的亵渎。它让骑士们显得可笑而又多余。

在以炫耀财产和特权为荣的中世纪，小市民根本不是一个有层次的角色。正是由于他的窘境，特别是由于他不按常规出牌使对手大为败兴的能力，小市民油然产生了某种不可一世的自信。他认为自己有理，而且不仅仅体现在装备和与此相关的费用方面，他感觉他在方方面面总是有理。他不再听任那些装备精良阶层的指手画脚。

随着时间的流逝，小市民装备起自己的世界，尽管他们的天地和真实的世界那么相似，但是不管什么都小了一圈。比武变成了集市，宫廷抒情诗歌手变成了小丑。小市民把最好的角色留给自己。他装疯卖傻，随时准备保住自己的帽子。

原则上对此也没有什么可以横加指责的。为了报复一下，于是就把小市民这个词贬为骂人的话。

但是充满活力和热衷舞蹈的这些人不仅不断地追求认知，而且也在紧紧跟随潮流，念念不忘与时俱进。在这个时间安排得如此紧凑的时代，仍然惦记着尽可能不要错过任何事情。然而当又说破了嘴皮子，再说也没用的时候，他们还是发现了象征和其沉默的力量。

其优点是：不必用语言表达出人们想做什么，而只要用其生活方式展示出来即可。人们默默地适应了时间，也就是说紧跟大多数人。突然一下子，又可以用到"小市民"这个词了，至少这个词是存在的。

这一切的一切都始于一个广告片，一个选择在拖车里生活的父亲和他未成年女儿的对话。他女儿渴望住进顶楼，喜欢女同学住的那种宽敞房子。她的父亲告诫她：他们是小市民。她的反驳是："爸爸，如果我长大了，我也愿意当小市民。"这个录像——一个建房储蓄银行的广告片一时成为崇拜偶像。争当小市民的需求显然比住在家庭菜园棚屋内的一个孩子的愿望更加猛烈。

当一则广告使人为之狂热，几乎不再令任何人感到惊奇，因为广告已经成为我们日常生活中的共识的文化表达和标记。因此它有权超出其传递的信息来传播某种断言。一个广告成为崇拜偶像，它就和其广告的任务没有多少关系了，而是更多地和社会的其他部分发生了某种关系。至少我们是这样看的。成为崇拜偶像的广告，就像给社会学家提供了一个指示器，这些社会学家一段时间以来已经自视为文化科学工作者了。

从社会学家晋升为文化科学工作者的社会评论员首先观察的是价值观的转变，即在日常生活的重复中，在常见的行为中价值观怎样发生变化。他们观察是否某些概念被赋予了正面或负面的意义，以及为什么会如此。

这样一来，文化科学家与市场研究接壤了。有的人去评估置身于旁观者的利益所在，有的人则利用这一认知来定位某个产品。

小市民不过是前进过程中的一个陪练伙伴。人们是不需要和陪练伙伴比试的。但是要利用他尝试自己的策略如何，就要适应他，适应他的视野。爱克尔·阿尔弗莱德（Ekel Alfred）就是一个典型的例子，从他身上可以告诫自己界限在哪里。爱克尔·阿尔弗莱德是一个电视角色，68年时家喻户晓的一个敌对角色。一个理想的反面人物，带有各种天生的和后天的恶习。68年代的思潮成为常规后，其涉及的范围甚至延伸到基督教民主联盟的核心——这个问题迄今依然存在，即我们到底准备怎样生活？

小市民没有榜样，他只有习惯，只有他遵循并呵护的习惯。他会常常抱怨火车的晚点，对天气预报他嗤之以鼻。小市民不参与批评，他只管确认现状。他早就不再抗议他常说的"美国大兵"，但是从他提到"关塔那摩"（Guantanamo）的语气，就可以知道他对此事的看法。小市民蔑视他的对手，如同当年骑士蔑视他一样。

小市民说，到处都是和他作对的人，这些对手制造并操纵了这些混乱。他们管不好事情。持这一观点的不只是他一个人。因而他深受鼓舞，更乐于站到大多数人一边。他对潮流真是有一种嗅觉。潮流是乌托邦最好的代替品。

也许最大的小市民是埃里希·昂纳克（Erich Honecker），人们甚至可以将他在万德里茨（Wandlitz）的住所修建为小市民博物馆，而且根本不用大的花费。

小市民没有原则，但是有时他从习惯中总结出原则。得出的结论是什么呢？就是折中主义最终战胜了启蒙。他关心的讨论是68年代最后的口

若是苗圃打理得如此秩序井然,那么小市民一定就住在附近。

号和健康食品店。现在,每当周日上午早茶时,在帝国某个漂亮的广场上都可以遇见小市民,克拉拉·瓦尔多福(Clare Waldoff)就住在拐角处。对所有的话题他都发表些不值一提的看法,时而还抬头看看广场上的树梢,好像受人之托来估计一下该树的年龄。最后他起身走向他的自行车,磨磨蹭蹭地打开车锁,然后轻巧地跃上车座,骄傲地疾驰而去,好像他俨然是当年的骑士,而不是步行的市民。

作者:里·瓦
译者:杨丽

参阅:下班之后,德国人的性情,爱整洁守秩序,幸灾乐祸

海滩篷椅

海滩篷椅的故事,至少它的开头,让我们觉得就像是挂历上的通俗故事。因为再也没有比它的来历更容易讲的故事了。简而言之它就是编筐人威廉·巴特尔曼(Wilhelm Bartelmann)和贵族小姐埃尔弗里德·冯·马尔灿(Elfriede von Maltzahn)的故事。前者出生在吕贝克,在罗斯托克做生意;后者出身于古老的贵族家庭,是巴特尔曼一位想象力丰富的主顾。据说编筐人就是根据她的想象和指示制作出了第一把海滩篷椅的。故事发生在1882年的春天,地点是罗斯托克,篷椅是用于瓦尔内明德(Warnemünde)海滩的。

当时埃尔弗里德·冯·马尔灿用它是为了挡风防晒的,那年头防晒霜还根本没有发明出来。

不久,最晚从世纪末开始,海滩篷椅就成了波罗的海和北海的一道独特风景,或者说海滩和篷椅已密不可分。因而篷椅也就成了那里户外写生的画家们必画的东西,尽管仔细看起来它更适合于当摄影题材,然而其最明显的标志就在于它的可替换性。在所有海滩照片上都能看到一片海滩篷椅,一个挨着一个,同样大小,同样颜色。

绝大多数海滩篷椅一般是供一个人或两个人使用的。在海滩人们也想惬意，如果旁边那位表现主义画家再次把一切画得阴暗，人不是非得看他作画不可。并非每次来临的暴风雨都是一种警示。坐在海滩篷椅中不仅可以挡风防晒，而且还能屏蔽不谨慎的偷窥目光。人在其中是独处的，和自己以及他的至爱亲朋，但他同时知道自己是置身于大众之间的。人可以躲进海滩篷椅中，与外界的一切隔绝，抬眼却仍旧看得见海滩或潮起潮落。作为一种小篷屋，却有着固定的布置模式，它的这种双重功能显示出它是威廉二世时代的现象。

托马斯·曼也有一把海滩篷椅，篷内装有专供写作用的板架，对此大概没有人会感到惊奇。曼穿着衬衫、打着领带坐在篷中，这位作家也将目光——至少不时地——投向大海。他同时知道，别的人也在眺望大海，但他瞭望大海的结果没有必要与其他人交流。威廉二世本人却与曼不同，他想让德国获得更多的殖民地，结果他许诺的有阳光的地方却在战壕里。

海滩篷椅没有随着帝国的消亡而消失，就像它后来又挺过了许多别的变迁一样。真正的发明是没有时间性的，没有什么时代精神奈何得了它们，因为它们的实用性是永存的。人们完全可以用国企（VEB）来代替有限公司（GmbH），但那只是过渡性措施。远离一切意识形态，海滩篷椅证明自己是民族性的主要证人。流亡者比利·怀尔德（Billy Wilder）将海滩篷椅作为脑海中的画面构想带往加利福尼亚，许多年后，当那场大战——它令任何有关海滩篷椅的谈话从根本上成为不可能——早就结束了，他在电影《热情如火》（*Manchemögen's heiß*）的布景中沉默地再现了海滩篷椅场景。片中托尼·柯蒂斯（Tony Curtis）坐在海滩篷椅中，他正在哄骗玛丽莲·梦露，说自己有一艘游艇，这令杰克·莱蒙（Jack Lemmon）感到震惊。当时正值 50 年代，所说的那一切都有潜台词。

从此以后人们可以认为，海滩篷椅不再仅仅属于德国人，而是世界共享了。然而它却仅仅在波罗的海和北海一带具有它应有的意义，在其他地方如果运气好的话，可以在您附近的回顾展影院里看到。世界其他地方更受欢迎的是透风的遮阳伞。

密密麻麻：德国波罗的海沿岸的海滩篷椅。

尽管如此，2007年在海利根达姆（Heiligendamm）召开八国峰会期间，德国总理安格拉·默克尔还是和各国嘉宾一起坐进了一把特大海滩篷椅。那是为政治特制的篷椅，也是政治与现实相联系的例子。政治家们为了一起照相坐进一把平常根本不存在的海滩篷椅，他们还想以此给人留下一种印象，他们与其他普通人毫无二致地坐在海滩篷椅中。这和新近所有与政治扯上边的事一样，是一种误用，这回误用的是海滩篷椅。德国式结论：强者来了又走，长存的则是海滩篷椅。

作者：里·瓦
译者：丁娜

参阅：德国人的性情，爱整洁守秩序，私人菜园

德意志之魂　海滩篷椅

怪诞之事

444

1919年11月19~20日那个夜晚，F. 博士①睡不着觉。此前他像每个星期三那样与自己的秘密委员会在一起。他的工作室中烟雾缭绕，全是与会者抽很多雪茄弄的。他应该把门关上，最好是把烟戒了。可不抽烟他活着还有什么乐趣呢？他允许自己喝的那半杯马尔沙拉甜葡萄酒都太多了。那就再抽一支吧。

F. 博士用右手的食指和中指——他喜欢用左手抽烟——摸了摸玻璃柜上的小斯芬克斯像的头，它与其他古董庄严地雄踞在那里。他没摸它的胸部，只有一次他斗胆这么干过。Saxa loquuntur——石头说话。

那并不是个美好的晚上。他与亚伯拉罕（Abraham）和萨克斯（Sachs）吵了起来，这二位热捧一部新电影《卡里加里博士的小屋》（*Das Cabinet des Dr. Caligari*），非要拉他一起去电影院，而他已经读了很多影评，知道自己是不会去看这部电影的。恶魔般的神经科医生，梦游杀人犯，我求你们了！电影总归是一种完全被高估的媒介。那些电影艺术家们想什么呢？他们以为揭示了灵魂的秘密？可惜不是那么回事。他更

---

① 根据上下文此处的 F. 博士应是弗洛伊德先生。

愿意去看理查德·施特劳斯的新歌剧——《没有影子的女人》(*Die Frau ohne Schatten*)。想到这儿 F. 博士露出了微笑。

尽管他一晚上都在喝咖啡,突然他又来了兴致,想再喝一杯这种绝妙饮料。可女人们都睡下了,他自己是不会去厨房的,反正去了他也不知该怎么煮咖啡。也许他最好还是睡觉去,已经两点多了,一个钟头以前他就该躺在床上了。他最恨打乱自己的生活规律。

正当他想熄灭抽了连一半都不到的雪茄时,他听到了响动。通他诊疗室的门总是开着,声音应该是从那儿传过来的。

"安娜?"F. 博士冲着亮着微弱灯光的候诊室方向喊道。也许他女儿也睡不着觉。"安娜?"他觉得看到了墙上有道黑影,就在长沙发躺椅和他的扶手椅后面的那堵墙上。看,影子又出现了。黑影遮住了罗马人头像,他静听病人倾诉时,那头像总用同样空洞的目光望着他的身后。F. 博士惊异地发现他的雪茄在发抖。如果他此前问过自己是否感到了害怕,那他会否认这一点的。

他沉着地从写字台旁站起身。

"谁呀?"

他刚说出这句话,自己就觉得问得太差劲。而他又是故意没有傻乎乎地问:"那儿有人吗?"这么多年来他头一次感到罗马人头像在盯着他。只消几步路他就能从办公室走到诊疗室,而厚厚的地毯会让他的脚步悄无声息。

"别闹着玩了,到底是谁在那儿?"他现在想喊。令人恼火的是一个陌生的声音抢在了他前面。一个人站在连接候诊室与诊疗室中间的那扇门那儿,正漫不经心地举起手往墙上投影着各种动物。

"晚上好,博士先生。请原谅我这么晚来打扰。"

"您是谁?"

这么快提出的问题又一次发生了变化。虽然在逆光下他看不清对方，但 F. 博士能肯定自己没有见过此人，至少若是见过，也没打过招呼，反正不是他的病人。他开了诊疗室的灯。

深夜来访者看上去穷困潦倒，而且衣着落伍：黑色及膝罩衫，白衬衫配领结，都是几百年来人们不再穿戴的款式。外罩和衬衫均有污渍。黑发蓬乱，延伸到嘴角的络腮胡子也脏兮兮的。肯定是个酒鬼，神经症患者，八成是个演员。演完戏去酒馆喝酒了，连行头都没换，然后就从酒馆跟跄到他诊所来了。现在 F. 博士觉得在什么地方见过这个人。

"请原谅我这副样子就来见您了，博士先生，但我太想跟您聊聊了。"

还没有容 F. 博士回答，入侵者就向长沙发走去，并叹着气四仰八叉地躺了上去。

"您不见怪吧？"

"您立刻离开我的诊室！"

这两句话是同时说出的，它们在房间里停留片刻，然后就像肥皂泡一般破灭了。

"您知道吗，现在是午夜，我不看病。约个时间明天再来，但现在您得离开。"

深夜来访者面露微笑，他的牙齿只剩下些黄褐色的残根。

"您还有什么可喝的东西给我一口吗？不用什么高级的，红酒、利口酒，随便您有什么都行。您抽的这种雪茄我也愿意尝尝。"

F. 博士默默走进候诊室，为了看看桌上是不是还有马尔沙拉甜葡萄酒。不出所料，桌上的东西都收拾干净了。他仍旧沉默不语地向写字台走去，拿起烟匣，取出一支雪茄递给深夜来访者。他感到自己是没法让这位不速之客离开了。此外来客不再让他感到害怕，起码不像一般的入室行窃者那么让他恐惧。尽管如此，这位人物身上仍旧有令人十分不安的东西。

特别是现在 F. 博士十分有把握认出了来者的脸。

"别嘬！"他一不留神来了这么一句。"点雪茄的时候不能嘬，这会破坏味道的。"

深夜来访者吃惊地望着 F. 博士，活像个孩子。很难猜测出他的年龄。

"您真是无所不知，博士先生。我不过就是个抽烟斗的穷鬼。"

"我好像在哪儿见过您。"

F. 博士坐在一把自己从候诊室搬来的椅子上。跟这位——是呀，他到底算什么呢，病人？——躺在沙发上的主儿，他不能从脑后与他交谈①。

"是的，您认识我，博士先生，甚至很了解我。您对我了解之深，以致您认为我父亲是我精神生活中的最痛的伤口。"

"我不认为我们彼此交谈过。"

深夜来访者若有所思地摇了摇头。"彼此交谈有多种方式。"他吧嗒一声嘬了一口雪茄。"您看，博士先生。德语是一种奇妙的语言，您能读懂它的秘密。您解释得真好：舒适温馨的（das Heimelig）是隐蔽秘密的（das Heimliche），而隐蔽秘密的又是令人恐惧的（das Unheimliche）的。事实上令人恐惧的根本不是与隐蔽秘密相反的事②，而是隐藏在其中的最隐蔽秘密的事。隐蔽秘密。令人恐惧。隐蔽秘密。令人恐惧。" 深夜来访者用手疯狂地做了几下王车易位的动作。"没有什么地方像自己家里那么舒适温馨。壁炉里的火劈劈啪啪地烧着，潘趣酒冒着热气，外面的秋风打着呼哨。可是当我感到如此惬意的时候，我真的知道自己在做什么吗？难道我做的事情和让我不得安宁的事不是鬼鬼祟祟的吗？突然我完全像个陌生人一样站在自己面前，我让自己感到恐怖。要是我的秘密真相大白是好事吗？与守着自己的秘密时相比，那我不是觉得自己更陌生

---

① 心理医师与病人交谈时一般坐在病人脑后（病人卧位）或身后（病人坐位）。

② 按德语构词法前缀 un 放在哪个词前面，就构成一个与其意思相反的词，但此处例外。

夜越深,来客越可疑。

怪诞之事　德意志之魂

了吗？在家时我与自己的恐惧为伍。您，博士先生，您想解密所有的东西。您无法生活在恐惧中，可您赢得的却并不是家园。"

F. 博士越来越全神贯注地听着。"您读过我《论恐惑》一文？"

"是的。写我的文章我都读。"

"您怎么知道我写的是您呢？"

"又是这种问题。我知道，因为您这么做了。您甚至还仁慈地选我为无与伦比的恐怖大师。"边抽雪茄边窃笑的深夜来访者突然呛了一下。

"那么说您认为自己是诗人 E.T.A. 霍夫曼了？"

这时客人叹了口气。"博士先生，这个天我们不能这么聊。我得告诉您，您的文章不仅让我高兴，而且是越读越扫兴。您提到了我的《撒沙人》（Sandmann）①，您猜得到我是热爱自己的短篇小说的。所以令我痛心的是：我不得不读到，我那可怜的纳塔内尔（Nathanael）有——您管那叫什么来着？——阉割焦虑。您为什么那么确信无疑，这个不幸的人害怕阴险的、想攫取他眼睛的科佩留斯（Coppelius）不是事出有因呢？为什么眼睛事实上并非眼睛，而非得把它们想象成别的器官不可呢？而且纳塔内尔害怕的实际上也不是科佩留斯，而是他自己的父亲呢？"

F. 博士兴奋得都忘了嘬他的雪茄了："您故事中的一切都在讲述纳塔内尔是多么紧密地将自己与他的父亲捆绑在一起。他早年丧父，而且认为自己对父亲的死有责任。您的科佩留斯完完全全是典型的父亲臆想。为什么他总在纳塔内尔就要找到自己源自性爱的幸福前出现？"

"您刚才说您的故事？也就是说您现在相信我是 E.T.A. 霍夫曼了？"

"这与眼下正在谈论的事情无关。"

"差矣。这才是整个事情的精髓。如果您突然觉得这种事是可能的：

---

① 传说中晚上往小孩眼睛里撒沙子，让他们犯困的瞌睡魔。

我恩斯特·特奥多尔·威廉·霍夫曼,死于1822年6月25日的诗人,仍旧能够在1919年11月20日躺在您的长沙发上,抽着您的雪茄和您聊怪诞的事,那您就得认可,我的纳塔内尔并非幻想出一个叫科佩留斯的恶魔,他对自己眼睛的焦虑也不是什么别的焦虑。而迫害我那不幸的主人公的不是别人,正是科佩留斯,他是真正的黑暗势力。"

F. 博士感到一阵眩晕。如果他想用与入侵者水平相同的言辞来表达,那他该说:一记黑拳想要了他的老命。也许这个恶作剧是他的哪位敌人策划的?谁这么没品位,居然让一位衣衫褴褛的演员来找他,看看他会不会上当?

"您最好现在就走。今天我没法帮您。"

"恐怕您明天也帮不了我,博士先生。后天也一样。您总责备您的反对者抱住理智思维的方式不放,拒绝在精神分析的道路上追随您。我愿意立即在这条路上追随您,哪怕堕入深渊。如果您断言恶魔不是真实存在的,而只是心境的一种幻影;如果您认为每一种充满神秘的东西都可以在黑暗的童年经历中找到解释,可难道您的内心不也在受着冷漠和乏味的折磨吗?"

"这是幼稚的!" F. 博士的嗓音不受控制地变得尖锐起来,"像每个神经症患者一样,您过分强调心灵现实,就像物质现实一样。您回归到您的自我还没有完全清晰地与外界区分开之时"。

"您想教我这个?把我的自我与外界区分开?可这不正是我们在忍受的全部不幸吗?我坦率承认:我是个云山雾罩的人,也愿意当这种人。我写作就是想让人重新学会把飘忽不定的影子形象当作有血有肉的真实人物来看待。"

"在艺术中您可以随意行事,但在现实中不行!"

"又是这种划分,难道您相信,如果我把艺术与现实分开的话,我还会写得出哪怕一篇故事吗?"

来访者坐了起来。"对不起,博士先生,我这么晚来打扰您。尽管有种种不信任,认识了您我还是很高兴。为了这支雪茄我更得永远感谢您。"

陌生人边说边从沙发上站起身，象征性地欠了欠身，然后就悄无声息地离开了诊疗室，与来时毫无二致。

F. 博士不愿说他在椅子上还坐了多长时间。当他再次清醒过来，手中的雪茄已经熄灭了，地毯上却没有留下烟灰。他睡着了吗？他做梦了？他盯着眼前的长沙发看，上面空无一人。他站起身的时候椅子倒了。他的嗓子火烧火燎，背也在痛。

"荒唐！"他听见自己自言自语。他发现自己正在长沙发上搜寻午夜闹鬼的痕迹，可一无所获。要是他事先至少数过烟匣里有几支雪茄就好了，那他现在就能确定是否少了一支。但那夜烟抽得太多，他已经搞不清楚了。

当他向写字台走去，准备立即记下这次奇异的经历时，他思虑道，我得减少工作量。写字台右边的小桌上，两个陶土小人旁放着一本打开的书。F. 博士不记得自己把书放在那儿了。他还未拿起书，就看见了正是《夜曲》（*Nachtstücke*）①。他的《论恐惑》（*Das Unheimliche*）的文章几个月前就完稿了，毫无疑问这本书早就被他放回了书架。有人在扉页上潦草地写了什么，是题词。

怪诞的事是真实的，
献给 F. 博士
充满敬意的
E.T.A. 霍夫曼

F. 博士赶快抬起目光，为的是看看玻璃柜上的小斯芬克斯像在怎样向他眨眼。

作者：特·多
译者：丁娜

参阅：深渊，德国式恐惧，玩具屋，林中寂寞，女人

---

① E.T.A. 霍夫曼的作品集，里面收有上文中提到的《撒沙人》，出版于 1816/1817。

莱茵河——父亲河

451 　　一条河怎么就会变成了父亲呢？这可不是因为他沉湎于纵情造人之乐，尽管有人在背后制造流言飞语，说是好些美人鱼和水仙都出自于他，但这并伤不了他一根毫毛。更重要的原因在于，是惶惑不安的人类做出决定：我们需要一位父亲，一位善良、强壮、能够帮助我们的父亲。

　　对于公元前的罗马人——也就是最早系统地向莱茵河地区移居的人——来说，但凡在河流周边地带遇到什么棘手的事，向河流和他们推测居住在河中的神祇呼唤"父亲"（Pater）祈求帮助那是十分平常的事。同样，他们把台伯河（Tiber）①也看成是一位父亲，多瑙河也是如此，它那时被称作多瑙韦斯（Danuvius），是个阳性名词。不过今天的罗马人绝对不会再冒出这样的念头，要去对"父亲河特韦雷河"（Padre Tevere）唱赞歌。后来多瑙河也丢掉了它的父亲称号，最晚大概是在"变性"时丢失的，不是在这首就是在那首斯拉夫歌曲中，它就变成了"母亲河多瑙河"。不过，无论变成什么，对德国人和奥地利人来说，多瑙河都是那么蓝，那么美。

---

① 台伯河，意大利语称特韦雷河（Fiume Tevere），意大利第三长河，源出亚平宁山脉富默奥洛（Fumaiolo）山西坡，向南穿过一系列山峡和宽谷，流经罗马，于奥斯蒂亚（Ostia）附近注入地中海的第勒尼安海，全长405公里。

为什么单单就只有莱茵河能够做到,这么多个世纪以来一直保有父亲河的称号呢?

莱茵河从来就不是一条什么随随便便的河,而是一条与众不同、气势雄壮的大河。据说(古罗马杰出的军事统帅)恺撒曾经两次渡过莱茵河。不过他过河之后却只是做出了这样的决定,即莱茵河彼岸处于蛮荒状态的森林、沼泽和部落是真正的日耳曼人的地盘,不值得费心用力去征服了来做殖民地。后来到奥古斯都大帝执政,才下令向东北扩张,或者,像民歌中用贬抑口吻所唱的那样:"当罗马人放肆起来,/西姆泽雷姆、西姆西姆、西姆西姆/他们向北就跑到了德意志的土地,/西姆泽雷姆、西姆西姆、西姆西姆……"

在基督诞生后的第九年,罗马的新统帅普布利乌斯·昆克提尼乌斯·瓦鲁斯(Publius Quinctilius Varus)在莱茵河畔的条顿堡森林(Teutoburger Wald)经历了他的滑铁卢:日耳曼部族切鲁西人(Cherusker)的首领阿米尼乌斯(Arminius),更为人熟知的是他的德语名字"赫尔曼"——迫使罗马人暂时退到了莱茵河后面,但他却并没有反过来率领队伍向高卢(Gallien)挺进。

说起来,还得再过上五百年,才有一个日耳曼人的部落同法兰克人一起首次夺得中部和西部欧洲地盘的控制权。对他们来说,莱茵河可不是远在东北、令人生畏的汹涌界河,就像从罗马人的角度所描绘的那样,而是他们熟悉的家乡风景。但即便是他们也不敢上来就去动摇老帝国的规矩,即从莱茵河东北岸开始便是条顿人的休耕地,文明的目光应当向西南看。

直到8、9世纪之交时,卡尔大帝(Karl der Große)①才把法兰克人的势力范围扩张到东部:莱茵河从此不再是分隔野蛮人的最后一条河,而变成了欧洲文明的一根心脏大动脉,同时它也是基督教的大动脉。亚琛、特里尔、美因茨、沃尔姆斯、施佩耶尔、斯特拉斯堡:德国最古老

---

① 卡尔大帝(742~814),即查理大帝,也称为查理曼,法兰克王国加洛林王朝国王,神圣罗马帝国的奠基人。

莱茵河老爸与他的女儿们。位于杜塞尔多夫斯坦德大厦前的纪念雕像。

的大教堂和修道院遍布莱茵河岸或者耸立在它的近旁。在莱茵河左岸的城市中，产生了最强势的主教府和主教管区，莱茵河成了"僧侣巷"（然而莱茵河畔大教堂中最著名的那座科隆大教堂，其建筑中断了数百年，直到1842~1880年才最终建成，这也可以解释它为什么令人诧异地离科隆火车总站那么近，那座老"火车总站"是1859年才开始运营的）。

早在罗马人时代，莱茵河就已经开始被用作经商的水道了。不过在近代以前，这条河一直都不是"白色船队"客运轮船船长们的领地，那时候只有大胆的船夫才敢在这条波涌浪急、浅滩无数又遍布旋涡的河流上行船。今天，只有宾根到科布伦茨之间细窄的峡谷——莱茵河的浪漫山脊——能让人们隐约想象，这条从上游穿过美丽风景一路蜿蜒流淌而下的河流有多么桀骜不驯。中世纪时，兴建了最早的堤坝和河岸要塞，好让人不至于面对莱茵河常常泛滥的洪水备受伤害而得不到保护。1817年，巴登的工程师约翰·戈特弗里德·图拉（Johann Gottfried Tulla）开始制订计划，着手驯服莱茵河。在"校正莱茵河"的工程中，这条河从巴塞尔到沃尔姆斯的所有弯道都被人们通过凿建运河而给切掉了，由此一来，莱茵河令人惊异地足足缩短了81公里。

对父亲能够如此下手吗？

要说德国人有什么出众才能的话，那就是他们有这样的喜好，即把自己开创或者是学到的技术方面的进步马上给安上一个浪漫的或者是神话的减震弹簧，比如说吧，德国人发明了林业经济，于是就开始把所有德意志土地上的森林都变魔术般地变成了童话森林。德国人从英国人那里学来了建造铁路，于是给它取个名字叫作"滚动的飞轮"。当德国人挥起铁铲，在古老的莱茵河身上"动土"并沿着它的河床铺设钢轨时，这一改造过程只要了一点象征性的赔偿。德国的自然征服者果敢地大踏步走向未来，而德国的文人们则蹲在这些征服者的肩膀上，满怀伤感地回望往昔。

在文艺复兴时期，总有个别作家用巴洛克风格的笔调歌颂"父亲莱茵河"，由此而扛着这幅罗马人-异教徒的莱茵河图像悄悄穿过"僧侣巷"。

454

直到启蒙运动给基督教穿孔打眼让它通风透气不再僵化之后，人们才敢毫无顾忌地重新扑向莱茵河父亲那湿漉漉的胸脯。

陷入与"悲惨的失神之夜"（Götternacht）的搏斗中的诗人弗里德里希·荷尔德林坐在瑞士境内的阿尔卑斯山脚下，不只是为了倾听那离发源地还不是太远的莱茵河——在他看来那是一位被缚的半神——喧腾的涛声，而且也是为了向北方眺望："多么美啊，它流过来，/自从它离开了山脉，/在德意志土地上静静地流/心怀满足，它的渴望已得慰藉/灌溉这片土地，是它的善举，/莱茵河父亲，养育可爱的孩子/就在它建造的这一座座城市里。"

对莱茵河父亲让它的孩子们享受到的这种天上人间般的美好，路德维希·赫尔蒂（Ludwig Hölty）的想象要更简朴些，在其1776年——也即早于荷尔德林的莱茵河颂歌近三十年——发表的《莱茵河葡萄酒歌》（*Rheinweinlied*）中，他这样写道："莱茵河父亲给了我们天堂般的生活；/我承认吻很甜蜜，但比它更甜蜜的是葡萄酒！"

由此，这位通俗诗人促进了这一诗歌流派的发展，使之在接下来的几十年甚至几个世纪当中大受人们的喜爱，以至于简直可以认为，父亲莱茵河其实不是河神，而是德国的巴克斯（Bacchus）①葡萄酒神。莱茵河葡萄酒短诗最近经历的一次短暂高潮，是由那首流行歌曲掀起来的，那首歌在20世纪60年代把整个嘉年华游行都带动得摇晃了起来："我看见了父亲莱茵河就在他的床上。/没错，他享受极了，因为他根本就不用起床。/在河床的左边和右边，站着最美的葡萄酒女神，/哎呀，老爸爸莱茵河啊，要换成是我该有多好。"

至于说莱茵河变成了旅游热线，那可不是到了现代才开始的。早在18世纪，莱茵河就把旅游者们从整个欧洲吸引到了身边，来的最多的是英国人。当然啦，他们要来看皇帝的大教堂，还有龙岩山（Drachenfels），"法尔茨"（Pfalz）——就是那为征收关税而在莱茵河中部地区建立的

---

① 巴克斯（Bacchus），即狄俄尼索斯（Dionysus），古希腊色雷斯人信奉的植物神和葡萄酒神，罗马人称巴克斯。

行宫署衙，鼠塔——据说那个令人恶心的美因茨大主教哈托就死在里面，还有那些美得令人毛骨悚然的绿林骑士城堡和废墟，每一座都有一个高贵的名字，比如"傲岩"或者是"荣岩"，而有的名字则谐趣横生，"猫"啊"鼠"的都用上了（至于罗蕾莱则还轮不到这些旅游者渴望，它是直到19世纪才时兴起来的）。不过，若是没有由葡萄酒生发出来的生活乐趣和歌唱乐趣，包括它所激发起来的强悍性情，莱茵河就绝不可能成为这样一座金矿——其宝藏之丰富，令所有在它河床深处沉睡的尼伯龙根宝物都黯然失色。

当下萨克森的达达主义诗人库尔特·施威特斯（Kurt Schwitters）在1926年夏天携父母和妻子乘轮船沿莱茵河向上游旅行时，他对那里大大超出德国其他地区的兴旺活跃状况也十分惊异："就像魏玛是思想家和精神领袖的领地一样，柏林可说是交易所投机者的地盘，汉堡则由商人盘踞，而莱茵河，那是歌唱者的园地。在那里，不管会不会，每个人都在歌唱。要么自己一个人唱，要么一群人聚在一起唱。如果嗓子不是很差的话，我更喜欢听单人的独唱。若非如此，对于不爱生事、只想享受大自然的过路人来说，那里的歌唱就会比魏玛的精神、柏林的交易所和汉堡的商业更令人备感烦扰，因为声音太响了。"

敏感者当然早在这之前就已经预感到，这种欢乐生活的激情四溢的种种表现，只不过是在那本身黢黑的河水上跳舞的小小白色泡沫圆环而已。

"亲切的问候和美好的预示／大河的壮美引你顺流下行；但我知道，那在高处闪烁的，／潜藏着深不可测的死亡和黑夜。"杜塞尔多夫的海涅——他对自己的称呼是"自由的莱茵河的更加自由的儿子"——就是这样总结的。莱茵河的危险首先当然在于，尽管有种种想要驯服它的举措，它仍然是一条无比强悍且完全喜怒无常的大河。那个离阴森"鼠塔"不远的摄人心魄的旋涡"宾根窟窿"（Binger Loch）①，曾让无数船只沉入河底，直到进入20世纪。然而，对所有从河上驶过的船夫来说最出名的

---

① 这里原先有一石英岩礁阻挡航道，往来货船至此要卸下货物另从陆路运输，后被炸开，留下窟窿，故名。

危险，还是一位美丽与不幸同样无与伦比的金发姑娘，据推测，她所坐的位置就在对着圣戈亚（St. Goar）[①]的那个高耸的悬崖上。

罗蕾莱[②]到底是最早原本出自人间的姑娘还是后来渐渐被女巫化的魔女——对此早期的看法大相径庭。诗人克莱门斯·布伦塔诺第一个把她往摄人魂魄的魔女那边靠，让她以来自巴哈拉赫（Bacharach）的"Lore Lay"的面目出现在世人面前[③]。她那能令世上最傲慢的男人倒毙的魔力，要归功于如下悲惨背景，即在此之前曾有一个卑鄙的负心汉令她心碎肠断。设下个四处游动的男人陷阱并不能给这可怜的人儿以安慰（女权主义在那会儿还没有被发明出来），她宁愿跳入莱茵河一死了之。可是没有想到的是，这样一来她做的孽反而更大了，因为她从此背上了黑锅，变成了传说中能把另外那半边天给迷晕的"Lureley"（布伦塔诺所用的诗名）。可是谁知道呢，要不是海因里希·海涅写下他那令人陶醉的诗篇，也许她早已在莱茵河底找到了自己的安宁；又或许，要不是作曲家弗里德里希·西尔歇为这首诗谱上如此朴素动人的曲子，也不会弄得今天甚至连日本的小学生都会唱："不知道什么缘故，／我是这样悲哀；／一个古老的童话，／我总是不能忘怀……"[④]

"罗蕾莱"并不是唯一在莱茵河畔或者在莱茵河里结束其人间生命的女子。在对那位金发魔女的狂热崇拜开始之前数年，深色头发的女作家卡罗利妮·冯·京德罗德（Karoline von Günderrode）在莱茵河畔用匕首自杀身亡。她的故事在悲惨程度上一点儿也不比她那位金发姐妹的逊色。在21岁时，她曾在一封信里悲叹："我经常会产生那种女人原本不会产

[①] 金发姑娘指罗蕾莱，罗蕾莱礁石附近是莱茵河中最危险的河段，河中有一沙洲，两侧河流一急一缓，汇到一起后形成很大的旋涡，使不少过往船只遇难。来自法国的传教士戈亚（Goar，约495~575）为救助经常遇难的船员曾定居在罗蕾莱，并成为当地民众的保护神，这个城市后以其名命名为圣戈亚（St. Goar）。

[②] 罗蕾莱的德语拼法为"Loreley"，由古德语"Lore"和"Ley"两个单词组成。"Ley"在古凯尔特语中的意思是"礁石"，"Lore"则来自中古德语动词"lorlen"，意为"小声说话"。据说，罗蕾莱山岩中曾有一个水流湍急的小瀑布，瀑布的水流形成了重重回声，听起来就像是从山岩里发出窃窃私语般的说话声，故被当地人命名为"Loreley"。

[③] 指布伦塔诺的诗《罗蕾莱》，开头两句是："莱茵河畔的巴哈拉赫，居住着一位魔女……"

[④] 这四句诗引自冯至先生的译文。

生的愿望，即投身到一场狂野的鏖战当中，去战死。我为什么不变成一个男人！对于妇人的德行和妇人的幸福，我没有任何感觉。只有狂野、宏大、辉煌的事情我才喜欢。在我的灵魂深处是不幸和不可救药的错配；而这还得继续下去并且不得不如此，因为我是个女人，空有男人的渴望，却没有男人的力量。"

在接下来的几年里，不同的男人继续一再让这位内心狂野的女子心碎。克莱门斯·布伦塔诺向这位曾和他妹妹贝蒂娜过从十分亲密的诗人女同行呼唤："就这样张开你那洁白身躯里的血脉吧，让火热沸腾的血从千万个欢乐的喷泉中射出！我想要看到的就是这个样子的你，我要从那千万个泉眼中痛饮，我要畅饮到沉醉，好让我能用疯狂的咆哮来为你的死亡哭泣，把你的血全部重新哭回到你的身上，把我的血也当成眼泪哭给你，直到你的心脏重新跳动，直到你能够相信我，因为我的血已经在你的脉搏中存活。"

并不是像这样的一封情书造成了问题，恰恰相反，作为浪漫派女诗人，所渴盼的正是这类书信。问题是，写信的人不对。京德罗德只把布伦塔诺当成诗人同行，而不是想要他做丈夫。她那时候爱恋的，是正在成长为法学家的弗里德里希·卡尔·冯·萨维尼（Friedrich Carl von Savigny），然而萨维尼对她的情感风暴的回答却是，娶了布伦塔诺的另一个妹妹——可爱的"小贡德尔"，并且还命令他的"傻乎乎的小京德罗德"说："看见我时别老是那么苦着个脸！你更应该做的是，对我，萨维尼，要扑上来搂住我的脖子，并且吻我。听见没有！"

剩下的事就由神话学家和古代学家弗里德里希·克罗伊策（Friedrich Creuzer）——京德罗德为之浪费心血的下一个男人——负责了。迫于其妻的压力，这位教授结束了与情感像暴风雨般猛烈的女诗人的关系，于是，在1806年的夏天，26岁的京德罗德抓起早已为此目的准备好的匕首，来到莱茵河边，用它扎向自己的心脏。京德罗德死后，那位声誉良好的教授为这份爱情所做的后续服务是，在他在世期间，不让卡罗利妮·冯·京德罗德最后的作品《墨勒忒》（*Melete*）发表，因为他感觉从这作品中能认出他自己。

东德女作家克里斯塔·沃尔夫（Christa Wolf）和联邦德国的女权主义者们在20世纪70年代重新发现了京德罗德。此前，在1906年，即她去世一百周年忌日时，曾出版过她的作品。然而直至今日，到莱茵河来游览的人们，若是从温克尔（Winkel）路过，通常不会想到这个小城有什么意义——那不幸的女诗人就埋葬在这小城的墓地里。不过这倒是不妨碍诗人斯特凡·格奥尔格成为她的海涅，为她歌唱："你是那神奇土地的保护神/你恣意迸发的火焰是月亮和心灵的光/你融化了自己，就在这儿，在草地边……/一叶空舟驶过，在夜色中的莱茵河上。"

一生悲苦的作曲家罗伯特·舒曼也被吸进了莱茵河底。自打其在海德堡开始大学生活之日起，这个出生于萨克森的人就一直梦想，把他那替换着用以下词语——"无比美妙的""干巴巴的""正在消融的"或者是"诗一般的"——所感觉到的"沮丧情绪"不再淹没在葡萄酒里，而是干脆淹没在莱茵河里。同样，他也是不但为世情所苦而且还为爱情所苦。先是他所爱慕的克拉拉（Clara），当时的姓还是维克（Wieck）——已经获得国际声誉的钢琴神童——久久未能答应他的求婚，因为他的经济状况实在是不尽如人意，因此她没法下嫁。到她终于成为克拉拉·舒曼夫人之后，她也还是不能够长久缓解他生活中的痛苦——其原因与其说在于她不如说是在于这项任务根本就无法完成。这位八个孩子的母亲、音乐会钢琴家和作曲家，对她丈夫那干涸灵魂的小心呵护可谓令人惊叹，比如说吧，直到这对夫妇终于有钱买下足够大的住房，能够为克拉拉设置一间她自己的、离得比较偏远的房间，她才重新坐到了钢琴前，为的就是她的琴声不至于干扰大师作曲。

1854年玫瑰星期一①那天，作曲家在倾盆大雨中离开了他和家人在杜塞尔多夫居住的房子，来到莱茵河边。过浮桥要交钱，而舒曼身上只穿了一件长睡衣，于是他掏出手帕递给守桥人作为抵押。在狂欢节一切都可以当作玩笑。即便一个男人把他的结婚戒指扔到莱茵河里也是这样。可是，当他自己跳下去时也还是这样吗？一个船夫把这位对"下贱营生"

---

① 玫瑰星期一（Rosenmontag），在复活节前48天，圣灰星期三前的那个星期一，是莱茵河地区狂欢节高潮开始之日，科隆、杜塞尔多夫等城市在这一天会举行盛大的狂欢节游行。

和"卑鄙世道"如此厌倦，只有到父亲莱茵河那里去寻求最后庇护的作曲家从水里捞了上来，放在岸边。

舒曼自己决定，到恩德尼希（Endenich）的精神病院里去住院，他害怕自己会伤害家人。他在那个玫瑰星期一想要彻底结束的"无比痛苦的时日"又延续了两年。而他的精神就像这位音乐家极熟悉的演奏提示那样："逐渐减弱。"

还有比沉入莱茵河底更糟糕的。要是人们再相信一次克莱门斯·布伦塔诺所说的话，那么就是，对一个人来说，再没有比那更好的事情了。在他的《莱茵童话》（*Rheinmärchen*）中，这位诗人讲述着如此令人着迷的水下玻璃宫殿的故事，在那些宫殿里，老父亲对所有被心肠冷酷的君王罚下水界来到他那里的孩子们都好生照顾，结果他们都不想再到天国去了。甚至于重生也不是不可能，只要陆地上有足够多懂得童话的父母就行："如果我再也不知道还有什么童话可以讲给孩子们听……就让美因茨善讲故事的母亲每天来一个把童话讲给我听，然后，为了感谢她们，我再不断地重新把童话故事讲给她们的孩子听，直到他们全都回到上面去。"

看看，对一位说出这等话来的父亲，在浪漫派的潮流中，人们为他编花环，为他日夜歌唱，把他尊崇为"高达天庭的欢乐之梯"，难道不令人惊奇吗？德国人对深渊——那是世界上所有其他人都避之唯恐不及的——的渴望，渴望能在深渊找到像家一般的熟悉感觉，再没有什么地方能比在莱茵河可以得到更好的满足了。莱茵河从来不曾变成过"深渊大饭店"（Grand Hotel Abgrund）①，虽然从大饭店的露天阳台上向下，就着一杯上好的葡萄酒，本可绝妙地大讲特讲腐朽历史时期的话题。莱茵河永远是那些被剥夺了一切、丧失了一切的人们最后的归宿。

对此，没人比诗人海因里希·海涅感受得更真切。他在未完成的短篇小说《巴哈拉赫的拉比》（*Der Rabbi von Bacherach*）中，为"他的"父亲莱茵河树立了一座最真挚的纪念碑。

---

① 匈牙利著名哲学家和文学批评家，在20世纪马克思主义的演进中占据十分重要地位的格奥尔格·卢卡奇（Georg Lukács，1885~1971）曾以如下比喻批判高高在上对平民生活没有切身体验的法兰克福学派，说他们住在（豪华的）"深渊大饭店"里，手端一杯开胃酒，从阳台上往下观看世界的苦难。

科布伦茨的莱茵河全景图。

在逾越节（Pessach）前晚的盛大庆典上，化装成犹太人的基督徒悄悄运进来一个死孩子，把他藏在拉比家摆满丰盛象征性食物的逾越节家宴桌子（Sedertafel）底下。先知亚伯拉罕（Abraham）预感到，一旦这将被说成是犹太人所为的劣行为人所知，便会爆发一场大屠杀。于是他带上自己的漂亮妻子（撒莱）离开了那个地方，坐上小船向莱茵河上游出逃。当他们在河上逃了一阵子之后，撒莱（Sara）深深的绝望情绪便被同样深邃的安谧之情所替代。"真是如此啊，好心肠的老父亲莱茵河受不了他的孩子们哭泣；他替孩子们擦去眼泪，用可靠的臂膀托着他们轻轻摇着，给他们讲他那些美妙的童话故事，还许诺送给他们最最珍贵的宝物，甚至有可能就是那些沉在河底的最古老的尼伯龙根宝物。"

人们若是用心倾听布伦塔诺和海涅的话，那么莱茵河就成了德国人所发现的最具有母性的父亲。不过海涅之所以愤怒实在是太情有可原了，这位犹太诗人，在年轻时受洗成为基督徒，因为觉得这样做有利于自己的职业发展，然而在许多人眼里却仍然是那个"犹太人海涅"；这位思想左倾的革命者，最终在巴黎的"床褥墓穴"里终了其生，因为他在德国已经彻底变成了"非人"。故而，当莱茵河不但不履行他那向一切心怀悲苦者喷涌慰藉的父亲职责，相反还陷入德法民族主义之争的中心时，海涅自是没法不怒。

然而，倾慕法国人的海涅——对于德国人希望自己民族崇高伟大的渴望他是发自内心地憎恶——却忽略了这一点，即若非法国人只占据了莱茵河的一段而不是把整条河都纳入自己国土的话，莱茵河也许根本就不会成为他亲爱的父亲。

"对我们法国人来说，德国人对莱茵河的这种深厚的崇敬之情，很难理解"，法国作家大仲马（Alexandre Dumas）1838年对其莱茵河之旅曾如此记述。维克多·雨果（Victor Hugo）——也许是所有时代中最伟大的爱慕莱茵河的法国人——在其1840年的游记中说，他曾这样想过，假若不是在他童年时代有个德国仆人在他床头挂了一张"鼠塔"废墟的画并给他讲那些与之相关的故事，哈托主教那阴森可怖的"鼠塔"是否还会那么吸引他。

对莱茵河的争夺始于1794年晚秋，就是法国革命军占领莱茵河左岸土地之时。不过，当时所涉及的那几个莱茵国家一开始并没有感到特别不幸，人们对于由几十个互相竞争的小选侯国组成的"拼贴地毯"早就已经忍无可忍了，所以，当拿破仑到来时，对于他所带来的富于自由精神的、统一的法律，人们是很欢迎的。一直到解放战争①之后，也即法国人不得不重新从莱茵地区撤退的时候，德国人才热血沸腾起来。

德国诗人、后来成为政治家的恩斯特·莫里茨·阿恩特以其《莱茵河，德国的大河，却不是德国的边界》（*Der Rhein, Deutschlands Strom, aber nicht Deutschlands Grenze*）一文喊出了口号。突然之间，老卡尔大帝的神魂又在莱茵河的水面上游荡了：日耳曼人不想再一次被排挤到西方文明的边缘。虽然德国人这时候在政治上一如既往地仍然还不是一个统一的民族，但也正因如此，它才更为自己在文化上的民族精神骄傲。

当1840年法国政府重新对莱茵河左岸地区提出要求时，爆发了一场真正的歌手大战。在莱茵河右岸，马克斯·施内肯布格尔（Max Schneckenburger）②高声呼喊："声声呼唤惊雷般炸响，/像利剑铿锵、怒涛拍岸：/奔向莱茵、奔向莱茵，奔向德国的莱茵河！/谁要来做这大河的守卫？亲爱的祖国，不要惊慌；/在莱茵河畔，有忠诚卫士为你站岗。"

在巴黎，这首象征条顿人宣战的歌曲——它在德法世仇之战（指1870/1871普法战争）期间悄然上升为国歌——受到法国人的激烈反击：

Au premier coup de bec

Du vautour germanique,

Qui vient te disputer ta part d'onde et de ciel,

Tu prends trop tôt l'essor, roi du chant pacifique,

Noble cygne de France, à la langue de miel.

---

① 指1813年德意志反对法国拿破仑统治争取独立的战争，在德国史上称解放战争。

② 马克斯·施内肯布格尔（1819~1849），爱国歌曲《莱茵河卫士》（*Die Wacht am Rhein*）的歌词作者，这首歌在1870/1871年的普法战争中成为德国人最爱唱的爱国歌曲。

〔由于埃德加·基内（Edgar Quinet）的这首诗从未有过正式的德文译本，在此只好权且以散文体译文替代："日耳曼老鹰刚一张嘴叫唤，要跟你争抢你份内的波涛与天空，你——和平歌声之王，高贵的法兰西天鹅，用甜蜜的喉舌唱着，已高高飞上云霄。"〕

这歌唱之战的下一轮——这时它已经泛滥成了鸟类诽谤大战，是由尼古劳斯·贝克尔（Nikolaus Becker）开启的："你们得不到它，/ 自由的德国的莱茵河，/ 即便你们像贪婪的乌鸦一样，/ 嘶哑着嗓子叫喊。/ 只要河水还在静静地汩汩流淌，/ 披着它那绿色的衣裳，/ 只要船桨还在刷刷作响，/ 在它的波涛里翻飞激荡。"

当罗伯特·舒曼和其他作曲家忙着为这些歌词谱曲，好让它们牢牢占据每一个德国人的耳朵时，阿尔弗莱·德·缪塞（Alfred de Musset）反驳道："我们曾经得到过它，德国的莱茵河。/ 在我们的酒杯里，曾见它光芒闪烁。/ 你们用流行歌曲的自吹 / 来污染它骄傲的航道，/ 我们骏马的铁蹄，将把你们踏成血泥。"

海因里希·海涅从巴黎跳出来插入到两个阵营中间。在他的长诗《德国：一个冬天的童话》（*Deutschland. Ein Wintermärchen*）中，父亲莱茵河与他走失的儿子虽然对在十三年后终于重新相见万分高兴，但是马上笔锋一转就指向了政治。海涅笔下的莱茵河悲叹，"尼克拉斯（Niklas，即前文中的尼古劳斯）·贝克尔的诗歌"如何让他的胃沉甸甸地坠痛："他歌颂我，仿佛我还是 / 最最纯洁的处女，/ 决不让任何人掠去 / 头上的荣誉花环。// 每当我听到，这首愚蠢的歌，/ 我就想撕扯 / 我白色的胡须，/ 我真想把我自己，/ 淹死在我这条河里。"

因此，这位老人渴望"穿白裤子的法国人"回来，直到诗人向他保证，法国人也正在尽力想要成为德国的"腓力斯人"①，他才安下心来。

只有像海涅这样特立独行的冷嘲热讽者才能够看出，两个阵营中为民族情绪所左右的摇笔杆的文人们忽略了什么：在所有这些好战的喧嚣当中，父

---

① "腓力斯人"（Philister），地中海东岸古代居民，另有市侩、庸人之意。

亲莱茵河最终变成了一个无助的、需要保护的形象——这个形象此前只在古罗马时代才如此鲜明，那时候莱茵河总是被描述成被捆绑起来的战利品。

更令人迷惘的是莱茵河的性别角色。1883年，也就是在那场对法国的伟大胜利和紧随其后的德意志帝国建国之后十二年，在吕德斯海姆竖立起了尼德瓦尔德纪念碑——石头雕塑的"莱茵河卫士"。然而，站立在基座上面的是谁呢——那骄傲地以剑拄地、以保卫"神圣地标"为职责的人？那可不是施内肯布格尔诗歌里所唱的"平凡、虔诚和强壮"的德国男人，守卫父亲莱茵河的，是一个女人：日耳曼女神。

在波塔韦斯特法利卡（Porta Westfalica）、德意志角（Deutsches Eck）和屈夫霍伊瑟尔之间的这片地区，狂热崇拜威廉皇帝的纪念碑制作者们本来几乎不会给别人留下机会，只会把德国第一任皇帝本人的塑像安放在基座上，而他们恰恰在这里把日耳曼女神作为首选，这是不是出于偶然呢？（至于在条顿堡森林允许"赫尔曼"把他的剑伸向天空，自是不言而喻。）当然，除了吕德斯海姆山上的那一尊，其他地方过去和现在也都有日耳曼女神雕像，然而像她那样富有战士气质的再没有第二座。在其他地方，她在纪念碑上的角色更多地只限于为那些为祖国阵亡的儿子们悲伤，而不是本身以战士的形象出现，她只是战士的母亲，战士的遗孀。

或许，那些纪念碑制作者们的脑子里也想到了《尼伯龙根之歌》，那里面血腥激战的主战场沃尔姆斯就在沿河上溯不到一百公里的地方。如果不是布伦希尔德和克里姆希尔德（Kriemhild），还有谁是能叫任何男人（西格弗里德①除外）发抖的日耳曼女战士的先祖呢？

不光是父亲莱茵河滋养生息和关爱抚慰的母性以及耸立在他身旁的强壮的卫士女儿令人对他的性别辨认不清，19世纪里，就其性别认识而言，在他的水面之下又一次激荡起迷惘的旋涡。这一次又是海因里希·海

---

① 布伦希尔德、克里姆希尔德和西格弗里德都是《尼伯龙根之歌》里的人物，布伦希尔德也是北欧神话中的女战神，在《尼伯龙根之歌》里是勃艮第国王贡特的妻子，因与小姑子克里姆希尔德发生争执导致克氏的丈夫、曾杀死怪龙获得尼伯龙根宝物的勇士西格弗里德被杀死，后克氏嫁给匈奴王并在多年后复仇。参见《德语文学词典》，上海辞书出版社1991年版，第2页。

涅,又是他第一个嗅出了德国人的古怪念头。在他的《冬天的童话》里,他让莱茵河老父亲说出了心中的忧虑,那就是德国人把他塑造成一个"最最纯洁的处女"。这忧虑是有道理的。不过,在把他"处女化"上面,与其说是那令人憎恨的尼古拉斯·贝克尔作的"孽",不如说更多的是莱茵河本身的名字所致。在一个如德国这般爱洁如癖且酷爱语言神秘学(Sprachmystik)的国家,"莱茵"(Rhein)这个与"纯洁"(Rein)谐音的名字可不是随便叫的。

恰恰在德意志的天主教摇篮里,莱茵河准备以未受玷污的父亲形象与圣母玛利亚一争高低。如果不是想要亵渎那被德国人尊崇的"纯洁",法国士兵们在胜利渡过莱茵河之后故意炫耀且成了定式的对着莱茵河撒尿的行为,还能有什么别的意思呢?"我已不再是纯洁的处女,/对此法国人心知肚明,/他们一再把那胜利之水,/掺入到我的水里。"这就是海涅对这个奇特习惯的描写。甚至于乔治·巴顿(George S. Patton)——在美国第三集团军于1945年3月22日到23日夜里在尼尔施泰因(Nierstein)渡过莱茵河之后——据说也找出时间完成了这个古老的"对着莱茵河撒尿"的仪式。在出售战争纪念品的小贩们那里,一直都还流传着那张照片,上面所呈现的据称就是那个值得纪念的时刻。

当荷尔德林在其《莱茵颂》第四段中以下面这个句子开头时,他远远地甩开了那些贬低莱茵河的传说:"纯洁的起源是一个谜。"这首诗根本没有去掰扯那些基督教中处女生子的神话,它讲述的是莱茵河的生命,它"从圣洁的怀抱中幸福诞生",成为那些少数的被选中者,也就是"半神半人",他们一生都是"自由"的,无论是必须从充满敌意的环境中冲刷出一条水道来(比如在那狭隘的维亚马拉峡谷),还是在与他们和谐依偎的山水风景之中(比如在上莱茵河谷①),都是如此。

近代德国的头号语言神秘学家、哲学家马丁·海德格尔把荷尔德林这首关于莱茵河的诗阐释为关于命运与自由的伟大的世界名诗。莱茵河的名称"Rhein"就是"纯洁者"(Reiner),而"纯洁者"(Der Reine)

---

① 这个词也有求婚者和嫖客的意思。

是唯一的"自由者"（Freier），因为对其而言，自身意志和环境对他所做出的反抗是不矛盾的：德国的理论建树就是可以如此活跃地奔涌，即使这会令头脑清醒的词源学家们大惊失色也无关紧要。词源学家们指出，莱茵河的名称更有可能出自印欧语系词源"rei"，而这个词是"流动"的意思，它肯定绝对不会同总被硬扯在一起的"纯洁"有什么亲缘关系。纯洁的莱茵河听上去实在是好得过了头，以至于它必须是真的。

作曲家理查德·瓦格纳在其《莱茵的黄金》的结尾让绝望的莱茵河仙女们发出悲叹时，心中必定也是这样想的。仙女们悲叹道："莱茵的黄金！莱茵的黄金！／纯洁的黄金啊！／还在闪闪发光，／在深深的河底，你这不起眼的小东西！可爱又忠诚／可惜深沉河底；／虚伪而怯懦的／却在上面欢庆。"

这里同样也不只是纯粹在玩词语游戏，而是另有深意存焉。自打那个有魔力的尼伯龙根族侏儒阿尔贝里希（Alberich）从莱茵仙女们那里抢走了黄金，并把它锻造成带有诅咒、魔力无穷的指环之后，众神之父沃坦便不再把这如今被他据为己有的宝物交还给水仙们，而是利用它来承担他那富丽堂皇的英灵殿的花销。对他的惩罚在经过三个晚上的舞台表演之后才赶到，他以及由他所创建的文明全部在《诸神的黄昏》中灰飞烟灭，而得到了救赎的莱茵河则又重新可以在其一如往初的纯洁状态中默默流淌了。

1986年11月1日山德士公司（Sandoz AG）在瑞士哈勒（巴塞尔市郊）的工厂所发生的那场灾难①，可没有按着瓦格纳的剧本上演。虽然一场大火烧毁了体现人类进步信念的机构，但是以莱茵河作为具体形象体现出来的受污染的大自然却没法感觉到它复了仇。灭火的水把有毒物质排入河中，其后果是河水受到污染，鱼类大量死亡。这一来，不光是瓦格纳的崇拜者对技术罪孽——这种罪孽似乎把对造物的最后一点崇敬都丢掉了——发出了愤怒的吼声。于是，挽救莱茵河的措施得以采取，其结果是，时任德国联邦环境部部长的克劳斯·特普费尔（Klaus Töpfer）在1988年5月就已经敢于为宣示河水的清洁而跃入莱茵河中游泳了。

---

① 1986年11月1日深夜，位于瑞士巴塞尔市的山德士公司化工厂发生火灾，装有约1250吨剧毒农药的钢罐爆炸，硫、磷、汞等有毒物质随灭火用水大量排入莱茵河。

关于莱茵河在令人惊奇的短时间内就痊愈了——而且这更多是归功于莱茵河自身的力量而不是归功于人类的慈善措施——的报道，人们在听到时与其说心生感激不如说更受刺激。就像19世纪的民族主义者一样，20世纪的生态学家们宁愿把莱茵河看作一位孱弱无助的父亲。1992年，科隆大学就山德士公司的火灾举办了一次意在回顾的会议。一位与会者宣称："父亲莱茵河曾经病入膏肓，那时他几乎站不起来，眼看着就要倒下去了。现在他虽然已经能够离开重症监护室，但仍然还一直躺在病床上。"

奔向莱茵、奔向莱茵，奔向德国的莱茵河！谁要来做这大河的守卫？……法国人以及其他的欧洲人再一次诧异了，不明白德国人到底要对这条河做什么。

莱茵河经历的最后一次具有政治象征意义的重大事件发生在1967年4月25日。盛殓着康拉德·阿登纳（Konrad Adenauer）遗体的棺材在科隆大教堂做完追悼仪式后被放在船上运往巴特洪内夫（Bad Honnef）。这场仪式令那些把联邦德国政治舞台上节目不多视为缺陷的人趋之若鹜兴奋异常，而在作家海因里希·伯尔看来却令人"呆若木鸡"和"望而生畏"，尽管他始终自视为《女水精的强悍老爸》（Undines gewaltigem Vater）①的顺从儿子，对这位父亲，他愿意相信其所说的一切，只有"夏天般的热烈"除外。这位联邦德国第一位诺贝尔文学奖获得者对联邦德国第一位总理的完成于这条"黑暗而令人压抑的"大河之上的最后行程其实本来大可宽怀以对。无论如何，没有人像阿登纳那样如此强烈地极力要求让波恩在1949年成为联邦德国的（临时）首都，由此而使得在那彻底崩溃的时刻寻找方向的目光再一次从莱茵河望向西方。在（纳粹）褐衫队的野蛮暴行过去之后，德国人绝不应当再拿他们内心深处残存的日耳曼野蛮德行出来卖弄，并且还从这种日耳曼野蛮德行的中心生出个远远优越于所有西方文明的"文化"

---

① 《女水精的强悍老爸》是伯尔一篇短篇小说的名称，Undine，也作 Undina 和 Ondine，拉丁文中原指"波浪或波浪的使者"，欧洲神话中的水精灵，传说只有与人类结婚才能获得灵魂，因此总以美少女形象出现，诱惑经过的年轻男子。

来。亲西方观念终结了德国的特殊道路。然而这只是意味着，作为特意宣示的口号它被终结了，而作为一股暗流它至今仍存。

当代德国人盼望能有适合用来解释伟大民族诞生的神话，然而这纯属徒劳。从据说曾在屈夫霍伊瑟尔睡觉的巴巴罗萨（Barbarossa，也即"红胡子"）皇帝到《尼伯龙根之歌》，从无往不胜的切鲁西人首领赫尔曼到威廉皇帝和他的铁血宰相俾斯麦：一切的一切全都是毫无价值的沉渣。只有"父亲莱茵河"以其光芒耀眼的多彩多姿成为独一无二的大河，即便在我们这已然变得小心谨慎的当今时代，他仍然能够担当神话的源泉，灵魂之镜鉴，哪怕仅仅只是因为他会邀请人们如此伤感地默默观望，正如浪漫派诗人弗里德里希·施莱格尔曾经做过的那样："没有什么地方能够比在莱茵河畔可以令人们的回忆如此鲜明，回忆德国人的过去和他们本可能成为什么样的人。注目凝望这条帝王般的大河，每个德国人的心里都必定会充满哀伤。看那，他怎样以不可阻挡之力穿过山岩，奔涌而下，然后用他那宽广宏大的波涛漫过无比富饶的低地，最终消失在平坦的土地上；正是因此，莱茵河成为我们的祖国、我们的历史和我们的性格的最忠实不过的形象。"

作者：特·多
译者：郑冲

参阅：深渊，德国人的性情，疆界，故乡，男声合唱，疯狂的自由，爱整洁守秩序，纯洁戒律，林中寂寞，女人

社团迷

日耳曼人不喜欢他们的人类同胞和他们挨得太近。我们远古的祖先就总是尽量避免在城市里居住。即使最普通的聚居对他们来说也是一种社交方面的苛求。密密麻麻的东西还是留给植物学去吧。对他们来说,最好不过的居住地是"单独的和分开来的,如果恰好有一眼泉水、一块地、一片树林"很合他们的意的话。至少从古罗马历史学家塔西陀那里流传下来的记述是这样说的。

尽管以今天的眼光来看似乎很难想象,然而的确如此:一个由独来独往者、孤僻怪异者、不合群的人和没教养自顾自的人组成的民族,这个名声一直到20世纪早期始终与德国人紧密相伴。不管怎么说,早在17世纪,日耳曼人——就是那些肩上扛着大木棒、自我感觉良好地在森林中穿行并且只满足于同自己家族中人交往的人——的有教养的邻居们就已经不得不忍受的现象是,与意大利人、法国人和英国人相反,德国人没有什么优雅的社交生活可以拿出来展示。

要想优雅礼貌地相互交往,首先得有优雅礼貌的语言。而恰恰在这点上,处于中世纪边缘、正在向近代进发的德国,情况却是相当不妙。虽然路德翻译了《圣经》,并由此而为新高地德语奠定了基石,可是广大百姓们却仍然一直在说他们那说惯了萨克森德语、低地德语和阿雷曼德语的嘴巴所会说的方言。在贵族的庭院里，人们嗫嚅着鼻音用法语交谈，对这门语言的掌握自是有好有次，参差不齐；与此同时，任何一个想要得到严肃认真对待的学者，都使用拉丁文写作。

最早的德国人社团是语言学会。1617年，也就是三十年战争爆发前不久，安哈尔特-克腾的王侯路德维希一世（Fürst Ludwig I. von Anhalt-Köthen）得以宣告"丰收学会"成立。该学会的使命是："引导我们的已被外来华丽词语所冲淡和糟蹋的高贵母语重新回归德语本身古老、传统和与生俱有的纯洁、光彩和兼容并蓄，使它和谐融洽地向前发展，并把它从外来语的压迫下解放出来。"

除此之外，还有其他一些在战争期间仍旧得以成立的巴洛克风格的语言学会，比如"正义松林学会"（die Aufrichtige Tannengesellschaft）或者"佩格尼茨花会"。它们似乎都把反抗外来语的统治看作比克服德意志地区内部语言中存在的方言混乱现象更为急迫的问题。这个早期的启蒙阶段虽然还未涉及民族沙文主义——民族沙文主义要到19世纪才开始主宰社团生活，但是它显然也觉得这事挺难办，即从内部着手来统一和提升德语，而不是先去忙于把德语同外来语区分开。甚至像戈特弗里德·威廉·莱布尼茨那样通晓多种语言学识广博的学者——他自己的著作当然都是用拉丁文和法文撰写的，在由其作为主要创办人参与组建的普鲁士王家科学院于1700年成立时，主要考虑的也是："保持古老的德意志主要语言的自然纯洁性，维护其独立形态，使之不致最终变成一种没有韵律的、乱七八糟的大杂烩。"

随着市民阶层的崛起，在18世纪下半叶，越来越多的人希望，把德国人从其故步自封、只知道依赖家族和行业组织的状态中解脱出来，让他们成为乐于接受新事物的社会成员。布雷斯劳的哲学家克里斯蒂安·加韦（Christian Garve）——与伊曼努尔·康德和摩西·门德尔松（Moses Mendelssohn）齐名的最重要的启蒙思想家之一——抱怨恰恰在受过教育的市民当中存在着的"孤寂"状态，这种孤寂状态使这些有教养的市民"在与其他人的轻松活泼的交往活动中表现得很笨拙"。1788年，阿道夫·克尼格男爵（Adolph Freiherr Knigge）首度出版了其著名的礼仪指南《关于人际交往》（*Über den Umgang mit Menschen*）。他在论述之所以有必要撰写这样一本书时说，与其他国家相反，在德国缺乏（讲究优雅举止礼仪的）礼仪精神（esprit de conduite）。哲学家和神学家弗里德里希·施莱尔马赫则试图创建一个"社交行为理论"，在这个理论中，他摒弃了克尼格的交往规则，因为那些规则仅仅只是为在社交圈里展现良好形象的目的服务。而与此相反，真正的社交所涉及的是"完整的交互作用"，这只能通过如下途径达到，即"一个人……的作用范围被其他人的作用范围穿透且这种穿透要尽可能广博多样"。对单个人来说，"每个人的各自的极限点"都会给他提供"朝向一个另外的和陌生的世界的展望，由此，他就会渐渐认识人类的所有现象，即便最不了解的性情和关系也会为他所熟知并且变得就像在邻里之间一样"。

教育理想主义和只有同其他有教养的人交往才能成为情感健全的人的信念，为德国人养成社交习惯的这个最初阶段打下了烙印。在18世纪，德意志民族特色（Deutschtümelei）并不怎么体现在三角帽[①]或者是双角帽上——这种帽子如今普通市民也终于可以骄傲地戴在头上或者夹在腋下了。德国人不想再在欧洲邻居们——如今与这些邻居的贸易相当兴旺——面前自惭形秽。人们发现自己可以以世界主义者的面目出现，于是一门心思把这当成改变形象的最佳途径。汉堡的新闻从业者雅各布·弗里德里希·兰普雷希特（Jakob Friedrich Lamprecht）甚至还在1741/42年间编辑出版了一份名为《世界公民》（*Der Weltbürger*）的周刊。

至于早期社交生活恰恰在汉萨城市里开始蓬勃兴起，这可不是偶然。早在1622年，罗斯托克——远早于柏林和哥廷根——就已经建立了一个自由的科学院。成为城市社交生活中心的则是汉堡：1660年时，那里已经举办了第一场面向公众的音乐社（Collegium musicum）音乐会，而那更为著名的由格奥尔格·菲利普·泰勒曼（Georg Philipp Telemann）和约

[①] 三角帽源于17世纪西班牙士兵对宽边帽的改造（把三边帽檐翻起以利雨水向后流），后因法国与西班牙的战争而传到法国并流行开来，成为军官和贵族的一种服饰象征，18世纪末后逐渐被双角帽取代。

翰·塞巴斯蒂安·巴赫领导的莱比锡音乐社,还得在足足四十年之后才出现。1765 年成立的汉堡"爱国者会"(Patriotische Gesellschaft)确定自己的职责是"促进艺术和有益的行业",该协会中汉萨城市贵族的那股自傲劲儿直到今天还是那么足。还有共济会运动,该运动于 17 世纪首先在圣公会势力强盛的英国产生,它在人文主义和启蒙运动精神的指导下,把手工业者、商人、艺术家和贵族资助人聚集在一起用餐、演讲和讨论。这个运动在德意志地面上的兴起也是发源于汉堡。凡在整个社会开始流动起来、阶层与阶层之间的区别变得模糊的地方,建立新社团的需求也会自然出现。

没有任何故弄玄虚,在信奉新教的北部地区,从波美拉尼亚至不来梅,人们同样聚集起来组成了最早的读书会,还开办了可供人借阅的图书馆,好让在衣帽间工作的女孩和马车夫也能够"提升自己的市民素质"。妇女们能够走进这种地方在当时可并不是一件理所当然的事情。所有其他的社团、团体和共济会的各个分会都是纯粹的男人俱乐部,尽管如此,一两位受过教育且未婚的女士还是可以容忍的。像卡尔斯鲁厄的"发戒会"(Gesellschaft zum Haarenen Ring)那样由私人朋友圈子生成的社团只是罕见的例外。这个社团的男女成员每个星期都聚会,佩戴用社团成员头发制成的戒指作为社团标志。甚至明斯特的"贵族女士俱乐部"(Adlige Damenclub)也基本上是由男性成员组成。

女士们隆重出场是在"沙龙"里——对这种聚会场合的称呼她们自己喜欢用"茶桌"(Teetisch)或"阁楼小屋"(Dachstube)这类更低调些的词语。这种自由的、富集才华与进步的社交形式至今仍为人们所钦佩,它萌芽于亨里埃特·赫尔茨(Henriette Herz)及其丈夫在柏林市中心区的住所。开始时女士们只是聚集在侧房里,共同释放她们对歌德的热烈的倾慕之情,而男人们则在真正的沙龙里讨论重要的时政问题。然而,在 1780 年的某个时候,男士们讨论的声音渐渐变得沉闷,而在旁边的房间里,女士们的茶话会却开得好不热烈活跃——于是两拨人便合起来变成了一个圈子。在这之后的二十年里,女主人亨里埃特·赫尔茨每个星期都能把科学界和艺术界居于领袖地位的头面人物,如亚历山大·冯·洪堡和威廉·冯·洪堡兄弟,或者是作家让·保罗和克莱门斯·布伦塔诺,邀请到自己的沙龙里来。弗里德里希·施莱格尔在那里认识了他后来的妻子多罗特娅,也就是摩西·门德尔松的大女儿,两人于1796年去了耶拿,并在那里同施莱格尔的哥哥奥古斯特·威廉及其妻子卡罗琳一起,把浪漫主义的生活、写作和恋爱从施普雷河畔转移到了萨尔河畔〔后来卡罗琳爱上了哲学家弗里德里希·谢林(Friedrich Schelling)〕,耶拿的这个诗人和思想家的世外桃源便随之终结,卡罗琳对当时还是她妯娌的多罗特娅深深喜爱也骤然转变为深深的憎恶〕。

弗里德里希·施莱尔马赫也是亨里埃特·赫尔茨的常客。他在这个德国首位沙龙女主人处收获的柏林社交生活经验,对其社交行为理论产生了决定性影响。施莱尔马赫创造了带有乌托邦色彩的交谈(Konversation)一词,这种交谈的目的只在于使个人从一切市民身份角色以及家庭/家族角色的笼子中解放出来并由此而变成更好的人,除此之外再无他意。这比法兰克福学派哲学家尤尔根·哈贝马斯的令学术界劳心烦神的《交往行为理论》(*Theorie des kommunikativen Handelns*)的推出时间早了将近两百年。

至于这种新的社交活动最好是在女士的庇护下发展,倒是同浪漫女性的形象颇为契合。与持男女平等观念的女权主义大不相同,浪漫派尊崇女性,因为女性在情感方面更敏锐细腻,因而被认为是真正富有人情味的人,与爱虚荣和好出风头的男人相比,在她们身上能更好地体现出"无尽的人性"(施莱尔马赫)。

拉埃尔·莱温(Rahel Levin),就是后来改为夫姓瓦恩哈根的那位女士,成为擅长促成人们相互交谈的女主人的理想形象。她先是在赫尔茨家里享受到沙龙聚会的活跃气氛,然后,在1790年,她创办了自己的第一个沙龙。诗人克莱门斯·布伦塔诺也是这位柏林第二伟大的沙龙女主人的常客,虽然他时不时要抱怨那里面为"杂乱无章的谈话"所笼罩,但总的说来,他对女东道主给出的评价是:"她没什么要求,允许人们把谈话引向任何方向,甚至引到不正经的话题上,对此她只是微笑处之,她本人则脾气极好、乐于助人,同时又特别机智风趣。"

布伦塔诺这话,与拉埃尔——她曾说过自己最大的追求就是最终能够实现"(单纯的)人与人共同相处"(Mensch unter Menschen)——对自己谈话才能的评价倒是相去不远:"我对社交真是喜爱至极且一向如此,并且我坚信,我就是为此而生、天性使然而且拥有这样做的条件。我从不走神又极端敏捷,因而能够领会、回答和处置一切;我能够很好地感受自然和所有的关系,明白什么是玩笑、什么是庄重;在沙龙里所能发生的事情,除了笨拙之外,没有什么是我不熟悉的。我也很谦逊,不过我会通过谈话来表现自己;同样我也可以很长时间不说话;我喜欢与人打交道,我几乎可以容忍一切人。"

女哲学家汉娜·阿伦特曾经指出这些早期沙龙女主人们的内在关系,即她们多半都是犹太人。与她们的基督教女性同道相比,她们更多地承受着边缘化和飘零之苦,找不到可以让她们展示社交才华的地方。那种想要突破一切传统束缚的迫切需求,在她们身上表现得最为强烈。"柏林的犹太沙龙是社会之外的社会空间。"阿伦特如是写道,并且给出了一个尖刻的概括性结论:"在正走向灭亡的和尚未稳固树立的社交生活之间,犹太人成为填补空缺的人。"

的确,犹太沙龙的辉煌时期只持续了二十五年:1803年,亨里埃特·赫尔茨的丈夫去世,尽管举办沙龙从来就不是为了用丰盛的自助冷餐来引诱那些声名显赫的客人,但是这位遗孀在此之后便没有了能够担当体面女主人所需的钱财。拉埃尔·莱温的第一个沙龙在1806年被历史的车轮碾碎:当普鲁士军队在耶拿和奥尔施泰特战役中遭受毁灭性惨败之后,拿破仑的部队占领了柏林(直到1819年,拉埃尔——这时已经结婚成了瓦恩哈根夫人——才得以开办其第二个沙龙)。

不过,这头一拨沙龙之所以失败,并不能完全怪罪于对一切社会活动进行监视的法国占领军,此外,也不能全都归咎于如下事实,即许多此前在赫尔茨和瓦恩哈根夫人那里进进出出的男人们如今又重新发现了还是要在自己圈子里聚会的乐趣。不论成立于1809年并至今仍存的"无法无天会"(Gesetzlose Gesellschaft)曾经有过什么样的目的与宗旨,如其会员霍夫曼某次在背后嘀咕的,最根本的问题都是"要以美好的德国方式享用午餐"——而这所谓的"美好的德国方式"里反倒有一条法则，那就是：女人得待在外面。

其实，起决定作用的因素更在于，在备感受辱的普鲁士，精神风向已经由普遍主义和世界主义转向了德意志民族主义。像路易丝·冯·福斯女伯爵（Luise Gräfin von Voß）这样今天已被遗忘的人物，担当起了新的女主人的角色。在她那富丽堂皇的伯爵府里，聚集了越来越多的军队精英——这已经不是"（单纯的）人与人共同相处"，而是把推行反法策略当做目的了。不言而喻，在法国占领时期，这种事情只能秘密进行。这位女伯爵的沙龙始终受到怀疑，被认为只不过是为传闻纷纭的柯尼斯堡"道德联盟"（Tugendbund）①做掩饰的一个道具，而这个联盟设定的目的是："重新振作由于不幸失败而被绝望笼罩的情绪，抚慰身体上和道德情感上的痛苦，致力于青年的民族性教育，重组军队，在各地培养对普鲁士王朝的爱戴和归属感。"

同样，由作曲家卡尔·弗里德里希·策尔特1809年创办于柏林的第一个德意志男声合唱社团"歌咏聚餐"，也不只是为了训练出完美优雅的声调而把人聚集在一起练歌，而是为了如下目的：强化德意志的艺术并由此而强化德意志的民族意识。1810年，热情似火的爱国主义教师和出版人弗里德里希·路德维希·扬和十一位朋友一起，在柏林的哈森海德——（Hasenheide）也叫"兔林"，组建了秘密的"解放和统一德国德意志联盟"；一年之后，由该联盟发展出了体操运动，该运动按照"活泼、自由、快乐、正派"的格言培养青年，让他们锻炼出强健的体魄。这个运动其实还有一个目的，那便是，尽快培养出健壮青年，然后把他们输送到反抗拿破仑的解放战争中去。

1811年，以诗人阿希姆·冯·阿尔尼姆为中心，组成了"德意志基督教协会"（die Christlich-deutsche Tischgesellschaft），该协会的章程明文

---

① 1806年普鲁士被拿破仑击败后，国王腓特烈·威廉三世及王室成员从柏林逃往柯尼斯堡，该城于是成为抵抗拿破仑的政治中心之一。为激发普鲁士人的民族主义精神，"道德联盟"于1808年4月在柯尼斯堡成立，但1809年12月即被法国人解散。

禁止"妇女、法国人、腓力斯人和犹太人"入会。虽然这个协会一直在玩浪漫主义的把戏，比如在每次慷慨激昂的演讲之后紧跟着都要来一番对之进行嘲讽的反演讲，但其中占主导地位的精神，却是海因里希·海涅大约二十年后在其流亡法国期间同德意志浪漫派进行清算时给予猛烈抨击的那种精神："德国人的爱国主义……就是他的心胸变得狭窄，缩成一团，就像皮革遇冷收缩一样；就是他憎恶一切外国的东西，就是他不再愿意做世界公民，不再愿意做欧洲人，而只愿意做心眼狭小的德国人。对此，看看那些充满理想主义思想的、四肢发达头脑简单的年轻人，就是扬先生系统训练的那帮人，我们就能明白；对使德国升华的那种最优雅神圣的思想意识的反对由此开始，那是卑鄙、粗鲁、下流的反对。他们反对的其实就是那种人道主义思想，那种所有人类皆为兄弟的思想，那种世界主义思想，那是我们伟大的思想家莱辛、赫尔德、席勒、歌德、让·保罗所推崇的思想，同时也是德国所有有教养的人始终推崇的思想。"

海涅把这种新的以爱国主义为幌子的狭窄心胸恰恰归罪于"体操之父"扬，这可不怎么公平。诚然，扬的确是正在觉醒的民族意识的先锋人物，他也的确曾对自己国家中那些"外国玩意儿"大光其火并总是喜欢把德国人视为被上天选中的民族。但是，在结束那篇写于 1808 年发表于 1810 年的檄文《德意志民族》（*Deutsches Volkstum*）时，他并没有要求铲除一切非德意志的东西，而只是爆发出席勒式的激情："人类如今已被人性的纽带永世缠绕，虽然一时会为狭隘私心所附，但是很快便会随更高的期望而重新统一。联合的海洋潮起潮落永不停歇，而今所有的一切都归于一统。"

其实，扬所要与之斗争的，首当其冲的便是那种德国式的自顾自，那种"对利己主义的顶礼膜拜"。同样是在《德意志民族》当中，他写道："人注定要成长为人，而成长为人这份高贵他是无法独自获得的……那种永远只顾自己的人鄙弃自己的义务，并由此而丧失了作为人类中之一员的权利，他对其'自我'的培养不是在培养真正的人，不可能培育出成熟的人性，在跃起的瞬间，青春和生命已从他身上逃离。在没有人烟的荒漠里，在悄无声息的幽居所里，道义感将不会变成美德，任何活物都会逃离那不毛之地。"

就他所提出的这些警告而言，扬可以说是更接近于启蒙运动中乌托邦式的社交活动拥护者而不是鼓吹狭隘民族主义的死心眼儿——那种狭隘的民族主义在接下来的那个世纪中把他给抬了出来做幌子并把德国引向了灭亡。扬坚信，共同点一开始必须先在自己语言、历史和传统的根子上生长，这信念并不是什么丑闻。

对"体操之父"声誉的完全另类的伤害，是第二种思潮造成的。这种思潮同样也落在了他的身上，那就是完全与政治不沾边、纯粹为社团而社团的社团迷（Vereinsmeier）。这种社团迷成了德意志庸人派也即毕德迈尔派的孪生兄弟。

在反拿破仑的解放战争取得胜利后遍布德意志土地的昂扬精神、最终成为一个民族国家而且是统一和民主的民族国家的希望，被复辟的封建君主给扼杀了。尽管如此，在三月革命前的那个时期，在庸常的表面之下，到处都在继续躁动不安——这种躁动不安的最欢腾的表现形式便是汉姆巴赫集会。1832年的那次集会有来自社会各阶层的大约三万人参加，参加者有男有女，有大学教师也有不识字的人，还有很多波兰人——他们是在十一月起义失败之后逃亡到德国来的。人们一路走到宫殿废墟那里，高声呼喊："自由、统一的德国万岁！德国人的盟友波兰人万岁！尊重我们民族和独立的、德国人的兄弟法国人万岁！一切挣脱锁链、发誓与我们结成自由联盟的民族万岁！祖国万岁！人民主权万岁！国际联盟（Völkerbund）①万岁！"

自由主义者要求最终给予不受任何限制的言论、集会和新闻自由，针对这个要求，普鲁士王国做出了严厉回应，那就是1819年的卡尔斯巴德决议（Karlsbader Beschlüsse）②，它给整个国家套上了一张紧绷绷的出

---

① 国际联盟虽然在第一次世界大战结束后才正式成立，但其设想和名称早在1625年就已由"国际法之父"格劳秀斯提出。

② 1819年3月发生了激进大学生桑德刺杀俄国总领事兼作家科策布事件，同年8月，时任奥地利外交大臣的梅特涅以此为借口，在卡尔斯巴德秘密召集德意志各邦大臣会议，做出包含大学法、新闻法等四项镇压法案的卡尔斯巴德决议，建立书报出版检查制度，严厉打压具有自由民族思想的教授和文化人士，9月20日法兰克福联邦议会批准了该决议。

版审查禁锢之网。该决议导致有自由主义和民族主义思想倾向的教授被禁止从业，最早建立的那些大学生协会被解散，扬的体操运动也被禁止，所谓的对蛊惑民心者的追究愈演愈烈。在这当中，弗里德里希·路德维希·扬先是被逮捕，后来被警察监视居住。

直到1837年，扬才得以恢复名誉，并由此而重振他的"体操训练"。1848年，扬被选为代表参加了在保罗教堂召开的法兰克福国民议会。然而，在这第一届德国议会中的经历却让这位"虬髯老者"陷入更深的沮丧之中。他在从法兰克福写给第二任妻子的信里说："我们这里有十个小圈子。我不属于其中任何一个，因为我认为，如果这个圈子已经以多数决定的方式确定了所要赞同的意见，那么违背信念去投票就是造孽。这是对真相的欺骗，是背弃良心和对人民发假誓。这个因长期和平滋生出来的害虫、这个日益败坏的状况当中的劣种，竟然想要在无信仰、无道德和无修养之上建立一个新的国家。"在另一封信中，这位牧师的儿子、曾经的士兵——尽管满怀自由向往却仍然是普鲁士皇权始终不渝的捍卫者——写下了这样的话："拿破仑固然邪恶，红色分子却更邪恶。"当林堡的体操协会请求他给予支持时，这位曾经大受拥戴的体操运动先驱却宣称，"这些协会的领域大到无边，乱七八糟缠绕出些没完没了的分会来"，因此他停止了"与体操协会的一切来往"并自己放弃了与这些协会的联系。他之所以如此决绝地加以拒绝，其原因倒不太可能在于他怀疑林堡是"红色的"，令他愤恨的毋宁说是，此前由他一手发起的这个运动如今竟然变得如此不问政治了。

普鲁士复辟王朝的集会法"禁止在社团中议论任何政治事件"，由此而使得社团组织被迫"庸俗化或者叫'毕德迈尔化'"，这个法律制度由于早期的德国人的民主尝试而有所放松，不过那只是个很短的时期。1851年8月，反革命势力把联邦大会确定的基本权利规定——给予人们自由结社和自由集会权的规定——重又彻底废除。但是，即便是再次掌权的那些封建的德意志国家，特别是普鲁士，也无法在接下来的几十年中阻挡政治团体——也就是政党——的产生。对它们来说，毫无疑问，那些不问政治的玩体操的、唱歌的和普通大学生们，显然要比满怀革命热情的甩单杠的、吼国歌的和大学生协会的会员们更对胃口些。

猫头鹰在森林里，孤独地筑着陋巢，人只有在社团里，一生才过得快活。

社团迷　德意志之魂

如果社会学家格奥尔格·西梅尔（Georg Simmel）[①]所说的"社交生活是理想国家的游戏性预演"这话没错的话，那么，19世纪的德国人所希望的就是小型的、秩序井然的国家。这种国家的章程一目了然，每个成员都准时向司库交纳会费，一切纠纷则都由理事会做出权威决断。

对德国人的社团情结最出色的描写也出自约翰尼斯·特罗扬（Johannes Trojan）——威廉时代德意志帝国中的讽刺周刊《稀里哗啦》（Kladderadatsch）的总编——"让我们加入社团，/ 社团就为此而生。/ 通过社团的帮助 / 人与人相互走近。// 孤单单蔫头耷脑 / 自顾自向隅而泣，/ 若你去参加集会 / 就会追求更高的目标。// 让我们来制定章程，/ 这可是关键的东西，/ 你得好生监管 / 否则它就会变味。// 若我们不去做正确的事情，/ 那才会更加有趣；/ 对条文争来吵去 / 生活便真正开始……让我们欢庆协会的节日，/ 那可是最最快乐的时刻；/ 我们拨动欢快的琴弦 / 心中存着崇高的信念。// 猫头鹰在森林里，/ 孤独地筑着陋巢，/ 人只有在社团里，/ 一生才过得快活。"

今天，在德国有超过六十万个社团。不过那可并不仅仅只是组织在一起并在初级法院履行了登记手续的爱喝啤酒的保龄球友、喜欢热闹的嘉年华会爱好者或者是德国腊肠犬的宠爱者们。没有哪个社会环境会乐意让人在背后议论，说自己只会制造孤独的猫头鹰。所以，当代的社团便从"德国素食者联盟"到"传统北黑森香肠保护促进会"，从"无子女父亲自助倡议行动"到"男女同志铁路之友飞轮会"，从"'安静血型'钓鱼运动协会"到"正确运动－防止腿痛协会"，从"哥廷根古典文学之友会"到"嘻哈文化促进会"，从"女人重新学会笑协会"到"静默至哀会"，其范围之广、种类之多可谓无所不包，无奇不有。

所有这些社团证明，德国人终于彻底告别了"一贯独居"的特性，尽管他们还是和以往一样不自信，还在为社交方面不够优雅而困扰，并因此而宁愿用章程、规定和条文等来给自己的社交生活提供保障。如果税务局为其社团出具"公益性"证明，那简直就像是获得加冕一样。因为

[①] 亦译为齐美尔。

有了这个证明，他就可以把这一年所交的会费在下次报税时扣除，虽然这并不是他所在意的。但不管怎么说，作为公益社团的成员，他的活动就可以打上如下标签，即这种活动"在物质、精神或道德领域无私地对公共事业"给予了促进。

也许，拥有一千七百万会员的德国汽车协会（Allegemeiner Deutsche Automobil Club，ADAC），ADAC总有那么一天能够最终赢得这枚社团界至高无上的质量证章。该协会在20世纪70年代发起的传奇般的"自由公民–自由行驶"运动，在当时毕竟还算是个清晰的世界观表白。不过，它若是把一个在19世纪受人喜爱的口号只管拿过来宣告为协会的目标和目的，那就更棒了，那口号是："我们不要只是做个驾驶员，我们也还要做人。"

作者：特·多
译者：郑冲

参阅：驾驶之乐，下班之后，足球，德国人的性情，男声合唱，爱整洁守秩序，私人菜园，小市民，徒步之乐

林中寂寞①

森林很大。森林很黑。森林里只有孤孤单单的你。还有大灰狼,它们想把你往歧路上引,当你要去给奶奶送蛋糕和葡萄酒的时候。小红帽,你瞧,四周的花儿好漂亮啊!干吗不回头看一看呢?你听,这些小鸟儿唱得多么动听!你大概根本就没听到吧?森林里可好玩了,而你却只管闷头往前走,就像是去上学一样……

你单身一人和女巫们在一起,女巫们把你往她们的蜂蜜姜饼小屋里引,还摆上糖煎饼、苹果和花生让你大吃一顿。可是,还没等你眨巴眼呢,你已经坐在猪圈里等着人家来吃你了。

每一棵树干后面都会出现同荷兰人做生意的米歇尔(Holländer-Michel)②的窥视身影,他在觊觎你的心。你得像烧炭人彼得·蒙克

---

① "林中寂寞"德文为"Waldeinsamkeit",是"Wald"(森林)和"Einsamkeit"(寂寞、孤寂)两个词的组合,它是德国早期浪漫派代表作家路德维希·蒂克(Ludwig Tieck)在其童话《金发的埃克贝尔特》中创造的一个词。森林的幽深、寂静和神秘契合早期浪漫派作家的心境,成为浪漫派作家理想的"世外幽境"和心灵的慰藉。

② 19世纪德国著名童话作家威廉·豪夫童话作品《冷酷的心》里的人物,森林里的邪恶精怪,用金钱与贪婪的人交换,把他们的心换成石头。国内现有译本均译为"荷兰人米歇尔",但在豪夫童话中他并不是荷兰人,而是因为与荷兰人做生意发了大财故得此名。

（Kohlenmunk-Peter）那样清白无辜，小玻璃人才会在你面前出现，帮你把被偷走的心重新夺回来。

在德意志森林里，那种幽深晦暗的幻想可以天马行空般大肆绽放。毫不奇怪，对于那些比德意志人更早和更毫无保留地熟悉地板采暖、优雅交往方式和市民权利——简单说就是文明——的民族的属民来说，森林从来就不是让人感到舒服的地方。古罗马历史学家塔西陀在其《日耳曼尼亚志》里对这罗马帝国界墙后面的蛮荒之地做了这样的记述：“它的森林令人恐惧，它的沼泽令人厌恶。”即便恺撒这样无所畏惧的勇士，提起那片"海西森林"（Hercynischer Wald）[指从多瑙河源头至锡本布尔根（Siebenbürgen）一带为浓密森林所覆盖的中部山脉]也会打个寒战，在那里面麇集着一群群头上长着奇形怪状的角的动物，即便是经验丰富擅长行军的战士也要走上六十天才能够走出来。甚至还有这样的传说：在第二次世界大战结束后，有个汉堡的书店老板向一位英国的联络军官建议，把《格林童话》（Grimms Märchen）纳入对民主制度没有危害的书目中，而这位英国军官的回答是：“噢，不行，那里面树林子太多了！”

可是，突然之间，阳光穿透了树叶组成的顶棚，黝黑的树干上银光闪烁，长满苔藓的地面一片嫩绿鲜亮，刚才还那么阴森地盯着你的那个树洞，有一只甲虫正在里面辛勤劳作。鬼怪幽灵全都没了踪影，于是你开始乐意相信阿达尔贝特·施蒂弗特（Adalbert Stifter）——那个毕德迈尔派作家，在他作品里要没有森林都写不成故事——言之凿凿地保证：“任何人一旦走进那片森林，就会发现一个美丽的人迹罕至之地，到处是盛开的鲜花和香草，还有高耸的大树，那儿是无数珍鸟异兽的家，那里面决不会有什么令人生疑的东西。”

你的心灵也许会因为松快而欢呼，然而林中的小鸟抢在了你的前面，它美妙动听的歌声你可是根本没法比的：“林中寂寞，/给我欢乐，/明天和今天一样/恒久绵长，/噢，你让我多么快乐／林中寂寞。”

不过，你真的能够相信这娇小妩媚的歌者吗？你尝试着回想在学校时读过的作品，是不是路德维希·蒂克，那位浪漫派诗人，就是他让小

德国童话中的森林,苔藓遍布,苍翠繁茂。

鸟儿唱得这么迷人？你想起来了，《金发的艾克贝尔特》（*Der blonde Eckbert*），这就是那个骑士童话故事的名字。一个没人爱的女孩从父母家里逃出来跑进了森林，在那里找到了人世间不肯给她的宁静。林中空地上那个小屋——女孩就是在那里面度过她平静的隐居生活的——是不是还在那里？嗨，住手！在你敲门之前可得想清楚了！那个名叫贝尔塔（Bertha）的女孩早就不在了。她没法不死，因为她对王子的渴望驱使她走出了森林。背叛森林，森林是要报仇的。谁一旦把森林当成了家，森林就不会再放走她/他。森林会把她抓回来，哪怕她躲进骑士城堡也无济于事。

对此心知肚明的人是恩斯特·云格尔，就是那位对第一次世界大战的血雨腥风大唱赞歌，结果在第二次世界大战之后却变成了狂热的森林漫步者的作家："森林是隐秘的。这个词属于我们语言中那些同时蕴含着相反意思的词语。隐秘的也就是安逸的，是很保险的家，安全的托庇之地。它的安全和隐秘的含义并没有减少，并且在这个意义上向阴森可怖靠拢。"

好吧，不管隐秘还是阴森，森林反正只对渴望在文明的彼岸找个地儿的那些人具有魅力。谁若想在德意志森林里怡然徜徉，哪怕心里还带着点儿惬意的战栗，他就得准备好忍受那些密实的灌木丛。可是，如今在野外到底还有没有茂密的丛林呢？密集的水泥森林不是早已经来到了城市，那些因为灵魂无处安放而寻找森林的人，找到的会不会只是些整整齐齐的人造林？

"美丽的森林，谁把你塑造？／傲立在山巅，高耸入云霄"，19世纪初期，约瑟夫·冯·艾兴多夫男爵带着圣洁的惊讶发问；接着又保证："为把你造就的大师，／我要把颂歌献上，／只要我还能发出声响。"在一个冷寂的世纪之后，这位德意志的森林诗人——他当了一辈子普鲁士的公务员，始终没有停止为上西里西亚童年故乡的森林歌唱——等来了如下含讥带讽的回答："那大师是个管林业的官儿，林业处长或局长，他费尽心思把林子造，专业水准那是相当高，谁若无慧眼看不出，他真有理由气得双脚跳。他仔细关照，把光线、空气、树种、进路、轮伐区和低矮树丛的清除都安排好，让树木一排排漂亮对齐，像梳子般规整美观。当我们从那些毫无章法胡建乱盖的大城市里出来，看到这个该有多么赏心悦目。"

奥地利作家罗伯特·穆西尔的以上评价确有道理。同时他还指出，德意志人赋森林以魔力和破除这种魔力二者是一种交织在一起的关系。此言不虚：在严格地和"可持续"地经营树林方面，德意志人确实是世界级大师。这方面最古老的教科书《林业经济》（Sylvicultura oeconomica），出自汉斯·卡尔·冯·卡洛维茨，一个萨克森的山林/矿山管理局长官（Oberberghauptmann）之手。这本书出版于1713年，在那个年代，整个中欧和西欧原始森林的状况都已经不怎么好了——南欧的森林则根本就没法提，早在古代就已经被希腊人和罗马人给无情地砍伐光了。森林是建筑材料，是燃料，是放牧场。城市和矿山以越来越贪婪的胃口吞噬着森林。可是，只有德意志人在那个时候就已经对"巨大的木材短缺"感到如此不安，就像卡洛维茨那本书的副标题所显露出来的那样，于是他们开始系统地植树造林。

那个副标题很值得仔细察究：这位林业经济的先驱在那里面给出的是"纯野化式育林指南"。对这位鼓吹这一卓越而悖谬的"野化育林法"方案的人，我们能够像穆西尔贬损他的那样把他说成是要看到树木排列得整齐划一心里才会高兴的人吗？而另一位德意志林业经济缔造者甚至这样解释："只有在根本没有人因此也根本没有什么林业经济的地方，森林才形成和生存得最好。"这难道是痴迷秩序的育林人所说的话吗？

483

对于这种在童话森林中运作德意志林业经济的矛盾心理，再没人比约翰·海因里希·荣–施蒂林（Johann Heinrich Jung-Stilling）能让人更清楚地读出来。这个烧炭人的孙子本身是个眼科医生，此外他还熟知各种技术和经济领域的知识，而且他还是最著名的感伤主义诗人之一。1777年，他发表了自传的第一部分，其中讲述了约林德和约林格尔（Jorinde und Joringel）的故事："从前，在一片很大很茂密的森林中间，有座古老的宫殿，里面住着一位孤单的老妇人，那是个魔力强大的女魔法师……"这个童话编织得如此浪漫，因此格林兄弟收集童话时是决不会把它漏掉的。然而，就是这同一个荣–施蒂林，写下了两卷本的林业经济教科书，并在其中建议说，要对森林予以监控，以保护其野生状态。

在童话里面，约林格尔找到了前一天夜里梦见的血红色的花，由此而解救了他那被魔法变成夜莺的约林德。然而，在现实生活中却是，猎人举起猎枪瞄准野兽，以免农田受到损害。是守林人/猎人在保护德意志的森林，好让约林格尔能够继续梦见血红色的花和夜莺吗？抑或这个童话里的男孩约林格尔其实本身就是个守林人/猎人，他所要做的就是，让那古高地德语里的"花野森梨"（wuastwaldi），也就是我们现在所说的荒野森林（den wüsten Wald），失去魔力？

在其1960年的著名论著《群众与权力》（*Massen und Macht*）中，埃利亚斯·卡内蒂（Elias Canetti）为德意志森林开出了一份比罗伯特·穆西尔在第二次世界大战之前不久所下的定论更加不留情面的证书："德国的群体象征就是军队。但是这个军队不只是军队，它是行进的森林……那些耸立的树木，那么笔直，那么相似，它们的密集程度和数量，让德国人内心深处充满神秘的欢愉。"

这位犹太作家卡内蒂，为逃避纳粹不得不从维也纳出走伦敦，对褐色恐怖有着深刻的认识。这褐色恐怖连绿色的森林也要纳入征服之列，其手法是安上牌子宣称，"我们德意志森林不欢迎犹太人"。阿尔弗雷德·罗森堡，纳粹的意识形态领袖之一，曾愣是要在一部剪辑影片中楞把"永恒的森林"与"永恒的人民"扯在一起。那里面还真有一个配着历史赞美歌的场景，其中与直立步枪紧挨在一起的普鲁士士兵的腿与森林中树干的场面交替呈现。确实：莱尼·里芬斯塔尔提供给"元首"的有关1934年纳粹党全国代表大会的许多画面都令人联想到行进着的森林。可是在那儿行进的，还能真的是森林吗？或者还不如说是被无情地削掉了脑袋的篱笆？如果一个像赫尔曼·戈林那样双手沾满鲜血的滑稽剧人物——他还顶着帝国狩猎部部长和林业部部长的头衔——去偷袭猎物，他要找的可不是已经驯化了的野兽，而是完全相反。哪怕只是幻想中的野兽，即被手下驱赶到他枪口前面的——那也得是野兽。

谁若是对德意志森林的那种普鲁士僵直死板的形象心生怀疑，就会把其光环——包括它那军国主义-英雄主义光环——的来源给看错：它主要来自其既看不透也穿不透的那种神秘性。

冬天里的林中寂静景象。

德意志之魂　林中寂寞

阿米尼乌斯——就是被德国民族主义者重新命名为切鲁西人赫尔曼的，打赢了那场传奇般的战役，也即在公元9年跟瓦鲁斯（Varus）的那一战，这一战终结了罗马人向日耳曼人部落北部和东部的扩张，而他之所以打赢了这一战，并不是因为有个行进着的森林跟随在身后，而是因为罗马奥古斯都大帝的远征军团陷在了条顿堡森林的浓密丛林和闷热沼泽中无法动弹。

1813~1814年，到该结束拿破仑对德意志的统治的时候了。普鲁士的大学生们和当时名声响亮的人物如约瑟夫·冯·艾兴多夫，还有后来的幼儿园的发明者弗里德里希·福禄贝尔，全都聚集到了吕措自由军团（Lützowschen Freikorps）当中。然而严酷的行军打仗并非他们的强项。这些拿枪的知识分子在灌木丛中东跑西颠，穿着自己染上颜色的军服，并由此而得以管自己叫"黑猎人"。其中有一个——作家特奥多尔·克尔纳，在1813年阵亡之前，还为自己和他的战友们留下了一座文学的纪念碑："是什么在那晦暗森林里穿梭／掠过一座又一座山峰？夜里在埋伏点趴下，／一声欢呼，枪响处，／法国强盗毙命。／若要问黑猎人，回答是：／这就是吕措军团在狩猎，既惊险又狂野。"

卡尔·玛丽亚·冯·韦伯为这首诗谱了曲，于是这首圆号伴奏的男声合唱成为人们永恒的最爱。过了没几年，1821年，韦伯的浪漫森林歌剧《魔弹射手》在大剧院上演。猜猜看，撒旦在这个剧里出场时会穿上他诸多服装中的哪一套呢？当然是"黑猎人"……德国人在演绎神话上的一丝不苟，在那时就已经走火入魔了。

在森林里，强盗出没。在那里面可不是只有哈利、哈罗——民歌中的小麻雀在叽叽喳喳。从《施佩萨尔特客店》（*Wirthaus im Spessart*）①到《霍琛普洛茨》（*Hotzenplotz*）②：没有一棵树干后面不藏着一支正伸出

---

① 《施佩萨尔特客店》是威廉·豪夫（Wilhelm Hauff，1802~1827）撰写的童话，其中收有四个小故事，即《希尔施古尔登》《赛德的遭遇》《斯蒂恩福尔岩洞》和《冷酷的心》。

② 强盗霍琛普洛茨是德国儿童文学作家奥特弗里德·普罗伊斯勒（Otfried Preußler，1923~2013）童话书《大盗霍琛普洛茨》《大盗霍琛普洛茨新传》和《霍琛普洛茨》中的人物。

来瞄准的强盗的枪口。弗里德里希·席勒笔下的"强盗"麇集在波西米亚森林里，正准备形成一股猛烈的风暴去刮倒古老的贵族宫殿。甚至红军派的恐怖主义者——他们按照20世纪70年代的时代精神把自己定名为"城市游击队"——也把一个弹药库设在了汉堡东边的萨克森森林里，那可是最富有历史感和最原始的德意志阔叶森林。不知道1982年在那里被捕的克里斯蒂安·克拉尔（Christian Klar）①是否读过威廉·海因利希·里尔的作品？"唯有森林还能让我们这些文化人享有不被警察监视所干扰的自由人的梦想"，这位民俗学创始人1854年在其学术论文《国与民》（*Land und Leute*）中这样写道。而且他还对自中世纪以来到近代早期一直被封建主严厉惩处的"偷猎者"致敬，称他们是森林里的义勇军。或许左翼恐怖主义者会把这位"日耳曼森林自由"的捍卫者视为"法西斯分子"，又或许克里斯蒂安·克拉尔私下里会同意里尔的说法——后者为不再享有"真正的森林"的法国人和意大利人直接出具了"已经半截入土的民族"的证书。无论如何，自由出自日耳曼森林这种观念，甚至在一位受到非议的法国人那里也得到了认同——这个人就是孟德斯鸠男爵（Baron de Montesquieu），就在他所写的国家学说论文《论法的精神》（*Vom Geist der Gesetze*）当中。

若去看看德意志人的历史——至少是自他们离开其原始森林以来的历史，就免不了会对此生出怀疑。德意志人可是看重法律和对法律的遵从更甚于自由的。难道日耳曼的森林自由最终只是一种矫情的幻觉？

把自由与森林联系起来的最极端的例子，是恩斯特·云格尔，就在上面已经摘引过的写于1951年的随笔《林中漫步》中。这里的林中漫步可不是指到绿色大自然中去做一次无关紧要的出游，而根本是把它用来比喻走向自由。那位"林中漫步者"是一位独居的优秀游击队员，他对来自严格管理下的世界的命令奋起反抗。云格尔所讲述的是纳粹时期柏林一个年轻的社会民主党人的故事，据说他在租住房屋的走廊里开枪打死了半打协警，这些人被派来执行征收犹太人房产的命令。"他还真正是

---

① 联邦德国20世纪70年代左翼恐怖组织红军派成员。

经历了实质上的、古日耳曼式的自由，而反对他的那些人只是在理论上赞美这种自由。"云格尔在文中赞颂道。接下来的话是："如果我们愿意再进一步设想一下，假如在柏林的每一条街道上都出现哪怕只是一个这样的事例，那么事情的发展就会全然不同。"

487　　这是不是云格尔式的对集体责任的承认？可为什么这位德国国防军军官自己不在戈斯拉尔（Goslar）、于伯灵（Überling）和基希霍斯特（Kirchhorst）做"林中漫步"时为他邻居们的房子使用一下他那支配枪，而是把它带到巴黎的拉斐尔旅馆（Hotel "Raphael"，二战时德军驻巴黎司令部所在地）里去呢？不过，我们还是不要太轻易地下判决吧。因为，正如云格尔所写下的："平静的时间太长就会助长某种乐观的幻觉。"

此外，还有一个中心思想寓于"林中漫步"之中，这是一个绝对值得记住的思想，那就是，森林是这样一个所在，在那里每个人都会同他心底里最原始的恐惧面对面："古老的森林如今尽管可以变成人造林，变成经济作物种植地，但是在森林里始终都有迷路的孩子。"把德意志森林看作普鲁士军官学校——也就是云格尔所称的"大等死房"，尽管这看法不对，但他仍坚持这样看。每个迷路的孩子都必须独自摸索怎样忍受自己心中对死亡的恐惧。

>　从那红色闪电后面的故乡／云飘过来，／可是父母亲都已经死去了，／那里再没人认识我。／那寂静时光来得多么快，多么快，／然后我也会安息，在我的上面／美妙的林中寂寞轻轻掠过／这里也再没人认识我。

那个在森林中吹奏出如此动人的曲子的孩子，让他的死亡恐惧没法不带上一丝伤感的渴望死亡的特色的，自然是非艾兴多夫男爵莫属。但凡听过那位其忧伤可谓深不见底的作曲家罗伯特·舒曼为这首诗所谱的曲——那曲调与诗歌透彻地穿梭交织在一起，真的是可以立刻赴死。而且并不是为危难中的祖国的托付而赴死，而是完全出于自己，为了自己。并且，还是获得了安慰的赴死。

这种浪漫到极致的"在森林中死去"解放了心灵和头脑，并由此也解放了生命，因为它能够一直到终曲的和弦奏响之前都茂盛地生长。相

森林之殇：20 世纪 80 年代，德国人对这样的画面恐惧之至。

德意志之魂　林中寂寞

反，那种在20世纪80年代向全世界大肆鼓吹的德国人对于森林死亡的恐惧的基调，则是彻头彻尾与之不同的另一种调子。"我们正面临像广岛那样的生态灾难"，《明镜》周刊发出预言。《明星》杂志则宣称："树木成排成行地倒下，就像军队遭到密集炮火的扫射。"就在德意志联邦共和国和平安康的生活中间，文明批评家们口沫横飞地提出了要求："森林死亡所要求于我们的，是彻底转变我们的生产和再生产体制——而这又反过来要求彻底修正我们的所谓的价值观。在那些价值观下任何事情都已经无法运转了。"巴伐利亚的作家和生态活动家卡尔·阿莫瑞（Carl Amery）会不会更想听一听舒曼歌剧中的森林场景，而不是那些"极端分子"的宣传蛊惑之声？或者至少听一听他威斯特法伦-巴登的诗人同行奥托·耶格斯贝格（Otto Jägersberg）在1985年——也就是这种群情激奋达到高潮的那一年——的抱怨："没完没了地讲述酸雨／这才真的让森林受害／再没人敢到林中漫步／再没人把森林赞颂／人人都只在为它叹息／森林里再没有生命的气息。"直到今天，法国人和美国人讲起"森林死亡"这个词来，都还止不住要发笑。

为森林担心是一回事，打着为森林担心的旗号吵闹则是另一回事。结果，最终唯一的担心就变成，担心人类自身已荡然无存而森林却仍在亘古不变地沙沙作响；这种担心始终挥之不去，于是人们便可笑地反过来唠叨个没完，说是森林将会先于人类而亡。

你尽可以嚷嚷森林快死了快死了，虽然其实并没有那么糟。你尽可以装出肠子都悔青了的样子，去扮演森林的拯救者。然而你却不能指望森林会为报答你而让你这辈子不死。最好的做法是，放下你的装备，轻轻地走进森林，恳求它允准，有那么一天可以永远消失在它的深处。

作者：特·多
译者：郑冲

参阅：夜晚的寂静，深渊，兄弟树，德国式焦虑，故乡，青年旅舍，男声合唱，高地丘陵，爱整洁守秩序，私人菜园，渴求瘾，怪诞之事，莱茵河——父亲河，徒步之乐

徒步之乐

薄雾还散落在山谷里,我已经迈步出发了。只有大山、森林、河流、田野和我。"想在行走中考察和学习的人,得自己一个人走。"这是我前一天晚上在威廉·海因里希·里尔的书里读到的。"只有寂寞而训练有素的行者,自己背着背包和书包,才有敏锐的目光和毫不松懈的意志不停顿地观察四周。"他这么说肯定有他的道理,毕竟,他是德国民俗学家第一人。

空气清凉,鸟儿歌唱。日子的大门在一扇扇打开。我身后的城市一定已经变得很小了。假如转过身去,我大概可以用手指在那座唯一的高楼上散步。但我不想转身。

路边长着蓝色的野花,以前我知道它们的名字。我要是带着那本植物指南就好了。背包里除了水、面包和奶酪也还有地方的。但我知道:只带最为必需的。

开始上坡了,呼吸急促起来。要想掌握好步子节奏,就不能停下,我不是因喘气站住,而是听到了什么。是一只麋鹿还是一头野猪,在山坡上发出簌簌的声响?森林中,传出迎面走来的脚步声,坚实、急促。不一会儿,我看到一个深色卷发的年轻人走过了路的拐角。我想和他打个招呼,"晨雾中我们向着大山进发",啊,我认出他来了。世界熟悉的是那位愤世嫉俗的老人形象——亚瑟·叔本华。他低着头，绷着脸走过来，全身像块警告牌："别理我！"

不料他居然站住了，离我仅几步之遥，没有抬起目光，只悄声说着："哲学之路在高高的阿尔卑斯山上，只有一条陡峭的小路能够到达，路上布满乱石荆棘，越往高处，越寂寞、越荒芜。走这条路的人，不能胆怯，必须放下一切，坚定不移地在雪地上开出自己的路来。他常常会突然站在悬崖边，望着下面的绿色山谷：巨大的眩晕感要把他拖下去，但他必须坚持住，即使是需要用自己的鲜血把鞋底黏在岩石上。"

"我们这里不只是些丘陵吗？"我刚想反驳，但没马上出声，而是同样垂下了目光，小声嘟囔着："谁能上山和沉默？这不是您写的吗？只要出去爬山，父亲总是引用您这句话的。"有一丝不易察觉的微笑掠过他的脸庞吗？又只剩下我一个人了。

行走者，别开口，早出门，稳步走，轻装行，忘忧愁……

小路向上伸延，我沿路上行。慢慢地，我感觉不到和大地之间的距离了：树枝、树根、岩石，不再是羁绊，而是行走的共同体。我步伐的节奏似乎是大自然暗示的认同。和坐火车或开汽车的感受完全不同，那时，大自然总是朝相反方向运动的。

路在行，河在流，风随云动，山连山走，万物向阳……

身后传来男人的嗓音。这两位可不是沉默的行者。我放慢了脚步，让他们走到前面，我受不了被别人在后面赶着。

"步行者所看到的人自然比开车的多多了"，背着沉重的海狗皮大背包的那个说。"我认为走路是一个男人最自主最光荣的事，假如大家都多走路，一切都会好得多。"这是诗人约翰·戈特弗里德·佐伊梅（Johann Gottfried Seume）。1801年他从莱比锡出发走到锡拉库萨（Syrakus）。他旁边那个穿着齐膝系扣裤，板着面孔的是托马斯·伯恩哈德。"只有行走才能思想，"他补充道，"精神的运动是随着身体的运动而来的。"

"清晨的雾里,我们向着山中进发。"

"睁眼看看吧，开车多的地方，一切都糟。只要一坐进车里，离原始的人性就远几步了，驾驶让人无奈，行走给人力量。"佐伊梅边说边晃着他那根重重的多节手杖。

忽然我后悔起没带拐杖来。最后一根早在三十年前就被我丢到墙角里去了，在爷爷奶奶家，我的那根小的放在两根大的旁边。成人拐杖我从没用过。我一直认为，只有老人和孩子才需要那玩意儿。高山火绒草，鹿角，巴登的穆墨尔湖，蒂罗尔的维尔德恺撒雪场，阿尔高的布莱塔赫峡谷、内塞尔旺，我曾那么积极地收藏过各地的手杖徽章。每次，当爷爷领着我到作坊，用两颗细小的钉子把最新的徽章钉到拐杖上时，我都兴奋无比。蓝冰茅屋，维蒙巴赫茅屋，欣特察尔滕，比绍夫斯迈斯，拉滕贝格……

我到了一块林间空地，一伙年轻人正在那里休息，吉他却没有停止歌唱："空中飞翔的鸟儿，自由自在，飞在蓝天下，飞在阳光里，我是你们的同伴，我来问候你！我是只行走的鸟儿，自由的气息激励我，唱歌我最欢喜。"

他们看上去像流浪的手工匠[①]或中世纪漫游的大学生，大檐软帽在清晨被折在了一起。有几个在溪水中洗脚，另外几个朝断裂的树桩投着石子。最年长的那一个——很难说他还是大学生或者已经是老师了——大声嚷道："看看这些敏捷的男孩，你能想象他们已经连续走了五个小时路了吗？远离煤烟，远离粉尘，走出拥挤的城市！走路，多走走路！满足一下大城市的孩子们对新鲜空气、无边大地和辽阔天空的渴望！让他们尽情享受一下大树的苍绿，森林的幽影，起伏的麦浪，脱俗的草场以及田园乡间的平静吧！"

我不反对走路的年轻人，一百多年前就有这样的，他们要在布满尘埃的学路之外寻找生活之路。但我不会与他们同行。我的路上不希望遇到山大王，山二王，也不想认识流浪的大学生，更要躲开成群结队的。

他刚停下，另一边又传来了歌声："走路是磨坊工的最爱，走路是磨坊工的最爱，走——路——去……"

[①] 德语地区中世纪晚期到工业化早期手工行业中的一个规定，学徒期满后要离家出去找工作，找到一份活儿干完接着走，一般两年左右不能回家，目的在于锻炼提高手艺，同时了解社会。这段经历是参加师傅考试的前提条件。

今儿是怎么了？所有人都染上日耳曼式的走路欲啦？

来的不是磨坊工，大步走来的是妇女合唱团，也许，是合唱的妇女行走团？女士们身上的风雨衣立即把我的目光引向天空，上面可是万里无云呐。她们热情地向我问好，人人手中一根伸缩拐棍。"上个月我们走完了赫尔曼路①，"领队兴奋地告诉我，"两个月前走完的是伦施泰格路②，你猜，下个月我们会去哪儿？"

"大概会去女魔头路③吧。"

"我们要把联邦总统卡尔·卡斯滕斯（Karl Carstens）在位时走过的路都走一遍。"领队兴致勃勃地边说边做手势让她的队伍继续前进。"噢，走路，走路，我之乐，噢，走路，走路，我之乐，噢，走——路——去…"

在遇上我们的女总理④和她的保镖们之前，我离开了这条被人走烂的小路。一只乌鸦呱呱叫着陪我往下走，似乎用叫声在提醒我该回来。我好像看到一个护林员从杉树后跳出来要抓我，乌鸦落到他肩头，自豪地挺起胸脯。啊，不，其实是有一只蚂蚁爬上了我的右腿。

我用目光寻找着一块巨石，艳阳高照，该是歇一歇，喝口水，吃点儿东西的时候了。在家没味儿的东西，出来走路时会变得特别好吃。山谷里的城市已化为一个小点儿，一个该从记忆中抹去的痕迹。背靠着的岩石暖暖的，卷在脖子后的毛衣软软的，让昆虫去劳作吧，我要睡了。

梦中见到一个从未谋面的人，但又似乎很熟悉。他走在一条阳光灿烂的路上。一定是在南方，阿尔卑斯山脉，瑞士的德欣。鼻梁上架着一副精致的眼镜，一顶宽边的软帽遮住了他的额头。他身后追来了一位年轻的女子，赤着脚，哭着。他头也不回地说道："金发的、快活的美女啊，

---

① 德国西北部一条一百五十六公里长，设有行走标识的山路。

② 全长一百七十公里，位于德国中部，每年将近十万步行者，是德国最古老和行者最多的一条路。

③ 路长一百八十五公里，其名称来自格林童话。

④ 现任联邦总理默克尔和前面提到的总统卡斯滕斯都是走路爱好者，他们休假的内容经常就是天天走路。

我爱了你一个小时，没有人比我更爱你，没有人像我那样给过你这么多占有的权利。但我注定是不忠实的。我是那种浪荡的男人，不爱某个女人，只爱爱情本身。行走者也天生都是这样的人。行走欲望，四处游荡就像身处风月场。我们知道，正是因为它们那不可实现不可完成我们才永远怀着爱情的愿望，本该赋予一个女人的爱情，被我们轻率地分给了山川峡谷和村庄，路边的孩子，桥上的乞丐，鸟儿，蝴蝶，田野里的牛和羊。我们让爱情从具象中解脱出来，有爱本身就足够了。就像走路，不是为了抵达目的地，而只是享受行走。"

有什么东西把我刺醒过来。我晕乎乎地在手背上那个肿起来的红点上喔了几下。这大概是对我在行走路上与赫尔曼·黑塞梦中相见的惩罚吧。我自己不也是个逃避者吗？把丈夫撇在家里，厨房桌子上留张条："我得出门，不知归期，不必着急！"

再穿上登山鞋的时候，感觉到了左脚跟上起的泡。只带最必需的……我把水、奶酪和吃剩的面包往背包里放的时候，突然有个男人站到了我的岩石前。

"走路不是享乐，是为上帝服务"，他乐呵呵地对我说，浅色的眼睛闪烁着。"内在的激情是行走必不可少的，"他朝着太阳扬起迷茫的脸庞，"行走是最高级的随心所欲，全无章法，直至极致。每一步都把我们带入无穷无尽之中。愿意放下一切，又想获得一切。历史已无意义，艺术变得多余，成就可以舍去。"

听到他也没带创可贴，我不禁偷着乐了。请教他的姓名，他笑着摇摇头："我叫什么不重要，早已没人知道我了。"我还没穿上鞋，他已经撑开帽伞出发了。我发现他一点儿行李也没有。

"请告诉我吧，我好知道该回想的是谁。"我朝他背后喊道。

"于尔根·冯·得尔·温泽"（Jürgen von der Wense）。接骨木树丛后面传来他的回答。他说得对，确实没人知道他了。

孤身一人我越过残叶青苔和越莓丛，只有蚊子跟着我，还有企图在我脸上结网的蜘蛛。终于到了山顶。森林退去,视野辽阔,下面的峡谷一览无余。但我不想下去,继续留在蜿蜒的山脊上。虽然每走一步脚都疼得钻心,但我学着带它一起旅行。

天变阴了,树顶上不再有阳光倾泻下来。我想起穿着风雨衣的那些妇女,她们穿对了,而我,只在腰间有一块薄薄的挡雨布。

只见一个人飞奔而过,似乎骑马的精灵在后面追赶他。"伦茨!"我喊道:"伦茨!停下!你跑得让我眼晕!"他稍稍站了一下,喘息着,身体向前,眼睛和嘴巴张得老大,似乎要把风都吸进去,胸部剧烈起伏,一个词也吐不出来,接着又飞快地朝山下跑去。我知道帮不了他,这个不安分的、不知疲倦的人。有时,他为自己不能用头走路而沮丧。在这一天,我第一次大声地唱起来:"我们走长路,去远方,横穿辽阔的田野,上上下下到处走,一往无前不回头。"

风把我的歌声带向远方。树梢的呼啸中,我能说什么呢?我真希望尼采在我身旁,教我从遥远的距离以外来观察"人"这个现象。"你的脸色苍白,被迫在冬季远行,像烟雾,总是寻找寒冷的天空。"

我似乎看到了远方的路,顺坡而下,又从另一边爬上,站在一块陡峭的岩石前。第一阵雨点来了,天暗得像黑夜。披遮雨布毫无用处,我也不费那个力了。看到远处有个亮光,我朝着它走去,它忽明忽灭闪烁着,鬼火在和我开玩笑。

感觉有一只手轻轻地放在了我的肩上。我掉过头往回走。那个戴着被雨雾打湿的深度眼镜的小个子胖男人一定什么也看不清了,深色的卷发湿漉漉地挂在他额前。啊,和我一起迷失在这岩石山谷中的不是尼采,是弗朗茨·舒伯特①,永远的冬之旅大师中的大师。我知道,什么也不用怕了。目光所向路标明,坚定不移向前行。我们拉起手,冲进被冬天的风雨席卷的森林。

作者:特·多
译者:徐静华

参阅:深渊,登山片,兄弟树,驾驶的乐趣,裸体文化,青年旅舍,高地丘陵,渴求癌,社团迷,林中寂寞

① 著名奥地利作曲家,作有大量艺术歌曲,《冬之旅》是其中最有名的套曲之一。

女人

一切从一个谜开始。为什么有那么一种活物,尽管在给其下定义时人们几乎都会用双手在胸前从上到下地画个半弧,这意味着其自然性别没有任何疑问,而它在语法上却属于中性?为什么叫 das Weib?①

即使是一般对德语的所有奥秘都能给出权威性解释的《格林兄弟德语词典》(*Wörterbuch der Brüder Grimm*)对此也无计可施。日耳曼词"wîba"与任何非日耳曼词没有关联,所以必须在"Weib"一词中寻找一种尤其为日耳曼观念所影响的内涵,同时还得能解释为什么这个词引人注目的是中性。一种可能的解释是:"wîba"由古高地德语"weibôn"(摇摆、漂浮、滚动)换音而来,"Weib"一词从而意味着一种"飘忽不定的活跃生物"。相反,想通过与"马、羊、牛"②的类比来解释这个词为什么是中性则说不通。最后只剩下两种可能的解释:一种是将"das Weib"一词与古北欧语概念"fifl"和"troll"(妖魔)联系起来,它们在其载体的恶魔本性中是中性的;另一种就得想到那些与受制于人的劳动阶级有内在关系的类别词,如"das Mensch"(娘儿们)或"das Ding"(小东西,特指小姑娘)。第

---

① 德语名词有三种不同的性,阴性、阳性和中性,其冠词分别为 die、der 和 das,女人(Weib)一词为中性,常含贬义。

② 此三词在德语中均为中性。

一种情况是理想化了的见解,由于相信女人的预言才能,对日耳曼人来说女人就获得了一种接近妖魔的特性,她们的名字"weibôn"就含有精神上的灵活性以及超自然的热情等含义。塔西陀在《日耳曼尼亚志》(*Germania*)中对妇女的描述,可以作为支持这种见解及其日耳曼专有概念内涵的论据:"日耳曼人甚至相信,女人身上有一些神圣和先知的东西;所以他们重视女人的建议,听从她们的意见。"反对这种见解的论据则是:自"Weib"一词问世之初起,任何妖魔背景的联想,也包括特别崇敬的色彩就都已荡然无存。相反,人们甚至得考虑,是否能一直用"Weib"一词来仅仅指称一种成熟的、完全具备工作能力的生物。

都明白了吗?"Weib"到底是光荣称号还是诽谤漫骂,这种迷惑一直到当代都未能厘清。要是一家大型汽车康采恩的企业工会成员在郊游时冲人力资源部经理怪声大吼道:"女人们都哪儿去了?"人们可以设定,这时此词与尊敬毫不相干。另外,身材壮硕的女士喜欢自称为"实足女人"。德国消遣文学中管那些永远都有好心情对待孩子、事业和老公的女人叫"超女";狂欢节前的星期四女人们从容地庆祝"女人狂欢节"。1968年秋在美因河畔的法兰克福创建了"女人委员会",它是与左派社会民主学生联合会(SDS)并存的反对派小组,它号召把"社会主义的红衣主教从小市民鸡巴们"那儿解放出来。20年后其他的女权主义者们出版了《女子小词典》(*Das kleine Weiberlexikon*)。

在后来的那些创意后面其实隐藏着各种最不相同的解放运动——在它们走上毫无生气的政治正确之路以前——一再遵循的策略:它们用讽刺手法"剥夺"占统治地位的语言用来咒骂它们的词语,反过来让这些词语成为一种骄傲的自我描写。

问题仅仅是,德语中的"女人"(Weib)不像美语中的"黑人"(nigger)一词,从来也不是只有贬义,或是顶多是个中性词。当弗里德里希·席勒在《欢乐颂》中呼吁男同胞"谁能获得一位温柔的女性, / 让他来一同欢呼!"①时,肯定没想贬低妇女。还是他有此意?反正在这位魏玛古典主

---

① 钱春绮译,转引自网络。

仿照智慧的所罗门,马丁·路德是这么赞美女性的。由路德维希·里希特配图,1851。

义坐第二把交椅的桂冠诗人那儿是找不到女权意识的。除了其历史剧《奥尔良的姑娘》(*Die Jungfrau von Orléans*)或《玛丽亚·斯图亚特》(*Maria Stuart*),他对女性才干和生活任务所发表的有限见解——"请尊敬妇女!她们编啊织啊／让天国的玫瑰走进尘世的生活"——很难让人确定他用"女人"一词到底是褒还是贬。这与首席桂冠诗人歌德不同,1801年歌德在《女士袖珍读本》(*Taschenbuch für Damen*)中发表了幽默风尚喜剧《作为恶娘们对照物的良家妇女》(*Die guten Frauen als Gegenbilder der bösen Weiber*)。

更为有趣的是第一位坚定不移地在德国支持妇女解放者的足迹,他是普鲁士政治家、作家特奥多尔·戈特利布·冯·希佩尔。虽然他在1792年发表的论文名为"论女人公民地位之改善"(*Über die bürgerliche Verbesserung der Weiber*),但他开宗明义点出这里的"女人"是褒义词。他用此词不是像席勒那样把她们当做是值得赢得的、编织玫瑰的可爱女人,相反,这位终生未娶的希佩尔曾怀疑,那些最尊崇妇女的男人正是最害怕她们的,他们对女人所说的甜言蜜语只是为了让她们服软。他本人不光认为女人可以搞科研、从艺和从政,而且认为她们在这些领域的天赋至少不比男人差。虽然这位启蒙者仍旧被人理解为虔诚信徒,他却一反《圣经》传统,赞扬夏娃使了手段,才让亚当"有胆量使用了理智,形成了突破"。他也合乎逻辑地要求:"为了纪念她,应该管夏娃叫理智。"

在这方面,马丁·路德等一些人坚信,女人不光在"坚强和身体力量"方面不如男人,而且她们首先缺乏"理解力"。他们所表达的此类观点要远远超过所有牧师、神父和拉比。

这类人中的一位是伊曼努尔·康德,他硬说"博学妇女"需要"她们的书就像需要她们的表一样","也就是说带着书,好让别人看见她们有书,尽管一般来说表是停着的,或是走得不准"。

希佩尔是康德柯尼斯堡餐桌上的常客。也许要是能够静听一下他们二位——前者认为女人是有理性的;后者认为妇女是蠢笨并受欲望驱使的——对这个问题交换过些什么见解,没准对妇女－女人之谜能多一点理解。

恰恰是男女平权主义者希佩尔几乎一直使用"女人"一词，这绝不仅仅是一种修辞学上的失误。像格林兄弟在其《词典》中一样，他也提醒人们忆及古代，那时据说"德意志女人……与其他女人完全不同"，因为日耳曼人重视来自女人的建议，"她们的话对他们来说是神圣的"〔至于古希腊人前往德尔斐（Delphi）神庙皮娅（Pythia）处朝圣的事他避而不谈〕。与席勒不同的是，希佩尔所说的出谋划策的女子不是那些应该主内的家庭主妇和智慧地当家做主的母亲。对他而言，脚踏实地的是女人，而不是黏土烧出的女神。

也许希佩尔向他的朋友康德承认过男人拥有更高级的理智，可他证明了女人的理智更深沉，在一定程度上女人用形而下的理智对抗男人的形而上。这种论点大概会震惊纯粹理性的发明者。但每一个以务实作为他所有理性的基础而不是把它当作其障碍的人，都无法完全否认这种念头的精彩。

谁一说到"女人"，眼前都会浮现一种永远热情洋溢、生气勃勃，从而充满情色魅力的生物。相反，大概只有天主教在其《万福玛利亚》（Ave Maria）中才会赞美耶稣的母亲"你在妇女中受赞颂"。毕竟最珍贵的生命是在她腹中孕育的，哪怕"仅仅"是通过圣灵感应而受孕。

501 谁若想完全避免性感之嫌，最好用"妇女"一词。在中世纪宫廷抒情诗人那儿就已经区别使用这两个词了："Ze frowen habe ich einen sin: / als si mir sint, als bin ich in, / wand ich mac baz vertrîben / die zît mit armen wîben."翻译成新高地德语就是："对贵妇我信守一点，她如何待我，我就怎样对她；若为消磨时光，我愿去穷女人处。"哈特曼·冯·奥厄（Hartmann von Aue）在接下来的诗行中确实暗示，在"穷女人"那儿比在"贵妇"那儿有更多乐趣，后者虽然愿意听别人含情脉脉地称自己为"天下第一美女"，但却是绝对碰不得的。

只有这样才能解释，为什么德国人在心旌摇动时虽然总会说自己喜欢"美酒、女人和歌唱"，却在从前国歌的第二段中歌颂"德意志妇女、德意志忠诚、德意志美酒和德意志歌声"。

 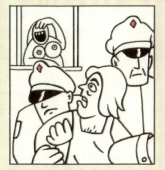

他们是这样真心相爱，
他是个小偷，而她是个无赖。
只要他想寻开心，
她就扑到床上，哈哈笑起。

日子在快活淫乐中逝去，
夜里，她总倚在他怀里。
那天，他被带走送入监狱，
她站在窗前，哈哈笑起。

他给她传话：哦，来看我吧，
我是多么想你，
我呼唤着你，渴求着你，
她摇摇头，哈哈笑起。

清晨六点，他被处以绞刑，
到了七点，他已埋进坟里；
可是刚刚八点，
她就喝上了红葡萄酒，哈哈笑起。

《一个婆娘》，海因里希·海涅把这首诗献给了女人。由齐丝卡配图

就连最鄙视女性者之一的弗里德里希·尼采似乎也感觉到其中的差异。在《查拉图斯特拉如是说》中，他让超人宣讲者与一位"老女人"展开幽默对话，说到女人的一切都是谜，而女人的一切都有解，"那就是妊娠"。在两个人进行了长达两页的专门有关"女人"的对话后，老妇人最后给了查拉图斯特拉那句有名的忠告："你要到妇人①那儿去吗？别忘了鞭子！"

为什么这位留着胡子的哲学家偏偏在这里选用了"Frau"（妇女）一词？因为在真正的女人——这些人对幸福的理解反正已经降到"他要"的模式了——那儿是无须用鞭子的，只有在那些"学究气"的妇人那儿才要用鞭子，因为"她们的性欲不完全正常"，就像尼采在其他文章中推测的？

如果说"女人"一词中总带有色情成分，每个男人必须自己决定，鉴于他永远受到诱惑，他是该尊敬还是鄙视女人；那么与"女人"对应的词真的像格林兄弟《词典》中认为的该是"男人"（Mann）吗？难道不更应该是"der Kerl"（家伙）或"das Kerl"（用中性冠词）吗？一位"Prachtweib"（尤物）最终该得到的不是"Prachtmann"（帅哥），而是"Prachtkerl"（猛男），就像女中豪杰只中意大胆硬汉一样。

可以说我们德国人是世上最大的色情狂，因为我们为极为性感的女性发明了一个专门词语；还是说我们至少在西方拘谨地名列榜末，因为我们认为有必要让妇女洗尽性感？

这始终是个谜。

---

① 这里尼采没有用带贬义的"Weiber"，而是用的"Frauen"一词。

德意志巾帼小画廊，
展示顺序按女人味从低到高

美丽心灵

1806年柏林翁格尔（Unger）出版社出版了一本匿名小说，题为"美丽心灵的自述"（*Bekenntnis einer schönen Seele*）。这是一本女性教育小说，一位名叫米拉贝拉（Mirabella）的成熟处女在书中讲述她的生活故事。这本小说想回答的问题是：如何能够成功地做到，一方面形成"令人尊敬的人格"，另一方面又不会以怪癖的方式终老。宫廷贵妇米拉贝拉清楚社会的适应压力和最终被孤立的危险："要是我们有朝一日妥协了，那毕竟还有一点好处，能成为所有人的朋友。"她写道，"只要是我们还没有变成那样，我们就必须把自己的性格当作最可贵的珍宝来保持，因为有力而坦诚的个性最终要比整个社会更有价值。我不该这么说，因为我是个女人；我之所以这么说是因为男人们对这一真理噤若寒蝉"。

噤若寒蝉者中的一位——米拉贝拉大概也曾想到过他——迅速做出了反应：约翰·沃尔夫冈·冯·歌德。1795~1796年他出版了自己第一部伟大的教育小说《威廉·迈斯特的漫游年代》，在第六章中同样可以找到《美丽心灵的自述》。一位无名的牧师会女会员被母亲教育得笃信虔诚，父亲又教会了她自然科学。但她从不炫耀自己的教养学识,因为她知道,人们认为"令许多不学无术的男人羞愧,是不礼貌的"。歌德在一篇书评中批评另一篇《自述》的匿名作者说:"我们更该将这部作品更名为《一位亚马孙女杰的自述》,一来免得让人忆起早先的同名作品,二来这一称谓更能彰显个性。因为这里展现在我们面前的确实是个女汉子,一个像男人一样思维的姑娘。与那个从宙斯前额中跳出来的雅典娜如出一辙,雅典娜是并且一直是个严肃的极品处女;这位由一理智男子调教出来的处女,虽然本质上并不招人讨厌,却也不苟言笑,是个货真价实的假小子式处女。这种人令我们肃然起敬,然而对我们却没有吸引力。"

歌德没有猜到的是:后来文学研究考证出,那本被指责过于男性化的作品很可能出自一位妇人之笔。如今人们认为其作者是弗里德莉克·海伦妮·翁格尔(Friederike Helene Unger)——那位出版商的妻子,她不光协助丈夫做编辑工作,而且她本人就是作家。

知道这一点后再读歌德的书评就会倍受启发:他认为这本书要回答的首要问题——"一个女人"如何才能"面对场合和环境保持其特性与个性",是由一个"女汉子"提供的答案;而"一个精神和感情丰富的女性从女人的角度"是会给出完全不同的答案的。具体来说,米拉贝拉令诗人不满意的地方是:她既不是"女儿",也不是"姐妹、情人、妻子或母亲",因此人们也无法指望"她有朝一日会成为家庭主妇、岳母或是祖母"。

诗人在其评论文章中没有透露的是,"他的"美丽心灵在生活中也有真实原型——苏珊·冯·克勒腾贝格(Susanne von Klettenberg),她与歌德的母亲很要好。每当年轻的歌德抱病滞留在法兰克福家中时,她都不离左右。除了照顾他恢复身心健康外,他们还一起研究神秘的自然科学。是她说服了歌德的父亲,让歌德得以应召前往遥远的魏玛宫廷。这位虔诚笃信的牧师会女会员以这种方式避免了被宣判为"假小子式处女",尽管根据人们所了解的情况,她大概在其平和的一生中都会一直保持"处女"身份。

真正天生——或上帝赐予并满足于内心的——美丽心灵都是出圈离谱

的，即使是启蒙家们为女人精心打造的生活模式对她们来说都是桎梏，比如约阿西姆·海因里希·坎佩坚持提倡的三重规定："令配偶幸福的妻子、对孩子循循善诱的母亲以及下人们的智慧主管。"那些自己致力于研究新时代个人如何从所有角色束缚中解放出来，能够真正自由发展的先生们，一想到女人在生活中会有丈夫、孩子和家庭之外的别的中心，他们便会充满恐怖感。

美丽心灵是从受过教育的虔诚心灵的精神中生发出来的一种早期解放模式。尽管希尔德加德·冯·宾根从未自称过"心灵美好"，12世纪那些毕生致力于与上帝的神秘对话和研究自然的修女们却属于这种类型，19世纪这类女子被嘲讽为"女学究"。与后来的"主张女权的女子"不同，这类注重心灵美的女子不与目光狭窄的男人世界抗争，她们即使不进修道院，也以内心流亡的方式与世无争。她们首先在乎的是内心的平静。

心灵美好的米拉贝拉坦率承认，即使有那么一个唯一让她认为值得为他放弃自己自由的人，那这个人的去世也不会震动她。相反，她自己身上"更高尚的部分"犹如"幸福的奥林匹斯山诸神的栖息地"一样阳光明媚。没有一项她的活动会因失去爱侣而终止。此外她也从来没有感到过不幸，因为她觉得自己"一向能够始终保持清醒与平和"。

古希腊罗马的斯多葛学派对这种突出的女性超然性肯定得嫉妒得要死。这类心灵美在格奥尔格·威廉·弗里德里希·黑格尔那里却要被指责为没血性和懦弱。在《精神现象学》（*Phänomenologie des Geistes*）一书中，这位哲学家把它展示为近代意识想摆正自己和世界的关系时误入的歧途："它缺乏摆脱的力量、将自己变成物和忍受存在的能力。它生活在恐惧中，怕行动与存在污染了其内心的辉煌；为了保住其内心的纯洁，它逃避与现实的接触，坚持停留在固执的无力状态中……——在其瞬间的透明纯洁状态中有一种不幸的所谓美丽心灵，它逐渐黯淡，直至作为无形的蒸汽消失在空气中。"

18世纪末19世纪初，其他男性同时代人对美丽心灵的态度明显要更加挚爱。他们称赞这类女子将和谐作为最高追求目标，认为美好心灵不失为一种精神与心情和谐的成功模式，借此可以将启蒙家们撕裂成两半的宇宙重新缝合起来。然而，他们也并不赞赏女人仅仅为自己找到一条通往幸福生活的宁静之路，他们更希冀美丽心灵能够多为他人做些什么。

"人们称其为美丽心灵，如果一个人全部感受的道德意识最终能保证其随心所欲，却不自相矛盾。"弗里德里希·席勒是如此赞美女性的秀美的。"心灵美就是心灵美，没有别的功用。它举重若轻，犹如仅仅出于本能地完成着人类最令人难堪的义务；它从自然欲望中赢得的最英勇的牺牲，令人看上去就像是这种欲望的自愿效果。所以它也从不知道其行为之美，它也想不起来还能有别的行动或感受。"

索菲·冯·拉·罗施（Sophie von La Roche）走上了这条崎岖小路：赢得内心平静，自己在世上做事情，同时组建家庭。比她年轻20岁的歌德喜欢称这位八个孩子的母亲"妈妈"，她既虔诚又是个有教养的女作家，还是沙龙女主人。她的诗意初恋克里斯托夫·马丁·维兰德将她尊崇为"他的美丽心灵、他的聪慧女王"，尽管他在写给一位朋友的信中信誓旦旦地写道："先生，我完全同意您的观点，一个学究式女人，一个职业文艺爱好者很难让一位男人和一个家庭幸福。"

索菲·冯·拉·罗施晚年曾出版过德国第一本妇女杂志《波蒙娜①——献给德意志女儿们》（*Pomona für Teutschlands Töchter*），这本杂志确确实实是由一位女子打理的。据说甚至叶卡捷琳娜大帝（Katharina die Große）都是该杂志的订户。该杂志向女读者们保证，阅读过程会美好得如同"与女友一起去漫步"。女出版人和唯一的女编辑在第一期前言中自信地写道："这本女人杂志和女性大事记年鉴会向我的女读者们展示，德国男人们认为我们做的哪些事是有益的和讨人喜欢的。波蒙娜会告诉您，作为女人我对此怎么看。"

尽管如此，索菲·冯·拉·罗施并非感情主义的阿莉塞·施瓦策尔（Alice Schwarzer）②。只要一有男人踏进她的家门，这位成功的女作家马上拿

---

① 罗马神话中的果树女神。

② 德国《艾玛》杂志创始人，女权主义者。

起毛衣针织毛衣或是拿起刺绣绷子绣花。在其作品《冯·施特恩海姆小姐的故事》(*Geschichte des Fräuleins von Sternheim*)中——这本畅销书令她于18世纪末在文坛成为引起轰动的人——她并不鼓动女同胞们去冲击男人们的巴士底狱,而是让其命运多舛的女主人公——一位货真价实的心地善良的女子——按照席勒的意思说:"我所受的教育让我懂得了,美德和灵巧是唯一真正的幸福,行善是真正能让一颗心快乐的事;而命运则向我提供了这方面的亲历证据。"

然而索菲·冯·拉·罗施绝不仅仅是一个勤快的隐忍者。她多次长途旅行,去过瑞士、法国、荷兰和英国。她是第一位登上勃朗峰的德国女子,也是第一个发表详细游记的德国女子。

如果说德国人的意识中还存在着索菲·冯·拉·罗施的形象的话,这一形象与歌德有很大关系。在《诗与真》(*Dichtung und Wahrheit*)第十三章中他这样描述当时召集"多愁善感者聚会"的女主人:"她看上去好像参与一切,其实什么对她都不起作用。她温和地对待所有人并能容忍一切,却没有痛苦。她丈夫讲的笑话、朋友们的钟爱、孩子们的清秀,这一切她总是以同样的方式回应,所以她总是她自己。世界上的善恶、文学中的强弱对她好像都没有影响似的。她的这种本性要归功于她一直到老都很独立,而且经历过一些悲伤甚至是可怜的命运打击。"

虽然恭敬地称索菲·冯·拉·罗施为"妈妈",但这位大文豪究竟以何种傲慢与她相处,读一读他写给朋友席勒的信就一目了然了:"她属于那种天生爱把一切扯平的人,她提升粗俗的,打压出色的,然后加上自己的调味汁来随心所欲地享用全体。不过话说回来,她的谈吐不乏有趣之处。"

不遁世,而是选择了艰难路途的美丽心灵,既独立自主,也为他人而存在,却最终被他人贬为不温不火。

几年后歌德遭了报应,报应来自索菲·冯·拉·罗施的外孙女贝蒂娜·布伦塔诺(Bettine Brentano)。这个爱过度激动的孩子可绝对说不上不温不火,很快大师就试图摆脱这个不单单以写信的方式缠着他的"烦人的牛虻"。在波西米亚特普利采(Teplitz)浴场与被她像上帝一样尊祟的

"我仅是女子,但决不会不公正和小气。"索菲·冯·拉·罗施:德国第一位拥有美丽心灵的女畅销书作家。

六十岁诗人晤面后,这位年轻的狂热崇拜者终于有了理由把自己的白日与黑夜梦毫无遮拦地记录下来:"汗珠浮上了他那紧闭着的漂亮嘴唇,他深深地叹气、呻吟,我不受干扰地舔干了所有汗珠。他把舌头放到唇上,我轻轻地咬了它,我也咬了他的嘴唇,他用力把我的唇转移到他的面颊上,我的眼泪滴落到他的面庞。他再次对我呢喃:'小妞儿!小妞儿!你要是知道你有多么甜,那么!是的,那你才会明白,你的纯洁对我来说是多么坚固的绳索,我不愿挣断它们。'"女诗人的情色幻想是这么结束的:贝蒂娜裹着皮大衣、抱着一束花,是夜睡在了诗圣脚下的一个枕头上。第二天一早邮车的号角响起时,她在离开圣所前对他说:"歌德,昨天晚上我睡在你这儿了。"

"我知道,"她让他回答道,"一整夜我都在看着你。可别再来了,要不你我就都毁了。"

格蕾琴、小凯蒂、德意志姑娘

1770年圣诞节前夕,当苏珊娜·玛格丽特·勃兰特(Susanna Margaretha Brandt)在她做女佣的那家法兰克福三流旅馆委身于一位荷兰旅客时,她做梦也不会梦到接下来发生的所有事情:她没想到自己会怀孕,没想到自己会独自一人在旅馆的洗衣房生下了孩子,弄死后埋在了马厩的粪堆里;没想到帝国直辖市会判处她死刑,更没想到一位名叫约翰·沃尔夫冈·歌德的年轻律师关注了这桩案子并会让她成为戏剧中最著名的女性角色。

本来格蕾琴是个很普通的姑娘:有点儿卖俏、有点儿拜金,此外心中一半装着上帝,一半想着玩耍。若不是歌德在其剧作中让她遇上的不是一位不知名的荷兰小商人,而是德国传奇中的绝对名人浮士德,大概今天没人会再想起她了。审讯记录和法院档案中没有一个地方记载着,现实生活中的苏珊娜·玛格丽特曾爱上那位请她喝了几杯葡萄酒的不知名的男子,"在酒精的作用下,她未能抵挡住他的袭击"。是歌德将她塑造成了一个恋爱中的女人,虽然他笔下的格蕾琴至少在最后的热恋中能够展示,她是个性欲上有渴求的女人:"吻我!要不我可吻你了!"

"万箭穿心"。歌德笔下濒临绝望的格蕾琴。

历史上的女勃兰特在审讯过程中越来越明确地表示，是撒旦驱使她隐瞒了自己怀孕的事实并杀死了孩子（至今一直有争议的是：她这么做是否在受到法兰克福司法部门代表的——当时也已违法的——刑讯威胁之后）。歌德的格蕾琴是绝不会把犯罪的责任推到梅菲斯特身上的。如果说《浮士德》中真有人确确实实"着了魔"，那这个人正是浮士德博士自己。歌德把苦命但最终难脱平庸的杀婴女犯提升为一个悲剧性人物，看到她就能感受到全人类的苦难。剧末歌德让她指着监狱的门，让魔鬼与他的傀儡——那个她曾经炽爱过的海因里希马上消失，她宁愿上断头台，也不愿跟他们俩逃跑。

格蕾琴能够跻身有长久生命力的德意志妇女形象行列，一个原因大概是：在她身上正直与堕落、罪行与无辜是如此艺术地交织在一起，就像她头上的浓密金发。然而她仅仅是从根本上说愿意护卫自己心灵的女性的圣像。对男士来说，只有那些还有老派骑士精神的人才爱慕她；像浮士德那样陷得很深并渴望救赎的男人，得找另样的德意志姑娘（或是得有极大的耐心，甘愿冒险，在数千行诗句之后，于《浮士德II》结尾之处不能确定地说，为什么永恒之女性现在突然引领他飞升了）。

谁想准确无误地看到伟大的殉情场面，他得去听歌剧，去听瓦格纳的歌剧。在那儿他可以自由选择，喜欢看漂泊的荷兰人和森塔（Senta）、汤豪舍和伊丽莎白，还是直接看特里斯坦与伊索尔德共赴冥界。至于饰演不同角色的女演员在很大程度上不太像姑娘，而是更像已婚妇女，这仅仅是因为单薄的身子很难发出洪亮的声音。按理说，即使是瓦格纳剧中的女武神，也应该让令人陶醉的姑娘来演唱。

谁若是看海因里希·冯·克莱斯特的《海尔布隆的小凯蒂》（*Käthchen von Heilbronn*），肯定会看到一个脆弱得几乎透明的女演员。第一眼看上去小凯蒂与格蕾琴有许多相似之处，然而这并不符合事实。克莱斯特的小凯蒂与歌德的格蕾琴之间的差别就像是潜随猎物者与被追赶的无辜猎物一样分明。尽管前者的父亲在戏开场时介绍说，人们很难想象比她更温柔、更虔诚和更可爱的姑娘了，但这仅仅是在她遇到韦特尔·冯·施达尔伯爵（Wetter vom Strahl）之前的状况。尽管伯爵对她丝毫不感兴趣，从此后她却像一条"嗅到过主人汗味的狗"一样，寸步不离地跟着他。她犹如真实存在的贝蒂娜·布伦塔诺的虚构的（并更加自虐的）孪生姐妹，贝蒂娜一厢情愿地说自己在特普利采曾在自己的偶像歌德脚下睡过觉，小凯蒂则证实，她曾让伯爵踢过自己好几脚，若是能允许她在他城堡下的接骨木灌木丛中过夜，她会欣喜若狂的。对于她这段疯狂恋情的原因她三缄其口："在心中悄悄发生的事，而且上帝并未惩罚，其他人无须知道。"随着剧情的发展，我们后来才知道，她与伯爵曾在梦中相遇，这令她深信，自己命中注定要嫁给他为妻。

至少从表面看，《海尔布隆的小凯蒂》有个圆满结局：最后伯爵也意识到，出现在他梦中的不是那位他正准备娶的贵族小姐，而是她。眼泪。婚礼。

海因里希·冯·克莱斯特自己的结局却既无眼泪，也无婚礼。1811年11月21日，诗人在柏林小万湖先向女友亨丽埃特·福格尔（Henriette Vogel）胸部开枪，然后向自己口中开枪。此前给他们往户外送过小吃的附近餐馆的服务员说，他们很少看见过像他们"这么亲切友好地相处的"一对儿。这两位准备赴死者手拉着手向湖边跑了过去，"一路上追逐嬉闹，就好像在玩捉迷藏"。不清楚的是：不知31岁的亨丽埃特·福格尔是否同意双双自杀，因为她患了癌症；还是她这么做是真正的无偿行为，只是为了陪伴34岁的诗人去另一个世界。

亨丽埃特·福格尔在临死前夜写的最后一封信，就好像是小凯蒂咬着她耳朵告诉她让她那么写的。信是写给他们俩的一位共同朋友的："您的友谊……面临一次奇特的考验，因为我们二人，也就是著名的克莱斯特和我正在……前往波茨坦的路上，我们处在一种十分无助的状态——中枪躺在地上。等着一位慈悲的朋友做善事，把我们脆弱易毁的皮囊埋入厚重安全的泥土中。"

是夜，克莱斯特在万湖附近的旅馆给自己喜爱的堂姐玛丽写了最后一封信："如果我告诉你，我永远不会拿这位女朋友（指的是亨丽埃特·福格尔）来取代你，而且她没有别的奢望，只是想和我一起生活，这会不会给你一些安慰？她在心灵深处做出的决定——与我共同赴死，吸引我投入她的怀抱，这种吸引力的强度和不可言说性我无法向你解释。你肯定还记得吧，我曾多次问你，是否愿意与我共同赴死？你的回答总是否定的。我陷入了一股从未感受过的幸福旋涡，我无法否认，她的坟墓对我而言要胜过与世上所有女皇们的床笫之欢。"

11天之前——与亨丽埃特·福格尔共同赴死的决定已经做出——，克莱斯特曾在他的堂姐那里最后一次抱怨自己的姐姐乌尔丽克（Ulrike）。尽管他一生都与这位姐姐有着密切的关系，却认为在"她的胸口"没法安静地休息，因为她的缺点是有一颗"女汉子的英勇心灵"，这"对其性别来说是太高大了"。现在，在死前的数日里，他大概想，"她没有掌握牺牲的艺术，为了己之所爱，彻底走向黄泉"。这位"最大的担忧"莫过于找不到"足够深的深渊"，好让他和自己的死亡伴侣一起纵身跳下的诗人，证明了他自己就是深渊。

尽管如此，"像狗一般的殷勤热情"的小凯蒂还远不是一个渴望被救赎的典型疯子。亨丽埃特·福格尔才是这种女人，她写下的最后文字中包括《死亡连祷》。克莱斯特先写道："我的小埃特，我的心肝，吾爱，吾鸽，吾命。"她接下来写道："我的海因里希，吾甜甜呻吟者，吾风信子苗床，吾欢乐海洋。"

在德国剧院之外，如今还有那种想入非非、必要时奋不顾身的德意志姑娘吗？自从深渊被填平和浪漫仅仅还剩下点蜡烛与软摇滚以来，小凯蒂类型的女子日渐稀少。虽然仍旧有许多人相信，可以用拥抱把男人从纠结中解放出来，但与两百年前相比，今天海因里希·冯·克莱斯特肯定更难找到愿意陪他赴死的伴侣了。1992年秋天绿党党员、德国联邦国防军前将军格特·巴斯蒂安（Gert Bastian）用德林格手枪先射杀了自己的生活伴侣彼得拉·克利（Petra Kelly），然后射杀了自己。至于绿党这位女政治家是否真的愿意与他一起死去，这无疑会永远成为一个解不开的谜。

大多数情况下，那些梦想一位卓越男子能让自己辉煌与荣耀的格蕾琴们，到头来不得不明白，她们的所有奉献最终只是让自己陷入痛苦。这时她们只有两条路可走：或是发动伪善的街头小报去愤怒声讨那位出卖灵魂的人，或是在孤独中默默地认输。

"在与你共同生活四十一年后离开你，这对我是个很难做出的抉择。但我不愿让自己和你在黑暗中长期煎熬……我的力气用尽了……。我感谢你让我在你身旁度过的时光，这段生活充满了不寻常之事、爱情、幸福和满足。我爱你，也欣赏你的力量。希望你永远坚强有力，还有很多事在等着你去做。你的小蛇。"这是德国前总理赫尔穆特·科尔的妻子汉内洛蕾·科尔（Hannelore Kohl）于2001年7月5日自杀前写给他的遗书。

小姐奇迹

那年月，（西部）德国正处于奇迹浪潮之中。在纳粹帝国留下的废墟上经济正在重新开始繁荣，而其腾飞的方式是令人难以置信的。1954年7月4日，在伯尔尼的万科多尔夫球场德国人首次荣登足球世界杯冠军宝座，简直是传奇。四年前，在巴登－巴登疗养院举行了首届德国小姐选美大赛，这也是一次重大社会事件，《每周新闻》（*Wochenschau*）曾进行追踪报道。那届的胜出者是苏珊·埃里克森（Susanne Erichsen）。那位当时二十四岁的柏林女子曾在战后被苏联人带往劳改营，在"第三帝国"时期她的继父曾禁止她化妆，因为正派的德意志姑娘不干这种事。1947年她才重新回到德国，先是在慕尼黑做摄影模特，从此挨饿不再是不得不忍受的折磨，而是升华为一种敬业美德。1952年她作为"德国时装形象大使"前往美国，开始了其"小姐奇迹"的生涯。

其实"奇迹"这个概念容易引起误解。谜一样奇特的一直是格蕾琴和小凯蒂这类处于危险中的女子，而不是那种优秀的、用自己又细又长的美腿站立着的小姐们，她们在战后是凭着对成功的可靠嗅觉脱颖而出的。这些奇迹小姐晋升靠的是自己的力量，她们是战后那些在德国大城市套上围裙在废墟中清理瓦砾的妇女的小妹妹或女儿。她们同样守纪律，同样没幻想，这些奇迹小姐魅力十足地向全世界证明，被彻底摧毁的也许是德国，但不是德国人。"战后我学会了，不能消极地坐等天上掉馅饼。不存在幸运这回事。所以要睁大眼、竖起耳朵、抓住生活中的机遇。"21

世纪初资深模特格蒂·沙赫特（Gerti Schacht）曾用上面的话描述"零点"精神，在战后最初的时装秀上，作为模特她曾在柏林的废墟中间走秀。

美国人确实感到惊奇，战争刚刚结束，从战败国就又有漂亮、妩媚的女子飞越大西洋来美国了。1952年4月《生活》（Life）杂志刊出了整整三页苏珊·埃里克森的照片，并配有颇感惊讶的评论，"战前的胖姑娘"变成了"时髦小姐"。《生活》杂志认为，是"苏珊"在苏联煤矿卖苦力的那两年起了积极作用，让她从战前的小胖子变成了"120磅的健美女子"，不知道这是美国新兵训练精神的体现，还是细腻的玩世不恭。而"漂亮小姐"自己则不受任何误导，接下来的几年她一直留在纽约，其每小时一百美元的酬金大约相当于当时一位德国工人一个月的收入。

苏珊·埃里克森在美国所获得的成功也许是因为她留短发，而且头发颜色为深色，这让她看上去与那些堕落了的格蕾琴，也就是那些穿着德国少女联盟制服向"元首"欢呼的女孩们完全不同。她更让人忆起20世纪20年代生活在所有西方大都市演艺圈的女子，那些女子时髦而独立，被称作"轻佻女子"（Flapper）。

奇迹小姐却没有生活在夜之阴影中的女子们那种轻浮与病态。虽然给人以性感的印象，但她们身上的一切都在发出安全信号：在美丽的外表之下没有暗藏着深渊，而仅仅是抱负。她们的曲线要比大众甲壳虫车更具魅力，在年轻的联邦共和国她们也同样人见人爱。奇迹小姐就像60年代占领了德国人起居室的可以擦洗的塑料家具，这一点没人比比利·怀尔德在其冷战喜剧《一、二、三》（Eins, Zwei, Drei）里展示得更活灵活现了。这出戏讲述的是一位美国可口可乐公司经理在分裂的柏林打天下的事。在所有老纳粹分子和新社会主义者中有个唯一的亮点，她就是热心的"英格博格小姐"。她自愿在下班后辅导老板德语中的变元音，前提条件是：作为名目繁多的附加津贴老板得给她买这样那样的衣服和帽子。

尽管奇迹小姐从未否定过自己的德国味——相反她强调的正是这一点，但其内里的指南针一直是指向西方的。这一点直到今天都没有发生过变化。网球界的奇迹小姐施特菲·格拉芙和海迪·克鲁姆（Heidi

Klum）①一样都嫁到美国去了，后者是出生于莱茵河流域的快乐模特，她无论是给内衣代言还是展示钻孔机都同样坚定不移。而颇有格蕾琴气质的克劳迪娅·希弗（Claudia Schiffer）则仅短时间被一位美国魔术师迷住，后来在英国成了家。奇迹小姐是德国为其美国梦建起的一座空中桥梁。

这么看来，90年代末一位《明镜》文艺专栏撰稿人为当时一批活跃在文坛的年轻女作家贴上"奇迹小姐"的标签，就纯属恶搞了。从卡伦·杜韦（Karen Duve）到尤迪特·赫尔曼（Judith Hermann），那种用勤奋征服世界的不屈不挠的乐观主义对这些女作家来讲是陌生得就像拉斯维加斯和贝佛利山一样遥远。如果人们非要寻找下一位超级奇迹小姐的话，那就当数来自汉诺威的莱娜·迈尔——兰德鲁特（Lena Meyer-Landrut）。至少美国日耳曼学系的大学生都能跟唱热门歌曲《卫星》（*Satellite*）了，这位兴高采烈的青春少女2010年以此歌摘取了欧洲电视网歌唱大赛冠军桂冠。

露露、洛拉、罗蕾莱

若想令德国男人疯狂，看来让自己名字的每一个音节都用L开头显然是个高招。L开头的名字容易被喝高了的口齿不清的男人淫荡地喊出，因此洛莉塔、莉莉斯②或《莉莉玛莲》③——这首歌特别是由拉莉·安德森（Lale Andersen）④唱的时候——就比叫喀耳刻、卡门和莎乐美的机会多一些。

这种幼稚型的名称不是偶然的。那些露露、洛拉、罗蕾莱们，她们毁灭男人虽然与法国的红颜祸水或是美国的吸血鬼一样稳准狠，但与她们那些狡猾的异国姐妹不同的是，就连那些陷入她们圈套的男人都不认为这些天真的诱惑者是故意杀人。

---

① 又译海迪·克林。

② 犹太民间传说中的女妖。

③ 第二次世界大战期间在双方阵营中广为流传的一首德语歌曲。

④ 夜总会歌女。

让成群的男人淹死在莱茵河中，这并没有给可怜的罗蕾莱带来任何乐趣，她更希望自己能从魔咒中解脱出来。"男人可以撒弥天大谎，／我的心都疼碎了，／吹圆号者也许还在四处流浪，／哦，快逃吧，你不知道我是谁！"约瑟夫·冯·艾兴多夫让他塑造的罗蕾莱警告夜间骑马的男人，因为他一时冲动想娶这位"漂亮新娘"。

弗兰克·魏德金德（Frank Wedekind）借古老的圣经典故引入其角色露露。在《怪兽悲剧》（*Monstretragödie*）序幕中一位驯兽者带着一条蛇上场——那条蛇自然是由露露而不是别人饰演的，他宣告："她生来就是为了制造灾祸的，／吸引、诱惑、毒害，／不留痕迹地谋杀。／我的甜甜野兽，千万别装模作样！／别愚蠢、别造作、别乖戾，／虽然批评家很少夸你。／你没有权利通过喵声和吼叫／来扭曲女人的原始形象，／通过插科打诨和向我们做鬼脸／来败坏恶习之童稚性。"

当露露在剧中被问及她富有后整天都做些什么时，这位孩子气的年轻女子——一位医务顾问、一位画家、一位总编辑和一位女伯爵都曾拜倒在她的石榴裙下——回答说："我躺着、睡觉……伸懒腰，直到骨头嘎嘣响。"

"漂亮的洛拉"身上同样有这种淫荡的无辜气质。导演约瑟夫·冯·施特恩贝格（Josef von Sternberg）做出的第一个辉煌决定是：他从弗兰克·魏德金德那儿获得灵感，在电影《蓝天使》（*Der blaue Engel*）中把赤脚舞女"罗莎·弗勒利希"（Rosa Fröhlich）——在亨利希·曼的小说中她叫这个名字——改成了低级娱乐场中的歌手"洛拉·洛拉"。而他做出的更加辉煌的决定是让玛莲娜·迪特里茜①（Marlene Dietrich）出演"洛拉·洛拉"。

在后来的采访中，这位女主角一再提及她是如何成功地夺得这一抢手角色的，尽管她当时作为女演员顶多能演女三号：她装出漫不经心，并非志在必得的样子。因为她也确实没想到能得到主要角色，没有为试拍做任何准备，而是就么坐到钢琴前随便唱了点儿什么。施特恩贝格在其回忆录中也证实，1929年被他叫到巴贝尔贝格（Babelsberg）的这位

---

① 又译玛琳·黛德丽。

女子并非"虎将",而是"显得无所谓"。她就这样赢得了这个角色,一开始让制片人和与她合作的男演员——著名的埃米尔·杰宁斯（Emil Jannings）很吃惊。

施特恩贝格是唯一从一开始就感到——这一点全世界是在电影上演后才认识到的——,没有谁能比这位鲁莽的警察少尉的女儿把这朵污泥之荷演得更好了。影片中的女主角让小城市过于天真的垃圾教授拉特（(Un) Rath）①不知不觉地迷上了自己,最终沦落为在低级娱乐场猎艳的男人。对任何有关其演艺生涯的过分问题,玛莲娜·迪特里茜始终都不屑地用"确实无可奉告"来回答。在她身上人们更愿意相信,男

"若是扑火的飞蛾被火焚,是的,那也赖不着我。"饰演《蓝天使》时的玛莲娜·迪特里茜。

人围着她就像飞蛾扑火,一旦他们被烧,那并非她的过错,正如弗里德里希·霍伦德那首众人耳熟能详的歌所唱的。

正如美丽心灵没有别的功绩一样,卑鄙的心灵除了卑鄙也没有别的瑕疵。只是前者的内心和谐平静,后者则只有一片混乱。当画家施瓦茨（Schwarz）试图给露露画肖像时说:"我还从未给一个面部表情如此不断变换的人画过像。我几乎无法抓住任何持续特征。"

美丽心灵的安宁能够感染所有逗留在她们氛围中的人;而露露或洛拉则会把所有离她们太近的人拽入旋涡,做到这一点她们甚至不需要狡猾

---

① 此处为作者的文字游戏,Unrat 在德语中意为垃圾,"垃圾教授"是学生们给这位中学老师起的绰号。

的诡计和化装舞会。她们偶尔戴上的网眼面纱仅仅是种装饰。到好莱坞之后，施特恩贝格才为玛莲娜·迪特里茜设计了银幕女王的形象：完美无缺的侧身剪影、脸部一半神秘地处于阴影中，倚靠在皮大衣上或隐藏在面纱中。即使女舞蹈家和演员安妮塔·白蓓尔在玛莲娜·迪特里茜之前就身穿燕尾服或黑礼服出现在20年代的柏林，然而她若身着歌舞剧女郎那种华丽暴露的戏装出场，却不会引起巨大骚动，那种场面只有当她裸体上演她那些"不道德、让人恐惧和兴奋的舞蹈"时才会出现。

德意志的女诱惑者们从本质上说属于"地神"，就像弗兰克·魏德金德为《露露》第一部分所起的名字。他的剧是以这首诗开始的："大自然用十分粗糙的物质创造了我，/ 欲望吸引我降落大地。/ 大地属于恶之神明，/ 不属于善者。"

即便如此，恶女人也是"纯粹"自然的，当然不是指美丽心灵所反映出来的那种秩序井然的宇宙。恶女人从混乱的深处发出诱惑，只有那些有勇气跌入深渊的人才能赢得这种女人。在此过程中他的灵魂会被玷污，他的胜利会消灭他，这些都属于被禁的魔力。

格蕾琴和小凯蒂们也从头到脚都准备着去爱。在她们身上这始终意味着：为所选中的一位献身。相反，那些女诱惑者是跟谁都可以的："什么在我手中颤抖，/ 在火热的压力下？/ 请您消失，/ 您永远没够！"玛莲娜在那个经典镜头中唱道，她像个男孩子般两腿相叠地坐在葡萄酒桶上。她向"小教授"投去的眼神虽然也是一种解救，但仅限于一夜，或者两夜。地神是不能让自己变成固定家产的，但男人明白这一点的时候往往太晚了。当终于打破了世俗禁忌的人日后再融入世俗生活时，他的种种努力都得失败：因为那种生活已经成了桎梏。最后他一贫如洗地孤独死去，蓝天使身边则盘旋着下一批雄飞蛾。

亚马孙、女武神和其他野蛮女人

当年轻的女演员乌尔丽克·福尔克茨（Ulrike Folkerts）——别名"莱娜·奥登塔尔"（Lena Odenthal），1989年刚开始出演《犯罪现场》（*Tatort*）中的女警长时——现在她已经是最资深的女警长了——这位"新手"一开始就得跟被通缉的强奸和性侵谋杀犯罪嫌疑人展开一场射箭比赛。他们再次见面时,他管她叫"风化警察中的彭忒西勒亚"(Penthesilea)①。

如果说思想解放的美丽心灵都让歌德觉得是"亚马孙",那么直到不久前,这个国家稍微有些不服管的女性都难逃这一称呼。这里面独特地既有厌恶,也混杂着尊敬。

"你是谁,神奇女人?"海因里希·冯·克莱斯特在其《彭忒西勒亚》一剧中让惊奇的阿基里斯(Achilles)问道。他不能理解,他和他的队伍本来正在攻打特洛伊,却突然遭到一队女战士的袭击。一心想把这位"年轻、倔强的战神"作为新郎来征服的亚马孙女王回答道:"我不会装温柔,/ 这是那些弱女子的专利!/……我必须在血流成河的沙场寻找,/ 我所中意的心上人,/ 用有力的臂膀去攫取他,/ 用柔软的胸膛去接纳他。"

"这个奇女人,半是暴怒、半是优雅,她爱我!"这位希腊第一勇士欢呼道。在这场性别大战开始时他还发誓,要把"前额受满致命伤"的彭忒西勒亚头部向前地拖过大街。就像是一出滑稽的儿童游戏,刚刚把亚马孙女王打昏的他,现在想伴装被击败。然而当彭忒西勒亚醒后知道了力量对比的真实情况后,她大为光火。比被战胜的耻辱更糟的是,那位英雄还想送她一个不光彩的胜利。这位"半是暴怒、半是优雅"的女人变成了"愤怒的复仇女神",放她所有的狗和大象去咬阿基里斯,最后好由她自己去咬他:"吻吧,咬吧,/ 二者如此押韵,谁真正动心去爱,/ 怎样下嘴都无妨。"德国戏剧中最血腥的殉情场面是这样结束的:骄傲的亚马孙女王在被她亲手碎尸的意中人身旁用匕首自刎。

在瓦格纳的歌剧《尼伯龙根的指环》中,齐格弗里德和布伦希尔德的命运也好不了多少。与克莱斯特不同的是,作曲家先让这对古老的日耳曼英雄享用了令人心醉神迷的爱的盛宴。然后齐格弗里德就去闯荡世界,"忘记"了他的布伦希尔德,并突然想娶勃艮第人国王贡特尔(Gunther)的妹妹古特鲁尼(Gutrune)为妻。这位国王则非布伦希尔德不娶,此事

---

① 希腊神话中阿瑞斯的女儿,亚马孙女王。

看上去毫无希望，因为国王身体虚弱，凭自己的力量无法征服女武神。因喝了迷魂药而丧失记忆的齐格弗里德愿意帮助国王，戴着头罩冒名顶替去为虚弱的国王追求自己从前的恋人，只要国王答应把妹妹许配给他。阴谋眼看就要得逞了，直到贡特尔把布伦希尔德弄到自己的宫廷，在那里她吃惊地遇到齐格弗里德，他正在准备和古特鲁尼结婚，过着花天酒地的生活。受到双重侮辱的女武神看穿了这桩阴谋，知道实际上战胜了自己的只能是她的英雄齐格弗里德，她思索着如何复仇。她没有亲自动手——也不用牙去咬——而是泄露给尼伯龙根侏儒的儿子哈根（Hagen），哪里是唯一可以杀死齐格弗里德的地方。哈根利用了这个机会，从背后向齐格弗里德下了手。在莱茵河畔，布伦希尔德庄严地为这位被刺杀的英雄堆起了柴堆，自己也骑上战马冲进熊熊大火。

无论是中世纪的《尼伯龙根之歌》，还是弗里德里希·黑贝尔（Friedrich Hebbel）的《尼伯龙根》大悲剧中，布伦希尔德或布隆希尔德①都没有想到过要追随齐格弗里德赴死。只是到了瓦格纳这里，才为这一北欧传奇人物安排了这种浪漫的惨烈结局，这在拔高她的同时也贬低了她。瓦格纳把一个史无前例的果断和强大的"非凡女人"变成了一名"圣女"。他塑造的布伦希尔德不是那个统治着冰岛的女王，这位女王已经杀了几十个男人，因为她只准备嫁给一位在掷岩石、跳远和掷标枪比赛中能够赢她的人，输者一律得死。瓦格纳塑造的布伦希尔德是众神之王沃坦（非婚生）的爱女。她不要求英雄好汉们与她进行体育比赛，而是陪伴阵亡的勇士们前往瓦尔哈拉的英灵神殿。因为她不听话，作为惩罚沃坦才让她嫁人。在瓦格纳笔下，布伦希尔德已经没有力量或权力去拒绝想为她破处的人。沃坦让她陷入毫无招架能力的沉睡之中，只是因为他虽然气愤却仍旧爱着她，他在她睡着的岩石旁点起一圈火，并亲自守护在她身旁。不是在比赛中能赢了女武神的人才能做她丈夫，而是能战胜众神之王沃坦的。这位英雄当然不是别人，而是沃坦（同样非婚生）的外孙齐格弗里德。早在没有一个参与者能猜到莱茵河畔王宫中的任何阴谋之前，姨妈和外甥就已经坠入爱河了。

---

① 在黑贝尔的剧中 Brünhild 写作 Brunhild。

虽然今天"女武神"这个概念首先让人想起的是瓦格纳歌剧中那些身材强壮的女歌手，她们头戴盔甲，手持矛与盾，而且是瓦格纳才把布伦希尔德升华成一个女武神，但从根本上说，他又对她进行了"非女武神化"，使她成为一个可爱的、（后来）起着拯救作用的姑娘。除了声音强有力之外，在《尼伯龙根的指环》中人们根本找不到过剩的女性力量，就像《尼伯龙根之歌》中对贡特尔那失败的洞房夜所做的绘声绘色的描述："他向她求欢并弄乱了她的衣裳。／这时绝美姑娘抓起了腰带，／那是她随身佩戴的坚硬饰物。／这下国王可受了大罪。／／她把他的手脚捆住，／抬到一颗钉子那儿，挂在了墙上。"

尽管以前直到黑贝尔的悲剧中布伦希尔德都是以十分强悍有力的女子形象出场的，但那不过是一种滑稽角色：女性防御碉堡，她们得受到男性英雄格外粗暴的蹂躏，然后再被轻蔑地扔到一边。在《指环》中她才以复仇者和拯救者的面目出现。此前核心女性角色一直是温柔的克里姆希尔特和被瓦格纳像继父一样冷待的古特鲁尼，后者在齐格弗里德死后才变成了愤怒的复仇者。

瓦格纳也不能让铁娘子仅仅做铁娘子。爱必须以死为结局，否则就不是爱，只是消遣。彼此相遇的异性对手越强大，碰撞出的火花越耀眼。这毕竟是一种对世界存在的悲观看法，而不是那种简单的父权式的幻想，即每个不服管教的女人都该被驯服为听话的妻子。

在德意志意识中，除了在爱情的烈焰中涅槃外，野蛮女子还有别的栖身地吗？不在情场上厮杀的日耳曼妮娅[①]有资格成为女性英雄角色吗？

"德国如今到处可见大理石或青铜塑造的、穿甲戴盔的权力女人，她们作为'日耳曼妮娅'应该是我们民族统一的象征。我不喜欢这种非德意志式的艺术表现形式，哪怕它再有美学价值。它打动不了我们的心，这种冷淡的女性拟人化作品在我们这儿从来都不是有血有肉的。德国人一向有自己的理想和愿望，这体现在其英雄形象中。可这样的英雄是男

---

① 历史上象征德意志帝国的妇女形象。

人。"日耳曼学者古斯塔夫·勒特（Gustav Roethe）用上面这段强硬的话开始了其关于"德意志英雄气概"（*Deutsches Heldentum*）的演讲，这次演讲是1906年为威廉二世皇帝祝寿而进行的。事实上他同时代的人大概都会更满意一个不亲自佩剑出征的日耳曼妮娅，而是仅限于扮演好母亲的角色，生养能打仗的儿子，哀悼阵亡的儿子。然而确实存在这位日耳曼学者所抱怨的"穿甲戴盔的权力女人"：莱茵河畔下瓦尔德高高耸立的女性雕像展示的是骄傲的女主人，而不是痛苦的母亲。第一次世界大战开始时的日耳曼妮娅形象则变得更加尚武。在这个民族大屠杀的前夜，她们失去了全部优雅，变得像弗里德里希·席勒在《钟之声》（*Das Lied von der Glocke*）里所描绘的法国大革命时好斗的女人："女人变成土狼／嘴里的段子令人惊骇，／用豹子般的利齿，／她们撕碎了敌人尚在抽搐的心脏。"

这位即使在奥尔良的圣女身上都首先在寻找其优雅的诗人，其上述诗句所描绘的画面却不是病态的欲望，而是厌恶。来自施瓦本，自愿选择了魏玛的诗人是写不出克莱斯特剧中彭忒西勒亚那种血腥的爱情冲动的。

尽管能征善战的女汉子历时数百年一直让德国人想入非非，可德国人的集体记忆中却很难保留这个国家所涌现出的为数不多的几个真实女战士。如今已经没人〔除了个别贝多芬行家，他们耳中还有贝多芬为现已完全被人忘记的弗里德里希·东克尔（Friedrich Duncker）所遗失的悲剧《埃莱奥诺雷·普罗哈斯卡》（*Eleonore Prochaska*）谱写的曲子〕能够想起埃莱奥诺雷·普罗哈斯卡了，这位普鲁士士兵的女儿1813年在反拿破仑战争中女扮男装，化名"奥古斯特·伦茨"（August Renz）加入吕措自由军团，在敌人密集的榴霰弹下身亡。同样被人遗忘的还有符瑞德利克·克吕格尔（Friederike Krüger），她化名"奥古斯特·吕贝克"（August Lübeck）也加入了反拿破仑解放战争，甚至当上了下级军官，获得过二级铁十字勋章，尽管在一次战斗中她暴露了自己的女子身份。

19世纪末，不怕男人的反对、坚持走自己的路的女武神形象和亚马孙形象被"女权主义"继承：1899年10月第一次巴伐利亚妇女代表大会在慕尼黑召开，组织者中包括主张男女平权主义者阿尼塔·奥格斯普克

（Anita Augspurg）和明娜·考厄（Minna Cauer）。庆典高潮时几位女士穿起了女武神的铠甲、戴上古典盔帽、手持剑与矛，为了正式声明："自由万岁，胜者万岁！／在战斗中获胜，在胜利中赢得男人！／被我们战胜的他就是我们的奴才，／我们自己创造我们的权利。"

当然也有来自女人的更具和解性的尝试，想把亚马孙从制服别人的逻辑的盔甲中解放出来。1760 年，萨克森选帝侯夫人玛丽亚·安东尼亚·瓦尔普吉斯（Maria Antonia Walpurgis）创作了一部小型歌剧，名为《亚马孙女王塔勒斯特丽斯》（*Talestris, Königin der Amazonen*）。三年后选帝侯的家庭成员在德累斯顿上演了这部歌剧，玛丽亚·安东尼亚坚持要唱女主角。歌剧结束时，亚马孙女王既没有败给自己所爱的男人，这个男人也没有装做败给了她，而是他们二人一起作为开明君主治理着国家。

"您是未来才会出现的新型女子！意识到您的使命，只有您才能开创辉煌的新纪元，形成男女携手创造的新局面！"伊尔莎·朗纳（Ilse Langner）在喜剧《亚马孙女杰》（*Amazonen*）中借奥德赛之口热情洋溢地称赞彭忒西勒亚。这位 1899 年出生于布雷斯劳（Breslau）的女作家因婚姻不幸逃往柏林，不久作为剧作家在那里就小有名气了。批评家阿尔弗雷德·克尔（Alfred Kerr）称她为"彭忒西勒亚－朗纳"。她在自己的剧本中不想把男权统治的长矛简单地倒转为女权统治，然而她不像选帝侯夫人那么理想化，她怀疑亚马孙身份和爱情能否两全。在序幕中，一位名叫阿尔弗雷德的正直的普鲁士公务员让他的未婚妻做出抉择，是愿意去工作，还是愿意嫁给他。这位名叫彭塔的医学女大学生刚刚以最优异的成绩获得了博士学位，她一把摘下头上的帽子，扯了扯身上的衣服，作为回答她抬出了剽悍的亚马孙女战士们："是的，亚马孙们！……我一向把她们看作自己的老姐妹，她们果断、勇敢、不依赖男人。她们自力更生、英勇奋战、宁死不屈。我并非孤身一人，我们女人是一股小部队，它将不断壮大。你们将亲眼看到亚马孙女战士们的队伍行进。你们听见她们的步伐了吗？"

然而在剧中亚马孙们看上去并没有那么英雄。虽然开始时她们占领了雅典——因为男人们分散了注意力，他们在看奥林匹克比赛——，但奥德

并非瓦格纳的女武神,而是参加 1899 年第一次巴伐利亚妇女大会的女权主义者。照片由索菲亚·古德施蒂克(Sophia Goudstikker)拍摄,她在慕尼黑与其女同伴侣阿尼塔·奥格施普隆(Anita Augsprung)开设了一家艺术照工作室"埃尔维拉"(Elvira),这是女性在德国开创的第一批企业之一。19 世纪末慕尼黑的时尚阶层纷纷前往那里照相,其中包括托马斯·曼和巴伐利亚王室成员。

赛,即称赞彭忒西勒亚是"新型女子"并认为辛辣的女战士要比希腊大城市中"打扮得花枝招展的居家妇"更迷人者,却成功地瓦解了亚马孙们的斗志。他让人送给她们首饰和漂亮衣服,看吧:就如同她们读过瑞士人约翰·雅克布·巴霍芬(Johann Jakob Bachofen)1861年广为流传的学术著作《母权论》(*Das Mutterrecht*)似的——这位历史学家在该书中把亚马孙灭亡的原因解释为那些厌倦了打仗的女战士们高兴地驶入了婚姻这个安全的港湾——,她们也从自由翱翔的鹰变成了笼中供人观赏的鸟和窝中咯咯叫的母鸡(第二次世界大战后那批"废墟妇女"的命运亦有相似之处,当她们的丈夫从战俘营回来之后,她们愿意重新返回家庭,扮演相夫教子的角色)。最后彭忒西勒亚没有别的选择,只能带着亚马孙中的中坚分子,撤退到没有男人的山中。

伊尔莎·朗纳这部剧初排练时正值纳粹分子刚上台,所以该戏未能上演。但这并没有妨碍作者于1936年为该剧补写了一个男女和解的结局:在柏林的奥林匹克运动场一场国际飞行大赛结束。德国年轻女子柯尼希(König)驾驶其"飞翔的亚马孙"号赢得了这场比赛,虽然她在其最强的竞争对手——一位叫"英雄先生"的美国人——的"银鸟"号在刚飞越莫斯科上空后出现故障时帮助了他。这位阿基里斯的代表显示出自己是一位输得起的失败者,他称赞赢得这场比赛的对手说:"尽管输了,我也为这位亚马孙赢得比赛而高兴,因为她很棒,而且是一位出色的战友。"

虽然纳粹分子们——以及此后的联邦德国共和国公众——都不知该如何对待伊尔莎·朗纳的这部剧,可在现实中他们完全不反对妇女进入座舱,甚至雇用她们当空军。汉娜·赖奇(Hanna Reitsch)二十岁时就创下了滑翔纪录,1937年成为试飞员,试飞过斯图卡、轰炸机和猎人飞机。战争期间她帮助组建了由"敢死队飞行员"组成的飞行队伍,然而该队伍还没有投入使用就销声匿迹了。汉娜·赖奇是德国历史上唯一获得过一级铁十字勋章的女子。尽管这位飞行员本人从未参加过纳粹党,她对元首却保持着尼伯龙根式的忠诚,1945年4月26日她驾驶着Fi-156鹳式轻型联络观测机飞往被红军围住的柏林,为的是把空军总司令冯·格莱姆接送到希特勒那儿去。

娘家姓席勒的美琳塔·申克·格拉芬·冯·史陶芬贝格（Melitta Schenk Gräfin von Stauffenberg），是汉娜·赖奇之后第二位获得机长称号的德国女性。她的职业生涯更加令人难以置信：作为工程师她参与了德国空军俯冲轰炸机的研发工作，曾亲自做过 2500 次此类飞机的俯冲试飞。因为其犹太血统，这位飞行员曾被德国空军解职，不久又被重新雇用。1943 年她获得二级铁十字勋章以及镶钻和红宝石的金质前线飞行奖章。因与刺杀希特勒失败的克劳斯·申克·冯·史陶芬贝格伯爵有亲属关系，她曾受到株连，6 周后因 "重要战争任务" 获释。在战争的最后关头她被——估计是美国歼击轰炸机——击落，当时她正试图追赶在巴伐利亚运输战俘的一架运输机，她猜测这架飞机中有自己的亲属。

就连贝亚特·乌泽（Beate Uhse），这位德国战后最成功——同时也最声名狼藉——的企业家也不是卖性感内衣和振动器起家的，而是宇宙电影股份公司的替身飞行员，并有空军上尉军衔，负责把飞机开往前线。

不光在魏玛共和国，就是在 "第三帝国" 这类亚马孙生涯都是可能的，这成了一个令人伤脑筋的事实。汉娜·赖奇在其回忆录中提到，她常常遭受男同事的敌对行为；相反，贝亚特·乌泽却说与那些 "年轻男子" 相处从未出现过问题。

乍一看人们可以认为，这些 "飞翔的女人" 似乎仅仅是受到容忍，因为她们所有人都愿意为国捐躯。但女冒险家艾丽·拜因霍恩在纳粹时期也一直是个明星。她不为空军工作，而是在 1932 年作为第一位妇女独自完成了环球飞行，1936 年她在 24 小时之内飞过了非洲、亚洲和欧洲。没人期待这些飞翔的亚马孙们或是当铁处女，或是婚后放弃飞行。贝亚特·乌泽和艾丽·拜因霍恩在怀孕期间仍旧坚持飞行，而且并未受阻。

纳粹对这些野蛮女人的所有矛盾心理从约瑟夫·戈培尔有关莱尼·里芬斯塔尔的日记中可见一斑，后者是帝国电影界的偶像级人物，她最热衷（可惜未能实现）的计划是将克莱斯特的《彭忒西勒亚》搬上银幕并亲自出演女主角。1936 年 11 月 6 日，当这位女导演正在剪辑她所拍摄的两部奥林匹克电影时，纳粹宣传部长在日记中写道："里芬斯塔尔小姐又在我面前歇斯底里。跟这种野蛮女人无法共事。"一年后，当他看了拍摄完毕的电影的部分片段后，热情赞扬道："好得难以言说，摄影与表现都震撼人心。是项了不起的成就，个别部分感人至深。莱尼的确手法不俗，我大受鼓舞。"

里芬斯塔尔、赖奇、拜因霍恩和叫其他名字的女子们，她们都是极端主义者。不是在政治上——在这方面她们都是闭目塞听的盲目跟随者，只关注她们想看到的东西——，她们痴迷于自己的艺术、体育、技术和冒险。只要她们向当权者发出足够的奉献信号，只要她们准备用自己——不是她们自身——的特殊技能为祖国效劳，人们就会给她们提供机会。因此在德意志民族感最具侵略性的时期就是女人也可以成为"女英雄"。

联邦德国则吃一堑长一智，对民族感和任何形式的极端主义都持怀疑态度。在此意义上联邦德国女总理安格拉·默克尔可谓模范的女共和主义者。她不是亚马孙，尽管她在仕途中成功地让党内的每个具有强大竞争力的男人都靠边站了。在她身上我们看到的更是日耳曼妮娅的全新定义：不是靠手中的剑，而是靠民意测验机构的最新民意测试结果，她让德国沙盘终于安静下来。

作者：特·多
译者：丁娜

参阅：深渊，登山片，烫发，驾驶的乐趣，幼儿园，母亲十字勋章，神秘主义，狠心的娘，纯洁戒律，怪诞之事，莱茵河——父亲河

圣诞市场

又是基督降临节了！空气中飘浮着心形姜饼的香味！里里外外大门洞开，迎接荣耀的主来临。黑尔恩胡特（Herrnhut）星已然四处闪耀，在上劳齐茨（Oberlausitz）每逢圣诞节前后它们都点缀在住房、社区集会大厅、教堂和幼儿园中。按照古老的习俗这种多角星由家人或朋友们亲手一起叠成，基督降临节的第一个星期日要把它们悬挂起来。

现在所有的城市都张灯结彩了。

本来圣诞节应该与耶稣基督，也就是圣婴有关，庆祝他诞生在伯利恒（Bethlehem）。其他国家的圣诞习俗证明了这一点，届时在火车站、商店和通道都会公开摆出耶稣诞生的模拟场景，里面的人物栩栩如生。

在德国情况则不同，你说，就好像你大声道破了天机。这里耶稣诞生的模拟场景不是最重要的，圣诞树才是节日的主角，冷杉或多或少已经成为冬天的象征。这是异教习俗，通过神话传说保留下来的，它们是默默无声的。耶稣既没见过冷杉也没见过雪。圣诞树既可以巨大，也可以不显眼，全看买主的喜好和情绪，以及钱包里有多少钞票。圣诞树摆在家中和市政大厅门前。

法兰克福罗马广场：圣诞市场早于资本主义。

市政厅前的广场上，我们在鳞次栉比的售货亭之间逛来逛去，这边飘过来的是阵阵香草味，那边则是肉桂味。一支看不见的乐队在演奏圣诞歌曲，声音是从高高悬挂的音箱中传出的。"化成肉身，"合唱团唱道，"圣子被差遣来到我们中间。"如今还有人知道这首歌吗？甚至也许有人还会唱？

一切仅仅还存在于我们的耳中。全部传统就是一首耳熟能详的歌曲，它在我们耳中进进出出。基督降临节的歌声又传入耳中，逛圣诞市场正时兴。这种市场的一个标志就是加了香料的热酒（Glühwein），因为正值寒冬，出门都得戴手套的日子，喝此酒可暖身。此外人们还可以近距离观看各种手艺人献艺或是在卖烤苹果的摊子前转来转去。最后到底买了一个拿在手上，而且还想说，莫名其妙，不知怎么就买了。

533　人们去逛圣诞市场并非为了买东西，至少不是为了买什么特定的东西。这种市场以卖甜食为主，是坚果的天下：杏仁和栗子。

尽管如此人们也很少空手而归。圣诞市场出现得比资本主义要早，还没有市场经济的时候就已经有了市场和市场区。

534　人们也许买点儿心形姜饼、圣诞果脯蛋糕或是圣诞树支架，要不就是琢磨着该买个支架了。圣诞节是爱与回味的节日，相关的广告中总是这么强调，它辩证地与市场经济有着不解之缘。比如别出心裁的人可以定制自己独一无二的圣诞树支架。有了新支架，今年的圣诞树可以既快捷又安稳地装饰好。其价格差为 24.95~9999 欧元。后者意味着手工打造的不锈钢支架，上面还镶嵌了 9000 块水晶。这就等于是圣诞树支架中的迈巴赫（Maybach）①，谁家不想要啊？

喝热酒？吃烤肠？寒冷的空气里飘散着浓郁的糖香，扩音器中徐徐传出圣诞歌声：《铃儿响叮当》《平安夜》和《雪徐徐地下》。人们四下里漫无目的地闲逛，尽是全家一起来逛的，就好像他们听着音乐，或出于别的原因，或没有任何原因突然迷失了方向似的。目力所及到处是一

―――――――――――――――
① 德国超豪华轿车品牌。

排排的神奇售货亭。德累斯顿圣诞果脯蛋糕,有人叫卖道,还有人向我们指了指一张桌子,看上去就像是张专放圣诞礼物的桌子。最早德累斯顿圣诞果脯蛋糕表现的是裹在白色襁褓中的圣婴,德累斯顿糕点市场以此闻名,市志中第一次提到这种富有传统的糕点是 1474 年。

根据教会的教条,德累斯顿圣诞果脯蛋糕当时只许用面、发酵粉和水来制作。但因为没有黄油和牛奶的蛋糕乏味,萨克森的恩斯特选帝侯（Kurfürst Ernst von Sachsen）和他的弟弟阿尔布雷希特（Albrecht）写信给教皇,请求取消禁用黄油的规定。教皇的回信以"黄油之信"的名称载入史册。此后制作圣诞果脯蛋糕便可以使用黄油与牛奶了。神话传说中的习俗保留了下来,习俗中的食谱验方也保留了下来。从 1560 年开始,每年萨克森的王室都会收到德累斯顿面包师们赠送的一块巨大圣诞果脯蛋糕。1730 年选帝侯强力王奥古斯特（Kurfürst August der Starke）打破了所有到那时的历史纪录,他让人制作了一块重 1.8 吨的圣诞果脯蛋糕,用来招待约 24000 位客人。

啊,基督降临节。远处驶来一条船 / 它已载得满满。/ 船默默向前 / 它荷载着昂贵的内涵。

圣诞市场是个真正的迷宫,我自言自语。人们转来转去,却总在原地打转。本来他们想去瑞士滑雪的,结果到底还是留了下来。在家就是在家,圣诞节在家最惬意。人在脑海中想象壁炉中的火焰,转眼间却听到隔着几个售货亭有人在喊自己的名字,因为其他人,家里的其他人已经走远了。可刚才是谁在喊我的名字呢？难道那不是童年所熟悉的嗓音吗？那已然消失的神秘声音？

作者：里·瓦
译者：丁娜

参阅：兄弟树,德国人的性情,教会税,香肠

赔偿

535　　对犹太人和纳粹受害者予以赔偿（Wiedergutmachung）①的发明者既不是新教教会节（Evangelische Kirchentag）也不是复活节游行运动（Ostermarschbewegung），而是康拉德·阿登纳。也就是说，提出给予这种赔偿的，不是那些曾支持过以色列的、自以为有责任敲响警钟的形形色色的组织②，而是被擅长文辞的文人和思想家们大加诟病的那个"来自莱茵河畔的老头子"。而这老头子这样做既不是多愁善感也不是出于伪善。阿登纳——在1945年之后少有的不需要任何"清白证明"（Persilschein）的人士之一——很懂得使以色列和德国两国的利益相得益彰，而且还是在那样的一个时刻，当时所有与之相关的事情实际上简直都不可想象。

　　1952年9月10日的《卢森堡协定》（Luxemburger Abkommen）所

---

① Wiedergutmachung 一词二战后在德国专指联邦德国对纳粹罪行受害人尤其是犹太人的赔偿，意指以金钱赔偿来减轻其在物质方面所受的损害，因为个人命运和身心所受的伤害是无法赔偿的。它与国际法上通常所用的"赔偿"（Reparation）一词的区别在于表明是自愿予以赔偿。参见 Brockhaus 词典。

② 作者在此用的是 Betroffenheitsboten 一词，据作者多恩女士解释，该词是指那些自以为负有提醒德国警惕种族主义和反犹主义等的运动或组织，如前面提到的"新教教会节"和"复活节游行运动"之类。作者在此想要点明的是这样一种很有意思的现象，即在德国，真正为赔偿犹太人和纳粹受害者做了些实事的反倒是"保守"或"右翼"圈子里的人，比如阿登纳；而那些宣称对纳粹大屠杀罪行感到羞耻、好像同纳粹撇得最清的左翼组织或运动却完全可以是反犹或反以色列的。

涉及的是，商定由联邦德国在 14 年内以提供实物和服务的方式向以色列支付高达 30 亿德国马克的"安置费"。此外西德政府还在其中声明，将开始启动立法程序，制定归还财产和向受纳粹迫害者个人进行赔偿的法律。并且，德方还负有义务，向照顾幸存的"第三帝国"受害者的救助组织额外再支付一笔钱。

在以色列，德国这一为直接承担责任迈出的步伐在当时并不是很得人心。以色列一开始曾提出要求，要同盟国以其名义向两个德国索赔，可是同盟国却显然不把这看作自己的任务。这一点很有意思。等到在那之后本·古里安（Ben Gurion）政府自己主动提出要求时，德意志民主共和国原则上拒绝了以色列的赔偿请求，而德意志联邦共和国却答应了。

在这个问题上，康拉德·阿登纳在党内和其执政伙伴那里都没能赢得多数。当时《卢森堡协定》的著名反对者有托马斯·德勒（Thomas Dehler）和固执己见的弗朗茨·约瑟夫·施特劳斯（Franz Josef Strauβ）。德国公众也对政府尤其是联邦总理的这一决定施加了很大压力。一个引人注目的、积极活动的亲阿拉伯院外游说团体在这场大合唱中扮演了主要角色。一些人在这时候又说起德国－阿拉伯关系将会出现危险，比如阿拉伯同盟（die Arabische Liga）就用这种说法来作为威胁。至于德国和阿拉伯的关系在 1952 年有什么急迫的重要意义，这个在当时和现在人们都弄不清楚。德国那时候在地中海并没有什么需要捍卫的地缘政治利益。而且在那之前不太久的所有与阿拉伯相关的关系主要都是为削弱（大英）帝国这个目的服务的，不论是在德皇威廉二世（Wilhelm II）的舰队计划期间，还是在上萨尔茨堡的午餐讲话（Tischreden vom Obersalzberg）[①]之时，都是如此。

这个阵营已经成为过去了。但是也许当时完全不是那么回事。也许当时是那些以前为贾迈勒·阿卜杜·纳赛尔（Gamal Abdel Nassers）服务的（德国）同志们，那些逃亡到开罗的纳粹军官，他们在那里为泛阿拉

[①] 这里应当是指希特勒 1939 年 8 月 22 日在上萨尔茨堡向军队将领的讲话，从餐前持续到餐后，其中表明了攻打波兰的意图。

伯民族主义者建立保安机构。在新闻媒体上发表亲阿拉伯文章以施加影响的德国人还有玛丽昂·格雷芬·登霍夫（Marion Gräfin Dönhoff）。她在1952年12月16日的《时代》周报上赞同如下解决方案并自认为这个方案可以令所有人都满意，即在她看来，所有这些赔偿款项和供应都应当等到近东的战争状态终结之后再开始提供，也即等到以色列和阿拉伯国家缔结和平协议之后。也就是说要等到"汉堡圣子虚乌有日"（Hamburger Sanktnimmerleinstag，《时代》周报总部在汉堡）。

幸亏果断的阿登纳很懂得如何实现自己的主张。他在恰好合适的地方寻求为达到目的所需要的多数。《卢森堡协定》最终借助于反对党社民党的票数得以在联邦议院通过。

导致开始伴随对犹太人和纳粹受害者的赔偿开始的，应当是在联邦德国发生的那些辩论，人们从道德的一般原则上来对它进行论证。由于纳粹犯下罪行，人们在那之后便无法过渡到任何议事日程上去，不论你想遵循什么样的日程规划都不行。不管面对什么情况，过去都如影随形无法摆脱，并且联邦德国的政治举措还受到国内外那些或多或少是自封的检查员的严密观察。当时冷战阴云笼罩，不光德国，整个欧洲都被分裂，而且苏联这个超级大国还和它的东欧卫星国一起，同泛阿拉伯民族主义者很是亲近。

第二次世界大战携带着如此之多宣传性质的附加意义，为此前的任何战争所不具。并且，由于它是一场按照所宣称的意识形态原则来进行的战争，因此它的结束和在结束后随之建立的战后秩序也只能是依照意识形态来谈判。联邦德国这个德意志帝国的光有个躯干的未完成作品，没有盟友，但被嵌在东西方的冲突中间，就这样处于西方占领国政权的保护之下。因此，它必须在内政上提出让所有人都能够看得到的新的设想，并且同时还要确保在国际法上为未来赢得一个位置。它不得不长期面对的曾进行过种族屠杀的指责，恰恰要求它为公众舆论甚至为外交披上一件道德的大氅。

在这种形势下，在内政上必须使各方面势力达成均衡，如果不想冒险迎合极端思潮——那样将使这个赔偿计划被拒绝甚至会形成敌对态势——

的话。为避免这种情况发生,人们早在 1951 年就已经做出决定,禁止极端分子的极端言行。在这一法律限制下,在右翼有社会主义帝国党(die Sozialistische Reichspartei,SRP),其理事会里坐着奥托·恩斯特·雷默尔(Otto Ernst Remer),就是那个逮捕(1944 年)7 月 20 日(刺杀希特勒行动)"谋反者"的家伙;在左翼则是德国共产党(KPD),这个党拒绝接受基本法。社会主义帝国党实际上差不多是一夜之间就被禁止了,而精明的思想左倾的律师们则一场接一场几乎是无穷无尽地打官司,一直打到 1956 年,这才得以最终也对德国共产党下达禁止令。

冷战在很多条战线上展开,并且在很多战线上主要都是打嘴战。以前战争结束后只有战争赔款(Reparationen),人们多是争论赔款数额的多少和哪些是不该有的款项,然而也就只限于此而已。这回不同,由于有奥斯维辛(Auschwitz)集中营,人们感到不能只提付钱的事,不过人们也在尝试寻找不提这个问题的应对办法,看看到底哪些是可以赔偿的。谁若是落入以道德观念来解释政治观念的窠臼,就会发现许多事情都很成问题。于是人们试图首先以表明道德态度的办法来面对道德问题。

就这样,在以这种方式进行赔偿之外,还增加了清算过去的内容。如果一项罪行可以通过赔偿来消弭,那么往昔也应当可以整个地被翻过去。1945 年以后,大多数德国人都感觉自己是失败者。还没等到他们能够对所发生的事情想透析明,他们已经必须面对同盟国的甄别以及由其制定的甄别标准了。人们在谈论"调查问卷"(Fragebogen),"去纳粹化"就以这个调查问卷为基础进行。于是"调查问卷"这个词成了恩斯特·冯·萨洛蒙(Ernst von Salomon)一本极其成功的著作的名称和主题。那是一个魏玛共和国时期的著名保守主义者的抗议,它成为沉默的多数人的声音。基于这个调查问卷,人们被从政治上划分等级,据此归类入档,同时也被打上了印记。

这影响了德国人对审判——尤其是对战争结束后同盟国在纽伦堡作为范本进行的审判——的看法。就连年青一代的代言人也反对集体罪责论,比如阿尔弗雷德·安德施(Alfred Andersch)和汉斯·维尔纳·里希特(Hans Werner Richter)——独立杂志《呼声》(Der Ruf)的出版人。这份杂志

位于柏林市中心的犹太人大屠杀纪念碑群,由建筑师彼得·艾森曼设计。

在1947年就已被禁止发行。安德施和里希特也是后来的"四七社"（Gruppe 47）①圈子里的作家。

"胜利者司法"（Siegerjustiz）是当时流行的词，这个词不限于在极端主义者的圈子里言说。值得一提的是，1990年后，在重新统一了的德国，作为对西德的合并式统一政策——也即把东部德国的州并入西德——的指责，这个词又重新回归到惯用语之中。

清算过去成为公众讨论中一个很有力的工具。谁要是理屈词穷不再拿得出论据，那么只要对过去的清算工作没有做到家这一点予以责难，就保证能够得分。还在早些年里就曾流行过这样的坏习惯，即互相指责对方是纳粹主义。当对犹太人和纳粹受害者的赔偿由国家组织进行，清算过去成为公共事务时，个人完全能够很好地从这个事情上脱身。在公共领域中占主导地位的题目越多，就越用不着去面对自己的个人履历。罪责是其他人的，尽管他也是这"其他人"中的一个。只要跟着走走过场，参加过大多由学术界发起的反对部署核弹头和反对一切战争的运动，参加过各种各样的和平大会，就足够了，并且，虽然很多参加这种和平大会的人都是真诚的，但是始终都有来自东德的钱掺和在里面。有一点确定无疑，那就是，假如东西方之间发生战争，那么这场战争的主战场必定是德国。为了阻止这样的事情发生，德国佬米歇尔（Deutsche Michel）②重新站了起来并且对自己说，德国甚至宁肯不要军队，就好像不是参战方你那里就不会变成战场一样。20世纪50年代的德国佬米歇尔疑虑重重就像赫尔穆特·舍尔斯基、傲慢自大就像沃尔夫冈·诺伊斯——那个总是大吹大擂的家伙。

有两位作家站了出来，恰如其分地给我们的米歇尔兜头浇下一盆冷水：

---

① "四七社"是1947年在西德成立的一个文学团体，对西德战后文学的发展起了很大推动作用。汉斯·维尔纳·里希特（1908～1993）和阿尔弗雷德·安德施（1914～1980）是"四七社"的倡议者和组织者。

② 德国佬米歇尔是德国人的代称，起源于近代早期，如今一般只用于讽刺作品，其形象总是戴着一顶睡帽，通常用来表示粗笨愚昧又爱胡思乱想的德国庸人。

卡斯帕尔·冯·施伦克－诺青（Caspar von Schrenck-Notzing）和亚历山大·米切利希（Alexander Mitscherlich）。他们的书都有着纲领般的名称。这一个把他的书称作《性格清洗》（*Charakterwäsche*），那一个则取名为《无力悲伤》（*Die Unfähigkeit zu trauern*）。右倾保守的施伦克－诺青对"再教育"（Reeducation）大加指斥，而左倾自由主义的米切利希与其合作撰稿人玛加丽特·米切利希（Margarethe Mitscherlich）则认为德国人自己应当为过去的惨败负责。这在当时真是一场对德国人心灵影响深远的挑战。

"过去政策"（即关于如何面对过去的政策）——这是在此期间历史学家送给它的名称——总是不断地掀起新的浪潮。每一个新的十年里总有其最引人注目的"纳粹事件"。在20世纪60年代是审讯艾希曼和奥斯维辛审判，70年代是电视连续剧《大屠杀》（*Holocaust-Serie*）。它带来了范式转换。难以置信的事实被用一个以传统手法演绎的家庭故事介绍给公众，一个虚拟的故事。而且这很起作用！有意思的是，在由西德意志广播电台电视台（WDR）改编的德国版的四集电视连续剧中，结尾部分缺了七分钟。在美国原版中，这部分是讲述一名幸存者来到了以色列，在那里帮助建设（犹太人的）新国家。

接下来是历史学家们的争论和《辛德勒的名单》（*Schindlers Liste*）、戈德哈根辩论（Goldhagen-Debatte）[①]，以及关于德意志国防军展览（Wehrmachtsausstellung）[②]的争论。尽管这些事件可以划归同一个目的，但其反响却极不相同。奥斯维辛审判在20世纪60年代使德国公众的心灵深受触动。人们第一次亲眼看到，当时在那里真实审判的是什么。相反，《辛德勒的名单》却是一部讲述所谓的犹太人拯救者的伤感片，是好莱坞提供给德国观众的榜样人物，是一份修改过的以具体人物来体现的新版"清白证书"。对于历史学家们的争论，今天几乎已经

[①] 丹尼尔·乔纳·戈德哈根（Daniel Jonah Goldhagen, 1959~），美国社会学家、政治学家，因其《希特勒的志愿行刑者》（中文版由新华出版社1998年出版）一书而引起公众争论。

[②] 德意志国防军展览全称为"灭绝战——德意志国防军1941~1944年所犯下的罪行"，汉堡社会研究所举办的巡回展览，1995~1999年和2001~2004年两次展出，展示德意志国防军在纳粹时期尤其是在对苏战争中所犯下的罪行，当时引起很大争议。

无人能够说出所争论的究竟是什么。而戈德哈根不过是又一次以"清白证书"作为话题，准确地说是翻了个个。他把那些已被宣告无罪的人看做罪犯的志愿帮凶。由此，在重新统一后的德国又开始尝试把"过去政策"粘贴到新的日常政治当中，并且为德国社会——特别是为其可能出现的政治方面的解放行动——划定界线。关于德意志国防军展览的争论也是为了同样的目的，也是想把它用作证明犯罪人谱系广泛的证据资料。然而它却将20世纪极权主义意识形态观念中的首个冲突点标示了出来：这个展览由于把在加利西亚——今日的西乌克兰——犯下战争罪行的图片归错了类，非其所愿地引发了一场在纳粹大屠杀和古拉格集中营之间做比较的辩论。

在所有这些十年过去之后，可以确定，这里所涉及的已经不再是对犹太人和纳粹受害者的赔偿这个伟大的姿态，而是今天的形势。人们从对奥斯维辛的惊恐中究竟真正学到了多少，这从我们同以色列的关系中就可以看得出来。问题不在于总是回过头去不断挖掘反犹主义的根子并且总是对拜罗伊特①指指点点，而是应当以其在今天的表现形式来理解它。从过去的经验教训中学习是为了现在，要不然就什么也没有学到。

作者：里·瓦
译者：郑冲

参阅：德国式焦虑，基本法，战争与和平，文化民族

---

① 拜罗伊特因每年举办演出德国音乐家瓦格纳作品的音乐节而出名，在此用于代指瓦格纳。瓦格纳在世界音乐史上赫赫有名，但其反犹主义、对日耳曼英雄传奇的信崇及纯粹血统的神话与纳粹世界观相契合，希特勒是其狂热崇拜者，他曾说："凡想了解民族社会主义者必先认识瓦格纳。"瓦格纳的音乐在纳粹时期无处不在，与犹太人的悲惨命运紧密相连，以至于半个多世纪后的今天，以色列依然禁演瓦格纳的作品。

维尼图[1]

在美国没有人听说过维尼图这个名字。这对维尼图·楚克迈尔（Winnetou Zuckmayer）来说至少是个福音。最起码她和她的父母为躲避纳粹迫害逃到美国佛蒙特州时，再没有人因为她的这个名字来问长问短。

之所以取维尼图这个名字，也许是她的爸爸、作家卡尔·楚克迈尔（Carl Zuckmayer，1896~1977）的一时心血来潮。他喜欢卡尔·迈（Karl May）的作品，我们可以理解他对德国文学的热爱。至少他在文学问题上持之以恒，努力创作耳熟能详的作品，对人类本性的善良坚信不疑。

好像卡尔·迈（1842~1912）和他很相似，例如迈的挚友中就有当时中欧地区备受尊崇的和平女性代表贝塔·冯·祖特纳（Bertha von Suttner）。他最后一次公开活动也是祖特纳推荐

想成为印第安人的愿望。1900 年世纪之交的卡尔·迈作品封面。

---

[1] 维尼图，作家卡尔·迈创作的一个小说人物，在德国家喻户晓的一位印第安人首领。

的，1912年他在维也纳做了一个报告，名为"升华到高尚人的国度"。

楚克迈尔和迈还有一些共同之处：强烈的德意志意识，但并未带有人们所想象的那种典型的傲慢。库珀尼克上尉（Köpenick）[①]性格之可爱明显地突出了楚克迈尔对待唐突粗鲁行为标准的喜剧情结，以至于有些人无法理解其幽默。但是谁对待普鲁士人缺乏严肃，那么他在1930年时就活得不那么自在。

这个自称库珀尼格的上尉不过是一个德国冲锋队队员的擦靴匠，如果没有那些为他出场的虚伪辩护人，也许楚克迈尔会继续践行一个娱乐性剧作家的道路。他的《欢乐的葡萄酒山》（Der fröhliche Weinberg）也会有更多尽情欢乐纵情的姐妹剧作。但这是不可能的，就连楚克迈尔也陷入了世界观的矛盾之中。

楚克迈尔之所以是楚克迈尔，是因为楚克迈尔在一部作品中对著名的飞行员、纳粹支持者恩斯特·乌德特（Ernst Udet）表达了追悼的敬意和矛盾重重的同情，从而使其跻身于战后伟大作品的行列。而由库德·于尔根斯（Curd Jürgens）主演的那部电影《魔鬼将军》（Des Teufels General），更使其成为评估战后每周新闻中那些坐在被告席上德国男性的标准。从此德国人又接纳了他们的这位流亡者，显然这位流亡者也接纳了前者。曾经分道扬镳的人们，开始了卿卿我我的恋情。真是典型的作家命运：作家属于其人民，人民是他的读者。

而卡尔·迈相对要容易得多。他那个时代没有战争，也就没有什么冒险的好机会。埋头劳作制造产品，比英国人做得更快更便宜，因而也就惹怒了后者。英国人强迫德国人，要让英国买家看明白这些产品可是来自德国的，要在所有产品上加印一个警告提示：德国制造。

但世界足够宽广博大，可以沉淀无尽的梦想。在乏味无聊的德累斯顿，迈的想象力追随着19世纪末两条宏大的梦想路线：一条是对祖国深感失

[①] 库珀尼克上尉，20世纪30年代德国一个修鞋匠冒充上尉占领了柏林市库珀尼克区政府。楚克迈尔写了一部关于这个故事的剧作。

望而背井离乡的移民选择的汉堡至美国线,另一条是对英国和法国殖民策略提出质疑的威廉二世的东方线。

迈那些描写美国故事情节的小说主题主要围绕着野蛮西部的开发。有关维尼图的第一部小说讲的是一条火车线路的测量和建造,这在当时是一个非常超前的事件。关于小说中印第安人首领维尼图这个角色有诸多猜测。迈作品中的叙述者总是那位名为沙特汉德(Shatterhand)的年迈老者,也就是作者本人,维尼图是一个由他构思出的理想人物。我们可以做出这样的推断,即这部作品意在从道德角度驾驭野蛮西部的文明化进程,简言之,该作品是在说明对待土地和人的顺从的一种德意志秩序观。而阿帕奇人的首领维尼图,并不是现实中的对手,而是身为一个自由人的德国男性的缩影。在帝国时代,德国人尽管有公民权,但依然是奴仆。他也希望有个银盒子,也愿意为公平和自由出力,成为英雄,至少是在家乡猎手协会中。但是这个非英雄的时代不允许他这样做,只好沉浸在迈先生的幻想中,亦步亦趋地追随维尼图,来到他的善行天地。维尼图成为威廉主义的安心丸。大家都是血缘兄弟,傍晚在篝火旁点燃和平的烟斗。还会出什么事吗?

当楚克迈尔1926年给他的女儿起名为维尼图的时候,维尼图这个人物在德国已经家喻户晓。而如同印第安人一样,那时德国人的领土鲁尔区也被剥夺了。

楚克迈尔和迈精神上一脉相承吗?如果是,那么和维尼图有什么关系呢?两人都是很晚才到美国,而且他们关于美国的一切想象和描述,都是在亲临美国之前想出来的。至于迈是否怀疑维尼图这个人真的存在过,如同我们问楚克迈尔是否后悔给他的女儿取名维尼图的结果是一样的。

维尼图是德国文化史上最家喻户晓的人物之一。直到今天,在巴特塞格贝格市举办的卡尔·迈露天艺术节依然是德国这类演出中最知名的活动。人们可以将维尼图视为一个高贵的野蛮人,也可以说是一个德国人。阿米尼乌斯,也就是我们的赫尔曼会这样说:他是一个高贵的、野蛮的德国人。一个真正的日耳曼人。

这样一来从人种学的角度揭示了大牌帝国的家底，再次扯出盎格鲁撒克逊的文明概念，又一次证明了德国帝国的正确性。威廉主义做出一副样子，好像是大家刚刚来到广场，目的是讨论一下，是否允许那位传教士圣波尼法爵进入村子。

但是这种飘然，这种超脱的感觉，没有人比卡夫卡在他 1913 年发表的《想要当个印第安人》（*Wunsch, Indianer zu werden*）中描述得更清楚。卡夫卡写道："如果真的是一个印第安人，会准备好，跨上疾驰的战马，不惧顶风而前行，脚下是颤抖的大地，他也在不断地颤抖，最后他丢下马刺，因为他没有马刺，抛开马缰绳，因为也没有马缰绳，当大地像剪修整齐的草原出现在视野之前，早已没有了马头和马脖子。"

作者：里·瓦
译者：杨丽

参阅：裸体文化，创业时代，庸俗艺术品，渴求瘾，小市民

香肠

544　　一般说到香肠，就是在说各种香肠的吃法和做法。在德国有1500多种香肠。我们在此仅列举几种：啤酒香肠、咖喱香肠、干香肠、法兰克福香肠、鹅肝香肠、家常香肠、猎人香肠、小干香肠、乡村猎人香肠、梅特香肠、纽伦堡香肠、烤香肠、苏尔茨香肠、茶香肠、白香肠和血肠。

但是如果没有出售香肠的小摊，香肠会有什么命运呢？在每个城市都有一个脍炙人口的香肠小摊。在科隆，据说是那家香肠烧烤小铺。根据当地人的指点，可以经常在那儿碰到西德电视台的侦探电视连续剧《犯罪现场》的两位警长。

在柏林呢，最出名的非科诺伯克（Konnopke）香肠小吃铺莫属，当地报刊的报道更使其声名鹊起，科诺伯克小吃铺位于地铁站附近的埃伯瓦尔德大街上，也就是当年的东德。柏林人——西柏林人习惯于说——在城市的东边。

科诺伯克香肠小铺可谓身经百战而立于不败之地，它目睹了东德的消失。从那以后围绕这个小吃铺的喧嚣就没有消停过。有时是因为交通，有时是因为建筑而需要搬迁，其店铺的地点和存在一再受到威胁。柏林现在是首都，是一个整体的柏林。

但是人们没有放弃科诺伯克小吃铺，最后与交通部门和官方达成一致，在离原地点数米之遥的人行道上找到了一块可以让它永久驻扎的地方。科诺伯克小铺得救了，整个地区欢呼雀跃，当地的报纸撰写了历史。

在香肠小摊，人们可以很快地进入交谈，但不仅是和态度友好的服务员。在香肠小摊，甚至不用借助狗的帮助就可以结识陌生人。当然也可以问问警长拍摄最新电影的情况，但这是不合时宜的。他们两人也要休息一下，也该轮到他们好好休息一下了。

请举止得体些，你们这些人。只要不是咖喱香肠，都可以用手抓着吃。但是彬彬有礼还是要保证的。香肠小铺虽然没有权威，但是有德高望重的人。当香肠铺的老板将下一个客人点的食物端上来时，其举止俨然如饭店业主。他是一个德高望重的人。他一边指着他的产品一边说，强大的品牌伙伴保证高质量的生产，然后又补充一句：干净是最高的要求。然后把他的毛衣划拉划拉平。

这令人不由自主地看看眼前的硬纸盘子，赶快用餐巾纸将滴落在高台桌子上的西红柿酱抹去。然后才敢去正视小摊铺主人的目光。后者问道：好吃吗？随后又转身忙去了。他有不止一个小铺子，他说，靠一个小铺子他是无法生存的。据说每年一个普通德国人平均要吃掉60公斤香肠，香肠铺子才能生存下去。但这样的话，大家想一想这是一个什么样的普通德国人？

不管香肠小铺开在哪里，那里很快就成为熙来攘往的中心。它是特有的德国式中心。在这里人们相互谦让，在这儿人人受到欢迎，只要不大声吵闹或者带着世界新闻来到这里。这些会令人扫兴，有损生意。

香肠小铺还有着人们常说的明显的同一性。虽然这里可以说是包罗万象，但是想点一个汉堡包或者土耳其烤肉饼则有些亵渎的味道。而且这种情况实际上也很少出现。

客人们吃饭时都站着。如果他们是单独来的，而且也不想解释为什么——是有这样的人——他们吃香肠时背对着香肠摊。如果客人是两人一起来的——一看就是多年的深交，这样的人也是有的——他们并排站在香肠摊边上吃。他们也不大说话，因为和服务员的交流只是在找钱和端上香肠时。而他们之间的交流三言两语就都说清楚了，又不是昨天才认识的。香肠让人忠诚。有些日子，这就足以了。有的日子，阴雨连绵，收音机里播放着伤感的音乐。

1949年5月23日在波恩宣布成立德意志联邦共和国。1949年9月4日咖喱香肠在柏林问世。

在这样的日子里，人们会联想到赤道分界线或者白香肠分界线，后者是人们常说的划分巴伐利亚和其以北地区界线的那种比喻说法。"无所谓"在一边叫"es ist egal"，在另一边叫"Wurscht"。①

有人说，白香肠（Weißwurst）听起来像熏肠（Extrawurst）②——巴伐利亚的白香肠。然而它的问世要归功于一次产品事故。幸好莫泽·泽普（Moser Sepp）在1857年有这么一个救世的主意。当时厂家供错了肠衣，为了避免更糟糕的事情发生，所以就没有煎香肠，而只是把香肠煮了一下。现在这是一个故事，而莫泽·泽普先生也因此载入史册。

白香肠分界线以美因河流域为界。北边是普鲁士，南边是新天鹅堡（Neuschwanstein）和安德克斯（Andechs）。

另外提到普鲁士。据说俾斯麦说过：谁对香肠的制作和法律的制定过程了解得越少，他睡觉就睡得越踏实。

这可不招人喜欢。

有人说，我们这是在科隆。

---

① 后一种说法为巴伐利亚方言。

② Extrawurst 亦有特权和例外之意。

也许您能告诉我某种普鲁士的香肠吗？我们就选择图林根烤香肠吧。

有人唱道：所有的事情都有一个到头的时候。但是，只有香肠有两个头。

这就是香肠学。

站在香肠小摊前，吃着香肠，把纸盘子和没吃完的东西倒进垃圾桶，然后不由自主地加快了脚步，用以前的话说，好像有要务在身。而在今天，则好像要去追赶一辆想象中正在关闭车门的公交车。在车里面坐着德国的卡尔德隆（Calderon）。关于他也要说几句话。生活就是一场梦，Okay，至少想说那么一次。但是梦包括什么呢？这时车门正又打开，从车上下来的是电视剧中两位警长中的一位。

你问，有什么事？他说什么呢？

他说，当然是香肠的事了。

真的是香肠的事？你问。

那还会有什么事呢？他问，不是关于香肠，难道是关于梦的事？

您是德国的卡尔德隆吗？也就是那位将生命视为梦想，将自己视为西班牙人的先生？你问。

不，不。他笑着大声喊道，这时他已经来到香肠小摊位的窗户前并说道：来一份咖喱香肠带土豆条。

咖喱香肠，这是柏林人的香肠。正如慕尼黑有白香肠一样，柏林则有自己的咖喱香肠。这是赫塔·霍伊维尔（Herta Heuwer）发明的。在1949年。她至少给调味汁申请了专利。10年后，在慕尼黑。

对面的剧院里上演着卡尔德隆。据说，在那边，在古老的大厅内，生活是一场梦幻。在科隆？在柏林？从香肠小摊处可以很好地观察一切：剧院的入口和前面的人群。可以看见他们的嘴唇在动，但是听不见他们在说什么。在剧场休息时，还有一些人到香肠小摊来。这很时髦，在柏林。

今天他们在剧院，明天在博物馆。在德国，第一家咖喱香肠博物馆，就在柏林墙旁名为查理边防检查站的后面，但是它位于防御大街上。那是在城市的东部，用柏林人的话说，用西柏林人的话说。

作者：里·瓦
译者：杨丽

参阅：简便晚餐，啤酒之旅，诸侯割据，圣诞市场

内心的撕裂

如果说我胸中安住着两个灵魂，天哪，这太轻描淡写了！是一组灵魂忐忑在我胸中。秩序井然乃当务之急。可秩序对我来说太昂贵，我根本支付不起。因此我必须再把一切搅乱，怀疑一切，深深的疑惑，通观全局是没戏了。

我无忧无虑地漫游在大自然中，嘴上哼着小调，看见一棵病虫侵蚀的大树，皱皱巴巴。皱纹，遍布我额头的皱纹。我想把大衣分给大树一半，而它表示拒绝，低垂下了树冠。我声称：用科技确保领先！不由得一阵内疚。我是一个大自然的盗贼，身兼偷猎者、野猪和自由射手于一身。6颗子弹发发命中，第7颗则受魔鬼支配。但是，我并不放弃最终拯救世界的憧憬。

我是一个孤独的家伙，也是各种协会的会员。漫步、运动、狂欢节，凡是人类的活动没有我不通晓的。会员费总是及时汇出。晚上我喝点儿啤酒，吃点儿面包加香肠，可谓问心无愧。工作和休息缺一不可。收音机里播放着虔诚的音乐。刚才还在干活的拳头，现在合拢一起祈祷苍天。最高境界高得恰到好处。我的精神沉浸在只可意会不可言传的境界中。我努力寻找表达的词语。

我的家乡非常惬意宜人，尽管如此我并未驻足不前：远方吸引着我。

指南针绕了一圈:东、西、南、北。我坦诚面对四面八方。我的步伐带着和平主义者的色彩。关于热战的事情我只是听说过,而冷战也已经冰释消融了,连同它一起消失的还有冷冷的隔墙,这堵墙曾经割裂了我本身。为了超越各种界限,我不需要再考虑国界的限制。我的护照上刻着一个看不见的印章:世界公民,家住德国的辛德札登镇(Hinterzarten)。这也没有什么关系。我学会了诸多语言。

我在脑海中捍卫自由,我的行为有助于稳定和安全。我每天用指甲刀磨掉翅膀上的棱角:不要极端!中庸是我的新标准。这是我的立场,也会一直坚持下去。直到渴望腾然升起。我渴望放荡不羁、渴望无拘无束。我准备扼住命运的喉咙。突然,忧虑与不安再次光临。特别是那外边的一切一切。当暮色在我面前弥漫开来。哎，要是我最终能信任自己多好！在梦中我开始唱歌，内心则深感不寒而栗。

我变得很随和。有时我想：我是一具随和的行尸走肉。理性为内心的渴望套上了羁绊。我保证，要牢牢地握住这根缰绳。但是只要渴望与羁绊并存，我就能喘气。

有些人认为，我内心的撕裂意味着"任何事情都可以左右逢源"。但恰恰相反。它和欢快的冲浪、角色转换和对换角色没有任何相似之处——我的撕裂是痛苦的。我准备、能够也必须承受这个痛苦。谁声称"多样化"——不过就是站在酒吧柜台旁向最小年龄的人兜售夏日鸡尾酒，我认为他无异于一个骗子。

野蛮人曾经试图驱赶走我心中的撕裂，他们的方法是让我与其同步堕落。好心人也试图劝解我，他们的方法是将深渊宣布为禁区。孩子们要为他们的家长承担责任。我勇于承担责任，申明政治上要保持谨慎、和解和让步。你们需要也必须要求我这样做，但是不要要求我把脑袋插入棉絮中，那样向外发出的声音是闷闷的，如同装上了消音器。

让我的内心撕裂与我并存，它是最好的东西。

作者：特·多
译者：杨丽

重要人名、地名及概念索引

（索引页码为原书页码，即本书边码）

Aachen 206, 212, 452
Abgrund **14ff**, 60, 196, 315, 322, 356, 368, 461, 490, 513, 549
Adelung, Johann Christoph 404
Adenauer, Konrad 128, 466f, 535, 537
Adorno, Theodor W. 134f, 138, 325ff, 339, 495
Albers, Hans 421f
Alchemie 91, 351
Allgeier, Sepp 55, 67
Alpen 54ff, 61, 118f, 187, 299f, 313, 490
Angst 15, 29, 117, 179, 189, **192ff**, 210, 232, 334, 445ff, 487, 506, 548f
Antisemitismus 68, 157, 159ff, 198, 290, 295, 332, 364, 404, 406f, 474, 540
Arbeit **32ff**, 88, 130ff, 211, 348, 365, 426ff, 548
Arendt, Hannah 47f, 135, 472f
Arminius *siehe* Hermann der Cherusker
Arndt, Ernst Moritz 258, 462
Arnim, Achim von 18, 22, 474
Arnim, Bettine von 421, 458, 509
Atomkraft 29f, 96, 192, 200, 201, 407, 429
Aufklärung 38, 91, 106ff, 196, 342, 352, 364, 366, 373, 398f, 469ff, 505f
Augsburg 425f
Augsburger Religionsfrieden 264, 391, 393
Augstein, Rudolf 252
Auschwitz 326, 538, 540
Auschwitzprozesse 540
Ausdruckstänzerin 57ff, 157, 160

Auto/Autobahn **118ff**, 137, 213, 243, 478
Bach, Carl Philipp Emanuel 307
Bach, Johann Sebastian 30, 307ff, *309*, 315, 322, 470
Bahro, Rudolf 139
Barbarossa *siehe* Friedrich I.
Barock 195, 306, 308, 404, 468
Bartelmann, Wilhelm 441
Basedow, Johann Bernhard 245f
Bauhaus **49ff**, 186f
Baum, Vicki 122f
Bayern 72, 155, 162, 174, 186f, 254, 259, 321, 408, 546
Bayreuth 320ff, *321*, 327, 380, 403, 404, 523
Bebel, August 426
Becher, Johannes R. 163, 295f
Beckenbauer, Franz 174ff, *178*, *180*
Becker, Nikolaus (Niklas) 462ff
Beethoven, Ludwig van 76, 310ff, *312*, 318f, 322, 328f, 335f, 412, 526
Befreiungskriege 39, 288, 474f, 484, 525f
Behrens, Peter 49
Beinhorn, Elly 122, 529, 530f
Benn, Gottfried 370f
Bensemann, Walther 167ff
Benz, Bertha 123f, *124*
Benz, Carl 121, 123
Berber, Anita 520
Bergbau 22ff, *23*, 146, 301
Berlin 11, 32, 36, 51, 57ff, 71, 81, 113, 122, 125, *136*, 138, 150, 156, 162, 164, 170, 181, 189, 222, 240, 249, 258, 268f, 269, 287, 293f, 297, 360f, 418f, 471ff, 486, 512,

514f, 517, 520, 527, 530, *539*, 544ff, *545*
Bernhard, Thomas 113, 491
Bethmann Hollweg, Theobald von 267
Beuys, Joseph 80
Biedermeier 184, 188f, 288, 328, 475ff, 480
Bier 9, 70ff, 134, 139, 186, 231f, 259, 291, 407f, 409, 420, 435, 548
Bildung 36, 39, 41, 83, 105, 146, 196, 224, 342, 348, 371f, 426
Bildungsbürger 130f, 138, 260, 282f, 422, 469ff
Bismarck, Otto von 73, 149, 314, 426f, 546
Bloch, Ernst 93, 134f, 155, 233
Böhme, Jakob 265, 350f, *352*
Böll, Heinrich 113, 220, 276, 285, 466f
Bonifatius 74
Bonn 206, 216, 276, 310, 467
Bora, Katharina von 72, 340, *341*, 392
Borsig, August 212
Boveri, Margret 125
Brandt, Susanna Margaretha 509f
Brandt, Willy 174, 412
Braunschweig 165, 362, 432
Brecht, Bertolt 71, 119f, 125, 215, 219, 294, 425
Breitner, Paul 174ff, *177*
Bremen 70, 140, 186, 230, 471
Brentano, Bettine *siehe* Arnim, Bettine von
Brentano, Clemens 20, 421, 455ff, 472
Broch, Hermann 112
Bruckner, Anton 293, 328
Bruyn, Günter de 286
Buchdruck 35, **82ff**, 108

Buchenwald 78ff
Büchner, Georg 14, 197, 258, 260
Bundesrepublik 30f, 47f, 52, 67, 69, 96, 128, 138, 162, 170ff, 188ff, 201ff, 205f, 216ff, 243, 252, 284f, 295, 338f, 348, 359, 364, 368f, 382ff, 426f, 466f, 487, 515ff, 531, 535ff, 549
Burschenschaften 134, 288ff, 476
Busch, Wilhelm 412ff
Caesar, Gaius Julius 451, 479
Campe, Joachim Heinrich 362f, 404ff, 505
Canetti, Elias 483
Carlowitz, Hannß Carl von 25, 482f
Carstens, Karl 492, 494
Celan, Paul 16
Claudius, Matthias 278
Cook, James 143
Cranach, Lucas d. Ä. 392
Cranach, Lucas d. J. *33*, *392*
Dahl, Johan Christian Clausen *488*
Daimler, Gottlieb 121, 126f
DDR 28f, 47, 51f, 96, 99, 108, 131, 138ff, 146, 162f, 174f, 207, 219, 284f, 295, 372ff, 418ff, 535
Dessau 52, 187, 245
Deutscher Bund 262
Diefenbach, Karl Wilhelm *154*, *155*
Dietrich, Marlene *347*, 518ff, 520
Disziplin 35ff, 165, 181, 365ff, 372, 433
Döblin, Alfred 113
Doderer, Heimito von 112
Dohm, Hedwig 346ff
Donaueschingen 94, 330ff
Dreißigjähriger Krieg 34, 194f, 204, 264ff, 375ff, 393
Dresden 21, 101f, 136, 163, 316, 395, 418, 527, 534, 542
Dürer, Albrecht *194f*, 353ff, *354*
Dürrenmatt, Friedrich 94, 96
Düsseldorf 455, 459

Ebert, Friedrich 83
Eckstein-Diener, Bertha (Sir Galahad) 345f
Eichendorff, Joseph von 13, 23f, 27, 40, 140, 196, 288, 295, 482, 487, 518
Eisler, Hanns 96, 293ff
Ekel Alfred 438, *439*
Ende, Michael 29, 103f
Engels, Friedrich 41ff, 197
Ensslin, Gudrun 174, 372
Entfremdung 26, 41f, 138f, 197, 317, 320, 325ff
Erhard, Ludwig 94, 426
Erichsen, Susanne 514ff, *515*
Erster Weltkrieg 43ff, 85, 88, 100, 168, 200, 203, 214, 234, 241, 266ff, 303, 525f
Expressionismus 50, 61, 99f, 441
Fanck, Arnold 55ff, 66f
Fastnacht 93, 353ff, 499
Faust 26f, 39, **91ff**, 196, 198, 284, 302, 335, 510f
Feierabend 40, 43, **130ff**, 152f, 548
Feuerbach, Anselm *422*
Fichte, Johann Gottlieb 283
Fleiß 34, 40f, 46, 85, 130, 205, 246, 365, 368, 517
Föderalismus 208, 258ff
Fontane, Theodor 100, 111
Forster, Georg 142ff
Francke, August Hermann 35ff, 246f, 365f
Frankfurt am Main 192, 211, 214, 216, 290, 325, 395, 476, 499, 505, 509f
Fräuleinwunder 128, 514ff
Freiburg 16, 54ff, 301
Freimaurer 288, 352, 470
Freud, Sigmund 21, 25, 401, 444ff, *495*
Friedensbewegung *siehe* Pazifismus
Friedrich der Weise von Sachsen 392
Friedrich I., Kaiser *17*, 18
Friedrich II. (der Große) 107, 271, 307
Friedrich Wilhelm I. von Preußen 36, 38

Friedrich Wilhelm III. von Preußen 344
Friedrich, Caspar David *13*, *485*
Frisch, Max 96, 113
Fröbel, Friedrich 245ff, 484
Fugger, Jakob der Reiche 425ff, *427*
Fühmann, Franz 28f
Fürstenberg, Max Egon II. zu 330f
Fußball **164ff**, 295f, 353
Gemüt 27, 35, 68, 78, 248, 290, 293, 296, 302, 306, 315, 324, 344, 350, 362, 398, 400, 404, 449, 506
Gemütlichkeit 131, **184ff**, 233, 240, 287, 330, 441, 548
Genie 40f, 310, 333, 335
George, Stefan 31, 458f
Germania 31, 218, 463, 524f, *525*, 531
Gesamtkunstwerk 52, 317ff, 404
Goebbels, Joseph 66ff, 121f, 187, 284, 531
Goethe, Johann Wolfgang von 13, 22ff, 30, 38f, 41f, 44f, 72, 78ff, 92ff, 108, 138, 196, 222, 279ff, *281*, 344, 422f, 471, 494, 499, 504f, 507ff, 510f
Göring, Hermann 187, 243, 484
Grabbe, Christian Dietrich 93f
Graf, Oskar Maria 71, 358f
Graf, Steffi 179, 517
Grass, Günter 30, 113, 219, 286
Gretchen 196, 509ff, 516f, 520
Grimm, Gebr. 20, 251, 421, 480, 483, 498
Gropius, Walter 49ff
Grotewohl, Otto 84
Gründerzeit 99, 165, 210ff, 255
Gründgens, Gustaf 95, 113, 125
Grundgesetz 30, 123, **215ff**, 254, 295, 394, 538

德意志之魂　重要人名、地名及概念索引

Gryphius, Andreas 13, 194f, 266
Guderian, Heinz 276
Günderrode, Karoline von 455f
Gustav II. Adolf von Schweden 264ff, 375
Gutenberg, Johannes 82f, *83*
Hamann, Johann Georg 399
Hambacher Fest 262, 475f
Hamburg 102, 174, 176, 230f, 249, 254, 306, 336, 338, 344, 406, 422, 455, 470f
Handke, Peter 112
Hardenberg, Karl August von 364, 427
Hartmann von Aue 501
Harz 18, 24, 26, *299*
Hauptmann, Gerhart 100, 155, 269
Hauschild, Ernst Innocenz 416f
Haydn, Joseph 310, 313
Hebbel, Friedrich 523f
Hebel, Johann Peter 22
Hegel, Georg Wilhelm Friedrich 47, 196, 315, 323, 350, 390, 506
Heidegger, Martin 14ff, *15*, 30, 199f, *465*, *494*
Heiliges Römisches Reich Deutscher Nation 18, 82, 206, 219f, 229, 261, 351, 391
Heimat 17f, 21, 69, 71, 88, 117, 169, 176, 187f, 208, **233ff**, 295, 304, 326, 421f, 431ff, 487, 548
Heimatfilm 62, 69, 237
Heine, Heinrich 20f, 24f, 93, 293f, 347, 367, 455, 461, 463f, 474, 503
Heino (Heinz Georg Kramm) 77f
Henkel, Fritz 212
Hensel, Fanny siehe Mendelssohn Bartholdy, Fanny
Herberger, Sepp 170ff, *171*, 179
Herder, Johann Gottfried 279, 310, 313
Hermann der Cherusker 167, 393, 451, 463, 484, 492, 543

Herz, Henriette 471ff
Hesse, Hermann 76, 118f, 126, 155, *156*, 493, *495*
Heuss, Theodor 173
Hildegard von Bingen 340, 350, *351*, 506
Hippel, Theodor Gottlieb von 342f, 367, 499f
Hitler, Adolf 66, 68, 127f, 187, 222, 236, 273ff, 294, 314, 327, 530
Hoffmann von Fallersleben, August Heinrich 236
Hoffmann, E.T.A. 22, 27f, 40, 311f, 315, 445ff, 473
Hölderlin, Friedrich 13, 16, 77, 454, 464f
Hollaender, Friedrich 423, 519
Holocaust 276, 334f, 407, 418, 539f
Horch, August 121f
Horkheimer, Max 134f
Huch, Ricarda 204, 206
Humanismus 44, 92, 162, 254, 352, 392ff
Humboldt, Alexander von 22, 24, 143, 146ff, *147*, 471
Humboldt, Wilhelm von 148, 282, 362, 471
Hutten, Ulrich von 393
Hygiene-Museum 136, 395
Industrialisierung 24, 42ff, 49, 97, 134ff, 149, 152ff, 165, 184ff, 211, 240, 249, 260, 267, 416f
Innerlichkeit 91, 156f, 306, 315, 339, 349
Jahn, Friedrich Ludwig 156, 260, 288, 473ff, 485
Jahnn, Hans Henny 112
Jena 204, 284, 288, 471, 473
Johnson, Uwe 112
Jünger, Ernst 46f, 200ff, 273, 368, 411, 482, 486f
Jung-Stilling, Johann Heinrich 483
Jürgens, Udo 176, 422
Kafka, Franz 106, 113, 198f, 543
Kaiserreich 43f, 49, 100, 143, 148f, 152ff, 159, 164f, 198,

210ff, 223f, 231, 240, 256, 260, 262, 267ff, 322, 346, 348, 372, 377ff, 389, 393, 426, 428, 442, 463f, 477, 542f
Kalter Krieg 99, 204f, 215ff, 277, 286, 517, 537f, 548
Kant, Immanuel 17, 41, 44, 55, 208, 224, 313, 315, 323, 364, 366f, 398f, 470, 500
Karl der Große 206, 452, 462
Karlsbader Beschlüsse 288, 476
Karneval 111, 353ff, 428, 454, 459, 478, 499, 548
Kästner, Erich 76
Kaulbach, Friedrich August von 525
Kepler, Johannes 265, 306, 351
Kindergarten **245ff**, 385, 417
Kleinstaaterei 224, 254, **258ff**, 279, 284, 288, 300, 316, 407, 462
Kleist, Heinrich von 44, 111, 170ff, 298, 343, 511ff, 521f, 525, 531
Klettenberg, Susanne von 505
Klinger, Friedrich Maximilian 93
Klinsmann, Jürgen 176, 180
Klum, Heidi 517
Kneipp, Sebastian 153
Knigge, Adolph Freiherr 469
Koch, Adolf 159f, 162
Koch, Konrad 165ff
Koeppel, Matthias 297
Koeppen, Wolfgang 111, 113
Kohl, Hannelore 514
Kohl, Helmut 130, 179, 514
Köln 72, 192, 230, 290, 356, 357, 452, 466, 544ff
Königsberg 208, 367, 473, 500
Konzentrationslager 39, 79f, 273, 276, 326, 364
Körner, Theodor 271, 288, *289*, 484
Korporatismus 426f, 430
Kosmopolitismus siehe Weltbürger
Kracauer, Siegfried 57, 66
Kraus, Karl 190

Krupp 43f, 212
Kulturbunker 30f, *31*
Kulturindustrie 135ff, 327, 329
Kulturnation 262, **279ff**, *280f*, 322, 339, 377ff, 462
Kyffhäuser *17*, *18*, 463
La Roche, Sophie von 507ff, *508*
Lang, Fritz 61, 480
Langner, Ilse 527f
Lanz, Heinrich 213f
Lebensreform 153ff, 198
Leibniz, Gottfried Wilhelm 44, 106, 306f, 469
Leipzig 101f, 293, 307, 314, 416ff, 426, 470
Leitz, Louis 369
Lessing, Gotthold Ephraim 44, 106f, 279, 371, 398
Levin, Rahel siehe Varnhagen, Rahel
Liebestod 20f, 323, 400, 512ff, 522, 524
Limes 208, 220, 355, 479
Liszt, Franz 323, 326, 423
Loreley 292, 294f, *453*, *455*, 518ff, *519*
Love-Parade 105, 202, 360f, 428
Lübeck 229ff, 265, 441
Ludwig I. von Anhalt-Köthen 468
Ludwig I. von Bayern 356
Ludwig II. von Bayern 321f, 332, 377ff
Ludwig X. von Bayern 408
Luise von Preußen 343f
Luther, Martin 25, 30, 32ff, *33*, 47, 75f, 82, 193f, 247, 252f, 291, 305, 340ff, *341*, 350, 371ff, 388ff, 396ff, 401ff, 406, 468, 500, 502
Lützowsches Freikorps 288, *289*, 484, 526
Luxemburger Abkommen 535ff
Magdeburg 174f, 265, *274f*, 350, 375
Mainz 82, 143ff, 359, 454, 461
Mann, Erika 125f
Mann, Heinrich 113, 393, 518

Mann, Klaus 95, 113, 125
Mann, Thomas 9, 14, 45f, 94, 112f, 126, 231, 302ff, *303*, 335f, 346, 441f
Männerchor 179, *180*, **287ff**, 334, 401, 484
Mannesmann 43, 212
Mannheim 39, 123
Mansfeld, Ernst von 264f
Maria Antonia Walpurgis von Sachsen 526f
Marx, Karl 41ff, *42*, 138, 169, 197, 271, 425
May, Karl 541ff
Maybach, Wilhelm 121, 213
Mechthild von Magdeburg 350
Meinhof, Ulrike 174, 220
Meister Eckhart 32, 45, 350, 352
Meistersinger 305, 308, 365
Melanchthon, Philipp 106, 392
Mendelssohn Bartholdy, Fanny 307f, 423
Mendelssohn Bartholdy, Felix 252, 290f, 295, 307f, 314, 357, 404
Menzel, Adolph Friedrich Erdmann von *185*
Merkel, Angela 181, *443*, *495*, 531
Messner, Reinhold 421, *495*
Mitscherlich, Alexander u. Margarethe 539
Mittelalter 18f, 34, 40, 82, 91, 94, 110, 117, 227, 229, 304, 349f, 353ff, 361, 365, 389, 425f, 436, 452
Mozart, Wolfgang Amadeus 288, 310, 313, 323, 424
Mühsam, Erich 440
Müller, Heinrich 305f
München 102, 155, 163, 172f, 175, 255, 259, 273, 322, 356ff, 381, 383, 514, 526, 547
Münker, Wilhelm 241ff
Musik 94f, 105, 135, 287ff, 302ff, 345, 403f, 422ff, 454f, 459, 484, 548
Musil, Robert 106, 112, 482

Mutter 247ff, **340ff**, 385ff, 461, 505, 507, 524f, 531
Muttersprache 233ff
Mystik 32ff, 91, 302, 310, **349ff**, 388, 405
Napoleon I. (Bonaparte) 196, 206, 253, 262, 279, 283, 288, 314, 344, 427, 462, 476
Nationalsozialismus 16, 18, 30, 39, 46f, 51f, 66ff, 78ff, 94, 99, 120ff, 127f, 137f, 160ff, 170, 187f, 202f, 204, 225, 243, 254, 271ff, 284, 294, 326ff, 340, 346, 368, 406f, 418, 483f, 486f, 530f, 535ff, 541
Nationalstaat 97, 164, 224, 262, 267, 279ff, 288, 291, 462f, 377ff, 473ff
Naturschutz 28, 73, 80f, 123, 203, 238, 243f, 465f, 482f
Naumann, Friedrich 49, 269f, 426
Nessler, Karl Ludwig (Charles Nestlé) 85ff
Netzer, Günter 174, 176
Neubert, Rudolf 136f
Neuschwanstein 378ff
Neuss, Wolfgang 11, 539
Nibelungen 320ff, 461, 463f, 480, 522ff, 530
Nicole (Nicole Hohloch) 277
Niekisch, Ernst 215
Nietzsche, Friedrich *15*, 16, 21, 197, 224, 322f, 347, 367, 371, 401, 496f, 501
Nordsee 230, *231*, 441ff
Notburga von Rattenberg 134
Novalis (Friedrich Philipp von Hardenberg) 23ff, 40, 343
Nürnberg 92, 101, 353, 365, 375ff, 389, 538
Oberrieder Stollen siehe Kulturbunker
Oktoberfest 356ff
Opel, Adam 127
Ordnung 46, 175, 224f, 227, 244, 302, 305, 308f, 328f, 332f, **362ff**, 415, 425f, 477, 482f, 542, 548

Ostsee 118, 163, 229f, *231*, 346, 441ff
Pappenheim, Gottfried Heinrich von 265f
Paracelsus 91, 351
Paullini, Christian Franz 130f, 135
Paulskirche 224f, 262, 291, 476
Pazifismus 95, 167, 173, 203, 219, 244, *276f*, 374, 539, 548
Pestalozzi, Johann Heinrich 245, 341f, 345f
Petermann, August 149
Peters, Carl 149
Pfarrhaus 111, 149f, **370ff**, 398
Pietismus 35ff, 47, 195f, 246, 305f, 351f, 365f, 399, 504, 507
Porsche, Ferdinand 122, 127
Potsdam *36*, 168, 307, 322
Prag 198, 264, 266, 351
Preußen 22, 35f, 38, *45*, 47, 59, 107, 146, 148, 164f, 196, 206, 213, 215f, 220, 223ff, 248f, 254, 262, 265, 271, 279, 283, 286, 288, 343f, 353, 356, 364ff, 380, 389, 393, 426f, 473ff, 484, 526, 541, 546
Protestantismus 9, 25, 34f, 37, 130, 156, 194f, 247, 252, 264f, 290, 305, 307f, 341, 355, 370ff, 388ff, 395ff, 428, 471
Pudor, Heinrich (Heinrich Scham) 157, 160f
Pünktlichkeit 43, 101f, 205
Quadflieg, Will *95*
Rahn, Helmut 171ff
Rathenau, Emil u. Walther 214
Reeducation 138, 302, 539
Reformation 82, 264f, **388ff**, 401ff
Reichstag 206, 266, 272, 392
Reinheit 311, 330, 338, **395ff**, 464f, 468f
Reitsch, Hanna *529*, 530
Reitz, Edgar 237

Rhein 223, 266, 287f, **451ff**, 485, 523
Rheinischer Kapitalismus 426ff
Richter, Ludwig *132f*, *502*
Riefenstahl, Leni 57ff, *63f*, 484, 531
Riehl, Wilhelm Heinrich 131, 486, 490
Romantik 11, 18ff, 29, 39ff, 43, 65, 108, 110, 184, 196f, 204, 243, 288, 291f, 296, 306, 310f, 315, 317, 343, 391, 420, 421ff, 448ff, *456f*, 458ff, 471ff, 474, 481ff, 487, 523
Rosenberg, Alfred 137f, 284, 483f
Rostock 305, 441, 470
Roth, Joseph 79f, 113
Rousseau, Jean-Jacques 26, 153, 245f, 341f
Rübezahl 17, 77
Rückert, Friedrich 13, 18, 22
Rudolf II. von Habsburg 351
Rühmann, Heinz 68
Sachs, Hans 116, 365
Salomon, Ernst von 538
Salon 11, 184, 344, 471ff, 507f
Sander, August 460
Sander, Jil 406
Scheler, Max 43ff
Schelling, Caroline 24, 471
Schelsky, Helmut 539
Schiffer, Claudia 517
Schiller, Friedrich 30, 39f, 108, 110, 137, 202, 222, 279ff, *280*, 290f, 311, 313, 317, 319, 385, 398, 412, 486, 499, 507, 526
Schirach, Baldur von 242f
Schirrmann, Richard 240ff
Schlager 137, 150, 176ff, 194, 234f, 420, 422, 454
Schlegel, August Wilhelm 343, 371, 471
Schlegel, Caroline siehe Schelling, Caroline
Schlegel, Dorothea 24, 471
Schlegel, Friedrich 21, 40, 371, 467, 471

Schleiermacher, Friedrich 344, 469, 471f
Schlingensief, Christoph 30, 192, *193*
Schmidt, Arno 112, *363*
Schmidt, Helmut 364
Schneckenburger, Max 462f
Schön, Helmut 174ff
Schönberg, Arnold 135, 293, 329ff, *331*
Schopenhauer, Arthur 11, 149, 197, 323ff, 333, 344f, 412, 490f
Schopenhauer, Johanna 11, 344
Schreber, Daniel Gottlob Moritz 417f
Schreber, Daniel Paul 418
Schubert, Franz 292, 326, 423, 497
Schubert, Gotthilf Heinrich 21f
Schumacher, Michael 179
Schumann, Clara 459
Schumann, Robert 292, 423, 459, 463, 487
Schwäbisch 32, 62, 73, 121, 164, 196, 290, 355, 361, 395
Schwarzwald 16, 30f, 55, 72, 85, 301
Schwitters, Kurt 454f
Seeler, Uwe 176
Seghers, Anna 163
Sekundärtugenden 111, 181, 205, 244, 364, 368
Seume, Johann Gottfried 491
Sieburg, Friedrich 14, 368
Siegfried 167, 194, 316ff, 401, 464, 480, 522ff
Siemens, Werner von 211ff
Silcher, Friedrich 294, 455
Skladanowsky, Gebr. 54
Sonderweg 169, 179, 193, 220, 306, 467
Sozialstaat 28, 38, 210, **425ff**
Sparwasser, Jürgen 174f
Speer, Albert 30f, 187, 364
Spener, Philipp Jacob 35, 351
Spießbürger 47, 157, 160f, 189, **436ff**
Sprache 14, 105f, 166, 167, 253, 282, 290f, 297, 315,

383, 385, 390f, 401ff, 410, 447, 468f, 498ff
Stadler, Ernst 99f
Stalin, Josef 215f, 272f, 276f
Stauffenberg, Claus Schenk von 31, 102, 530
Stauffenberg, Melitta Schenk von 529, 530
Stein, Heinrich Friedrich Karl vom und zum 364, 427
Steiner, Rudolf 153, 198
Sternberg, Josef von 518f
Stifter, Adalbert 480
Stöcker, Helene 346
Stockhausen, Karlheinz 336ff, *337*
Störtebeker, Klaus 70, 231f
Stralsund 70, 230, 265
Straßburg 82, 168, 294, 452
Strauss, Richard 313, 444
Stuttgart 73, *75*, 290, 395, 432
Surén, Hans 157ff, *161*
Sylt *103*, 156, 163
Tacitus, Publius Cornelius 134, 468, 479, 498
Tannhäuser 18ff, *19*, 77, 399
Tatort 260, *261*, 521, 544
Taunus 204, 243, 301
Thelen, Albert Vigoleis 112
Thyssen 46, 212
Tieck, Ludwig 20, 23, 25, 310, 481
Tilly, Johann t'Serclaes von 264ff, 274
Treitschke, Heinrich von 206
Trenker, Luis 58ff, 60, 67ff, 69
Tucholsky, Kurt 81, 302
Tulla, Johann Gottfried 452
Turek, Toni 173
Uhse, Beate 529, 530f
Ulbricht, Walter 216, 284
Unger, Friederike Helene 505
Valentin, Karl 383
van de Velde, Henry 49
van der Rohe, Mies 52
van Hoddis, Jakob 99f
Varnhagen von Ense, Karl August 249
Varnhagen, Rahel 11, 472f
Verein 17, 130, 252, 287ff, 356, 415ff, **468ff**, 492, 542, 548

Vergangenheitsbewältigung 538ff
Vogel, Eduard 149
Vogel, Henriette 512f
Vogts, Berti 175, 179
Volkslied 9, 131, 179, 234, 288, 291f, 294, 296, 305, 320, 367, 387, 454f, 486, 490ff
Volkswagen 94, 118, 127ff, *129*
Vormärz 197, 291, 475
Voß, Johann Heinrich 38
Vulpius, Christian 108
Wackenroder, Wilhelm Heinrich 23, 311
Wagner, Richard 20f, 27, 101, 304f, 316ff, *318*, 325ff, 377ff, 399ff, 424, 465, 511, 522ff
Wald 87, 118, 120, 122, 165, 197f, 240, 243f, 249ff, 287ff, 348, 400, 415f, 451, 468, **479ff**, 490ff
Waldsterben 192, 200, 487ff, 489, 548
Walküre 511, 522ff
Wallenstein, Albrecht Wenzel Eusebius von 264ff, *265*, 376
Walser, Martin 113, *285*, 286
Walter, Fritz u. Ottmar 172
Walther von der Vogelweide 116
Wandern 118, 121, 159, 163, 165, 240ff, 298ff, **490ff**, 548
Wandervogel 153, 240, 242, 492
Wartburg 18, 291, 390
Weber, Carl Maria von 99, 288, 291, 296, 320, 484
Weber, Max 37, 56, 428
Wedekind, Frank 518ff
Wegener, Alfred 150f, *151*
Weimar 11, 49, 52, 216, 222, 279ff, *280f*, 344, 455, 505
Weimarer Klassik 94, 108, 157, 279ff
Weimarer Republik 52, 83, 113, 136, 156ff, 168f, 200, 222, 226, 241, 254, 271f, 284, 327, 411, 530, 538

Weiss, Peter 112, 219
Weltbürger 106, 148, 167f, 219, 271, 279ff, 470, 473f, 548
Weltgeist 196, 323
Wense, Jürgen von der 496
Werkbund 49f
Westbindung 219f, 467, 517
Westfälischer Frieden 30, 266, 272, 277
Wiedervereinigung 76, 140, 176ff, 203, 205, 217ff, 277, 286, 295, 419, 538
Wieland, Christoph Martin 371, 507
Wien 184, 293, 310, 313, 329f, 382, 444ff, 483, 541
Wiener Kongress 262, 267, 288, 356
Wilder, Billy 442, 516f
Wilhelm I. 463, 467
Wilhelm II. 168, 209, 267ff, 269, 271, 442, 524, 537
Wilhelm IV. von Bayern 408
Wilhelminismus 100, 113, 143, 148f, 156, 165, 220, 223f, 240, 262, 269, 393, 429, 441, 542f
Winckelmann, Johann Joachim 157, 282
Wirtschaftswunder 34, 128, 173, 181, 188, 514ff
Wittenberg 374, 388ff, 402
Worms 392, 452, 463
Wotan 167, 172, 319
Wunder von Bern 170ff, 181, *182*
Würzburg 92, 125
Zelter, Carl Friedrich 287, 423, 473
Zesen, Philipp von 404f
Zimmermann, Herbert 172f, 181
Zuckmayer, Carl 541ff
Zürich 99, 126, 316
Zweiter Weltkrieg 31, 73, 90, 128, 170, 206ff, 266, 273ff, 284, 302, 314, 464, 528, 530, 537

参考文献

扩展阅读推荐书目见：www.deutsche-seele.de。除各章中所提及的著作，我们从以下书籍与文章中获得了很大启迪。

Jürgen von Alten, *Weltgeschichte der Ostsee*, Berlin 1996

Michael Andritzky u. Thomas Rautenberg, *»Wir sind nackt und nennen uns Du«. Von Lichtfreunden und Sonnenkämpfern. Eine Geschichte der Freikörperkultur*, Gießen 1989

Friedmar Apel, *Deutscher Geist und deutsche Landschaft*, München 1998

Hannah Arendt, *Rahel Varnhagen: Lebensgeschichte einer deutschen Jüdin aus der Romantik*, München 1957

Detlev Arens, *Der deutsche Wald*, Köln 2010

Leo Balet u. Eberhard Gerhard, *Die Verbürgerlichung der deutschen Kunst. Literatur und Musik im 18. Jahrhundert*, Berlin 1973

Hans D. Barbier u. Fides Krause-Brewer (Hg.), *Die Person hinter dem Produkt. 40 Portraits erfolgreicher Unternehmer*, Bonn 1988

Franz J. Bauer, *Das lange 19. Jahrhundert*, Stuttgart 2010

Oswald Bayer, *Vernunft ist Sprache. Hamanns Metakritik Kants*, Stuttgart-Bad Cannstatt 2002

Udo Benzenhöfer, *Paracelsus*, Reinbek bei Hamburg 2003

Manfred Berger, *150 Jahre Kindergarten. Ein Brief an Friedrich Fröbel*, Frankfurt am Main 1990

Isaiah Berlin, *Die Wurzeln der Romantik*, Berlin 2004

Siegfried Birkner, *Goethes Gretchen. Das Leben und Sterben der Kindsmörderin Susanna Margaretha Brandt*, Frankfurt am Main 1973

Günter Blamberger, *Heinrich von Kleist. Biographie*, Frankfurt am Main 2011

Kurt Breysig, *Vom deutschen Geist und seiner Wesensart*, Berlin 1932

Ulrich Brochhagen, *Nach Nürnberg. Vergangenheitsbewältigung und Westintegration in der Ära Adenauer*, Berlin 1999

Christoph Buchheim, *Industrielle Revolutionen. Langfristige Wirtschaftsentwicklung in Großbritannien, Europa und in Übersee*, München 1994

Michael Buhrs u. Claudia Wagner (Hg.), *Karl Wilhelm Diefenbach (1851–1913). Lieber sterben, als meine Ideale verleugnen!*, München 2010

Peter Burg, *Der Wiener Kongress. Der deutsche Bund im europäischen Staatensystem*, München 1984

Maria Curter, *Das erfinderische Berlin*, Berlin 2011

Carl Dahlhaus, *Die Idee der absoluten Musik*, Kassel 1978

Sigrid Damm, *»Geheimnißvoll offenbar«. Goethe im Berg*, Frankfurt am Main 2009

Alexander Demandt (Hg.), *Deutschlands Grenzen in der Geschichte*, München 1990

Peter Demetz, *Prag in Schwarz und Gold*, München 2000

Ulf Erdmann Ziegler, *Nackt unter Nackten. Utopien der Nacktkultur 1906–1942*, Berlin 1990

Matthias Fanck, *Weiße Hölle – Weißer Rausch. Arnold Fanck. Bergfilme und Bergbilder 1909–1939*, Zürich 2009

Paul Fechter, *Deutscher Osten. Bilder aus West- und Ostpreußen*, Gütersloh 1958

Hildegard Felisch, *Die deutsche Frau*, Berlin 1928

Niall Ferguson, *Der falsche Krieg. Der Erste Weltkrieg und das 20. Jahrhundert*, München 2001

Joachim Fernau, *Disteln für Hagen. Bestandsaufnahme der deutschen Seele*, München 2009

Karl August Fink, *Papsttum und Kirche im abendländischen Mittelalter*, München 1994

Rolf Hellmut Foerster, *Revolution in Deutschland. Die chronische Utopie*, München 1971

Etienne François u. Hagen Schulze (Hg.), *Deutsche Erinnerungsorte*, München 2001

Emil Franzel, *Von Bismarck zu Adenauer*.

Ideologie, Wahn und Realismus in der deutschen Politik, München 1957

Eberhard Freitag, Schönberg, Reinbek bei Hamburg 1973

Richard Friedenthal, Goethe. Sein Leben und seine Zeit, München 1963

Peter Gay, Freud. Eine Biographie für unsere Zeit, Frankfurt am Main 1989

Martin Geck, Bach. Leben und Werk, Reinbek bei Hamburg 2000

Ders., Ludwig van Beethoven, Reinbek bei Hamburg 1996

Imanuel Geiss, Der lange Weg in die Katastrophe, München 1990

Ulf Geyersbach, »... und so habe ich mir denn ein Auto angeschafft«. Schriftsteller und ihre Automobile, Berlin 2006

Martin Gregor-Dellin, Richard Wagner. Sein Leben. Sein Werk. Sein Jahrhundert, München 1980

Susanne Grüneklee, Kultbuch Spargel. Alles über das königliche Gemüse, Köln 2009

Hellmut G. Haasis, Morgenröte der Republik. Die linksrheinischen deutschen Demokraten 1789–1849, Berlin 1984

Gerhard Härle, Reinheit der Sprache, des Herzens und des Leibes. Zur Wirkungsgeschichte des rhetorischen Begriffs »puritas« in Deutschland von der Reformation bis zur Aufklärung, Tübingen 1996

Peter Härtling, Liebste Fenchel! Das Leben der Fanny Hensel-Mendelssohn in Etüden und Intermezzi, Köln 2011

Ulrike Häußer u. Marcus Merkel (Hg.), Vergnügen in der DDR, Berlin 2009

Peter Claus Hartmann, Das Heilige Römische Reich deutscher Nation in der Neuzeit 1486–1806, Stuttgart 2007

Michael Hau, The Cult of Health and Beauty in Germany: A social History, 1890–1930, Chicago 2003

Helmut Heiland, Fröbel, Reinbek bei Hamburg 1982

Volker Hentschel, Geschichte der deutschen Sozialpolitik 1880–1980, Frankfurt am Main 1983

Manfred Hettling u. Stefan-Ludwig Hoffmann (Hg.), Der bürgerliche Wertehimmel. Innenansichten des 19. Jahrhunderts, Göttingen 2000

Charles Higounet, Die deutsche Ostsiedlung im Mittelalter, München 1990

Raul Hilberg, Die Vernichtung der europäischen Juden, Berlin 1982

Markus Hille, Karoline von Günderrode, Reinbek bei Hamburg 1999

Carl Hinrichs, Friedrich Wilhelm I., König in Preußen, Hamburg 1941

Ders., Preußentum und Pietismus, Göttingen 1971

Wolfgang Hippe, Alaaf und Helau. Die Geschichte des Karnevals, Essen 2007

Curt Hohoff, Grimmelshausen, Reinbek bei Hamburg 1978

Karl Holl, Die Geschichte des Worts Beruf, in: Ders., Gesammelte Aufsätze zur Kirchengeschichte. Band III: Der Westen, Tübingen 1928

Ulrich Im Hof, Das gesellige Jahrhundert. Gesellschaft und Gesellschaften im Zeitalter der Aufklärung, München 1982

Thomas Immisch, Christian Langer u. Roger Doyes, Der Strandkorb, Rostock 2008

Karl Jaspers, Die Schuldfrage, München 1996

Rolf Johannsmeier, Spielmann, Schalk und Scharlatan. Die Welt als Karneval: Volkskultur im späten Mittelalter, Reinbek bei Hamburg 1984

Erich Kahler, Der deutsche Charakter in der Geschichte Europas, Zürich 1937

Gerd-Klaus Kaltenbrunner (Hg.), Was ist Deutsch? Die Unvermeidlichkeit, eine Nation zu sein, Asendorf 1988

Horst Karasek, Belagerungszustand! Reformisten und Radikale unter dem Sozialistengesetz 1878–1890, Berlin 1978

Diethart Kerbs u. Jürgen Reulecke, Handbuch der deutschen Reformbewegungen 1880–1933, Wuppertal 1998

Dietmar Klenke, Der singende »deutsche Mann«. Gesangvereine und deutsches Nationalbewusstsein von Napoleon bis Hitler, Münster 1998

Helmut König, Die Zukunft der Vergangenheit. Der Nationalsozialismus im politischen Bewusstsein der Bundesrepublik, Frankfurt am Main 2003

Stefan König, Hans-Jürgen Panitz u. Michael Wachtler, Bergfilm. Dramen, Trick und Abenteuer, München 2001

Reinhart Koselleck, Preußen zwischen Reform und Revolution. Allgemeines Landrecht, Verwaltung und soziale Bewegung von 1791 bis 1848, Stuttgart 1989

Christian Graf von Krockow, *Heimat. Erfahrungen mit einem deutschen Thema*, München 1992

Manfred Kühn, *Kant. Eine Biographie*, München 2003

Hansjörg Küster, *Die Geschichte des Waldes. Von der Urzeit bis zur Gegenwart*, München 1998*

Horst Kunze, *Lieblingsbücher von dazumal. Eine Blütenlese aus den erfolgreichsten Büchern von 1750–1860*, München 1973

Walter Laqueur, *Was ist los mit den Deutschen?*, Berlin 1988

Ders., *Weimar. Die Kultur der Republik*, Berlin 1977

Hartmut Lehmann (Hg.), *Geschichte des Pietismus. Band 4: Glaubenswelt und Lebenswelt des Pietismus*, Göttingen 2004

Barbara Leisner, *Bertha Benz. Eine starke Frau am Steuer des ersten Automobils*, Gernsbach 2011

Harald Leupold-Löwenthal, Hans Lobner u. Inge Scholz-Strasser (Hg.), *Sigmund Freud Museum. Wien IX. Berggasse 19. Katalog*, Wien 1994

Karl-Egon Lönne, *Politischer Katholizismus im 19. und 20. Jahrhundert*, Frankfurt am Main 1986

Rudolf Malsch, *Geschichte der deutschen Musik. Ihre Formen, ihr Stil und ihre Stellung im deutschen Geistes- und Kulturleben*, Berlin 1949

Robert K. Massie, *Die Schalen des Zorns. Großbritannien, Deutschland und das Heraufziehen des Ersten Weltkrieges*, Frankfurt am Main 1993

Jeannine Meighörner, *»Was ich als Frau dafür halte«. Sophie von La Roche. Deutschlands erste Bestsellerautorin*, Erfurt 2006

Peter Merseburger, *Mythos Weimar. Zwischen Geist und Macht*, München 1998

Karl Markus Michel, *Die sprachlose Intelligenz*, Frankfurt am Main 1968

Wolfgang Minaty (Hg.), *Die Eisenbahn. Gedichte, Prosa, Bilder*, Frankfurt am Main 1984

*特别感谢 480 页上所述有关书商的有趣逸事。

Arthur Moeller van den Bruck, *Der preußische Stil*, Breslau 1931

Armin Mohler, *Was die Deutschen fürchten*, Berlin 1966

Wilhelm Mommsen, *Bismarck*, Reinbek bei Hamburg 1966

Wolfgang J. Mommsen, *Bürgerliche Kultur und künstlerische Avantgarde 1870–1918. Kultur und Politik im Deutschen Kaiserreich*, Berlin 1994

Heidi A. Müller, *Ein Idealhaushalt im Miniaturformat. Die Nürnberger Puppenhäuser des 17. Jahrhunderts*, Nürnberg 2006

Paul Münch (Hg.), *Ordnung, Fleiß und Sparsamkeit. Texte und Dokumente zur Entstehung der »bürgerlichen Tugenden«*, München 1984

Herfried Münkler, *Die Deutschen und ihre Mythen*, Berlin 2009

Ernst Niekisch, *Die Legende von der Weimarer Republik*, Köln 1968

Heiko A. Oberman, *Zwei Reformationen. Luther und Calvin – Alte und Neue Welt*, Berlin 2003

Lutz E. von Padberg, *Die Christianisierung Europas im Mittelalter*, Stuttgart 1998

Hans-Jürgen Panitz, *Luis Trenker. Ungeschminkt*, Innsbruck 2009

Felix R. Paturi, *Technik. Meilensteine technischer Erfindungen in Deutschland*, Stuttgart 1992

Helmuth Plessner, *Grenzen der Gemeinschaft*, Frankfurt am Main 2002

Eberhard Rathgeb, *Die engagierte Nation. Deutsche Debatten 1945–2005*, München 2005

Georg Friedrich Rebmann, *Ideen über Revolutionen in Deutschland*, Köln 1988

Werner Ross u. Walter Först, *Der Rhein. Landschaft – Geschichte – Kultur*, Freiburg im Breisgau 1973

Rüdiger Safranski, *Ein Meister aus Deutschland. Heidegger und seine Zeit*, München/Wien 1994

Ders., *Romantik. Eine deutsche Affäre*, München/Wien 2007

Ders., *Schopenhauer und Die wilden Jahre der Philosophie*, München/Wien 1987

Hans Dieter Schäfer, *Das gespaltene Bewusstsein. Deutsche Kultur und Lebenswirklichkeit 1933–1945*, Berlin 1981

Jürgen Schebera, *Hanns Eisler: Eine Biographie in Texten, Bildern und Dokumenten, Mainz 1998

Karl Schlögel, *Die Mitte liegt ostwärts. Die Deutschen, der verlorene Osten und Mitteleuropa*, Berlin 1986

Brigitta Schmidt-Lauber, *Gemütlichkeit. Eine kulturwissenschaftliche Annäherung*, Frankfurt am Main 2003

Karl H. Schneider, *Geschichte der Bauernbefreiung*, Stuttgart 2010

Gerhard Schulz, *Revolutionen und Friedensschlüsse 1917–1920*, München 1985

Hagen Schulze, *Der Weg zum Nationalstaat. Die deutsche Nationalbewegung vom 18. Jahrhundert bis zur Reichsgründung*, München 1986

Heimo Schwilk, *Ernst Jünger. Ein Jahrhundertleben*, München 2007

Andrea Stiberc, *Sauerkraut, Weltschmerz, Kindergarten und Co. Deutsche Wörter in der Welt*, Freiburg im Breisgau 1999

Robert Stupperich, *Geschichte der Reformation*, München 1967

Malte Oberschelp, *Der Fußball-Lehrer. Wie Konrad Koch im Kaiserreich den Ball ins Spiel brachte*, Göttingen 2010

Michael Petzet u. Achim Bunz, *Gebaute Träume. Die Schlösser Ludwigs II. von Bayern*, München 1995

Frank Uekötter, *The Green & the Brown, A History of Conservation in Nazi Germany*, New York 2006

Helmut Reinicke, *Märchenwälder. Ein Abgesang*, Berlin 1987

Werner Schäfke, *RheinRomantik*, Bonn 2001

Stefan Lorenz Sorgner u. Oliver Fürbeth (Hg.), *Musik in der deutschen Philosophie*, Stuttgart 2003

Knut Martin Stünkel, *Als Spermologe gegen Baubo – Hamanns Metakritik der philosophischen Reinheit*, in: Neue Zeitschrift für Systematische Theologie und Religionsphilosophie, 53. Band, Berlin 2011

Süddeutsche Zeitung, *WM-Bibliothek. 1954. 1974. 1990*, München 2005

Tomasz Szarota, *Der deutsche Michel*, Osnabrück 1998

Alan Tomlinson u. Christopher Young (Hg.), *German Football. History, Culture, Society*, London/New York 2006

Barbara Vinken, *Die deutsche Mutter. Der lange Schatten eines Mythos*, München 2001

Werner Vortriede, *Bettina und Goethe in Teplitz*, in: Jahrbuch des freien deutschen Hochstifts, Tübingen 1964

Martin Walser, *Heilige Brocken*, Frankfurt am Main 1988

Helen Watanabe-O'Kelly, *Beauty or Beast? The Woman Warrior in the German Imagination from the Renaissance to the Present*, Oxford 2010

Annemarie Weber, *Immer auf dem Sofa. Das familiäre Glück vom Biedermeier bis heute*, Berlin 1982

Eduard Wechßler, *Esprit und Geist. Versuch einer Wesenskunde des Deutschen und des Franzosen*, Bielefeld und Leipzig 1927

Johannes Weyer, *Wernher von Braun*, Reinbek bei Hamburg 2000

Leonie von Wilckens, *Tageslauf im Puppenhaus. Bürgerliches Leben vor dreihundert Jahren*, München 1956

Bernard Willms, *Idealismus und Nation*, Paderborn 1986

Christa Wolf (Hg.), *Karoline von Günderrode. Der Schatten eines Traumes*, Berlin/DDR 1979

Udo W. Wolf, *Preußens Glanz und Gloria im Film. Die berühmten deutschen Tonfilme über Preußens glorreiche Vergangenheit*, München 1981

Edgar Wolfrum, *Die geglückte Demokratie. Geschichte der Bundesrepublik Deutschland von ihren Anfängen bis zur Gegenwart*, Stuttgart 2006

Egmont Zechlin, *Die deutsche Einheitsbewegung*, Berlin 1973

Theodore Ziolkowski, *Das Amt der Poeten. Die deutsche Romantik und ihre Institutionen*, Stuttgart 1992

衷心感谢：Ute Bergmann, Vera Bohle, Prof. Dr. Thomas Borgstedt (Präsident der Internationalen Andreas Gryphius-Gesellschaft), Horst Chudy, Gabriele Gayet, Annemarie Hartmann, Frank Hertweck, Sabina Kienlechner, Oliver Kopitzke (SWR), Jane und Wolfgang Müller-Peterson, Iris Pfeiffer (Carus-Verlag), Christian Popp, Moritz Puschke (Geschäftsführer des Deutschen Chorverbandes), Ziska Riemann, Julia Roth, David Sakic, Joachim Trenkner.

译后记

Richard Wagner，这不是那位著名德国作曲家的名字吗？他怎么会写了本关于"德意志之魂"的书呢？有人或许会问。

那位作曲家的全名是威廉·理查德·瓦格纳（Wilhelm Richard Wagner），本书的作者之一名叫里夏德·瓦格纳（Richard Wagner）[①]。后一位瓦格纳1952年出生在罗马尼亚的巴纳特，祖先是两百多年前移民到那里的德国施瓦本人。他是2009年诺贝尔文学奖得主赫尔塔·米勒的前夫，1987年他们夫妇一起移居德意志联邦共和国。从那时起他就以作家和自由记者身份生活在柏林，其作品在德国多次获奖。

与他合作的另一位作者特亚·多恩（Thea Dorn）原名克里斯蒂安娜·舍雷尔（Christiane Scherer），1970年出生于美茵河畔的奥芬巴赫（Offenbach am Main）。她曾先后在法兰克福、维也纳和柏林学习哲学与戏剧学。毕业后曾在柏林自由大学和汉诺威剧院工作，其剧本和侦探小说先后获柏林启蒙奖和德国侦探小说奖。她的艺名Thea Dorn是从著名哲学家阿多诺（Theodor W. Adorno）的名字引申而来。如今多恩已是德国知名作家和电视节目主持人。

---

① 德国名人的名字常按英语发音转译，故Richard译为理查德。按德语译应为里夏德。

这两位作者联手写出的《德意志之魂》的突破性意义在于：他们为德意志民族寻找历史传承下来的正能量，也为德国人赢回了爱国的权利。由于众所周知的原因，很长一段时间德国人不敢流露爱国情怀，似乎爱国就等同于犯罪。这次两位作者根据各自不同的经历，从不同视角出发，溯本追源地探讨了浓缩在历史、文化中的德意志之魂。读这本书，能使人对德意志民族的特点有一个基本了解，明白德国人有别于英国人、法国人或美国人等的到底是什么。魂与精神不同，精神是可以变化的，所以才有时代精神一说。而民族魂则是一个民族文化中相对恒定不变的精髓。

本书名为"德意志之魂"，这里的"魂"即德意志历史、文化和传统的精华，内涵极其深厚。但也正因如此，它几乎成了一本无法翻译的书。这本书作者们是写给他们的德国同胞看的，德国人读到其中的某些篇章，或许嘴角不时会掠过会意的微笑，有时甚至会捧腹大笑。但作为外国读者则往往难以领会这些"哏"。例如作者频繁地玩文字游戏，外加旁征博引，若不加注，很多地方难以理解；但注释过多，又会严重败坏读者的阅读兴趣。在通读过本书后，我决定不啃这块硬骨头。

不久后，歌德学院当时负责翻译项目的吴时格格女士就发邮件问我是否愿意翻译此书。鉴于此书的难度和篇幅，我向社会科学文献出版社的责任编辑段其刚先生询问可否合译。本来翻译是一项不太适合合作的工作，但此书是个例外。它涉及的领域太多，比如音乐、法律等，这些都不是自己的强项。于是我找了五位北大77级同学合作，大家几乎都在德国或奥地利生活了二十多年，比较了解相关的风土人情，而且我与其中三位已经合作翻译过耶利内克的戏剧集。没有他们的加盟，就不会有此书的面世。在此我逐一向读者诸君介绍其他各位译者。

我外语学校和北大同学徐静华女士是位经验丰富的资深翻译，她也是中华人民共和国驻德意志联邦共和国大使夫人。每年她迎来送往的担子有多重是不难想象的。从头至尾我都怕她因时间紧而无法按时交稿，当她提前两周交来全部稿子时，我的感动和激动真非语言所能形容。看她的稿子更是带给我很大乐趣，尤其是那些诗与歌，译得十分传神！

奥地利，尤其是维也纳的华人鲜有不知道李鸥、杨丽伉俪的，他们当之无愧堪称当地的儒商。虽然公司的业务繁忙，但他们始终没有忘记文化交流工作。李鸥还是中山大学的客座教授，每年都去那里讲授欧洲文化史。这本书中的《音乐》一章是重头文章，一开始我就想到要把这一重任交给李鸥。他们夫妇均著译颇丰，他们的翻译为本书增色很多，我为他们而自豪！

郑冲和我在北大上学期间曾住同一宿舍多年，毕业后她供职于全国人大常委会法制工作委员会。此书中的《基本法》和《赔偿》等涉及法律术语的篇章非她莫属。她负责的几篇内容均很难，而且引用了大量诗作。她是位非常敬业的翻译，为了翻译《战争与和平》一篇，她阅读了大量有关德国历史的书籍。在她幽默而不失"信""达"的翻译风格下，这些晦涩的篇章终于活灵活现地呈现在我们眼前！

最后我要鼎力推荐我们班当年最年轻的江南才子——吴宁，进校那年他才18岁。他交来的第一篇稿子《文化民族空想》令我看后拍案叫绝，自愧不如。这篇文章几乎看不到翻译的痕迹，而是让人觉得，如果作者是中国人，那他（她）一定会这么写的。我为有这样的同学而深感骄傲，也希望他继续耕耘在翻译领域，为读者奉献更多的佳译！

另外，本书唯一一首单独成篇的有关啤酒的诗作，是郭力女士翻译的。我每逢翻译遇到诗时，几乎都找她帮忙。新结识的朋友周萍女士对本书的部分篇章提出了许多难能可贵的修改建议，并协助整理了人名、地名索引。在此对二位一并表示衷心感谢！

对这本书还有一些德国人也做出了贡献，他们是 Peter Tiefenthaler、Andreas Dahmen、Frank Meinshausen、Armin Appelein、Paul Graf 诸位先生，在此一并表示衷心感谢！特别是 Tiefenthaler 先生，他不厌其烦地回答了我的所有问题，我常常在深夜打扰他，幸好他也是个夜猫子！谢谢！

再次感谢其他诸位译者，谢谢合作！没有你们的辛勤耕耘，就不会有这本呈现给读者的《德意志之魂》。屈指算来，我们离开母校北大已经三十多年了，这本书可算我们的汇报翻译之作。在此我代表诸位译者给母校的老师们鞠躬致谢，没有诸位严师多年前的教诲，也不会有这本译作的问世。希望诸位老师和读者诸君批评指正！

此外我还要衷心感谢此书的责任编辑段其刚先生！因工作关系我与很多出版社的编辑打过交道，段先生给我留下的印象是雷厉风行、认真负责。他编选的《莱茵译丛》对读者全面了解德国做出了很大贡献，让我们谢谢他！

此书中的引言绝大多数由各位译者翻译，因多数译者生活在国外，查找中文译本比较困难。个别引自其他译本或网络的，分别标明了出处。在注释过程中大家较多地参考了维基百科，特此声明。

丁娜
2014.02.28

译者简介

郑冲

北京大学西语系德语专业毕业。就职于全国人大常委会法制工作委员会研究室。主要译作：《德国民法典》（第四编家庭法和第五编继承法，法律出版社1999年）、《德国民法导论》（迪特尔·施瓦布著，法律出版社2006年）、《一个人到世界尽头》（奥地利托马斯·格拉维尼奇著，世纪出版集团2010年）和《我们所知世界的末日》（克劳斯·莱格维、哈拉尔德·韦尔策著，东方出版社2013年）

杨丽

北京大学西语系德语专业毕业，维也纳大学古典文学博士。现居住在奥地利维也纳，主要从事经理人的领导技巧培训工作。翻译著作包括哲学作品、文学作品和实用型热门论著：例如《大学生学习和撰写论文技巧》，《如何学会说话》等。

李鸥

北京大学西语系德语专业毕业,维也纳大学古典文学博士。现居住在奥地利维也纳。中山大学客座教授,主讲欧洲文化史,深受学生欢迎。喜欢参加铁人三项和马拉松等竞技运动。翻译作品以文学作品和传记为主,如《海顿传记》等。

徐静华

北京大学西语系德语专业毕业,曾在德国科隆大学教现代汉语五年,现在中国驻德国大使馆工作。已有多部译著发表,《无主之家》、《莱茵女流录》伯尔著,合译;《重见中国》,汉斯·迈耶著;《抉择,我的政治生涯》施罗德著;《德国统一现状》于尔根斯著。

吴宁

北京大学西语系德语专业毕业,奥地利萨尔茨堡大学哲学博士,现居住在奥地利萨尔茨堡。曾于北大西语系德语专业和奥地利萨尔茨堡大学中国中心任教,现供职于维也纳《欧洲时报·中东欧版》报社。

丁娜

北京大学西语系德语专业毕业,德国慕尼黑大学哲学博士,现居住在德国慕尼黑。曾在慕尼黑再保险公司工作两年,现供职于某专利律师事务所。主要译作:《寻访行家》(合译)、《何谓成功》、《饥饿与丝绸》和《幸福,在幸福远去的时代》等。

插图来源

第 4 页，@Thesenfitz & Wedekind 双人设计室设计，汉堡。

第 115 页，@Klingklang(EMI)。

第 121 页，@Mercedes-Benz Classic Archive，斯图加特。

第 142~143 页，@Universitäts- und Forschungsbibliothek Erfurt/Gotha。

第 154 页，@Nudistenmagazin。

第 225 页，作者 Richard Wagner 提供。

第 231 页，@Knaus。

第 357 页，@Arno Schmidt Stiftung。

第 411~412 页，@Bassermann Verlag，慕尼黑。

第 421 页，@Meyn-Scheck。

第 431 页，@Hausbuch des guten Tons，斯图加特 / 汉堡。

第 416、512、546 页，@Wikipedia。

第 505 页，@Ziska。

第 9、12、17、38、45、59、61、66~67、76、82、85、101、113、126、140、162、188、201、219、235、241、247、251、257、268、275、279、285、294~295、304、306、312、339、352、364、368、374~375、387、395、406、418、424、425、436、439、444、450、458~459、483、487、491、495、514、522、529、542、552、556 页，@Shutterstock。

图书在版编目(CIP)数据

德意志之魂 / (德) 多恩, (德) 瓦格纳著; 丁娜等译. —北京: 社会科学文献出版社, 2015.8
 ISBN 978-7-5097-7557-8

Ⅰ. ①德… Ⅱ. ①多… ②瓦… ③丁… Ⅲ. ①德意志帝国 - 历史 Ⅳ. ①K516.42

中国版本图书馆CIP数据核字(2015)第117473号

德意志之魂

著　　者 / ［德］特亚·多恩　　［德］里夏德·瓦格纳
译　　者 / 丁　娜　等

出 版 人 / 谢寿光
项目统筹 / 段其刚　董风云
责任编辑 / 段其刚　白　雪

出　　版 / 社会科学文献出版社·甲骨文工作室(010)59366551
　　　　　　地址: 北京市北三环中路甲29号院华龙大厦　邮编: 100029
　　　　　　网址: www.ssap.com.cn

发　　行 / 市场营销中心 (010) 59367081　59367090
　　　　　　读者服务中心 (010) 59367028

印　　装 / 三河市东方印刷有限公司

规　　格 / 开　本: 787mm×1092mm 1/16
　　　　　　印　张: 36.75　字　数: 579千字

版　　次 / 2015年8月第1版　2015年8月第1次印刷

书　　号 / ISBN 978-7-5097-7557-8

著作权合同
登 记 号 / 图字01-2013-2545号

定　　价 / 128.00元

本书如有破损、缺页、装订错误, 请与本社读者服务中心联系更换

版权所有　翻印必究